未名·法律

21世纪法学系列教材

经济法系列

经济法学原理

（第四版）

刘瑞复 著

北京大学出版社
PEKING UNIVERSITY PRESS

图书在版编目(CIP)数据

经济法学原理/刘瑞复著.—4版.—北京:北京大学出版社,2013.12
(21世纪法学系列教材·经济法系列)
ISBN 978-7-301-23491-4

Ⅰ.①经… Ⅱ.①刘… Ⅲ.①经济法-法的理论-高等学校-教材
Ⅳ.①D912.290.1

中国版本图书馆CIP数据核字(2013)第273061号

书　　　　名:经济法学原理(第四版)
著作责任者:刘瑞复　著
责 任 编 辑:冯益娜
标 准 书 号:ISBN 978-7-301-23491-4/D·3459
出 版 发 行:北京大学出版社
地　　　　址:北京市海淀区成府路205号　100871
网　　　　址:http://www.pup.cn
新 浪 微 博:@北京大学出版社
电 子 信 箱:law@pup.pku.edu.cn
电　　　　话:邮购部62752015　发行部62750672　编辑部62752027
　　　　　　出版部62754962
印　刷　者:北京鑫海金澳胶印有限公司
经　销　者:新华书店
　　　　　　730毫米×980毫米　16开本　31.25印张　600千字
　　　　　　2000年11月第1版　2001年12月第2版
　　　　　　2008年10月第3版
　　　　　　2013年12月第4版　2013年12月第1次印刷
定　　　　价:59.00元

内 容 简 介

《经济法学原理》是“北京大学九五立项教材”的一种，由学校资助出版。立项教材由各院、系评选产生，经校教材建设委员会评审确定。

本教材的作者系北京大学法学院博士生导师、二级教授，北京大学经济法专业博士学位授予点创办人之一，前经济法专业博士生导师组组长、民法专业博士生导师组成员。现任《北京大学法学百科全书》(9 卷本系列)编辑部常务副主任，北京大学经济法与比较法研究中心主任，中国商业法研究会(China Association of Business Law)会长。

本教材紧密联系国内外经济立法的实际，吸收了国外经济法理论的积极成果，富有创建地论述了经济法学科的基本理论问题。本教材分 3 编 17 章。在内容上，体系化地阐释了属于经济法学科自己的、与其他学科特别是相邻学科相区别的范畴、定义、立法原则和调整原理；在结构上，以经济法律制度为中心，而不以法律法规为中心来构建经济法解释体系，以“总论”统帅“分论”、“分论”体现“总论”，防止“总论”与“分论”脱节，以求理论一以贯之，法律制度首尾圆合；在体例上，依据法的法意识、法制度和法关系三要素，将全书分为总论、经济法律关系和经济法律制度三大部分，从而体现作为学科自身所应具有的逻辑联系和辩证结构。本教材通过内容、结构、体例的全面更新，以求保证教材的科学性、成熟性和相对稳定性，满足学生和读者改革经济法教材的普遍要求。

本教材为北京大学经济法专业教材，也可供高等学校法学、经济学、管理学等专业的公共课、专业课使用。使用本教材时，可根据专业特点、教学对象和课时安排，对各章、节有针对性地选用。

第四版出版说明

这次修订,因交稿时间仓促,总体上限于理论细节的引申说明。第三篇除个别提法和立法体系部分的删改外,其他内容基本没作改动。第三篇的每章是按三级法律制度编排的,因每一项下的具体制度是“同类法规范的一定集合”,因而是相对固定的,不因法的废改立而变动。从实践情况看,按法律制度编排而不是按法律法规编排,能够避免因法的变动而频频修改教材的情况发生。

大家都知道,写教材同讲课是不同的。写教材是“合上包子品馅”,就是说,教材的理论主线、理论环节和理论细节,要经过咀嚼“品”出来;而讲课是“掰开包子说馅”,就是按照教学规律和要求,把教材内容细化和对象化,把基础知识、基本理论有纲有目地、分门别类地讲出来。由此说来,教材的“深”与“浅”同教学质量没有必然联系。教材写得“深”,讲课时可“深入浅出”,把教材所依托的理论材料、立法材料和实践材料解剖出来;教材写得“浅”,讲课时可“浅入深出”,把上述三类材料加进去,以保障应有的教学水平。

一般理论的建立是学科形成的标志,而这需要经历长期的扬弃过程和无数人的艰辛努力。所言“一般理论”,必须具有范畴和范畴体系、论证和论证体系、逻辑和逻辑体系。否则,这个学科是无法进入理论领域的。在由注释法学向学科法学转变、讲义法学向理论法学转变、西方法学向中国化马克思主义法学转变中,经济法理论建设和学科建设任重道远。

革新现行教材,是经济法学界的呼声。这里提出拿起批评和自我批评的武器,“向这本教材开炮”,以期有所检讨、有所改变、有所更新、有所前进。

刘瑞复

2013 年 11 月 1 日

第三版出版说明

第二版出版以来,几近八年,原以为历久弥旧,束之高阁是了,但出版社多次重印,读者和学生需求日增。既然如此,还是遵命再版为好。

这次修订,主要是围绕三方面进行的:

一是补充了一些新内容。在第一章,增设了"第一节经济法的价值",以重申价值的原意,确定经济法价值对于经济法理论的统领意义;在第四章第三节,增设了"国民经济统筹发展原则",这一原则是经济法基本原则的应有之义,有必要加以补充;在第十二章第三节,增设了"保障性住房制度";在第十四章第三节,增设了"产业调整法律制度",以使经济调控法律制度的细节有所深入;在第十五章第三节,增设了"特定场地交易管理制度",对城乡集市贸易、边境贸易和旧货交易的法律制度做了集中阐释。

二是初步实现了"图示"上教材。就书中相应理论采用了国民经济产业连锁图示、经济法价值论图示、价格关系法律调整图示、经济法机能图示、法体制理论图示、经济法律制度体系图示、循环性经济关系法律调整机制图示、周期性经济关系法律调整机制图示、经济主体—法律主体图示、权利与权力关系图示等图示。这些图示是从课堂教学所列图示中选取的。图示具有直观性、简明性特征,适合于基础理论教学。

三是对若干基础理论做些引申说明,对法律制度做些完善。教材要做到理论致密性,同时给教学者留有讲授的余地,因而原版有些理论场合未做展开阐释。本版对反映"难懂"、"抽象"的有关内容尽量做些通俗的解读。为改变"分论"成为"法律法规汇编"状况,本书的"法律制度"一直是按"同类法规范的表现形式和实现方式的体系"的思路来处理的。按这样的"法律制度"编排,即使具体法律法规废、改、立,发生变动,而教材中法律制度的基本类型和内容都不可能轻易改变。这就可以避免因法律法规的修改或制定而频繁改版教材的做法。尽管如此,本书的"法律制度"设计仍存在需要周全、完善之处。

诚挚地欢迎批评指正。

刘瑞复

2008 年 8 月 22 日于北大蓝旗营

第二版出版说明

今年春季开学后，出版社通知说准备再版。值此再版之际，谨就同学们和读者关心的几个问题，说明如下：

一、这次修订是全面修订，不仅涉及文字，也涉及内容的增删。修订的目的，是为了更好地贯彻教材的“三基四性”（基础知识、基本理论、基本技能、科学性、资料性、公认性、适用性）要求。

二、在教材初稿中，较多地采用了图示、图表、数据和实例加以说明，以期实现法学教材编写体例和方法的创新。但限于篇幅和惯例，第一版教材和这次修订都未能如愿，待以后与出版社商量解决。

三、教材未加注释，主要是基于教材的通用性。推而广之，任何一门教材如若加注，很可能因之带有学说、学派倾向或其他不良倾向，而这是有悖于作为“公共产品”的教材特征的。

四、教材于去年年底首次发行后，即广泛征求了意见。除经济学、法学学者之外，还就教于国务院各部委、公检法司和企业界、报界等单位的专家贤达。一百六十余位同志写出了书面建议和意见。殷殷之言，令人感奋。

教材写于世纪之交，然被称为“21 世纪法学教材”，实在是过早过誉了。同学们和读者示教便是。

刘瑞复

2001 年 10 月 12 日

目　录

第二编 经济法律关系

第三编 经济法律制度

导　论

一、经济法理论的创立

经济法理论是世界法学领域的新成果，是法学发展合乎社会经济发展规律和立法发展规律的表现。然而，新的社会经济条件的形成和新的立法的产生是一个过程，与此相伴随的新的法思想的产生也是一个过程，而且是不断修正的过程。历史从哪里开始，思想进程也应当从哪里开始。同样地，历史从哪里开始，经济法思想进程也应当从哪里开始。

当然，在历史的每一步新发展中，其历史的新起点也是经济理论发展的新起点。当前世界经济的“知识经济”阶段，从经济特征说，也是一个历史新起点。知识经济是与资源经济或农业经济、工业经济相对应的经济形态。按照经济合作发展组织（OECD）1996 年《技术、生产率和工作的创造》报告中的定义，知识经济是建立在知识和信息的生产、分配和使用上的经济。在知识经济条件下，产品制造模式向知识密集型产品转移，使劳动关系发生重大变化；需求和制造业的发展向服务业转移，使供需结构发生重大变化；投资的流量和流向向高新技术商品和部门转移，使融资关系发生重大变化；服务活动由发达国家向发展中国家转移，使竞争关系发生重大变化。总之，知识经济使全球经济的增长方式产生了根本变革，社会关系亦随着知识的创造、储存和使用方式的革命而产生了实质性变动。知识经济的新起点，要求经济法理论也要站在历史新起点上。

（一）经济法理论创立的条件

经济法理论是在一定历史条件下出现的。有什么样的历史条件，就有什么样的法学理论与之相适应。因此，我们应当从经济法理论据以产生的基本社会条件入手，分析社会物质条件、法思想条件和法律条件的新演进、新事实，从而准确、全面地把握经济法理论是法学理论新变革的根由。

1. 社会物质条件

社会化大生产，是经济法理论创立的社会物质条件。

社会生产进入大机器工业阶段后，形成了社会化大生产。科学的发展是由生产决定的，而社会对技术的需要则把科学推向前进。科学技术是历史发展的有力杠杆，是最高意义上的革命力量。19 世纪后期，科技进步突出表现为电能取代蒸气能成为新能源、生产机械化过渡到自动化、用人工合成有机化合物代替自然物、电话电报的普及和无线电的出现。科学技术的划时代进步，造成了重大的、全新的经济后果：一是，电能成为新能源，高压输电网形成，使企业接近原料产地，在拥有资源的偏远地区得以发展工业，使生产转移到劳动力廉价地区，使同类产品的生产在全国分散，这就扩大了生产力布局；在产业结构上打破了工业地区与农业地区的划分，农轻重的比例发生变化，这就使经济结构趋于平衡；促进了企业的兴建和企业生产的分散化，使企业分布于不同的城市和地区。二是，生产自动化，造成了不间断生产同种产品即批量生产，这是大规模生产的必要条件；加速了原材料供应和最终产品的销售，推动了垂直联合；极大地提高了经济效益，增大了资本有机构成；促进了剩余劳动力的转移、流动。三是，人工合成有机化合物，通过采用化学方法使生产过程加快，原材料得以充分利用；利用化学材料，增加了工业产品及其新种类，明显增加了农作物单位面积的产量。四是，新的快捷的通讯方式、手段，使中心城市与偏远地区联系起来，各个市场得以紧密联结；使企业经营状况、价格、股票市场行情等信息能迅速及时地传递到每一地区，提高了竞争能力。

正是科学技术的力量，加速了社会经济的巨大变化，形成了社会化大生产。社会化大生产的主要表现是：

其一，在大规模生产的基础上，形成了生产社会化。科技新成果的广泛应用，形成了大规模生产即企业按全社会通行的标准进行连续性设计和生产。其直接结果，是产品生产乃至一种产品的各个部分的生产和工艺操作，都变成了专业化生产，实现了产品专业化、零部件专业化和工艺专业化。大规模生产的形成和发展，使生产过程越来越具有社会性。生产社会化正是在这种大规模生产条件下实现的。生产社会化，指生产资料使用社会化、生产过程社会化和产品社会化。生产社会化使社会经济发生了根本性变革，从而单个资本转变为集中的社会共同资本，实现了资本社会化；单个人的劳动转变为社会的共同劳动，实现了劳动社会化。

其二，社会分工不断深化，新的产业部门相继出现，各经济主体相互依存，形成国民经济体系化。19世纪末20世纪初，电工器材工业、化学工业、汽车工业、石油工业等新兴工业部门不断产生并迅速发展。在新兴工业部门形成的同时，在既有的同一生产部门内部也发展出许多新的生产类别，这就使这些行业进一步扩大。这一时期，社会经济形成了以中枢生产部门为轴心的连锁性和基本经济过程的连续性。譬如，作为中枢产业的棉织业，其上位产业即为中枢产业提供生产条件的产业，如种植业、农机业、肥料业等等，其下位产业，是由中枢产业衍生的产业，如篷布业、制衣业、制鞋业等等，而与棉织业同质化的产业是毛织业、麻织业、化纤织品业等等，所谓“同质化产业”，就是劳动力、技术等生产要素可以相互流动的产业。在中枢产业的生产过程中，运输业、仓储业、金融业等作为环形产业与之形成跨行业产业连锁。一个棉织业竟同这么多产业相互依存，那么诸多中枢产业又同多少上位产业、下位产业、并列产业和环形产业相互依存呢？在这种情况下，社会各经济部门、同一经济部门的各个经济单位不再是孤立的、分割的，而是相互衔接的，互补共存，“谁也离不开谁”了，社会经济形成了有机联系的整体，从而奠定了国民经济完整体系的基础。

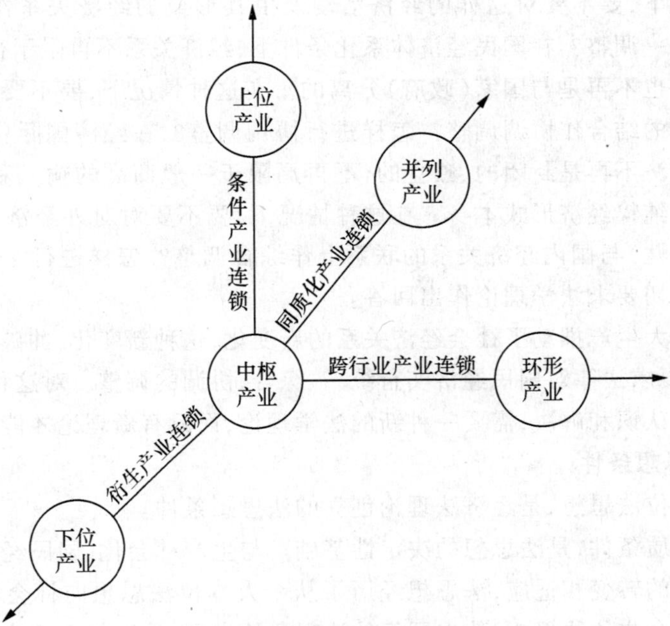

国民经济产业连锁图示

其三，完备的市场要素和市场竞争，使各地区、各国家之间的商品交换活动发生了量的扩大和质的变化，经济联系扩展到全球，形成了经济国际化。生产社会化和国民经济体系化，把市场经济推向了更高的阶段。在商品输出的同时，资本输出的比例越来越大。各地区、各国间经济关系的资本联结，使生产关系日益巩固并具有持久性特征，劳动力、技术商品的交换关系不断深化，国内生产也演变为国际化生产。随着资本输出和垄断组织进入、分割世界市场，各国经济几乎无一例外地被卷入“世界市场网”，从而使市场经济具有了国际性质。市场经济国际化的标志，是贸易自由、世界市场的建立、工业生产以及与之相适应的生活条件趋于一致。

生产社会化、国民经济体系化和经济国际化，冲破了传统市民法的界限。传统市民法只问“何人何事、何时何地”，现在不行了。仅就交易领域说，以某一合同标的形成了“合同链”。该商品尚在仓库里，便在众多地点、众多当事人之间签订了各级各类的买卖合同。而且，其中一个合同不能履行，其他合同也都不能履行。如炼胶业合同不能履行,则轮胎业合同不能履行,继而走行工业如汽车业、拖拉机业等以轮胎为构件的产业的合同不能履行,那么整个走行工业就瘫痪了。

在社会化大生产条件下,经济活动不再是孤立的、分散的、任意的,不再局限于交易领域的买卖活动,也不再限于与作为相对人的对方当事人之间的事情。在这种情况下,要不要对这样的经济活动及由其形成的经济关系作统一调整?怎样进行统一调整?在国民经济体系化条件下,经济关系不再限于行业的、部门的、地区的,也不再是与国家(政府)分离的。在这种情况下,要不要对国民经济及其与国家的结合作协调调整?怎样进行协调调整?在经济国际化条件下,一国的社会经济不再是封闭的、独立的,不再局限于一般商品的输入和输出,也不再限于所谓纯粹经济形式本身。在这种情况下,要不要对对外经济关系(双边、多边和国际性)与国内经济关系的联系上作综合调整?怎样进行综合调整?这些问题都迫切要求法学理论作出回答。

社会化大生产推动了社会经济关系的新变化,这种新变化,冲破了传统法部门的界限,要求法律对国民经济实行统一、综合、协调的调整。对这种新变化、新要求的正确认识和解决,需要一种新的法学理论,而只有新理论才能作出回答。

2. 法思想条件

社会本位法思想,是经济法理论创立的法思想条件。

社会物质条件,是法思想的决定性基础。与生产社会化、国民经济体系化和经济国际化的转变相适应,法思想经历了从个人本位法思想向社会本位法思想的转变。社会本位法思想,使揭示新的法现象的本质,从而创立经济法理论成为可能。

自由主义市场经济是自由放任经济。自由放任经济理论的一个基本理念,是经济制度的自发性。这种理论,主张为提高生产力而规定的各种制度,应以个人尊严和个人自由为基本价值观,在功利主义(以最小牺牲换取最大利益的心理结构)和合理主义(实现功利主义的最佳手段)的基础上,实行自由市场经济,在“看不见的手”的作用下,整个社会自然而然地处于和谐和繁荣状态。这种理论首先被西欧各国普遍采用,其国家政策、法律都是为自由放任经济服务的。在国家与法的领域,自由放任主义进一步发展为“夜警国家论”、“小政府论”。这些理论,主张国家与法在自由市场经济下的消极作用,即对社会经济生活不予调节。

在自由主义市场经济条件下,个人主义、自由主义是社会思想观念的主流,其在法思想上的表现,是个人本位。个人本位的核心是个人权利本位,简称权利本位。权利本位论的基本主张和特征是:(1)把权利的地位放在实在法(制定法)之上,也放在国家最高权力之上。主张“自然权利”,亦即“天赋人权”,认为人性是自然法之父，自然法是实在法之父，认为私有财产权是从自然状态带进国家组织中去的自然权利，因而私有财产神圣不可侵犯，国家不能设置任何障碍，认为自由是人性的结果，人的自由、平等是不可剥夺的权利，国家权力应为保障自由、私有财产和交易安全服务。(2) 权利是法律的中心概念。主张"法是客观的权利，权利是主观的法律"，"客观法"、"主观法"由此而分。(3) 弘扬权利是法文化的核心和基本任务。认为权利不仅表现于法文化的各种程式化理论形态方面，还表现于人们的心理状态、思维特征和价值取向等非理论形态方面。"法学是权利之学"，充分表达了权利在法文化中的地位。(4) 权利是现实的人进行社会活动的工具和出发点。认为现实的人在利益驱动下依据权利参加社会分工和商品交换活动，认为如果人们不依据权利去参加商品交换活动，在交换中不去实现权利，则商品就不成其为商品，交换亦不成其为交换。这里"现实的人"，是自由主义市场经济的参加人即所谓"经济人"。

权利本位法思想是历史的超越，是对国家义务本位论的否定。权利本位法思想的历史特定性在于：一是，其对权利的考察，不以封建等级特权为中心，而以平等权为中心；二是，不以自然经济为支柱，而以商品经济为支柱；三是，利益、自由、平等三要素是权利本位论的立论基础。然而，在自由主义市场经济失去自律性的客观态势下，法学理论开始思考个人与社会的关系，自 19 世纪下半叶起，出现了新的法学思潮，认为自由放任、权利本位的弊端，在于在个人与社会的关系上采取了"个人中心主义"的立场，这已不适合时代要求，认为社会利益就是个人的真正利益，个人的生存、发展依赖社会的生存、发展。因此，在个人与社会的关系上，应以社会为本位。

社会本位论的要点是：(1) 把社会权概括为权利的首要含义。认为实现社会目的，在于通过维护权利来发挥社会全体成员的才能，因此主要权利是社会成员的生存权，保障生存权被确定为法律义务。(2) 应对私人所有权作出明确的限制。保障生存权，是限制私人所有权的基本问题，私人所有权必须尊重他人的权利，法律所保护的所有权，是社会成员人人所有的所有权，认为法应是保障社会全体成员物质生存手段的法。(3) 对"对压制的抵抗权"要从它所具有的全部权利的本质属性方面进行考察。"对压制的抵抗权"起初是作为自然权利之一而被概括的，其实它不是自然权利，而它的行使还关系到义务、责任等问题。(4) 以人民主权原理为指导。主张人民是主权者，政府是人民的作品，政府工作人员是人民的仆人。(5) 必须对自然权利论做出批判。其结论是：国家义务是对无限制的自由权、所有权的限制，不能把权利说成是人类社会"不能消灭"、"不能剥夺"的权利；无界限的权利不符合社会关系原理，个人无限制的自由权、无限制的所有权，必然因其行使而使人与人之间发生冲突，必然损害他人和社会的利益。

由上述可见,社会本位法思想,是以社会权为核心的权利思想,是以社会权为基础构建社会政治、经济和法律制度的法思想。社会本位法思想不是一般地排斥权利,而是权利不再处于本位地位。这种新的权利论,不再以社会契约论和自然权利论为前提。以自由权为中心的权利本位法思想向以社会权为中心的社会本位法思想的演变,反映了市场经济发展的一般进程,这是巨大的历史性进步。这种以"个人"为载体的传统法思想向以"社会"为载体的新法思想的转变,是经济法理论创立的基本思想背景。

3. 法律条件

社会经济调节法的产生和发展,是经济法理论创立的法律条件。

法学理论随着从权利法向社会经济调节法的演变而发展。自由主义市场经济时期,1789 年的《人权和公民权利宣言》规定,在权利方面,人们生来而且始终是自由平等的。在以此为依据所制定的诸实体法体系里,个人权利占有中心地位。1804 年制定的《法国民法典》,以个人主义、自由主义为基础,形成了私有权绝对、契约自由和私人自治三大法律原则。《法国民法典》是典型的权利本位法。

在权利法中,物权法和债权法是经济关系领域的基本法律形式。物权法是权利立法的核心。物权法一方面保障财产所有者占有财产不受他人侵犯,另一方面,保障财产所有者处分其财产的自由。由于所有权是对于物有绝对无限制地占有、使用、收益及处分的权利,这样,财产所有者得以集中财产和资本,发展商品交换关系,巩固自由主义市场经济秩序。债权法是权利法的重要组成部分。债权,是通过特定人要求特定人遵守债权债务关系实现的。债权的法律保护,将有力地促进财产的增加。除此之外的其他立法,也以维护并巩固个人权利为宗旨。

伴随自由主义市场经济向垄断主义市场经济的过渡,开始了"法的社会化"进程。反映这一历史进程的,是从《法国民法典》到《德国民法典》和以《魏玛宪法》为演变中心线索的法律变迁。

《德国民法典》(1896 年制定,1900 年 1 月 1 日实施)是 20 世纪法律文化的代表,是反映经济关系新变化的一部基本法律。这部法律,不再以自由主义、个人主义为基础,而是以团体主义、社会连带思想为基础。《德国民法典》的这一特征,初步反映了社会化大生产条件下的客观实际及其对社会经济调节法的要求。

《魏玛宪法》是 1919 年制定的,其中相当多的法规范,具有社会经济调节法的性质。其特殊的宪法原则,被称为"《魏玛宪法》三原则":

其一,保障生存权原则。《魏玛宪法》第 15 条第 1 款规定,经济生活的秩序,以保障人们的生存权为目的、符合正义原则的要求。个人经济自由,只有在这个界限内方予以保障。这个规定表明,任何国民在生命、健康上都享有最低限度生活保障的权利。国家在国民生活方面,要努力提高和改进国民的社会福利、社会保障。

其二,所有权附以义务原则。《魏玛宪法》第 153 条第 3 款规定,所有权附以义务。在所有权行使的同时,要有益于公共福利的目的。这与以绝对所有权制度为中心、为个人利益而存在的个人权利法的市民法制度,有重大区别。所有权受到来自国家的、社会的种种限制与制约。

其三,国家对劳动力保护原则。《魏玛宪法》第 157 条规定,劳动力受到国家的特别保护。在自由竞争经济活动中,劳动力作为商品参加商品交换。《魏玛宪法》从劳动力所具有的社会意义的立场出发,对劳动力予以特别保护,以调节国民经济的运转。

由权利法向社会经济调节法的演变表明,权利法再也不能像先前那样占统治地位了,一种新的法律在摆脱传统法的束缚,为新的经济关系的发展开辟道路。这便是经济法理论创立的法律基础。

(二) 早期经济法学说

作为法学范畴意义上而不是语义学意义上的"经济法"(Wirtschaftsrecht)术语,最早出现在 1906 年德国创刊的《世界经济年鉴》上。在法学上开展对经济法概念的讨论,始于第一次世界大战后的德国法学会,而把经济法作为法学的一个分科来研究,是从卡斯克耳(W. Kaskel)的《经济法的概念和构成》论文开始的。据此应当认为,经济法理论的创立始于 20 世纪 20 年代,而以其基本学说的提出为标志。

关于经济法理论早期学说,国外学者以集成说、对象说、历史观说、方法论说分别加以概括。

1. 集成说

这是对新的法现象用"经济法"名称加以综合整理的学说。该学说着眼于法规的"集合",把国家干预、战时经济控制或管制以及战后复兴经济等法规编纂成集,取名为经济法。其代表人物和代表作是努斯鲍姆(Nussbaum)及其 1922 年出版的《德国新经济法》一书。他把调整实际经济生活的法分为经济法、财政法和民法。认为经济法是以直接影响国民经济为立法目的的法,而作为间接影响国民经济的法的财政法和以个人生活为对象的民法,则不包括在经济法之内。

2. 对象说

针对集成说仅仅是汇集法规而没能提出经济法调整领域的缺陷,对象说主张经济法有特定对象,是独立的法律部门。该说有两个理论分支:一是组织经济法说。其代表人物和代表作是戈德斯密特(Goldshmidt)及其 1923 年出版的《帝国经济法》一书。他认为组织起来的经济中固有的法就是经济法。所谓"组织经济”,是指以改进生产为目的而被限制的交易经济和共同经济。他把国民经济分为交易经济(自由经济)和共同经济(垄断经济)两大类,着眼于国民经济组织化,认为把上述两类经济组织起来的法便是经济法,经济法是组织经济中固有的法,具有独立法律部门地位。二是企业经营特别法说。这是卡斯克耳倡导的学说。他把关于企业的立法分为三类,认为企业雇佣关系的法是劳动法,企业作为商人从事商事活动的法是商法,而经济法则是企业经营特别法。豪斯曼(Haussmann)进一步发挥了卡斯克耳的见解,认为商业活动应以历史上商法的特定规范为限,而现今的经济活动重点,不仅仅限于商业,因为还出现了生产、加工、银行和金融等。因此,关于这样的企业活动的法也和商事的企业活动的法一样,要求具有同等资格和地位。组织经济法说侧重于国民经济的“组织化”形态,而卡斯克耳、豪斯曼等则相对地侧重于“人”。“经济企业”是企业经营特别法说的中心概念。

3. 历史观说

这种学说是从法的历史性特征角度看待经济法的。其代表人物和代表作是赫德曼(Hedemann)及其1922年出版的《经济法基础》一书。他赋予经济法以现代法的特点,认为正如在18世纪,“自然”是那个时代的基调一样,在现代,“经济性”则是时代的基调。他把渗透着现代法的经济精神的法,称为经济法。

4. 方法论说

这是从方法论的角度研究经济法的学说。该学说对经济生活和经济法的研究,采用法社会学方法。其代表人物和代表作是鲁姆夫(Rumpf)及其1922年出版的《经济法的概念》一书。他对具有实际经济内容的客观法的理解,是通过对全部法的考察进行的。由此出发,他首先将民法与商法合一,在此基础上,又将私法(民商法)的经济法与公法的经济法合一,统一为经济法体系。这个见解,实际上是在经济统一性的前提下,考虑如何实现经济法的统一性。

早期经济法学说对经济法理论的产生和发展,作出了开拓性贡献。这些早期学说和见解,对经济法理论的确立产生了重大的、决定性影响。在相当长的时期内,经济法理论是在此基础上扩展并深入下去的;这些学说中的诸多见解,具有科学成分,是经济法理论的起始科学,正是以起始科学为起点,经济法理论才逐步形成一门科学;学说中提出的经济法是独立的法律领域的思想,对于研究社会经济运动、法律变迁以及立法、司法的进步具有重要理论价值和实践意义。

当然,同其他早期学科一样,早期经济法学说不能摆脱历史局限性,仍具有“早期”特征:处于个别研究、个别论证阶段和水平,还没有形成严密的科学系统;对既存的社会经济制度和立法的研究,具有描述性和辩护性;未能揭示经济系统、法律系统本身及两者相互间的有机联系和规律。

任何新生事物开始都是不被接受的,受到嘲讽、排斥和抵制,如竞赛中“下蹲起跑”这样简单的新生动作就是这样。因为“下蹲起跑”能够增强爆发力和加速力，这个人确实跑快了，人们遂纷纷效仿起来，乃至成为赛场上的“法则”。任何新理论的命运也是这样。应当说明，早期经济法学说是自然地、历史地形成的。对于这种新的法学理论的体系化突破，我们应当正确认识、正确对待，充分重视和尊重前人的理论成果，温故知新，扬长避短，从而准确把握经济法理论的发展脉络。

二、经济法理论的世界性发展

经济法理论的创立，表现了一种新的法学理论的强大生命力。由于世界各国特别是经济发达国家都面临着相同或相似的时代条件，因而经济法理论在各国迅速拓展，理论细节不断深化，理论体系逐步形成。

（一）经济法理论的深化

1. 大陆法系国家的经济法理论

在大陆法系国家，最先接受德国产生的经济法理论并普遍开展研究的是日本。第二次世界大战前，日本的经济法理论基本因袭德国的学说。其中发生重要变化的，是提出了“经济统制法”名称，这实际上仍立足于德国的功能说。在德国，1936年，柏姆(Böhm)提出，经济法的中心概念是国家的经济统制，经济法是在特定经济政策意义上的经济秩序及与此相关联的经济制度。1937年，豪美列(Haemerle)把国家统制经济固有的法看做是经济法。

日本之所以接受德国的经济法理论，日本学者认为主要基于以下三个原因：一是日本法学具有依赖德国法学的传统，这根源于大陆法系国家法学理念的一致性；二是两国的经济体制相似，法的规范有类似性；三是第一次世界大战时期德、日是“轴心国”，其政策观念和法观念的共同性。由此看来，国与国之间法的“继受”、法学理论的“传承”，都是有深刻历史和现实根据的。任何一个国家的立法，没有无缘无故的“继受”，任何一个国家的主流法学理论，没有无缘无故的“传承”。

第二次世界大战后，日本的经济法理论发生了重大转变。随着经济集权主义向经济民主主义的转化，经济法理论研究明显深化，其主要表现是：

其一，正视市场经济发展新阶段的现实，并对经济法的社会条件作出明确限定。经济法著述中多采用“资本主义高度发展”、“资本主义高度化”、“垄断资本主义”、“垄断阶段”等术语，并据此展开分析，作为经济法研究的出发点。很显然，所有的经济法著述都没有把一般意义上的“市场经济”或“自由主义市场经济”作为经济法和经济法理论的根据。

其二，进行经济法与相邻法的比较研究。与民法比较，提出近代法(民法)

与后近代法(经济法)的观点,认为经济法是从近代所有权法体系框架中分化出来并在它的上面积累起来的“经济的法”,是后近代法;与商法比较,有取消商法而向经济法发展的观点、企业的“公共性”是经济法调整领域的观点;与行政法比较,指出经济法是在经济政策上对经济进行国家干预的法。

其三,将“市场统制”作为研究的重要内容。认为经济法是市场统制的法,解决国家对市场和垄断的统制政策问题。

其四,禁止垄断法在经济法中占有重要地位。提出禁止垄断法的要素是经济法的重点要素,以及经济法是“对支配市场行为的国家限制法”等见解。

大陆法系其他国家的经济法理论,大体与德国、日本的经济法理论相同。法学界普遍承认经济法的存在,其倾向性看法是,认为经济法是国家对经济施加影响的法律,或国家、私人组织发展经济的法律。

2. 英美法系国家的经济法理论

在英美法系国家,经济法术语已被普遍接受。

英国是最早对自由市场经济实行国家调节的国家,其经济调节法的理论是很发达的。英国法学家已经在经济法这一名称下研究经济法基本理论问题。美国的经济法基础理论研究比较突出的,是对经济与法律的相互关系的研究、法的经济分析研究。而且在总体上,对经济法的部门法研究比较广泛、深入,如对税法、贸易法、货币法以及反倾销法、反不当竞争法和反垄断法的研究都较为出色。

3. 苏联和东欧国家的经济法理论

苏联和东欧国家是在革命成功后,一开始便走上社会主义道路的。生产资料社会主义所有制和新型经济关系,要求有与之相适应的一整套法律形式,经济法理论应运而生。

苏联第一部经济法著作,是1924年阿·格·哥依赫巴尔格所著《经济法》一书。20世纪20年代末,Л. И. 斯图奇卡提出“经济—行政法”概念,用以调整社会主义经济成分中各社会主义组织之间的关系。这被概括为“两成分法”说。他认为无计划的、无政府的经济成分与社会主义经济成分,是两种性质不同的经济成分,民法与经济—行政法是相互排斥的,民法的基础是私有制。20世纪30年代中期,Л. Я. 金茨布尔格和 Е. Б. 帕舒卡尼斯在批判“两成分法”的对抗论基础上,表达了“混合法”思想,提出“战前经济法”说,他们把调整社会主义组织之间和公民相互之间的经济关系都纳入了经济法的范围,认为经济法是无产阶级国家在组织经营管理和组织经济联系方面所实行的政策的特殊形式。20世纪50年代末,В. В. 拉普捷夫和 В. К. 马穆托夫提出经济法只调整属于社会主义经营管理领域的领导经营活动和从事经营活动的关系,这两种关系就构成经济关系。这一“现代经济法”说,是我国所谓“纵横统一”说的由来。后来,这一理论发展为苏联的主要经济法理论流派。1947年,В. К. 拉伊赫尔在《保险的历史类型》一书中,提出法部门应分为两类,一类是基本部门,一类是综合部门。后来,A.托尔斯泰对这两个部门的区别作了论述:基本部门有统一调整对象,而综合部门可以调整不同类的关系;基本部门不能有其他部门法规范,综合部门则由其他法部门规范构成;基本部门有专门的调整方法,综合部门则综合利用基本部门的调整方法;基本部门在法的体系中占有一定地位,而综合部门不占任何地位。他认为经济法属于综合部门,后被称为"综合部门法"说。1963年,C.H.勃拉图西和C.C.阿列克谢耶夫提出"经济—行政法"主张,认为应建立经济—行政法学科,以研究社会主义经济领域中相互关系的行政法调整问题。这种主张是在批判"混合法"和"综合部门法"论的基础上提出的。

苏联解体后,正是坚持"纵横统一"说的经济法学者提出"经济法的新观念",认为由计划经济向市场经济过渡,经济活动正在成为经营活动,经济法也正在成为经营活动法。这是对苏东国家已经走上自由主义市场经济道路的一种"理论"折射。

东欧国家对苏联政治上、经济上的依赖性,导致法学理论上的依赖性,因而其经济法理论与苏联大体相同,不过仍有其特色,如南斯拉夫的"企业自治法"理论、匈牙利的"分权制"理论及"短缺经济"立法理论等等。南斯拉夫佐·安东尼耶维奇所著《经济法教科书》,影响较大,主要内容包括主体、商品流通业务、银行业务等。

(二)经济法知识体系的初步形成

经济法理论深化的显著标志,是知识体系框架初步形成。从20世纪初经济法作为法学上的术语提出,到20世纪80年代下述国外三个代表性知识体系框架问世,整整经历了八十多年,况且仅仅是教材性体系框架。这说明了凡称得上理论的理论是不可能一蹴而就的,也说明了理论抽象工作的艰难。

在苏联,以B.拉普捷夫主编的《经济法》为代表。该书1983年出版,是苏联教育部审定、供高等学校法学专业用教科书。全书分总则、分则Ⅰ和分则Ⅱ三部分。总则是基本理论的阐释,包括领导经济的形式和方法、经济法的主体、社会主义所有制和社会主义经济中的财产法律制度、经济核算和经济刺激的法律形式、经济债、经济关系中的责任、经济权益的保护;分则Ⅰ为社会主义经济中各种职能活动的法律调整,包括计划工作、科技进步、产品工作和劳务的质量、物资技术供应和产品销售、价格构成、经济系统中的拨款、信贷和结算、国民经济中的法律工作;分则Ⅱ为国民经济各部门的法律调整,包括工业、基本建设、农业、运输、邮电、商业和公共饮食业、公用事业、生活服务。

在日本,以金泽良雄所著《经济法》为代表。该书1980年出版。全书分总论、经济组织法和经济活动法三部分。总论为基本理论,包括经济法的意义、本质、地位以及经济法的调整、计划、沿革和经济行政机构;经济组织法包括一般企业法、合理化法、竞争政策法、产业结构法、国家管理法和特殊企业形式法；经济活动法包括资金、金融、物资、物价、涉外、资源的调整法和消费者政策法。

在美国，以加利福尼亚大学赫尔基所著《法律与经济》为代表。该书1979年出版。全书包括财政法、土地租赁法、规划法、侵权行为法、刑法，并单列合同法和反垄断法。

上述知识体系框架，是深化经济法理论的阶段性成果。这一成果，大体上划定了经济法知识领域，为使经济法由一般知识进入理论领域，奠定了初步基础。

（三）经济法理论的发展趋势

任何一门学科都是长时间逐步形成的，而且，就是基本形成一门学科之后，也还会不断修正、不断分化。当前，各国的经济法理论，正处于学科形成过程中。在今后深入探索中，经济法理论将在下述方向上发展：基础理论的科学化和经济法律制度研究的理论化。

基础理论的科学化，要求深入研究理论细节，并在这种研究的基础上形成属于经济法学科自己的理论基本点；要求研究经济法范畴，逐步建立起经济法范畴体系。理论基本点和范畴的完善化，就可以使经济法理论成为自我论证、体系合理的科学系统。

经济法律制度研究的理论化，是经济法理论发展的必然要求。经济法理论研究，离不开对具体经济法律制度的应用研究，但这种应用研究，不是经济法律、法规的复述和对这些立法的简单编排，而是通过对经济立法的研究，建立起社会可行性分析系统、利弊得失评价系统、法的废改立建议系统，从而形成某一经济法律制度的具体理论。

经济法基础理论与经济法律制度应用理论相辅相成、不可分割。基础理论制约应用理论，应用理论有助于基础理论研究的深入和进一步成熟。

面对这一发展趋势，经济法理论本身目前首先应当解决两个大问题：

其一，基本内容的复述性和移植性问题。

经济法理论不能仅仅是复述经济法律、法规“怎样”规定，更重要的应当是阐释“为什么这样”规定和“应当怎样”规定，揭示经济—法律的双向联系机制和调整规律。在内容上，一门学科之所以成为科学，应当具备三个基本条件：(1)属于自己的、与其他学科特别是相邻学科相区别的研究对象；(2)建立在同质性认识基础上的基本原理；(3)逻辑体系和体例的辩证结构。因此，对于构建经济法理论体系说来，无论是同类法规的汇集，还是对法规作断章分解式的编纂，均不符合经济法理论所应具备的上述条件。

生产社会化、国民经济体系化和经济国际化，使各国经济立法有某些相同或相似的内容。但是，各国的经济基础不同，其立法目的、作用机制、实施后果等不可能完全一致，这是因为同一理论却受不同的规律支配的缘故。这就是经济法理论不能简单移植的根本原因。推而广之,对于外国的任何法学理论乃至法律、法规都不能简单移植。我们应取的态度是,批判地借鉴。

我国的经济法理论应当是表现中国特点的、社会主义的、反映市场经济体制要求的、充满时代特征的经济法理论。苏联的“计划经济法”理论、西方国家的“市场经济法”理论,都不能满足上述要求。简单移植,南桔北枳,无法达到发展经济法理论的目的。

其二,理论体系与法规体系、教材体系的区别问题。

首先应当说明,理论体系能够系统地揭示出科学原理。在分类学上,从统一的科学性出发,理论体系、学科体系与科学体系术语可以互用。这里的学科,不是教学上俗称的“学科”,而是指某类科学的学科。

国外有些学者认为,把经济法规作合乎逻辑和内部协调一致的安排,就构成经济法的体系,经济法作为部门法的体系,稍加改动,也可以作为经济法学科和教材的体系。显然,这是把理论体系同法规体系、教材体系三者看做一个东西。

实际上,三者是有区别的,在研究体系问题时,必须加以区别。法规体系解决“怎样规定”问题,理论体系解决“为什么这样规定”问题。前者是客观实在,后者是思维抽象,因而无论对经济法律、法规作怎样合理的结构安排,都不能使之进入理论领域。教材体系是已知的一般知识系统,它是解决为传授知识需要而编写的课程知识框架,具有实用性、简明性和随机性特征,它要求从教学对象出发,适应教学需要;而理论体系是这门学科(科学)的理论系统,其逻辑体系和辩证结构为:逻辑环节(概念的规定性、转化)—逻辑链条(判断的归属、过渡)—逻辑支架(推理的深化)—逻辑骨骼(篇、章、节的辩证联结)。理论体系是逻辑结构,而非板块结构,它是理论研究的历史的全面总结,其形成要经历漫长的过程;某一学科定型后,表现为高度的理论性、严密的系统性和知识的完整性,它的某些内容可能修改、补充,体系范围可能扩大或缩小,术语、概念的内涵和外延可能变化,但基本原理不会改变。

一般理论,是学科形成的标志,每一学科一定要形成自己的一般理论。一般理论是学科的基础理论和基本知识,是基本的学科范围框架。作为学科的一般理论,必须具备范畴和范畴体系、论证和论证体系、逻辑和逻辑体系这三个条件,没有这三个条件,是无论如何也不能称之为学科的一般理论的。应当说,经济法学科的一般理论尚未形成,因而其学科体系、理论体系仍在艰辛探索之中。

大体上说,一门学科形成后,教材体系与学科体系、理论体系在体系上、内容上是可以相同或相近的,但当一门科学刚刚起步或处于进一步发展中时,便把教材体系当作理论体系、学科体系是有害的,它将阻碍经济法理论研究通向科学的发展道路。

可以设想,经济法学科体系,是“树状”体系。这棵“多枝树”是经济法理论科学、经济法解释科学和经济法历史科学的统一。

(四)经济法理论在中国的新发展

大机器工业是经济法产生唯一可能的物质基础。经过新中国建立后三十多年的建设,我国已经实现了生产社会化,形成了较为完备的国民经济体系。在全国工作重点转移到经济建设的方针指引下,我国加快了经济立法的步伐。1979年6月,第五届全国人大第二次会议《开幕词》指出,随着经济建设的发展,我们需要各种经济法,此次会议所作的《关于七个法律草案的说明》指出,要陆续制定各种经济法。这是我国最高立法机关首次提出并使用"经济法"术语。1981年12月,五届全国人大四次会议的《政府工作报告》中使用了"经济法规"术语,此次会议的《全国人大常委会工作报告》进一步指出,经济立法是立法工作中的一项重要任务。在司法方面,最早组建经济审判庭的是重庆市中级人民法院。1979年7月全国人大通过《人民法院组织法》后,全国各大中城市的高、中级人民法院陆续建立了经济审判庭,至1980年7月,除个别法院外,各级人民法院均组建了经济审判庭。当然,审判庭的名称只是一种形式,无论名称形式如何变换,其审判经济案件的实质内容是不会改变的。经济立法是独立的立法领域,它的可诉讼性是一个不争的事实。

立法和司法先行,极大地促进了我国经济法理论研究的兴起和繁荣。20世纪70年代末80年代初,我国理论界出现了集中介绍国外经济法理论和经济立法动态的局面,一批论文和专著的中译本发表和出版,产生了较大影响。与此同时,研究经济法理论问题的论文也不断涌现。作为著作和教材,择其要者,如:1981年,刘瑞复的《经济法概论》问世,刘隆亨的《经济法简论》出版;1982年,王忠、刘瑞复等四人合著的《经济法学》出版;1983年,高程德的《经济法概论》出版;1984年,陶和谦主编的经济法统编教材出版发行。"统编教材"是几个院校的学者自行组织的,不具有官方性质,但它的出版、发行,引领了全国各类教材竞相出现的繁荣局面。此后,经济法理论研究在教学、科研、出版等领域全面推进,经济法教学组织普遍建立,综合大学、政法院系、理工农医等院校、党校系统、军队院系等开设经济法课程。目前,全国设置了二百余个经济法专业;高等学校、研究单位、国家机关乃至一些公司、企业等组织,相继设立经济法研究机构;经济法教学人员、科研人员以及经济法专业学生人数之多、分布之广,在中外法学史上实属罕见。

我国经济法理论的基本主张,是在充分认识当代国民经济统一性基础上,实行统一、协调、综合的法律调整,以求国民经济稳定、协调、可持续发展。我国经济法理论建设之所以取得令人瞩目的成就,是因为它站在新的制高点上。这些制高点是:

其一,社会主义市场经济体制的建立。社会主义市场经济体制,是完全新型的经济体制,在体制上,它既是市场的,又是社会主义的。这就要求人们不能简单地继承西方市场经济的理论遗产和法律遗产,不能对西方国家市场经济条件下的经济法理论和苏联东欧国家计划经济条件下的经济法理论照搬照抄,而是要创建有利于并适合于社会主义市场经济发展的经济法理论。社会主义市场经济体制,是我国经济法理论研究的出发点。

其二,国家根本法基础。为保障在我国建立社会主义市场经济体制,八届全国人大一次会议通过了《中华人民共和国宪法修正案》,把"国家实行社会主义市场经济"、"国家加强经济立法,完善宏观调控"载入宪法,以根本法形式确立了"经济立法"的法律地位。目前,我国社会主义市场经济法律体系框架已初步形成,并将不断完善。经济立法的宪法地位以及经济法律、法规的初步体系化,为我国经济法理论的新发展奠定了法律基础。这一宪法基础,是世界上任何国家的经济法理论所不具备的。

其三,借鉴较为成熟的理论成果。我国的经济法理论研究,一开始就直接面对各国经济法理论研究成果,因而得以借鉴现有成果,避免重复走上失败探索的老路。任何科学的发展都具有继承性特征,而继承是通过扬弃实现的。站在世界性成果起点上的我国经济法理论,不可能全部抛弃各国经济法理论研究成果,而是应当吸收和改造其中有理论价值和实践意义的东西,经去粗取精、去伪存真、由此及彼、由表及里地改造制作,使之获取新的进步。

在新的制高点上,我国经济法学科建设取得了显著成绩。但这里应当指出,我国经济法理论研究刚刚开始,对这些成绩不能估计过高,特别是不能轻率地划分学说、学派。由于认识论原因和其他原因,人们在对经济法作总体上的概括和说明时,有时表现为认识立场的差异,但这并不能成为划分学说、学派的理由。从根本上说,我国经济法学界不存在划分学说、学派的根据。"学说"术语的含义是被严格界定的,而其理论抽象形态,必须是"论证的体系"。"学派"术语也是被严格限定的,学派是学术流派,无学说无以成"学派"。由此说来,在经济法理论走向科学的过程中,那种过早地、随意地划分学说、学派的做法,是不符合实际的,因而是不足取的。

当然,若使经济法理论走向科学,存在"理论创新"问题。理论创新是理论发展的应有之义。理论创新,是指对传统理论和现成理论的革命性改造和整体性超越。所言"革命性改造",是对传统理论和现成理论的基本理论的根本性否定,这种否定是通过扬弃实现的;所言"整体性超越",是高于传统理论和现成理论的系统性升华,这种升华,表现为理论水平和层次的提升,也表现为理论的优化和高级化。倘若没有"革命性改造"、"整体性超越",便不存在理论创新问题。任何一门科学,理论上每前进一步都是十分艰难的,轻言"创新",不利于学术理论的健康发展。

三、经济法理论的研究对象

揭示某一学科的对象,就是要回答这一学科最核心、最本质的问题。这一问题,关系到这一学科的理论框架、逻辑结构、基本内容和发展方向。因此,正确确定经济法学科的对象,对于这门学科的成立具有首要意义。

(一) 研究对象及其确定的根据

1. 研究对象的限定

经济法理论,是研究国民经济运行中形成的经济关系法律调整规律的科学。它要回答的最本质、最核心的问题,是如何实现对国民经济运行进行最优法律调整。揭示这一研究对象,也就揭示了经济法理论的原理。

严格地说,国民经济运行问题的出现和作为重大社会问题提出,是由自由主义市场经济过渡到垄断特别是国家垄断的事情。19 世纪末 20 世纪初,自由主义市场经济已经完全失去了自律性,整个社会经济必须靠他律性来维持,其总体运行,不能不借助于国家和法。就是说,社会经济已经发展到这样的地步:离开国家的经济职能和调节经济的法律,国民经济就会立即陷于崩溃。

国民经济,通常指一国范围内产业部门的总和和社会经济总过程。国民经济是一个有机整体,由诸多经济部门、经济环节组成,它好比一架机器,由若干零部件组装,各个部分有不同的功能和作用,在统一机制下运转起来,实现总体目标。

国民经济运行,是指相互依存、相互制约的产业部门、经济环节,通过一定的程序、方式和手段实现社会经济运转。国民经济不会自然而然地运行起来,其运行要素包括运行目标、运行主体、运行过程、运行机制和运行态势等。

国民经济运行目标,是总需求与总供给平衡,这是运行的总目标,离开这一目标,或总需求与总供给失衡,则国民经济只能陷于混乱。

运行主体是国民经济参加者,主要是经济活动主体,在运行主体中,国家主体处于主导地位,具有导向性。

运行过程,在思维抽象上可分解为两个过程:一是经济循环过程,即社会再生产过程,这是社会基本经济过程,生产—交换—分配—消费终而复始,循环往复;另一个是经济周期过程,即社会经济的周期性发展过程,周期间隔或长或短,经济波动或强或弱,但总要经历过热—萧条—危机—复苏这样几个阶段。

运行机制的形成,是建立在经济制度、运行机理、表现形式及实现方式等条件上面的,形成条件不同,其运行机制不会相同,如在经济制度上,是公有制、私有制,还是混合所有制,这是形成运行机制的决定性基础;运行机理是利润最大化,还是人均收入最大化;表现形式有宏观经济、中观经济和微观经济等经济运行形式;实现方式有计划的、市场的、宏观调控加市场的,等等。

运行态势,指国民经济的运行状态及发展趋势。对运行态势不能仅仅理解为状态,还包括质态,即运行质量状态。国民经济从总趋势上看,是由低级质态向高级质态过渡的,如从"农业经济"到"工业经济",从"工业经济"到"知识经济",工业经济中从粗放经营到集约化经营。

譬如"三农"立法。农业经济关系,是国民经济运行的重要领域,解决"三农"问题的立法,如果脱离国民经济的运行目标、运行主体、运行过程、运行机制和运行态势,则不可能产生积极的社会后果。从农业经济说,根据比较效益原理,种大田作物不如种经济作物,种经济作物不如搞工业—贸易。在这种情况下,实行传统法的调整,不能解决"三农"问题,也不能解决城乡二元结构问题。实行经济法的调整,从国民经济总体利益出发,则能够促进农林牧副渔工贸全面、协调发展。解决"三农"问题的关键是"增加农民收入"。农民收入低的原因有三个:农产品价格低;农用工业品价格过高;流通环节的中间盘剥。改变这样的状况,传统法是无能为力的。实行特定农产品的"最低收购价";采用综合法律措施,使农用工业品价格降下来或受到限制;减少流通环节,规定某些农产品的收购方为特定主体,等等,只能依靠经济法才能解决。生猪买卖靠传统法调整还是靠经济法调整?农民买仔猪,1993 年每公斤 3.40 元,1994 年每公斤 10 元,而 1994 年收购生猪价为每公斤 8.80 元、白条猪批发价每公斤 11 元、猪肉零售价每公斤 13 元。这样的市场行情,农民是不肯养猪的。在市场供需失衡、"猪肉恐慌"态势下,国家采取了"低收入家庭猪肉补贴"、"增加仔猪存栏量"、"解决猪饲料涨价"等措施。很显然,从仔猪、白条猪到猪肉,都是靠经济法调整的。根据物价传导效应原理,一种商品的价格变动,将影响另外商品需求量的增加,进而引起这些商品的价格变动。猪肉价格上涨,将引发牛肉、羊肉、禽、蛋类等替代品、互补品价格上涨。生活资料价格上涨,将引发生产资料价格上涨。这样,矿产品、原材料和农副产品的价格交叉弹性,就决定了物价的全面上涨。而物价抗降性原理,要求工资必须增加。猪肉涨价,竟至造成整个国民经济中物价、工资轮番上涨的局面。由此可见,没有经济法的调整,便没有国民经济的正常运转。

对国民经济运行经济关系的法律调整,与对"一定经济关系"的调整是不同的。它是站在国民经济总体立场上的调整,而不是站在局部经济关系立场上的调整,这种调整,是总合性调整;对国民经济运行经济关系的法律调整,是建立在国民经济中经济关系的联系机制基础上的,经济关系的联系机制,是法律调整的出发点和落脚点,是形成法的统一性、形成法的调整机制的根源。经济法理论,正是研究这样的经济关系法律调整的理论。

2. 研究对象确定的根据

把“国民经济运行经济关系的法律调整”确定为经济法理论研究对象的根据是：

其一，国民经济运行经济关系的法律调整，是经济法理论的立足点。当代经济关系与其他社会关系的显著区别，在于其每个经济过程互为条件、互为因果，而且呈周期性发展特征。研究经济法理论，必须从经济活动、经济关系的联系机制出发，从国民经济运行机制出发，因而应当从对一般经济关系的法律调整的研究，转向对国民经济运行法律调整的研究。国民经济运行是动态体系，这就要求确定一整套动态调整的法律制度。离开国民经济运行，经济法便失去了调整的基础，无任何意义。经济法理论正是以对国民经济运行经济关系法律调整的研究，作为出发点、归结点的。

其二，国民经济运行经济关系的法律调整，是经济法理论的核心问题。任何法的调整，都是通过对具体的关系的调整实现的，但这种调整受制于、统一于国民经济运行经济关系法律调整。国民经济运行经济关系法律调整，决定具体经济关系调整的主要目标、主要方面和主要过程，它对具体经济关系调整起主导和制约作用，处于核心地位。因此，经济法理论的核心问题，是研究国民经济运行经济关系的法律调整问题，其理论环节、理论框架都是围绕这一中心问题展开的。

其三，国民经济运行经济关系的法律调整，是经济法学科区别于其他学科的重要标志。在法的领域，不管怎样划分，从根本上说，不涉及经济关系的法是不存在的，如宪法规定国家基本经济制度，行政法规定经济方面的行政权力，刑法规定经济犯罪，民法规定物权、债权等等。这些法的理论，从总体上都不研究国民经济运行经济关系的法律调整问题。这一领域为经济法理论所专有，表现了经济法理论领域的特殊矛盾，从而与其他学科区别开来了。

（二）经济法领域的特殊矛盾

各个学科特别是相邻学科如何划分，是人们的主观认识。这种主观认识是不能脱离客观实际的。学科划分的根本依据，是该学科的对象客观上所具有的特殊矛盾。这一特殊矛盾，决定了该学科的特定本质。

国民经济运行经济关系的法律调整领域的特殊矛盾，主要表现为五个方面，集中到一点，是经济与法的矛盾。

1. 经济的决定性与法的调整性的矛盾

经济基础与上层建筑相互关系原理表明，经济法的产生、本质、作用方向，经济法律、法规的废改立，归根结底，都是由经济基础决定的。这种决定性，要求经济法必须为经济基础服务；经济立法要建立在客观经济条件及其提供的可能性上；以正确估计经济领域各种因素的客观发展为依据。根据这一原理，还要认识到法对经济基础的反作用。在法的领域,这种反作用是整个法的体系对经济基础的作用,表现在对经济基础的服务上。在法的具体作用问题上,"反作用"与"调整作用"是不同的。"调整"是指具体法律、法规等规范性文件对具体行为、具体关系等的规范性,表现为禁止或限制、促进或鼓励等。这里的"调整",已把历史唯物论范畴的"反作用",转化并限定为法学上法对经济的规定性。

经济的决定性和法的调整性都是一种强制力。经济的决定性是客观的,但不具有规范性,反映经济客观性的法表现为法律,便取得了规范的形式。因此,从根本上说,这两种强制力是一致的、统一的。

经济的决定性与法的调整性的矛盾,源于两种盲目性:经济盲目性,是经济主体为追求自身特殊利益而脱离经济立法进行经济活动所形成的盲目性;法的盲目性,即立法上的主观先验性,表现为经济立法脱离客观经济实际。当经济盲目性背离正确的立法,或法的盲目性背离客观经济规律时,两种强制力是矛盾的,这种矛盾,将带来不利的社会经济后果。

经济法理论要研究并正确解决经济决定性与法的调整性的矛盾,使社会经济与法相互适应地发展。

2. 经济规律的作用机制与法的利用机制的矛盾

经济的发展有着自己内在的规律,它是客观的,不以法的意志为转移。问题在于,怎样正确认识经济规律的作用机制和法的利用机制。一定社会经济条件下的经济规律不是单一的,是由若干相互联系、相互制约的规律构成的,经济规律的作用是综合作用。因此,法对经济规律的利用也不可能是单一的,只能是综合利用。

经济规律的作用机制与法的利用机制的矛盾,集中表现为经济规律的综合作用机制与法的单一利用机制的矛盾。单一利用机制的表现,一是,在诸经济规律中突出或单独利用某一规律。如价值规律,在立法指导思想上,主张自由市场、自由价格、自由竞争。因为背离了经济规律的综合作用原理,单一利用机制致使经济秩序陷于混乱,国民经济恶性运行。二是,对某一经济规律突出或单独利用其中的某些内容、环节,忽略或排斥其他内容、环节。如国民经济按比例发展规律,它是社会生产与社会需求之间在时间和空间上的对比状况规律。在内涵式扩大再生产与外延式扩大再生产、加工工业与基础工业、劳动生产率与社会收入增长率的比例关系中,如果通过立法,致使发展外延式扩大再生产,膨胀加工工业,不切实际地提高社会收入增长率,则会因违反经济发展的比例关系而使国民经济失调、失衡。

3. 经济主体意志与国家意志的矛盾

经济主体的意志具有自然属性和社会属性的二重性:自然属性,即由生产力所决定的属性,经济主体从事经济活动的目的,是为社会提供一定的产品或劳务;社会属性,即由生产关系、社会制度所决定的属性,这使经济主体在为财产所有权性质所制约的基础上,形成从事经济活动的特定意志。多种经济成分的存在,是经济主体意志多元化的前提。私营企业、外资企业等企业的意志,是在私人财产所有权基础上追求利润最大化,国有企业如果不是以最大限度满足人们日益增长的物质文化需要为目的,则存在利润最大化和人均收入最大化双重意志目标,这些意志便与国家意志发生矛盾。

经济主体意志与国家意志的矛盾,集中表现为它的逆法意识、违法意识或犯罪意识。逆法意识,是主体对于法秩序持否定态度的心理状态。这里提出的逆法意识概念,不同于违法意识、犯罪意识,其核心含义是主体主观上回避违法或犯罪,采取了"上有政策、下有对策"、"打擦边球"、"钻法律的空子"等思想方法。逆法意识、违法意识和犯罪意识根源于经济主体对自身特殊利益的追求,这种对特殊利益的追求所形成的特殊意志,具有任意的、反社会的性质。当特殊意志转化为逆法意识、进一步地客体化为违法行为乃至犯罪行为时,则构成危害法秩序的重要因素。

4. 法的主观形式与经济的客观内容的矛盾

法是表现和记载经济关系要求的规范,因此,法规范的内容是经济关系的客观内容,法的规范形式是经济关系在法上的表现形式。问题在于,经济关系是客观过程,而表现和记载经济关系是主观过程,表现为主观形式。影响这一主观过程、主观形式的因素很多,有政治的、形势的、传统的、法观念的、意识形态的等等。认识的主观性,是导致法的主观形式与经济的客观内容矛盾的主要原因。

应当明确,法是一种主观过程、主观形式,但这种主观过程、主观形式必须具有客观性,即客观地反映经济关系。不能客观地反映经济关系,归根结底,是认识主观性造成的。判断经济立法是否有认识主观性的基准,是经济法律、法规的废改立是否符合中国国情,是否适应社会主义市场经济发展的需要。为克服经济立法的主观性,解决法的主观形式与经济的客观内容的矛盾,应当坚持把立法民主化、科学化和立法技术合理化作为立法工作的基本指针。

5. 经济活动过程与法的实现过程的矛盾

任何经济活动都是主体为实现一定经济目的而进行的自觉活动,经济目的实现,具体的经济过程即告完结。由此可见,经济活动过程具有自动性和即事即结的特征。在经济领域,法的实现,是经济主体按照法要求的行为准则,实施适合于一定经济关系类型的行为,从而形成彼此间的相互关系。这样,被法所规范的现实经济关系,必然转化为法律关系。法的实现是一个过程,它首先表现为法规范体系的实现过程,同时也表现为经济行为的合法性、适法性过程,而且与立法、执法和司法机关的职能行使阶段相对应。法的实现过程具有稳定性、程序性特征。

这两种过程的特征表明,经济活动过程与法的实现过程存在矛盾。其主要表现:一是经济过程时间与法的时效的矛盾,如某一经济过程开始了,还没有相应的立法,或怠于执法、司法,而某一经济过程结束了,法并未废止,仍在起作用;二是法在不同对象间的矛盾,如限制基本建设投资立法,在"楼堂馆所"建设和普通住宅建设那里都同时发生作用,但由于在基建中大部投资用于"楼堂馆所"建设,这一过程与普通住宅建设并不同步,因而这种限制立法的实施,实际上使普通住宅建设受到限制,这就使基本建设关系失衡,影响国民经济正常运行。

经济活动过程与法的实现过程的矛盾,是经济法领域的基本矛盾之一。经济法理论解决这一矛盾,将有助于实现守法生产经营、公正司法和执法以及立法适时性等问题。

（三）研究对象表述评价

经济法领域的特殊矛盾,从根本上决定了经济法学科的划分,也从根本上确定了经济法理论的研究对象,但这并不能必然导致关于经济法研究对象的表述是整齐划一的。从我国经济法著作和教材中,可以就有关内容概括出以下几种表述:

其一,经济法理论"是研究经济法律、法规的"。这是从苏联法学界关于"法学是研究法律的"表述引申而来的。通常认为,法学是研究法律的科学,部门法学是研究具体部门法律的科学。法学研究,当然要研究具体法律规定,离开了法律,法学便成了无源之水、无本之木,而且通过研究具体法律规定,评其优劣,从而权衡立法的利弊得失。因此,这种通常表述是有一定道理的。然而,"研究对象"与"研究范围"不是一回事。把研究范围之一的法律、法规当作唯一的研究对象表述,其主要缺点是:容易形成注释法学,使经济法理论限于对经济法律、法规的注释,跟着法规走,使经济法理论失去应有的理论性和对立法、司法实践的指导性;容易脱离国民经济现实及其未来发展的要求。法律是相对稳定的、静态的,而经济是不断发展变化的,只研究现有法律的理论,不能适应经济变化的需要。经济法理论是揭示经济法原理的理论,作为原理,不因具体经济情况的变化而变化,不因法的废改立而改变。

其二,经济法理论"是研究经济关系的"。经济关系,是经济法何以为"经济的法"的决定性基础,经济法理论不能脱离于对经济关系的研究。从这个意义上说,离开经济关系,便不存在经济法律,也不存在经济法理论本身。然而,经济法理论是通过对经济关系与法律关系的双向联系机制的研究,得出法学上的结论的。把经济关系当作经济法理论研究对象的主要缺点是:容易把经济法理论搞成经济学理论。经济学有自己的本质规定性,它研究生产关系及其发展规律,其范畴形式、逻辑起点、基本内容等,与经济法理论并不相同。经济法理论重视经济因素,但不能照搬经济学范畴,也不按经济部门或部门经济学构建体系。至于用“一定经济关系”取代“经济关系”，也是不足取的。“一定经济关系”需要再定义、再解释，这就违反了下定义的规则。

其三，经济法理论“是研究经济法律关系的”。这种表述较之上述两种表述，无疑是一大进步，这里不再是孤立地研究法律、法规，也不是单纯研究经济关系，而是把经济与法律联系起来加以研究。问题在于，仅仅把经济法律关系当作经济法理论的研究对象是不够的。这种表述的主要缺点是：容易局限于对现实经济法律关系的研究，忽略了对法实施后的社会经济后果研究及立法趋势和预测研究，从而实际上放弃了对“经济法律关系再调整”的研究。如国务院《关于清理整顿公司的决定》实施后，形成了关于清理整顿公司的法律关系，这种法律关系，是依据该决定所规定的一般原则建立起来的，仅对这种法律关系进行研究，无法达到有效地清理整顿公司的目的。从对“经济法律关系再调整”出发，则应当研究“对特定机关和单位的具体要求”、“清理整顿公司的范围”、“对撤并公司的债权债务、资产及劳动人事事项的处理”、“对某些公司减免税、贷款利率、经营范围规定措施”，等等。通过研究，或提出新说，或形成立法建议，从而通过新立法实现对公司清理整顿法律关系的再调整；此外，这种表述容易忽略对经济法律关系之外的经济关系调整的研究，客观上有碍于经济立法的完善。在我国，目前存在诸多未被法律调整的经济关系领域，其中有些经济关系状况亟待立法解决。加强对既存的经济法律关系之外的经济关系调整的研究，对于稳定经济秩序，促进经济法制的完备，无疑是必要的。

总之，法学理论的研究对象，应当确定为法学是研究法即法意识、法制度、法关系及其相互关系的科学。在这里，所谓法，是指法意识、法制度和法关系的总和。由此而论，经济法理论的研究对象，被限定为是在科学法律观指导下，研究国民经济运行经济关系法律调整规律的科学，这就把法意识、法制度和法关系包含在其中了。

四、经济法理论的研究方法

方法，是主体认识活动和实践活动的手段、方式、步骤和程序。方法具有工具性特征。由此而论，法学方法，是揭示法律科学、认知法律，获取并解释客观法律事实的方法。方法论，是关于方法体系的理论，是关于方法的观念形态的总概括。方法论具有理念形态特征。在广义上，方法论是关于理论和实践中方法的总原则和方法工具体系的理论，是关于主体活动结构、逻辑组织以及活动结果和方式的理论。经济法是一门新兴学科、边缘学科、发展中学科，正确解决方法和方法论问题，对经济理论体系的形成和进一步完善，具有关键意义。进一步说，它将引发法学方法特别是方法论的变革。

（一）方法论问题的提出

各学科发展史及思想史的发展证明，科学的方法论和正确的研究方法，能够使这些学科摆脱幼稚，不断走向成熟。因此，我们应当充分认识经济法理论研究中存在的方法和方法论问题，把握方法和方法论对经济法学科建设的要求。

1. 经济法理论研究的方法论要求

经济法理论研究的方法论要求，大体表现在构建体系、逻辑结构、范畴和基本理论等方面。

其一，在构建体系上，要求改变从经济学现成理论出发，依照部门经济的内容和序列，汇集经济法律、法规，在基本上复述经济法律、法规的基础上构建体系的方法论思想。这种体系的构思方法，是从经济学的现成抽象出发，而不是从经济—法律双向联系机制这个客观具体出发，作为理论体系的结果，是经济法律、法规的具体，而不是经济法的思维再现上的具体。这样的经济法律、法规的体系还不是经济法学科体系，很难进入理论领域。在具体研究方法中，也存在从哪里出发问题。譬如“经济分析法学”也是从经济学一般概念出发。作为分析方法，采用经济分析有其合理性，但作为经济法理论，则应是从经济上的法律问题出发，通过经济学方法等在内的科学方法的分析和论证，得出法学上的结论的方法论思想。

其二，在逻辑结构上，要求经济法理论体系是逻辑结构，而非“板块结构”。任何一门学科的结构都是逻辑结构，有逻辑起点、逻辑主线，其理论内容的联系，是逻辑联系。内容系统可以分为“总则”、“分则”，也可以分为几大部分。问题在于，总则和分则、几大部分之间是有机联系的整体，而不是孤立的、分散的板块。在具体研究方法中，也存在是逻辑结构还是板块结构问题，如“企业法”与“公司法”章节单列，但公司是企业形态之一，公司法与企业法在立法上应当存在有机联系，是包含与被包含关系。反映在理论上，应揭示两者的联系。如果把这些联系作为学科中相关内容的基础，并作逻辑的安排，则论证结构是一种逻辑结构。

其三，在范畴上，要求逐步形成经济法学科自己的基本概念和范畴的方法论思想。是否形成范畴和范畴体系，是这门学科能否独立的重要标志。一门学科的范畴体系，是由各学科通用的一般范畴、相邻学科的共有范畴和本学科的自有范畴组成的。建立经济法学科范畴体系，应当注意解决以下几个问题：以严格可靠的范畴为依据；形成新概念、新范畴；恰当地引进相邻学科范畴；确定范畴序列和联系链条。这里特别重要的，是形成经济法学科自己的概念和范畴，并逐步形成范畴体系。如果一个学科只是各学科范畴的总和，这个学科不可能独立。此外，在引进其他学科范畴时，必须把握这些范畴固有的内涵和外延，注意引进的条件要求，不能把这些范畴作为自己学科的固有范畴。譬如，“法人”是民法学科的重要范畴,其含义和特征是确定的。在经济法学科里,“法人”可以是经济法主体之一,但不是唯一主体。经济法学科的重要主体,是“经济法人”,它是与“法人”有联系但又有重大区别的范畴。“物”是重要的民法客体,但它不能替代经济法客体,经济法客体之一是“资源”。“资源”范畴的含义、特征和范围,与“物”很不相同。

其四,在基本理论上,要求深入阐明、论证属于自己学科的特殊属性,能更明确地从其特殊性出发把握理论基本点和理论环节的方法论思想。譬如,在经济法发生学中,不能忽视社会经济发展不同阶段质的规定性,应分析经济法现象产生的历史动因及形成完备形态的条件,而不能从“调整经济关系的法就是经济法”出发,得出经济法古已有之的结论;在经济法地位论中,不能忽略法的结构变动及法的历史性变迁,应在界定传统法律特性和功能的基础上分析经济法的特殊本质和机能,而不能在传统法部门划分理论前提下,从现有的法部门中硬分离出经济法部门;在经济法对象论中,应当从社会化大生产所造成的社会经济联成一体及其形成的总体运行出发,而不能把一个一个的经济关系对象化,分别划定调整对象,实际上,这样做会使经济法落入历史上早已存在的经济民事关系、经济行政关系的窠臼;在经济法调整论中,应当研究经济法的调整机制和作用机制,而不能因袭传统的调整理论,头痛医头、脚痛医脚,如在高通胀经济态势下,一个接一个的限价紧急立法,何以成效甚微,就是因为未能充分识别法律联系机制和作用机制的缘故。解决高通胀问题,仅有限价立法是远远不够的,还必须有货币发行法、贷款利率法、税目税率法等一整套法律相配合。总之,必须坚持经济法理论的特殊属性。“综合就是创造”,指的是理论的有机综合性特征,但综合不是“混合”,混合各学科理论或各个法律、法规,不会形成一个学科的独立理论。

此外,我们不能不注意到,中外法学界法学研究工作的一个重大缺陷,是放弃研究法的对象的倾向。为什么要反复强调研究法学理论也要注重法的对象的研究呢?一是因为从根本上说,法律没有自己独立发展的历史。法是由该社会的政治、经济、文化等决定的,为其所规定、所制约。从这个意义上看,法是第二位的、派生性的。二是因为法律是形式,法律所规定的对象是内容,内容决定形式,离开了内容,形式无从谈起。因此,研究经济法理论应当充分注意对作为法的对象的经济的研究。如果对经济学理论不甚了了,乃至对一些基本概念、范畴都很陌生,对国民经济及其运行的实态一知半解,是不能学好经济法理论的,也失去了从事经济法理论研究工作的前提。在法学领域,用常识替代知识、知识替代理论、一般理论替代学术理论是不能获取法学真知的。保持法学理论的学术品格,应当成为我们研究法学理论的重要方法论原则。

2. 经济法学科对方法论的特定要求

经济法是新兴学科、边缘学科、发展中学科。这样的学科，对方法论有特定要求。从这种意义上说，研究经济法理论，应当实现方法和方法论的变革。

新兴学科要求新的方法论原则和研究方法。国民经济运行的整体性和经济法律的整体性，是人类历史上全新的经济事实和法律事实。经济法理论为了把握这种整体性特征，必须借助于新方法论。系统论把对象看做一个系统，系统由若干子系统构成，子系统结构分支多，结合复杂，相互联系，相互制约。运用系统论方法，能得以从整体上认识经济法理论的对象系统，根据整体综合的结果处理材料，把握理论的目的、发展方向和细节。控制论方法是从整体上对对象客体进行控制的方法。这一方法，要求经济法理论要研究如何对国民经济进行有效的法律调节、控制和监督。信息论注重信息的收集、处理和给出。采用信息论方法，对于研究经济立法的可行性和完善化、经济司法和经济执法的适法性及改善措施，科学地总结经济领域守法状况、违法及犯罪形势和发展趋势等，都是不可或缺的。现有资料表明，经济法理论与系统论、控制论、信息论几乎是同时出现的，它们产生于大体相同的社会条件和思维方式。

经济法是一门边缘学科，学科间的相邻领域是边缘学科的生长点。因此，交叉性是边缘学科的显著特征。经济法学科涉及许多科学领域，除经济学外，与其他法学领域、管理学以及自然科学、技术科学等都是密切相关的，而这些领域又各自具有多门类、多结构特点。经济法理论不能是这些学科理论的“接枝物”或“镶嵌物”。把原来属于不同领域的科学思想和材料，在新的条件下综合时，必须重新确定它们的性质、地位和功能，使之具有本学科所要求的本质规定性和表现形式。这一要求具有根本的性质，贯穿于经济法学理论形成过程的始终。为此，“科学抽象法”便成为经济法理论研究的基本方法。阐释经济法基本理论，应当自始至终地采用其中“从抽象上升到具体”的方法，这里的“具体”，按照黑格尔的说法，是思维再现上的具体。我们应当在分析经济法学科与相邻学科的区别和联系中，界定自身的特殊属性。否则，把各类不同性质的概念、范畴和基本理论，以及各不相同的经济关系、法律关系混杂在一起，必然造成学科混乱。

发展中学科充满“发展”特点，经济法学科也不能例外。经济法理论基础不可能在传统法学内部产生，它必定要对相邻学科的某些原理作修正，其某些法律原则、调整方式乃至学科体例等也将改变。经济法学科的发展过程，也是人们认识的深化过程，这是一个多次重复、往返运动，又回到认识起点而逐步接近真理的过程。总之，经济法学科是在矛盾中发展的，还不成熟、不完善。在这样的情况下，用正确的矛盾观、发展观解决经济法学科建设问题，只有以唯物辩证法作指导。这里应当明确，人们并未企求唯物辩证法说明经济法学科的一切，而只是指出对于这一发展中学科说来，唯物辩证法是科学的方法论原则和认识论原则。

（二）方法论原则

唯物辩证法是关于自然界、人类社会和思维的发展最一般规律的科学。它是由客观现象的内部矛盾引起的发展、在自己运动中认识客观现象的理论和方法。因此，唯物辩证法是经济法理论研究的基本方法论原则和认识方法原则，在方法论体系中居于主导地位。这是之所以把唯物辩证法与具体研究方法加以区别的根本原因。

唯物辩证法贯穿于经济法理论的所有领域，依靠唯物辩证法，能够揭示经济法律、经济法律关系及经济法学科的本质。唯物辩证法对于经济法学科的意义是：从国民经济运行的历史和现状出发，研究法律调整的规律性；从法与经济的关联性出发，研究经济关系、法律关系的统一性及具体表现形式、实现方法；从矛盾的观点出发，研究国民经济本身的矛盾、经济法律本身的矛盾和经济与法的矛盾的解决途径、手段和方式；从历史性、社会性出发，研究利益关系、阶级关系及利益、阶级对法的要求，研究经济法的发展、变化，研究经济法范畴体系的社会规定性。

唯物辩证法是毫无片面性弊病的学说，应当在坚持中发展、在发展中坚持。应当明确指出，唯物辩证法本身与唯物辩证法的应用，不是一回事，不能把“应用”出了某些问题看成是“本身”有问题，因而抛弃唯物辩证法。因此，强调唯物辩证法对经济法学科的指导意义是必要的。

（三）具体研究方法

经济法学科对方法论有某些特定要求，为满足这一要求，应当采用与之相适应的研究方法。当然，作为一门科学，还应当采用各学科都必须采用的共同的研究方法。

1. 法的一般科学方法

法的一般科学方法是经济法研究必须遵循的方法。

一般科学方法是关于辩证思维活动规律的方法，包括具体—抽象—具体方法、逻辑方法、归纳和演绎方法、综合和分析方法。它是各学科都需采用的方法。

一般科学方法，是研究方法与叙述方法的统一。研究方法是对具体对象进行辩证思维活动所采用的方法，叙述方法是把思维抽象的具体结果表述出来的方法，两者在形式上是不同的，但任何科学包括自然科学和社会科学，都是经思维抽象后被叙述出来的，因而实质上两者是一致的。

譬如，采用从抽象上升到具体的方法，研究经济关系的经济法调整特征。人们的传统做法是研究“经济关系一般”法律调整即经济关系法律调整在一切时代的共同规定性。然而，在社会化大生产、国民经济体系化和经济国际化条件下，只因袭经济关系的一般性并得出传统的民事关系结论，便无科学意义。在经济关系领域，通常认为“平等主体间的关系”是民事关系，由民法调整。然而采用具体分析方法便可发现,正是在这种"平等主体"所建立的关系中,有商品货币关系,也有宏观调控关系;有对价交易关系,也有不正当竞争关系、垄断关系等等,这些关系并不都是平等关系。在找到这种关系的特性和表现形式之后,采用综合法进行综合性分析,可认为当代各国整个经济关系具有二重结构,既有平等关系又有不平等关系。这样看来,"平等主体"只是一个臆想的概念。在法律上,任何主体都是平等的,主体的平等性与不平等性,只存在于"关系状态"之中,主体间相互关系的性质,是由"关系状态"决定的。最后,通过总体归纳法得出结论:罗马法时代、法国民法典时代的"民事关系"在当代已不复存在,对于研究当代经济关系的法律调整问题,应当有一种新认识。

2. 基本法学方法

基本法学方法是法学研究通常采用的方法,主要有注释方法、实证方法、比较方法。这些方法也是经济法理论研究的普遍方法。

(1) 注释方法

经济法学科的注释方法,是对经济法律、法规的具体条文加以解释,以求得正确理解和适用的方法。作为理论研究方法,这种解释属于学理解释。解释的方法一般包括文字解释、条理解释和逻辑解释三种。文字解释,即对语言文字的解释,多指概念、术语的释义。因为同一概念、术语在不同的法规中可能有不同的含义,因而需要从文字上解释清楚。条理解释,就是系统地解释法规的内容,特别是具体条文。对于同一内容,由于立法目的和规范的角度不同,不同的法规可能有不同的规定,因此条理解释应以宪法为依据,注意该法规与其他法规的联系,以求对该法规解释正确。逻辑解释,是通过对法规内容和所使用的概念的内在逻辑关系的分析所作的解释。

立法的目的在于实施,为保证正确适用法律,对法规进行解释是必要的。譬如2007年立法中,国家发改委关于价格检查的通知里的"哄抬物价"、"囤积居奇",国务院关于解决城市低收入家庭住房困难的意见里的"低收入家庭",全国人大常委会关于城市房地产管理法修正案里的"公共利益",关于防治河流污染立法里的"限期治理"等等,都是需要有明确解释的。当然,不能把注释方法当作研究的唯一方法。

注释方法,古已有之,《汉律》、《晋书·刑法志》、《唐书》、《旧唐书》均有记载。注释方法发展到当代,应摆脱"解律人"那种皓首穷经、案牍劳形的因袭重担,注释的方法要有所改进,有所创新,充满时代精神和气息。

(2) 实证方法

经济法学科的实证方法,是对社会经济客观情况、法律实施的后果求解、证明的方法。社会经济生活和法律生活是经济法理论研究的动力和源泉。它们不断给经济法理论提出新课题,经济法理论不断回答这些课题。为了回答这些课题,它们还不断为人们的认识提供和积累新资料、新经验。一般说来,事实证明的内容包括:经济立法的状况和趋势;经济法律、法规实施后的社会经济后果;经济法律制度的社会作用;法的废改立对国民经济运行的影响;经济法理论对于社会政治、经济等状况的适应程度等等。实证方法的应用,首先是进行社会调查。调查报告的基本内容都是经实地调查得来的,是第一手资料。为增强结论的说服力,报告可采用实例、数据、图表等形式。

实证,就是以可以观测到的事实为依据,用严格的逻辑来推导和组织事实资料,并求得事实验证。这种研究方法,能够解决经济法研究的客观性问题。

我们应将实证方法同实证主义严格区别开来。用事实来证明,涉及对"实例"的选择问题,而这种"选择",是由证明者自身的法学理念、原则等根本指导思想决定的。以实证为指导思想,认为凡是存在的,都是合理的,都是结论所依据的"事实",则是实证主义。以实证主义为指导研究法学,是不可能获得真知的。剪裁事实,为我所用,"有用即真理",是一种不良学风。

(3) 比较方法

经济法学科的比较方法,是对经济法律及经济法理论进行比较研究的方法。比较的内容主要包括:经济法与相邻法及其他法的比较;不同法系的经济法的比较;不同经济基础国家经济法理论和实践的比较;一国内不同地方经济立法比较;一国内不同历史时期经济法理论和实践的比较;各国经济法学说、学派的比较等等。其中重要的是不同经济基础国家经济法理论和实践的比较、各国经济法作用机制的比较。经济基础不同,经济法的社会性质、类型也不同。即使是同一类型的经济法,由于具体立法目的不同,制定机关和程序不同,则决定了经济法具有不同的渊源和形式。在同一经济发展阶段上,有相同经济基础的不同国家的经济法也不尽相同,各有特点,这是因为国家制度、政治经济观点、法律意识以及历史传统、民族特点、习惯、地理环境、国内各种政治力量对比关系和国际经济环境等,对于经济法的面貌、特征起着不可忽视的影响和作用。经济法的领域是国民经济运行经济关系,这使不同国家的经济立法存在大体相同或相近的条文,但是,由于作用机制不同,法的作用和法的社会后果不可能是相同的。因此,经济立法和经济法理论研究,应防止对外国立法一概排斥或一律照搬两种倾向。

当前,法学研究中采用比较方法的主要问题是:第一,表象的、形式上的比较。孤立地罗列这个国家、那个国家是怎么规定的,不去寻找这些规定的动因,也不去寻找彼此的联系及联系特征。由于缺乏对这部法律、这些规定的深入理解,又脱离我国的国情和客观实际,因而不能正确地解决对外国立法的参考、借鉴问题。第二,无限制条件地比较。任何比较都是有条件的,没有条件便没有比较。德国公司法规定监事会里的职工代表名额不少于全部组成监事的1/3,我国公司法无此规定。如果一味从监事会权力来源、监事职权的规定性等方面做比较,离开其"数额比例"的公司性质条件,是无法得出正确答案的。第三,比较结论与比较内容脱节。比较的结论一定是比较内容的逻辑结果。譬如在法律责任的追究上,用古代"弃灰于道者斩其手"同现在规定的"排污收费"做比较,得出"我国古代处罚比现在严厉"的结论。对于这一条规定的比较,从不是环境监督法的刑法、军事法上的内容得出环境监督法上的结论,是违反逻辑原则的。

3. 新法学方法

(1) 经济分析方法

经济分析方法,是以经济学理论为基础研究法学理论和法律问题的法学方法。采用法的经济分析方法的根本依据,是法与经济的相互关系原理。在立法领域,经济是法的内容,法是经济的法律表现形式。从这个意义上说,法的经济分析方法冲破了传统法学方法的局限性,开辟了法学研究方法的新路径。

这里的"法的经济分析方法"同西方法学上的"法律经济分析"方法不是一回事。西方"法律经济分析"方法的应用,如关于"污染权"与"环境权"分配的著名理论例证,是"成本分析"说。法分配权利的根据是什么呢?按照这种方法,为防止污染,企业安装一个防尘罩需要花费250美元,如果不安装防尘罩,附近居民抗议、集会、谈判交涉或诉讼等所需费用,超过250美元。经这样的成本比较分析,决定令企业安装防尘罩。这样,在立法上把环境权分配给附近居民,把防止污染作为义务,分配给企业。我们知道,法上的权利分配,依据的是统治者的利害关系和规范意识,而不是什么"成本分析"。

经济分析方法是一种新的法学研究方法,应当认真研究并恰当地加以应用。当前的主要问题是:第一,简单的数学应用。当代复杂多变的经济关系和法律关系,决定了只是采用加减乘除等简单统计来计算是远远不够的,它需要一整套数量分析和计算技术,而且,还需要得出法学上的结论。第二,将经济分析局限为"成本分析"、"效率分析"。法与经济的相互关系原理的表现,是一个体系。在这一表现体系中,"成本"、"效率"只是其中的细小方面,而且限于微观经济领域。效率是投入与产出之比,欲提高效率,需减少成本。设税金、利润、原材料等为常数,则减少成本只能着眼于增大产品附加值和减员增效或减薪增效。这是经济运作。法不可能直接调整"成本"和"效率"。第三,填充嵌入式的经济内容。由此造成了经济与法脱节,形成"两层皮"。在法的经济分析中,法学论证与经济内容应当是"融合"而不是"混合"。法的经济分析方法的应用,应当做到以法学上的问题为出发点,以法学论证为主线,以法学结论为结论。第四,曲解了法的实质和立法动因。经济法是调整国民经济运行的法律,其整个立法,是由社会生活条件决定的。实现"良性运行",必须正确解决宏观运行与微观运行的相互关系问题,加强对企业的法律调控。"社会生活条件"是比经济、经济关系更广泛的概念,作为经济法基础的,只能是“社会生活条件”,因而仅仅经济分析是不够的。

（2）横断学科方法

横断学科方法是具有方法论功能的学科方法,这是经济法理论研究可直接应用的方法。系统论、控制论和信息论开始被称为“新三论”,广泛应用于20世纪五六十年代。后来发展起来的耗散结构论、协同论和突变论,又被称为“新三论”,系统论、控制论、信息论则被称为“老三论”。至于混沌论、分形论和孤波论等新理论,目前尚未被社会科学接受和应用。对于经济法理论十分必要又恰到好处的,是系统论、控制论和信息论。

系统论、控制论和信息论被称为“三论”,是横断学科,具有方法论功能。经济法学科采用“三论”方法,是由“三论”的普遍性和“三论”本身所具有的方法论意义决定的。

系统论的基本思想是把对象当作结构、功能和行为的集合体。系统论方法的基本特征,是在把握系统的概念、基本组成和性质的基础上,对对象从整体上进行分析。譬如,一颗钉子在不同的系统里面,其结构、功能和行为是不同的。钉子钉在墙上,原来的“泥墙系统”变为“钉子墙”系统,其结构为“钉子加墙”结构,钉子的功能是“承挂”,行为是“托撑”;钉子钉在桌子上,原来的“木桌系统”变为“钉子桌”系统,其结构为“钉子加桌子”,钉子的功能是“加固”,行为是“楔合”。系统论思想和方法,是十分卓越的新思想、新方法。

经济法理论把经济法制度、经济法意识和经济法律关系作为集合体加以研究。在经济法理论里,其研究对象的结构、功能和行为都必须按照一定目的和一定方向实现整合。例如,国有资产法体系中引入“私人财产权”立法,则在立法目的和方向上不能实现整合,同样,在西方物权法中加入“国有财产权”,则不能实现以“私人财产权”为核心的立法目的和方向。应用系统论方法,能够解决经济立法的系统化、完善化;建立经济法理论的逻辑结构;引入一般范畴、共有范畴的恰当性问题。

控制论研究复杂动态系统中的指挥、控制、协调及自调、反馈问题,着眼于对象系统的综合性,是从控制的观点来研究系统的运动、演变的规律的。经济法理论采用控制论方法,在把国民经济运行经济关系及其法律调整当作一个系统的基础上,解决其组成系统与子系统之间的协调关系和反馈关系;研究对国民经济进行法律控制的规律;认识法律调整机制内部各个法规范、法制度的相互作用原理。

信息论是从控制论中独立出来的新学科,研究信息流量、信息价值、信息系统及其构成因素,研究信息的收集、处理和给出。经济法理论研究采用信息论方法,能够解决经济立法可行性、适时性的论证;经济法规实施的社会后果的反馈;国民经济运行系统和执法、司法系统的改进;立法系统研究机构的组织、功能的建立或改造等问题。

(3) 定量分析方法

定量分析方法,是运用数学方法和计算技术研究经济法中的数量表现、数量关系及其变化规律的方法。采用定量分析方法,通过计算推导中的法学推理和证明,能够实现立法的精确化和科学性。定量分析方法在经济法领域的应用,主要有两个方面:运用数量分析方法处理资料,设计立法,改善立法;通过建立数学模型,定量地解决经济活动、法律活动的科学根据问题。

现代社会,正经历着“自然—科学—生产—社会”一体化过程,自然和社会不再是两个独立发展的领域,其结合部越来越多。在科学上,马克思曾经预言:将来,依照人文科学包含自然科学的程度,自然科学也将把人文科学包含在自身,这将是一门科学。

法学包含自然科学,应当理解为应用自然科学的研究成果,这成果既包括自然科学方法,也包括自然科学理论。自然科学对于经济法科学说来,既具有方法论意义,也具有理论基础意义。例如,从自然科学的角度看,科学事实与法律事实没有明显的分界线。在法律上,如法律规定二氧化碳的日平均浓度最高允许值 DO 值为 150 微克/m^3,如果超过 DO 值,被认为是污染,则执行罚则;如果不超过 DO 值,则被认为不污染。但在科学事实上,149 微克/m^3 与 151 微克/m^3 无甚差别,而且,根据隶属函数关系式的推导,划定大气质态时尚有十多个参数。从法律观点看,标准值的确定,是建立在对科学事实进行充分论证的基础上的,但法律必须把科学事实与法律事实分开,并明确将标准值规定为科学事实的临界判据,使之规范化,以作为认定合法还是违法的界限。

经济法研究采用定量方法,一般是通过经济数量分析实现的,其应用包括:表格,即一种归纳数据的方法,由写在行和列中的数据组成;图形,分为分类变量图和度量变量图,前者有饼形图和条形图,后者为折线图;函数、导数、微分,其中,函数是变量之间的对应关系,导数是一个变量的微量变化引起另一变量的微量变化的程度,微分是变量的增量、无限小的增量;积分,即根据导数求解原函数;方程、代数方程、线性方程、线性方程组,其中,方程是表达式的等号连接,方程中变量的幂次,最高幂次为 1,为线性,高于 1,为非线性;矩阵和行列式;概率论,即解决随机事件、随机变量问题;统计、数据处理和误差;集合论。

对各种经济现象及其相互关系在定量分析的基础上进行定性分析,能够揭示出法律现象之间在数量关系上的本质联系的规律性。例如,价格法规定了政府指导价价格形式,其基准价和浮动幅度,由国务院物价部门和省级物价部门规定。那么,关于某种商品的基准价、浮动幅度的规定由何而来呢?这就要应用价格需求弹性理论。价格需求弹性,是指需求量对价格变动的相对反应程度。在数值上,等于需求量变动的百分比与价格变动的百分比之比,其中需求量变动的百分比,是由价格的给定变动百分比引起的。就是说,在数量上,当价格变动1%时,需求量变动百分之多少。需求弹性解决因变量与自变量的数量关系,但不能反映其影响的程度。为此,还需要由交叉弹性理论解决。交叉弹性理论解决一种商品的价格变动影响另一种商品需求量的程度,如猪肉价格上涨会影响消费者对牛肉的需求量,但其影响程度如何?要通过交叉弹性式推导出来。离开需求弹性理论,其立法科学性便无从谈起。

经济立法必须考虑现实数量关系和数学理论。美国1973—1974年能源危机时,面临"涨价"和实行"配给制"两种选择,最后,根据对相关数量关系的研究结果,发布了实行配给制的法令。在经济法律、法规中,有相当多的关于数值和数量关系的规定。通过数学方法和计算技术保证立法科学性、可行性,是经济法理论研究的重要任务。

对于经济法学科来说,数学不仅是一种研究方法,也是经济法理论的新基础。"数量法学"的建立,数学与法学学科对话,都反映了数学和法学自身新发展的需要。"数量法学"概念,是笔者于1995年在香港召开的"市场经济与法律国际学术研讨会"上提出的。经过十多年的探索和应用,我国法学与数学相互关系研究目前已取得长足进步。数量法学改变了法的经济分析方法中对数学的简单应用,正在发展成法学理论体系同数学理论体系相结合的跨学科新体系。数量法学从社会关系—数量社会关系—数量法律关系的客观事实出发,研究数量社会关系的最优法律调整问题。当然,数学方法具有工具性特征。这就要求我们不能脱离定性分析,要把定量分析与定性分析结合起来,要求我们作定量分析的时候,要区别情况,恰当地加以应用。

当然,自然科学是研究自然的现象、特征和规律的科学,把自然科学的方法引入法学研究中,是受一定前提条件限制的。而且,如何解决科技成果科学上的不确定性与法的确定性的关系,仍是法学研究的重大课题。譬如,我国《渔业法》第20条关于重点保护的渔业资源品种、禁渔区和禁渔期、禁止使用或者限制使用的渔具和捕捞方法、最小网目尺寸等的规定,是确定性规定,而采用自然科学方法得出的"禁渔区"、"禁渔期"、"渔具和捕捞方法"、"最小网目尺寸"等结论,将随着人们认识的科学性而改变,是不确定性的。以法的确定性规范不确定性科学事实,其自然科学方法的采用,不能不考虑恰当性和可应用性。

除上述三大类方法之外,还有一类方法,就是科际方法。科际方法,又称跨学科方法,是指某一学科所采用的其他学科的方法。当其他学科方法引入本学科时,必须服从自己的学科规定性,为之所用。科际方法引入法学,需要经过法学统合,即法学上的统一和综合,从而符合法学目的和理论机能的要求,使之适合于法的领域。科际方法不具有方法论功能,因而同横断学科方法是不同的。

语言学的结构分析方法、历史学的历史与逻辑相统一方法、经济学的价值分析方法,可以引入经济法,经过法学上的统合,成为科际方法。

综上所述,经济法理论的研究方法应当是多种多样的,为促进经济法学科的发展,应当努力寻找适合于自己的研究方法。总之,经济法理论研究,应当注意传统方法与现代方法相结合;社会科学方法与自然科学方法相结合;法学方法与其他社会科学方法相结合;分析批判方法与吸收借鉴方法相结合。

第一编 总 论

第一章 经济法一般概念

法的发展是不以人们意志为转移的客观过程。对于经济法来说，我们应当把它看做发展着的法律，从而确定为反映一定社会经济形态的法律形式的概念，揭示其属于原理性的东西。经济法一般概念，是关于经济法原理的总概括。

一般概念所揭示的经济法的规范性和形式性等方面的属性，是作为经济法的一般属性存在的，因而能够通用。当然，研究经济法的概念要重视它的"各种关系的客观本性"，特别是社会属性。社会属性构成了法的实体本性，失去了社会属性，则法的特殊本质将不复存在。不管法的表现形式怎样，只有符合作为法的实体本性，才有意义和价值。价值是在概念里得到衡量的。只有在概念里，才能判断价值与概念的本质是否一致或不一致，以及价值反映概念的程度。

经济法一般概念是从各国的、每一国各个历史时期的具体经济关系、法律关系中抽象出来的，这种抽象，是"思维再现上的具体"，而不是"一国"的、各个"历史时期"的具体。在揭示一般概念时应当明确：任何一个科学的概念内涵，除非学科原理发生重大变化，否则不能随意改变，那种按编年史或经济发展阶段下定义，或者定义随着经济政策的改变而改变的做法，是不可取的。对经济法概念的理解和理论概括，是一种法思想发展过程，不可能一次完成。但无论如何，人们不能从传统法观念来解释经济法，而是应当从充满时代特征的经济实际、法律实际出发来解释经济法，并把这种经济实际和法律实际理解为整个经济法概念的基础。

本章以对经济法价值的限定为中心，通过对经济法的含义、本质属性和机能的分析，说明经济法何以为新的法，而其本质属性和机能，正是经济法与其他法相区别的根本所在。

第一节　经济法的价值

把经济法的价值理解为经济法的“有用性”，进而概括为经济法的作用和功能，这是当前研究经济法价值问题的通常思路。实际上，法的价值同法的“有用性”是不同的。法的价值范畴解决法“是什么”问题，而法的“有用性”解决法“是做什么的”问题。我们只有在价值论而不是使用价值论的意义上认识经济法价值，才能够正确把握经济法价值理论，从而正确把握经济法概念的实质，把握经济法的本质属性和机能。这样，对于经济法“是什么”就容易理解了。

一、经济法价值论的理论来源

法学上的“价值”术语，是从经济学引入的。在科学的经济学理论那里，价值、使用价值和交换价值是三个相互联系又相互区别的概念。是从价值论出发还是从使用价值论出发来概括法的价值进而概括经济法的价值，是科学的法律价值观与庸俗的法律价值观的分水岭。

（一）经济法的“内在实质”和“内在尺度”

经济学原理揭示了价值的社会关系实质，价值是凝结在商品上面的人的必要社会劳动。就是说，价值是隐藏在作为商品的产品里面的东西，它表现了商品的基本属性，是看不见、摸不到的。凝结在商品中的抽象劳动，是价值的实质。因此，价值是商品生产的特有范畴，当劳动产品成为商品时，人类劳动才表现为价值。劳动是一种社会关系，价值的内在实质是社会关系。

在我们分析商品的属性时，应严格区分价值和价用价值这两个概念。价值反映的是人与人之间的关系即社会关系，而使用价值表现的是人与物的关系。价值和使用价值是同一商品的两种属性。使用价值是商品的自然属性，是物对于人的效用；价值是商品的社会属性，是物的外壳里面的社会关系。因为具有价值，才能使具有不同使用价值的商品进行交换，从而满足人们对于不同使用价值的需要。这样，价值、使用价值、交换价值三个概念的含义就区别开了。对于以“劳动创造价值”为中心命题的劳动价值论，西方古典经济学家如亚当·斯密、大卫·李嘉图等都作出过正确的阐释，但当代西方经济学理论有意回避商品价值的内在实质，将价值理解为使用价值和交换价值的总称，就是将价值等同于使用价值和交换价值了。用使用价值论替代劳动价值论，是用商品的自然属性掩盖商品的社会属性，是用人与物的关系掩盖人与人的关系。

把法的价值理解为法的“有用性”，显然不是从劳动价值论而是从使用价值论出发的。黑格尔在《法哲学原理》一书中指出,“由质的规定性产生的量的规定性,便是价值”。马克思进一步地指出,事物的价值是“由事物本性中得出的客观规定”,是事物的“客观和本质的规定”。价值也是个量的概念。人们在考察事物的价值时,只有排除“质”,才能进行量的比较和测量,从而找到量的规定性。价值意味着“尺度”,这个“尺度”,不能离开衡量者主体自身的利益、需要、欲求,但“尺度”必须是客观的。“内在尺度”即理性的尺度,这个尺度是普遍性的、反映事物内在本质的。

这里需要指出的是,我国理论界有些论者把马克思概述阿道夫·瓦格纳(Adolph Wagner)的话作为马克思关于“价值”的权威定义,即“‘价值’这个普遍的概念是从人们对待满足他们需要的外界物的关系中产生的”。我国法学界有些论者随之引用,并引申为“法的价值就是法的有用性”加以流传。把使用价值同价值相混淆,把价值解释为人的需要,是阿道夫·瓦格纳所犯的常识性错误,对此,马克思在《评阿·瓦格纳的“政治经济学教科书”》一文中作出过有针对性的批驳。现在,我们应当坚持马克思关于价值的经典表述,纠正把阿道夫·瓦格纳的观点当成马克思的观点的错误,以期对法的价值、经济法的价值作出正确阐释。

综合上述可以明确,事物的价值是其“内在实质”和“内在尺度”。由此而论,经济法的价值不是它的“有用性”,而是它的“内在实质”和“内在尺度”,即它的社会关系实质和尺度。

(二) 违法行为与法的价值的等同性

在一定社会关系中,实际存在着不同事物的内在等同性,内在等同性与事物的内在本质相联系。这种内在等同性,正是价值。

在合同关系中,双方当事人签订买卖合同,一方当事人让渡自己对物的所有权,另一方当事人让渡自己的货币所有权。这意味着双方放弃了各自不同的所有权,但却保持着“同一的东西”。在上述买卖关系中,这“同一的东西”就是价值。

黑格尔关于经济学价值概念的研究,进一步地引进了法学领域。他在《法哲学原理》里论证法律规定与违法行为的关系时,找到了价值。他指出:“当损害达到毁坏和根本不能恢复原状的程度时,损害的普遍性状,即价值,就必须取代损害在质方面的特殊性状。”就是说,违法行为是特殊行为,但对法的侵害是对法的普遍性的侵害,这种侵害内含着违法行为的价值,而法对违法行为的惩罚,内含着法的价值,违法行为的价值与法的普遍规定的价值,具有内在等同性。在黑格尔那里,法的价值是“自在正义性”。

依据黑格尔揭示的法的价值原理,我们可以用图示来说明经济法价值理论。

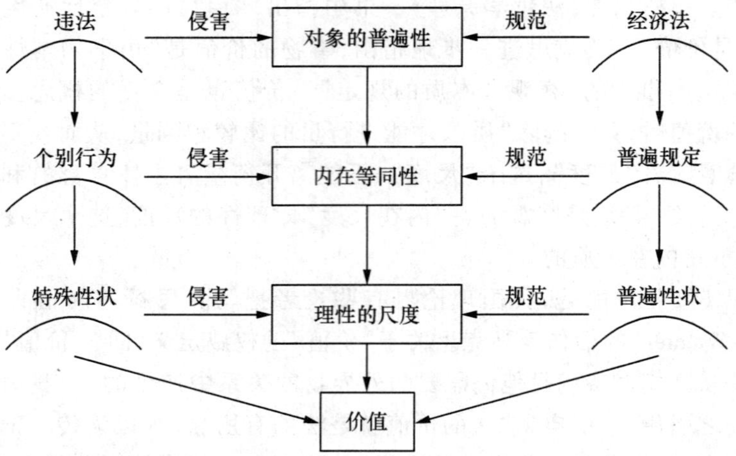

经济法价值论图示

在图示中，违法行为所侵害的和经济法所规制的是“同一的东西”—“对象的普遍性”；进一步地，具体落实到个别违法行为所侵害的和经济法普遍规定所规制的，是两者间的“内在等同性”；而违法行为的特殊性状所侵害的和经济法普遍性状所规制的，又共同具有“理性的尺度”。在违法行为从普遍到特殊、经济法规制从一般规定到特定规定的对应关系中，经济法的价值便显现出来了。这里“对象的普遍性”—“内在等同性”—“理性的尺度”，都是用以说明价值的。

法的价值规定性与经济学的价值规定性是一致的。通过这一规定，可以正确地找到经济法概念的内容和经济法的本质属性。坚持“价值等同性”原则，就能够对经济法领域的不同的违法行为和犯罪行为加以比较，给予相应的处罚。

二、经济法价值的限定

我们把“内在实质”和“内在尺度”作为确定经济法价值的根本依据，进一步地，则是具体限定这个“内在实质”和“内在尺度”究竟是什么，就是具体限定经济法的价值是什么和不是什么。

（一）经济秩序和国民经济总合效益

法是统治阶级的意志，任何立法的根本目的，都是建立并维护一种统治秩序，即建立并维护一种有利于并适合于阶级统治的一定社会状态。经济秩序是经济法的“内在实质”，也是“内在尺度”（经济秩序状态是可以测量的）。

经济秩序，是全体社会成员依照法律规定，进行适合于一定经济关系类型的活动，从而形成稳定的持续的相互关系状态。经济主体依据事业目的，进行不同类型的经济活动，从而形成不同类型的经济关系。譬如，在物资流通过程中，形成买卖、运输、仓储保管等经济关系，由于有法律加以规定，便形成合理、合法的秩序状态。法律规定是对普遍问题作出的基本规定，这些规定一定是明确地、具体的规定。如在买卖关系中，卖方将标的物的转移，按质按量交付标的物，按规定的期限、地点和方式交付标的物，按规定的标准包装标的物等作出具体规定；买方按规定的时间、地点、方式支付价款，按规定的时间、地点、方式接收标的物，承担有关费用，验收标的物等作出具体规定。这样做，便使买卖关系维持在秩序状态。这种秩序状态是稳定的，不会朝令夕改、变化多端，而且，是持续不断的、重复的状态。

决定经济秩序的，也是决定经济法价值的。从这个意义上说，经济法的价值，就是由经济法所建立和保护的经济关系秩序即经济秩序。经济秩序的形成过程，也是经济法价值的实现过程。经济秩序，是经济法价值实现的结果。

法是社会共同利益要求和需要的表现，但归根结底，法是由统治利益决定的。经济法将利益确定为法律上的权益，不断进行经济权力和经济权利义务的分配与再分配。这种分配与再分配的焦点，是国民经济总合效益。

这里的“总合效益”，是指立法目的同立法实施后的社会后果的比较效果。总的来说，立法的目的，就是要造成积极的社会后果，但由于立法目的不合理，或者立法技术不科学等因素，可能造成消极的社会后果。那么，如何判断这种立法目的与立法后果的关系呢？就是要通过立法目的同立法后果的对比分析，得出比较效果。比较效果为正值或正面评价，则为效益。这里的效益是总合效益，国民经济总合效益是经济效益、环境效益和社会效益的统一。这种统一，是三者有机联系、相互制约的统一。在讲到总合效益时，应当将总合效益与效率、经济效益加以区分。

关于效率，国内外学界有诸多不同的说法，有的指企业的效率，有的指社会经济的效率，但基本上是指投入与产出之比值。这个比值，是通过投入产出分析获取的。投入产出分析，是将社会经济体系中各部门消耗工料数量（投入）同生产产品数量（产出）的相互依存关系、产品的价值构成以及收入分配的综合分析方法。在整个企业生产处于无政府状态下，不可能得到为正确计算技术系数所必需的统计资料。在这种情况下，把效率作为经济法的价值，显然是不恰当的。这样的效率概念，不能反映经济法的“内在实质”和“内在尺度”。经济效益是生产和再生产过程中，劳动占用和劳动消耗量同劳动成果的比较，通常说成费用与收入的比较。经济效益是通过计算技术，用数量关系表示出来的。

经济效益一般是从个别企业进行考察的。企业为追求经济效益，关心的是所得的利润同预付资本的比较，即用最小限度的预付资本来生产最大限度的剩余价值或剩余产品。在保障劳动者生存权和发展权、保护环境、防治污染等法律规定面前，只追求经济效益是违反我国立法目的和立法精神的。经济效益涉及到经济法的价值，但把经济效益作为经济法的价值，是片面的。集经济效益、环境效益和社会效益为一体的“总合效益”，能够体现社会经济稳定、协调、可持续发展和社会全面进步,能够体现经济法的"内在实质"和"内在尺度"。

(二) 公平和正义与经济法的价值

对于法的价值,西方学者通常归结为公平和正义。法的价值是否是公平和正义,取决于对法的本质的理解。法的本质是法的统治阶级意志性,这种意志性根源于并适合于当时的社会物质生活条件。任何法律的本质都是这样。西方国家的法律是这样,我国的法律也是这样;经济法是这样,刑法、行政法、民法也是这样。我们这样理解法,那么就应当认为,经济法的价值是与公平和正义有关的,但公平和正义还不是经济法的价值。

公平和正义大体是一个意思,是人们依据一定标准对某种社会事实、社会现象的主观评价。公平侧重于人与人的相互关系方面,正义侧重于道理和准则方面。人们的主观评价,取决于自身的观念和标准,而这里的"观念"和"标准"的形成,受制于政治、经济、道德等前提条件。公平和正义是人类的社会理想。这种社会理想反映在法律上,则是社会成员法律地位平等、权利义务对等。在法治社会里,符合法律理念和法律精神的观念和标准,被认为是公正的;符合法律规则的行为和事业,被认为是正义的。经济秩序和总合效益是经济法的内在实质,而公平和正义作为人们的主观评价,则是对经济法的一种外在需求,一种与经济法价值相关联的外在形式。

为什么公平和正义不是经济法的价值,或者说为什么不能把公平和正义作为经济法的价值来阐释呢?首先,公平和正义是一种主观评价,一种被认为自身应有的社会状况,这种社会状况,反映社会地位平等、行为与报应相应的自我要求,而主观评价为"绝对公平"、"绝对正义"的东西,无法在立法中实现。我们知道,社会地位与法律地位、行为与报应相应与权利义务对等,还不完全是一回事。法律所给予的,只能是关于"法律地位平等"和"权利义务对等"的一般规定。其次,公平和正义的观念和标准受社会的、时代的条件的制约,不同社会条件和时代条件的法所体现的公平和正义的含义不可能相同。古希腊和古罗马人认为奴隶制是公平和正义的,新兴资产阶级认为自由放任资本主义制度是公平和正义的,因此,"永恒公平"、"永恒正义"的法是不存在的。最后,公平和正义的社会理想是从社会关系中而不是从法权关系中提取的,法律上的公平和正义,只能在体现统治阶级意志关系的立法和执法、司法中实现。在阶级利害分化的社会里,不会有"共同公平"、"共同正义"的法。

这里应当明确,我们不把公平和正义确定为经济法的价值,并不是否认公平和正义社会理想的重要性。公平和正义是人们表达美好观念所获得的社会意义的逻辑术语。人们正是通过公平和正义推动社会经济的科学发展和社会全面进步的,正是通过公平和正义在与社会整体的联系中把握法在历史和现实中的作用的。

三、经济法价值论的意义

经济法价值论是对经济法价值问题的根本看法，表现了经济法对于当代社会经济发展、法律发展和法学理论发展的意义的理论观念和研究方法体系的观念；经济法价值论还包括与经济法价值紧密相关的理论、立法和实践问题的基本理论立场和研究态度。因此，研究经济法价值论，坚持经济法价值论，对于经济法基础理论研究具有重大的指导意义和方法论意义。

(一) 指导意义

当前比较混乱的一个基础理论问题，是对经济法含义的理解问题。这是造成经济法价值论混乱的重要原因。目前学界在回答“什么是经济法”问题上有许多共通之处，总体上大都认为经济法是调整经济关系的法律，可是在经济法是调整“什么样的经济关系”问题上，是存在重大分歧的。这种分歧，重要的不在于经济法概念的表述，而在于对经济法含义的认识和界定。这种对经济法含义的不同理解，导致了对经济法概念的不同表述。“价值”术语自引入我国后，法学、经济法学也相继引入了。由于只讲主体同客体的关系，只讲客体对主体的“有用性”，就自然导致法的价值是法的有用性、经济法的价值是经济法的有用性的错误认识。

不同的价值论，必然产生对经济法基础理论的不同认识。

坚持正确的价值论，能够解决经济法从哪里出发问题。我们应当从生产方式的演进、经济关系的变迁出发，而不是从“自然人”出发、从自然经济出发，去寻找经济法的发生和发展。

坚持正确的价值论，能够解决经济法怎样调整问题。一国国民经济联成一气了、世界经济联成一气了，法怎样调整？只能是统一、协调、综合地调整。“块块”(经济部门)调整、“条条”(纵向、横向经济关系)调整，只能归结为行政法调整、民法调整，这必然给国民经济运行带来混乱。

坚持正确的价值论，能够解决经济法理论体系的建立及其科学性问题。经济法理论体系的核心问题，是范畴体系和逻辑结构。引进共有范畴的条件是什么，形成自有范畴的条件有哪些，怎样的范畴为“网结”形成体系，正确解决这些问题，都离不开价值论的指导。经济法理论体系的结构，应当是逻辑结构。这就要求总论和分论、总论同分论的关系，都不能是“板块结构”。“板块结构”无法体现经济法理论的内在实质和内在尺度。以价值论为指导，把握理论体系的中心线索，确定环环相扣的理论环节，使经济法理论体系形成“多枝树”结构，是我们理论研究的重要任务。

(二) 方法论意义

从内在实质和内在尺度出发研究经济法理论，具有重大方法论意义。方法论是关于方法体系的学说，是关于研究方法的根本看法和总观念。坚持正确的价值论，能够寻找并解决适合于经济法自身的方法论和研究方法。

价值论问题是经济法方法论的首要问题。作为经济法理论最深层次的核心的价值论，从根本上决定并制约经济法理论的方法论和研究方法。只有确定正确的价值论，才能科学地认识经济法自身与外部世界的关系，从而正确处理学科与学科、主体与客体、时代条件同立法及理论的关系。

价值论的关键问题，是唯物辩证法方法论原则问题。价值论的方法论意义，其实质就是要确定唯物辩证法方法论原则。唯物辩证法是经济法方法论总原则。这一总原则，是建立在经济发展规律、法律发展规律基础上的价值选择，而这样的价值选择对于坚持正确的研究方法，具有统领作用和基础性作用。

法的价值论的核心和实质，是法的本质论，法的本质论是法学方法论的出发点和归宿。法学方法为法学方法论所决定，亦即为法的本质论所决定。从法的"有用性"、"使用价值"出发所引申出来的"价值方法"，是脱离法的价值论的法学方法。而且，目前采用的"价值方法"又归结为"成本分析"和"效率分析"的简单应用。为了说明这种"价值分析"方法究竟是怎样的方法，我们来看"科斯定理"。

西方学界命名的"科斯定理"，是从科斯的《企业的性质》和《社会成本问题》两篇文章提炼出来的。科斯的两篇文章从案例到案例，没有科学抽象，没有抽象出命题。对此，有的西方学者将科斯于 1959 年《联邦通讯委员会》上的一句话即"权利的清晰界定是市场交易的基本前提"，作为命题，后由乔治·J. 施蒂格勒以科斯在《社会成本问题》一文中叙述的养牛人和粮农的案例，将上述命题称为"科斯定理"。西方学者的传统观点认为，养牛人的牛损害了粮农的庄稼，养牛人应当赔偿，造成损害的外部性（如污染）也应当赔偿，对于有害的外部性，政府应当干预。科斯对"外部性"提出了新看法，认为养牛人赔偿，增大了社会成本，粮农索赔，增大了养牛人的成本，对于存在的外部性，由各方自行谈判解决，达到帕累托效率，因而没有必要由政府干预。这就是所谓"科斯定理"。"科斯定理"的研究者们进一步解释为：在自由交换、交易成本为零、完全竞争市场前提下，财产权利的初次分配不影响效率。很显然，"科斯定理"试图说明财产权利是由成本和效率分析产生的，从而在财产权利领域排除政府干预。应当认为，在当代市场经济条件下，财产权利分配的上述三个前提只是假设，实际上并不存在，而财产权利分配的根据是利害关系和规范意识，就是说，财产权利的分配和再分配，是由现实社会关系中的利害关系决定的，是由立法者对是否需要规范这种利害关系的立法选择决定的，而不是由所谓"成本分析"、"效率分析"决定的。

此外，广泛场合使用的"价值取向"、"价值评价"、"价值工具"等术语，是在语义学意义上使用的。

对于“价值分析”方法，还要将其语义学意义与法学范畴意义加以区别。经济法价值分析方法，是在经济法本质论之方法论原则指导下的研究方法。这种研究方法，要求以经济法的本质属性为根据，实行定性分析与定量分析相结合。

第二节　经济法的概念构成

经济法概念，是反映法的门类区分的特定性概念。经济法是保障国民经济全面、协调、可持续发展的法律，经济法的调整，能够实现国民经济运行中城乡、区域、经济社会、人与自然、国内发展与对外开放的统筹发展。

经济法，是调整国民经济运行过程中形成的经济关系的法律规范的总和。这一概念，是由“国民经济运行”、“经济关系”和“法律规范”要素构成的。这三要素，是经济法概念的核心要素，它限定了经济法的基本含义，是经济法与其他法区别开来的主要标志。就是说，任何其他法学概念都不具备这三个要素，不具备这三要素的统一。

一、国民经济运行要素

国民经济运行要素，规定了经济法的存在和作用领域。国民经济运行，是指一国范围内所有的经济部门、经济单位和经济环节组成的有机整体，通过一定的原则、程序、方式和手段实现经济运转。

国民经济是统一运行的整体，是不可分割的。在思维抽象上，国民经济运行可分为微观经济运行、中观经济运行和宏观经济运行。微观经济、宏观经济概念，是在生产社会化、国民经济体系化的情况下出现的，是在产生国民经济总体运行的需要和要求的时期出现的，而这里的中观经济概念也改变了自由放任经济条件下的市场之类概念的内涵。

（一）微观经济运行

微观经济，又称企业经济。企业是国民经济体系的基本单位，是国民经济的细胞。微观经济运行即企业内部关系的运行。其运行主体，是各类经济单位（企业）及其分支机构。运行机制，是企业运行过程中内部各部门、各构成要素间相互联系、相互作用的机制，如企业内部的计划、组织、决策、奖惩等机制。企业不是孤立存在的，与企业外部的联系，是运行的外部环境，但它不属于微观经济运行范畴。

在“企业自治”传统法律原则下，不存在对企业内部关系的法律调整问题，企业内部关系是“立法空白”。在社会化大生产条件下，法律深入企业内部，使企业内部关系形成法律性质的关系，以符合微观经济运行的需要。改变企业内部“立法空白”的法，是经济法。企业内部关系立法，表现了经济法的特征和机能。

（二）中观经济运行

这里的中观经济是指市场活动。市场是商品交换的场所，是宏观经济活动和微观经济活动的载体。中观经济运行，不仅仅表现为市场的设置，而且集中表现为市场上的竞争。市场运行主体，是市场竞争的参加者；市场行为，是交易行为和竞争行为；市场运行机制，是商品货币关系中供求、信贷、货币、价格、利润等市场要素间相互关系的有机结合。

现代市场经济条件下的市场运行，不仅仅局限于交易关系，也不仅仅局限于交易关系中的平等关系。对于与交易关系相关联的关系、交易关系中的不平等关系的调整，是经济法的任务之一。

（三）宏观经济运行

宏观经济运行，是国民经济全局及关系国民经济全局的重大经济活动，如国家财政、固定资产投资、劳动工资、物价水平等等。它不是国民经济的全部，但它是国民经济中具有决定意义的部分。宏观经济运行的主体，主要是国家（政府）；经济行为，集中表现为宏观调控行为和措施；运行机制，是宏观经济关系机制，它是通过经济总量的联系机制实现的。

国民经济运行，不是微观经济运行、中观经济运行和宏观经济运行的简单相加，而是三者相互联系、相互渗透、相互制约的有机整体。实际上，国民经济是一个网络结构的运行系统。自我们提出“国民经济运行”术语并把它作为经济法概念的核心要素之后，一些教材的经济法定义相继采用了“经济运行”、“市场运行”术语。这是具有关键意义的进步。国民经济运行与“经济运行”、“市场运行”是不同的。“经济运行”所表达的，是限于部门的经济关系或单一的经济关系领域的运行，如工业经济关系、基本建设关系、农业经济关系、运输关系、商业关系等部门经济的运行和产品质量关系、价格关系、信贷关系、物资关系等单一经济的运行；“市场运行”所表达的，是限于市场关系或交易关系领域的运行，因此，“经济运行”、“市场运行”术语不是在与“国民经济运行”概念同一意义上使用的。正是因为在社会经济生活中传统的“经济运行”、“市场运行”的弊害所产生的经济矛盾和社会危机，才使人们在业已形成“国民经济运行”的条件下研究它的法律调整问题。调整“经济运行”或“市场运行”的法，在经济法产生之前就已存在了。经济法之所以根本区别于传统法律领域，只在于它与国民经济运行联结在一起。

同时，我们还应当认识到，如果将微观经济运行、宏观经济运行割裂开来，分别对应归纳为市场规制法、宏观调控法，是不正确的。国民经济是统一的整体，只是在思维抽象上，经济学界把它区分为宏观经济、微观经济和中观经济。我们把经济学上的上述用语加上一个"法"字,似乎是简单化了。况且,把宏观调控法归结为国家介入、调控"经济总体"的法,把市场规制法归结为规制"市场经济"的法,分别罗列,加上"法"字的经济部门和单一经济关系用语也是不正确的。这些本书第三编还要谈到。我们知道,任何法的调整,都是有针对性的具体的调整,在国民经济整体运行条件下,被概括而成的"市场规则法"、"宏观调控法"不可能自成系统、分割存在、单独调整。

二、经济关系要素

这一要素,规定了经济法调整的具体范围。经济关系,是指在国民经济运行过程中,基于经济活动所形成的主体间的相互关系。经济活动是经济关系形成的基础,没有经济活动,也就不会形成经济关系。经济活动,是主体为实现一定经济目的所进行的生产、交换、分配和消费活动的总称。

经济关系,是经济法上具有特定含义的范畴。在当代,基本经济过程的连续性(相互衔接)和经济活动互为条件、互为因果,是经济关系的基本特征。在认识和把握经济关系范畴时,应当与相邻学科的相近或相似范畴进行比较,加以区别。

(一)经济关系与生产关系

生产关系,是人们在物质资料生产过程中以一定方式结合起来共同活动和互相交换其活动的社会联系和社会关系。狭义的生产关系,是指人们在直接生产过程中发生的关系。当人们生产出来产品后,产品进入交换、分配和消费领域,则构成产品生产总过程的各个环节,通过生产总过程体现人与人之间的关系,这便是广义生产关系。生产关系是政治经济学理论的重要范畴,在经济学著作那里,经济关系与生产关系术语是在相同意义上使用的。

在法学意义上,经济关系与生产关系有所不同:

其一,生产关系与生产力是一对范畴,共属于生产方式,而经济关系属于经济基础范畴,与上层建筑范畴共属于社会形态。法的对象是社会关系而不是生产方式。

其二,生产资料所有制形式是生产关系的基础,生产关系的核心问题是所有制问题,而经济关系是主体在经济方面的相互关系,经济权利和经济义务是经济关系的基本方面。从根本上说主体间的相互关系性质和状况是由所有制决定的,但在这个"决定"基础上,还存在"相互间"的联系特征和特定要求。经济法理论正是研究主体间相互权利、义务的。

其三,生产关系概念所要解决的问题,实际上是人们在生产中的政治地位和经济地位问题,而经济关系概念可以解决国民经济总体运行法律调整中的组织、调节问题和经济活动中主体的相互间具体的关系问题。

因此,经济关系应当是经济法理论的重要范畴。

(二)经济关系与财产关系

通常认为,“财产关系是生产关系的法律用语”。传统法上的财产关系,是物权关系和债权关系,而这种物权关系和债权关系的经济表现,是生产关系。从这个意义上说,一方面,财产是物,它体现在人作为主体与之相对立的物即物质产品中;另一方面,财产作为价值,是对他人劳动的支配权。在财产关系中,财产的真正基础是占有,而占有是所有权借以实现的经济形式。

在当代条件下,财产关系的含义、范围及实现机制都发生了变化,经济法上的财产关系与市民法上的财产关系存在明显差异,而这样的财产关系又不能等同于经济关系。因此,应当将经济关系与财产关系加以区别:

其一,经济关系中的财产关系,不同于传统民法上的财产关系。其中,既有以物为中介的财产关系,以非物为中介的财产关系,如技术、能源等,也有以非形态为中介的财产关系,如大气、日光、信息等传统民法就不认为是物,而这些却是经济法的客体。此外,调拨、调剂财产关系如企业闲置设备的有偿调剂使用;收益分配财产关系,如企业利润中承包费、租赁费、管理费上交的方式、比例或定额;预算拨款财产关系,如给事业单位拨款;税收财产关系;劳动工资财产关系(劳动力不是作为商品情况下的财产关系,不再是市民法上的商品货币关系)等等,都不是原来意义上的财产关系。

其二,在财产关系领域,经济关系是财产关系和财产组织关系相结合的有机整体。财产组织关系,是以财产为中介所发生的主体间的组织关系和组织联系,包括经济活动主体间的财产组织关系,如为日后建立财产关系而事先建立的组织关系;国家同经济活动主体间的财产组织关系,如指令性和指导性计划、财政预算安排等。财产组织关系的特点是:与一定经济目的相联系;这种关系无直接财产内容,但它是发生财产关系的前提和条件;以财产为中介,不以财产为中介的关系是行政关系。

其三,经济关系是现实经济形态,而财产关系是法律形态。经济法理论不仅仅是把财产关系的总和从它们的法律表现上作为意志关系加以概括,而重要的是从财产关系的现实形态即作为经济关系的一部分而加以概括。经济法理论要研究意志关系,因为经济法本身就是一种意志关系,要研究作为意志关系的财产关系,但仅从意志关系到意志关系是远远不够的,要研究意志关系的基础,研究现实形态的经济关系。

经济法的对象客体只能是经济关系而不只是其中的财产关系。因此,不能把经济关系的总和同财产关系这个一般的法律概念纠缠在一起。

(三)法学上的经济关系与唯物史观上的经济关系

唯物史观即历史唯物主义。历史唯物主义是对历史的唯物主义解释,它是唯一科学的说明历史的理论和方法论。历史唯物主义是科学体系,其中的生产力与生产关系、经济基础与上层建筑是其基本范畴。经济关系是历史的、社会的,当它被唯物主义地解释和说明时,便获得了真理性特征。

这里应当明确,唯物史观上的经济关系概念,与作为法律直接规范对象客体的经济关系,两者实际上没有什么不同。这是因为:

其一,唯物史观上的经济关系和法学上的经济关系的概念含义是一致的。唯物史观认为,经济关系是一定社会的人们用以生产生活资料和彼此交换产品的方式、经济关系是社会生产的关系、经济关系即物质生活条件、经济关系是生产方式。很显然,在唯物史观那里,经济关系概念是非定义化的,是在不同场合、从不同角度概括的,但它的含义是确定的,即经济关系是生产、交换、分配和消费过程中所形成的经济活动主体间的关系。这一含义,与法学上的经济关系概念的含义没有差别。

其二,经济关系与经济关系的表现,实际上是一个问题的两个方面,而不是两个彼此独立的问题,经济关系的表现,正是经济法所调整的领域范围。概念与概念的表现是同一个东西。离开概念的表现,概念是不存在的。黑格尔在《小逻辑》里讲过:力和力的表现是同一个东西,离开了"力的表现","力"就成了空洞的东西,也只有把力看成是"空洞的形式",看成是脱离"力的表现"之物,力和力的表现才有区别,否则,两者正是一个东西,力之所以为力,只在于它的表现,从"力的表现"中认识到规律,即认识了力本身,一般人以为无法知道的东西,实际上是由于他们把力了解为"自身反映的空洞形式",那种空洞的抽象的力,当然是无法知道的,而脱离了力的表现之力,是不符合力的概念的。由此说来,经济关系之所以为经济关系,只在于它的表现,只在于它是现实的经济关系在抽象思维上的再现。唯物史观上的经济关系概念,概括了它的所有方面,这些方面,正是法调整的具体范围。因此,把"法律规范直接调整对象的经济关系"与"唯物主义历史观的经济关系概念",分割开来并相对立的看法,是把经济关系同经济关系的表现,分割开来并相对立了。

其三,法不调整经济关系概念,但要严格限定具体概念的内涵和外延,并通过这种限定来调整经济关系。概念属于哲学范畴,法不可能调整抽象的概念。但在法关系到概念问题时,总是通过限定概念来调整由概念所表现的主体、客体、关系和行为的。如法律规定"不准搞楼堂馆所",就要规定什么是本法所称的"楼"、"堂"、"馆"、"所";规定"楼堂馆所"的类别、范围、建筑规格和标准;规定搞"楼堂馆所"所形成的经济关系中关于合同、投资、使用、销售等的处理;规定违禁行为的法律责任。因此,由法"不调整经济关系概念"而得出"法也不调整概念所表现的经济关系"的结论,显然是错误的。

三、法律规范要素

经济法定义中的法律规范，是经济性法律规范。这里的“经济”，是指同社会物质生产力的一定发展阶段相适合的经济活动、经济关系的总和。在马克思主义经典作家那里，关于“经济”的其他用法，包括社会经济生活、生产方式和社会物质生活条件；经济基础、物质基础、生产技术装备或一定的生产力水平；国民经济、经济建设、经济工作和经济事业等等，都是用来表达“经济”这一概念内涵的。具有这样的“经济性”的法律规范，是经济法律规范。

经济法律规范，具有独立的规范特征。

（一）失去传统部门法属性的法律规范特征

经济法律规范具有跨部门法性质，其自身失去了部门法属性。依据传统的法部门划分理论，法被划分为若干部门，如民商法、行政法、刑法以及诉讼法等，在部门法理论那里，每一部门法的规范，都具有同类性、部门性。经济法是适应生产社会化、法的社会化而分化、积累和新生长起来的法，其法规范具有“跨部门法”性质。问题在于，这些法规范是否失去了传统部门法属性。

应当认为，经济法规范失去了传统部门法属性。当代立法的综合性特征，决定了在一个规范性文件中往往包括所谓不同法部门的规范。这不仅仅出于立法机关立法的便利，而是反映了当代立法的规律。经济法规范存在于这些综合性法律、法规中，但在类型化为经济法制度时，它将脱离所谓原来所属的某一法部门。譬如，在《中华人民共和国专利法》中，有所谓民法部门法规范，如专利实施费的支付（第 13 条）、专利权属（第 6 条）、专利委托（第 19 条）和专利权转让（第 10 条）等；有刑法部门法规范，如假冒他人专利追究刑事责任（第 58 条）、擅自向外国申请专利并泄露国家重要机密的追究刑事责任（第 64 条）、专利局工作人员及其他有关国家工作人员徇私舞弊的追究刑事责任（第 74 条）；有行政法部门法规范，如关于违法行为的行政处分的规定（第 64 条、第 65 条、第 66 条）；有诉讼法部门法规范，如对于专利侵权的可向人民法院起诉的规定（第 58 条）。其中如国务院和省、自治区、直辖市对全民所有制单位的重要发明专利的指定（单位）实施（第 14 条）、向外国人转让专利申请权或专利权须经国务院有关主管部门批准（第 10 条）、专利实施的强制许可（第 52 条、第 53 条）等，属于经济法规范。按照法部门划分理论，传统上专利法被认为属于民法部门，但上述经济法规范虽然存在于所谓民法部门中，却失去了民法部门法的属性。

这里需要指出，法律规范的属性问题与司法上的所司之法的规定性是两个范畴的事。司法活动是依据具体法律、法规的规定而不是理论上的部门法划定进行的。当司法人员适用某一法律、法规中的某一法条时，不需判断这一法条是属于哪一部门法属性的法律规范；也不需判断适用这个法律、法规是不是属于与这个审判庭名称相一致的法部门,只需依照法律、法规的具体规定进行审判就是了。

(二)属于法规范体系的法律规范特征

法规体系与法规范体系不是同一范畴。法规体系是法律、法规等法律文件的体系,而法规范体系是诸多法律文件中的同类法律规范的体系。某一法律文件总是由诸多不同类的法律规范组成的。经济法律规范,是在将两者严格加以区别的前提下分离出来的具有同类性的法律规范。

先前的立法,某一法规中的法规范具有同类性。在这种情况下,法规范与法规可以在相同意义上通用。对于某一法规不再由同类性法规范构成的当代立法,却先限定该法规为某法部门,尔后又将属于所谓这一法部门的法规,一个一个地组合起来,共同构造某一法部门体系的做法,是不科学的,不符合当代立法的实际要求。因此,法的分类必须以法规范为基点,而不能以法规为基点。当然,法规范本身并不能形成独立的调整领域,必须在对具有相同本质属性和机能的法规范作类型化综合的前提下,使之形成法律制度,从而以法律制度为基础对法进行重新划分。

(三)调整国民经济运行经济关系的法律规范特征

经济法律规范是有经济性共同本质和同一调整机能的法规范。法规范的跨部门性是普遍的,但哪类跨部门法规范是经济法律规范呢?调整国民经济运行中形成的经济关系的法规范,是经济法律规范,这些法规范的一定总和,就构成经济法。换言之,不是调整国民经济运行中形成的经济关系的法规范,则不是经济法律规范。就相邻法规范说,调整行政权力的法规范、调整自然人身份关系的法规范,将被排除在经济法律规范之外。在调整自然人身份关系的法规范中,那种调整由身份关系派生的财产关系的法规范,如财产继承关系法规范,也不属于经济法律规范。

总之,经济法是由经济法律规范构成的,经济法是跨部门法的、失去传统部门法属性的、具有经济性共同本质和同一调整机能的法律规范的总和。

第三节　经济法的内涵

经济法的定义,确定了一般意义上的概念规定性,以解决“什么是经济法”问题。为全面、深入把握经济法概念,应当进一步揭示它的基本含义,认识“什么样的法是经济法”。我们把经济法限定为调整国民经济运行的法、调整经济依赖关系的法和经济法律制度体系的法,这就在核心内涵层面上,把经济法与其他法特别是相邻法区别开来了。

一、经济法是调整国民经济运行的法

当代社会经济既已形成国民经济总体运行,这就要求与之相适应的法律。经济法正是通过调整经济关系来调整国民经济运行的法律。

(一) 国民经济运行的内在要求

经济法调整经济调节机制与市场机制相结合的国民经济统一运行过程。

经济调节机制的基本特点是:由统一的社会中心(国家)按照全社会及其成员的需要,对整个国民经济进行自觉调节。市场机制的基本特点是:以市场竞争为中心,通过市场供求关系和价格变动来进行商品生产和商品交换。经济调节机制、市场机制的特点,反映了社会经济关系中不同层次的特征,前者表明社会再生产过程中的调节联系和组织联系,后者表明社会再生产过程中的商品货币联系。

国民经济运行过程,是统一运行过程。有机结合、相互制约,是经济调节机制与市场机制的相互关系原理。经济调节机制在市场机制的制约下,使国家对国民经济的调节遵循经济规律的客观要求,运用市场机制的形式和范畴;市场机制在经济调节机制的制约下,既发挥市场机制的长处,又避免其盲目发展,使社会经济按国家目标的要求发展。在生产社会化条件下,任何市场机制或经济调节机制都不能单独存在,也不能单独发挥作用。

既然如此,那么调整这样一种统一运行过程的法,则是适应统一运行要求的实行统一、协调、综合调整的法,而不是对经济调节机制和市场机制分别调整、相互割裂的法。就是说,每一项经济立法都包含经济调节构成成分和市场机制构成成分,两者有机结合,而且,在每一项立法中,两者都实现整合。

(二) 国民经济运行法的成因

经济法是调整国民经济运行经济关系的法律。从这个意义上说,经济法是国民经济运行法。

经济法成为或被确定为国民经济运行法的原因是:

其一,国民经济运行法,是使经济法成为新的法律领域、"填补法的空白状态的法"的根本原因和标志。从自由放任经济失去自律性到国民经济总体运行形成,到如何利用法律解决国民经济的良性运行问题,反映了社会经济对新法的客观要求。国民经济运行总目标,是总需求与总供给平衡。离开这一目标,或两者失衡,则国民经济陷于混乱。究其法律上的原因,不能不是作为私法的市民法的调整造成的。因此,经济法必须以国民经济运行目标为立法宗旨。以往的交易关系的主体,是民法法人和自然人,他们依据私有权的绝对性参加交换活动、采取利润最大化行动,但在国民经济运行中,参加的主体除一般经济活动主体外,还有国家主体,国家主体处于主导地位,具有导向性。主体的新变化、新的经济目标的产生及对主体经济目的的制约，极大地改变了传统法的结构，使经济法填补了法的空白。

其二，国民经济运行法，决定了经济法的作用领域，奠定了经济法调整机制形成的基础。国民经济的运行过程，是社会再生产过程即生产—交换—分配—消费的经济循环过程。这是基本社会经济过程。在这一运行过程的发展中，又存在经济周期过程，即社会经济的周期性发展过程。经济周期或长或短，经济波动或强或弱，但总要经历过热—萧条—危机—复苏这样几个阶段。所谓"新经济"、"知识经济"可能改变经济周期的说法是不能成立的，因为产生经济周期的根源并没有改变。这个根源，就是生产社会化与生产资料的私人占有的矛盾。所谓"美国110月"的经济增长，不过是其波长的延长而已。实践定会证明，美国经济是要下滑的，也会滑至"谷底"，即经济危机阶段。经济法存在并作用于上述国民经济运行过程的始终。国民经济运行机制的形成，是建立在社会经济制度及其表现形式和实现方式等条件上面的。国民经济运行机制既是经济法调整机制形成的原因和基础，又是经济法调整机制作用的结果。

其三，国民经济运行法，限定了经济法的宗旨、本质属性和机能，也限定了经济法律规范的基本特征。国民经济运行状态及发展趋势即国民经济运行态势，是经济法调整的目的点。对运行态势，不能仅仅理解为效果状态，就是好或者不好，还应理解为质量状态，以及国民经济运行的总趋势。经济法的主旨，就是促进并保障国民经济的良性运行，并使之由低级质态向高级质态过渡。在具体的交易关系中，民事关系不是被取消，而是还存在着。但是，为了服从国民经济总体运行和良性运行的需要，必须采取法律措施对其进行再调整，以求经济的平衡和稳定。经济法的这一"再调整"属性，正是国民经济运行所要求、所限定的。国民经济运行是统一综合运行，也是不断分业、分工的运行。这样的国民经济运行，要求一种具有统一综合和分工混业调整机能的法律，而以往调整物权关系的法律和债权关系的法律，无法满足国民经济运行的上述要求。国民经济运行中形成的经济关系，不仅仅是财产关系，而在财产关系中也不仅仅是平等关系，它要求并由以表现的，是经济循环关系、经济平衡关系、经济比例关系、经济结构关系、经济周期关系。经济法律规范是反映这样的经济关系特征的法规范。

综上所述，国民经济运行是经济法概念形成的基础。从这个意义上说，没有国民经济运行，便没有经济法，便没有经济法概念本身。因此，人们研究经济法问题时，必须把经济法放到国民经济运行中去考察。

二、经济法是调整经济依赖关系的法

当代国民经济运行中形成的经济关系，不是什么"天然平等"关系，也不是自由放任关系，而是经济依赖关系。经济依赖关系，是指国民经济运行过程中形成的经济主体之间经济上从属和被从属的相互依存关系。对这种依赖关系，不能仅仅理解为相互依存关系，因为任何生产方式下的经济关系都存在"相互依存"问题，还应理解为经济上的从属关系即"因从属而依存"所形成的关系。当然，这里的"从属"关系，不是所谓"纵向经济关系"，也不是行政上的命令与服从关系。从这个意义上说，经济法是调整经济依赖关系的法律。封建经济关系实行"超经济强制"，是人身依附关系；自由资本主义经济关系是经济组织之间的自由竞争关系，以及形式上的自由劳动为基础，一般不存在经济组织之间的依附关系和劳动者的人身依附关系。自19世纪下半叶以来，自由资本主义已经发展成为垄断资本主义。垄断是全部经济生活的基础。垄断经济关系不同于封建经济的人身依附关系，也不同于自由放任经济的自由竞争关系。垄断经济关系的实质，是经济依赖关系。

（一）经济依赖关系的性质

垄断和国家垄断条件下的经济关系，具有与自由放任条件下的经济关系不同的性质和特点。从竞争主体、竞争手段和竞争结果说，自由放任时期的竞争主体，是分散的彼此独立的经济组织，其主要竞争手段是价格竞争，竞争的结果一般表现为资本在本部门转移；而在垄断和国家垄断时期，竞争主体主要是垄断组织，竞争的主要手段已从价格竞争转变为非价格竞争，即对于生产条件、销售条件控制权的竞争，以及这些条件的补充条件（质量、科技含量、广告和服务等）的竞争，这种竞争的结果，使垄断组织的资本实现跨部门、跨国转移。概括地说，自由竞争是大的经济组织同小的经济组织的竞争，是强的经济组织同弱的经济组织的竞争，而垄断竞争，基本上是垄断体与非垄断体的竞争。在垄断体中，包括小的经济组织、弱的经济组织，其中有配套企业、协作企业、附属企业等。

垄断和国家垄断条件下的经济关系，是一种经济依赖关系，其实质是经济不平等关系。这种经济不平等关系，正是经济法调整的出发点和前提。

垄断组织是国家可以利用的经济力量，国家依靠和扶持垄断组织。垄断组织从国家那里获得各种优惠条件和垄断权利，取得低息贷款、优先利用外资，得到出口补贴和各种补助金。国家通过垄断组织体现国家目的，稳定经济秩序，并与外国资本进行竞争。

经济依赖关系表现为：（1）其他经济组织与国家垄断组织之间的经济依赖关系；（2）非垄断组织与垄断组织之间的经济依赖关系；（3）中小经济组织与垄断组织之间的经济依赖关系；（4）各国经济组织与国际垄断组织之间的经济依赖关系。在垄断经济关系中，国家垄断逐渐成长起来，并会逐步取得支配地位。国家垄断经济关系，是国家资本所有权和私人资本所有权、经营权向国家转移过程中形成的经济关系，包括由国家直接拥有垄断资本形成的经济关系和国家同私人垄断资本相结合而形成的经济关系。

经济依赖关系的成因是：

其一，由于国家垄断在经济生活中占主导地位，是市场经济的主要基础，因而其他经济组织必须受制于并服务于国家垄断组织。

其二，在垄断组织同非垄断组织的竞争中，由于采取控制和剥夺非垄断组织的原材料、劳动力、运输工具、信贷来源以及共谋、统一提价、倾销、操纵市场等手段，使非垄断组织处于自己的支配之下，或者成为从属的配套企业。

其三，广大中小企业资金少、设备差、缺乏熟练劳动力，在现实经济关系中，无论是被兼并、陷于破产或成为垄断组织的"系列化"附属企业，都无法改变被支配、控制和被排挤的地位。

其四，国际垄断组织是垄断资本在国际范围内分割世界的经济形式，即跨国公司、跨国银行和国际垄断同盟通过输出资本、跨国经营、垄断技术、操纵国际贸易、规定垄断价格等手段，使各国经济组织与其形成经济依赖关系，从而控制该国的国民经济。

从经济关系的性质看，在垄断和国家垄断条件下，传统市民法时期的所谓平等关系已不复存在，而经济依赖关系成为全部社会经济生活的实质。

这里，人们或许有一个疑问：我国目前对企业的提法是"独立法人"、"独立市场主体"，这与"经济依赖关系"提法不是矛盾的吗？这不是矛盾的。在法律上，"法人"、"市场主体"都是独立的，具有独立法律地位、独立进行生产经营活动、独立承担责任。然而在经济上，这些"独立的市场主体"必定参加相互依存的经济关系，为"卖而买"，互为因果、互为条件，"谁也离不开谁"。这样，法律上的"独立"与经济上的"独立"就不是一回事了。譬如，企业生产什么、生产多少，在法律上由企业自主决策，但这个决策为市场所决定，为经济依赖关系的状况和水平所决定。

（二）法律调整的新特点

社会基本经济过程是生产—交换—分配—消费过程。在垄断和国家垄断条件下，经济依赖关系完全渗透于、溶合于这一经济过程之中。经济法的调整，正是从这一经济依赖过程出发，通过对具体经济关系的调整来实现对社会经济总过程的调整。这一法律调整的新特点，是人类立法史上从未有过的。

在企业内部生产关系领域，根据"企业自治"原则，传统法不调整这一领域，因为企业内部关系被认为只是私人的事情，但针对这一"法的空白"领域，经济法调整企业组织关系、生产经营关系、设备整备关系、资本和利润分配关系等等，以求微观经济运行的稳定。

交换关系是传统民法的调整领域。但这种调整，是确定物的所有权归属，尔后主体利用所有权进行物的交换活动，形成债权债务关系。正是在这种传统市民法秩序下的交换关系中，产生了不公平竞争，产生了对竞争的不正当限制、不公正的竞争方法和交易方法以及私人垄断，这些经济领域，便成为"法的空白"领域，这就需要经济法的调整。

国民收入的分配，首先在生产领域内初次分配，然后在全社会范围内进行再分配。初次分配形成工资收入和企业纯收入，企业纯收入中的税金等形式成为国家的纯收入。初次分配需要经济法介入，以对分配的不公平进行限制。国民收入的再分配，主要是通过国家预算途径实现的。再分配的经济法调整，解决社会公平问题。在法的调整中，财政法是新领域，其中不只有税法，还有货币法、国家预算法、固定资产法等一整套法律形式。

消费是社会经济过程的终点。消费包括生产消费和个人消费。在传统法的理念上，消费是企业等社会组织和个人的私人事情，法律不予调整。在当代社会，生产和消费之间的矛盾，是重大的经济矛盾和社会矛盾，经济危机正是以生产过剩和消费不足的矛盾表现出来的。为此，根据社会生产决定社会消费，社会消费又创造社会生产的原理，需要通过立法，调整消费信贷、消费资料、消费基金和消费者主权等，使积累和消费保持适当的比例，以求生产和需要的平衡。这样的法律，就是经济法。

由此可见，在整个社会经济过程受制于经济依赖关系的情况下，法律调整具有新的特点。这种作为新法域的调整经济依赖关系的法，是经济法。

三、经济法是经济法律制度体系的法

经济法规范集中分布于经济法律、法规中，当然也分布在其他法律、法规中。为此，应将这些经济法规范类型化为经济法制度，以构成经济法规范的体系。这就要求我们改变法是法规体系的传统理念，树立"法是法制度体系"的基本观点，以正确解释经济法概念。

（一）经济法律规范的分布

经济法不是单指经济基本法，也不是单指单项经济法律法规，而是指全部经济法规范。这些经济法规范的总和，便构成经济法。因此，经济法首先是经济法律规范的体系。这一体系，是各个经济法律规范相互制约、排列有序的整体。

经济法律规范分布于下列六个层次：第一层次是宪法，第二层次是经济基本法等法律，第三层次是经济法规及与经济有关的国内其他立法，第四层次是地方性经济法规，第五层次是司法机关发布的具有法律效力的经济规范性文件和司法解释，第六层次是我国缔结、参加和承认的具有对外经济关系内容的双边条约、多边条约、国际公约和国际惯例。

当代立法的综合性特征，是一部法律、法规中具有若干不同类的法律规范。因此，不能按照传统的法部门划分理论，把法规中性质各异的法律规范的总和当做法规对待，把法规的一定集合说成是某一部门法。经济法是法律、法规中属于经济法律规范的一定总和。这些经济法律规范类型化的一定总和称为经济法律制度。经济法是以法制度为中心构建体系的，而不是以法律法规构建体系的。从本质上说，作为经济法律制度一定总和的经济法的“法”，是指经济法体制。

立法是以法律文件形式出现的，法律文件包括法律、法规等形式。正是在法律文件意义上，我们把立法分为经济立法、行政立法、刑事立法和民事立法等。这就涉及经济法律规范、经济法律制度与经济法律法规的关系问题。当然，“经济法律规范”的法规性表现形式，是“经济法规”。因此，我们不能将经济法律规范与经济法规加以割裂或对立起来。经济法律规范集中分布在经济性的法律法规中，但也分布在其他法律法规中。凡是调整目的和调整领域针对经济活动和经济关系的“经济方面”的法律法规，都可确定为“经济法规”，其立法称为“经济立法”。那种认为强调经济法是经济法律规范体系的法，便忽略它的法规性存在形式的认识，也是不正确的。至于经济法规中包含的“非经济方面”的法规范，属于其他法律制度，其性质，属于援引规范。

（二）经济法律制度体系

经济法包括七种相互联系、相互依存的经济法律制度。国民经济的细胞是经济组织，这些经济组织以独立商品生产经营者的身份依据法律规定的权限从事经济活动，在这种活动过程中，各经济组织为追求自身利益必然进行竞争或不正当竞争。在生产社会化和国民经济体系化条件下，国家要调节社会经济过程并对国民经济实行统一管理，同时进行必要的经济监督。与之相应的法，是经济组织法、经济活动法、经济竞争法、经济调控法、经济管理法和经济监督法。在各国经济开放体制下，作为国内经济关系延伸的涉外经济关系，由涉外经济法调整，形成涉外经济法。当然，这里的“法”是指法律制度。

经济组织法律制度，主要分布于全民所有制工业企业法、乡镇集体所有制企业法、中外合资经营企业法、中外合作经营企业法、私营企业法、外资企业法、独资企业法、合伙企业法和公司法等法律法规中。其基本经济法律制度有设存制度、资本制度、内部组织制度、生产经营管理制度、设备管理制度。

经济活动法律制度，主要分布于商品贸易活动法、服务活动法、技术活动法、劳务活动法等法律法规中。其基本经济法律制度包括物资流通制度、房地产开发制度、价格制度、资金融通制度、期货交易制度、证券发行和交易制度、保险制度、票据制度、专利制度、商标制度、劳务制度。

经济竞争法律制度，主要分布于竞争促进法、反不正当竞争法、反垄断法等法律法规中。其基本经济法律制度主要有申报制度、登记制度、认定制度、适用除外制度、监督检查制度。

经济调节法律制度，主要分布于国民经济稳定增长法、经济结构调整法、计划规划法、预算法和货币法、税法、固定资产投资法等法律法规中。其基本经济法律制度主要体现在这些法律法规所规定的国民经济稳定增长制度、区域经济协调发展制度、产业调整制度、计划规划制度、预算决算制度、货币发行和流通制度、税收调节制度、固定资产投资控制制度中。

经济管理法律制度，主要分布和集中于市场管理法、专业经济管理法、行业管理法、国有资产管理法、自然资源管理法等法律法规中。其基本经济法律制度主要有专营专卖制度、特许经营和连锁经营制度、无店铺销售制度、特定场地交易管理制度、经济规划制度、经济协调制度、经济指导制度、经济服务制度、商会自治制度、国有资产评估制度、国有资产产权制度、自然资源产权制度、自然资源开发利用制度、自然资源保护制度。

经济监督法律制度，主要分布于核算监督法、产品质量监督法、技术监督法、环境监督法和消费者监督法等法律法规中。其基本经济法律制度有会计监督制度、审计监督制度、统计监督制度、计量监督制度、标准监督制度、质量监督制度、环境监督制度、消费监督制度。

涉外经济法律制度，主要分布于外贸法、外汇法、外税法、进出口货物检验及保险补偿法、反倾销法以及对外劳务法、技术法等法律法规中。其基本经济法律制度有货物和技术进出口制度、国际服务贸易制度、反倾销和反补贴制度、进出口商品检验制度、外汇管制制度、涉外税收制度。

第四节　经济法的本质属性和机能

在法的体系中，法的本质属性是法与法相区别的根据。只有把握法的本质属性，才能理解法的根本含义。在谈论法的本质时，人们往往把它归结为法的统治阶级意志性或公共性，认为统治阶级意志性或公共性是法的本质。这样，任何一个法的本质，都被教科书写成是统治阶级意志性或公共性。其实，对于法的本质，应当从两个层面去认识：在法与其他社会规范的相互关系层面，法的本质属性是它的统治阶级意志性，不是所谓公共性；在法体系内部法与法的相互关系层面，某一法的本质属性是它作为“这一个”法的特殊规定性。

一、经济法的本质属性

有一种普遍性的看法，认为既然民法是调整平等主体之间财产关系的法，那经济法是调整宏观调控的法或国家干预的法就可以了。这样，便把经济法归结为“宏观调控法”和“市场规制法”。这个看法，具有主观臆想的性质，也不能构成理论上的假设,而且脱离了当代各国的经济实际和立法实际。那么,经济法究竟是什么样的法?当代社会为什么需要经济法?解决这两个问题,我们不能不首先从经济法的本质属性谈起。

经济法是调整国民经济运行经济关系的法,它的本质属性,是对自律性经济关系和他律性经济关系即复合经济关系进行调整的法律。自律性经济关系是自发性的、本原性的关系,它是社会经济关系的基础;他律性经济关系是为适应国民经济运行的需要,政府等主体对自发性、本原性关系进行调节所形成的经济关系。在生产社会化条件下,自律性经济关系与他律性经济关系都不可能单独存在。国民经济运行所形成的关系,是复合经济关系,调整这样的经济关系的法,可称之为"复合关系法"。在人类社会经济未形成和确立"国民经济运行"之前,调整自然经济或简单商品经济的法,是"经济权力法";调整自由放任市场经济的法,是"经济权利法"。经济法作为调整复合经济关系的法,既与经济权力法、经济权利法区别开来了,又与所谓"经济民法"、"经济行政法"乃至"经济刑法"区别开来了。当然,也与所谓"国家干预法"和"市场规制法"区别开来了。

(一) 对经济活动关系复合调整的属性

经济主体进行经济活动所形成的关系,是自律性经济关系和他律性经济关系的复合关系。这里的自律性经济关系是一种商品货币关系,他律性经济关系是一种对商品货币关系的调节关系。经济法的调整,是对这种复合关系的调整。

1. 对所有权关系的调整属性

在传统法中,所有权是自主权利,是主体不可剥夺的权利,具体表现为对财产的占有、使用、收益和处分的权利。这是自律性所有权关系。在此基础上,国家有必要进行调节,从而形成他律性所有权关系。经济法对其复合关系实行调整。

(1) 对企业设立、开业、停业、倒闭(破产)的自由及对其调节的调整。在企业成立的条件上,实行成立要件制,规定提交企业章程或董事会章程等申请材料,经核准,登记注册;在企业类别的选择上,实行事业许可制,限定国营、私营的事业范围,对不急需、不重要的产业进行一定限制,对银行实行批准制,对汽油销售企业实行登记制,等等。

(2) 对企业资本自由及对其调节的调整。对于企业资本增长,以资本市场自由进行为基础,但当国家认为资本构成不健全时,则进行调节,如通过企业资产评估、资产折旧等方式使企业资本增长,采用公积金列入企业资本、减少固定资产税等办法,增加企业资本;对于企业利润分配,以自由分配为基础,但对无利润而分配(俗称"章鱼分红")和有利润而不许分配,都要进行调节,如为了对付通货膨胀,有利润也不准分配,对取得设备资金贷款的企业,在未偿还贷款的年限内，在折扣及其他费用作必要整顿之前，不得进行利润分配。对于国有企业，红利分配及分配率都有限制性调节。

(3) 对企业设备增减自由及对其调节的调整。对企业的过剩设备，实行设备登记制，未经登记的设备禁止使用，登记的设备禁止用于制造生产品目以外的产品的制造；对新增设备，实行登记制和申报制；对过剩设备的使用(作业时间)和处理，要进行限制；对于设备的设置、转让、租赁，有的要服从政令，次要部门设备的新设要加以限制。

2. 对交易关系的调整属性

经营自由、交易自由的交易关系，是自律性交易关系。由于这种交易自由产生弊害，危及国民经济总体运行，国家将采取一系列措施加以纠正，从而形成他律性交易关系。经济法对其复合关系进行调整。

(1) 对价格自由及对其调节的调整。对于价格的暴涨或暴跌，必须加以限制，以求物价稳定，如采取停止价格、最高限价、最低保护价、政府定价、政府指导价等价格形式；对协定价格(卡特尔协定价格)的禁止；一定商品反复买卖，几经转手，出现了该商品价格的异常上涨，从而形成不当高价，对不当高价的限制，包括每次转手交易中如无暴利，也要加以限制；对暴利行为，包括关于暴利的合同价格条款，或通过高价格收取暴利，均予禁止；对地租、房租、佃租实行最高限额；对公益事业收费进行限制。对国有铁路运输收费，由政令规定。地方铁路、电车及汽车运费，船运、空运的运费和其他费用，电气、煤气、自来水等收费，实行政府认可制。

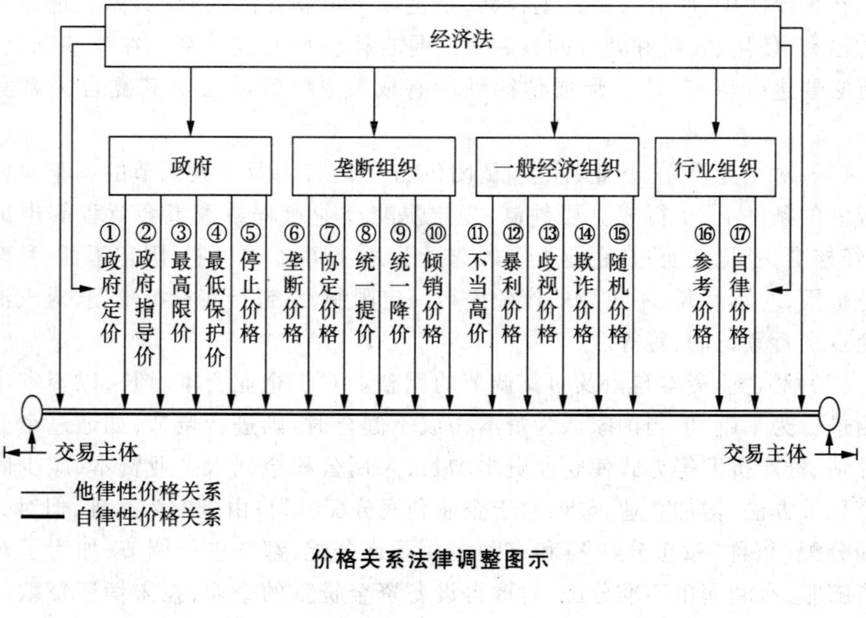

价格关系法律调整图示

（2）对物资流通自由及对其调节的调整。对于自由物资流通造成的社会物资不平衡，有必要加以调节。对于一定的产品、进口品、库存品，必须向国家、政府有关部门或单位让渡，如日本规定大米向国家出卖义务；对于一定的物资实行销售及配给的分配制，其出货数量、销售数量、销路等执行政令；对于物资的储备，对一定物资负有保有义务，如石油制品的保有义务；对于肥料买卖价格，实行申报制，如日本对饲料实行专营制度，由政府买入、保管和出卖。

（3）对金融自由及对其调节的调整。金融以自由金融市场、金融市场的自由运营为原则，但要实行国家限制。对民间资金流转和金融活动加以限制，由中央银行操纵、控制全国金融市场，如对资金流转、借贷的限制，资金保有限制、利率限制等；国家进行财政资金拨款，对民间资金进行补充、完善；进行公共事业投资、政府出资、政府贷款、政府债务担保、对企业债券的本金支付担保、各种财政补贴（主要集中在农业、矿业、中小企业和船运业）等。

3. 对分配和消费关系的调整属性

以分配自由、消费自由为原则建立的关系，是自律性分配关系、消费关系。由于分配、消费不再仅仅是私人的事情，它关系到国家利益和社会公共利益，因此国家采取措施，引导或改变自由分配和消费关系，这是他律性分配关系、消费关系。经济法对两者的复合关系实行调整。

（1）对企业分配及对其调节的调整。对于企业收入的分配，以自由分配为原则，但国家从安定国计民生出发，进行调节。经济法将对包括税金、利润分配、公积金等加以调整，以调节生产部门的纯收入。

（2）对财政收入及对其调节的调整。财政是国民收入再分配的主要形式。对于国家预算、财政收入占国民收入比重安排、财政赤字、财政拨款、社会福利等，是通过经济法的调整实现的。

（3）对银行信贷及对其调节的调整。银行信贷是国民收入再分配的重要形式。信贷及其偿还，以自愿为原则。在我国，通过筹集社会闲散资金贷款给使用单位来实现再分配，是银行信贷的再分配职能。经济法要对利息、企业存款、财政性存款和城乡居民储蓄和外汇存款等作出原则性规定。

（4）对劳动报酬及对其调节的调整。市场经济实行劳动力价格的自由议价制度，但国家通过规定最低工资标准等进行调节。在我国，劳动力不是商品，因而不存在劳动力价格。我国国有企业和事业单位等实行按劳分配制度，其主要形式是工资以及奖金、津贴等劳务报酬的辅助形式。经济法将对劳务报酬原则、工资总额（包括工资、津贴、补贴和奖金）、平均工资计划、职工内部工资关系等加以规定。

（5）对消费及对其调节的调整。这方面的法律调整，主要表现为对消费政策和消费者保护的调整。广义上的消费政策,包括生产消费政策和生活消费政策。其中,居民消费水平标准、消费结构等政策是消费政策的要点。消费者保护,包括防止危害,计量、标志、规格的适当化,以及教育、检查、监督等组织的设置、投诉体制等。消费者保护法是保护消费者的基本立法形式。

(二) 对经济组织关系复合调整的属性

国家、国家经济机关在组织国民经济中所形成的关系,是经济组织关系。其中,经济权力关系是自律性经济关系,经济权利义务关系是他律性经济关系。经济权力关系不同于行政关系。行政关系的典型特征是行政隶属关系即行政机关行使权力的基础是对隶属者实行行政命令和强制,而经济权力关系不存在这一根本特征,其权力行使的对象并不是立足于行政隶属者。从国民经济总体运行的需要出发,通过经济权力的行使,把国民经济组织起来,这是经济权力关系的特殊本质。经济法的调整,是对经济权力关系和在其基础上并对其调节的经济权利义务关系进行复合调整。

1. 对经济管理关系的调整属性

为了有效地组织国民经济运转,必须建立一定的管理制度。国家经济机关行使经济管理权力,以加强对企业生产经营活动乃至经济部门、行业的管理。针对国家对经济的管理过于集中与经济活动的多样性及多变性的矛盾,有必要在国家与经济主体间建立经济权利和经济义务关系。部门经济机关与企业签订合同,实行承包经营、租赁经营等,确定双方的权利、义务;在计划机关与实施计划的单位之间,对指令性计划加以调节,扩大指导性计划,以建立权利义务关系。经济法正是对管理关系中的权力关系和权利义务关系进行复合调整的法律。

2. 对经济支配关系的调整属性

国家经济机关在对具体经济事务的支配中,行使经济权力,采用禁止、许可、核准、撤销等方法进行处理。为保证这种处理依法进行,国家经济机关与具体经济事务当事人之间还设置经济权利和经济义务关系。不得滥用权力和越权处理,被规定为国家经济机关的义务,而要求依法处理,维护自身合法权益,是经济事务当事人的权利。

3. 对经济强制关系的调整属性

经济强制权力,是国家经济机关强制经济组织、公民个人等执行其决定的权力。经济强制权力是一种必须服从的权力,但在经济强制权力行使的同时,在国家经济机关与经济主体之间还存在经济权利和经济义务关系。如税务机关与纳税主体之间,税务机关负有对纳税人账务的保密义务、对多缴税款的退还义务、损害赔偿义务等等。

4. 对经济监督关系的调整属性

在经济监督关系中，国家经济机关有对各个经济主体、经济环节和经济活动进行的监督权力。在监督与被监督关系中，监督权力的行使，离不开国家经济机关与经济主体之间的相互经济权利和经济义务。如国家审计机关与被审计单位之间，审计机关负有审计事项的通知义务、审计报告的征求意见义务，以及审计人员不得以权谋私、弄虚作假、玩忽职守、泄露商业秘密等义务。

5. 对经济处罚关系的调整属性

对违反法律和国家经济机关的规定、决定的经济组织和公民个人进行处罚，形成经济处罚权力关系。这种权力的行使，是依照罚则进行制裁。经济处罚关系中的权利义务关系的特点是形成于执行处罚的机关之外，即它的上一级主管机关及人民法院。被处罚当事人的申请复议权和起诉权，表现为对具体经济机关处罚决定不服的，可在一定期限内向上一级主管机关申请复议，也可直接向人民法院提起诉讼；对上一级主管机关的复议决定不服的，可在一定期限内向人民法院提起诉讼。

以上阐释的经济法对复合关系的调整，主要是依据当代垄断和国家垄断下的情况总结的。如果误以为是我国改革开放前或原苏东社会主义国家的经济实态和立法实况，则是不甚了解当代西方国家经济和立法现状的缘故。这就告诉我们，认识经济法的属性，不能把不是计划经济下的理论说成"计划经济的东西"加以抵制，也不能把西方自由放任经济时期的立法理念、原则和法学理论，硬套到经济法的概念上来。

二、经济法的机能

法具有准则功能、强制功能、保护功能和制裁功能。经济法无疑具有上述功能，但这些功能在不同的法上由以表现和实现的机理是不同的。这就涉及法的机能问题。法的机能，是指法的作用和功能的机理。不同的法有不同的机能。机能，是法与法相区别的重要标志之一。在法学界，人们长期使用"作用"术语。近些年来，"功能"、"价值"术语渐多，但"功能"、"价值"仍是在"作用"的固有含义上使用的。"促进社会主义市场经济的发展"被概括为经济法的作用，其实，其他法如刑法、行政法乃至诉讼法等，也都具有这一作用。只有揭示某一法的功能、作用的机能的特定性，这一法的特定性才能被揭示出来。因此，为揭示某一法的作用、功能的特定性，应当采用"法的机能"术语。

经济法的机能包括统一综合机能和分工混业机能。

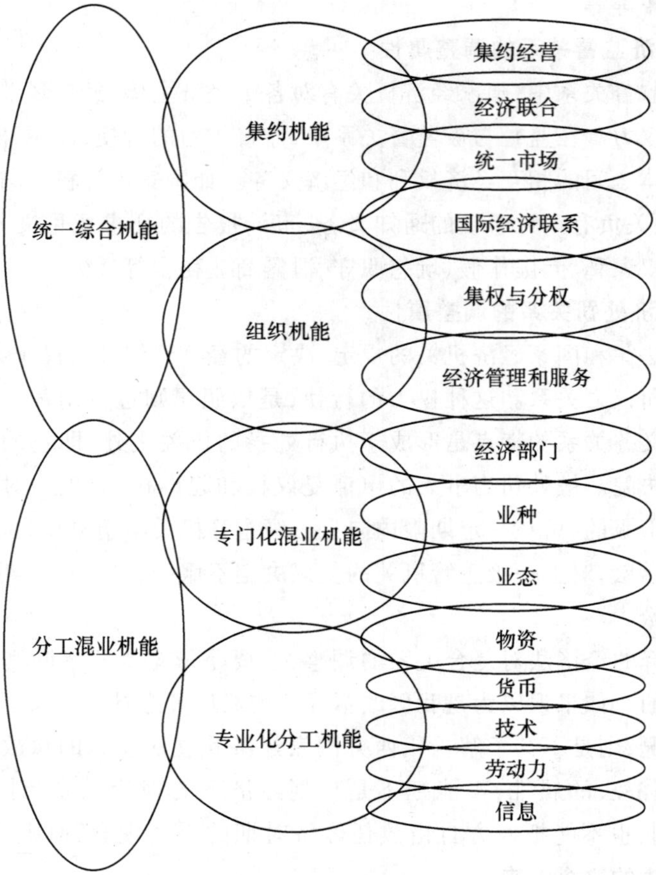

经济法机能图示

（一）统一综合机能

经济法是不同部门的法规范集合而成、具有特定机能的经济法律制度。这样的经济法，具有综合组织国民经济统一运行的机能。这一机能，是其他法所不具备的。

1. 组织机能

经济法的组织机能，是指国家通过经济法的法律形式，统一组织国民经济运行，从而把社会经济组织起来，以实现国民经济组织化的机能。

经济法组织机能的表现是：

其一，经济法正确解决集权与分权的关系，明确划分中央经济机关与地方经济机关的经济权限范围，并将这种权限集中表现为专业经济管理、经济协调、经济指导和经济服务。同时，赋予企业在生产经营方面的权利，从而通过法律规定经济权限，建立中央、地方和企业的国民经济组织系统。在中央经济机关设置上，存在对“专业经济管理”的理解问题。在生产社会化条件下，社会分工越来越细，但并不意味着中央经济机关设置越多越好。

其二，经济法使国民经济在扩大再生产过程中，形成性质不同、层级不一的经济组织关系，包括建立在监管基础上的经济组织关系和建立在协商基础上的经济组织关系。经济组织关系是经济关系的重要方面。为促进经济活动的有效进行，关键在于建立经济组织关系。经济组织关系与经济活动关系相辅相成。离开具体经济组织关系，国民经济不可能形成有机的整体。

其三，经济法通过计划或规划、税收、信贷、价格等经济手段具体组织各个经济环节的经济活动。经济法合理引导经济活动，正确领导、协调经济过程，明确经济主体相互间的权利义务关系，以实现社会经济秩序化。

总之，经济法的组织机能，能够把国民经济组织起来，它是形成国民经济总体运行的基础要素。

2. 集约机能

经济法的集约机能，是指经济法集中国家的经济力，保障国民经济良性运行和健康发展，全面实现经济集约化的机能。

经济法集约机能的表现是：

其一，经济法促进集约经营，把生产资料、资金、技术和劳动力集中在同一生产上，而不是分散在若干不同的生产上，从而提高经济效益，促进社会生产力的发展。在集约经营中，机器装备等先进生产手段和科学技术得到广泛应用，各生产要素如资本、技术和劳动力等紧密联系，科学组合，合理流动。资本的集约经营和社会生产的集约化，是集约经营的主要表现。集约经营是生产力发展的内在要求，经济法恰恰是反映这一要求的法。

其二，经济法推动经济联合，形成横向经济联合和垂直经济联合等普遍联合制，以实现生产集中和资本集中。联合制把不同的企业联合在一个经济部门中，实现了企业联合。联合制把生产社会化提高到新水平，同时，比单个企业更具有竞争力，从而加速经济集约过程。

其三，经济法扶助统一市场的形成和发育，打破分割的市场、地方保护主义的市场，使市场得以按着商品经济的规律形成和发展。市场是商品流通的载体，商品的价格、流量和流向等都是由市场供求关系决定的，而分割的市场、地方保护主义的市场，违背了价值规律和商品流通规律。为维护统一的市场，经济法一方面对市场的管理者进行管理，另一方面，对生产者和经营者在市场上的经济活动进行管理。

其四，经济法维护国际经济联系。在经济国际化条件下，任何一国的经济都不可能孤立存在。与国际经济的联系，关键在于形成适合本国国情的联系机制。通过经济法，使本国经济在独立自主的基础上，不断扩大和发展双边的、多边的及国际的经济联系，以提高本国经济竞争力和经济实力。

经济法的统一综合机能，使社会经济的作用机制和联系机制发生了重大变革。经济活动和主体的依存性、不可分割性替代了分散性、孤立性，社会经济的统一性取代了“无政府”性，这就极大地促进了社会生产力的不断发展，促进了社会全面进步。

（二）分工混业机能

经济法的分工混业机能，是经济法推动社会专业化分工和专门化混业，不断产生新的生产部门和行业，保障商品交换量的扩大和质的提高，实现物资分流和集中、货币分流和集中、技术分流和集中、劳动力分流和集中、信息分流和集中合理化的机能。

社会经济过程的前提是分工和协作。在社会化大生产条件下，不再是古已有之的简单分工协作，而是专业化分工协作。实现品种专业化、零部件专业化、工艺专业化和辅助生产专业化的不同企业之间，互相提供生产条件或服务，这是一种专业化分工协作。经济法按照专业化分工协作原则来改组国民经济，不断提高社会生产组织的专业化分工协作水平。当然，提高劳动生产率的发展以大规模的协作为前提。协作，是任何社会形态都存在的提高劳动生产率的主要形式之一，也是其他任何法律都未能回避的问题。因此，调整协作关系不为经济法所独有，它不能反映经济法的对象特征。

专门化混业，是不同的业种、业态合并在一个部门里进行生产经营。如一个钢铁企业，既有炼钢业，也有采矿业、钢材制造业；既有生产，也有批发、零售。专门化混业能够实现经济集中，增强经济组织的经济能力和竞争力。专业化分工解决“分流”问题，专门化混业解决“集中”问题。

经济法分工混业机能，是通过促进物资分流和集中、货币分流和集中、技术分流和集中、劳动力分流和集中、信息分流和集中实现的。其表现是：

其一，促进物资分流和集中。物资分流，是社会再生产的必要条件，也是社会分工不断细化的必要条件。经济法能有效地组织物资分流，以求以最短的时间、最少的环节和最省的费用，将物资供给各个企业用于生产，从而推进社会生产力的发展。其主要表现是：在物资流通的采购、调运和储存三大环节，协调物流活动；促进限产压库、仓库及设备的整备、运输的合理化、包装规格化、物流信息的标准化，从而实现社会资源的合理配置。

其二，促进货币分流和集中。国民经济良性运行，要求保障稳定的货币流通，充分发挥资金的作用。经济法能够保障资金流量、流向的合理化，提高资金的使用效益。合理的资金流量、流向，能够使经济结构和产业结构趋于合理。

其三，促进技术分流和集中。技术商品交换关系发展的重要前提，是技术分流,即技术在国民经济各部门及各主体间转移。经济法规定一整套技术交换的法律规范,促进技术分流,从而保障技术水平的发展和生产水平的提高。

其四,促进劳动力分流和集中。劳动力分流,是劳动力在不同地区、部门及单位间发生流动。经济法确定了计划分配与个人自主择业相结合的方针,保障建立、健全劳务市场,加速劳动力的合理流动,使劳动力的地区流向、行业流向、单位流向合理化。

其五,促进信息分流和集中。信息是一种"资料源",不能将信息简单地理解为消息。信息分流,是信息在国民经济的各过程、各环节的输出和获取。经济法通过信息将市场的空间形态、时间形态或虚拟形态结合在一起,促进信息的集成和开放,以提高经济效益,加速经济发展。

经济法的分工混业机能,使传统意义上的经济部门、产业部门发生了变革,产生了新的具有部门交错性或综合性的经济门类。如农业部门中出现了"农工贸综合体"。那种以本土资源的农产品为原料,进行工业深加工,继而又把产成品销售出去,或以其他原材料进行工业生产的"一条龙"农村经济组织,不再具有传统农业部门的基本特征。而且,经济法的分工混业机能,使企业的生存方式以及经济活动方式和手段发生变革,改变了社会分工的职业传统。如电子交易的出现,通过企业内联网和国际互联网,使无纸化交易即采用电子数据交易替代人财物的直接交易方式,网上结算、税收征管以及网上配送系统等的网上活动替代传统的经济活动形式,从而使人类社会经济模式发生重大变化。

经济法的分工混业机能,在当代表现出促进"混业经营"的新趋势。美国于1999年11月12日生效的《金融服务业现代化法案》,标志着法律对混业经营的确认。与混业经营相适应,将相关业种、业态统一由一个监管机构来实行监管的体制,也成为一种新趋势。无论是美国1933年通过的《格拉斯·斯蒂格尔法》(Glass Steagall Act)确立分业经营原则,还是《金融服务业现代化法案》这一确立混业经营原则的新法案,都充分表现了经济法的分工混业机能,它们是在不同条件下经济法分工混业机能的不同表现形式。

第二章 经济法历史沿革

经济法是社会经济发展到垄断和国家垄断阶段的产物。垄断的产生,是资本主义经济规律作用的必然结果,法律上的“反垄断”,反的不是这种必然结果的垄断,而是私人组织的垄断行为和结构。从这个意义上说,反垄断法是反私人垄断法。作为完备形态意义上的经济法,产生于19世纪末20世纪初,广泛发展于第二次世界大战以后。在经济法的产生和发展中,它逐步摆脱了应急性和军事性特征,形成了经常性的、稳定的法律形式。

20世纪80年代起,在西方国家由凯恩斯主义转向新自由主义和“第三条道路”的过程中,超国家垄断逐渐发展起来。以苏东等社会主义国家的资本主义转变为契机,垄断资本和企业大举进军,实现了垄断资本主义的全球化。在这一新的垄断阶段,垄断资本超越国界,在全球范围内进行资源配置。跨国公司的“无国籍化”趋势,以及国际合作组织和区域一体化的大规模建立,使经济法获得了前所未有的发展,在法律体系中居于“经济宪法”地位。

经济法的发展是围绕两条主线展开的:在市场经济国家,随着自由放任市场经济的解体及市民法法秩序的失灵,经济法从确立走向完善化;在计划经济国家,在建立社会主义公有制和对整个国民经济进行社会主义改造过程中,基于私法制度的废除,经济法成为国家领导国民经济的直接法律形式。资本主义的物质基础是大机器工业,由于垄断市场经济大工业的发展而使生产社会化,造成了社会主义经济基础的物质条件。从这个意义上说,社会主义经济法产生、发展于与之相同的物质条件。

本章以经济法产生的动因为起点,从经济体制而不是从经济制度的角度,分别概括和阐释市场经济国家的经济法、计划经济国家的经济法的一般发展过程。经济体制是经济制度的表现形式和实现方式的体系。经济体制可以用这样的经济制度表现和实现,也可以用那样的经济制度表现和实现,还可以用混合经济制度表现和实现。我国把经济改革的目标,确定为建立“社会主义市场经济体制”,是科学的。由于我国社会主义市场经济体制下的经济法律制度贯穿全书,故本章不再设专节阐释。

第一节　经济法产生的动因

任何法律都是历史的、社会的法律，而且，新的社会条件，是新的法现象产生的根本动因。因此，对于经济法来说，应当从它直接依赖的社会条件出发来考察实际产生过程。这一产生过程，是从“法现象”到“完备形态”的发展过程。当然，作为完备形态的经济法的产生，还必须具备直接影响条件。我们应当把与该社会条件相联系的这一直接影响条件作为经济法整个历史发展的要素。

一、经济法产生的前提

认识经济法产生的前提，应当从对制度前提、国家前提和经济关系前提的分析入手。法是社会的产物，不同社会发展阶段的不同制度条件，对法有不同的要求；法是国家制定的，国家的不同特质和身份，是法的特定属性的决定性因素；法的基础是经济关系，经济关系的不同要素和特点，是法之所以为新法的重要原因。社会的“新制度”、国家的“新身份”和经济的“新关系”，是经济法产生的根本前提。

至于如何认识发展中国家，特别是经济发展比较落后，生产社会化程度比较低的国家的经济法存在的事实，也应从上述总认识出发。应当指出，在“经济全球化”总背景下，任何一个国家的经济都不能游离于世界的垄断和国家垄断统治之外，其立法也不可能走18世纪那种市民社会的市民法的老路。这是认识经济法产生问题的关键所在。

（一）垄断制度前提

经自由市场经济阶段向垄断市场经济阶段过渡而形成垄断市场经济社会制度，是经济法产生的基本社会制度前提。

这里应当明确，经济生活中的“垄断”与法律上的“垄断”不完全是一个意思。经济学上的垄断，是指少数大企业或若干企业的联合生产和独占市场。生产和资本的集中发展到一定阶段，就自然而然地走向垄断，垄断是自由放任市场经济发展到市场经济最高阶段最本质的经济特征。法学上的反垄断，是对于超越法律规定的垄断的“结构”和“行为”即“违法垄断”所作的限制。因此我们不能简单地认为法律上的“反垄断”就是反对垄断经济。

企业自治、私权绝对、契约自由和自由竞争，是自由市场经济制度的固有特征。在向垄断市场经济过渡中，这些基本制度特征发生了变异，而且，具有垄断市场经济性质的制度特征已逐步在各个方面形成。

1．企业自治向企业法治的演变及立法要求

“企业自治”，是传统法关于企业作为一般民事主体立法的基本理念。企业自治的核心含义,是指企业的内部关系、内部事务完全由企业自身决定,其自由意思表示,排斥法律、政府和他人的干涉。在现代社会,法律深入到企业内部,其内部关系具有一定的法律性质,而且实行政府对企业的监督管理制度。这里,“一定的法律性质”,是说企业的章程和规章制度,是企业的规范,其本身不是法律,但这些规范必须依照法律规定而制订,对于违反企业规章的行为,由企业依照规章追究工作责任或经济责任,这种追究,属于“企业行政”性质,只有在直接违反法律的场合,才由司法机关追究法律责任。

企业自治的立法原则,与18世纪前后的自由放任市场经济相适应。从19世纪下半叶开始,西方国家整个社会经济逐步实现了生产社会化、资本社会化和劳动社会化。这种社会化大生产条件,要求法律深入到企业内部,其内部组织、资本制度和生产经营制度等,由法律作出相应规定。这样,企业自治的立法原则不复存在,代之而起的是企业法治原则。由“企业自治”向“企业法治”的转变,要求依法治理企业,企业的内部制度必须符合法律的规定和要求。“企业法治”,是企业法的基本原则,也是经济法的基本原则之一。

2. 私权绝对向私权限制的演变及立法要求

生产资料私人所有权,是一种占有产品和他人无偿劳动的权利。依据这种权利,得以使构成资本的生产资料产生出来和积累起来,并被用来扩大再生产,形成资本运动过程。

私有权的绝对性,是从“私有财产神圣不可侵犯”、“所有权是天赋之人权”直接引出的。私有权的绝对性,是指对于物有绝对、无限制地占有、使用、收益和处分的权利。其基本含义是“所有权绝对不可侵犯”和“自由的所有权”。它的根本要求和直接结果是利润最大化行动和所有权的滥用。

市场经济的首要前提,是利润最大化原理。资本使生产资料所有者获取剩余价值,而剩余价值的积累,是扩大再生产的必要条件。随着再生产的扩大,资本亦不断扩大。西方学者认为,在市场经济条件下,经济主体都自由地追求自己的利润,全力进行利润最大化行动。我们知道,经济主体的利润最大化行动,必然使物的因素集中在一方,劳动力则与物的因素相分离,处在另一方,从而加剧人与物的矛盾、人与人的矛盾;而每一经济主体的利润最大化行动,又使经济主体间相互对立,恶性竞争,社会经济处于无序性和不可调和状态。因此,对私有权进行限制,是市场经济进一步发展的内在要求。

所有权的滥用,是私有权绝对化的必然结果。这种滥用,表现在交易关系、劳动关系、借贷关系等一切社会经济关系领域。在交易关系上,突出表现为利用交易中的优越地位。其判断标准,是不当性和损益性,即不正当地利用交易中的优越地位妨害公平竞争,给竞争对手带来损害。滥用优越地位,是通过运用价格、获利力、生产资源的配置、分配等达到目的的。例如,价格超过竞争中形成的价格水平,实行价格歧视;通过合并、联合等扩大企业规模以提高利润率,排挤、打击经济实力弱的企业。由于滥用优越地位,打乱了各市场、各经济部门之间的资源分配,造成生产资源的浪费;在分配上,收入和财富水平不平等,因大部分社会成员购买力下降而使生产过剩。

这样,私有权实际上不只是对物的所有权,而且成为对直接生产者的统治权、对竞争对手的支配权和对社会经济关系的控制权。上述财产权利,又转化为财产权力,实现着财产权力的社会化。

私有权的绝对性引起的社会危机和国民经济运行失调,说明"私权绝对"的市民法原理已不再适合市场经济发展的现实,社会不允许财产所有者得到所有权的全部自由权利,不允许所有权的滥用。为此,国家必须通过立法对所有权进行限制。西方国家对所有权进行限制的立法措施,主要包括以下方面:

其一,对于私有财产权,必须为公共目的加以利用。私人所有权,是一种私人所有的所有权,但"社会的所有权"代替个人所有权,要求所有权附有义务,其行使应同时服从于、服务于公共福利,从而使所有权与社会发展相协调。

其二,把对财产的支配权,限制在一定范围内。支配权是所有权的基本权能之一,但对私有财产的支配,特别是处分,不能损害他人利益和社会利益。随着财产权利向财产权力的转化,对财产的支配进一步地扩大为对人的支配。因此,必须对支配权进行限制,禁止所有权的滥用。

其三,所有权的内容,必须符合社会利益的要求。所有权的内容,是其各项权能的内容。在占有、使用、处分和收益权能中的具体事项中,不能为实现一己权利而损害社会利益。那种只有个人私利行为才能产生社会利益的主张,已不符合当代要求。

3. 契约自由向契约限制的演变及立法要求

契约自由,是市场经济的基本原则。依据这一原则,当事人可以自由地签订任何内容的合同。"自由协议"和"契约不是法定义务"是契约自由概念的基本含义。

契约自由的表现包括四个方面:一是订立契约的自由。包括订立或不订立的自由,要约、承诺也都是由当事人自由决定。二是选择契约对象的自由。同谁签订合同,可以根据当事人自身意志自由选择,不受约束。三是决定契约内容的自由。合同的内容、条款,合同的标的、价款、质量以及合同履行、合同责任等,都由当事人自由决定,他人不得干涉。四是契约成立方式的自由。只要当事人"合意",合同便成立,不需要特定的成立方式和程序。

如果一项合同是自由签订的,便被认为是神圣的,法律、政府、他人均不得干涉。这就是"契约神圣"的含义。

"契约自由"、"契约神圣",是市民法的支柱,也是传统民法学的普遍理论概括。然而,随着垄断市场经济的发展,自由契约关系发生了变化。合同当事人在法律上总是被规定为平等的,但经济力的强弱、经济上的依赖关系,决定了他们之间的合同关系不可能是平等的:首先,缔约能力不平等。大企业与中小企业、垄断体与非垄断体、经济发达地区与经济不发达、欠发达地区之间的当事人,签约的实力强弱不同,谈判中讨价还价的能力有差别,这不能不反映在合同上面。其次,双方权利义务不平等。在合同内容上,往往规定价格歧视、排他性条件,往往规定只适用于一方当事人的约束性条款等等。再次,合同履行不平等。即使这样内容不平等的合同,也得不到平等的履行,一方当事人往往利用合同谋取合同外利益或更大的合同利益。最后,合同裁判不平等。经济上的强者、有社会背景的当事人,一般会成为诉讼或仲裁中的强者或胜诉人。

契约自由、自由契约关系推动了社会危机和国民经济失调,社会要求一种不同于市民法的法律对契约自由加以限制。这种限制,主要表现在两个方面:

其一,限制经济主体的自由意思表示。"超当事人意志"、"非自我目的"、"无选择性"改变了主体自由意志的内涵。法律规定合同条款,而不是由当事人商定,限制了合同内容的自由决定权;签订合同为法定义务。某些合同,如涉及公共利益的合同,是必须签订的,把签订合同确定为法律义务,这就限制了契约对象的自愿选择权;执行标准合同,即合同内容由一方当事人事先确定,制成条文式或表格式,另一方当事人只有按该内容签订,限制了合同成立方式的对等协商权。

其二,依据法律解决合同争议。依据当事人的意思表示及合同本身解决争议的时代过去了,现在是依据法律和法律原则裁判合同的合法性、权利义务的有效性。合同是依法成立的,当事人的意思表示也须服从法律。这样,合同争议的解决只能依据法律。这是限制契约自由的鲜明表现。

4. 自由竞争向垄断的演变及立法要求

自由竞争是自由放任市场经济的基石。自由竞争必然要求生产集中,而生产集中的前提是资本集中。资本集中的主要途径和方式是:资本积累使企业规模扩大,即个别资本通过剩余价值资本化而扩大自身规模;规模较小的资本合并为大资本;通过合伙和联合实现资本集中,通过股票联合经营、股份公司,使个别资本转化为集中的、联合的社会化资本。生产集中、资本集中,必然走上垄断。从自由竞争中生长起来的垄断并不消灭竞争,而是凌驾于竞争之上,与之并存,因而产生出特别剧烈的经济矛盾和社会矛盾。在这样的矛盾面前,市民法的作用越来越狭小,显得无能为力。

对于垄断和无限制的自由竞争,要求一种新的法律加以限制,这便是经济法的限制:

其一,对私人垄断的限制。自由市场经济的发展,必然形成支配力过度集中的市场结构。这样的市场结构,一方面是某种商品充分占据大规模市场,实现该市场上某种商品的高度集中;一方面是一个企业在各个市场上高度集中,自由出入多数市场,实现该企业或企业集团的经济力的高度集中。在自由竞争市场上,购买者和出卖者多而无限,其个别购买者和出卖者的购买量、销售量不能影响市场价格,不存在集团性共谋。因此,生产要素具有充分流动性,任何企业都有进入市场的可能性。而垄断性市场经济,是少数企业或企业集团形成对一个或几个经济部门的垄断,从而形成这些企业对市场的支配力或控制力。垄断企业的市场任务,主要是垄断组织的各成员企业规定统一价格及在各成员企业间分配总销售额。这就决定了垄断组织有相当高的市场占有率,这意味着非垄断企业在该市场被排挤出去,或重新进入该市场发生严重障碍。市场经济发展到这一地步,需要一种法律,对"私人垄断"进行限制,包括对垄断状态的限制和垄断行为的限制。

其二,对不正当限制交易的限制。这种"不正当限制交易",是指在一定的交易领域,通过卡特尔组织等方式对竞争进行实质性限制。其主要表现是:对一定交易领域里的企业数量的限制;对组成企业的企业机能、企业活动的不正当限制;对一定交易地区的竞争进行实质性限制;在国际协定和国际合同里对竞争进行实质性限制。这种共谋性的不正当限制交易,是若干企业共同约束相互生产经营活动。通过这种约束或限制,使其他竞争者不能自由地从事经营活动,给他们进入市场造成困难。利用卡特尔方式对交易进行不正当限制,包括销售价格、条件、范围,也包括规定产量、分配利润等方面的限制。这种限制,是一种操纵市场的行为。与垄断不同,垄断是一种控制市场的行为。对操纵市场行为进行限制,是新法产生的根据,也是它的基本任务之一。

其三,对不正当竞争方法和交易方法的限制。西方经济学家认为,市场经济具有鼓励和助长人们破坏公平竞争的特质,如果没有对竞争对手采取进攻性和敌对性手段的能力,那么市场势力就很难获得。不正当竞争方法和交易方法正是在这种市场机制和心理机制的作用下形成的。主要包括:共同拒绝交易(抵制)、以其他方式拒绝交易、分别以不同的价格交易、以不同的交易条件交易、企业的差别对待、不正当的廉价交易、不正当高价买入、对顾客进行欺骗或引诱、以不正当利益引诱顾客、搭配销售、交易带有排他性条件、限制再销售价格、滥用优越地位、妨碍竞争对手的交易、干涉竞争对手公司的内部事务、强迫销售或不正当地要求援助。当上述行为"不正当"地进行,妨碍公平竞争,由此危及整个社会经济生活时,便要求有一种超越市民法的新法律,对这种不正当竞争方法和交易方法加以限制。

垄断市场经济是市场经济发展的高级阶段。在这一阶段,企业自治、私权绝对、契约自由、自由竞争都经历了嬗变。伴随着向新的社会制度的过渡,不断产生并形成了新的法律制度，这就是经济法制度。经济法制度，是垄断和国家垄断市场经济社会最深厚的法律基础。

（二）国家双重身份前提

国家的双重身份，是经济法产生的国家前提。

在作为自由市场经济社会的“市民社会”，国家与社会是二元性发展的，国家是凌驾于社会之上并日益与社会脱离的力量。在这种社会条件下，国家的身份是唯一的，它是暴力机器。当过渡到垄断市场经济社会，垄断和国家垄断要求利用国家来维系市场经济。这种情况下的国家，不再是“守夜人”，而是主动地、经常地、普遍地介入经济，使国家一方面是经济调节主体，另一方面也是经济活动主体，这就是国家的双重身份。

垄断市场经济的经济基础是垄断。经济基础变化了，建立在新经济基础之上的国家必然发生变化，而反映国家意志的法律也必然随之变化。垄断主义市场经济阶段的国家与自由主义市场经济阶段的国家存在直接的继承性，但它有着与之相区别的自身特征及立法要求。

1. 国家社会属性的泛化及立法要求

国家是脱离社会的力量，同时，它又以全社会正式代表者的名义存在。在失去了自律性的自由放任市场经济全面危机情势下，国家不得不担负起领导社会的责任。由此，国家获得了“共同的即社会的机能”。在形式上，国家的“社会机能”与“阶级机能”分离了。随着经济垄断化的发展，要求立法反映“社会公共利益”、“社会福利”、“社会经济的健全稳定发展”、“社会责任”、“社会经济秩序”等要求，并将其强制地规范化。这样的法律，不是市民法而是经济法。

2. 国家活动方式的改变及立法要求

在垄断市场经济阶段，国家在经济领域的活动有两种基本方式：国家调节产品的产量和商品流通，通过调节价格和劳动条件等影响社会需求，通过税收和融资活动影响收入分配等等，这是国家的经济调节活动；另一种活动，是完全新型的经济活动，即国家以生产资料所有者的身份参加社会经济过程。在这一经济过程中，国家是独立的商品生产者，参与对各个垄断组织及其他经济实体的竞争，或者与某些垄断组织结成“同盟”，追求、瓜分剩余利润。现在，国家参与现实经济活动，已经成为作为公共权力的国家自身存在的一个条件。由此，国家的“经济职能”突现出来，在形式上，“经济的国家”与“政治的国家”分离了。在这一发展阶段，臻于完备的“政治的”立法仍维持着，但“经济的”立法被提到首位。这是市场经济国家立法史上的重大转折。

3. 国家任务新因素及立法要求

自由市场经济阶段国家的任务，按照西方学者的见解，限于“国内维持正义、安定秩序”，对外“保卫国土、不受他国侵犯”。现代则不同了，国家在处理统治阶级与被统治阶级关系、统治阶级内部关系问题上,情况发生了某些变化,国家任务出现了某些新因素。在维护统治阶级利益和压迫秩序基础上,一方面,采取“把蛋糕做大一点儿”的办法,立法以“提高劳动者的生活水平为目的”,保障劳动权、团结权、集体交涉权、争议权和罢工权,改善劳动条件(劳动标准、劳动安全卫生等),加强雇佣对策立法,安定就业秩序,对失业者实行普遍社会救济等等,以缓和社会矛盾、社会冲突;另一方面,把调节统治阶级内部经济关系的任务放在重要位置,国家担负起对统治阶级中个别成员或集团侵害经济秩序的排除责任,如通过立法,对危及整个国家利益的私人垄断、不正当竞争等进行防治。

垄断市场经济阶段国家的上述新特征表明:国家是上层建筑范畴,也涉及经济基础范畴;国家是社会的一般政治组织,也表现为社会的一般经济组织。在国家的新变化中,其自身获得了双重身份:在经济领域,国家是经济调节主体,又是经济活动主体。

为了调节国民经济正常运行,国家设立了一整套国家经济机关,作为经济调节主体,集中行使国家经济职能。根据 1913 年法令,美国设置了联邦储备银行管理局。该管理局的委员全部由联邦政府委派。该管理局有权制定银行政策,对银行业务进行监督。1914 年,美国设立了联邦贸易委员会。该委员会有权发布命令,要求工商企业停止违法活动,当工商企业违反其命令时,有权把违法企业提交法院审理。美国 1919 年成立的战时工业局,是统制全国工业的中央机关。战时工业局及其分支机构负责调拨原材料、燃料和劳动力,分配国家订货,制订商品价格。

作为经济活动主体,一是主要以国家名义从事特定经济活动,如特定物资的购销及政府采购、国家债券的发行与回收、外汇买卖以及国际经济协议和国际合同的签订、履行等经济活动;二是国家设置国营企业从事经济活动。国家实行部分企业国有化或国家投资兴建“公用事业部门”,组建国营企业。“公有部门”、“国营企业”、“国有化企业”、“特殊形式企业”等,都是国营企业。这些国营企业以国家的经济目的为企业目的,由国家出资或部分出资成立。国家对企业领导人员和高级职员拥有任免权。在财务上,国家对企业实行严格监督,其预算、决算受国家限制。

国家双重身份的重要特征是:国家作为经济调节主体行使职权,不再是行使传统上的“行政权力”,而是依据“经济权限”参与现实经济过程;国家或国营企业参加经济活动,不再以“私人意思自治”、“企业自治”为原则,而是以国家意志、社会公共利益为出发点并贯穿社会经济过程的始终。

国家的双重身份,改变了公法、私法的内涵,打破了它们之间的界限。在经济关系领域,随着私法的公法化和公法的私法化,一种新的法律产生了,它不是原来意义上的公法,也不是原来意义上的私法。

（三）他律性经济关系前提

他律性经济关系，是经济法产生的经济关系前提。

经济活动是经济关系形成的基础。作为经济关系参加者的主体的活动，是有自觉动机和预期目的的活动。经济活动、经济关系的存在和发展，是一定社会经济规律作用的结果。自由市场经济条件下，经济活动由“看不见的手”来调节，产生自发性经济关系。作为“看不见的手”的经济规律盲目作用的结果，使自发的经济关系失去了自律性。为了维持市场经济免于崩毁，对于失去了自动调节作用的自发性经济制度，还必须用“国家之手”从国民经济整体立场出发来调节经济活动和经济过程，形成他律性经济制度。国家的经济作用是使市场经济获得他律性的条件。垄断市场经济的经济关系靠“国家之手”来维持。

经济关系中的他律性结构，一般包括国家经济政策、经济行政作用、经济杠杆和经济计划。

1. 国家经济政策及立法要求

国家经济政策，是国家为影响、指导国民经济稳定运行所规定并付诸实施的措施和手段，是在一定时期经济工作方针和原则的总和。经济政策以方针性指示确定经济过程的性质、状态和方向，从而实现国家对国民经济的调节。由此可见，经济政策对国民经济的发展具有重要的组织功能。

在西方国家，在他律性经济关系的形成、发展中，介入其间的主要经济政策是经济增长政策、稳定物价政策、反经济萧条政策、就业政策和产业组织政策、国有化政策、收入分配政策、环境保护政策、消费政策、价格管制政策以及保护主义贸易政策、开放经济条件下的经济稳定政策。经济政策作用下的经济关系是他律性经济关系，例如，国家为贯彻产业组织政策，扶持中小企业的发展，实行优先贷款和降低贷款利率、税收上减免优惠、确定某些商品的独家生产权、价格和收购的优惠措施等等政策，这些政策下中小企业所建立的经济关系，不再是自发性经济关系，而是他律性经济关系。

基于经济政策形成的经济关系，要求一种新的法律来调整。在这里，作为经济政策立法的经济法具有一定针对性、时间性特征。它是针对国民经济运行中的某些问题、某种情况制定的，是在一定时期内施行的。

2. 经济行政作用及立法要求

在垄断市场经济条件下，国家的行政作用增强了，行政权力不断扩大。行使行政权力，是国家职能的表现。在自由主义市场经济阶段，行政权力的行使，是作为完成“夜警国家”任务来行使国家权力的。随着国民经济垄断化的发展，在经济领域，行政权的行使是为了满足社会经济调节的需要，由此，经济权限从行政权力中分化出来。这种经济权限，与先前以一般维护社会公共秩序为目的的行政权力是不同的。在这个意义上去把握行政作用，必须将社会经济调节作用与社会治安作用加以区别。

经济行政作用可分两个方面：一是发挥国家经济职能，经济机关通过命令、禁止、许可、特许、认可等经济行为限定、调节经济关系，使之按照国民经济良性运行要求的方向发展。二是经济机关以经济权利、经济义务承担者的身份介入经济关系，使经济主体的经济活动目的有所修正、经济关系的内容和方向有所变更。例如，经济机关通过调剂库存、原材料的采购和销售等办法，削弱垄断组织的势力，形成新的物资流通关系；通过出资或合资兴建企业和公共部门、公有化股票的回放等办法，增强国有资本的控制力、制约力，形成新的财产流转关系；通过向特殊金融机构出资、贷款等办法，提供国家资金，形成新的通融资关系。

经济行政作用，是经济关系中的新成分。这样的经济关系，不再是自发性经济关系。调整这样经济关系所需要的法律，是经济权限法律制度。在这里，传统意义上的行政法已不适用。

3. 经济杠杆及立法要求

经济杠杆是他律性经济关系中的重要内容。国家利用与价值形式有关的经济形式，如价格、信贷、财政补贴、出口退税、进口附加税、利息、贴现率、折旧率等，调节国民经济。经济杠杆可集中表现为"六率"，即物价上涨率、失业率、税率、汇率、利率、经济增长率。这些经济杠杆将造成新的经济条件，使经济关系按一定导向发展。

在垄断市场经济阶段，价格仍是在供求关系基础上自由形成的，但价格的自动调节作用已不能使价格保持在完全竞争的市场机制所决定的水平上，还必须以他律性价格形式谋求稳定的价格关系，如最高限价、最低保护价的出台，排除了垄断因素、不正当竞争因素对价格关系的影响；税率杠杆是形成新经济关系的重要条件。个人所得税税负标准的高低及累进税率的强弱能改变既存的分配关系，企业所得税的增减对企业生产经营关系、市场价格关系、财政关系等有重大影响力。利率变动将引起整个市场体系变动，制约资金的流量和流向。由利率变动引起的金融关系变动，将对劳动关系、价格关系及企业生产经营关系产生影响，形成新的经济关系。

经济杠杆作用与经济政策和经济行政作用是不同的。经济杠杆使经济活动主体自愿地而不是强制地服从国家经济调节目标，而且通过间接调节方式，给经济活动主体以有利或不利的经济条件，从而形成新的经济关系，诱导经济活动的方向和限度。

经济杠杆调节下的经济关系，不是自发性经济关系。对这样的经济关系的调整，只能通过属于经济法的经济调节法律制度的调整实现。

4. 经济计划及立法要求

任何一个现代市场经济国家的发展，都离不开经济计划。经济计划是现代市场经济的内在要求,而且,经济计划是首先从资本主义市场经济国家搞起来的。这里应当明确,经济计划与计划经济不是一回事。计划经济是经济制度,经济计划是调节国民经济的方式。我国经济体制改革中提出的,是改革"计划经济体制",绝不是取消经济计划本身。西方经济学从来都是把计划经济当作社会主义经济制度加以否定的,如同把市场经济当作资本主义经济制度加以肯定的一样。现有资料表明,经济计划是各国普遍经济形式和调节国民经济必不可少的手段。

国家通过时限计划如长期计划、中期计划和短期计划等,使一定时期内的经济活动获得国家经济目标;通过级别计划如全国性计划、区域性计划和地方性计划等,使经济主体在计划被适用的范围内调整自己的经济行为;通过具体计划如生产经营计划、收入计划、分配计划和供需计划等,使具体经济活动得到"矫正"。总之,经济关系中计划成分的功能,可以确定国民经济运行目标和经济关系发展的导向;可以使经济主体遵循经济目标,不断防止和克服经济活动的"偏离度"。

无论是指令性计划下的经济关系,还是指导性计划下的经济关系,都不再是自发性经济关系,而是一种有国民经济发展目标的、企业生产经营方向有意向性指导的经济关系,是一种对具体经济活动进行多级别、多层次计划性调节的经济关系。这样的经济关系要求的法律,是属于经济法的经济调控法律制度。

经济关系中的他律性结构,是体系化结构。国家经济政策、经济行政作用、经济杠杆和经济计划,只是其中的一部分,不过它们是主要结构。在西方"法治国家"的总背景下,上述他律性国家意志和手段,都要取得法的形式。西方法学上的所谓"政策转化为法"、"依法的行政"、"经济杠杆运用的法律根据"、"经济计划在法律上的意义",都要求将国家意志上升为法。适应对自发性经济关系的他律性调节的要求,一种新的法律应运而生。当然,经济关系是统一的,法律也应当是统一的。他律性经济关系是全部他律性因素共同作用下形成的统一的经济关系。因此,调整这样的经济关系的法,统一于经济法制度,共同发挥调整作用。

二、经济法产生的直接影响条件

经济法这一新的法现象在垄断制度前提、国家双重身份前提和他律性经济关系前提下出现了。但作为一个独立的法律领域,还需要形成"完备形态"这一条件。我们正是在"完备形态"上,通过对各国立法活动,对新的法现象的不断产生、发展和积累过程的分析和综合,才把这种新的法现象概括为"经济法"的。

作为完备形态意义上的经济法的产生,日本学者认为,是战争环境、经济危机和社会主义革命直接影响的结果。

（一）战争环境影响条件

战争对物资的急剧需求，刺激了社会生产的广泛发展。1914—1918年第一次世界大战期间，美国加工工业增长了32%，军火、汽车、造船、化工、冶金等工业急速发展，农业生产特别是小麦生产空前发展，1915年小麦产量比1913年增加了1/3。随着战时生产的高涨，生产集中和垄断化程度越来越高。这样，战争推动了一般垄断市场经济转变为国家垄断市场经济。国家利用法对国民经济进行控制，实行了一系列国家垄断措施。如英国把铁路收归国家经营，成立了对各经济部门进行管理的机构，对工业原材料的生产、价格、物资分配和进出口贸易实施全面控制。在战争环境的刺激下，产生了第一批经济法。

有些西方学者把这样的经济法概括为"经济统制法"，其源于把战时经济概括为"统制经济"或"管制经济"。其实，战时经济仍不失为市场经济，不能把统制理解为"专制"或"统治"。经济统制法，是指在特定的经济政策意义上的国家统一限制及与此相关联的经济活动的法律秩序。如第二次世界大战后日本1946年发布《物价统制令》，规定实行"物价统制"。该法第1条规定实行物价统制的立法目的，是以确保物价稳定，维护社会经济秩序和安定国民生活为宗旨。第2条规定的统制对象为"价格、运输费、保管费、保险费、租赁金、加工费、修缮费及其他对价财产的给付"。主要统制内容包括最高限价、不当高价的禁止和暴利行为的禁止。从这些被统制的内容看，平时是必要的，战时尤为必要。"统制"本是日语，它的含义是某种限制意义上的国家规定。因此，不能把"经济统制法"理解为绝对坏的、变态的东西。

同时，战时经济立法也不能归结为行政强制性质的法，它不是利用行政权力对经济活动实行超经济强制。在战争期间，国家需要全面控制战时经济，但另一方面，在现实市场经济中，国家经济机关仍以经济活动主体的身份，参加经济关系，与其他经济主体形成经济权利和经济义务关系，就是在政府购入军火及军需品买卖关系中，仍遵循商品交易的一般原则。从立法实践看，第一次世界大战期间有些国家发布的保护奖励等规定，都属于保护助成法的范围，而无行政强制性质。

（二）经济危机影响条件

垄断市场经济条件下的经济危机，是经济法产生的又一直接刺激因素。

市场经济运行具有周期性特征。自由主义市场经济时期，1825年英国爆发了第一次经济危机。资本的国际化和世界市场的形成，使经济危机越发具有世界规模。1857年的危机，首先从美国开始，随后殃及英、德、法等欧洲各国，并对殖民地国家产生深刻影响，这是第一次世界性经济危机。尔后，又爆发了1866年的世界经济危机。从总体上看，这一时期的危机，周期较长，一般大约相隔十年左右；危机阶段的时间较短，如"鸡肉周期"只有一年多。这样，生产经营者通过自身力量能够摆脱危机。危机使生产下降，市场供求关系又暂时趋于平衡，危机过后,又进行大规模的固定资产更新。此外,国内市场的扩大,国际市场的形成,还可以通过转嫁危机的办法来摆脱危机。经济危机及其摆脱办法的上述特征,决定了一般不需要国家组织特别力量,因而也不需要作为"国家之手"的危机对策立法。

1873 年、1882 年和 1890 年的世界性经济危机,加速了资本积累和集中的进程,推动了垄断组织的发展。从 1873 年危机的范围、程度和影响力出发,可以有根据地把这次危机看做是自由市场经济向垄断市场经济过渡的开始。垄断性要求按照高于生产价格的价格销售商品,一方面,保持垄断价格必然减缩社会购买力;另一方面,为应付竞争而降低生产费用,必然导致新的生产力的扩张。垄断市场经济条件下的经济危机期间和危机之后,垄断成为全部社会经济生活的基础。在这样条件下的经济危机,有不同于自由市场经济时期历次危机的特点:首先发生于工业生产领域的危机,破坏了国民经济运行的基础;工业危机与农业危机交织在一起,使危机具有普遍性;危机使整个银行信贷系统陷于瘫痪,金融危机全面化、尖锐化;工业经济国家的危机引起了农业经济国家的危机,使危机更加复杂化、国际化。

对付这样的大危机,自由市场经济时期采用过的办法均不能奏效,国家必须寻找新的法律力量,对国民经济进行直接控制。这种在垄断条件下的经济危机直接刺激下产生的"危机对策法",便属于经济法。它是从国民经济的总体立场出发,调整国民经济运行的法律。

（三）社会主义革命影响条件

经济法不但在垄断市场经济国家出现,也在社会主义国家出现。社会主义革命的胜利,直接刺激了经济法的产生。是西方经济法学者首先将"社会主义革命"作为经济法产生的直接影响条件的。

国家垄断市场经济为社会主义作了最完备的物质准备。生产社会化必然导致生产资料为社会所有,办法是实现社会生产和社会分配的领导权,并把它转交给生产者群众,这就是社会主义革命。在经济领域,"国有化"是社会主义革命的最初成果。以苏俄为例,1917 年 11 月 8 日通过了土地法令。根据这一法令,地主、皇族、寺院等大土地所有者的土地和官地收归国家所有,所有的矿藏、森林、水流也都转归国家所有;根据一系列国有化法令,1917 年 11 月下旬国家银行收归国有,之后将私人银行也收归国有,至 12 月实现了全国银行的国家垄断。铁路、邮电、海运和内河航运的商船也实行国有;对外贸易的垄断也是这一时期形成的。1918 年 6 月 28 日,人民委员会通过了全部大工业收归国有的法令。最初收归国有的是"官办企业",是依靠直接剥夺的方式进行的。对数量众多的私人企业,没有马上剥夺,先是采用工人监督的办法。社会主义革命成功后,马克思、恩格斯的社会所有制思想,是通过国家所有制实践实现的。

垄断是经济法产生的一般前提。社会主义国家的经济法与垄断市场经济国家的经济法,产生于相同的条件,只是私人垄断、垄断组织与国家政权相结合形成的国家垄断改变了性质和形式。在这个意义上,社会主义革命成功后产生的经济法,是生产资料的社会主义改造法。这样的经济法,具有"社会主义早期经济法"的特点。

经济法的产生是历史的必然,但它又是通过战争环境、经济危机和社会主义革命等非常态社会因素直接刺激形成的,并在国民经济的发展中为自己的完善化不断开辟道路。因此,我们在研究经济法产生条件时,既要认识其由以产生的前提条件,又要认识其何以产生的影响条件。

三、经济法产生的时间断限

关于经济法产生的时间断限,法学界有不同的说法。这些说法,涉及不同的理论背景和方法论原则。问题的关键在于,要把经济法产生的时间断限问题,放到历史的、社会的具体关系中去考察。这种考察,既是资料的收集、整理和鉴别过程,也是思维抽象的再现过程。

(一)主要观点

关于经济法产生的时间,法学界流行的主要观点有三种。其认识根源在于对经济法总概念的理解。认为经济法是调整经济关系的法律,而经济关系在任何社会形态都存在,因而说经济法产生于奴隶制社会、自由资本主义社会,便是自然而然的结论。然而,把经济法放到19世纪下半叶至20世纪初所形成的国民经济运行中去考察,便会发现,经济法是站在国民经济总体运行的立场上调整社会经济关系的法,它是在存在国民经济运行的条件和时期产生的。

1. 经济法产生于奴隶制社会的观点

这种观点认为,经济法早在奴隶制社会就开始产生了。其根据是,奴隶社会即已存在调整经济关系的法律,国家利用法律管理经济。这些学者多以《汉谟拉比法典》、罗马法和秦律等法律为例加以说明。那么,奴隶制条件下的经济关系是怎样的经济关系呢?经典作家们分析了这种经济关系的性质和状况:

其一,土地所有制关系的性质和状况。从经济形态的类型划分看,奴隶制经济属于"资源经济"向"农业经济"过渡和"农业经济"形成的经济,因此,其主要经济关系是土地关系。土地所有制关系,是建立在作为直接生产者的奴隶与土地所有者之间对立基础之上的。在整个东方,公社或国家是土地的所有者。国家既作为土地所有者,同时又作为主权者存在,在这里,国家主权就是在全国范围内集中的土地所有权。因此,那时也就没有私有土地的所有权,虽然也存在着对土地私人的和共同的占有权和使用权。在意大利,以奴隶劳动为基础的大庄园经济,是当时大规模农业的唯一可能的形式。由于由大规模庄园经济过渡到小规模经济的耕作形式，出现了世袭农和分成制农民，他们以租佃方式缴纳一定款项，但他们仍依附于土地，并且可以跟那块土地一起被出售。尽管后来罗马的奴隶制在经济上陷于绝境，但“自由的罗马人”的劳动并没有成为社会生产的基本形式。

其二，财产关系的性质和状况。财产关系，只是财产作为公共的土地财产而存在的关系，并不是直接劳动的个人对客观的劳动条件的关系。在这些单个的共同体中，每一个单个的人在事实上失去了财产，财产对这单个的人来说是间接的财产，因为这种财产，是由作为这许多共同体之父的专制君主所体现的统一总体，通过这些单个的公社而赐予他的，而“剩余产品”，仍属于这个最高的统一体。在亚细亚的形式中，不存在个人所有，只有个人占有，公社是真正的实际所有者。

其三，劳动关系的性质和状况。奴隶或农奴形态下的劳动关系，是劳动者同自然物如牲畜、土地一样，作为生产的无机条件的关系。由于不存在社会所有成员在生产过程中的那种共同的自由劳动，所以这种劳动是强迫劳动。奴隶和奴隶主之间没有订立任何交易合同，双方之间不存在什么买卖行为，因而奴隶的全部劳动似乎都是无报酬的。即使在封建制下，劳动的自然形式、劳动的特殊性只是劳动的直接社会形式，仍不存在商品生产基础上的共同劳动关系。只有生产者不再依附于土地，不再隶属或从属于他人的时候，才能自由地支配自身。因此，在奴隶制和封建制条件下，不存在自由劳动关系。

其四，借贷关系的性质和状况。借贷关系以大土地占有制为先决条件，即使自由民所获得的某些借贷权利，也是不完全的，而且是等级的权利。在罗马，像在整个古代社会一样，对大土地所有者说来，高利贷不仅是剥夺小私有者即平民的手段，而且也是占有他们人身的手段。

其五，某些商品交换关系的性质和状况。在奴隶制特别是奴隶制后期，存在某些商品交换关系。在古亚细亚、古希腊、罗马等的生产方式下，产品变为商品及人作为商品生产者而存在的现象，处于从属地位。直到欧洲中世纪，特别是最初几个世纪，生产基本上是为自己消费，它主要是为满足生产者及其家属的需要。在那些有人身依附关系的地方，例如在农村中，生产还满足封建主的需要，因此在这里没有交换，产品也不具有商品的性质。当然，城市手工业者的生产是为交换而生产的，但他们也仍是自己生产自己所需要的大部分产品。总之，即使到了封建社会，以交换为目的的生产即商品生产，还只是在形成中。

通过上述分析可以看出，在奴隶制条件下，经济关系服从身份关系，等级特权高于一切，经济关系并未形成独立的发展领域，即使立法存在某些涉及经济的条文，也只能是“身份法”；而有关财政税收、农田水利、市场管理等方面的零散规定，是国家经济管理职能的反映，其对经济的所谓管理，是一种政治权力的运用，这样的法，是“政治权力法”；至于“诸法合体”中的财产、契约、借贷、买卖、生产操作等规范，因为其责任为人身责任，所以从本质上说，这样的法是“人身责任法”。这里的“身份法”、“政治权力法”、“人身责任法”，是对奴隶制立法的总概括。这样的法，是无论如何也不能称为经济法的。

当然，当时毕竟出现了商品生产和商品交换，出现了市场，毕竟出现了专门针对上述“经济”范畴的法律规范。但是应当明确，这里的生产、交换，是“简单商品生产”和“简单商品交换”。在产品经济条件下，问题不在于是否生产商品，而在于成为商品的产品的生产和交换，不具有占统治地位的、决定性的性质；不在于是否设置市场，而在于成为交易场所、场地的市场，不具有市场经济机制的条件和功能。总之，在简单商品生产和商品交换中，不存在资本权力，也不存在基于自由竞争而形成的市场机制。正是在这个意义上，经典作家才认为罗马法是“商品生产者社会第一个世界性法律，是简单商品生产即资本主义前商品生产的完善的法”。简单商品生产的法与经济法并无本质联系，这是显而易见的。

2. 经济法产生于自由资本主义社会的观点

这种观点认为，经济法产生于自由资本主义时期。自由资本主义是以自由竞争为基本特征的资本主义，自由竞争是这一历史时期占统治地位的普遍经济现象，到19世纪60年代至70年代，达到了顶点。为实现和保障资本、技术和劳动力在各企业、各部门之间自由地转移，国家实行一整套自由放任经济政策，立法不干预经济生活。

前已叙述，自由主义时期的经济是自由放任经济，其国家是“夜警国家”。从根本上说，社会经济不存在国民经济运行问题，国家也不存在对经济的职能性调节。在孤立的、分散的经济条件下，有调整当事人之间的物权关系、债权债务关系和追究过错责任的市民法就足够了。在法律上，市民法是这种历史条件下的典型法律形式。因此，从纯粹意义上说，经济法不产生于自由资本主义社会。

3. 经济法产生于垄断资本主义阶段的观点

在西方国家有一种较为流行的观点，认为经济法产生于垄断资本主义阶段。实际上，垄断资本主义的发展经历了两个历史阶段，即一般垄断资本主义阶段和国家垄断资本主义阶段。19世纪最后30年是自由资本主义向垄断资本主义过渡的时期。在一般垄断资本主义阶段中，产生了有别于市民法的新的法现象，被西方学者称为“国家干预经济的法”。它是经济法的萌芽，还没有形成经济法的完备形态。原本意义上的经济法，具有完备形态的经济法，产生于国家垄断资本主义阶段。

（二）产生阶段和时间断限

经济危机和战争加速了自由市场经济向一般垄断市场经济、向国家垄断市场经济转变的历史进程。由于垄断组织与国家政权相结合，垄断组织得以直接地、大量地、经常地利用国家政权来全面介入经济生活，使经济法逐步成为调节国民经济总体运行的“总指挥”和“总调节器”：通过企业法、合理化法、金融法、税法、物资法、物价法、资源法、消费者政策法等调节社会经济过程中生产与消费的矛盾，增加生产，刺激消费，以求经济平衡；通过反不正当竞争法、反垄断法、事业限制法、交易领域调整法等抑制社会再生产过程所固有的无政府状态，减小社会冲突和社会震荡；通过产业政策法、企业结构改善法、不景气对策法等干预固定资本更新过程，缓解经济不景气，减弱经济周期；通过预算决算法、货币法、雇佣政策法、社会福利法、社会保障法等调节收入分配关系，提高劳动力价格，增加社会福利支出，以缓和劳资矛盾，稳定就业。总之，在这一历史阶段，国家需要利用经济法来调整整个国民经济运行过程。

据此可以认为，其阶段断限，经济法产生于一般垄断市场经济向国家垄断市场经济的过渡和国家垄断市场经济形成阶段。具体地说，在一般垄断市场经济阶段，产生了“经济法现象”，在国家垄断市场经济形成阶段，经济法得以成为“完备形态”。我们是在完备形态意义上判断经济法的产生的。国家垄断市场经济作为市场经济的最高阶段，到 1898 年至 1914 年间，先在欧美后在亚洲最终形成了。与政治、经济条件相适应，其时间断限，经济法产生于 19 世纪末 20 世纪初。

这里应当明确，“经济法的产生”是一个过程。这一过程是从“法现象”到法的“完备形态”过程；从零散立法到“法群”形成过程；从干预经济的法到调整“国民经济运行”的法过程。我们正是在法的“完备形态”意义上、在“法群”意义上、在“国民经济运行法”意义上认识“经济法的产生”的。由此说来，从“法现象”、“零散立法”和“经济干预法”的角度谈论“经济法”，显然是不恰当的。

第二节　市场经济国家的经济法

生产社会化、国民经济体系化和经济国际化，是市场经济发展的必由之路和必然结果。因此，经济法首先在市场经济国家产生并发展起来，是很自然的事情。以市场经济发展阶段为依托，经济法的发展经历了自由市场经济向垄断市场经济的过渡阶段、垄断和国家垄断市场经济形成阶段，以及第二次世界大战后相对稳定阶段。

一、一般垄断阶段的经济法

19 世纪后半叶，在自由市场经济向垄断市场经济的过渡中，国家只有担负起调节社会经济的责任，才能使市场经济继续发挥作用。没有积极的国家干预，市场经济的前景是不可想象的。这一历史时期的经济干预法，是经济法的雏形。

（一）立法概况

1. 行业性干预立法

英国是最先实行市场经济的国家，也是最先对市场经济实行干预的国家，其经济干预立法是比较成熟的。

对于在国家经济及对外贸易中占有重要地位的皮革业，英国早在1801年便制定了《关于皮革制造鞋靴和加强防范剥揭时损及生革和生皮的条例》。条例规定实行检查制度。根据规定，某些地区的屠宰商必须把皮革送到指定地点呈请检查员检查；染革业与鞣革业不准合并。在国产税的征收上，税则规定必须按皮革的全部重量计税。为此，染革厂家又必须按照前项规定，"染革时不得使皮革减少"（即染革时不能过多刮掉表皮层）。

在玻璃制造业，颁布法例，推行国产税征收员派驻制度。规定每个玻璃厂至少派两名征税员进驻工厂进行监督。厂方需将生产情况通告征税员，"整天送通知"已成工厂惯例。更有甚者，工厂的每一坩埚里膛的尺码必须登记，还规定锻炉须有一定的型式，只准有一个炉口，而且炉口必须能上锁等种种限制。规定为了检查的需要，每个玻璃厂只准许生产一种玻璃。规定高级玻璃厂不得制造铅玻璃，玻璃板厂不得制造玻璃瓶。普通玻璃厂不得生产容量在150毫升以下的小玻璃瓶。高级平板玻璃厂或德式平板玻璃厂不得生产超过1/9英寸厚的玻璃，玻璃厂不得生产超过5/8英寸厚或不到1/8英寸厚的玻璃。

英国1844年制定了《英格兰银行条例》。

美国1863年制定了《国家银行法》，1887年制定了《商业管理法》。普遍的经济干预立法，首先从行业开始，尔后逐步扩展到全国性干预立法。

2. 全国性干预立法

在美国，19世纪后半叶各州立法中的限制性立法逐渐增多。在公司立法方面，有反对抑制贸易的法律、禁止公司进行欺诈活动以及制订固定价格、合伙经营及类似阴谋性经济活动的法律；在铁路立法方面，这种限制性法律，始于19世纪70年代的格兰其（美国农业保护性组织）法律和南北战争以前的法律。从1869年到1875年，在有格兰其成员的几个州颁布了一系列政府控制铁路运费和经营业务的法律，规定由管理委员会制订州内特定运输线上货运的最高运费；在劳动立法方面，规定关于星期日劳动的法律及限制铁路或其他危险部门工作时间的法律，规定雇佣童工、女工的工资和劳动条件的法律，以及安全事故法规；在生产经营立法方面，规定产品、食品的标准，实行许可证制度、产品检查制度；在雇主责任立法方面，法律否定了《工友章程》中雇主对因工伤亡的工人不负责任的规定，制定了对工伤和因工死亡的工人及其家属予以补偿等保护措施的法律。

到19世纪80年代后期，反托拉斯立法提到日程上来。美国许多州立法院适用有关制止州际贸易和商业密约的共同法令条款,限制不正当竞争,有些州颁布了禁止滥用反竞争条款的法律。在大机器工业发展中,企业合并、联合是必然趋势,但迫于国内反托拉斯势力,特别是南部农民的压力,控制国会的保守共和党,提出了反托拉斯法案。谢尔曼反托拉斯法于1890年7月20日通过,名为《保护贸易及商业以免非法限制及垄断法案》。该法推动了国家经济权力的集中,对自由竞争进一步实行限制,并标志着对全国商业活动进行调控的开始。该法规定的基本条款是:(1)一切阻碍州际之间进行商业活动或妨碍同国外进行贸易的合同,以托拉斯形式或其他形式组成的企业合并或营业的通谋,都为非法;(2)在各州之间的商业活动或对外贸易方面进行垄断或企业进行垄断的合同、合并或通谋,都是违法行为;(3)对于违禁行为人,任何私人团体或司法部门均可依法提起诉讼,法院可依据该法的授权,采取禁止、命令、罚款、偿付赔偿金等措施。

谢尔曼反托拉斯法是联邦的"反垄断"法,其立法目的,旨在通过控制垄断的实际步骤,协调州际之间的商业活动和对外贸易活动。这项立法,是美国立法史的一个重大转折,它标志着经济法调整国民经济运行的现实可能性和成熟程度。

在司法审判上,美国最高法院基本上以谢尔曼反托拉斯法的宗旨为经济司法的目标。1897年和1898年,最高法院在美国政府与横过密苏里的货运联盟涉讼案、美国政府与联合运输联盟涉讼案等案件中,判决铁路公司违反谢尔曼反托拉斯法。1899年,最高法院判决由阿迪斯顿管道公司和炼钢公司等6家公司组成的市场联营违反谢尔曼反托拉斯法。至1901年,最高法院受理了18起联邦诉讼案。这中间,尽管在有的案件的处理上,最高法院表现了某种弱化倾向,但毕竟在全国性反托拉斯潮流中,更加积极地适用谢尔曼反托拉斯法。

谢尔曼反托拉斯法实施后,美国加快了反托拉斯立法的步伐。1903年,国会通过了优先审理反托拉斯诉讼案件的加快处理令、加强对铁路管理的埃尔金斯法令,以及设立包括享有调查工商公司活动权限的商务和劳工部的法令。1914年,国会建立了联邦贸易委员会,该委员会拥有发布违禁命令的权力,对于违反命令的工商企业,可提交法院审理。该委员会多次对几个大公司采取了强硬措施。

同年,美国国会通过了克莱顿法,这是另一个反垄断的重要法律。它是在反托拉斯立法道路上对谢尔曼反托拉斯法的全面修改、补充的法律。该法的主要内容是:规定"可能实质上削弱竞争或趋向于建立垄断的商业活动"为非法行为;禁止"有利于减少竞争或有利于形成垄断"的商品价格歧视;禁止签订"搭配销售"和"约束买主"的协议;禁止因导致削弱竞争后果而购买竞争对手公司的股票;禁止竞争性公司之间建立"连锁董事会"。

（二）立法特点

英国、美国经济法的产生，不是世界法制史上的例外。几乎所有的市场经济国家都在或大或小的规模、或强或弱的程度上，发生着法的这一历史性演变。这种处于从产生到形成过程中的经济法，是经济法的先兆，具有经济干预法特征。所谓经济干预法，是在自由市场经济的市民法秩序基础上，国家对社会经济实行一定限制的法。

随着自由市场经济的确立而形成的自由主义经济秩序，是通过市民法实现的。由于实行近代所有权法的民法及相关工业产权法、担保法等法的保障，各国确立了市民法秩序。这样的法秩序下的经济活动，具有超国家性质，即国家不介入经济或不干预经济。从 19 世纪中叶开始，出现了以穆勒为代表的渐进改良思想，主张维持自由市场经济的基本形态，但要国家介入。这种思潮反映在立法上，是对自由主义市场制度进行改良。经济干预法正是对这种市场制度改良的产物。从这个意义上说，经济干预法是对市民法秩序作某种修正、补充的法。

经济干预法的表现特征是：

其一，维持自由市场经济的基础条件。私有权、企业自治、贸易自由、按资本要素分配等等，是自由市场经济的基础条件。经济干预法的目的，不是改变这些条件，而是为维护这些基础条件服务的，是为了保障在市场经济基础条件下的自由经济活动。

其二，建立统一、合理竞争的法律制度。自由主义竞争使市场经济失去了统一性、合理性，为改变不能自救的自发性制度，必须依靠国家干预，建立统一的、合理的竞争制度。最基本的法律制度，是货币制度、计量制度、标准化制度以及银行、保险、运输等制度。

其三，根据社会经济的具体限制要求，进行经济干预。经济干预法是有一定针对性的立法，它是在存在具体限制要求的情况和时候制定的。如针对超越市民法秩序形成的垄断，制定了反垄断法；针对生产过剩和经济不景气，制定了卡特尔法；针对物价上涨、通货膨胀，制定了物价限制法；针对企业破产、工人失业，制定了安定雇佣关系和促进再就业的法律等等。

总之，经济干预法没有改变自由主义市场机制的基本形态，也没有改变市民法秩序。但是，它推动了市民法秩序的演变，促进了传统法律体系的变革。经济干预法不能等同于经济法，因而不能说经济干预法就是经济法。但是，因为经济干预法具有经济法的某些机能，涉及国民经济总体运行的法律调整问题，因而它是经济法的起始形式之一，为形成完备形态的经济法准备了直接法律条件。

至于社会主义市场经济体制条件下的经济法，不可能是所谓“经济干预法”。其基本原因，盖源于这种社会条件不存在自由主义市场经济基础，不存在市民法秩序基础。对经济干预法的不正确理解，源于对经济干预的不正确理解。

应当明确,前资本主义社会是国家对经济的全面管制或专制,不存在国家干预问题;在自由主义市场经济条件下,国家仅仅对自由经济进行某种干涉。这两种情况,在社会主义社会根本不存在。

二、国家垄断阶段的经济法

从19世纪末叶到20世纪初叶,国家垄断市场经济最终形成。这中间,经历了1890年的世界性经济危机和第一次世界大战,而经历战后经济恢复和第二次世界大战,国家垄断全面确立并继续深入发展。为了对付经济危机、准备和进行战争、恢复经济,各国加强了经济立法,利用法律集中调控全国的人力、财力和物资资源,对国民经济实行综合调整。至此,完全意义上的经济法全面形成并进一步发展。

(一) 立法概况

1. 第一次世界大战前后的经济立法

第一次世界大战期间,德国颁布了授权法和战时经济管理立法。1914年8月,德国议会颁布战时授权法案,授权政府全面控制战时经济。1915年发布了关于限制契约最高价格的通令,限制契约自由原则,对私人商业交易活动进行强制性限制。1916年制定确保战时国民粮食措施令,对粮食生产和流通实行管制。

在日本,大力进行较为全面的战时经济立法。制定战时经济统制法,如1914年的关于战时工业原料出口管理文件,1917年的对敌交易禁止法令、黄金出口禁止法令、战时船舶管理法令,1918年的军需工业动员法;制定与战时经济有关的保护助成法,如1915年的染料医药品制造奖励法,1917年的制铁业奖励法,根据1918年军需工业动员法而发布的奖励、保护规定;制定直接战争目的的立法,如1914年的战时海上保险补偿法,1917年的战时海上再保险法,1918年的军用汽车补助法等等。

法国是欧洲主要战场,战争开始后东北部10个省被德国占领,为摆脱经济困境,国家采取了一系列经济立法措施。这些立法包括:扶助军事工业生产立法、对战时经济有重大影响的部门采取特殊措施的立法、关于一切经济活动由国家限制的立法、日用必需品配给制立法、工业采用新的技术装备,推行机械化、标准化立法等等。

美国没有直接卷入欧洲战场,但借第一次世界大战之机在战争一开始便加强了对国民经济的全面控制,进行了一系列经济立法活动。这期间,颁布了收归国有或由政府直接管理的企业的立法,规定这些企业由国家保证其利润高于战前水平的20%;关于工业原料的生产、价格、分配和进出口的管理立法;关于保证小麦、马铃薯最低价格的立法等等。

2. 战后恢复时期的经济立法

战败后的德国,割地1/8,战争赔款1320亿金马克,经济急剧变动。柏林中央市场上的牛肉价格,1923 年 2 月初为每磅 3400 马克,到 11 月 5 日升至每磅 2800 亿马克。1923 年末,流通中的货币数量比战前增加 1.7 万亿倍以上。为此,德国战后继续对国民经济实行管制。其中有较大影响的立法有:1919 年 3 月的煤炭工业法,1919 年 4 月的管理氢氧化钾工业法,1919 年 12 月的电气会社共有法,1920 年 4 月的铁工业取缔令。在 1924 年至 1929 年经济全面恢复时期,根据“道威斯计划”,进行了货币改革立法、“产业合理化”运动立法。

在日本,恢复国民经济的立法全面展开,经济法向更为成熟的方向发展。这主要表现在五个方面:(1) 农业补助金立法。如 1918 年的蚕丝行业改良奖励费支付规则,1919 年的米麦和其他重要粮食品种改良奖励规则、绵羊饲养奖励规则,1921 年的肥料改良奖励规则,1925 年的优良农具普及及奖励规则,1928 年的农业仓库奖励规则等。(2) 稳定物价立法。如 1921 年的米谷法,通过国家控制购销来稳定物价。1929 年的经济安定融资补偿法,通过国家对银行损失进行补偿的办法,稳定生丝价格。(3) 促进垄断立法。如 1925 年的出口组合法、重要出口品工业组合法,以促进卡特尔的形成。1927 年的银行法,以促进企业合并。(4) 中小企业立法。主要表现为对广大中小企业发展生产的金融对策和组织化对策两个方面。(5) 国策公司和国家管理立法。如 1925 年的国际电力通信株式会社法,通过兴建国有企业,增加国家垄断的经济基础。

美国战后经济迅速膨胀。1919—1920 年曾出现短暂经济高涨。1920—1921 年发生世界性经济危机,但危机过后美国经济又很快出现了一次高涨。为刺激经济增长,发布了“合理化”法,促使企业更新固定资产和扩大再生产;制定标准化,推进生产社会化;为拉动消费需求,发布新购销法,规定对汽车、家具等高档耐用品实行分期付款办法。

战后,英国经济长期萧条,其经济立法具有恢复经济和危机对策法的特点。

3. 大危机时期的经济立法

1929—1933 年爆发了世界性经济危机。这次危机是空前的,具有异常大的破坏性,史称“大危机”。

德国在大危机冲击下,颁布了一系列进一步强化垄断和国家垄断立法:(1) 强制卡特尔立法。1933 年 7 月,制定卡特尔条例,规定可设立国家卡特尔,实行企业的卡特尔合并,发布股份公司改革法,加速股份公司的改组、改造。(2) 经济机构立法。为协调全国经济,1934 年 11 月制定了德国经济有机结构条例。根据条例的规定,成立调节全国经济的两大交叉系统,即按产业部门组成 4 级经济集团和按地区组建省区的省经济厅及市、区分支机构。(3) 进行了对垄断企业的补助金立法和贷款立法。

日本的立法主要包括六个方面:(1) 农村更生合理化立法。如 1930 年的肥料配给改善助成规则、1932 年的农山渔村经济更生特别助成规则、1935 年的农村工业奖励规则。(2) 农村负债整理及资金融通立法。如1932年的不动产融资及损失补偿法、产业组合中央金库特别融通及损失补偿法、金钱债务临时调解法,1933年的农村负债整理组合法、农村负债整理资金特别融通及损失补偿法。(3) 强化垄断立法。如1931年的重要产业统制法、1934年的石油业法、1936年的汽车制造事业法和航路统制法、1937年的炼钢事业法和人造石油制造事业法、1938年的工作母机制造事业法和飞机制造事业法、1939年的造船事业法和轻金属制造事业法等。(4) 卡特尔统制组合立法。如1932年的工业组合法和商业组合法、1937年的贸易组合法和百货店法。(5) 国有企业立法。如1933年的日本制铁株式会社法、1937年的日本通运株式会社法和帝国燃料兴业株式会社法、1938年的日本放送电株式会社法等。(6) 强化国家管理立法。如1937年的临时船舶管理法等。

为对付严重经济危机,1933年美国国会通过授权法案,根据该法案,总统罗斯福主持制定了一系列法律。这些“新政”立法主要有:(1) 防止全国财政信贷崩溃立法。如紧急银行法,规定所有银行一律停止兑付存款,由财政部对银行进行清理,银行复业的批准权归财政部。存款保险法即《格拉斯—斯蒂格尔法案》规定,由政府保障存款,以恢复储户对银行的信任,防止新的挤兑风潮,由政府向银行提供30亿美元贷款,增强其实力。为此,美国成为第一个由政府组建存款保险公司的国家。(2) 实行国家对工业经济的管理和控制立法。如全国产业复兴法。制定公平竞争法典,规定各工业部门的生产规模、价格水平、销售定额和雇用工人的条件。(3) 稳定农业生产立法。如农业调整法,用实行政府奖励、津贴的办法,提升农产品价格。1933年,政府同各州农场主签订数百万份减少耕地面积的合同。停耕土地作为国家租地,由政府付给农场租金,停耕地所减少的产量,由政府发放货币奖金,作为补偿。颁布农村信贷法,对农场发放新贷款,防止农场因不能偿还抵押贷款而破产。规定凡负债额不超过土地本身价值50%和建筑、设备价值20%的农场,均可从政府的农业贷款局得到4.5%低息贷款。值得注意的是,该法使国内信贷关系发生了变化,国家成为新的债权人,是一种借贷关系的新主体。美国在大力进行危机对策立法的同时,进一步完善反托拉斯立法,改善经济结构和市场结构,维护国家垄断资本主义经济秩序。

英国为对付危机,重点采取了三方面法律措施:(1) 贸易统制立法。为保护本国市场,防止外国商品竞争,从1932年起放弃贸易自由政策。税法规定,凡进口商品一律课以10%—33.3%的从价税。(2) 刺激国内投资立法。为防止国内资本外流,采取降低银行贷款利率、扩张信用等措施。(3) 生产、产业合理化立法。为推行产业合理化,促进垄断联合,英国颁发了相关法律,如1930年发布采煤工业组织区域卡特尔化法案,规定分区制定采煤限额和最低售价,设立煤矿重组委员会,推动采煤业合并,实行“生产合理化”。1936年通过了采煤业强制合并法案，促进垄断联合。

4. 第二次世界大战时期的经济立法

第二次世界大战时期的经济立法不是第一次世界大战时期经济立法的简单重复。在第一次世界大战及战后经济法大发展的基础上，第二次世界大战期间的经济法无论在立法规模和程度，还是在立法质量上，都远远超出第一次世界大战时的水平。

严格的经济管制立法，物资、物价、劳动力等的全面统制立法，这是任何战争期间都必须实行的法律措施。

此外，第二次世界大战期间各国重视经济机构立法，组建战时领导全国经济的机构，这些机构，比第一次世界大战时的机构更为庞大，权力更为广泛。如德国在"国防军"最高指挥部下设经济总署，负责管制全国经济，美国设立战时生产管理局，该局是战时生产的最高领导机关。

日本对战时经济立法有了新的认识。认为仅从物资、物价和资金等方面对经济进行控制是不够的，还必须建立新的企业体制和经济体制。为此，重要产业部门成立了"统制会"，发布重要产业团体令，为实行编制组合，发布工商组合法、编制会社令等重要法规。

整个第二次世界大战期间，税法、国债法、货币法、资源和劳动力调配法等都进一步完善了。如美国税法采用降低起征点、扩大纳税对象、提高税率、开征超额利润税等办法，调整税收关系。国债发行比战前增加了5倍。

（二）立法特点

国家垄断的形成、确立和大发展，是第二次世界大战结束前近五十年间各国经济发展的显著特点。随着垄断资本在全国乃至全球的扩张，垄断组织及垄断国家之间为了争夺、瓜分日益狭小的国内外市场，分割或扩大势力范围，必然导致世界性经济危机和世界性战争。1914—1918年爆发第一次世界大战，各国恢复经济不到10年，又爆发了1929—1933年的世界经济危机，危机没过多久，甚至有些国家经济未至恢复，1939年又爆发了第二次世界大战，至1945年结束。

危机、战争的全球性，危机与战争交替，连绵不断，这在经济层面上，意味着国家垄断经济发展的特殊格局。这样的经济格局，使经济立法具有新的特点。

其一，处于形成阶段的经济法有特定要求。为了对国民经济实行军事化调节，进行全面管制，要求经济管制法；为了有针对性地对付经济危机，把全方位地控制国民经济放在首位，要求危机对策法；为了组织战后、危机后国民经济的恢复和重建，使之走上正常发展轨道，要求恢复助成法。上述法律，其具体立法目的、基本内容和作用不尽相同，但它们却具有共同的东西：把经济关系和经济联系看成一个整体，对作为整体的国民经济由国家指挥、调节，这种指挥、调节是通过经济法的调整实现的。

其二,组织国民经济的法律和调节经济活动的法律开始形成并逐步完善化。国家垄断条件下的国民经济是在上述不稳定情况下形成、发展的,也是同时在其经济基础相对稳定的情况下形成、发展的。建立在国家垄断基础上的国民经济,要求有与之相适应的稳定的法律形式。组织国民经济的法律如合理化法、竞争政策法、产业结构法、国家管理法和特殊企业形式法;调节经济活动的法律如资金及金融调节法、物资调节法、物价调节法、资源调节法以及外汇及外贸、外资、进出口、关税等调节的法律等等。这两大类基础性法律,便是当时历史条件下最基本的经济法结构。

综上所述,这一时期的经济法,不再是经济干预法,而是体现国家垄断这一国家与经济相结合、相统一特征的法律;不再是对市民法秩序补充、修正的法律,而是超越于市民法之上,有独立的调整领域,从而形成经济法秩序的法律。这些法律具有共同的特质,即是站在国民经济总体立场上,调整国民经济运行的法律。这是完全意义上的经济法的特质。

三、第二次世界大战后相对稳定阶段的经济法

第二次世界大战后,市场经济国家进入经济相对稳定阶段。这一阶段可分为三个时期:战后经济恢复和调整时期、经济相对发展时期和经济转折时期。这一历史阶段的世界重要政治、经济特征,是出现了"社会主义阵营",形成了社会主义计划经济。两大阵营的对峙,两种经济制度的独立性与互相冲突,客观上推动了国家对国民经济的调控的进一步发展。在这一过程中,实现了经济法的体系化、完善化。

(一)立法概况

1. 战后经济恢复和调整时期的经济立法

第二次世界大战结束后至20世纪50年代前期,为经济恢复和调整时期。为医治战争创伤,欧洲各国和日本经济立法的目的,是恢复生产和调节国民经济。立法的重点,是物价、物资和资金的国家控制、调节立法以及对付经济萧条立法。

在战败国德国、日本,经济立法是随着"经济民主化"展开的。德国颁布了经济力过度集中排除法令,以解决垄断组织、垄断同盟超大型垄断问题,对银行、钢铁、煤炭、化工等企业实行分割。日本颁布了经济力过度集中排除法,垄断日本经济的财阀被全部解散,分割了超大型公司企业;颁布农地调整法改正法案,实行农地改革;实行劳动改革,把劳动组织作为民主主义基础的基本组织。

英国为解决经济萧条和就业问题,1945年通过了塔夫脱—拉特克列夫法案,确定了积极的财政政策,为国民经济注入资金;1946年通过了就业法,以尽可能多的社会就业,解决提高生产和扩大购买力问题,该法超出了作为民法的雇佣法的局限,把雇佣关系、就业与失业问题,置于国民经济总体发展之中。

第二次世界大战结束即是美国等西方国家与以苏联为首的社会主义阵营“冷战”的开始。在这种“冷战”中，美国国内的垄断联盟及国际垄断急速发展，与此相适应，经济法进一步发展起来。随着朝鲜战争的准备和进行，美国实行国民经济军事化调节，颁布了一系列强化国家采购和国家订货立法。

2. 经济相对发展时期的经济立法

20世纪50年代中期至70年代初，是西方国家经济的相对发展时期。这一时期，发生过三次世界性经济危机：1948—1952年的危机、1957—1958年的危机和1969—1971年的危机。不间断的世界性危机，给各国经济带来深刻影响。经济危机，进一步刺激了国家垄断的发展。其经济立法，以国家垄断为重点，主要表现在国有经济立法和反私人垄断立法上。

通过“国有化”立法，西方各国增加对基础工业的投资，兴建国营企业，将部分银行和企业收归国有，以进一步控制和影响私人资本。据英国《经济学家》1978年底刊登的资料统计，在采煤、石油、钢铁、汽车、造船、电力、煤气、铁路运输、航空、邮政、电讯等11个部门中，国营企业的比重达到50%—100%的部门，联邦德国和荷兰各7个，意大利、西班牙、瑞典各8个，法国9个，英国和奥地利各10个。对国民经济有重要意义的金融业，也是国有化的重点。1973年，国家在信贷金融业资产中所占的比重，奥地利为82%，意大利为75%，法国为60%，联邦德国为54%，英国为20%。

这一阶段，各国的禁止私人垄断立法进一步完善，相继颁布了相应的配套法规。美国1968年颁布关于合并的指导方针，对违反法律规定的纵向合并和横向合并，一律禁止和取缔，限制联合企业的合并，宣布卡特尔协定为非法。联邦德国1957年通过限制竞争禁止法，对限制市场竞争的行为，由国家立法直接加以调整。日本经过战后恢复和经济重建，国民经济有较快发展。在这一阶段，主要颁布了开放经济体制、经济助成和经济结构改善方面的法律如外汇、贸易、资本的自由化与国家限制的规定、农业基本法、农业现代化资金助成法以及中小企业基本法等法律。这些法律，有力地促进了国家垄断的发展。

3. 经济转折时期的经济立法

20世纪70年代初至90年代初，是西方市场经济国家的经济转折阶段。这一阶段，各国经济总体上是滞胀和危机并存，其中有若干低速增长和短暂高涨。

1971年危机后至90年代初，发生了三次世界性经济危机：1973—1975年危机、1979—1982年危机、1989—1993年危机。第一次危机具有非周期性和不平衡性特征，美国首先发生危机；第二次是周期性投资高涨之后的危机；第三次也是投资高涨之后的危机。滞胀，是这一阶段国民经济的显著特征。滞胀的主要表现是：财政赤字庞大，通货膨胀加剧，失业率上升和生产停滞。解决滞胀的措施大致有两个方面：一是调整资产存量，如把国有资产出卖给私人，这样可以增加财政收入,减少亏损补贴;二是调整收入流量,如用减税、免税等办法来刺激生产。

这一时期的应因性经济立法包括三个方面:(1)非常措施立法。如1971年美国实行新经济政策,规定禁止美元与黄金兑换,对进口品征收10%的进口附加税,冻结工资、物价90天,联邦支出消减47亿美元,削减海外援助10%等等。在"美元冲击"下,日本制定了《投机防止法》,禁止对物资的垄断性购买和囤积。1973年中东战争爆发后,对世界又造成了"石油冲击",各国采取了与石油供需有关的紧急措施。(2)不景气对策立法。主要是防止失业和促进再就业立法、处理过剩设备立法、防止中小企业倒闭立法等。(3)社会保障立法。如社会保险立法、福利补贴立法等。国家实施带有临时救济性的个别福利保障措施,早已有之,但形成法律制度,始于第二次世界大战后,健全于20世纪80年代。

这一时期经济立法的重点,是竞争政策关联立法和涉外经济立法。第二次世界大战后,美国的反托拉斯法已臻完善,这些立法,不仅对国内市场竞争的不正当行为严格限制,以改善市场结构,而且对外国竞争者妨害美国市场竞争的不正当行为,进行国家限制。1979年颁布了《破产改革法》,1981年颁布了《经济复兴税法》。日本1977年修改《禁止垄断法》,在对垄断状态的措施、价格管理等方面,向强化反垄断的方向修改。同时,对违反卡特尔的课征金制度的创设、巨型企业股份保有总量的调整措施等,都属于禁止垄断法的配套立法措施。此外,为保障中小企业活动的机会,制定了调整大型企业进出入中小企业事业领域的法律,通过安定中小企业以稳定国民经济。这一阶段,各国的涉外经济立法也得到了空前发展。

(二)立法特点

第二次世界大战后,西方国家市场经济的显著变化,是国家垄断在国内和国际都得到规模空前的发展。其突出表现在两个方面:一是,垄断组织的垄断实力极大增强,集中表现为高科技工业、高资本有机构成工业和精加工工业的高度垄断,金融及借贷资本高度垄断,商业贸易高度垄断。这些垄断,源于垄断组织拥有更强大的控制国民经济的金融资本实力。二是,随着对外经济联系体系的形成,又形成了跨国性国际垄断组织,主要是跨国公司和跨国银行。跨国公司已超出子公司只设在其他西方国家的局限,发展为在发展中国家设立子公司。由于母公司对上述两类子公司在购买、生产、销售等方面有不同的原则及要求,从而使设在发展中国家的子公司对该国经济拥有不同程度的控制。跨国银行是与跨国公司相适应的国际银行垄断组织形式,通过跨国银行,在发展中国家建立起借贷资本关系。

在这种经济关系下,国内经济法及对外经济法以及国际经济法得到空前发展。其主要特点是:

其一，实体经济法规的比例迅速扩大，形成“法群”。联邦德国自1949年以来，颁布法规三千多件，其中经济法规占70%；日本1978年编纂的法规汇编——《六法全书》中，经济法规有三百五十多件；英国仅1981年一年就制定经济法规56件，占全年制定法规总数的78%。

其二，经济法自成体系，在法的体系中居重要地位，形成了包括经济组织法、经济活动法等一整套相互联系、排列有序的经济法律体系。作为国内经济法延伸的对外经济法亦体系化，外汇法、外贸法、外资法、出口检验法、关税法以及特定物资进出口法等逐步成熟、稳定。

其三，军事性、统制性、应急性等应因性立法，逐步改变了分散化、随机性特征，走上了立足于调整国民经济总体运行的稳定法律形式的发展道路。在战争、经济危机等特殊社会状况下的立法，也趋于完善，形成适应各自特殊状态的法律机制。

这里应当指出，20世纪80年代开始，垄断市场经济进入了超国家垄断市场经济新时期。90年代始，苏联、东欧等社会主义国家解体、剧变，实行资本主义政治、经济制度。这样，西方国家由相互投资设厂演进为在原社会主义国家投资设厂，特别是金融公司开路，这便形成了在全球范围内对垄断生产、垄断资本的经济依赖关系。这一新时期的根本标志，是生产和资本在世界范围内集中，即所谓生产全球化和资本全球化。面对垄断和国家垄断时期所从未有过的新事实，经济立法和国际经济立法将具有新的特征：国家的经济安全和主权独立；管理跨国公司的国家主体、国际组织主体的确定；全球市场生产与需求平衡的协调；跨国收购、合并及跨国公司规模的规范；对跨国公司生产和销售的控制等，是立法不能回避的重大问题。

第三节　计划经济国家的经济法

计划经济国家是从经济体制的角度对社会主义国家所作的一种理论概括。作为经济手段，西方国家存在计划，社会主义国家也存在市场，但作为经济体制，则把这样两种类型的国家划分为市场经济国家和计划经济国家。计划经济体制是一种通过国家计划来调节国民经济的体制。在社会主义国家中，苏联和东欧国家剧变后，已走上资本主义市场经济道路。这里阐述的计划经济国家的经济法，是苏东国家剧变前的立法情况。

一、对旧国民经济改造阶段的经济法

苏联、东欧国家在社会主义革命成功后，即开始有计划、有步骤地对旧国民经济进行改造。其主要任务，是建立社会主义公有制，将整个国民经济纳入计划

经济轨道。这一历史时期,是计划经济条件下的经济法产生时期。

(一) 立法概况

在苏联,这一时期为1917—1920年。1917年11月8日,全俄苏维埃第二次代表大会通过了《土地法令》。法令废除了土地占有方面的农奴制残余,宣布没收地主的1.5亿俄亩的土地,无偿交付农民使用。这一法令奠定了苏联土地国有化的基础。随后,又颁布了一大批各经济部门国有化的法律。1917年12月,批准《关于银行国有化的法令》,国家接管了旧国家银行,尔后又把私人银行收归国有,并宣布银行由国家垄断。1917年11月4日,发布《工人监督条例》,规定所有的企业都归工人管理,工人监督由工厂委员会和其他委员会负责执行。1918年6月28日,颁布《关于大型工业企业、铁路运输企业和公用企业收归国有的法令》。收归国有的企业成为社会主义国营企业,其企业财产为全民财产。1918年颁布《关于商船国有化的法令》,将商船收归国有。针对全国的饥荒、粮食和其他食品大量投机活动,1918年5月发布《粮食专卖法令》,即《关于授予粮食人民委员会同隐藏存粮和投机贩卖余粮的农村资产阶级进行斗争的特别职权的法令》,其立法目的,是实行粮食国家垄断制。法令禁止任何人保存和隐藏余粮,把全部余粮按国家规定的价格卖给国家,在全国范围内国家按公平合理的办法分配粮食。由于外国武装干涉,国家采取用工业品交换农产品的办法已不可能,在这种情况下,1919年1月颁布了《余粮收集法》,该法的基本内容是农民把现有的余粮按固定价格出售给国家,不允许通过市场自由出售。

东欧国家是在第二次世界大战后走上社会主义道路的。这些国家直接借用苏联的经验,一开始便通过经济立法措施,实行国有化,对旧国民经济进行改造,恢复二战后的国民经济。

南斯拉夫是独立走上社会主义道路的国家。1942年2月通过《弗坎斯基法令》,没收旧国家财产为社会主义全民财产。1946年发布《私营企业国有化法令》,实行私营企业的国有化,但采取对私营企业业主付以偿金的办法。同年,通过了《国营经济企业基本法》,规定了企业的法人地位,由政府管理企业。

(二) 立法特点

新生的人民政权建立后,国家便利用法解决面临的新的国民经济问题。这种新的法现象,具有经济法的某些特征,处于刚刚产生阶段,是计划经济早期经济法。在苏联,1917年11月至1918年,是进行社会主义革命和巩固最初苏维埃政权时期,紧接着又进入1918年至1920年的外国武装干涉和国内战争时期。东欧国家也是在“战争转变为革命”的条件下建立人民政权的。苏联、东欧国家的这一历史阶段,是进行社会主义革命,巩固新生的人民政权,为恢复国民经济和实现国民经济的社会主义改造准备条件的阶段。

这一阶段的经济法,可以概括为“社会主义改造法”。其基本特征是:

其一，经济法一开始便建立在大机器工业基础上，建立在国家垄断所提供的物质技术基础上。这是计划经济的经济法的现成基础。大机器工业条件下形成的物质技术基础，要求全国有一个经济指挥中心，要求国民经济计划化，从而要求与之相适应的法律。

其二，经济法是依靠人民政权的力量产生并初步发展的。垄断市场经济的经济关系、法律关系是靠政权维持的，推翻旧政权，建立新政权，是社会主义经济法的前提和先决条件。利用新政权，全面摧毁旧的资本主义的经济制度、法律制度，同时又不失时机地制定一批新的经济法律、法规。这些经济法律、法规有力地推进了国民经济的社会主义改造。

其三，经济法的宗旨和任务，是改变旧国家所有制的性质及社会经济关系的性质，从而使经济法成为完全新型的经济法律。改造国民经济，首先必须对所有制和生产关系实行强制性改造，只有采取这样一些法律措施，社会主义经济基础才能建立起来。

二、建立、巩固计划经济基础阶段的经济法

这一阶段的经济立法，大致包括国民经济恢复时期的立法、实现国家工业化和农业集体化时期的立法、巩固和发展公有制经济时期的立法。这一历史阶段，是计划经济下经济法的形成和发展阶段。

（一）立法概况

在苏联，这一历史时期自 1921 年至 1956 年。

1921 年后，苏联实行“新经济政策”，其立法主要表现在：农业上，用实物税代替余粮收集制；工业上，实行企业租贷制，其中个别企业允许租赁给外国资本家。通过“新经济政策”立法，医治了战争创伤，恢复了国民经济。

1929 年，通过了第一个五年计划。这部五年计划具有法律性质。1932 年，制定了《集体农庄法》，全面推行“集体农庄”这种新的农村集体组织形式。1932 年 8 月，颁布《关于保护社会主义所有制法律》，规定集体农庄财产同全民所有制财产一样，具有同等重要意义。在巩固国营企业基础上，开始企业的改组与联合。1923 年制定了第一个《托拉斯条例》、1927 年制定了《国家工业托拉斯新规程》，以推动国民经济的大发展。

在苏联经济立法发展的第三个时期，1935 年 2 月，通过了《农业劳动组合章程》，规定农村土地归集体农庄集体永远所有，规定了个体经济的范围。这是为调动农民和农村集体经济组织的生产积极性所作的新的法律调整措施。1939 年，通过《关于发展集体农庄公有畜牧业的措施》。1936 年，苏联颁布新宪法，确定了社会主义经济的基本原则和指导方针。

在南斯拉夫，这一历史时期自 1946 年至 1963 年。1946 年，通过《计划法

令》,开始实行对国民经济进行计划管理。1950 年起,南斯拉夫决定实行“自治制度”。这一自治制度时期可分为两个阶段:1950 年至 1963 年为实行“工人自治”阶段,1963 年至南斯拉夫解体为实行“社会自治”阶段。1950 年 6 月,通过《劳动集体管理国家经济企业和高级经济联合组织基本法令》,规定工人有权管理经济企业。尔后,又发布了一系列法令,明确规定生产者享有自治权力。1953 年 11 月,通过宪法,规定生产者的基本权利,包括管理权、计划权、收入分配权和工资报酬权等。

在其他东欧国家,捷克斯洛伐克 1958 年颁布《社会主义组织间经济关系法》,1964 年 6 月 4 日颁布世界上第一部经济基本法《捷克斯洛伐克社会主义共和国经济法典》,共 12 篇 400 条。该法典规定社会主义组织间经济活动的基本原则、手段和准则,将经济法定义为“经济法调整在国民经济管理和社会主义组织的经济活动中所发生的关系”。罗马尼亚在 20 世纪 50 年代就制定了《经济合同法》,后来制定了《国民经济发展计划法》。民主德国 1952 年采取一系列措施,赋予企业在国家计划范围内的若干经济权利,其宪法规定:“国家所有制能够为社会带来最大成果。社会主义计划经济和社会主义经济法是为这一目的服务的”。

(二) 立法特点

这一历史时期的经济法,适应于苏联、东欧国家社会经济发展的总进程,它伴随国民经济的社会主义改造而产生,社会主义公有制的发展而发展,计划经济体制的形成而初具规模。

与计划经济体制相适应,经济法具有较强的“计划经济法”的特征:

其一,国家通过经济法将国民经济纳入经济计划轨道,经济立法以贯彻国民经济计划为中心。无论是关于各经济部门的立法,还是经济活动立法,都是为了促进和保障国民经济有计划按比例地发展。

其二,经济法是适应计划经济体制的需要而发展起来的。在企业与国家的关系上,企业以国家经济目的为目的,无独立于国家的权利和利益,立法明确规定企业必须完成国家计划任务。在企业与企业关系上,其联系是一种计划联系,企业间的协议,也是以协作完成自己的计划任务为宗旨。

其三,经济法确认实行生产资料的社会主义公有制和按劳分配。在整个立法中,“计划经济”和“市场经济”都是作为社会经济制度而不是经济体制被规定的。由于计划经济与西方国家的市场经济相对立,因而在经济关系中排除私有制和按资分配,进而私法以及维护自由放任经济的市民法归于消失。

三、经济改革阶段的经济法

20 世纪 60 年代开始,苏联、东欧各国普遍进行经济改革。这种经济改革可分为两个时期：60 年代至 80 年代的经济改革，实际上是对计划经济体制的否定；90 年代开始，随着苏东剧变，经济改革变成了对社会主义经济制度的否定。这两种否定，都是通过全面的大规模的经济立法实现的。在这一历史阶段，经济法获得了空前发展，只是在第二个时期，完全改变了原来经济法的社会主义性质和作用机制。

(一) 立法概况

苏联于 20 世纪 50 年代末开始酝酿进行经济改革，1965 年推行"计划工作和经济刺激新体制"。为此，先后通过了《社会主义国营生产企业条例》、《全苏和共和国工业联合组织总条例》、《苏维埃社会主义共和国联盟科研生产联合公司条例》，以及计划、经济合同、银行、信贷等一系列立法。其主要内容是：减少指令性计划指标的数目，扩大企业自主权；实行部门管理为主，兼顾地区管理的原则；用经济办法管理经济，加强经济刺激制度。1970 年 2 月 23 日，苏共中央、苏联部长会议作出《关于改进国民经济中法律工作的决议》。1975 年 6 月，又联合发出了《关于进一步完善经济立法的措施的决议》，使经济改革深入发展。

苏联解体后，俄罗斯等独联体国家把经济改革急速转变为对社会主义基本经济制度的改革，使经济立法成为推行私有化和市场化的工具。这一时期，俄罗斯相继制定了《国营企业和地方国营企业私有化法》、《所有制法》、《竞争和限制垄断活动法》、《企业和经营活动法》、《外国投资法》等。

南斯拉夫从 1963 年开始，进入实行自治制度的第二阶段，即"社会自治"阶段。"社会自治"立法的主要内容是：自治原则从企业扩大到社会，国家基本上不再管理经济；企业有扩大再生产的决策权和收入分配权，自行确定价格；改革外贸、外汇制度，实行一定程度的外贸自由化。1963 年 4 月 7 日通过修改《宪法》，规定"社会所有制的生产资料归使用这种资料从事劳动的劳动人民直接管理"。通过统一分配的制度，使劳动组织能够使用扩大再生产资金。1974 年《宪法》，反映了社会自治关系达到的深度，为进一步更充分和更迅速地发展社会自治奠定了宪法基础。1974 年《宪法》颁布后，又发布了一批关于联合劳动和经济方面的法律。1976 年，通过了《联合劳动法》，以调整经济组织和一般联合劳动组织的地位和内部关系。

罗马尼亚 1967 年开始的经济改革，首先从扩大企业自主权入手。其主要内容是：减少区划层次，取消州和区的建制；建立工业中心，减少工业管理的中间环节；取消企业一长制；改变计划编制方法，实行计划预测。为适应改革需要，制定了一系列经济法规，如财政法、税收法、内贸法、投资法、利润法、固定资产折旧法、物资供应法和外贸法等等。

在东欧国家的经济改革立法中，一个重要的现象是这些国家重视计划立法。如 1972 年匈牙利制定了《国民经济计划法》，1979 年罗马尼亚制定了《经济社会发展计划法》,1982 年波兰制定了《社会—经济计划法》,1976 年南斯拉夫制定了《社会计划体制基础和社会计划法》,等等。在东欧国家,所谓经济改革,实际上是针对计划经济体制的改革。然而,这些国家却重视计划立法。这说明了经济改革不是取消计划本身,而是要探索在新的条件下计划的表现形式和实现方式。

东欧国家剧变后,急速实行西方式的市场经济,并在政治上、经济上向西方国家靠拢。在这种情况下,经济立法接受了西方市场经济立法的现成成果。

(二) 立法特点

这一时期,是苏联、东欧国家历史上十分复杂、剧烈变化的时期。最初是进行经济改革,大约经历二十多年演变后,20 世纪 90 年代初苏东剧变、解体,公开走上西方市场经济道路。与这一历史性变化相适应,经济法具有“经济改革法”和“西方式市场经济法”的特征:

其一,为经济改革服务,及时固定经济改革成果。立法在先,改革在后,这是苏联、东欧国家改革与立法的相互关系的显著特征。随着经济改革的全面展开和不断深入,经济法律一批一批地制定出来。经济立法框架的形成,使越来越多的经济改革成果用法律形式固定下来。这一时期的经济法,其经济改革法的特征是十分鲜明的。

其二,全面利用政权的力量强制推行西方市场经济制度,以西方式市场经济立法为立法目标和立法准则,使立法形成与西方国家立法相同或相近的内容和形式。苏联、东欧国家首先把国民经济中占主导地位、起主导作用的全民所有制经济,通过立法,改造为私有经济。这种私有经济,其实质又是私人垄断经济、垄断组织及垄断寡头与国家政权相结合的国家垄断经济。这样的经济条件下的经济法,便与当代西方市场经济的经济法一致起来了。

这里应当明确,“经济改革”与“全盘西化”并没有必然联系。改革与生产力发展不相适应的生产关系、上层建筑的某些部分和环节,是社会生产方式发展的规律,也是社会主义经济发展的内在要求。苏东国家的问题在于,经济改革以私有化为宗旨,就必然导致经济立法的私有化和西化实质。与苏东国家不同,我国的经济改革是经济体制改革而不是社会主义根本经济制度的改革,其指导经济立法的重要思想,应当是反映广大人民群众的根本利益。因此,我们在对经济立法作比较法研究时,必须划清两种思想、两种结果的界限,从而把我国的经济立法搞得更好。

第三章　经济法体制

适应生产社会化、国民经济体系化和经济国际化的客观发展，发生了法的结构性变动。经济法，正是这一法的结构性变动的结果。

社会经济发展和法律发展的新事实，从根本上动摇了传统法部门划分理论。这种理论，从法规出发，对法作“部门的”划分。法规—法部门—法域（公法、私法）—法体系，这是中外传统的法体系分类方法。法体制与法部门是不同的。法体制理论是从当代各国的法规中包含若干类属于不同“法部门”法规范的立法实际出发，从公法与私法的界限消失出发，总之是从法的结构性变动的实态出发，对一国法体系进行分类。这里提出的法体制概念，是指法律体系中同类法规范的表现形式和实现方式的体系，而不是作为一国法律、法规总和的体系。法体制理论能够反映社会经济发展和法律发展的新事实，从根本上奠定了经济法独立地位的基础。

法体制，是指法的表现形式和实现方式的体系，不是指法规范、法制度本身。任何事物和现象都有表现形式和实现方式。如货币的表现形式是纸币和金属币、本币和外币、百元币和一元币、十元币等，“流通”是货币的实现方式，货币只有“流通”才能实现自身，不流通就等于一张张“彩色纸片”。

作为法的形式，有法律、法规、条例、命令、决议等类别的各种表现形式。法的实现方式，是法实现自我的方式。在当代综合性立法即一个法律文件中具有各类法规范情况下，“集合同类法规范”为法律制度的方式即为法的实现方式。经济法正是通过这种“集合”而成的。

本章是在前一章对经济法产生的外部条件分析的基础上，就法体系本身的内部变化对经济法所作的进一步分析，旨在说明经济法在法的体系中的地位问题。

第一节 法的结构变动与经济法

经济法是法的结构变动的结果。我们通过对大陆法系法的分析后认为,这一结果,是依靠下述两个媒介过程实现的:私法的公法化过程即法域交错过程;部门法的跨部门化过程即法部门的交错过程。

一、私法的公法化过程

在分析这一过程之前有必要说明以下三种情况:在英美法系的大部分国家,不存在公法、私法的划分,因而在法规汇编以及法学教材中也不存在按公法、私法分类编纂具体法规的情况;社会主义国家不存在公法、私法,社会主义法学理论也不承认公法、私法的划分;把法分为公法和私法两个法域,仅限于十多个大陆法系国家,而目前关于法的社会化、关于取消公法、私法划分的主张,在大陆法系国家日益具有普遍性。

(一)私法公法化的原因

在前资本主义社会,不存在公法、私法的划分。在古罗马时期,查士丁尼的《学说汇纂》中引用了罗马法学家乌尔比安关于"有关罗马国家的法为公法,有关私人的法为私法"的提法。当时提出的所谓"私法"术语,涉及的是范畴的、逻辑思辨的,而不是理论的、过程的和实际运作的,并未形成公法私法划分理论。由于法处于未分化状态,因而也不存在私法与公法的法律分类。进入资本主义社会后,由于经济过程中发生了商品交换量的扩大和质的变化(为卖而买),在法的领域确立了"人"的种种私有权,因而作为私有权体系的私法法域产生了。当然还有公法体系,公法的任务,是维护私法秩序,在私法领域,公法起消极作用,不存在对私法的渗透和干预。

我们先分析私法公法化的第一个原因。

大陆法系划分公法、私法的观念,是以私人所有为基本环节,在下述两条发展线路上展开的:私人所有—社会分工—阶级—国家权力—公法;私人所有—商品生产—商品交易—民事权利—私法。这两条发展线路都是从"私人所有"出发的。私人所有导致社会关系的二重结构,形成了以"物"为中心客体的物权关系和以直接生产者与所有者形成支配与被支配关系,从而法律关系也二重化了,即形成物的关系、人的关系的二重化。然而,在社会关系的进一步发展中,不是从私人所有出发,而是从私人所有本身的私有性和公共性出发,形成法律关系的。在这里,私有性和公共性共存于私人所有的"一重"结构里。在这种情况下,对于同一个企业、同一个物,它的私有性由私法调整、公共性由公法调整,这无论如何是办不到的。其法律调整,只能是对具有私有性和公共性的对象作统一调整。在这种情况下,私法便具有了公法性质。法律关系不是物与物的关系,也不是人与物的关系,而是人与人的关系,即主体相互间的权力和权利关系。而且,权力和权利不能相分离。

我们再来分析私法公法化的第二个原因。

区分公法和私法,以国家与市民社会的二元性为前提,即一方面,认为公法是国家固有的法,调整国家与私人之间的关系,在权力与服从的基础上产生公法体系;另一方面,认为私法是市民社会的法,调整私人与私人间的关系,在权利义务与协商基础上产生了私法体系。问题在于,国家是国民的共同体,社会是国民和共同体的载体,国家与社会是不可分离的。实际情况是,国家与私人之间的关系也由私法调整,私人与私人之间的关系也由公法调整。由此而论,在法的体系中不存在"国家固有的法"与"市民社会的法"的区分,即所谓的"私法"公法化了。这是法的社会化。

私法公法化的最后一个原因,是随着市场经济高度发展,为解决日益尖锐的社会对立和矛盾,国家从经济政策、社会政策出发,对社会生活进行越来越多的干涉。这样,在公法与私法的交叉发展中,出现了私法的公法化过程。

(二)私法公法化的表现

如果以公法、私法的划分为前提,那么,也不能不注意到私法的公法化过程。私法的公法化过程,是法域的交错过程,其主要表现是:

其一,法律主体资格的交错过程。公法的主体是国家和国家机关,私法的主体是私人(个人和社会团体)。国家参加经济过程,与一般经济活动主体发生经济关系时,国家是"立于准私人地位的国家",国家经济机关参加经济活动时,是"立于准国家地位的私人"。

其二,法的意志实现方式的交错过程。公法意志是通过权力者命令、强制"人"遵守权力实现的;私法意志是通过主体对"物"的支配,对"人"的请求实现的。随着经济关系的进一步发展,公法意志还表现为国家的经济义务,私法意志还表现为请求国家行使权力。此外,作为公法主体的国家经济机关间的关系,是一种私法性质的关系,而私法上的企业关系、企业内部关系,是一种非私法的关系(企业行政权力)。

其三,立法目的的交错过程。公法以社会公共利益和国家利益为立法目的,私法以私益为立法目的。但国家垄断关系,要求公法不但保护公益,也要保护私益,如公法中关于保护公民财产权的规定。私法也要保护公益,如合同法中关于违反公共利益的合同为无效合同的规定。

其四,调整方式的交错过程。公法的调整,是权力的强制性调整,一般采用行政权力的方法;私法的调整采取非权力的协商性调整。调整方法的交错,就是公法、私法都采用公法手段和私法手段。

法的结构变动过程，是法体系内部法规范、法制度结构的变动过程。从法域角度说，这是私法的公法化过程和公法的私法化过程，经济法正是在这种法的结构性变动中积累、形成的。当然，法的结构变动并不是经济法形成的直接动因，但它确是重要因素。我们知道，决定法存在和发展的根本性的东西，是它的质的规定性，因而那种唯结构论的结构主义在法学上也是不正确的，但结构能得以制约、影响法的内容、领域范围、表现形式、功能和作用等等。由此说来，法的结构变动对于经济法的形成具有重要意义。

二、部门法的跨部门化过程

法域的变动与法部门的变动是同一过程，但为深入分析法的结构变动，把法部门的变动单独抽出来分析。

划分法部门的标准，国外学者有四种学说：对象说，以法的调整对象即具体的社会关系为标准；方法说，以法的调整方法、方式为标准；结构说，以对象和方法相统一的结构型为标准；职能说，以国家基本职能、政策的目的为标准。上述法部门划分标准，适用于简单商品经济、一般市场经济的情况，存在于同这种一般情况相适应的简单的、具有同类性法规范所组成法规的体系。

在垄断市场经济条件下，在法律、法规不再是同类法规范而是集合不同类的综合性法规范情况下，法体系中的所谓“法部门”，实现了跨部门化。

（一）部门法跨部门化的原因

根据划分法部门的标准，无法衡量经济法的部门性问题。从上述标准出发，国外有的学者认为，经济法的对象不具有同类性。其实，社会关系的内部构成，是十分复杂的，如果对社会关系的构成作划分，存在如何划分的标准问题。况且，对社会关系的认识及分类，关系到人们的利益，因而至今认识未能统一，也没有达到“纪实”水平。实际上，有些法的对象并不具有同类性，如民法的对象中，财产关系和身份关系便不具有同类性，而在财产关系中，一些是属于商品交换性质的关系，如买卖关系，另一些是非商品交换性质的关系，如财产继承关系，也不具有同类性。有的学者认为，经济法没有统一的调整方法，实际上，在现有的部门法中，有不少法部门并不是采用一种而是采用几种调整方法，这是法学界公认的。对任何对象、任何部门的划分，必须有统一标准，否则，只能人为地制造混乱。现行划分法部门的“标准”显然是多重的，是违反科学认识论的。

应当指出，当代法的发展，经历着部门法的跨部门化过程。对于这一过程发生、发展的原因，不能从法的形式本身去寻找，也不能从法部门划分理论的先验模式去寻找，而应当从社会经济关系的新发展、新变化中去寻找。

首先，在垄断、国家垄断条件下，社会经济关系具有特定历史阶段的内容和性质。市场经济的进一步发展，必然产生所有权的“私有性”与“公共性”的矛盾。这种矛盾的普遍性及由此引发的社会危机,必然产生"私人的所有权"与"社会的所有权"的分离、物权与债权的分离。社会的所有权,集中表现为作为社会领导中心的国家所有权。在这种情况下,"商品交易关系的法"在社会经济关系中将不再居于调整的主体地位,失去了主导作用,它必然为"全社会规模的法"所规定、所制约。这样,传统法部门之间的界限便自然而然地消失了。

其次,在法的领域,在所有权的私人性质及其绝对自由被强制限制过程中,形成了"所有权的法"与"人身的法"的分离。这种分离,改变了人—物—行为的传统法学模式,即法律确定主体(人)对客体(物)享有权利的绝对性和获取利益的绝对性。例如,这头牛是我的,我有权饲养、出卖它,他人、政府和法律无权干涉。这是罗马法、18 世纪法的事实。现在不同了。你的牛得了疯牛病,你不能继续饲养,也不能出卖,你必须服从政府的决定,你的牛必须被宰杀处理。由"所有权的法"与"人身的法"的合一到分离,是立法的巨大进步。这里,"人身的法"仍在原传统法部门中保留着,而"所有权的法"则不断实现着跨部门的转变。

最后,在经济关系的法律调整中,在"所有权的法"与"人身的法"分离的基础上,逐步实现了"财产关系的法"与"国民经济运行经济关系的法"的统一。按照传统法的解释,"财产关系的法"是关于"人"的物权、债权关系的法。生产社会化以及在它的进一步发展中,冲破了"人"、"物权"和"债权"的狭隘范围,也改变了"财产关系"的内涵和社会机能。在形成国民经济总体运行条件下,所有的经济关系都被纳入了国民经济运行的轨道,不可能单独存在,其主体也不仅仅是公民个人。在这个意义上,"财产关系的法"不再属于原来的法部门。

(二)部门法跨部门化的表现

在法的发展中,适应于新经济条件的要求,发生着法规质的变化和量的增多。面对这一趋势,传统部门法划分理论采取了从事先已被设定的法部门出发,进行原法部门的法规扩张的思维方法。然而,部门法的跨部门化的客观历史进程,冲破了法部门划分理论的局限性,继续演进法体系内部的结构性变动。这种结构性变动,集中表现为改变人为的该原法部门的法规扩张。这种"改变",包括部门法的分化、转化、变革以及相对独立领域的出现,也包括新法的形成。

1. 市民法的分化

传统民法的指导原则,是"私人自治"。私人自治原则在财产方面,表现为对于自己所有的财产,享有占有、使用、收益、处分的完全支配权,并限于自己的自由意思决定为基础,自身所有的财产不得被政府和他人非法剥夺。随着市场经济的高度发展,针对私人自治原则所产生的弊害,西方国家产生并发展了对所有权绝对性加以限制的理论。国家立法也对个人财产关系加以积极的干涉,从而使作为私人相互间的权利义务关系形成基础的个人意思被国家和立法所约束。其结果是私人自治原则被修正了。

反映在立法上,一方面是民法内部的修正,另一方面是民法外部的修正。私权与公共福利的一致性原则,要求私权的行使必须符合社会公共利益。这包含着社会的权利、权利滥用的禁止这些崭新内容。这是民法自身由私人自治原则到私权的公共性原则的重大转变。民法外部的修正,是形成从民法自身转化而来又调整经济活动主体间财产关系的经济法。

其一,市民法总体的异化。

从市民法的法源看,主要是民法典,也包括习惯民法、判例民法和民法条理。近代民法的重要法源是《法国民法典》。其特点是,以个人主义、自由主义思想贯穿立法整体,以所有权的绝对性、契约自由和过错责任为三大支柱。《法国民法典》颁行约一百年后的《德国民法典》,产生于垄断资本主义时期,注入了新的法学思想。该法典修正了个人本位、权利本位法观念,规定了滥用权利的禁止,扩大了法官的自由裁量余地。民法典和民事立法的发展表明,一方面,民事法律规范的固有本性保持着;另一方面,作为民事法规中自身异化的新规范,则成为经济法的法源。

从市民法的权利看。按照西方法学家的传统权利分类,民法上的权利为私权,包括人格权、身份权、财产权、社员权。其中的财产权包括物权、债权和无体财产权。以个人经济生活的利益为目的的权利,仍为民法所规定。在国家垄断资本主义条件下,一种新的财产权形式从个人财产权中分化出来。这种财产权无论直接与国家经济生活相联系,还是间接与国家经济生活相联系,都不是作为个人私权出现并存在的,而是作为公共财产权或私有财产的公共性而存在的。关于这种权利体系的法,便属于经济法的范围。

从市民法的主体看。传统民法主体包括自然人和法人。自然人相互间的私人生活关系,属于民法的调整领域。在自然人以外,得以获得权利义务主体资格的是法人。法人,是自然人的团体和财产的结合,在一定条件上被赋予法律资格,拥有民法上的权利能力。由于社会经济条件的变化,当法人同国家、国家经济机关、国有企业等发生经济往来时,便涉及组织国民经济措施等的执行和落实问题,其经济活动被纳入了国民经济总体运行的范围,与国家经济目的相联系。在这种情况下,法人发展的新形式成为经济法主体。在法人制度的发展中,存在以执行国家的公共经济事务为目的,按照公法原则进行经济活动的法人,它们与一般法人在设立、管理等方面与国家权力的关系程度有显著的区别。这个民法法人制度扬弃的新类型,发展成为经济法的重要主体。

其二,商法与市民法的分离。

作为民法特别法的商法,其调整对象为经营关系。民法是关于民事权利的体系的法,民事权利因权利主体对权利的享有而存在。因此,权利主体是谁便成为民法的第一命题。"人"是传统民法中居于首要位置的概念。所谓"人",是抽象的、普遍化的概念,它抽掉了其地位、身份、性别等各个人的具体条件。

商法从民法中独立出来,专门以交易关系中的经营为对象。在商法中,其权利主体是"商人"。商人,与"人"的普遍化概念相联系,是关于特定的人的概念。这种特定的人,一般被规定为"以自己的名义进行商行为的营业者"。"商行为"是一种法律行为,在法律要件中含有意思表示要素。例如买卖合同中,卖主的意思表示与买主的意思表示,是其买卖合同的行为要素。在运输行为中,委托承担运送、双方订立合同的行为,是商行为,而根据运输合同搬运货物的行为,不是商行为。"以自己的名义",可以理解为自身是法律后果的归属主体。作为商行为的缔结合同订立之后,便产生一定的权利义务。其权利者、义务者是缔结合同的双方自身,他们是以自身的名义进行商行为的。"营业者",是以营利为目的,继续、反复进行同种行为者。作为与人的名称相区别的商人,将确定商号。商号是作为企业主体的商人的同一性名称,其商品的同一性名称是商标。使用商标,被当做一种权利受到法律保护。

商人的企业活动与家计活动的分离,是商法产生的重要前提。商法调整商人的企业活动,包括营业的让渡、商业登记、商业账簿及商业使用人等。实质意义上的商法,一般被定义为以企业经营活动关系为对象的法。在国家垄断资本主义条件下,基于一定的国家政策,不能不对企业经济关系进行干涉。在"企业活动"、"企业运营"、"企业核算"、"企业资本变动、合并、破产"、"有价证券"等方面,我们都可以看到不再是传统民法的调整而是经济法的调整。

我国的立法没有把商法划分为一个独立的法律类别。所谓"商事立法",与传统商法概念是不同的。当代所谓"商事立法",理所当然地包括在宪法所规定的经济立法之中。在法的发展中,商法是作为经济法的企业法的重要渊源。

其三,劳动法与市民法的分离。

劳动法是从传统民法分化出来形成的经济法新的结构分支。在传统民法那里,劳动关系是由财产关系派生出来的,劳动雇佣关系一般由民法关于财产关系的原则加以调整,而劳动关系的基本规范属于民事合同规范范畴。

劳动法从民法分离出来,始于 20 世纪初叶。劳动法之所以属于经济法范围,是基于以下事实:劳动法在其自身发展中已趋形成完善的体系,总体上具有经济法的性质和特征。它包括:劳动合同(订立和解除的程序、劳动条件、合同期限、解雇限制等);工资(工资的支付、最低工资标准等);劳动时间、休息和休假;安全和卫生;女工和未成年工的保护;徒工培训;劳动保险;劳动保护;工会的权利义务和组织原则;劳动就业和劳动监督机关等一整套规定。这一整套规定,不是仅仅用民事合同法规就能概括的。

在生产社会化条件下,劳动关系成为国民经济关系的重要组成部分,劳动关系法律调整的状况如何，直接关系到国民经济总体运行。譬如劳动就业关系。在独立的、分散生产经营的条件下，劳动就业问题一般属于业主与劳动者个人之间的事情。在私人自治原则下，双方通过劳动契约进行劳动力的买和卖。然而，当代各国的就业、解雇和失业不但关系到劳动者、业主的权益，还关系到社会经济的安定。为此，从保障国民经济良性运行的角度出发，国家制定雇佣保险法、雇佣对策法、职业安定法、失业紧急对策法、促进中高龄雇佣特别措施法、残疾人雇佣促进法、特定不景气行业离职法、特定不景气地区离职法、雇佣机构法等法律，对劳动就业关系进行调整。这些法律，都属于经济法。

2. 行政法的复原

在早期行政学理论中，以美国 F. J. 古德诺为代表的政治与行政“两分法”的行政学理论并不包含“管理”的观念和方法。20 世纪以来，以行政学理论为依托的行政法理论发展起来，各言其是，但其分歧集中在“行政”究竟是否包含“政治”层面和“管理”层面问题上。

基于行政包含“管理”的主张，西方有些学者认为行政法包括行政组织法、警察行政法、保育行政法、军事行政法、财务行政法、外务行政法。保育行政法又分为经济行政法、社会行政法、教育文化行政法、卫生行政法、交通行政法等。随着垄断资本主义的发展，国家利用行政权力对社会经济进行控制和调节的领域愈益扩大了。与此相适应，社会经济方面的行政立法在整个行政法中占有重大比重。在社会主义条件下，国家直接管理经济事务的法律，迅速发展起来，其范围日趋扩大。在苏联，经济管理立法被统统纳入行政法，并在行政法中占有相当大的比重，对经济的法律调整成为行政法的主要任务。苏联学者勃拉图西、阿列克谢耶夫等把这种行政法，称为“经济行政法”。

行政法是关于行政权力的法，经济行政法也不例外。经济行政法主张的基本特征是：适应于高度集权型的政治、经济体制，其核心内容是通过直接的行政权力来管理国民经济；混淆调控、监督、管理行为同行政行为的区别，将调控、监督、管理国民经济的法归结为行政法；以“国家行政机关制定的法规就是行政法”立论。其实，“行政法规”是立法形式，行政法是法的分类，两者并不是一回事。

“经济的”法从行政法中分立出来，并形成自己的调整机制，始于垄断资本主义阶段。国民经济的法律调整领域属于经济法的范围，只是改变了作为行政法的经济行政法的性质和特征。经济法与所谓经济行政法的根本区别，一是权力的行政性，是行政法的核心，经济法包含权力，但这种权力是经济权力，具有权力的经济性性质和特征。国家经济机关的职权行为是依据法律规定的权限实施的，对于命令行为、不服从经济机关的罚则或制裁的行为，将明显表现出职权行为的权力性，但权力的行政性是实现国家行政目的、采取行政手段，而权力的经济性则是为了满足国家的一定经济目的,主要采取经济手段、规则手段等等。二是在国民经济运行领域,在国家、国家经济机关与经济活动主体之间,经济权利、经济义务关系形成并发展起来。调整其相互权利义务的法从行政法中分离出来获得独立,这种法是行政法的异化形式之一。因此,经济法不是权力法,而是关于经济权限的法。经济权限既包括经济权力,也包括经济权利、经济义务。

根据上述理由,行政法应当恢复到多数行政法学者所主张的"规定行政权的组织及其作用的法"理念上来。在当代各国,改变和防止"行政权的扩大化"已成发展趋势。在这种情况下,用经济法观点认识国民经济运行的法律调整问题,实现行政法的改组,确定行政法学科合理的范围及其理论结构,具有重要意义。

3. 新法的形成

反不正当竞争法、禁止垄断法、经济调控法、经济监督法以及环境法、消费者保护法等,都是逐渐积累起来形成的新的法律制度。

下面侧重分析环境法、消费者保护法的形成。

垄断市场经济的高度发展,使环境保护问题成为立法的重要课题。公害问题,盖源于垄断资本的运动。企业对利润最大化的追求,使环境污染不可避免。对大气污染、水污染、土壤污染、噪音、振动、地面下沉及恶臭的防治立法及与之相关联的立法,是环境法的主要内容。以大气污染防治法为中心,制定了矿山安全法、电气法和煤气法等关联法规。以此为目标,又制定了各类环境标准。为防止水污染,制定水质污染防止法和海洋污染防止法。对于公用水域(河川、湖沿、港湾、沿海等)制定环境标准,以达到防止水质污染的目标。企业及其他单位向公用水域排水,要遵守排水标准的规定。防止土壤的污染,以防止农用地污染的法律为中心,制定特定有害物质排出的限制标准。对于农药残留问题,依照农药使用法规处置。防止噪音,以噪音防止法为中心,制定相应的环境标准。防止地面下沉,依据工业用水法和建筑物用地下水的有关法律。防止恶臭,依据恶臭防止法,并制定相应的限制标准。废弃物的处理,是城市环境管理的大问题,对此实行限制的,是废弃物处理法。环境污染问题与资本、产业结构相关联。公害既是经济发展的结果,也是阻碍经济发展的原因之一。环境法的调整关系到国民经济的总体运行质量,它是国民经济运行法的重要组成部分。

社会化生产过程是生产、分配、交换和消费各环节的统一。商品经济的性质,要求通过社会消费(这种消费的不断增长又不断产生新的社会需求),增加生产,开拓市场,以保证和促进国民经济的协调发展。社会消费的地位和作用,决定了国家对社会消费领域的经济法调整。作为经济法结构分支的社会消费法,将维护和促进消费者的权益,在明确国家、生产者和经营者必须承担的责任及消费者必须承担的义务的同时,对社会消费的基本方面作出规定,以保证社会消费生活的稳定和国民经济的健康发展。在社会消费生活中,不当商品和劳务可能危及居民的生产、健康、财产,也可能危及竞争、生产和生活物资的流通以及价格的稳定。因此,国家制定以社会消费基本法为中心的各项法规,包括医药法、食品卫生法、电气用品管理法、生活用品安全法、对化学物质的制造和审查的限制性法律、对含有有害物质的家庭用品限制的法律,以及计量适当化、规格适当化、标志适当化等法律。此外,禁止垄断法中关于对商品、劳务的自由竞争中妨碍消费者选择自由的限制立法,对关系国计民生的重要物资的生产、保管、出卖、运输、分配的限制立法,对价格异常上涨时的限制立法等等,都视为社会消费法的范围。

私法的公法化过程和部门法的跨部门化过程,改变了法的固有结构。在法的结构性变动中,经济法逐渐形成并在法的体系中取得独立地位。这一客观现实,提出了对法的分类重新认识的任务。世界上任何"学科"、"部门"从来都不是一成不变的。譬如统一的化学学科,划分出无机化学、有机化学,进一步地,又划分出高分子化学、生物化学,又划分出分析化学、结构化学、量子化学,目前化学学科还在进一步分化中;医科划分为内科和外科,进一步地,又划分出了儿科、妇科,现在又划分出了男科。这是学科的分化。在分化的基础上,又有新的综合。"部门"也是这样。譬如航空母舰"部门",其海军陆战队、航空兵机组编队,是陆军部门、空军部门和海军部门等的综合体,当代的"航空母舰"与传统的船舰是有本质区别的。学科和部门的分化、改组和新综合,是普遍社会现象。因此,在当代,指望反映社会关系变化的法律和法学理论依旧抱残守缺、胶柱鼓瑟,无论如何是办不到的。

第二节 经济法的法制度化

不同的法有不同的调整领域,因而对法进行分类是必要的。基于法部门划分理论已经过时,从当代社会条件出发,应当对法作重新分类。依据法体制理论进行分类,把经济法规范类型化为经济法制度,以经济法制度为中心构造经济法体制,使之与其他法体制、法制度共同存在、共同发展。

一、法体制理论的提出

法体制理论是基于传统法部门划分理论的缺陷提出的。它是从当代立法法规范的综合性出发,以法制度为中心来构建法体系的法学思想。

(一)传统法部门分类方法的缺陷

法规—法部门—法域—法体系,这是传统法部门理论对法体系的分类方法。其分类的基本思想是:由调整同类社会关系的法规组成法部门,对不同的法部门按照国家同私人的关系和私人相互间的关系，划分为公法和私法两个法的领域，这两个法域共同构成一国的法律体系。这里的“法规”，有些学者采用“法规范”术语，但基于某一法规是由同类法规范构成的事实，因而这里的法规与法规范术语是在同一意义上使用的。按法的所谓调整对象和调整方法对法规作部门的、法域的划分；以部门法为中心构建法的体系，是这种分类方法的基本特点。

传统法部门划分理论的主要缺陷是：

首先，法部门理论的出发点和理论结构是过时的。从私人所有权出发，按“人”、“物”、“行为”要素来构建其理论结构，在自由放任经济条件下，是合乎时宜的。因为商品交换关系的对价性属性，民事主体间权利义务的平等性属性，为法部门理论提供了客观可能性。垄断、国家垄断经济关系，使法的关系发生了重大变化，这时，法的划分理论的出发点，不再是私人所有权，而是国民经济总体运行；在法的调整领域，“人”、“物”、“行为”不再是唯一要素，而国民经济的结构、比例、状态等成为重点要素。

其次，法部门理论建立在并非独立的法部门上。随着法和法的关系的发展，由于出现了法部门的相对性、原法部门中的他类法规范及法制度逐步形成、各个法部门中固有的规定要素与非规定要素发生变异，因而法部门的独立性动摇了，而这种理论仍建立在法部门的独立性上。法部门之间的界限已经模糊不清，法部门的内涵和外延明显发生了变化，这使我们必须从实际出发，努力探求新的法的划分理论。

再次，法部门理论无当代各国的立法根据。在当代法规已是综合各个不同类的法规范的立法趋势下，仍因袭法规即法规范的传统，这不仅忽略了法规体系与法规范体系的区别，而且也使法部门理论脱离立法实际，丧失了其存在的立法基础。

最后，法体系以法部门为中心的理论，没能正确总结现实法体系的矛盾。对于垄断、国家垄断条件下的立法，在法体系内部，存在法思想的矛盾，即自由放任主义法思想、国家垄断法思想、封建主义法思想、社会民主主义法思想的矛盾。由于这些法思想的混杂，反映在实体法和程序法上，存在公法与私法的矛盾、市民法与社会法和国家法的矛盾。这种矛盾性，集中于法部门内部以及各法部门之间。解决法体系的矛盾，必须从法部门入手，首先解决法部门的矛盾。

固守传统法部门划分理论的认识论根源，在于在法的分类上的先验论和绝对化思想方法。当代经济关系已发生了重大的实质性变化。在这种情况下，仍沿用基于 18 世纪的经济事实所形成法的理念硬套在当代经济关系上，这本身就使这种理论建立在主观先验的认识论基础上；而且，任何事物都不是绝对的，而是相对的。几乎与经济法理论同时产生的自然科学中的相对论，深刻揭示了

“自然”的相对性本性。相对论对经济法理论有巨大的启示意义。法的分类从来都不能是先验的、绝对的，而是实践的、相对的。任何理论的适用程度，都取决于它满足实践需要的程度。法的划分理论应当立足当代，与时代俱进，而不能固守法部门理论遗产，削足适履，扼制法学理论自身的生机与活力。

（二）法体制理论的基本点

同法部门理论不同，法体制理论是关于法体系的一种分类理论和方法，而法部门理论是一种划分方法。法部门划分的对象是法规，其目的是揭示法部门概念的外延，即揭示这一法部门包括哪些法规，而法体制分类的对象是法规范，其目的是使法规范类型化、系统化。

为此，法体制理论把法看做是一个多层次的法规范的集合体，以法规范为起始类，由同类法规范组成法制度为上一阶位类，法体制是同类法规范的最高类别，若干不同的法体制的总和构成一国法的体系。这就是法体系的由来，也是法体系总概念的由来。

法体制，是指同类法规范的表现形式和实现方式的体系。其法体制理论的实质，是对法规范配置方式的理论选择。

基于法的社会化，法规范的表现形式不是法部门、法域（公法、私法），其实现方式不是法规范与法规的同一。当代立法实践表明，法规范存在并表现于法制度、法体制之中，而法制度、法体制是通过对不同法规中的同类法规范系统化重组实现的。在法体系里，基于法制度统一体的法体制与基于法规集合体的法部门，具有不同的基础和结构。

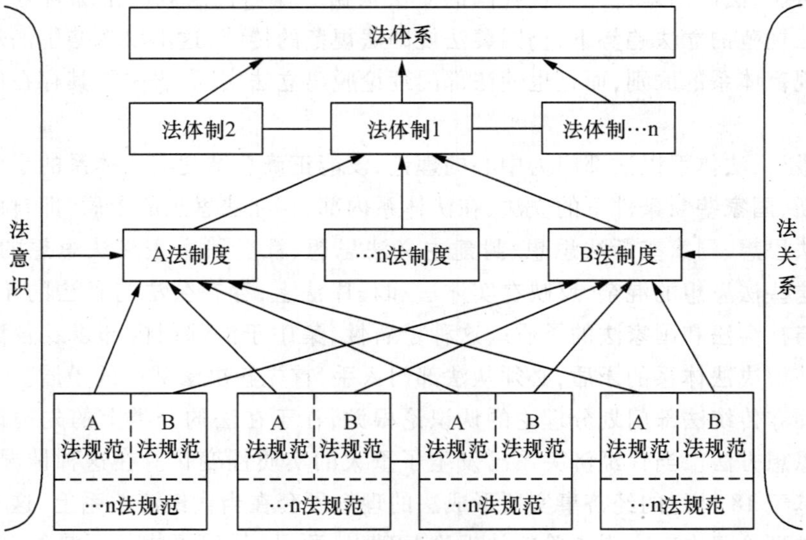

法体制理论图示

法体制理论的基本点是：

其一，法的体系，不能仅仅归结为国家的立法体系或法规体系，它是以法制度为中心，包括法意识和法关系在内的法的综合体。法律法规无法脱离法意识、法关系而孤立存在；而且，法体系是一个开放的体系，新法的制定，旧法的废改，都将引起法的结构、体系的更新。恒久不变的完备的法体系，实际上是不存在的。

其二，法体制是法制度和法的调整方法类型化的统一体。传统上认为不同类的法制度和调整方法，可以经过科学地系统化而相容，共存于一法体制中，如民事合同法制度与经济合同法制度、行政合同法制度被认为是不同类的，因而传统上划入不同的法部门，从合同的固有属性和机能出发，系统化为统一的合同法制度，置于经济法律体制之中。

其三，法规范—法制度—法体制—法体系，是法体制理论的分类方法。一个规范性文件同时包含不同法部门的规范，这不仅仅为了便利该规范性文件的适用，其深刻根源，在于这些原先属于不同法部门的规范，存在机能上的统一性。在一法体制里，作为法制度基础的法规范，来自不同的传统法部门，法体制是在法的相应领域中形成的跨部门法规范的一定总和。

其四，任何法都是历史的、社会的，公法、私法的划分及法部门的划分是不科学的，不能反映当代社会条件和时代特征，在法体系中不存在公法和私法，也不存在法部门。因此，不存在经济法部门、民法部门和其他法部门。对于通常所谓的法部门意义上的法，这里指的是法体制，如所称经济法，实际上是经济法律体制。

其五，法体制的结构为层次结构，而非法部门理论那里的水平结构或垂直结构。法体制可分为国家法体制、经济法体制、行政法体制、刑事法体制、民事法体制。诉讼是基于实体法里具体权利义务的争议形成的，诉讼法可分别纳入相应的上述法体制之中。因此，诉讼法不单独划分法体制。一个国家的法体系，是由上述五个法体制构成的。这些法体制在法体系中处于不同的地位。

其六，对于具体规范性文件的归属，基于上述法体制类别，可根据该规范性文件的立法目的和调整范围确定。如我国《公司法》调整公司组织和公司组织行为，而公司关系、企业关系是一种经济组织关系，因而《公司法》属于经济法体制。

综上所述，依据法体制理论对法规范进行合理配置，能够克服传统法部门划分理论的缺陷，能够在法的划分理论领域解决理论与实践脱节问题。

二、经济法体制的构成及法制度

经济法体制是由七大类法律制度组成的。这些类法律制度又包括基本属性相同、整体机能统一的若干种法律制度。

(一)经济法体制的构成

从法体系的结构说来,经济法体制是法在调整国民经济运行经济关系过程中所形成的法律制度的总和,包括经济组织法制度、经济活动法制度、经济竞争法制度、经济调控法制度、经济管理法制度、经济监督法制度和涉外经济法制度。

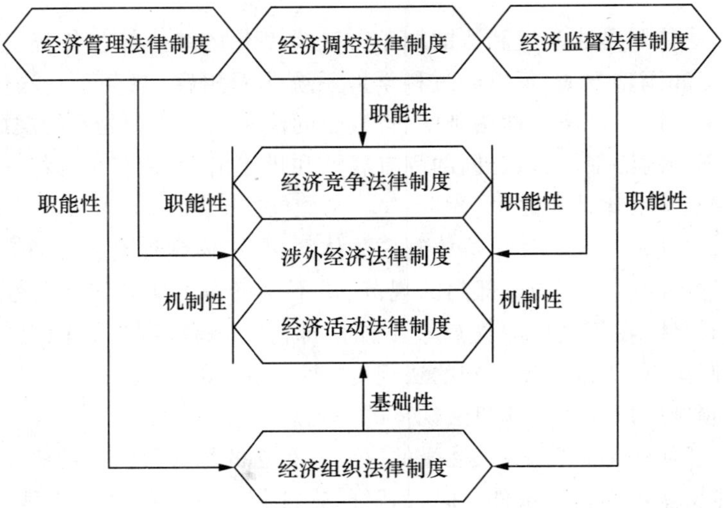

经济法律制度体系图示

上述经济法制度取决于并适应于国民经济总体运行的需要。国民经济得以运行的基本逻辑是:经济组织是国民经济的基本单位,没有经济组织,国民经济运行无从谈起;经济组织设立的目的是创造社会财富,而这只有通过进行具体经济活动才能实现,经济活动是形成社会经济关系的基础;经济活动的重要机理是竞争,而竞争必须按照一定的原则、惯例或规则有秩序地进行;经济组织是为自身利益去进行经济活动和竞争的,为使经济组织的自身利益与国民经济总体利益相一致,保障国民经济良性运行,国家的经济调控必不可缺,而且处于主导地位,经济组织—经济活动—经济竞争—经济调控,构成了当代国民经济运行的基本方面。为保障国民经济运行走上正轨,取得实效,还要辅之以经济管理和经济监督。在经济国际化背景下,涉外经济是一国经济的重要组成部分,是相对独立的经济领域。

经济法体制内诸法制度是有机整体,它们在其相互关系中的地位是:经济组织法是国民经济运行的前提条件立法,在整个经济法体制中处于逻辑起始地位;经济活动法是国民经济运行的基本立法,在整个经济法体制中处于基础地位;经济竞争法是国民经济运行的机制立法,在整个经济法体制中处于维护公平竞争的核心地位;经济调控法是国民经济运行的导向立法,在整个经济法体制中处于主导地位;经济管理法是国民经济运行的处理立法,在整个经济法体制中处于关键地位;经济监督法是国民经济运行的矫正立法,在整个经济法体制中处于保障法地位;涉外经济法是相对独立的立法领域,在整个经济法体制中处于补充法地位。

(二) 经济法法制度化的要求

法制度是法体制构成的基础,它是法体制的基本单位;而且,法制度是同类法规范的类型化,它是法规范的基本类型。在媒介法规范与法体系联系中,法制度便成为中心环节。因此,无论是法规范的归类,还是法体制的形成,都以法制度为中心。法制度是一国法体系中诸法体制之间相互区别的基本类别,处于核心地位。

应当明确,法制度是在诸法律法规中具有同类性的法规范经系统化整理而形成的。把某项法律法规等法律文件说成是"法律制度",或者把同类法律法规集合而成的"法群"说成是"法律制度",都是不符合这里所概括的法制度概念规定的。因此,我们不能在"法"、"法律法规"的一般意义上使用法律制度术语。

经济法的法制度化的要求是:

首先,在一国法体系内,把握各类经济关系法律调整的必要差别。其实,法与法的区别,实际上是法制度的差别。因此,应当在区分这种差别的基础上,把握法制度之间的有机联系。例如,在经济法律制度中,经济组织法、经济活动法、经济竞争法、经济调控法、经济管理法、经济监督法、涉外经济法都是有差别的,法的差别是法存在的基础,但这些法律制度又是相互有机联系的,经济活动必然产生竞争,而竞争又制约或限制了经济活动。这样,经济竞争法就必然同经济活动法发生内在联系。

其次,在同一类型法制度内,划分出若干分支法制度,分支法制度除具有该类法制度的固有特征外,还具有自身某些特征。根据分支法制度,进而把握法律关系的主要环节。例如,在企业法律制度中,资本制度与内部组织制度是各有特征的,但内部组织制度是为资本制度所决定的,股东会是权力机关,股东的权力来源于资本,没有投资是不能成为股东的,因而不能享有股东会权力。很显然,在企业法律制度中,资本制度是主要环节。

再次,特定种类的法制度,反映经济关系的特殊性,认识不同种类法制度的特点,能够正确处理不同的经济关系和法律关系,使之符合国民经济运行的需要。例如,专营专卖制度反映了某些重要商品的生产和经营实行垄断的管理关系,食盐专营,自古有之,禁绝"私盐",符合国计民生需要。

最后,经济法的法制度化,有助于经济立法的不断完善,有助于人民法院和仲裁机构正确适用法律,合理解决经济发展的司法保障问题。法律制度是立法的基础,所谓立法不完善,主要是法律制度的缺失,因而立法应着眼于法律制度建设。司法审判和仲裁适用法律,可归结为适用"法条",而一部法律法规中的"法条"是不同类的,适用"同类法条",是在适用法律制度。

第三节　经济法的地位

经济法的地位,是指经济法在法体系中的地位。全国人大常委会组织的关于我国法律体系的专题研究认为,我国的法律体系划分为七个门类比较合适。全国人大常委会负责人和国务院法制办负责人所做的专题概括,亦提出我国法律体系划分为七个法律门类。这实际上体现了我国立法机关、执法机关关于我国法律体系的基本意见。在上述基本意见中,经济法均被列为七个法律门类之一,而且,采用了"门类"术语,没有因袭地使用"法部门"术语。这就从根本上解决了经济法的独立地位问题。据此,认识经济法的地位,应当解决两个问题:经济法在法体系中独立地位的根据,以及在与诸法体制的相互关系中居于何种地位。

一、经济法体制的地位

法体系是直接由法体制构成的。经济法在一国整个法体系中仅次于国家法,居于首要地位,而且,它是以真正独立的地位存在的。

(一)法体系结构的层次性及经济法的地位

我国立法机关、执法机关关于"法律门类"术语及法律门类划分的基本意见表明,我国立法否定了"法部门"术语及法部门划分理论,这无疑具有重大的理论意义和实践意义。况且,法部门划分理论只提供了法的分类方法,对法作"部门的"、"水平的"划分,同时,也未能揭示法与法之间的相互关系。在法体制理论那里,在法体系的结构中,诸法体制之间存在层次性关系。法体制的层次性,反映了客观实际,否定了法与法之间的关系的部门性和同一水平性。一国的法体系一般可依次分为五个层次:国家法、经济法和行政法、刑法和民法、社会法、诉讼法。因为七个法律门类都存在诉讼问题,诉讼法原理相同,故总合起来列一层次。

国家法是以宪法为中心的法体制,它是关于内外国事关系中总体性的、根本性的规定和公民基本权利义务的规定。宪法是国家的根本大法,具有最高法律地位。国家法体制在诸法体制中居于本位地位。

国民经济是国家的基础、社会的基础,任何社会关系都建立在这个基础之上,并为其决定。在西方国家,经济法被称为"经济宪法",在调整国民经济运行中居于首要地位。从根本上说,其他法体制都服从于、服务于国民经济总体运行的需要。国家职能的发挥及对社会事务的管理,是通过行政实现的,离开行政和行政作用,国家机器就不可能运转。行政法是规范行政和行政作用的法,在全局性、基本性特征上,行政法同经济法处于仅次于国家法的层次上。

经济法实现的重要途径,是行政法、刑法的实施。经济法的实现以行政法、刑法等为媒介。离开行政法、刑法的辅助、配合,经济法自身无法达到对国民经济运行最优法律调整的目的。刑法是调整自然人(或法人)违法犯罪关系的法,民法是调整自然人生活关系的法,自古以来一直处于同一层次上。在两者关系上,“重刑轻民”、“重民轻刑”都不是正确的法学思想。在社会化大生产条件下,社会组织的经济活动是基本的、普遍的社会经济活动,自然人的个人活动不再处于主导地位。与此相适应,民法不再居于主要地位。

社会法是近现代以来大陆法系国家划分的一个新的法律门类。目前,人们对“什么是社会法”的认识并不一致。无论怎样,社会法调整特定的“社会问题”,诸如社会保障等,是没有疑问的。因此,这里把社会法单独列为一个层次。

显而易见,经济法体制在法体系中具有独立地位、首要地位。这种地位是依据法的结构性变动的客观现实,通过法规范配置方式的合理选择而取得的。如果站在传统法部门划分理论立场上,对既存的和未来颁布的一个个的法律法规作部门法安排,即通过圈定某个法律法规归属某一法部门的方法,扩大本部门法的范围,则势必引发争夺法律法规的“部门法大战”,而在这种大战中关于经济法独立法部门地位的概括,是空洞的、先验的。而且,这样的地位也不可能在学术理论上真正确立。

综上所述,一国法体系中法体制的相互关系原理是:以国家法为统帅,诸法体制排列有序、结构严谨,相互配合、相互制约,通过对社会关系的具体调整,以法体系的整体反作用于经济基础,促进社会全面进步。

(二) 经济法地位学说评价

对于经济法在法体系中的地位,境外学者历来有不同的见解。摘其要者,有法域三分说、部门法交叉说和民事特别法说三种。

1. 法域三分说

这是为寻求经济法独立存在的合理性而对法域所作的一种分类。三分说的基本主张是:在公法和私法两大法域之外又形成了第三法域;以个人、国家的独立领域之间的“社会”为中介,形成了独立的法的领域,其发展属于经济法领域;作为个人的法是私法,作为国家的法是公法,作为社会的法是社会法,它们是三个独立的法的领域。

法域三分说的主要理由,一是国家、个人和社会分别是公法、私法和经济法各法域的载体。在国家与市民社会二元性基础上,应当把“社会”作为经济法的载体。二是经济法是包括公法和私法在内的独立的法域,因此,经济法跨越公法、私法两个法域而存在。

法域三分说明确主张经济法的独立性，在法的体系中，把经济法置于与公法、私法并列的地位，这种坚持经济法独立地位的思想方法，是需要肯定的。问题在于，国家与社会是矛盾的统一体。国家虽然是凌驾于社会之上并日益与社会脱离的力量，但国家是全社会的正式代表者，国家是统治阶级的国家，社会是由利益不同的社会集团构成的，占统治地位的社会集团的利益与国家的利益是一致的。因此，从根本上说，不能把"社会"从国家共同体中抽出来作为法单独调整的客体。况且在社会主义条件下，国家与社会逐渐融合，它们不再是二元发展的独立领域。此外，还应当明确，既主张经济法属于法域范畴，又主张经济法是跨越公法、私法两个法域的法部门，这就混淆了法域与法部门的层级性。

2. 部门法交叉说

这一学说，是在对三分说批判的基础上提出的。它指出，三分说的思想方法，是把公法与私法的区别绝对化的思想方法。其基本主张，是认为经济法是在公法与私法两个法域的交叉领域中形成的部门法。

交叉说的主要理由，一是市民社会本身要求夜警国家的法，以国家权力、公法为后盾，但在私法领域要求社会限制，在两者的发展中，便形成了独立的经济法部门；二是在实体法领域，不能无视公法调整和私法调整的限度，经济法为满足社会调节的要求，不仅采用公法方法，也采用私法方法。在这个意义上，由于经济法跨越公法、私法领域，因而发生了两者的关联和交错。

交叉说否定了三分说所谓经济法是第三法域的观点，在区分法域与法部门概念内涵的前提下，明确经济法是独立的法部门，从而认识到这一法部门是公法、私法关联和交错的产物。这种对三分说的修正，是经济法地位论发展的表现。尽管如此，交叉说仍是站在法部门划分理论的立场上去肯定经济法的地位的。承认经济法是公法、私法的交错，必然引出经济法部门与公法的部门法特别是行政法和私法的部门法特别是民法的相互关系问题，而从交叉说对其相互区别的解释看，没有找到正确界定的基础、条件和标准。例如，关于经济法与行政法的关系，认为经济法里的限制，按照行政权对经济采取干预方法的情况比较多，只要是经济法，就同时具有行政法的性质。实际上，这种对经济法是利用行政权力、采用行政方法对经济进行限制的认识，从根本上混淆了国家机关权力的经济性与权力的行政性的区别，而这种区别正是经济法与行政法相区别的标志之一。

3. 民事特别法说

这是否定经济法独立地位的观点。这种"大民法"观点，尚未形成较为系统的说法，截至目前，仍属于个别论断。其主要思路是：平等主体之间的关系是民事关系，在民事关系中，即使存在超越民法的一些法律，也属于平等主体关系的调整范围，仍属于民法，可称为"民事特别法"。其实，学说是"论证的体系"，只有一二句说法,是构不成学说的。这里,“民事特别法说”的“说”,系指“说法”,不是指“学说”。

这种观点的明显错误,在于无视法的结构性变动中传统部门法的异化、新法的形成。例如,传统上合同法被认为属于民法部门,但对于一方当事人是国家机关,另一方当事人是一般经济主体的合同,如企业承包经营合同,便无法用传统民法理论及传统合同法理论去解释清楚。把调整这样的合同关系的法说成是合同特别法或民事特别法,显然是不适当的。

二、经济法地位的基础

经济法的地位问题,不仅是理论问题,也是实践问题。正是因为具有宪法、国家政策和经济法本身作用等重要基础,经济法才在实践上确立了自己的地位。

(一) 宪法和法律基础

1993 年通过的《中华人民共和国宪法修正案》明确规定:“国家加强经济立法,完善宏观调控”。这是我国第一次以根本法形式确认“经济立法”,从而使经济法获得了宪法上的地位。经济立法,不是传统部门法的概念。从全国人大的立法和国务院行政法规中,可以看出“经济方面”的法律法规,都属于“经济立法”范围。我们从法体制意义上所说的经济法,指的正是“经济方面”的法。

国民经济是相互联系的物质生产部门和非物质生产部门的总和。它是建立在经济基础之上结构复杂、具有广泛内部外部联系的统一综合体。在这个综合体内,各部门、各地区、各环节共同组成经济关系的动态体系。为使经济关系协调一致,保证国民经济稳定、健康地发展,国家确定了一整套法律形式,初步实现了经济法的体系化,从而组织国民经济、促进社会生产力的发展。行政法从组织法上保障国民经济组织系统及其运作,刑法从刑罚角度,打击经济犯罪。经济法如果失去行政法、刑法的配合,不可能有效地发挥调整国民经济良性运行的作用。

由上述可见,经济法在国家法律体系中的独立地位、首要地位,具有宪法基础和经济立法基础。

(二) 国家政策基础

法律是一种政治措施。从某种意义上说,经济法是国家政策特别是经济政策的立法结果。国家经济政策是关于国民经济全局性的、总合性措施的方针、原则、步骤和手段。经济法是国家经济政策的法律表现。由此,经济法便具有了事关国民经济全局性、总合性调整的法律的地位。

在现阶段,我国的经济总政策是:在社会主义条件下发展市场经济,不断解放和发展生产力。这就要坚持和完善社会主义公有制为主体、多种所有制经济共同发展的基本经济制度;坚持和完善社会主义市场经济体制,使市场在国家宏观调控下对资源配置起基础性作用;坚持和完善按劳分配为主体的多种分配方式;坚持和完善保障独立自主和国家安全前提下的对外开放,提高对外开放的水平,积极参与国际经济合作和竞争;保证国民经济快速健康可持续发展,人民共享经济发展成果。上述经济总政策是经济立法的指导思想和应遵循的总原则。

今后一个时期的国家基本经济政策是:

其一,调整和完善所有制结构政策。公有制经济不仅包括国有经济和集体经济,还包括混合所有制经济中的国有成分和集体成分。要从战略上调整国有经济布局。对关系国民经济命脉的重要行业和关键领域,国有经济必须占支配地位。支持、鼓励和帮助城乡多种形式集体经济的发展。对个体、私营等非公有制经济要继续鼓励、引导,使之健康发展。要健全财产法律制度,依法保护各类企业的合法权益和公平竞争,并进行监督管理。

其二,推进国有企业建立现代企业制度政策。对国有大中型企业实行规范的公司制改革。对国有企业实施战略性改组,组建跨地区、跨行业、跨所有制和跨国经营的大企业集团。采取改组、联合、兼并、租赁、承包经营和股份合作制等方式,搞活小型国有企业。建立有效的国有资产管理、监督和营运机制,保证国有资产的保值增值,防止国有资产流失。建立社会保障体系。

其三,完善分配结构和分配方式政策。实行按劳分配和按生产要素分配相结合。依法保护合法收入,取缔非法收入,整顿不合理收入,调节过高收入。完善个人所得税制。规范收入分配,特别是第一次分配,使收入差距趋向合理。调整财政收支结构,建立稳固、平衡的国家财政。

其四,发挥市场机制作用,健全宏观调节体系政策。保持经济总量平衡,实现经济稳定增长。完善宏观调节手段和机制。加强对金融机构和金融市场包括证券市场的监管,规范和维护金融秩序,有效防范和化解金融风险。

其五,加强农业基础地位,调整和优化经济结构政策。以市场为导向,使社会生产适应国内外市场需求的变化。依靠科技进步,促进产业结构优化。发挥各地优势,推动区域经济协调发展。转变经济增长方式,改变高投入、低产出,高消耗、低效益的状况。增加农业生产者的收入,不断提高生活水平。

其六,可持续发展政策。正确处理经济发展同人口、资源、环境的关系。资源开发和节约并举,把节约放在首位,提高资源利用率。统筹规划国土资源开发和整治,严格执行土地、水、森林、矿产、海洋等资源管理和保护。实施资源有偿使用制度。加强对环境污染的治理,搞好水土保持,防治沙漠化,改善生态环境。

其七,提高对外开放水平政策。以提高效益为中心,扩大商品和服务的对外贸易,优化进出口结构。积极参与区域经济合作和全球多边贸易体系。积极合理有效地利用外资。保护外商投资企业的权益,实行国民待遇,加强引导和监管,鼓励能够发挥我国比较优势的对外投资。正确处理对外开放同独立自主、自力更生的关系，维护国家经济安全。

（三）经济法作用基础

国民经济的发展要求经济法来规范，而经济法又直接促进国民经济的进一步发展。下述实际情况表明经济法的作用是其他法不可替代的：

其一，经济法确定国民经济发展的任务、方针和原则。

经济法将宪法原则具体化。经济法反映现代化建设的奋斗目标和步骤，并把阶段性任务用法律形式固定下来。关于基本目标和任务，如加强和改善国民经济的综合平衡，加强农业这个国民经济的基础，促进农业、轻工业和重工业的协调发展，推动经济建设和各项社会事业全面地健康地向前发展。关于重要原则和方针，如坚持社会总需求和总供给的基本平衡，保持国家财政、信贷、物资和外汇的各自平衡和相互间的综合平衡。正确处理效益和速度、质量和数量的关系；合理调整产业结构；合理调整投资结构，加快能源、交通、通讯和原材料建设；以现有企业的技术改造和改建扩建为重点，以内涵型为主扩大再生产，等等。

国民经济发展的任务、方针和原则，是一个关系到国民经济运行的全局性、根本性和长远性问题。国家确定国民经济发展的任务、方针和原则的法律形式，将保证经济建设沿着一条健康的道路前进，使经济得到稳定协调的发展。

其二，经济法为建立社会主义市场经济体制提供法律保障。

经济法规定国家领导、组织国民经济的制度、组织、形式和方法，包括所有制结构形式、经营方式，也包括国民经济各部门的组织管理形式、权限划分等。

在所有制结构方面，关于推动经济联合和横向经济联合的规定、关于城镇劳动者合作经营的规定、关于城镇集体所有制经济的规定、私营企业条例、中外合资经营企业法、外资企业法、中外合作经营企业法等法规，保障建立以公有制为主体、多种经营形式和多种经营方式共同发展的所有制结构。

在分配方面，税收征收管理法和流转税、收益税、资源税、行为税、财产税及相应法规，国有企业利改税办法、工资改革办法、工资基金管理办法，以及关于基本建设拨款、信贷利息、国外借款、国库券等分配制度的法规、规定，保障了建立分级分配、按劳取酬为主、权责利相结合的分配原则和形式。

在流通方面，关于工业品生产资料市场管理的规定、关于深化物资体制改革、关于完善粮食合同定购、城乡集市贸易管理办法，以及实现商业和服务部门现代化的法规、规定，保障了建立多渠道、多环节的、服从和服务于现代化建设要求的流通体制。

在企业方面，关于企业改革的规定、关于开展和保护社会主义竞争的规定、关于改革建筑业和基本建设管理体制的规定、关于全民所有制工业企业法等法规，保障了建立政企职责分开，增强企业内在活力和自我发展能力的体制。

在对外经济关系方面，关于出口许可制分级管理、边境小额贸易管理的规定、关于中外合资、合作经营企业产品以产顶进办法、开展对外加工装配和中小型补偿贸易办法、外汇管理法、违反外汇管理处罚施行细则、金融机构代客户办理即期和远期外汇买卖管理规定等法规,保障了建立有效地利用国际交换的对外经济体制。

其三,经济法确认国民经济体系中国家经济机关和经济组织的法律地位。

国家经济机关和各类经济组织,是国民经济中互为条件的实体,它们之间有着直接的和反馈的联系。在这种联系中,它们具有统一的根本利益,同时,各自的独立性又决定了具有自己的利益。不同的经济权力、经济权利和经济义务关系,反映了它们不同的法律地位。

所谓经济组织的法律地位,是指它们的法律资格和法律规定的一般权利和义务。就是经济组织在国民经济运行过程中参加现实法律关系的静态出发点,即经济组织的类型,在经济部门体系中的地位,同政府部门的关系,国家授予的经营管理权。

经济法确定了全民所有制企业、集体所有制企业、私营企业、三资企业、外资企业以及独资企业、合伙企业和公司企业等经济组织的法律地位。如全民所有制工业企业,是依法自主经营、自负盈亏、独立核算的商品生产和经营单位。在工业经济中,全民所有制工业企业居于主导地位。政府或政府主管部门依照国家的统一规定对企业进行管理和监督。企业的财产属于全民所有,国家依照所有权和经营权分离的原则授予企业经营管理权。企业对国家授予其经营管理的财产享有占有、使用和依法处分的权利。

经济法确定了联合企业的法律地位。关于推动经济联合及进一步推动横向经济联合的规定、关于大型工业联营企业在国家计划中实行单列的规定、关于组建和发展企业集团的意见、推动科技体制改革的规定和关于推进科研设计单位进入大中型工业企业的规定、关于深化科技体制改革的决定等法规,确定了联合企业的法律地位。生产经营联合组织,包括"企业群体"或"企业集团"等,其成员之间的关系,都以章程、合同、协议确定。生产经营联合组织是企业性的,不是行政性的管理机构。参加的企业享有自主权,允许企业按照协议或章程的规定,自愿去留。联合组织的组织管理形式,由参加联合的各方协商确定;科研生产联合组织,是科研机构以各种形式介入经济发展成的新型科研生产经营实体。对于进入大中型企业或企业集团的科研、设计单位,可在企业或企业集团内保持相对独立性,享有一定的自主权。经济联合组织,是除上述两种联合企业之外的各类经济联合实体。

由于经济法确定了各种经济组织的法律地位,打破了地区、部门、行业界限的限制,使之在生产、流通、科技领域,建立多层次、多形式的经济联系,从而有利于增进经济结构和生产力布局的合理化,促进我国社会化大生产的加强和发展。

经济法对国家经济机关的经济权力以及经济权利和经济义务，对它们在经济关系中的法律地位，同样作出相应的规定。

其四，经济法确定国民经济运行的调节机制。

经济调节是国家组织国民经济发展的基本工具。现代经济的一个显著特征，是整个国民经济是有组织地发展的，或者说，整个社会再生产是有组织地进行的，仅仅依靠经济活动主体的自由活动和价格的自动调节，不能实现国民经济的协调发展。为此，经济法将规定经济调节的形式、实施原则及权限划分、经济调节的内容、监督管理等。经济调节措施的实效性、适法性，反映了经济立法的目的和机能。

其五，经济法确立经济活动主体间相互联系的结构和形式。

经济活动主体是国民经济的“细胞”，国家通过一定的法律形式，把这些“细胞”组织起来，使之按照国民经济运行的要求有规律、有秩序地进行自主经济活动。

国家制定经济法律规范，确定基于各经济活动主体的经济活动而形成的各种经济关系的联系结构和形式。其主要联系结构为：转移财产；完成工作；提供劳务。其联系的基本形式为经济方面的合同。

转移财产的联系结构，是一经济活动主体，将财产转移给另一经济活动主体的联系结构。它表现为转移的标的为财产客体，其目的在于实现财产所有权的转移。无论是转移财产所有权，还是转移财产经营管理权和转移财产使用权，都反映了这一联系结构的基本特征。完成工作的联系结构，是一经济活动主体承担风险地完成另一经济活动主体交给的工作任务。在经济生活中，获得商品形式的不仅有经济组织生产制造的产品，还有完成的一定工作。完成工作的结果，表现为商品，具有价值和使用价值。这种联系结构，是中介因完成工作和交换所完成的工作成果而引起的经济联系，如基于建设工程承包关系以及加工、定作、修缮关系而形成的相互间的经济联系。提供劳务的联系结构，表现为一经济活动主体用自己的活动或劳动为另一经济活动主体提供服务。提供劳务的联系结构，包括因货物运输、仓储保管和财产保险活动所形成的联系结构。

在转移财产、完成工作和提供劳务的联系结构中，其参加者之间的经济联系是用协议形式固定下来的。经济联系的内容、性质、特征和表现方式，决定并制约经济协议关系的内容、特征和实现方式。在市场经济条件下，经济活动主体所进行的生产经营、完成工作和提供劳务的活动，都通过一定的组织关系（内部、外部）和财产关系体现出来，并与国家的经济目的相联系。

其六，经济法广泛调整着国家直接促进科技进步所形成的各种关系的相应方面，形成科技进步的法律环境。

科技进步，是包含着工艺的、经济的和社会的诸因素变化的综合过程。经济法把促进科技进步作为自己的重要任务之一。在科技进步的工艺方面,标准化法、专利法和各类技术规则具有特殊意义。

标准化法是国家制定的调整产品和工程等标准的统一和实施活动中所产生的关系的法律规范。它对标准的适用范围,标准的制定和修订,标准的分级、审批和发布,标准的贯彻执行,产品质量的监督和检验,标准化机构的权限等作出规定,如工农业产品和工程建设技术标准管理办法、采用国际标准管理办法和标准化法等等。这些法规,可以有效地保证和提高产品和工程的质量,降低产品和工程的成本,促进科研成果和新技术、新工艺的推广,合理利用能源和资源,保护环境卫生及保障人民健康和安全,便于国际间技术交流、消除贸易壁垒。

专利法调整因发明创造的所有权和发明创造的利用所产生的关系。专利法对授予专利的条件,专利的申请、专利申请的审查和批准,专利权的期限以及终止和无效,专利实施的强制许可,专利权的保护作出规定。国家通过对专利关系的调整,直接刺激和促进科学技术进步。

生产过程中的技术规程,如加工过程规程、操作规程和安全生产规程,规定了产品或零件加工步骤和加工方法,每种设备的操作方法和注意事项,安全生产的措施和设备安全运行的措施等。国家往往把技术规程制定成法律规范,使之取得技术法规的形式。技术法规中新的技术规范,是科技进步的直接表现。新产品、新工艺的技术参数(物理、化学和生物性能,结构,可靠性,适应性,有效系数,节约资源的指标,生产效率等),不能离开科技进步的要求。

促进科技进步工艺方面的立法,除上述规范外,还包括具体规定发明关系、技术改进关系、科学研究关系、设计工作关系等规范。

经济法除直接规范科技进步的工艺方面之外,还规范与之相关联的经济方面。工艺方面的科技进步的规模和质量,即更新后的单位时间里技术水平提高的程度、技术更新的经济效益和社会后果,与工艺过程紧密相连,科技进步是在工艺的和经济的彼此相互作用中实现的。科技进步的工艺方面如果离开了科技进步的经济方面,从根本上说便不能实现自身。新产品、新技术是通过经济方面的产量、生产构成、生产基金、实物和价值指标以及成本、利润、价格等的合理性、有效性被确定下来的。因此,调整科技进步的经济方面的关系,亦是直接促进科技进步立法的重要内容。

通过上述可以看出,经济法在组织国民经济运行中,对于国民经济稳定、协调、可持续发展过程本身,起着巨大的决定性的作用。

第四章　经济法基本原则

经济法基本原则，是对经济法具有全局性、根本性法律准则的概括。由于我国尚未制定经济基本法，因而这种概括是一种学理概括，它是依据我国宪法和法律法规的规定加以综合整理的。

经济法基本原则与其他法律的基本原则有联系也有区别。所谓“有联系”，是因为与法律体系中总的法律原则是相通的，不存在完全独立于总的法律原则的经济法原则；所谓“有区别”，是指基于不同法的领域范围、本质属性和机能的特定性所决定的不同法律原则。深刻把握这种联系和区别，是正确总结经济法基本原则问题的关键。

任何一个法体制都有自己的基本原则，因而每一法学学科都应当有各自的学理概括。对于经济法基本原则的学理概括，是认识不断深化的过程。经过去粗取精、去伪存真、由此及彼、由表及里的不断科学抽象，全面、准确的经济法基本原则完全可以概括出来。

本章主要解决什么是经济法的基本原则和我国经济法基本原则的分类及主要内容两个问题。其中，经济法原则形成的根本基础，反映了各国经济立法的一般规律，它超越于各国经济法的特殊性，是经济法的实现所应遵循的共同准则。

第一节 经济法基本原则的特定性

经济法基本原则为经济法所独有，表现了经济法基本原则的特定性。这种特定性，首先表现为它是基本法律原则，这是与具体法律原则相比较表现出来的。这一点，同其他法学学科相通；更重要的，还表现为它是经济法领域所特有的，这是与其他法的领域相比较表现出来的。

一、经济法基本原则的特征

经济法的基本原则不同于具体原则，它是各个具体原则的一般概括。同时，由于经济法本身的固有特征，决定了与其他法的基本原则不可能是相同的。

（一）经济法基本原则的定义特征

经济法基本原则，是指经济法领域处于指导地位、具有普遍制约意义的法律原则。对于这一定义的特征，我们应从以下三方面去理解：

首先，它是经济法本身所特有的原则。法律原则是多种多样的，依据不同的标准可作不同的分类。着眼于经济法的结构，一般可分为三类：一是宪法原则。它是宪法所具有的原则，是一国全部经济法律所应遵循的基本准则，体现多个法律制度、法律规范的本质属性和共同要求，如社会主义基本经济制度。二是法体制原则。是同一法体制的基本准则，它体现在同一法体制的法律制度、法律规范的共同特性和要求。不同的法体制有不同的法律原则，如行政法体制权力制约原则、民法法体制平等互利、等价交换原则、经济法的国民经济统筹发展原则。三是法制度原则。是指每一法制度的基本准则，它是体现同一法制度的所有法律规范的具体特性和要求。不同的法制度都有自己具体的法律原则，如诉讼法制度中的“公开审判”原则、合同法制度中的“协商解决争议”原则，企业法制度中的权责利统一的原则，都具有各自的特性。经济法基本原则，是经济法领域特有原则，它属于自己的原则，与其他法的领域的原则是不同的，为经济法所独有，行政法、刑法和国家法领域不具有这些原则。

其次，它是经济领域的法律指导原则。经济法基本原则是经济领域而不是其他领域的法律原则。经济领域的主要原则是经济原则，集中表现为经济运行原则和经济工作原则。这些原则是需要遵守的，但不是依靠国家强制力来遵守，因而不是法律原则，更谈不上是法律指导原则。在经济法领域有诸多原则，只有那些体现国家基本政策、基本方针，关系经济法全局性的、重大问题的原则，才能归结为基本原则。如反周期原则，是经济法中的反周期法的重要原则，但同经济法基本原则相比较，它只是局部的、具体的原则。经济法基本原则，统领其他具体原则，对整个经济立法起指导和制约作用。

最后，它是对于经济法的实现具有普遍意义的原则。它存在于经济法的立法、执法、司法、守法的所有环节，贯穿经济法调整的全过程。只在某些领域、环节和某些过程起作用的原则，不能称为基本原则。经济法的实现具有一定特殊性。在立法上，国家经济机关的法规性规章占有很大比重，又往往由国家经济机关执法，而司法集中表现为经济司法和经济仲裁，至于守法，其主体主要是经济组织和其他社会组织，而且经济组织等的内部组织、不具有法人资格的经济联合组织也是守法的重要主体。上述情况决定了经济法的实现与其他法的实现并不完全相同，并且有些区别还具有根本的性质。

（二）经济法基本原则的相互关系特征

从经济法基本原则的特定性出发，经济法基本原则可包括实行社会主义经济制度原则、国民经济统筹发展原则、宏观调控与市场机制相结合原则、责权利统一原则和国家经济主权原则共五项基本原则。

在诸经济法基本原则的相互关系中，实行社会主义经济制度原则是基础，其他法律原则是在这一基础上建立起来的，改变或否定实行社会主义经济制度原则，其法律法规则是违宪类型的法律法规；国民经济统筹发展原则是根本，没有这一原则，国民经济全面、协调和可持续发展是不可能的。宏观调控与市场机制相结合原则是主导，削弱或取消这一原则，经济法将归于自由主义市民法或高度集中型的行政权力法；权责利统一原则是核心，这是调动经济主体积极性的主要问题所在，没有这一原则，其他法律原则都为形同虚设；国家经济主权原则是关键，在经济开放体制下，丧失这一原则，任何经济立法和经济执法都失去了立足之本。这些基本原则相辅相成、相互制约，形成了经济法领域基本法律原则的有机整体。这一特征，是其他法的基本原则所不具备或不完全具备的。

上述经济法基本原则，概括了经济法原则的基本方向和主要方面。有些学理上概括的其他经济法原则或法律原则，属于从属性原则或他属性原则，或为这些基本原则所包括、所制约，不能单独成为经济法基本原则，或不属于经济法原则而为其他法律领域的原则，不能纳入经济法基本原则，如“保护社会主义公有制原则”、“巩固和发展社会主义公有制和保护多种经济成分合法发展原则”等，属于实行社会主义经济制度原则范畴；“坚持计划调节和市场调节相统一原则”、“国家统一管理和企业独立自主相结合原则”、“经济管理中民主集中制原则”、“保护竞争原则”等，属于宏观调控与市场机制相结合原则范畴；“经济责任制原则”、“物质利益原则”、“经济核算制原则”、“经济效益原则”、“所有权与经营权分开原则”等，属于权责利统一原则范畴或法律原则之外的经济原则范畴。

二、经济法基本原则的法律依据

我国目前尚未制定经济基本法，因而这里提出的经济法基本原则是学理上的概括,但这种概括是有充分立法根据的。

(一) 宪法依据

宪法是国家根本大法,规定了我国经济法律的根本原则和基本经济制度。经济法原则,必须以宪法原则规定为依据。这些宪法原则性规定主要是:

社会主义制度是中华人民共和国的根本制度;社会主义经济制度的基础是生产资料的社会主义公有制,即全民所有制和劳动群众集体所有制;国有经济,即社会主义全民所有制经济,是国民经济中的主导力量;国家保障国有经济的巩固和发展;国家保护城乡集体经济组织的合法的权利和利益,鼓励、指导和帮助集体经济的发展;国家保障自然资源的合理利用,禁止任何组织或者个人用任何手段侵占或者破坏自然资源;社会主义公共财产神圣不可侵犯,国家保护社会主义的公共财产;经济管理体制和企业经营管理制度,实行多种形式的社会主义责任制,改进劳动组织,以不断提高劳动生产率和经济效益,发展社会生产力;国家合理安排积累和消费,兼顾国家、集体和个人的利益,在发展生产的基础上,逐步改善人民的物质生活和文化生活;国家实行社会主义市场经济;国家加强经济立法,完善宏观调控;国家依法禁止任何组织或者个人扰乱社会经济秩序;国有企业在法律规定的范围内,有权自主经营;集体经济组织在遵守有关法律的前提下,有独立进行经济活动的自主权;非公有制经济是我国国民经济的重要组成部分;国家保护个体经济、私营经济的合法的权利和利益,并对其进行行政管理、指导、帮助和监督;允许外商投资,进行多种形式的经济合作,它们的合法的权利和利益受法律保护。

总之,宪法对我国的基本经济制度、所有制结构、经济体制改革以及宏观调控和经济立法都作了原则性规定。这些规定,是确定经济法基本原则的根本依据。

经济法基本原则的宪法依据,具有全面性、系统性规定的特征。从这些全面性、系统性规定中,能够直接总结出经济法各项基本原则,而其他法基本上不存在这种情况。如我国 1997 年修订后的《刑法》第 3 条至第 5 条规定了我国刑法的三项基本原则,即罪刑法定原则、刑法面前人人平等原则、罪刑相适应原则。在宪法规定那里,这三项基本原则不具有全面性、系统性规定的特征。

(二) 法律法规依据

法律法规的规定,是宪法原则的具体化。经济法基本原则的确定,除了宪法原则性规定之外,还要依据法律法规的原则规定。

依据法律法规确定经济法基本原则,有两种方式特征:

其一,依据法律法规的直接规定。如权责利统一原则,依据法律法规中关于经济利益、经济权利和经济责任的直接规定。我国《森林法》规定:“森林、林木、林地的所有者和使用者的合法权益,受法律保护,任何单位和个人不得侵犯。”“全民所有制单位营造的林木，由营造单位经营并按照国家规定支配林木收益”，“集体或个人承包全民所有和集体所有的宜林荒山荒地造林的，承包后种植的林木归承包的集体或者个人所有”；规定盗伐、滥伐森林或者其他林木的，采伐林木的单位或者个人没有按照规定完成更新造林任务的等等应负的法律责任。这样，我们把经济法律、法规中的权、责、利作统一把握，确定了权责利统一原则。

其二，依据法律法规的立法宗旨、立法任务和立法精神的间接规定。在没有法律法规直接规定的情况下，可通过法律法规所体现的立法宗旨、任务以及立法精神等，总结出经济法的基本原则。如宏观调控与市场机制相结合原则，是依据有关市场运行和国家调控措施的综合立法提升为法律原则。经济过热期关于禁止乱涨价的紧急通知、禁止乱发奖金和实物的规定等法规的立法精神，以及经济萧条期关于降低企业贷款利率和居民储蓄存款利率、关于增加财政投资、发行国债等法规的立法精神，都体现了宏观调控与市场机制相结合原则。法律法规不宜直接规定如何正确实行宏观调控，但通过对其立法目的和任务的特定针对性的分析，可以看出这些法律法规规定的目的，是为满足经济周期性规律支配下的立法要求。

三、经济法基本原则的适用

经济法基本原则不仅仅适用于经济立法、经济司法，它适用于包括经济立法、经济执法、经济司法和经济守法的所有环节和过程。就是说，它适用于经济法实现的所有环节和过程。这是经济法基本原则适用的基本特征。

（一）经济立法方面的适用

在立法上，为了有效地解决国民经济良性运行问题，使国民经济保持持续稳定健康发展，必须贯彻经济法基本原则。而且，具体经济法律、法规的制定、修改、补充、废止，都要体现经济法基本原则的指导和制约。

例如我国价格法是维护价格稳定，促进商品生产和商品流通的重要法律形式，它集中调整国家经济机关和商品生产者、经营者及消费者之间的经济利益关系。其关于价格的构成、定价原则等规定，关于价格形式、物价管理、价格调整权限、价格监督等规定，体现了宏观调控与市场机制相结合原则；关于企业享有产品、劳务定价权的规定，以及价格义务、法律责任的规定，体现了权责利统一原则；关于价格法立法目的、任务的规定，以及物价管理机构及其职权、奖励和惩罚的规定，体现了实行社会主义经济制度原则。从我国《物价管理暂行条例》、《价格管理条例》的废止，到《价格法》的制定，都是遵循经济法基本原则进行的。

（二）经济执法方面的适用

国家经济机关是经济执法机关，其经济执法活动必须依法进行，它们的职能、权限范围、活动方式等不但要符合经济法律法规的规定，而且受经济法具体原则和基本原则的制约。

例如根据知识产权法律的规定，保护知识产权是知识产权局、专利局、商标局和国家版权局等经济机关的职责。这种职责，主要是通过主动查处侵犯知识产权行为的经济执法活动实现的。无论是开展经常性打击假冒、盗版活动，还是集中清理整顿非法侵权的特殊执法活动，都必须贯彻经济法基本原则，其国家经济机关及省际之间的协调和配合，与外国经济机关的联系和合作等，也以经济法基本原则为依据或为依托。

（三）经济司法方面的适用

人民法院行使经济审判权，进行经济司法活动，不仅依照诉讼法的规定及其他法律法规的规定，而且受经济法基本原则的指导和制约，违反经济法基本原则的司法审判活动，为违法活动。

人民法院经济司法工作贯彻经济法基本原则，要求正确审理经济纠纷案件，通过司法活动，维护社会主义经济关系，保护国家利益、集体利益和公民个人利益不受侵犯，保障社会经济秩序，促进社会主义市场经济健康发展。“关系案”和“人情案”、冤假错案、通过司法判决致使国有资产流失案、下级法院人员与上级法院人员串通案等等，都是违反经济法基本原则的，应当受到各级人民代表大会检查、监督和有关机关的查处。

（四）经济守法方面的适用

经济组织、国家经济机关必须守法，这就要求经济组织的经济活动和国家经济机关的经济监管组织活动依法进行。

有一种观点认为，法的适用就是法律条文（法律规范）的适用，法律基本原则不能适用。这种认识是片面的。实际上，法的适用不仅仅指法律条文的适用，还包括立法原则以及立法精神、立法宗旨等的适用。把法律条文的适用与法的适用等同起来，不仅误解了法的适用的概念内涵，而且不利于全面加强经济领域的社会主义法制建设。立法原则、立法精神和立法宗旨具有法律上的效力，不得违反。

由于经济活动的多样性、变化性及经济关系的复杂性、广泛性，法律不可能也没有必要对经济活动统统进行具体规范。在法律没能规范的经济活动和经济关系领域，遵守经济法基本原则便有突出意义。在这里，一方面，经济组织应当抵制逆法意识，自觉地以经济法基本原则为指针；另一方面，国家经济机关的职能活动要做到“适法性”。在法律没有明确规定，或诸法律规定相互冲突，以及法律赋予自由裁量权的场合，国家经济机关的活动和决定必须适合于立法原则、立法宗旨和立法精神。这是遵守经济法基本原则的基本要求。

第二节　经济法基本原则形成的根本基础

正确利用经济规律是经济法原则形成的根本基础。它要求经济立法必须符合经济规律的客观要求,并对经济规律作用的程度、范围和后果依据一定的条件加以利用或限制,通过立法创造条件实现客观规律的要求。

一、经济法利用经济规律的范围

经济规律,是经济现象和经济过程本质的、必然的联系。经济规律一般分为三类:各社会形态共有规律,这是一切社会形态中存在和发生作用的规律,如生产关系一定要适合生产力性质和状况规律;若干社会形态的共有规律,这种经济规律,不为所有的社会形态所共有,只为几个社会形态所共有,如价值规律既存在于资本主义社会,也存在于社会主义社会;特有经济规律,这是只在某一社会形态存在并起作用的经济规律,如资本主义条件下的剩余价值规律、社会主义条件下的按劳分配规律。

在任何一个社会形态中,都存在一些经济规律同时发生作用,但总有基本经济规律起主导作用。基本经济规律,是决定社会经济发展的一切主要方面和一切主要过程的规律。基本经济规律体现某一社会经济生活中最本质的特征,也决定经济发展的根本方向。社会生产满足整个社会不断增长的物质文化生活需要的规律,是我国的基本经济规律,不同社会制度有不同的生产目的,它是由生产资料所有制的不同性质决定的。在社会生产与社会需要相互关系中的所有现象、环节和过程所形成的本质的必然联系,便构成该社会基本经济规律的基础。

在我国,经济法利用经济规律有大致的范围。

(一) 生产关系适合生产力性质和状况规律

这是生产关系适应于社会发展水平、状况和特性的规律。从根本上说,生产力的发展、变化,生产关系必然相应地发展、变化。同时,生产关系的变革,又促进生产力的发展。

按照这一规律的要求,经济立法既要促进生产力的发展,又要促进不适合生产力发展要求的生产关系的变革。如农村承包经营的政策和立法,改变"队为基础、三级管理"关系为农户承包经营合同关系,就是从我国目前农业生产力性质和状况出发,比较恰当地利用了这一规律。而从承包经营向规模经营发展成立专业合作社、家庭农场等,亦是生产关系适合生产力性质和状况规律发挥作用的结果。

(二) 国民经济统筹发展规律

这是国民经济各区域、各行业、各部门按照国家规划全面、协调和可持续发展的规律。自由市场经济的各部门关系,主要通过价值规律、剩余价值规律自发调节实现,社会主义市场经济的统筹关系在经济规律综合作用基础上,通过国家总规划实现。

按照这一规律的要求,经济立法将有效保障整个国民经济全面、协调和可持续发展。我国全国人民代表大会每五年审议通过的《国民经济和社会发展规划》,就是利用这一规律的典型范例。

(三)价值规律

这是商品经济条件下存在的经济规律,其核心内容是商品生产的社会必要劳动时间决定商品的价值量,商品按照价值量进行交换。无论价格高于价值或低于价值,但总围绕价值上下波动。因此,这一规律,能调节商品生产流通;刺激商品生产者改进生产技术和提高劳动生产率;同时,也推动了社会生产的盲目性和无政府性。

按照这一规律的要求,经济立法将把控制价格总水平作为立法目标,通过价格调控、监管等具体措施稳定物价,防止通货膨胀以求国民经济的正常发展。如价格法中关于政府定价、政府指导价和协商定价三种价格形式的规定,就是利用价值规律的立法表现。

(四)按劳分配规律

这是社会根据劳动者提供的劳动数量和质量分配个人消费品的规律。这是社会主义市场经济特有的经济规律。根据这一规律,按等量劳动分配等量产品,多劳多得,不劳动者不得食等。

按照这一规律的要求,经济立法将在分配领域实现社会公正。为实现社会公正,必须首先在第一次分配中做到分配公正。这是分配公正的基础。当然,也存在国家的二次分配和社会组织的捐资、慈善第三次分配的公正问题。自由市场经济的特有规律是按资分配,即按资本数量分配剩余价值、分配个人消费品,这必然形成“起点不公平,过程不公平,结果不公平”的社会现实,造成社会成员“贫者愈贫、富者愈富”的两极分化。在现阶段,我国实行以“按劳分配为主、多种分配形式并存”的分配政策是按劳分配规律的特殊表现。

二、经济法利用经济规律的特征

法是一种主观形式,经济规律是客观要求,法与经济规律的关系,是主观形式与客观要求的关系。两者相互关系的基本特性,决定了经济法利用经济规律的某些特点。

(一)经济规律在先,立法利用经济规律在后

经济规律不是法律“制订”、“创造”出来的,经济规律是一种客观过程、客观

关系。这种客观过程、客观关系存在,才存在法律反映经济规律的问题。法律只是对经济规律的反映,是"表明"、"记载"经济规律的要求。因此,法律是在自觉认识经济规律的基础上所制定的规范,规律在先,法律在后,这是法利用经济规律的基本出发点。如果法律在先,用立法来创造经济"规律",只能使国民经济陷于混乱。

(二)以经济法律规范的形式利用经济规律

经济规律是以概念、范畴、原理、定律等科学理论形式表述出来的。基于这种科学表述和实践要求,法律通过具体法律条文,规定人们行为界限等。因此,法利用经济规律与其他主观形式利用规律是不同的。自然科学利用规律,是通过自然科学理论的形式,以定理、公式、图形、模型等形式来表达。文学艺术利用规律,以形象思维、文艺形式表达。

(三)经济法利用经济规律的即时遵守特征

经济规律的作用有强制力,国家、国家机关和公民个人都要遵守,但这种遵守表现为"最终遵守",而法利用经济规律表现为即时遵守。如货币流通规律,它是决定商品流通中所需要的货币量的规律:当货币流通速度不变时,流通中货币量同商品价格差额成正比;当商品价格总额不变时,流通中的货币量同货币流通速度成反比。国家发行强制通用的纸币进行干预,似乎废除了货币流通规律。可是,国家这种权力纯粹是假象。国家固然可以把印有任意铸币名称的任意数量的纸币投入流通,但纸币一经进入流通,就受货币流通的内在规律的支配。纸币的财政发行(货币量背离实物量)而非经济发行(货币量与实物量相当),必然引发通货膨胀,使国民经济非正常运转。这是货币流通规律对人的报复。但这种规律要求人们遵守,表现为不是立即的,而是最终的。就是说,人们可以不即时遵守货币发行规律,而采取"发票子"、"透支"等财政手段,使货币充足、经济"繁荣",但最终会受到这一规律的惩罚,造成货币贬值、物价飞涨,引发经济危机。如法律规定货币必须经济发行,滥发纸币将追究法律责任,则对法律的遵守,是即时遵守。

(四)经济法利用经济规律是可修正的意志化过程

经济规律是客观存在的,经济法不是规律的"映象",因而不是"复述"规律。但人们对规律的认识不可能一致,也不可能一次完成,随着人们认识的深化,法也要有相应的变化,这就是法的废改立,而这是一个过程系统。在一定的社会形态下,经济规律是不可修正的非意志化过程。然而,与自然规律不同,经济规律形成的深刻根源在于人们的经济活动,而这种活动是人类有目的的活动。这就说明经济规律虽然是客观的,但不是自然的,是具有人的因素作用其中的规律。因此,总的来说,不同的社会形态存在不同的经济规律。经济规律是不可修正的,而经济法对经济规律的利用本身则是可修正的,这是由经济法的主观过程特性决定的。

三、经济法利用经济规律的方式和机制

诸经济规律是相互联系、相互制约的,共同发挥作用。经济法利用经济规律的机制是综合利用机制。综合利用机制,是对客观存在的诸多经济规律有机综合加以利用的机制。其"有机综合",是综合利用机制的固有特征。

经济法利用经济规律的方式是多种多样的,大体包括五个方面。

(一) 引导经济规律作用到另一方面

经济法能够改变经济规律的作用领域。如按劳分配规律是社会主义社会特有规律,而按资分配是资本主义社会的规律。按劳分配把劳动作为个人消费品分配的唯一尺度,这对劳动者是从来未有过的平等,但这个同一尺度在条件不同的劳动者那里,由于劳动能力、技术水平,提供产品的质量、数量以及劳动者婚姻家庭情况、扶养人口数量等会出现事实上的不平等。因此,按劳分配所体现的平等权利,仍是"资产阶级权利"。

在经济立法上,"上不封顶,下不保底","工资奖金与企业效益挂钩"的规定,则使按劳分配规律的作用方向沿不同行业工资差距拉大、同一行业不同工种工资差距拉大的方向走。为使经济规律作用到另一方面,经济立法采取措施,限制垄断性行业、旅游服务行业、金融行业等工资过高过快增长;推行个人收入申报制度;改变工资、奖金发放混乱现象;调整工资结构(把一部分福利性补贴纳入工资之中)等。这就将经济规律的作用,引导到另一方面。

(二) 限制经济规律发生作用的范围

经济规律的作用是有一定范围的,但法律可以使其作用范围受到一定的限制。如价值规律,是商品经济的规律,具有自发性、盲目性特征。价值是价格的基础,但不是决定价格的唯一因素,其他经济规律对价格都有影响,因此价值规律的作用范围是有限度的。

经济法对关系国计民生的重要生产资料、生活资料实行政府定价,如电、天然气、水以及粮、棉、油的定购部分,军工商品、战略物资实行政府定价。经济法调节比价、差价,实行最高限价、最低保护价。在农产品比价上,提高棉价,缩小棉粮油与其他经济作物比价;在工业品比价上,提高矿产品(煤炭)价格,缩小与加工产品、轻工产品比价;在工农产品的比价上,提高农产品收购价格,降低农用工业品的价格。地区差价,主要是沿海与内地、新产区与老产区、集中产区与分散产区的商品差价。在批零差价方面,对于关系人民生活和工农业生产关系重大的商品,销售较稳定的商品,差价规定小些,对于高档消费品、化妆品和长期供不应求的非日用生活品,差价可大些。对于季节差价,有些商品是季节性生产,

常年性消费或常年性生产，季节性消费，如农产品中时令品、工业品中季节性品。高价出售为法律所禁止。对于质量差价，原则是“按质论价，优质优价”。法律上打击制造、销售假冒伪劣商品，禁止暴利行为。经济法实行物价管制。涨价幅度上升到超过居民承受能力，则实行管制。对于超过公认的价格水平的，要追究责任，如日本“狂乱物价”时期曾采取过这类法律措施。

（三）控制经济规律作用的程度

从国民经济运行角度说，任何经济规律都有积极作用，也有消极作用，如国民经济统筹发展规律。这一规律反映了生产社会化的一般要求，因而是当代经济社会的普遍规律。但是，法律不可能把所有的产品生产和交换都纳入统筹管理的轨道，而且经济均衡关系也不可能整齐划一。经济立法的目的，是保证动态平衡、动态比例，从而把这一规律的消极作用控制到最低限度。

（四）纠正经济规律作用的消极后果

经济规律的自发性，决定了它的作用有积极后果和消极后果两种结果。经济法利用经济规律，必须避免其消极后果。如社会主义基本经济规律，是作为与资本主义基本经济规律的剩余价值规律的对立规律而产生的。根据基本规律，要不断满足人民日益增长的物质文化需要，就必须加速扩大再生产，这就要在国民收入中提取较多的积累基金，但积累基金又相应地限制人民生活的改善。相反，如果一味将国民收入用于增长消费基金，则从根本上动摇国家综合国力的基础。高速度、高消费的消极后果应利用经济法加以纠正，以防止“为不良消费而生产”的倾向。

（五）开辟经济规律作用的空间

经济法为经济规律发挥作用开辟道路，提供作用空间，是经济法利用经济规律的主要任务。如生产关系适合生产力性质和状况规律。当生产关系束缚生产力发展时，应改革生产关系，使新的生产关系空间适应经济规律。生产关系的部分、环节、关系链等，都是生产关系空间。新的生产关系产生以后，则要促进生产力的发展，为生产力发展提供新的空间，经济法应稳定新的生产关系，进一步发展社会生产力。

经济法利用经济规律的机制是综合利用机制而非单一利用机制。因为经济规律的作用是不可能单独实现的，其作用是综合作用。

第三节　我国经济法基本原则

在法体制相区别意义上的经济法体制的基本原则，各国立法是相通的，但由于社会经济制度及国情的不同，各国经济法基本原则不可能一致。我国经济法基本原则,反映了我国经济立法的性质和状况,是适合我国国民经济发展实际的基本原则。

一、实行社会主义基本经济制度原则

实行社会主义基本经济制度原则,就是经济法以各种法律形式和调整手段,保障、巩固和发展社会主义基本经济制度的原则。社会主义基本经济制度,是我国经济立法的基础和前提。因此,经济立法必须以实行社会主义基本经济制度为原则。

(一)这一原则的依据

经济法实行社会主义基本经济制度原则的基本依据,在现阶段是社会主义公有制为主体、多种所有制经济共同发展制度和按劳分配为主体、多种分配形式并存制度。

经济制度,包括基本制度和具体制度。基本经济制度决定社会的经济性质,支配和影响其他经济关系的发展,而具体经济制度是国家对国民经济进行领导和管理的具体制度。一定社会的基本经济制度在该社会的任何发展阶段都是始终不变的,如果基本制度变了,社会制度也就变了。具体制度虽然是由基本制度的性质决定的,但受生产力发展状况、现实条件、政治和文化等因素的制约和影响,并随之变化而变化。因此,整个经济立法必须贯彻基本经济制度,当然也不断调整、修正具体经济制度。

任何国家的社会基本经济制度,都是生产资料所有制和分配制度。当前,我国社会主义市场经济条件下的基本经济制度,是社会主义公有制为主体、多种所有制经济共同发展,以及按劳分配为主体、多种分配方式并存的制度。

社会主义公有制,是生产资料归劳动者共同所有和支配的一种新型所有制,它是社会主义经济制度的基础和基本特征,是区别于资本主义经济制度的根本标志。在发达资本主义条件下,马克思和恩格斯设想社会主义所有制为社会直接占有全部生产资料的社会所有制,这实际上是单一的全民所有制。列宁依据社会主义革命首先在不发达国家取得胜利的情况,提出不能直接过渡到马克思恩格斯设想的"纯社会主义经济形式",肯定了合作经济的社会主义性质。实行农业集体化以后,社会主义公有制存在全民所有制和集体所有制两种形式。

社会主义公有制的范围和程度,应当与生产社会化状况相适应。我国现阶段的所有制结构是以公有制为主体的多元所有制结构。

按劳分配,是指凡有劳动能力的社会成员,都必须参加社会劳动,社会在作多项必要的扣除后,以劳动为同一尺度,按照劳动者对社会提供的劳动数量和质量,分配个人消费品。马克思和恩格斯设想的按劳分配,是在生产资料归社会所有的条件下实行的按劳分配。在我国目前条件下，按劳分配有以下特点：一是因为不是在全社会范围内按统一标准由单一的个人劳动直接参加社会消费品分配，而是先通过社会组织（企业等）参与社会消费品分配，再由社会组织对劳动者个人进行分配，而多种公有制形式及公有制企业自主经营、自负盈亏，因而标准不是整齐划一的；二是作为按劳分配尺度的劳动，不是个别劳动而是社会必要劳动，当企业个别劳动小于社会必要劳动量，商品按社会必要劳动时间决定的价格进行交换时，企业经济效益高，企业的劳动报酬基金就多；三是不是通过劳动券直接进行个人消费品分配，而是通过货币工资形式间接分配，因而在消费品价格与其价值背离的情况下，每个劳动者用等量货币得到的消费品就会小于或大于应得数量。

我国目前实行按劳分配为主体、多种分配方式并存的分配制度。这里的"多种分配方式"，主要包括按生产要素分配。这种分配集中表现为按资分配，即非公有制经济中按资本投入、资本流转所产生的剩余价值、剩余利润所进行的分配。

(二) 实行这一原则的基本要求

公有制为主体、多种所有制共同发展制度的基本要求是：

其一，坚持、保障公有制的主体地位。公有制的主体地位主要体现在：公有资产在社会总资产中占优势，国有经济控制国民经济命脉，对经济发展起主导作用。公有资产占优势，要有量的优势，更要注重质的提高。国有经济起主导作用，主要体现在控制力上。对关系国民经济命脉的重要行业和关键领域，国有经济必须占支配地位。在其他领域，可以通过资产重组和结构调整，以加强重点，提高国有资产的整体质量。要支持和帮助城乡各种形式集体经济的发展。

其二，鼓励、引导非公有制经济，使之健康发展。个体、私营等非公有制经济是我国社会主义市场经济的重要组成部分，对于满足人们多样化的需要，增加就业，促进国民经济的发展有重要作用。对非公有制经济的各类企业，要依法保护其合法权益，同时对它们进行监督管理。

按劳分配为主体、多种分配方式并存制度的要求是：

其一，在按劳分配为主体的前提下，把按劳分配和按生产要素分配结合起来。这种结合，有利于优化资源配置，促进经济发展。

其二，保护合法收入，允许和鼓励资本、技术等生产要素参与收益分配。取缔非法收入，对侵吞公有财产和用偷税逃税、权钱交易等非法手段牟取利益的，坚持依法惩处。整顿不合理收入，对凭借行业垄断的某些特殊条件获得个人额外收入的，必须纠正；调节过高收入，完善个人所得税制，开征利息税、遗产税等税种。

二、国民经济统筹发展原则

国民经济统筹发展原则，是经济法保障统筹城乡发展、区域发展、经济社会发展、人与自然和谐发展、国内发展和对外开放，以实现国民经济全面、协调、可持续发展的原则。这一立法原则的目的，在于要求国家站在国民经济总体立场上，通过对微观经济的法律调整，有效地解决宏观经济又好又快发展问题。

（一）这一原则的依据

国民经济统筹发展原则的基本依据，是社会经济必须全面、协调、可持续发展的客观要求。这一社会经济发展的根本规律，要求经济立法必须对国民经济进行统筹兼顾、适当安排，防止国民经济比例失调、大起大落、顾此失彼，片面追求经济增长率的发展态势。

全面发展，就是要以经济建设为中心，全面推进经济、政治、文化建设，实现经济发展和社会全面进步；协调发展，就是统筹社会经济，推动其各个环节、各个阶段、各个方面相互协调；可持续发展，就是要促进人与自然的和谐，实现经济发展和人口、资源、环境相适应，坚持走生产发展、生活富裕、生态良好的文明发展道路，保证社会经济不间断发展。

在社会主义市场经济条件下，社会利益主体多元化，经济活动领域越来越广泛，各种经济关系越来越复杂，国际经济对我国国民经济发展的影响力日益增强。这些情况，不可避免地增大了管理国民经济的难度。社会经济发展不够全面，城乡二元经济结构未能改变，区域经济发展失衡，经济的快速增长对资源、环境的压力显著增大，这是我国国民经济发展面临的突出问题，亟待解决。因此，保证全面、协调、可持续发展，是我国社会经济发展的必然要求。反映在立法上，就是遵循国民经济统筹发展的基本原则，通过具体立法，促进国民经济又好又快地发展。

（二）实行这一原则的基本要求

统筹兼顾，适当规划，转换模式，科学发展，是国民经济统筹发展原则的基本要求。这里，兼顾经济发展的质量和数量、速度和效果、经济指标和社会进步、当前利益和长远利益、物质财富和精神财富等是前提；转变政府职能，加强对国民经济的管理和调控，对国民经济进行规划，切实进行对微观经济的监管，从而不断提高驾驭社会主义市场经济和统揽现代化建设全局的能力是关键；由追求GDP，求速度、求数量的经济“增长”模式，转变为经济“发展”模式是基础；全面、协调、可持续的科学发展是核心。

其基本立法要求是：

其一，统筹城乡发展，使城乡经济形成互补、协调的现代社会结构。这就要求通过立法，解决以下几个问题：建设现代化农业，逐步改造传统农业，加强城镇建设，形成城市对农村发展的带动机制；建立国家对农业的支持和保护的长远规划的具体措施，调整国民收入分配政策和国家财政支出，加大对农业的投入，增加预算内固定资产投资和信贷投放，建立农村社会化服务体系；提高农业综合效益和国际竞争力，适度发展规模经营，充分发挥农民专业合作组织、农业产业化组织的作用，确保农业的稳定发展和增产增收，保障国家粮食安全；推进社会主义新农村建设，逐步形成现代农业生产方式和现代信息发展的格局，建立农业技术推广系统，提高农民的文化教育水平和科技水平。

其二，统筹区域发展，形成经济区域之间相互促进、优势互补、共同发展的局面。缩小国内不同经济区域发展的差距，促进区域经济均衡发展，是经济立法的重要内容。经济立法应当解决经济落后区域影响国民经济发展和区域经济差距拉大两大问题。目前，经济立法的目的和任务，是推进西部开发和东北地区老工业基地的振兴，加快中部地区发展，加强革命老区的现代化建设。其具体立法措施包括：促进资源型城市经济转型和采煤采矿区的治理；加快经济结构调整和技术进步；加强区域间各种形式的合作和分工；推动区域产业结构调整，使之形成特色产业和优势产业。“长三角”、“珠三角”和“环渤海”等经济区，已发展成为经济、技术密集区域，立法应当协调其与其他落后经济区域的关系，缩小差距，加强对落后区域的支持，同时，避免自身的盲目发展，以期形成共同发展的新格局。

其三，统筹经济社会发展，正确处理经济发展中的社会问题，处理好各社会群体的利益关系，强化国家的社会管理和公共服务职能。统筹经济社会发展立法的核心，是在经济发展的同时，同步推进和保障劳动就业、收入分配、社会保障等社会问题，实现社会全面进步。目前，社会保障、医疗卫生、教育是明显突出的社会问题领域。在这些领域，我国已有较为健全的立法，问题在于立法的实施和进一步完善。应当完善社会保障制度，形成保障制度规范化、管理服务社会化的社会保障体系，包括扩大社会就业、增加就业岗位的就业保障制度，城乡居民最低生活保障制度，社会福利、社会救济和社会互助等保障制度。应当大力发展医疗卫生事业，强化社会公共卫生服务体系，包括城镇职工基本医疗保险制度、农村新型合作医疗制度、农村基层医疗救助制度，以及医疗保健制度、疾病预防控制制度、卫生执法监督制度和突发公共卫生事件应急制度等。

其四，统筹人与自然和谐发展，改变人与资源、人与生态环境关系的紧张和恶化状况，实现人口、资源、环境的协调发展。统筹人与自然的和谐关系，是经济立法的重要内容。人与自然的关系，是人类生存发展中所形成的最重要、最基本的关系。环境污染、生态退化和自然灾害，直接危及人类的生命、财产安全，对人类生存发展产生重大影响。因此，经济立法应当从实际出发，将统筹人与自然和谐发展作为自己的基本目标和任务。其立法总要求是：在现行法律、法规修改、完善的基础上，有针对性地制定新法律、法规，尽早解决立法空白，建立切实可行的资源、生态环境保护制度、补偿制度和责任制度，以有效改变现状，促进社会经济可持续发展。目前立法重点包括：改变经济增长模式立法，改变急剧人口膨胀，“先污染后治理”的经济增长模式以及大量消耗资源和牺牲环境为代价的经济发展模式；整治生态环境立法，对于土地、森林、水和矿产等资源掠夺式开发利用，湖泊、江河、湿地面积不断缩小，沙漠化、荒漠化加剧，生物物种快速减少等生态环境，进行立法整治；调整环境相关产业立法，大力发展绿色制造、清洁生产技术和循环经济产业，发展节材、节能、节水、节地的高新技术产业，发展洁净煤炭、可再生能源和新的替代能源技术产业；国土和生态系统监测和监督立法，对国土流失和不合理消耗进行监测，对水质污染、大气污染和自然灾害进行跟踪查证，并对监测和查证结果进行处理，依法追究责任。

其五，统筹国内发展和对外开放，正确处理国内发展与国际环境的关系，合理利用国内市场和国外市场、国内资源和国外资源，将扩大外需和扩大内需、利用内资和利用外资有机结合，实现国内发展和对外开放的协调。立法的根本目的，是提高对外开放的水平，使对外开放为国内发展提供服务。通过立法，使技术创新和产品结构优化，推动企业向国际市场提供优势产品、高新技术产品，提高国内产品在国际市场的占有率和市场竞争力；调整进口产品结构，优先进口国内重要的、必需的资源，特别是战略性资源，鼓励在世界范围内采用各种形式开发和利用资源；改变对外贸易增长方式，使之从数量扩张向提升质量和提高国际竞争力转变；从国内发展的实际需要出发，引进先进的技术和设备，禁止进口高污染、高消耗的落后或淘汰的技术、设备，限制进口不急需、不重要的技术、设备，以推动国内产业升级；维护国家经济安全、技术安全。

三、宏观调节与市场机制相结合原则

宏观调节与市场机制相结合原则，是法在调整国民经济运行过程中，以国家宏观调节为指导、市场机制为基础，保障实现两者协调、统一的原则。这一原则能够解决国家的宏观调节与市场运行的联系机制问题。实践证明，单一的国家行政干预或单一的市场运行，均不能有效保障社会主义市场经济的健康发展。

当然，经济法所调整的，不仅仅归结为宏观调节和市场机制，而是包括将两者概括在“经济调节”在内的整个国民经济运行。

（一）这一原则的依据

客观存在的国民经济运行机制，是经济法的宏观调节与市场机制相结合原则的基本依据。

保障两者有机结合，是经济法的内在要求。宏观调节和市场机制都属于国民经济运行机制范畴，而经济法是调整国民经济运行的法律。在经济法调整中，两者缺一不可，如将两者割裂或对立起来，就无法实现经济法的调整任务和功能。

实现两者有机结合,是社会主义市场经济对法的客观要求。这是因为:首先,经济法的实现,离不开市场机制的作用。市场是国家间接调节的中间环节。社会主义市场经济要求国家宏观管理必须由直接调节为主转向以间接调节为主,这就必然导致法通过市场这个中间环节来调整企业活动;市场信息为国家宏观调节提供依据,供求、商品流通、国民收入分配等情况通过市场反映出来。其次,宏观调节要求经济法来规范。国家对市场的宏观调节不是随意的,应依照宪法、法律规定进行。生产社会化要求通过宏观调节来协调社会再生产的正常运行,而宏观调节的事前性、长期性和全面性,要求经济法规范和保障。

(二)实行这一原则的基本要求

充分发挥市场机制的作用,健全宏观调节体系,是这一原则的总要求。为此,应当做到:

其一,确认、保障宏观调节主体的地位。国家,是进行宏观调节的社会中心,是宏观调节的唯一主体。这里的“国家”,专指中央,地方不是宏观调节主体。国家作为上层建筑核心,要利用国家政权力量,通过制订国民经济发展规划等,保证社会再生产比例协调,保证经济发展方向,为社会主义经济基础服务;国家作为全社会成员的代表,拥有属于全民所有的生产资料,代表人民根本利益,利用全国人力、财力、物力,统一调节社会经济活动。因此,经济法必须确认、保障国家的主体地位。宏观调节的主体是唯一的,不是多元的,主体地位是专有的,不得瓜分。

其二,规范宏观调节的任务和手段。宏观调节的基本任务,是保持经济总量平衡,抑制通货膨胀,促进重大经济结构优化,实现经济稳定增长。宏观调节的主要手段是经济手段。应当在健全金融、财政、计划体制中,不断完善宏观调节手段和协调机制。

其三,充分发挥市场机制的作用。通过经济法,发展各类市场,包括发展资本、劳务、技术等生产要素市场,完善生产要素价格形成机制,健全市场规则,加强市场管理,清除市场障碍,打破地区封锁、部门垄断,建成统一开放、竞争有序的市场体系,发挥市场对资源配置的基础性作用。

四、权责利统一原则

权责利统一原则,即经济主体与国家之间、经济主体相互之间,其自身的权利、责任、利益相统一的原则。这里的“权”,指经济权利,即与自身义务相对应的依法享有的经济权利;“责”,指责任,即违反经济义务所应承担的法律后果;“利”,指经济利益。

权、责、利相统一,旨在说明在经济关系中权、责、利集于一身,不可分割,也不能单独孤立存在。其统一的相互关系是：经济权利是基础，经济责任是前提，经济利益是动力。就是说，获取利益和承担责任，以权利为基础；享有或主张权利、获取利益，以责任为前提；享有权利，承担责任，以利益为动力。

（一）这一原则的依据

全民所有制企业是依法自主经营、自负盈亏、独立核算的商品生产和经营单位。企业的财产属于全民所有，国家依照所有权和经营权分离的原则授予企业经营管理。企业对国家授予其经营管理的财产享有占有、使用和依法处分的权利。企业以国家授予的经营管理的财产承担责任。这一原理，是实行权责利统一原则的基本依据。

企业的经济关系首先是作为利益表现出来的，经济利益决定法律制度。在社会主义条件下，由于生产力水平的限制，不能由社会来直接占有、支配和使用归全民所有的生产资料，这些生产资料只能交由企业占有和使用。因此，企业的生产经营成果必须与企业经济利益挂钩，使企业获得动力并充满活力。企业的经济利益原则，是经济立法的重要原则。

企业实行自主经营，必然产生全民所有制的所有权与经营权分离问题。在法律上，国家代表全体人民的利益，掌握生产资料的所有权，组织和调控国民经济；企业受国家的委托，独立自主地组织和管理企业生产经营活动。

企业是依法自主经营、自负盈亏的经济活动主体，必须为自己的经济活动后果负责。因此，在享有经济权利的同时，必然要承担经济义务和责任。这种义务和责任，有的由法律加以规定，有的由相应的生产经营活动产生。其责任的性质是财产责任，责任的承担方式，是企业以国家授予其经营管理的财产承担责任。

（二）实行这一原则的基本要求

企业是我国国民经济的支柱。实行权责利统一原则，对于确立企业的法律地位，从而对建立社会主义市场经济体制和巩固社会主义经济制度，具有重要意义。为此，应当做到：

其一，经济立法，必须兼顾国家、经济组织的经济利益。社会经济关系中主体的多元化，必然表现为经济利益的多元化，表现为国家、经济组织的自身利益。在私有制条件下，自身利益必然是私人利益，利益的统治必然表现为私人财产的统治，因此，国家利益绝不是社会普遍利益。在社会主义条件下，这些主体的自身利益，并不是其自身的特殊利益，因而从根本上说，它们是一致的。但在现实经济关系中，这些自身利益往往发生矛盾。经济立法要协调关系，正确处理各种矛盾。

其二，实施经济责任制。为此，应当完善经济责任立法。离开责任立法，一部法律便无实际意义。立法中的责任，必须是具体责任。为此，应当建立、健全责任追究制度。只规定一般责任，无法追究责任；如果规定了具体责任和责任措施，应当依法追究责任，而“下不为例”，放弃追究职责，应承担失察、失职责任。企业的工作岗位责任制，是经济责任制的一种具体形式。企业的生产经营（工作）指标，是将国家指令性计划和指导性计划或合同义务分解，层层落实的措施，这种责任制实际上是一种被分解的法律关系，具有一定法律性质。

其三，明确国家和企业的权利和责任。国家按投入企业的资本数额享有所有者权益，企业以国家授予的财产承担责任。政府或他人不能直接干预企业经营活动，企业也要接受所有者的约束，不得损害国家权益。要推行政企分开，企业要转换经营机制。

其四，建立有效的国有资产管理、监督和营运机制，保证国有资产的保值增值，防止和查处国有资产流失。要完善保障国有资产安全的基本措施和配套措施，对于那些假借企业租赁经营、承包经营和出售、变卖等方式，侵吞、破坏全民所有制财产的行为，必须依法追究法律责任。

五、维护国家经济主权原则

维护国家经济主权原则，是国家对其全部财富、自然资源和经济活动，享有全面的、永久的独立、平等权力的原则。

（一）这一原则的依据

国家经济主权在本质上是属于一国内部的治理和管辖问题。在当代条件下，由于经济关系的国际化，国家经济主权已不仅仅是一国范围内的权力行使，而且涉及国家与国家相互间的经济权力行使问题。但是，国家仍当然享有经济权力的独立性、平等性，这是维护国家经济主权原则的根本依据。

根据这一依据，国家按照自己的意志，自主选择并决定该国的社会经济制度；独立进行经济立法、经济司法和经济执法活动而不受任何其他国家的干涉；独立自主地制定对外经济政策，排除干扰地调整对外经济关系；独立自主地决定与其他国家的经济交往的原则、形式，自由缔结与国家、地区间的经济协议。

国家的经济主权是兴国之本、发展之源。当前，国际关系中的一个重要动向，是通过施加经济压力促使一个国家实际上放弃主权国家的法律地位。禁止干预原则，是国际经济关系的重要原则。在1970年联合国大会上通过的关于国家间友好关系原则声明中，宣告“任何国家都不能为迫使另一个国家放弃行使主权而利用经济、政治或其他任何措施，或支持利用这些措施”。经济主权是神圣的国家权力，维护国家经济主权原则，是我国经济法的重要原则。

（二）实行这一原则的基本要求

维护国家经济主权，是经济立法、涉外经济立法的重要原则。只有实行这一原则，才能有效地保障国家的经济安全，保障国家经济主权不受侵犯，保障合理的国际经济秩序。反之，丧失国家经济主权，便丧失了国际经济关系中的国家经

济独立权和平等权,因而所谓国家主权也不复存在。实行这一原则有以下基本要求:

其一,维护经济主权的完整性和不可分割性。国家经济主权,包括国家的全部经济权力,如对国家财富、自然资源的拥有权、使用权、处分权,以及对国民经济的治理权、管理权等,也包括在国际经济关系中的自决权、自主权、选择权、发展权等。经济主权,是对内国家经济权力和对外国家经济权力的统一体,不可分割,同时,也是对外国家经济权力中诸权力的统一体,不可分割。在国际交往中,选择权、发展权与自决权、自主权是辩证的统一,它们相互依存,不能割裂。无论是强调选择权、发展权,忽视自决权、自主权,还是用一国的自决权、自主权去打压另一国的自决权、自主权,都是歪曲了国家经济主权概念含义的。

其二,国家经济主权不得侵犯。国家经济主权是不可剥夺的主权,它是最基本和最重要的国家主权之一。维护国家经济主权,反对外来经济侵略、干涉和控制,是一个国家赖以存在和发展的基础,也是世界经济得以发展和实现人类社会进步的基本前提。国际社会和国际组织应充分尊重各国的经济主权,在平等协商的基础上推动经济交往。少数发达国家宣传的"经济无国界"、"经济全球化",实际上是将经济霸权主义冒充为国际经济合作,这就违背了国家经济平等原则和国家经济主权不可侵犯原则。国家经济主权原则,要求禁止其他国家以任何借口、任何方式对他国的经济资源和自然资源进行掠夺、控制和强占,要防止和避免其他国家在经济上攫取单方利益和特权。国家享有将外国资产征用和收归国有的权力,其因此赔偿及因赔偿问题引起的争议,适用国内法,由国内法院管辖。

其三,保障国家经济安全。这是维护国家经济主权的重要条件。国家经济安全,是指国民经济能够抵御国内外各种经济风险而保持平稳有序运行的态势,包括金融安全、能源安全、贸易安全和粮食安全等。对此,国际社会和国际组织应当加强国际合作,防止经济危机蔓延,为受冲击的国家、地区恢复经济增长创造有利的外部环境,发达国家要采取负责的态度,增加进口,不搞贸易保护主义,提升资金援助;应当尊重各国为保障国家经济安全自主作出的选择,不得以任何借口和采取任何形式破坏、侵害他国的经济安全;为改变不平衡、不公正的经济环境和不断拉大的南北贫富差距,从根本上改变发展中国家在经济交往中的不利地位,必须建立合理的国际经济秩序。在国内,必须独立自主地发展本国经济,抑制经济霸权主义和经济侵略,采取切实可行的措施和步骤,维护国家经济安全;对外商投资企业及跨国公司、跨国银行在国内的活动,依法进行有效的监管。

第五章　经济法的调整范围和调整方式

经济法的调整范围和调整方式问题，是经济法理论的关键领域。不是先验的规定对象，而是从客观实际出发研究法律调整问题；不是以法部门划分理论为标准因袭地划定对象，而是从国民经济总体运行出发确定属于经济法自己的调整范围和调整方式，是避免或正确解决理论争议的前提。

这里，我们是把"调整范围"同"调整对象"分开加以认识和处理的。调整对象是对调整范围的集中概括。由于人们对法调整经济关系实际情况把握的程度、认识能力和水平以及思维抽象的表述科学性等问题的局限，在对经济法的调整对象的认识上尚存在分歧，是可以理解的。在形成同质性认识之前，我们可以先研究调整范围。

"调整"这一术语是苏联法学界1925年提出的，意指对具体行为的规范性。与调整含义相近的，有"规制"一词，它源于中国古汉语，至今仍为日本法学界使用。从法学而不是从语义学意义上去理解，日语中的"规制"与调整的含义是有差异的。"规制"被日本学界解释为"一定政策意义上的国家限制"，而调整，不仅表现为干预、限制或禁止，还表现为保护、促进或鼓励等，因此，囿于"规制"一词的狭窄含义及语义上无法对译，法学上固有的"调整"一词还是比较准确的。经济法的调整，除了法学上通常所指的对行为的规范性之外，还包括对经济结构、状态等的规范性，对经济周期、经济循环的规范性，对总体经济活动、经济关系和微观经济活动和经济关系的规范性，等等，这实际上是对通过具体经济关系进行规范而形成的国民经济运行所形成的经济关系的规范。

本章在明确经济法调整的含义基础上，分别对经济法的宗旨、经济法调整的范围和方式进行阐述，使之对国民经济运行的法律调整问题有一个基本了解。

第一节 经济法的宗旨

经济法是适应国民经济运行的需要而产生和发展的，经济法调整的根本宗旨，是国家通过一整套法律措施，建立法律秩序，以实现国民经济良性运行。国民经济良性运行，即国民经济全面、协调、可持续发展。其基本表现，是城乡经济统筹发展、区域经济统筹发展、经济与社会统筹发展、人与自然统筹发展、国内经济与对外开放统筹发展。其一般目的，是这一根本宗旨的具体体现，并为其所制约。明确经济法的宗旨，是认识经济法调整范围和调整方式问题的前提。

一、根本宗旨

当代国家经济法的根本宗旨，都是为了实现国民经济良性运行。在西方国家的具体立法上，有的采用“促进国民经济的健全发展”，有的采用“促进国民经济的成长发展”等措词，但其宗旨，都可归结为实现国民经济良性运行。

（一）传统民事领域法律调整的经济法宗旨

在当代西方国家，禁止垄断法规定以促进公平自由竞争，提高就业和国民实际收入水平，确保一般消费者的利益，促进国民经济民主健全地发展为目的；消费者保护法规定以确保国民消费生活的安定和提高为目的；银行法规定以确保银行业务的健全、适当运营，有助于国民经济的健全发展为目的；建筑业法规定以促进建筑业的健全发展、促进公共福利的增长为目的；物价法规定以保障物价稳定，维持社会经济秩序和国民生活的安定为目的；计量法规定以保障适当计量的实施，促进经济的发展和文化水平的提高为目的；事业领域法规定以保证中小企业事业活动的适当机会，促进国民经济的健全发展为目的；中小企业团体法规定以企业经营的安定和合理化，促进国民经济的健全发展为目的；劳动法规定以维持产业稳定和经济繁荣为目的；工资法规定以劳动者生活的安定、提高劳动力的质量，保障事业的公平竞争，促进国民经济的健全发展为目的，等等。

在上述立法中，除禁止垄断法、消费者保护法和事业领域法之外，大都属于传统民法立法领域，而民法的本质要求，是在一般抽象的平等基础上，以保护“人”（自然人和法人）的权利为立法目的。然而，在市场经济高度发展的国家，这些立法为何不以传统民法的立法宗旨为宗旨，而以“国民经济健全发展”即国民经济良性运行为宗旨呢？这是因为经济法的调整，是从国民经济总体立场出发的，是紧紧围绕国民经济运行而进行的。在生产社会化条件下，经济法的调整是“民事”关系得以成立的前提。

（二）经济法根本宗旨与具体法规的关系

一项法律法规的内容，一般包括总规则、具体规则和罚责三部分。总规则是关于立法目的、调整范围和基本原则的规定;具体规则是关于具体事项的规定;罚责是关于法律责任处理的规定。这些规则的内容是特定的、具体的。那么,该法律法规的内容与经济法的根本宗旨是不是脱节的或相背离的呢? 不是的。两者的相互关系如下:

其一,经济法的根本宗旨是一切经济立法的指针。这一指针,将贯穿经济立法的全过程,决定法律、法规具体内容的所有方面。如价格关系,是传统民法调整领域,价格法用于保障买卖双方当事人的自身权利,因而厂商价格决策、定价目标、定价方法等都是私人的事情。"物价狂乱"、通货膨胀和物价非正常下跌、通货紧缩,是自由价格造成的,是自由市场经济的必然结果,也是传统民法调整的必然结果。而在当代,价格是国民经济的"调节器",是国民经济运行状况的"晴雨表"。社会生产和再生产的任何部门或环节出现问题,都会反映到价格上来,而价格的变动又会对社会生产和再生产产生影响。在这种情况下,价格与国民经济运行的关系实质,是价格法制定及具体规定的根本前提。国家对价格形成过程的管理、控制、调节和监督,使价格法由传统民事活动法转变为经济法上的经济调节法。经济调节法的属性,决定了价格法的立法目的和具体规定,都是用以保障国民经济良性运行。

其二,经济法律法规的具体内容必须适合于并服务于经济法的根本宗旨。具体地说,法律法规的立法目的、调整范围和基本原则体现经济法根本宗旨。如中小企业法以企业经营的安定和合理化,促进国民经济的健全发展为目的;以保护、促进中小企业发展为基本原则;调整范围中关于中小企业界定、事业领域的限制垄断控制、市场准入、税收优惠、政府扶持等具体内容,都紧紧围绕经济法的宗旨作出规定。不仅如此,乃至在法规名称上,体现经济法的宗旨都很鲜明,如美国的《小企业投资奖励法》、《小企业经济政策法》,日本的《中小企业现代化促进法》、《中小企业现代化资金赞助法》,意大利的《扶植小企业创新与发展法》等等。

国民经济良性运行,集中表现为总供给与总需求平衡。这要求实现财政平衡、信贷平衡和国际收支平衡。这些经济平衡,既是国民经济良性运行的标志,也反映了经济立法的根本宗旨。

二、一般目的

每一部经济法律法规的制定,都有其具体目的。各个法律法规的具体立法目的并不相同,所要解决的问题千差万别,但它们的基本目的是相同的。具体目的的总概括是一般目的,一般目的所表达的是经济立法所要解决的基本问题。

(一) 一般目的总概括

经济立法的一般目的,有以下三个方面:

其一,确立经济活动、经济关系的规则。市场经济要求建立完善的法制,而经济主体正是依据法制进入市场,进行经济活动,建立经济关系的。因此,法律规则是经济活动的必要条件,也是经济法的调整功能得以发挥的前提。确立法律规则的目的大体上有两个方面:一是对经济活动、经济关系本身进行有针对性的调整;二是对国家对经济活动、经济关系的调节进行具体调整。

其二,实现国民经济总体利益。国民经济总体利益,是经济主体利益、国家利益和社会公共利益的一定总和。为维护并实现这一利益,经济法必须解决好总需求与总供给的矛盾和产业结构与消费结构的矛盾,正确处理企业利益与国家利益、局部利益与总体利益、短期利益与长远利益的关系,以保障国民经济稳定健康发展。国民经济总体利益表现为:竞争秩序的维持;经济平衡发展;保障社会公共利益。

其三,维护社会经济秩序。维护良好的社会经济秩序,保证国民经济各部门、各单位和公民个人正常的经济活动,是社会经济发展的基本条件。法秩序是社会经济秩序的特殊形式。当经济法制在社会经济关系中得以实现时,便形成经济法秩序。保障经济法秩序的稳定,是保障社会经济秩序稳定的重要前提和内容,它既是国家立法目标,也是社会经济秩序的内在要求。为实现这一立法目的,要求经济主体按照经济立法的规定,施行合法行为,彼此间形成规范的相互关系;要求国家经济机关积极执法,同时,非有法律依据,不得利用经济权限使经济主体承担不法义务或侵害其权利;要求司法机关和仲裁机构正确适用法律,保证经济司法的合法性、适法性。

经济法的一般目的,是研究经济法的调整范围和调整方式问题的基本依据,也是确定经济法调整的具体内容和基本方式的直接前提。正确把握经济法调整的一般目的,对于认识经济法调整本身具有重要意义。

(二)一般目的与具体目的、根本宗旨的关系

一般目的与具体目的、根本宗旨,都属于立法目的范畴,它们的根本含义是相同的,即为什么要制定经济法,经济立法要解决什么问题。这一点,是经济法与其他法特别是相邻法相区别的重要标志。刑法是规定犯罪、刑事责任和刑罚的法,刑法要解决定罪量刑问题;民法是规定“人”的身份和财产的法,它要解决个人权利的保障问题;行政法是规定国家行政机关的行政组织和行政行为的法,它要解决行政权力的取得、行使问题。很显然,实现国民经济良性运行的法与个人权利法、行政权力法是不相同的。

尽管一般目的与具体目的、根本宗旨的意志实质相同,但它们之间还是有差异的。首先是它们的存在层次不同。根本宗旨是通过经济法的全部立法从经济法体制总体上总结出来的,一般目的是通过各个经济法律法规概括出来的,而具体目的,是从每一具体的经济法律法规本身直接表现出来的。其次,它们的作用

不同。根本宗旨是“总纲”,对全部经济立法起全局性指导作用;一般目的对经济法律法规起制约作用;具体目的对每一法律法规中的具体内容(法律条文)起规制性作用。最后一点,是它们的来源不同。根本宗旨和一般目的,是学理上的概括。关于这种概括,有些法律法规上有这类相同或相近的词语,但不是所有的法律法规都规定这些词语,因而它是学理上通过对每一经济法律法规关于具体立法目的的分析、综合而总结出来的。具体目的则不同,它限于该法律法规的直接规定,一般规定于第1条。

在根本宗旨、一般目的和具体目的的相互关系上,经济立法应当注意的问题,一是防止具体立法目的与经济法根本宗旨和一般目的脱节,出现“经济立法的传统民法化”不良倾向。二是防止法律法规中的具体内容与其立法目的背离,每部经济法律法规的第1条规定“促进社会主义现代化建设”,而如果内容条文却照抄照搬18世纪立法或当代西方国家立法,那便与这样的立法目的南辕北辙了。

第二节　经济法的调整范围

不同的法有不同的调整范围。法与法之间的关联性,决定了它们在某些范围内存在交叉调整的事实,但这并不影响我们认识并确定该法调整的基本范围。调整范围范畴可从以下三方面去理解:经济法调整的领域是什么领域,这是确定调整范围问题的核心和基础;经济法调整的范围都包括哪些具体范围,这是经济法调整范围的内涵;经济法调整的范围与相邻法调整范围的关系,这是经济法调整范围的外延。

一、调整领域的限定

限定经济法的调整领域,有必要首先明确调整领域、调整范围与调整对象三个术语的含义是有差异的。以往的法学理论,都把行为确定为法律的调整对象,这种把自然人置于自然经济、简单商品经济之中的法学理念,很容易理解。现在情况则不同了。从总体上说,法所调整的对象客体既包括行为,也包括主体、与主体对应的客体本身,也包括关系、状态、结构等等,而且明显存在对它们分别调整的情况。因此,不能认为法律只调整行为,也不能认为法律只以行为为中介而调整社会关系。那么,经济法的调整对象又是什么呢?目前各国法学界尚无法理出头绪来。不能科学地确定经济法的调整对象并不等于说不需要确定调整领域和调整范围。经济法的调整领域和调整范围是必须确定的。

(一) 调整领域及其特性

经济法调整的领域,是国民经济运行过程中形成的经济关系。这种经济关系,是伴随生产社会化、国民经济体系化和经济国际化而形成和发展的。国民经济运行过程中形成的经济关系,不同于18世纪自由放任经济关系,是完全新型的经济关系。其基本特征是:

其一,国民经济运行中形成的经济关系,是总合性的经济关系。它是基于具体经济关系而形成的,集中表现为国民经济的结构关系、平衡关系、比例关系、周期关系、循环关系和区域经济关系。经济法的任务,是直接或间接调整上述经济关系。这里的间接调整,是指通过对具体经济关系的调整而进行的调整。总合性经济关系,是经济法调整的出发点和归结点。

其二,国民经济运行中形成的经济关系,是具有统一性的经济关系。国民经济的统一性、国民经济运行的统一性,决定了经济关系的统一性。这种统一性,表现为具体经济关系之间相互联系、相互制约、互为原因和结果。经济法正是基于经济关系的统一性对国民经济运行进行统一调整的。统一经济关系是无法割裂的,它必然要求一种具有统一调整功能的法。

其三,国民经济运行中形成的经济关系,是周期性的经济关系和循环性的经济关系。周期性波动是国民经济运行的重要特征,整个国民经济建立在经济周期上,周而复始。不同的运行周期对法律有不同的要求,不同经济周期的立法是不可能相同的。与民事财产关系不同,这里的经济关系是生产—交易—分配—消费循环往复的经济关系。只有在形成国民经济统一运行条件下,才能形成这样的经济循环关系。

由此可以看出,经济法所调整的经济关系,不是一般经济关系,因为这种一般经济关系古已有之,对其调整的法,是作为“诸法合体”的法;不是通常所指的部门经济关系,如工业经济关系、农业经济关系、商业经济关系等经济部门的经济关系;也不是单项经济关系,如货币关系、证券关系、期货关系等;更不是所谓“平等主体”间的“民事关系”,如物权关系、合同关系等。

上述关于经济法调整国民经济运行过程中形成的经济关系的概括旨在说明,经济法领域的第一步限定,是经济关系;第二步限定,是国民经济运行过程中形成的经济关系。

(二)关于调整领域的主要观点

自经济法产生以来,由于人们对“什么是经济法”、“经济法究竟是什么样的法”存在认识上的分歧,因而关于经济法的调整领域问题的阐释各执一词。在我国,往往把调整领域因袭地局限为调整对象。这种调整对象基本上可分为调整纵横关系和调整纵向关系两种主张。

1. 调整纵横经济关系主张

经济法既调整纵向经济关系,也调整横向经济关系,是这一主张的基本观点。对于这一主张,其推论的角度并不相同,可分别概括为“纵横统一”观点、

“综合”观点和“管理协作”观点。

“纵横统一”观点源于苏联现代经济法学派。B.B.拉普捷夫认为,经济法调整的经济关系,“是领导和进行经济活动过程中所形成的经济关系,这种经济关系既涉及横的经济关系,也涉及纵的经济关系”。这种观点,对于我国20世纪80年代初期以来的经济法研究影响较大。在我国,无论表述为“横向经济关系和纵向经济关系”,还是表述为“纵横交错的经济关系”,或“主要是纵向经济关系,同时也包括某些横向经济关系”等等,都是对这一主张的具体说明。

“纵横统一”观点充分注意到了现实具体经济关系的相互关系状况,反对人为地割裂经济关系,这是一种先进的法学思想。但是,把当代国民经济运行中形成的经济关系归结为纵向和横向关系,又是不确切的。其实,“纵向”、“横向”的提法原本是一种比喻,纵向关系是“垂直关系”,横向关系是“同一水平的关系”。仅就经济关系的向性而论,除纵向、横向之外,还有斜向。税收关系就是一种斜向关系。“纵、横、斜”并不是国民经济运行中形成的经济关系的全部,国民经济是网络状多维经济关系的综合体。因此,不能仅从经济关系的向性出发研究经济法的调整对象问题。

“综合”观点出现于20世纪80年代中期,认为经济法调整的关系,是“以经济民法方法、经济行政法方法、经济劳动法方法分别调整平等的、行政管理性的、劳动的社会经济关系”,因而经济法是对上述三类关系进行综合调整的法。这三类关系被解释为:经济民事关系,是商品生产和商品交换包括技术的平等社会经济关系;经济行政关系是商品生产和商品交换领域里所发生的行政管理性社会经济关系;经济劳动关系是劳动社会关系。“综合”观点综合了民法、行政法和劳动法的调整对象和调整方法,冲击了民法、行政法和劳动部门法划分的传统观念,肯定了经济法的存在,这是一种法学理论上的进步。但是,“综合”观点强调的综合,是在不改变这些法规范的各自原部门法属性基础上的综合,因而实际上是否定了“经济民事关系”、“经济行政关系”和“经济劳动关系”之间联系的性质和这种联系存在的必然性。离开了经济关系统一性的所谓“综合经济法”,容易变成民法、行政法、劳动法等法部门的简单相加。

1986年颁布《中华人民共和国民法通则》后,有相当多的学者以为横向关系由民法调整,从而放弃了“纵横统一”观点,有些论者提出了“管理协作关系”观点。认为经济法调整的关系,是经济管理和经济协作关系。对于经济协作关系,又被分别表述为“经营协作关系”、“与经济管理关系密切联系的经济协作关系”等等。这种主张,表面上放弃了“纵横统一”观点,实际上还是“纵横统一”。“协作关系”是最古老的“横向关系”,“管理关系”是纵向关系。这种观点的现实基础,是当时实行的计划商品经济。理由很直接,经济法调整商品经济,便存在对管理关系的调整问题,而这种商品经济是有计划商品经济,便存在对计划的宏观控制性的调整问题。但是,由于这种观点本身存在经济管理与行政管理、经济协作与民事协议的界限不清,因而容易使经济法与作为部门法的民法、行政法纠缠在一起。问题的关键是,法学理论不能跟着经济概念跑。一会儿是"有计划商品经济"概念,一会儿又是"市场经济"概念,跟着这些概念跑,经济法的理论性便丧失了。

2. 调整纵向经济关系主张

这一主张,把经济法的调整对象归结为纵向经济关系。这是经济法彻底放弃"横向关系"的主张。这里,包括"经济行政"关系、"经济管理"关系、"宏观调控"关系、"经济干预"关系、"市场规制"关系等五种不同的看法。

"经济行政"关系论者认为,国家经济行政机关与对方当事人处于一种行政上的隶属关系,即领导者与被领导者、管理者与被管理者的关系,认为"经济行政法必然要采取体现行政权力活动的调整方法"。把经济法的对象限定为行政上的隶属关系,即行政组织系统上谁归谁管的关系,将直接导致经济组织归国家行政机关隶属和管辖的主张。坚持这一主张,只能使国有企业等经济组织原封不动地成为政府主管部门的附属物。实际上,政府主管部门与国有企业等经济组织的关系有一种经济权利和经济义务关系。改变国有企业的部门管理和行政管辖,改变其行政方法一统天下的局面,是经济体制改革的重要任务之一。况且,在当代西方市场经济条件下,政府与企业的关系,不是行政上的隶属关系,在那里,经济法的对象也不是经济行政关系。

"经济管理关系"论者有经济法的对象是"经济管理关系"、"经济管理和经济监督关系"、"商品经济管理关系"、"国家经济管理关系"、"宏观经济管理关系"、"行政隶属性经济关系"等不同观点,但其共同主张是,经济法的对象是具有经济管理性质的纵向关系,即经济管理关系。鉴于"经济行政关系"看法的根本性缺陷,坚持经济法调整纵向关系但不调整经济行政关系的看法开始出现。这种看法认为,纵向关系中不仅有命令与服从关系,还有计划管理关系、指导关系、监督关系等等。这实际上是对纵向关系研究的深化,有助于进一步认识纵向关系。但是,把经济管理的主体仅限于国家或国家经济机关是片面的,而经济管理主体的多元化决定了经济管理所产生的关系,不只是法律关系,还有非法律关系,而且,在这些主体进行经济管理活动时,不仅可以产生行政关系,还可以产生与管理活动有关联的其他关系如民事关系、内部组织关系等。这里的关键是对经济管理关系的含义作了不正确的理解。

"宏观调控关系"看法是在社会主义市场经济理论成为国家政策后提出的,这是研究经济法调整纵向关系的新视角。这一主张,有经济法的对象是"国家对经济进行宏观调控和规范市场经济秩序所发生的关系"、"国家经济管理主体与市场主体之间的间接宏观调控经济关系"、"国家对社会主义市场实行宏观调控和管理形成的市场经济运行关系”等看法。国民经济运行过程，既包括国民经济的组织过程，也包括经济活动过程，其中的国家直接组织国民经济的行为和措施，并不仅仅是宏观调控；而在参加国民经济运行过程中，国家一方面是“调控者”，另一方面也是经济活动的“当事人”。况且，这里应当明确，所谓“宏观调控”，首先是西方学者提出的，并被西方国家奉为国家政策的，调控的基础，是资本主义市场经济。我国国民经济的性质同西方国家并不相同，其调控的目的、措施和后果也并非一致。因此，把经济法的对象说成是宏观调控关系，进而把经济法归结为宏观调控法，是片面的，是不符合实际的。

“经济干预关系”论者主张经济法的对象是“国家干预经济所产生的关系”。对于这种经济干预关系的成因，有的认为是基于需要，即需要由国家干预，这种干预是国家为了克服市场调节的盲目性和局限性；有的认为国家对经济干预不是经常性的，它是在发生危及市场秩序、破坏竞争，导致市场调节失灵时才会发生；有的认为经济干预关系是因政府主动干预形成的。客观地说，干预论观点属于古典市场经济理论的一部分。无论是“需要”干预、“择机”干预，还是“主动”干预，皆源于“二次调节”论，即市场调节是第一次调节，由“看不见的手”调节，如果需要由政府干预的时候，始由政府干预，这是第二次调节。这种理论，根植于18世纪自由放任市场经济，与现代市场经济的实际是背离的。在当代，国家不是市场经济的外部因素，也不是异己力量，而是一种内在因素、固有力量，国家与市场相辅相成、不可分割地联结在一起。从这个意义上说，无论是在西方当代市场经济还是我国社会主义市场经济条件下，原本含义上的“经济干预”是不存在的。由此，也不存在什么“经济干预法”。

上述关于经济法调整领域的种种表述和理解，是基于不同角度所作的概括。论者力求坚持经济法的独立性，对传统法学进行反思，这是难能可贵的。

（三）限定调整领域的基点

如何正确限定经济法的调整领域，首先应当明确以下三个问题：

其一，把握经济法的调整领域，不能违背法一定要适合于社会关系的发展阶段以及社会关系的性质和状况的普遍原理。从根本上说，经济法的调整领域，是由社会经济关系发展的阶段、一定经济关系的性质和状况决定的。简单商品经济要求调整简单买卖关系的法律，自由放任市场经济要求由万民法发展为民法那样的法律。而简单商品经济、自由放任市场经济要求的法律都以私有财产绝对化为出发点和立足点，垄断和国家垄断市场经济则总体上不再要求这样的法律。如果经济法的调整领域只是简单买卖关系、自由交易关系，那么经济法也不成其为调整国民经济运行的法了。人类社会从来都不存在“放之四海而皆准，垂诸万世而不变”的法律。对经济法调整领域的认识分歧，以及经济法与民法的理论分歧，归根结底，都源于是否认识到了上述法的发展规律。

其二,认识经济法的调整领域,不能囿于只存在于大陆法系的法部门划分理论。这种理论,严重脱离当代各国立法的实际。立法层出不穷,又性质各异,从固有法部门出发,削足适履地把这些部门立法硬套到另一法部门框框中,既损害了立法,也损害了法学理论本身。而在原有法部门之外,另行设置一个经济法部门,则存在经济法部门与相邻法部门的调整领域无论如何也不易区分的问题。法部门划分理论是"人造"的,主观的东西必须符合客观实际。客观实际一定会冲破"人造"的东西的束缚,为自己的发展开辟道路。否定法部门划分理论,改变法律法规的法部门化,则关于经济法的调整领域问题迎刃而解。

其三,确定经济法的调整领域,不能以经济关系的向性比喻为基准。这里必须明确指出,经济关系中的"纵向关系",是上位产业、企业与下位产业、企业或称上游产业、企业与下游产业、企业的关系,如对于纺织业,中枢产业部门的纺织企业对应的农业、牧业、纺织机制造业、电动机制造业等这些提供基本生产条件的企业,称为"上位企业"或"上游企业",把服装业、制鞋业、篷布业等以纺织业为依托的企业,称为纺织企业的"下位企业"或"下游企业",而纺织企业又是上述企业的"上位企业"或"上游企业"。法律关系是不能与之比附的。在法律关系上,这种上位企业与下位企业之间的纵向经济关系,正是所谓"平等主体之间的横向关系",而不是"命令与服从关系",横向经济关系是指企业间的并列关系和环形关系。我们仍以纺织业为例。纺织业的并列关系企业,是以纺织业的同类生产为共同特征的企业,如麻纺企业和毛纺企业是棉纺企业的并列企业等;环形关系企业,是不同行业、生产不同产品的生产部门的企业和服务企业,如运输企业、服务企业、金融企业是纺织企业的环形企业等。在这种横向经济关系中,存在垄断组织与局外企业、国家垄断组织与一般企业之间的控制与被控制及操纵与被操纵的从属关系。在这里,纵向经济关系是法律上的横向关系,即法律上的平等协商关系。认为经济上的纵向关系就是法律上的纵向关系,经济上的横向关系就是法律上的横向关系,实在是一种误解。其实,经济上的横向关系、纵向关系,在法律上都是"平等协商关系",而法律上的纵向关系是"命令与服从关系",横向关系是"平等协商关系"。从经济关系的向性出发确定经济法的调整领域,是把事情完全弄颠倒了。此外,还应当明确,法律上的"横向关系",不只有权利义务关系,还有权力关系;其"纵向关系",不只有权力关系,还有权利义务关系。这是经济法原理的重要基础。因此,认为经济上的横向关系由民法调整,经济上的纵向关系由行政法调整,显然是脱离当代经济关系实际的,也脱离了当代法律关系的实际。

以上三点,是限定经济法调整领域的基点。只有在这个基点上,才能得以确定经济法是调整国民经济运行经济关系的法,因而使经济法同行政法、民法等划清界限。

二、具体调整范围

任何法的调整都不是抽象的,而是具体的。经济法的领域是国民经济运行过程中形成的经济关系。作为领域,经济关系是一种概括,但它是依据经济关系的表现概括的。经济关系的表现方面,即是经济法调整的经济关系的范围。

在当代条件下,国民经济运行过程中形成的经济关系,包括经济组织关系经济活动关系、经济竞争关系、经济调控关系、经济管理关系、经济监督关系和涉外经济关系。由于世界经济的开放性,各国都形成了涉外经济关系,这是一个相对独立的经济关系领域。所谓相对独立,是指一国国内经济关系延伸为专门对外国、地区以及国际经济组织等的经济关系。涉外经济关系也是国民经济运行过程中形成的,事关国民经济全局,因而它被包括在内。国民经济运行过程中形成的经济关系是统一整体,其相互关系原理是互为条件、互为因果的:国民经济运行的基础和起点是经济组织,由于经济组织的设存,形成其内部经济关系;经济组织为实现经济目的进行经济活动;经济活动的利益最大化行动必然引起经济组织相互间的竞争,在市场竞争中又必然形成垄断关系、不正当竞争关系;为此,国家不得不担负起调节国民经济正常运行的责任;在市场竞争和经济调节相统一的经济格局中,必须辅之以经济管理和经济监督。

(一) 经济组织关系

经济组织关系,是经济组织内部和外部的组织关系。这里应当注意,经济组织的"外部组织关系"与"外部经济关系"不是一个概念。经济组织的外部经济关系是依据其法律地位和经济权限对外从事经济活动关系,因而不属于这里所指的外部组织关系,不包括在这里所指的经济组织关系之内。

经济组织关系可分为:(1) 设存关系。这是经济组织因设立、变更、终止而形成的关系。(2) 结构及职权关系。这是经济组织内部组织结构、分支机构设置、职权及组织运行方式等方面的关系。(3) 内部管理关系。这是经济组织行政在对劳动雇佣、生产、技术、财务、销售、设备等方面的管理所形成的关系。(4) 经济组织与国家的关系。这是经济组织与国家综合机关、职能机关所发生的组织、管理关系。(5) 经济组织与其他经济组织、社会组织或个人的关系。这是因经济组织联合、合并、收购、分立等发生的组织关系。以上五种关系,前三项是经济组织的内部组织关系,后两项是外部组织关系。

经济法调整经济组织内部和外部组织关系而形成的法律制度,是经济组织法律制度,可简称为"经济组织法"。

(二) 经济活动关系

经济活动关系,是主体依据其法律地位和经济权限,在对外参加经济活动中所形成的关系。经济活动与传统的民事活动是不同的。经济活动主要由社会组织而不是自然人参加；经济活动同国家经济目的相联系，而民事活动是自发的、只实现主体自身目的的活动；经济活动的结果是满足社会物质生活需要，而民事活动的结果是获取私益。

经济活动是经济组织的职能性活动，这是最普遍、最基本的活动，依此所形成的关系，是社会经济关系的基础。

经济活动关系是十分庞大、极为复杂的经济关系领域，形成于资金和金融、证券、物资、公共采购、招标投标、票据、价格、信息、技术、劳务、期货、房地产、保险、知识产权、广告等活动及其准备活动和补充活动。经济活动的载体是市场，经济活动是在市场上进行的。按经济活动的领域划分，经济活动关系可分为：(1) 经贸活动关系。这是在商品、货物交易中形成的关系。(2) 技术信息活动关系。这是在技术、信息的获得、交易和传播等方面发生的关系。(3) 服务活动关系。这是因提供服务所发生的关系。(4) 劳务活动关系。劳务活动是重要的经济活动。这种活动，不仅仅是劳动力的活动，而是与国民经济运行直接联系在一起的社会劳动活动。

从主体上划分，经济活动关系包括经济组织、个人与国家间的经济活动关系和经济组织、个人相互间的经济活动关系。前者是基于国家经济目的，国家在特定物资的购销、债券收放、金融信贷等方面与经济组织发生的关系。

经济法调整国家、经济组织和个人从事经济活动而形成的法律制度，是经济活动法律制度，可简称为“经济活动法”。

(三) 经济竞争关系

经济竞争关系，是主体在市场竞争机制中所形成的经济关系。经济竞争集中表现为市场竞争，即主体相互间以市场为载体的竞争。

经济竞争关系一般包括：(1) 公平竞争关系。在经济上机会均等和经济平等基础上，经济主体自由、自愿参加市场竞争所形成的关系，是公平竞争关系。公平竞争能够激发经济组织的创造精神，不断改进生产和技术，为社会提供更多更好的产品和劳务。(2) 不正当竞争关系。这种关系，是由经济组织实施的对竞争进行实质性限制，以及使用不正当的竞争方法和交易方法而形成的。(3) 垄断关系。包括基于“私人自治”所形成的垄断关系和基于国家扶助垄断政策所形成的垄断关系。

经济法调整经济竞争关系而形成的法律制度，是经济竞争法律制度，可简称为“经济竞争法”。

(四) 经济调节关系

经济调节关系，是国家在统筹调节国民经济运行中形成的经济关系。国家对国民经济实行调节，是市场经济进一步发展的必然要求。为保障国民经济健全发展，充分发挥市场调节的基础作用和国家调节的主导作用，两者不可偏废。

因此，经济调节关系便是经济关系极为重要的方面。

经济调节，是国家依据发展国民经济的方针，采取政策和立法措施，不断调整经济发展的偏离度，使之稳定、均衡发展。

经济调节关系主要包括：(1) 经济结构和生产力布局关系；(2) 区域经济关系（含经济特区、经济技术开发区、经济区等）；(3) 经济计划和经济规划关系；(4) 经济预算关系；(5) 中央银行及货币关系；(6) 税收关系；(7) 固定资产投资关系；(8) 社会保障关系等等。

经济调节法同宏观调控法还不是一回事。"宏观调控"是西方经济学中与"微观调控"相区别、相割裂的概念概括。其因由，盖源于国家对于微观经济（企业）自身不实行调节和管理的"企业自治"立法和理论。我们所称的"经济调节法"，是包括对"微观经济"在内的国民经济的调节。

经济法调整国家调节国民经济而形成的法律制度，是经济调节法律制度，可简称为"经济调节法"。

（五）经济管理关系

经济管理关系，是国家经济机关、社会组织和经济组织在管辖、处理经济事务中形成的经济关系。这里的经济管理主体不限于国家经济机关，其管辖、处理也不限于行政权力。经济管理关系中的职能性活动是"管辖"、"处理"，经济调节关系中的职能性活动是"协调"、"管控"，经济管理关系不包括"协调"、"管控"性活动在内，因而从法学上而不是从语义学上，应将"管理"限定为"管辖"和"处理"。

经济管理，是依据法律规定的权限和职责，按照一定的程序，依法对经济事务进行管理。其管理主体是国家经济机关、社会组织和经济组织。社会中介组织是经济活动单位，不是经济管理组织。

经济管理关系包括：(1) 市场管理关系。这是因管理市场而形成的关系，包括对城乡集市贸易市场的管理、对工商行政管理所及个体工商户的管理、对专营专卖及无店铺销售（传销、邮购、电子商务等）的管理等方面的关系。(2) 行业管理关系。这是因行业管理形成的关系，包括对同业商会、行业协会、外国商会、外国企业常驻代表机构以及特种行业、特殊企业等管理形成的关系。(3) 企业管理关系。这是因管理企业而形成的关系。企业自身管理属于经济组织内部组织关系，因而不包括在企业管理关系之内。(4) 自然资源和国有资产管理关系。在我国，自然资源和国有资产为国家所有。这种管理关系是由国家或国有资产管理公司对其管理形成的。(5) 专业经济管理关系。企业隶属于国家各级各类经济部门机关，是计划经济的产物。西方市场经济国家一般不存在从上至下的部门行政管理。将部门行政管理改为专业经济管理，是形成专业经济管理关系的前提。

经济法调整经济管理关系所形成的法律制度，是经济管理法律制度，可简称为“经济管理法”。

（六）经济监督关系

经济监督关系，是国家和社会组织及个人在对经济行为实行监察、督导所形成的经济关系。对于经济监督，不仅包括国家经济机关的监督，还包括一般社会组织和专门社会组织以及个人的监督，因而监督主体不限于国家主体；在经济监督权的行使上，不仅包括国家权力，还包括社会权利。

经济监督关系一般可分为：(1) 核算监督关系。这是采用经济核算方法，通过会计、审计和统计等形式所形成的经济监督关系。(2) 技术监督关系。标准化、产品质量和计量，是技术监督的主要形式。在社会经济的技术方面进行监督所形成的经济关系，是技术监督关系。(3) 消费监督关系。直接消费监督是以消费者为监督主体的监督，一般是关于商品安全性、商品质量和数量以及商品的质量、有效期限等表示方法方面的监督，还包括对紧缺物资、商品的配给措施的监督；间接消费监督是对社会消费也包括消费者产生影响的物价、工资、能源、交通等方面的监督。消费监督关系，主要是指基于消费者保护而形成的监督关系。(4) 环境监督关系。这是因对环境保护的监督所形成的经济监督关系，包括对自然环境和人文环境两方面保护的监督关系。

经济法调整因经济监督而形成的法律制度，是经济监督法律制度，可简称为“经济监督法”。

（七）涉外经济关系

涉外经济关系，是在一国与外国或者地区间等进行经济活动所形成的经济关系。涉外经济关系是国民经济运行的重要组成部分，是国内经济关系的延伸。从这个含义上说，涉外经济关系与国际经济关系是不同的。国际经济关系是世界各国或地区相互间进行经济活动所形成的经济关系。

涉外经济关系主要包括：(1) 对外贸易关系。这种经济关系，是基于货物进出口、技术进出口和国际服务贸易而形成的。(2) 外汇关系。在外汇融资、支付使用和资本交易，以及外汇管理等方面形成外汇关系。(3) 外资关系。这是由于引进外资而形成的资本流转、资本交易关系。这里的资本交易，是外汇关系中的资本交易的特殊形式。外资关系包括外资管理关系。(4) 出口补偿、保险、检验关系。这是对于因出口造成的一定损失或损害，实行国家补偿和保险而形成的关系和为提高出口品质量而实行出口检验形成的关系。(5) 关税关系。关税是涉外经济活动的重要手段。除特惠国关系和地区共同体成员间取消关税外，各国仍保留关税制度。因海关征税形成的税收关系，是关税关系。(6) 涉外技术、劳务关系。这是因对外技术转让或引进、劳务输出和输入而形成的涉外经济关系。

经济法调整涉外经济关系而形成的法律制度，是涉外经济法律制度，可简称为"涉外经济法"。

这里需要指出，西方发达国家没有"涉外经济法"的体系分类，对于涉外经济关系的规定，均包括在国内和涉外一体化的立法之中。在发展中国家，在经济开放格局下，为保障国民经济健康发展，保障国家经济安全，往往分出"涉外经济法"，作为相对独立的立法领域。

综上所述，国民经济运行中形成的七种基本经济关系，由经济法调整。在总体上，经济法是调整上述七种经济关系所形成的法制度、法形式和法方法的总和。

第三节　经济法的调整方式

经济法的本质属性和机能，决定了它与其他法的调整方式的不同。同时，也决定了经济法调整方式的结构特征。从根本上说，经济法的调整方式反映了国民经济良性运行的客观需要，表现了作为新法的经济法对改变传统法调整方式的新要求。

一、经济法调整方式的结构特征

经济法调整方式的结构，是多重结构而不是二重结构。这样的结构特征，既适合于经济法的宗旨和调整范围的要求，又准确地反映了经济法调整方法、手段的实际。

（一）调整方式的界定

关于法的调整方式，不同的部门法理论作了不同的概括和表述，而且至今仍存在分歧。这些传统法学理论把法的调整方式归纳为两类，即强制性调整和非强制性调整。这种分类，是基于对"法的调整方式"含义的错误认识造成的。

传统法学理论认为，法的调整方式，是主体参与法律关系时，主体间发生相互关系的方式。如私法主体之间建立关系时采用协商方式，这是非强制的方式，公法主体与私法主体之间建立关系时采用命令方式，这是强制的方式。实际上，法本身发生调整作用的方式与主体在法的调整作用下建立相互关系的方式，并不是一个问题。仅就主体而言，法的调整方式是法作用于社会关系中的所有主体的方式，即什么样的法律调整方式作用于主体、作用于主体间的相互关系，这是法与法之间的关系；而"主体间的相互关系方式"，是法的对象主体与对象主体之间的关系，它是为法所决定的，但什么样的主体参加并建立怎样的相互关系，还取决于主体的选择性。因此，应将"法的调整方式"与"主体间的相互关系方式"加以区别。例如，合同法调整方式是合同法作用于所有合同主体的方式，包括非强制方式和强制方式两种,但合同主体间相互作用的方式,则是协商方式,即非强制方式。很显然,将“法的调整方式”与“主体间相互关系方式”相混淆,是错误。这种错误,是法部门划分理论造成的。把法划分为私法和公法,把私法说成协商性调整,把公法说成强制性调整,自然把法的调整方式同主体相互作用的方式混为一谈。而在当代,一部法律法规中既有强制性规范,又有协商性规范,它们作用在主体上,性质是不同的,其调整的结果也不相同。

上述认识,是把握法的调整方式含义的前提。应当认为,法的调整方式,是法发生具体调整作用的方式。依此而论,经济法的调整方式,是经济法规范作用于国民经济运行并对其形成的具体经济关系进行调整的方式。经济法发生调整作用的方式,与国家联结在一起,它是国家借助于法,实现对国民经济的组织和领导,从而使经济活动主体相互之间、国家与经济活动主体之间所形成的经济关系,按照法所需要的方向、限度得到调整,以保障国民经济良性运行。

(二) 调整方式的结构

经济法调整方式的基本构成,包括指令性调整、修正性调整、引导性调整和参与性调整。其结构特征是:

其一,经济法调整方式的结构是统合结构,而不是单一结构。传统法学理论认为,每个法律部门使用的是一种调整方法。这种认识产生于早期私法对象的简单性和单一性,但却至今仍得到国外某些法学家的坚持。用单一的调整方式,即要么是“协商方式”、要么是“服从方式”,不可能解决当代复杂的国民经济运行的法律调整问题。经济法的调整方式采用统一综合调整方式,把综合适用于自己的各个法的调整方式,统一为经济法调整方式。这里的综合是统一下的综合,而不是若干法的调整方式的任意拼凑。

其二,经济法调整方式的结构是跨部门法结构,而不是某一传统部门法的内部结构。在我国当前的经济法教材中,一般已不再涉及调整方式问题。究其主要原因,是《民法通则》公布后放弃了所谓“横向关系”,转而主张经济法调整所谓“纵向关系”。这种“纵向关系”,传统上被认为是行政法的调整领域,其调整方式,是行政法上的命令和强制方式。这样,又要主张经济法与行政法划清界限,又实际上采用行政法的调整方式,则使这种经济法理论陷于困境,因而自然回避研究经济法的调整方式问题。其实,经济法的调整方式结构是跨部门法的。前已叙述,经济上的“纵向关系”实际上是法上的所谓“横向关系”,即民法理论解释成的“平等主体间的关系”。既然如此,调整“纵向经济关系”的经济法,怎能排除“协商方式”呢?而经济上的“横向关系”,在当代实际上是一种经济依赖关系。对于经济主体间的“经济强制”(非“超经济强制”)关系,只能用法律强制方法加以改变或限制。在上述两种情况下,如果只采用某一传统部门法的调整方式,只能使国民经济陷于混乱。

其三，经济法调整方式的结构是权力和权利的复合结构，而不是单纯权力的调整方式结构。在法通过国家经济机关行使经济权限进行调整的场合，既存在权力的调整，也存在权利的调整。如在审计关系中，审计机关依据审计法规定的职权对被审计单位进行审计，这是强制性的权力的调整，被审计单位必须服从；同时，在审计中，被审计单位依法享有权利、审计机关同时承担义务，这是非强制性的非权力的调整，审计机关与被审计单位之间在这里不存在命令与服从关系。主张单纯权力的调整方式，不符合当代经济关系法律调整的事实，也不符合国民经济运行中产生的经济关系对法的要求。

经济法调整方式的结构，是多重结构。在这多重结构中，每一调整方式都不是孤立存在的，而是有机联系、相互渗透，共同作用于对象客体。这是经济法调整方式结构的显著特征。

二、经济法调整方式的构成

经济法调整方式，由指令性调整、修正性调整、引导性调整和参与性调整等四种调整方式组成。传统法学理论将法的调整方式划分为权力的强制性调整和非权力的非强制性调整。这是从公法和私法的划分引出的调整方式的划分。应当认为，将法的调整方式仅仅归结为强制方式和非强制方式是不够的。法的调整方式的分类，应当是在法对具体关系的调整中有针对性地产生出来的。如"修正性调整"，实际上是法对法律关系的调整产生的，其本身不存在所谓强制与非强制问题，但它却是实际存在的单独的调整方式。

（一）指令性调整方式

这是由法律法规直接规定或国家经济机关依法指示命令的调整方式。指令性调整方式具有直接强制性，如有违反，则承担相应的责任。

1. 法律法规直接规定指示命令的调整方式

这种调整方式包括授权方式、禁止方式、义务方式、限定方式和制裁方式五种：

授权方式，是由法律法规直接授予国家、国家经济机关以及社会经济组织等某项具体经济权限的调整方式。这里的授权方式具有主体广泛性特点，以及所授之权包括经济权力，也包括经济权利。行政法上的行政授权，限于"行政法律关系主体"的行政机关，所授之权为行政权力。因此，经济法上作为调整方式的授权方式与行政法上作为行政主体的行政授权，是有区别的。授权包括综合授权、分项授权和交叉授权三种。综合授权，是将某综合权限授予一经济法主体。如将对大气污染的防治实施统一监督管理的权限，综合授予各级人民政府的环境保护部门。分项授权，是将某综合权限分项分别授予若干经济法主体。如将大气防治污染综合权限中大气污染防治、烟尘污染防治和废气、粉尘、恶臭污染防治诸分项的监管权限，分别授予环保部门、其他监管部门、国务院有关主管部门。交叉授权，是将某一权限分别授予不同的经济法主体。如对机动车辆污染大气实施监管的权限交叉授予各级公安、交通、铁道、渔业部门。

禁止方式，是法律法规直接规定不允许经济法主体进行某种活动的调整方式。一般在法规范中使用"禁止"、"不准"、"不得"、"制止"、"不允许"等字样。因为违禁行为将产生直接法律后果，所以禁止条款必须十分明确。这里有两点应当注意：一是禁止的适用除外。适用除外是法律对合法事实的确认，即禁止的排除。二是禁止与不作为不同。不作为是指行为人有实施某种行为的特定义务并且能够实施，却消极地不实施这种行为。应履行某种特定义务而不履行，是不作为的本质含义，这显然与禁止作某种行为是不同的。

义务方式，是由法律法规直接规定经济法主体某项具体的经济义务的调整方式。我们在理解义务方式的含义时，不能把义务仅仅理解为不得为某种行为，义务包括作出一定行为和不作出一定行为两个方面，即积极义务和消极义务。明确这一含义，就把"义务"概念与"禁止"、"不作为"这两个概念区别开了。

限定方式，是由法律法规直接规定主体、活动、时间、地域等界限范围的调整方式。对主体的限定，如对中外合资企业主体的限定，对特定商品购销主体的限定，等等。对经济活动的限定，如对外国投资者投资额、最高限价和最低保护价，对造林成活率，对支持生产的产业、产品及停止生产的产品、限制生产的产品的限定，对某一经济行为成立要件的限定，等等。对时间的限定，如对申报、报告、审核期限的限定，对完成一定工作期限的限定等。地域限定，如对经济区域的限定，包括开放口岸、经济技术开发区、经济特区、经济欠发达地区等。

制裁方式，是法律法规直接规定经济法上的责任和责任措施的调整方式。这种方式，对于制止经济违法活动具有重要作用。财产制裁，包括违约金和赔偿金制裁、罚款制裁、没收制裁等。组织管理制裁，包括通报批评、警告、限价出售、强制收购、停止营业、吊销营业执照等。司法制裁和仲裁制裁，是强制执行司法判决决定和仲裁裁决决定的制裁。

2. 国家经济机关依法进行指示命令的调整方式

这里的指示命令，不是法律法规直接规定的，而是国家经济机关依据法律法规规定的经济权限进行的。这种调整方式包括指示方式、补充方式。

指示方式，是国家经济机关依法进行指示、命令的方式，包括命令、许可和免除三种方式。命令，是国家经济机关在管理、监督、处理经济事务中依法对经济主体进行命令，使之服从。许可，是对法律规定的一般禁止行为，在特定场合对特定对象，予以解除禁止。如1984年《中华人民共和国森林法》第17条规定：在森林防火期内，禁止在林区野外用火，因特殊情况需要用火的，必须经过县人民政府或者县人民政府授权的机关批准。依照这一规定，受权机关可行使权限，对于因特殊情况需要用火的予以批准。这里应当注意,许可,不是经济机关自行设定权利,而是依法对一般禁止义务的解除。免除,是指对应尽义务的解除。如税法关于免税的规定。“对应尽义务的免除”与“对禁止解除”是不同的。

补充方式,是国家经济机关对法律事实进行设定、变更和消灭的具体方式。这种方式,是对业已存在的法律事实(符合法律规定的经济情况)所作出的一种经济权限上的补充行为。包括认可、设定、撤销三种方式。认可,是对特定经济法律事实的确认。在具体经济权限措施中,一般使用“承认”、“同意”等术语。认可是一种明确的、正式的、稳定的承认行为。如审批、验收、对主体资格的确认、对无效合同的确认、保险公司对索赔额的认定、统计机关对企业统计资料的核准等。一经认可,法律事实即发生法律上的效力。认可是补充其法律事实的效力,经认定后完全生效。应认可而未经认可,则其事实无效。应经认可的事实未经认可,其行为为违法。设定,是依法对经济主体的经济权利、法律地位的设定。其特征是:主体的法律地位和新的权利,是国家经济机关依法赋予的。如经工商管理部门进行“企业登记”,企业法人的法律地位即告设立;根据规定,对于某类特定物资由指定单位收购或向指定单位出卖,指定单位的权利即已设定。撤销,是对曾依法赋予的法律地位和经济权利予以消除。如撤销企业法人登记,则该企业法人资格消灭;吊销营业执照,则基于生产经营范围曾获得的权利消灭。

指示方式和补充方式都是国家经济机关的职权行为。国家经济机关在国民经济中拥有重要地位,其权限是法律赋予的。行使经济权限的调整方式必须做到:依照宪法和法律规定;符合法定程序;在法定权限范围内实施。

(二) 修正性调整方式

这是国家通过立法,对现实经济法律关系本身加以变更、修改或对立法原则加以修正的调整方式。包括修正主体方式、修正客体方式和修正权利义务方式。

这种修正性调整方式也是由法律法规直接规定,但与前述法律法规直接规定方式的区别是:其对象是已被法律所规范的关系即经济法律关系,不是直接经济关系。因此,修正性调整实际上不是法与法的对象的关系,而是法与法律关系的关系。如工商企业登记依《企业法人登记管理条例》执行,但《关于加强乡镇企业劳动保护工作的规定》中规定:“有易燃、易爆和尘毒危害作业的新建乡镇企业,由建设单位提出申请书,经县主管部门、劳动部门和公安部门审批”。这三个部门会批,是这类新建乡镇企业的成立要件。这是立法对企业成立法律关系的修改。

(三) 引导性调整方式

这是由法律法规直接规定或国家经济机关依法进行指导的调整方式。引导性调整方式是非强制的、非权力的,具有间接调整的特点,主要包括价值手段方式、经济指导方式和指导性计划方式。

1. 价值手段方式

这是法直接规定利用价值手段对国民经济进行间接调节的方式。价格、税收、信贷、利润、成本、利率、汇率以及工资和奖金、津贴等都属于价值手段范畴，其中主要价值手段是价格、税收和信贷三大手段。利用价值手段调整方式，是基于法律、法规直接规定。但这里的"直接规定"，一般是原则性、基础性规定，如规定价格形式，而不具体规定商品或劳务的价格；而且，不仅是某一法律、法规直接规定，还要有相关诸法律、法规作配合的规定。这是法利用价值手段方式的重要立法特征。

价格手段是最重要的价值手段。价格是市场经济的焦点，是调节生产和消费的重要工具。法利用价格手段调整国民经济，集中表现在两个方面：一是控制物价总水平。除直接规定禁止乱涨价和滥发奖金、实物，乃至规定停止价格或物价上涨率不超过一定比例等之外，还要辅之以货币法、税法、财政政策立法和工资法等相配合。二是调节价格体系。包括比价体系、差价体系和价格形成体系。

税收是财政收入的主要来源，法利用税收手段，调节国民收入的分配和再分配。法利用税收调整国民经济的主要表现是：直接规定税种、税目和税率，如增设利息税、燃油税、遗产税等，规定具体税率；直接规定减免税，如规定中外合资企业和高新技术企业的税收优惠措施等。

信贷是货币借贷的信用活动，是国家动员和分配货币资金的一种形式。法利用信贷手段调整国民经济的集中表现是利率。利息率是计算借贷资金增值程度的数量指标，它是利息额与预借借贷资金即本金的比例。利率能够调节资金供求关系，是引导资金借贷的重要方式之一。

价值手段是调控国民经济的间接手段，一般无法律效力。但关于这种手段的具体规定，有一定约束力。

2. 经济指导方式

这是法通过国家经济机关对经济组织的生产经营活动进行指导的调整方式。有些人对"政企分开"作片面理解，认为"政企分开"就是政府同企业从此毫不相干，井水不犯河水，连经济指导也不要了。其实，这种经济指导在西方市场经济国家是普遍存在的，并能产生实际效果。经济指导的法律依据，是我国立法中关于国家经济机关"转变政府职能"，将主要依靠行政命令方式转变为"服务"方式和监督、管理方式的原则规定。经济指导的具体内容和运作，也须依据相关的法律规定。

经济指导方式包括指导、建议、评价、咨询等方式。

指导方式，是就经济组织的企业目标、生产经营方向和企业决策进行引导，具有导向作用。国有企业往往存在利润最大化和人均收入最大化双重目标，这就容易使企业只追求产值目标，导致企业短期行为。通过指导，可以帮助企业解决企业目标合理化问题，以实现法律规定的“考核企业的主要指标和辅助指标，是效益指标”；在企业生产经营方向上，通过指导使企业坚持经济效益与社会效益的统一，制止粗制滥造、以次充好和假冒伪劣产品；在企业决策过程中，国家经济机关可以提出问题、帮助拟订方案、进行可行性分析，最后就每一阶段、每一环节的决策的针对性、择优性、可行性、风险性等提供指导。

建议方式，是国家经济机关通过建议的方式提出自己的主张和意见。建议的范围很广，如对企业协作、产品定价、投资、签订合同等的建议。对于认为有可能影响生产任务的落实，或完成生产经营任务有障碍时，可以提出建议。建议方式对企业无约束力，但当企业不听从建议，可能因此给企业或国家经济造成损害时，建议便成为其后发布命令的前提。

评价方式，是国家经济机关运用经济观点认识和了解经济组织，对其现状、贡献和对外影响等方面进行结论性评估。经济评价，一般有生产经营管理评价、产品质量评价、劳动管理评价、物资供应和产品销售评价、财务评价等。贡献评价，是分析资金、设备、技术、管理、人才等条件要素与经济贡献的关系，并得出结论，这种结论，一般表现为企业定级和企业及产品、商标、计量、质量等的评优。奖励评价，是设置各种奖项并进行奖励。

咨询方式，是国家经济机关接受经济组织的咨询，通过答询，完善对经济组织的间接管理。咨询具有直接民主协商性质。答询并不表示国家经济机关的意图和决定，咨询是否被采纳，经济组织有自我决定权。咨询所表达的是国家经济机关执行国家职能活动时的一种判断，而且一般能反映立法、国家政策和经济的实际状态，因而成为一种重要的经济指导形式。咨询包括经济咨询、法律咨询、政策咨询、科技咨询、信息咨询和合同咨询等。

经济指导本身没有法律效力，具有弹性特征，因而不存在对经济指导的法律保护问题。但经济指导方式是法调整国民经济的一种间接形式，因而经济组织应当认真对待。

3. 指导性计划方式

这是法通过国家制定指导性计划调整国民经济的方式。指导性计划无强制性，但它同指令性计划一样，也是由上级机关制定并下达执行，因而指导性计划方式是国家间接调控国民经济的方式之一。

指导性计划调节是“参数调节”。国家制定计划，对未来经济发展目标、方向、增长速度、产业结构等进行预测。指导性计划具有指示性、预测性特征，其计划指标不层层分解给企业。指导性计划的实现，主要靠多种手段达到指导性计划的要求。

指导性计划无具体约束力,但对经济组织的生产经营活动有调节作用。

(四)参与性调整方式

这是国家和国家经济机关以经济活动主体的身份参加经济活动,以调节经济发展的方向、限度,维护社会经济秩序的调整方式。国家和国家经济机关不是以权力主体的身份而是以经济活动主体的身份参加经济活动,享有经济权利并承担经济义务,这是这种调整方式的重要特点。

参与性调整方式,主要包括参与特定购销活动、参与特定借贷活动和参与特定生产经营活动三种方式。

1. 参与特定购销活动方式

国家经济机关依法参与特定物资、紧急物资的购销活动,如针对"棉花大战"、"羊毛大战"、"蚕茧大战"等,国家颁布法规,依照法规规定,国家直接参加棉花、羊毛、蚕茧等物资的买卖活动。又如根据国务院关于提高棉花价格和实行棉花调出调入包干办法的通知,棉区政府设专人负责棉花收购工作,指定由供销社统一收购、经营,不开放棉花市场,由国家规定调出任务指标,指定调入地区,其他任何非指定地区、非指定单位(个人)均不得收购、经营。

2. 参与特定借贷活动方式

发行国家公债,是参与借贷活动的典型形式。由国库直接发行债券,实际上是国家向公民、企事业单位、社会团体等借款。根据国库券发行条例的规定,国家承担到期还本付息义务。举借内债,是调节货币关系,稳定金融的重要措施,对于保障国民经济良性运行具有重大意义。发行货币是行政权力,而发行债券则是国家以借款人的身份进行经济活动,享有权利并承担义务。

3. 参与特定生产经营活动方式

国家以当事人一方的身份出资,兴办合资企业或合作进行生产经营活动。如根据《中华人民共和国对外合作开采海洋石油资源条例》的规定,对外合作开采海洋石油资源业务,统一由中国海洋石油总公司负责。该公司是国家公司。

在经济活动领域,国家和国家经济机关不是以权力介入经济,而是依法以经济权利参加现实经济活动,这是法调整经济关系方式的重大突破。

三、经济法调整方式提法评价

在经济法调整方式问题上,国内外主要有三种提法:三位一体说法、综合方法说法和三种手段说法。

(一)"三位一体"说法

苏联现代经济法学派认为,经济法的调整方式有三种,即从属方法、协商方法和建议方法,这三种方式三位一体。从属方法,"表示一方服从另一方对它必须遵守的指示";协商方法是"双方协商解决问题";建议方法是指"只有建议性质的指示”。民法学家B. K. 拉伊赫尔批驳了“三位一体”说法,其主要观点是:其他部门法也存在三位一体的方法。他认为:“在民法和其他法部门中已经存在的不是一种调整方法,而是存在几种调整方法,其中包括上述三种方法在内”。他特别提到民法是“三元调整方法”。

实际上,“三位一体”说法本身和B. K. 拉伊赫尔的驳论,都是有缺陷的。首先,两者都是从法部门理论出发,基于不同的法部门有不同的调整方法来研究经济法的调整方式问题。法部门理论的缺陷决定了传统的调整方法理论的缺陷。其次,两者都是把法的调整方式误认为是主体间相互关系方式。法除调整主体关系外,也调整客体,还存在法不通过主体而直接调整经济关系的情况,如经济结构、运行状态、比例关系等。应当知道,调整国民经济运行经济关系与调整主体间的关系,是有重大区别的。最后,三位一体说法实际上是行政法方法和民法方法的混合。这两种方法,与对国民经济运行关系进行刚性调整和柔性调整的需要是不适应的。

(二)“综合方法”说法

我国有一种“综合方法”说法,主张“不同种类的法律规范,还通过相互影响、交互作用,实现对经济生活的综合调整”,认为这种调整的方法,包括“经济民法调整方法、经济行政法调整方法、经济劳动法调整方法等三种性质各异的调整方法”。“综合方法”说法与“三位一体”说法的不同之处在于:“综合方法”说法主张经济法“没有特定的调整方法”,是“以性质不同的方法统一加以调整”,而“三位一体”说法认为,这三种方法是有机统一的,已形成经济法的调整方法。

“综合方法”说法的根本缺陷,是在不改变民法方法、行政法方法的属性和固有调整特征的情况下,在经济法的名义下简单相加为经济法方法。这样做,就直接否定了经济法所应具有的属于自己的调整方法,进而实际上也否定了经济法存在的必要性。此外,以为在民法、行政法、劳动法的前面加上“经济”字样,就可以称之为经济法了,是幼稚的法学办法。

(三)“三种手段”说法

“三种手段”说法是针对国民经济管理中行政命令一统天下的弊端提出来的。认为管理国民经济应从以行政手段为主转变为以经济手段、法律手段为主。其中,有人甚至认为经济手段至高无上,其他手段都是为经济手段服务的。

“三种手段”说法的主要缺陷是:首先,降低了法律的地位,忽视法律的特殊功能和作用。法的作用与法律手段不是一个概念,不能将法归结为“法律手段”。其次,对三种手段间的相互关系作了不正确的理解。即使是作为手段时的法律,与其他两种手段也不是平列关系,更不是对经济手段的从属关系,而是其他手段的依据和准则。经济手段的提出、运用离不开法律,任何经济手段都必须是依法的。行政手段的运用也离不开法律,以法为依据,强调“依法的行政”。

行政机关的权限、行政手段的内容,都由法律加以规定,不得任意为之。再次,在实践上容易导致"唯经济手段论"倾向。这样做,把"经济手段为主"误认为"经济手段唯一",用经济手段排斥其他手段。而且,割裂了在经济工作中经济、行政、法律三者的有机结合。最后,"三种手段"说法没有摆脱"人治"的窠臼。法律是"人"制定的,但"人"必须遵守法律,依法办事。把法律手段置于"人"的工具地位,而不是把法律置于"人人"尊崇的准则地位,便为"人"恣意而为打开了方便之门。这对国民经济的良性运行是十分有害的。

第六章　经济法机制

经济法机制，是在调整国民经济运行经济关系过程中，诸经济法律规范相互联系、相互作用的制约关系及功能的机理。“机制”一词源于希腊文，意指机器的构造和动作原理。这里的机制所表达的，是在机器运转过程中，各零部件间互为因果的联结关系和运转方式。实际上，在每一个系统内，都有其存在和运行的机制，如生物机制、病理机制、经济机制等等。法律系统同样存在机制问题。苏联学者首先提出了“法律机制”术语。人们通常认为法律机制就是法律规定，并在法律“规定”意义上去理解法律机制。其实，法律机制与法律规定并不是一回事。这里，提出“经济法机制”术语，并分析了经济法机制领域诸理论问题。在法律领域，经济法的机制表现得最为鲜明。

在社会经济演进到国民经济一体化阶段，在新的经济规律作用下，必然形成国民经济运行机制，而经济法机制是经济规律、经济机制的客观要求和直接结果。确立经济法机制概念，深入研究国民经济运行的最佳法律调整问题，对于保障国民经济良性运行，保障经济立法的科学性，具有重要意义。

本章以经济法机制的客观性立论，在分析经济法机制形成条件的基础上，通过法律机制的时间形式和空间形式的表现，说明经济法调整原理的基本问题。

第一节　经济法机制的形成条件

经济法机制不是经济法律法规规定本身,也不是经济法规定的简单相加。"法律机制"存在于法律法规的相互关系之中,它是法律法规相互关系的状况、性质和特征所固有的概念。经济法机制是具有相关关系、整合性的经济法律规范按照大体系运行规律进行调整形成的。这样看来,形成经济法机制,必须具备大体系、相关关系、整合性三个基本条件。

一、大体系条件

对于经济法律法规的体系,作为完备形态经济法的"法群",仅用作为"法现象"所具有的一定体系性来概括还是不够的。经济法体系是"大体系"。经济法的调整,是按大体系的规律进行的。大体系的基本特征决定经济法大体系的基本特征。

(一) 体系的合理性

大体系的根本特征,是体系的合理性,整个体系有共同的目标、共同的宗旨。这里的合理性,包括该体系存在的合理性和体系结构的合理性。体系里作为结构分支的各个组成部分,都有自己的目标、宗旨和功能,但它们的总目标、总目的是同一的,离开总目标、总目的,是不能组成体系并称之为体系的。

经济法体系的总目标是总需求与总供给的平衡。各项经济法律制度都有具体目标和宗旨,但它们总是围绕这一总目标进行调整。就是说,它们总是要保证物质资料的价值形态如财政、信贷、货币流通量、外汇收支等的平衡,保证其实物形态如国民经济各部门之间,包括生产资料与消费资料、农轻重以及工业内部、农业内部的各种比例关系的平衡,从而保障国民经济良性运行。

20 世纪 80 年代以来,世界虚拟经济空前发展。股票、债券市场,期货市场,期权市场上的金融投机使资本迅速集中。虚拟经济的畸形发展是不断发生世界性金融危机的重要原因。在这种态势下,经济法除保障实物经济与价值经济平衡外,还应保障虚拟经济与实物经济、价值经济的平衡。这是经济法体系合理性的重要方面。

(二) 体系的规模性

体系的规模大,具有大量的要素、部分、执行的职能和方法。规模大,是大体系的显著特征。任何一个体系的内部构成都是有联系的,但仅有联系还不能形成机制,只有体系的规模大,体系内有机联系,才能形成机制。

在国家的整个法律体系中,经济法体系是现行立法中规模最大的体系,其经济法律法规的数量,法律制度的全面性,法律规范分布的广度、深度,是其他任何法所不能比拟的。在这样的法体系中,各法律制度相互作用、相互制约,形成了全方位的调整机制。

（三）体系要素反应的整体性

体系内要素间具有不可分割的相互联系,包括逆向联系,以及由一个因素的变化所引起的其他因素的变化。这些要素的变化,一定表现为体系整体性反应。

体系内的基础要素,是法律规范。经济法律法规要素的变化,必然引起经济法调整的变化。例如,在所有权制度中设立私人所有权保护的规定,则使对公民生活资料所有权的保护同时增加为对私人生产资料所有权的保护。这一立法要素的变动,必然引起经济组织立法、经济活动立法、经济竞争立法、经济调节立法和管理监督立法的变动。由此可以看出,对立法要素变化的反应,总是经济立法的整体性反应。对某一经济活动、经济关系的调整,必然要求其他法的调整与之相配合。这样,在经济法体系内部,法的废、改、立必然发生。

（四）体系结构的从属性

体系组织本身具有诸多从属结构,这是体系的结构特征。体系组织是由若干部分构成的,每一部分又分为若干单元,在单元内部及单元间存在从属关系,即有属有从的关系。这是一种决定与被决定、控制与被控制关系。

结构的从属性,是经济法体系的结构特征。这种结构从属性有三种情况:一是法体制组成的从属性。分布于经济法律法规及其他法律法规中的经济法律规范,按照经济关系的一定类型组成经济法律制度,若干经济法律制度又组成大类经济法律制度,若干大类经济法律制度共同组成经济法体制。这是法律规范、法律制度、法律体制的层级所属关系。二是经济法律法规相互间的从属性。这一般适用法的级别原则,即一般法从属于基本法、下位法从属于上位法。三是经济法律规范相互间的从属性。总则性法规范与分则性法规范、基础性法规范与派生性法规范、原因性法规范与应因性法规范等法规范之间的关系,是从属关系。正是这样的从属结构,才能保证经济法的统一性和调整有效性。

（五）体系内外因素的干扰性

任何大体系,均有体系内部和外部的干扰因素的存在和影响。干扰因素作用于体系,使体系受到直接或间接影响,发生变化。经济法体系的内部和外部,确实存在干扰因素。外部因素主要是政治力量对比、经济变动、政策措施、形势变化等;内部因素主要是冲突性、矛盾性法律规范。

上述大体系的特征,完全适合于经济法体制。经济法体制的大体系性,是经济法机制形成的前提条件。

二、相关关系条件

大体系条件确立后,还存在大体系内诸要素的相互关系问题。法规范之间必然存在一定的联系,但并不是所有的法规范之间联系的性质是相同的。经济法调整机制的形成,还需要有相关性条件,即法规范之间的关系是相关关系。所谓相关关系,是指法规范之间客观存在的规范方面不固定的相互依存关系。从这一定义可以看出它包括两方面含义:一是一个法规范发生变化,另一些法规范亦会相应地发生变化;二是与一个法规范相对应的法规范的立法方面不确定,即有多少个对应法规范不确定。那么,究竟制定哪些方面的对应法规范,这取决于立法动机、立法技术乃至偶然因素等条件。这种经济法规范之间的相互依存的相关关系,存在功能上的统一性。只有法的相关关系的存在,才存在调整机制问题。

(一) 调整客体同一的相关关系

这种法规范之间相关关系的形成,基于同一调整客体。如对于价格关系客体,其调整规范有价格构成法规范、定价法规范、价格调节法规范、价格监督管理法规范等。这些规范,调整的都是价格关系,它们相互之间存在依存关系。如定价法规范规定了政府定价、政府指导价和协商价格三种价格形式,则价格调节法规范必须与之相适应、相配合,其提价、降价等价格调节措施的规定,要分别从三种价格形式出发。反之,就一定会出现价格关系的混乱。

(二) 调整客体非同一的相关关系

这种法规范之间相关关系的形成,不是基于同一调整客体,但它们的调整目的和功能一定是相同的。经济法规范之间确实存在调整功能上互为条件、互为根据的关系。一般表现为,某一法规范发生功能上的作用,其他相关法规范会相应地发生功能上的作用。有些法规范所调整的客体是不同的,但它们具有调整目的和功能上的统一性,因而能够形成相关关系。如为了改变零售价格过低的状态,除价格法规范调整外,信贷法的降低利率法规范、税法中的减税法规范、货币法中的适度从宽发行法规范等虽然不是用以调整价格客体的,但它们都是为这一目的服务的,因而它们与价格法规范能够形成相关关系。

法规范的相关性,能够解决法规范之间联系的密切程度、表现形式、相互关系的类型及法规范的变化规律等问题,从而形成调整机制。

三、整合性条件

法的相关性解决了法规范之间的相互关系性质,只有具有相关关系的法规范才能形成调整机制,但每一法规范都有自己的具体性质、功能和作用方向,如何使它们在整体上相互适合地统一调整,这就是整合性条件。一架机器的相关性,可以解决"这架机器"上的零部件相互关系问题,但相互间如何发挥作用呢?只有各零部件都具有整合性,才能发挥作用。

法规范整合性,指法体制内相关关系法规范的整体性和相互适合性。这种整合性,有自己的基本特征和要求。

(一) 法规范的集合

法体制由相互调节的、排列有序的法规范集合而成。"法规范的集合",是整合性的前提。零散的、个别的法规范不能形成整合性。法规范集合而成"法群"——法制度,法制度集合而成法体制。经济法体制内部的法规范的组成、顺序安排应当是合理的、有序的,而且相互适应。这种相互调节,表现为一个法规范的设存、变化,要有若干个法规范的设存、变化相对应。

(二) 统一整体的逻辑结构

法体制逻辑地表现为一个统一整体。这里的逻辑结构,是指统一整体的逻辑结构。这样的结构,要求明确统一整体包括几个法制度是合理的、法制度中包括几类法规范是合理的;进一步地,要求同一法制度中的法规范之间、不同法制度之间的相互联系,是逻辑联系。从根本上说,只有逻辑联系形成的整体,才是统一整体。法的完善与法的完备是不同的,不能认为法越多越好、越多越完备。应当强调法的完善化。法的完善化,着重于法的逻辑联系,它是在存在立法能得以调整国民经济运行的相应方面的基础上,强调立法质量。

(三) 按总要求发挥作用

具有自身性质和具体功能的法规范,按照服从于法体制的性质和功能的要求发挥作用。法规范的性质和功能并不相同,有的具有经济调节性质,有的具有经济活动性质等;有的具体功能是权力的强制性的,有的是权利的协商性的,当它们构成经济法规范、纳入经济法调整系统时,其自身性质和功能仍保持着,但为经济法体制的性质和功能所制约,按其总要求发挥作用。这在反周期立法中表现得十分鲜明。如在经济景气运行期,为防止经济过热,则按照经济调节法的要求,实行适度从紧的货币政策措施,而与此同时,经济活动法又要求防止开工不足,经济过快下滑。为实现整合,必须按照反周期法的总要求,诸法协调发挥作用。

(四) 立法总目的的一致性

立法目的的一致性,是整合性首要前提,离开立法总目的,无论法规范的集合怎样排列有序、怎样表现为一个整体,都不能实现整合。经济法立法总目的,是对国民经济运行实现最佳法律调整,经济法规范正是在这一一致性上实现整合。每部法律法规都有自身具体的立法目的,"头痛医头、脚痛医脚"讲的是具体目的,但在立法系统内实现整合,必须做到立法总目的一致。“医头”、“医脚”的总目的是“医人”,离开了“医人”,总目的便丧失了。

整合性条件,解决法与法之间的对立、矛盾、不协调问题。由于诸法规范按一定指导原则组合在一起,在立法总目的下发挥总体功能,因而才能形成经济法机制。

第二节 经济法机制的存在形式

一切事物、现象存在的基本形式是占有空间和时间。就是说,事物、现象是通过空间和时间表现出来的。经济法在空间和时间上存在的机制,可概括为经济法期限机制和经济法形态机制。

一、经济法期效机制

经济法期效机制,指通过对国民经济总体运行经济关系进行调整的顺序关系和作用时间关系所表现的经济法实现的期限效力机制。传统法上的“时效”概念,是某一具体法律法规本身“从什么到什么时间”发生效力,而这里的“期效”概念,是指同类“法群”“在什么样的期间”发生效力。国民经济运行的周期性波动,将产生经济活动、经济关系的相应变动,经过一定时期后,随之而来的是重复性的第二次、第三次等接续变动,因而关于经济周期性波动的立法,也具有周期性特征。如针对经济过热周期的立法,在下一轮经济周期的过热期仍适用,只是根据经济过热的新情况、新问题加以完善罢了。经济萧条期、危机期、复苏期立法也是这样。

经济法期效机制,包括经济法制定期效机制、作用期效机制和实施期效机制。

(一)制定期效机制

法的制定时间,对国民经济运行有决定性影响。立法目的变动,必然带来调整客体、主体和调整方法的变动。如不同周期的投资的变动,必然产生投资主体、资金分配、可贷资金限额和差别利税等法规范的变动,以及企业自有资金投资比例的法规范的变动,与上述变动相适应,必然产生强制手段、非强制手段法规范的变动。

这样,法的制定的适时性被提到首位。任何社会形态经济的发展,都具有阶段性特征,市场经济的发展也具有阶段性。不同经济阶段有不同的立法要求。“超前立法”,使法跑在经济过程特别是经济阶段的前面,“滞后立法”又使法跟着经济跑。两者都是立法的主观过程脱离客观过程,都不能按国民经济运行的内在机制组织社会经济生活。

从根本上说，只有“适时”期间的立法才能产生实际效力，滞后期间立法和超前期间立法，不仅不能产生实际效力，而且不能产生实际效果。

（二）作用期效机制

法的作用受发生效力的具体期间的约束。每一经济部门、每一经济活动的经济过程期间是不同的，因而法在那里发生作用的时间并不相同。如农业部门与工业部门的价格变动不是同步的。由于各地区农产品生产成本不同，又受自然条件影响和生长周期的限制，其价格变动不同于工业品。工业品价格（出厂、批发、零售）的变动，以生产成本、利润和税金为基础，又考虑到国计民生的重要程度及市场供需关系等因素。但价格立法中控制价格上涨的规范却同时在农产品价格、工业品价格那里发生作用。其结果是：合理的农产品提价要求受到该法的限制，从而使农村购买力下降，农业生产萎缩，农村劳动力外流。因此，必须从国民经济总体运行的角度研究制止滥涨价立法的作用时间问题。经济周期立法也是这样。经济过热期的立法，在经济危机期就不起作用。

立法者必须树立经济过程时间差决定法的作用时间差的观念。要求根据每一具体经济过程的期间，及时地有针对性地进行科学立法，做好法的废改立工作。不搞“超前立法”不等于不及时立法。现在的情况是，农产品价格偏低，工业品特别是农用工业品价格过高。这些状况迫切要求通过差别性立法加以改变。

法的强制力能够保证经济活动主体经济行为的合法性，但经济过程有其自身规律，它一定要冲破人为的限制而为自己的发展开辟道路。静态的法与动态的经济的矛盾，造成了两者的“空隙”。如在一定时期内，审批事项立法是有效力的，但在另一发展时期，经济现实要求取消某些审批事项，则原来的审批事项立法失效，不起作用。

在经济与法背离的期间内，应采取政策的、行政的、经济的等各种手段和配套措施，最大限度地缩短背离的时间和幅度，以确保具体经济变动符合法的要求并按法要求的方向发展。

（三）实施期效机制

如果法不能在国民经济运行中实现，再完善的法也是一纸空文。法的实现不仅依赖法的作用，还依赖对法的遵守。

由法的作用过程过渡到法的完成（遵守）过程的时间，是“实施期限”。法的实现期限具有非均衡性的特点。从根本上说这是国民经济的非均衡性决定的，也是经济过程的规律决定的。法的实施期效机制，取决于下述三个条件：(1) 经济活动主体在多大程度上依据法的要求自我规范、改变其不法经济行为；(2) 完成经济监督、明确责任和执行责任措施（制裁）的合理性；(3) 改变现实经济条件的过程。提出“实施期效”概念,有利于强化执法和守法环节,有利于实现国民经济良性运行的保障条件,有利于弱化经济周期。

经济法期效机制是依据经济过程规律和法的调整规律概括出来的。那么,这一经济法期效概念与传统上法的时间效力(时效)概念的关系是怎样的呢?

其一,经济法期效概念是对法的时效概念的深化。法的时效是法的有效时间。其首要含义是法律法规本身规定的时间。而经济法的期效,是由经济过程本身决定的。法的期效理论不是一般地研究法规什么时间生效,什么时间失效,而是着重研究制定时间、公布时间和实施时间的适时性,并使之与经济过程、经济动态平衡和未来发展联系在一起。经济变化了,法才刚刚制定、施行,或者仍未废止,这样,所谓法的适用便无实际意义。

其二,在法的废止上,经济法有特殊性。法的时效的另一个含义是法的废止。法的废止一般有四种情况:按法本身规定的失效日期废止;新法公布,旧法废止;因法的特定情况的消灭,自然失效废止;依特别决议、命令而废止。在经济法那里,作为调整经济循环的法,在各个不同的经济阶段,其相同经济周期立法的立法目的、调整手段、法实施的后果,都基本上是相同的,因而不存在属于同一运行周期立法的相互否定问题,如任何一过热期都是采用增税法,不存在采用以后经济阶段重复出现的过热期的增税法否定前一过热期的增税法即变成减税法的问题;而且在同一经济阶段的不同经济周期立法有其“矫正”性质,如过热运行期是增税法,危机运行期是减税法,不同周期的这种情况在不同阶段,其立法都是相同或相近的。

研究经济法的期效机制的意义在于,在仍然存在和适用“时效”前提下,从经济的周期性变动和国民经济动态平衡出发,研究法在时间上的存在形式,研究法的作用机制和实现机制,从而有效地解决国民经济良性运行的法律调整机制问题。

二、经济法形态机制

经济法形态机制,是经济法存在的表现方式、状态、结构以及在其基础上形成的外部相互联系的机制。经济法形态机制包括表现方式机制、状态机制、结构机制等。

(一)表现方式机制

表现方式机制,是经济法律法规制定及适用地域、立法规模和对象客体方面的存在机制。

在制定和适用地域上,全国性经济立法,由国家权力机关制定并在全国适用;地方性经济法规由地方制定并在该地方适用。这与其他法在制定和适用地域方面的理论是相同的。但在经济立法中有特殊性,突出表现为地方经济保护主义问题,因而必须强调地方立法的国家意志性与地方意志性的统一,地方经济立法必须做到清除地方与中央的经济"割据",使国民经济均衡发展。

在立法规模上,不能把立法规模仅仅理解为经济法律法规数量的多少,应更多地理解为它的完善化和系统化。同时,应强调对现行立法的整理,以解决立法繁杂和互不协调问题。

在对象客体上,各部门、各地方立法都对经济活动主体和经济行为发生效力,但在地方性文件同国家经济机关的部门文件矛盾的情况下,如何在主体那里发生效力,这涉及两者的协调机制。

经济法表现形式机制概念可以区分并确定专门由国家法律所调整的对象客体;由国家经济机关规章或地方立法分别调整或共同调整的对象客体;无条件地由任何规范性文件调整的对象客体这样三种情况。

(二)状态机制

状态机制,是经济法规范之间相互关系状况和发展态势的机制。这一概念,可以通过识别经济法体制内部关系中的复杂状态来选择立法,以实现法的最佳调整状态。

经济法状态主要有:

其一,相抵状态。法的总目的是一致的,但由于具体法规各自在方向、功能上不能产生同步协调效应,因而它们的作用在实际上相互抵消。造成这种状态的主要因素,除了不同经济发展阶段、不同经济周期的立法目标有所不同和若干法规范在功能上的非互补性之外,是立法技术、部门利益倾向,以及执法、守法与法的规定的差异或矛盾。例如,我国《公路法》规定"公路用地的树木,不得任意砍伐",而我国《电力法》规定在依法划定的电力设施保护区内,"前已种植的植物"或"种植植物"的,要进行"砍伐"。这里的"植物"包括树木。在"公路用地"与"电力设施保护区内"的交合地带的树木,上述两法规定是冲突的。

其二,空壳状态。这种状态,是法对经济不产生实际效力,因而处于被经济过程排斥的状态。究其实质,是法的作用从法本身离析出来,使法徒有其"外壳"。造成法的空壳状态的原因,一是立法违背经济规律,如正常经济活动被立法禁止,但仍事实上在进行,使之有法等于无法。二是立法不能得到认真执行或不执行,如反暴利条例从制定至今未及执行。

其三,连锁倾斜状态。在盲目经济过程牵动下,法跟着经济跑,反过来,一个接一个的立法,又使一个接一个的经济过程愈加振荡,振幅增大。如果在经济过热周期,货币财政发行的法、扩大再生产外延的法、增加投资的法、减免税及其他优惠措施的法、刺激消费的法相继出台,则一定会进一步促使经济过热。这些法既是"倾斜"的,又是"连锁"的。

其四,同步匹配状态。这是法的理想状态。这种状态机制表现为法规范构成一个有机整体;互相制约,统一发挥作用,诸规范有规律地按一定方向和方式进行调整并发挥出总体功能,使法处于最佳调整状态。

上述四种状态,都会形成各自的机制,都会在经济实态中发生作用。经济立法要做的是防止或纠正相抵状态、空壳状态和连锁倾斜状态,努力实现同步匹配状态。

(三) 结构机制

结构机制,是经济法体制中各法制度、法规范的分布、组成和构造的机制。

国民经济结构是经济法结构的基础。一般包括:产业法结构、分配法结构、交易法结构、消费法结构。经济法结构还可有其他分类。从经济法的创设主体出发,可分法律结构、行政法规结构和地方性法规结构。任何时候都必须对法的结构关系进行整理,当前尤其必要。这是因为,目前行政法规数量过大;相当多的地方性经济法规与法律乃至宪法相抵触。

法的结构机制概念,可以解决如何对现有法的结构进行处理,使之合理化,以及在结构性变动中使结构趋于优化、高级化问题。

应当看到,经济法的形态机制与传统法上的"地之效力"是不同的。地之效力,指法的适用的地域范围,这从具体法律规定本身上看是一目了然的,但经济法只研究地之效力是远远不够的,它必须研究法的范围、状态、结构以及它们相互间的联系机制和作用机制。这是保证经济立法科学性、合理性的首要要求。在经济法领域,"地之效力"仍保持着,但立法必须深入到经济关系内部,解决具体的法律调整问题。

研究经济法的形态机制的目的,是从法与经济的相互适应性出发,研究法在空间上的存在形式,研究法的表现机制,从而有效地解决国民经济良性运行的法律调整机制问题。

第三节 经济法基础机制

经济法机制是多门类、多结构、多机能的复杂系统,但作为其基础的机制有两个:一是接续性经济关系调整机制,二是周期性经济关系调整机制。其他机制,都是由基础机制决定的、派生出来的。上述基础机制是在同一调整过程中形成的,是不可分割的,只是为了说明的便利,才在思维抽象上分为两个过程。

一、接续性经济关系调整机制

这是从经济法存在的“横断截面”角度研究经济法机制问题的。与民法所调整的限于财产领域的交易关系不同，经济法这一“横断截面”的经济关系，集中表现为货币关系、基本建设关系、企业经济关系和社会消费关系。这是一种互为条件、互为因果的经济接续关系。调整经济接续关系的法，可概括为“促接续法”，其重点是“促流通”、“促开发”、“促生产”、“促消费”。这里，作为“促接续法”的经济法机制，是促进接续机制。在上述具体经济关系领域均存在两种不同的法律系统，因而存在两种不同的法律调整机制。

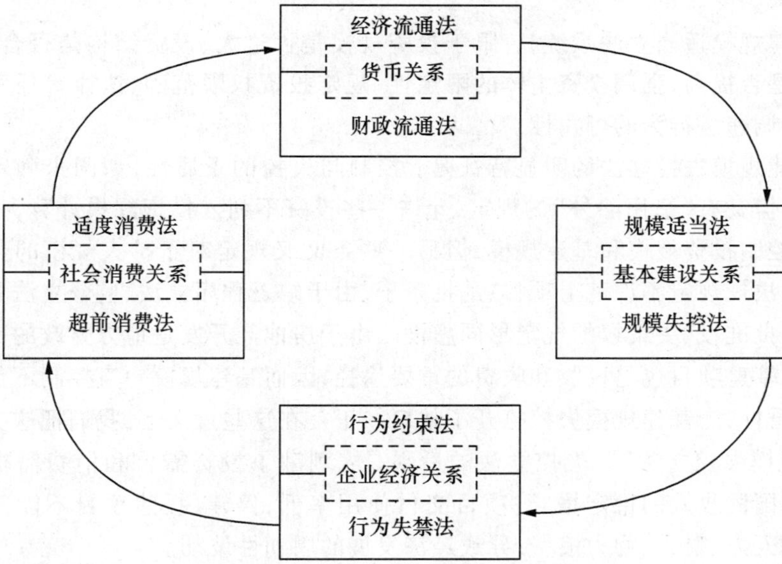

接续性经济关系法律调整机制图示

（一）两种法律系统

1. 货币关系的法律系统

货币作为流通手段和支付手段，媒介社会经济的交换过程。货币流通的规律是：一定时期内流通的所需货币量，为该时期用现金交易的商品（劳务）价格总额和货币流通的平均速度所决定。其中，商品总待售量越大，所需货币量越大；待售商品总量的价格水平越高，所需货币量越大，两者成正比，而货币流通速度越快，所需货币量就越少，两者成反比。

这一规律，决定了货币关系两种立法的不同性质：

货币经济发行立法，要求纸币发行量与现金交易的商品价格总额相适应，从而使纸币所代表的单位价值量稳定。

货币财政发行立法，是用财政“透支”办法使国家财政收支暂时账面平衡，但会出现物价上涨、通货膨胀、国民经济运行不良或趋向恶化等状况。

货币是国民经济运行的“总闸门”。货币的经济发行法或财政发行法这两种法律系统，都会形成法律机制，从而造成不同的经济后果。

2. 基本建设关系的法律系统

在货币发行总量中，一部分转化为消费资料购买力，纳入消费资金；一部分通过投资形成流动资金积累。在正常情况下，固定资产积累与投资总额的比例大体持平。两者的关系是：固定资产投资合理化要求控制投资需求，而控制投资需求又有待于固定资产投资合理化。在这一关系中，存在两种法律系统：

基建规模适当立法系统，着眼于投资规模是否过大、投资结构是否合理、投资效益是否提高，强调投资主体的限定性，规定投资权限范围、法律责任和制裁措施，强调违法行为的可罚性。

基建规模失控立法的明显特征是：控制与失控的矛盾性，如国家确定了投资规模，但又有“适用除外”的规定，允许一些投资不列入投资规模计算，一些条文规定控制投资规模和基建规模，但另一些条文又规定对于扩大规模的奖励措施；有的法规规定不许乱上项目、乱批条子，由于缺乏程序立法、监督立法和责任立法，使批准权、决策权的规定形同虚设。由于房地产开发是地方财政的重要来源，其他基建项目也是税收和收费的重要途径，因而基建规模一直控制不住。立法的矛盾性，为基建规模失控打开了缺口。正是在这些意义上，我们把这类法称之为“规模失控立法”。失控立法的后果是：刺激了投资需求和消费需求双膨胀；影响国民收入的稳定增长；项目交付使用率低，停建、缓建项目不能发挥作用，造成人力、财力、物力浪费；导致经济发展的周期性波动。

基建规模的适当与失控，各自都有一套法规范在起作用，这些法的作用机制将决定国民经济运行的态势与质量。

3. 企业经济关系的法律系统

通过基本建设，能够不断建立新的产业部门，开发新资源，改变不合理的生产力布局和产业结构。无论是新增生产能力的新建，还是以内涵为主的扩大再生产的改建、扩建，都是为实现这一目的服务的。作为固定资产投资形成的企业，在其内部和外部经济关系中，均存在企业行为的约束与失禁问题。

企业经济关系存在两种法律系统：

企业行为约束立法，在注意对企业内部、外部经济关系调整的基础上，特别强调对企业运营机制的调整，包括对权限机制、决策机制、动力机制、行为机制、运行机制、分配机制、外部环境机制的调整。这样的立法，既能增强企业活力，又能保障企业守法经营。

企业行为失禁立法,其机制作用的结果,是使企业目的只为了追求最大限度的利润。这样的立法,必然导致以下后果:企业短期行为;人均收入极大化软约束;单纯产值目标使成本虚拟化;形成投入品与产出品的过大价格反差;粗制滥造,以次充好,乃至搞假冒伪劣;企业积累弱化;履约率低,三角债无法偿还;生产经营的盲目性;不合理的解雇职工的办法,以增加经济效益。

4. 社会消费关系的法律系统

企业生产发展的源泉是社会消费。生产资料消费属于直接生产过程,因而这里的消费指生活资料消费。消费是通过分配这个中间环节实现的。社会成员依靠分配所得,在消费领域形成的经济关系,是社会消费关系。社会消费关系存在两种法律系统,即适度消费立法和超前消费立法。这两种立法,在消费需求、消费结构、消费水平、消费方式上会产生不同的社会经济后果。

不适当的经济立法,会形成过高收入、特权收入和非法收入,因而刺激消费需求,拉动社会消费的畸形膨胀。消费结构的重心和比例,反映两种立法的消长。在优先发展生存资料还是享受资料,重点生产高档品、奢侈品还是耐用生活品的立法选择上,在促进个人消费还是公共消费的立法选择上,都会形成不同的法律机制。影响消费水平的有国民收入的分配、积累与消费的比例、积累基金与消费基金的使用、控制人口增长、价格总水平和产品质量等因素,而这是一个综合作用的法律系统。

判断超前消费立法还是适度消费立法的依据是:与现实生产力发展水平是否适应;是否恰当反映人口规模和人口阶层构成状况;与国民收入、劳动生产率是否同步增长;是否有利于自然资源的开发利用,保持生态平衡。

(二) 法律系统的联系机制和作用机制

总括地说,对基本经济关系的调整,存在两种不同的法律系统:一是经济发行立法—规模适当立法—行为约束立法—适度消费立法系统;一是财政发行立法—规模失控立法—行为失禁立法—超前消费立法系统。

这里,前一法律系统是"适当化法律系统",后一法律系统是"非适当化法律系统"。法是一种客观强制力量,它一定要在国民经济运行中强制地发挥作用。因此,两种法律系统会分别产生不同的社会经济后果。

在整个法律调整中,两种法律系统的联系和作用机制有三个:(1) 适当化机制;(2) 适当化与非适当化交错机制;(3) 非适当化机制。第一种机制是理想机制,可以保障国民经济运行的良性状态,第二种机制是最容易存在的机制,第三种机制是应当避免的机制,因为它使国民经济运行恶化。

这里应注意把握以下两点:

其一,对适当化法与非适当化法,不能理解为是关于某项经济关系单一立法,而应理解为是调整某项经济关系的形成同一作用机制的法规范的总和。如基建关系领域的“规模适当法”，不只是基建立法，而是货币发行法、固定资产投资法、劳动力招用法、信贷法、企业积累资金使用法、基建程序法、计划法、利用外资法、国家机关经济权限法、企业债券法、自筹资金审计制度法、差别税率法、基建合同法等一整套匹配联系、内在统一的适当化法规范的体系。如果只有关于控制基建规模的规定，但财政透支过大、固定资产投资失控、银行贷款管理混乱、企业随意开拓金融市场、挪用生产资金，国家不开征建筑税、不实行差别税率、不是把效益指标（投资回收期、固定资产交付使用率、项目建成投产率）而是把投资数量指标作为考核基建规模状况的标准，那么，纵有控制基建规模的立法，基建规模也控制不住。因此，基建规模适当立法，是上述一系列适当化立法的总和。基建规模适当，是上述法律机制作用的结果。

其二，非适当化法或两种法系统的交错法机制的成因是复杂的。应当说，不是立法机关要专门制定这种非适当化法，而是立法技术等原因使然，如法制不完善，法规范之间缺乏有机联系，有些法规本身既产生积极结果也产生消极结果；法的超前性或滞后性；法的调整空白领域；法的作用方向不一致；法与法矛盾和冲突，等等。

很显然，假如单项法规或若干法规是合理的，但以上几种立法形成合力，形成作用机制，则整个立法是不合理的，这样的立法，会给国民经济运行带来消极影响。

二、周期性经济关系调整机制

这是从经济法存在的“纵断截面”角度研究经济法机制问题的。民法根本不涉及周期性经济关系，而国民经济的周期性恰恰是民法的物权法和合同法等法的调整而形成的。国民经济并不是一个绝对稳定的运行系统。在市场经济条件下，经济发展具有周期性或周期性波动，因而法应当从这一规律出发，进行有针对性的调整。调整周期性经济关系的法，可概括为“反周期法”，其重点是“反过热”、“反衰退”和“反滞胀”。这里，作为“反周期法”的经济法机制，是反周期机制。

在经济过热期、经济萧条期、经济危机期、经济复苏期，均存在两种不同的法律系统，因而存在两种不同的法律调整机制。

（一）两种法律系统

1. 经济过热运行期的法律系统

经济过热的主要表现是：全社会固定资产投资特别是基建规模过大；消费需求高速膨胀；产业结构和生产结构明显不合理；物价上涨幅度过高；明显通货膨胀；国际收支状况不良。经济过热集中表现为国民经济增长速度（国内生产总值 GDP）过高过快。

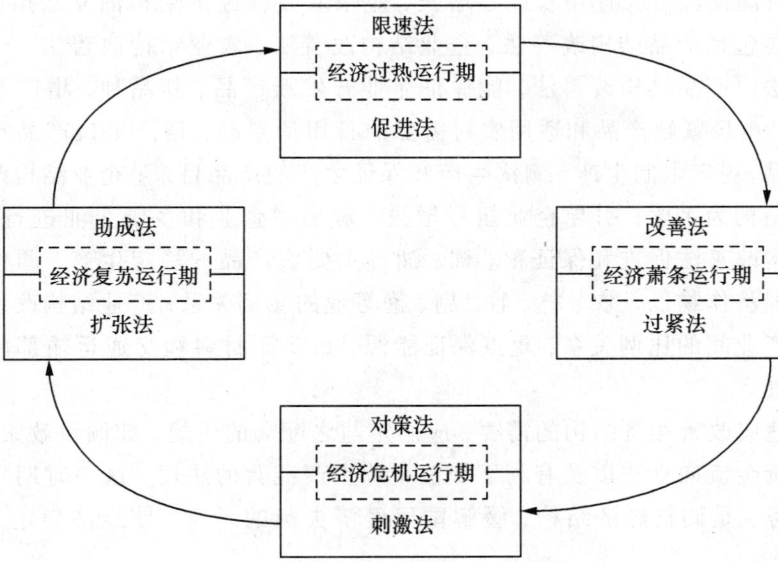

周期性经济关系法律调整机制图示

在经济过热运行期,存在两种法律系统:

一种是限制增长速度立法,这是为防止和控制经济过热而采取限制措施的立法,主要包括限产法、限销法、限税法、限利法和限贷法、限制进口法。限产法将避免企业靠拼设备、争原料、攀比速度而单纯追求产品数量(产值);限销法将避免企业在原材料、能源和劳动力的高消耗水平上,粗制滥造产品,乃至推销假冒伪劣商品;限税法可以避免通过种种不合理的优惠措施让税让利,以刺激生产的"弹性税收";限利法和限贷法避免通过降低贷款利率、降低储蓄利率以及不合理的贷款结构而诱发企业争贷款以盲目扩大再生产;限制进口法避免盲目进口、盲目引进技术和资金,从而造成国际收支恶化。限制国民经济增长速度立法是上述等一整套法律规范的体系。

另一种是相反的法律系统即促进增长速度立法。这种立法,不是对过热的经济进行控制,而是促使过热的经济继续升温,而且,这种立法的直接后果是缩短了萧条期时间,从而使国民经济经过短暂萧条迅速走向危机。促进增长速度立法也是一整套规范在起作用。

2. 经济萧条运行期的法律系统

经济过热期之后是经济萧条期。经济萧条的主要表现是:农产品生产趋紧,不能充足供应市场;工业产成品库存积压严重,企业资金短缺,生产速度跌落;停产半停产企业增多,停工待业人员和失业人员增多。整个国民经济萧条,形式上表现为市场萧条,实质上是国民经济失衡。

针对国民经济低速增长或零增长，应采取改善经济结构的立法措施。其立法主要包括产品结构改善法、企业结构改善法、农业结构改善法、产业结构改善法。产品结构改善法，能保证企业开发新产品、新品种，增产名牌优质产品、市场紧缺产品和适用农村需要的日用消费品，增产出口产品和替代进口产品，规定限制生产、淘汰生产和保证生产的产品目录；企业结构改善法以改善结构为手段，引导企业扭亏增盈，对小型企业和乡镇企业进行整备；农业结构改善法促进和保证粮、棉、油等主要农产品的稳定生产，调整粮食作物与经济作物以及农、林、牧、副、渔等业的比例关系；产业结构改善法调整三次产业间的比例关系，重点保证能源、重要原材料和交通运输部门的稳定和发展。

为适应改善经济结构的需要，应制定与之配套的法规，如倾斜政策立法、一定的资金流向立法以及有利于扶植企业生产经营的法律。这一时期立法的主要任务，是调整经济结构，缓解国民经济失衡的矛盾，使经济稳定、健康发展。

与之相反的立法，是采取财政金融上过于紧缩的措施，以控制投资需求和消费需求的双膨胀。这种立法的缺点是：不能适当松动银根，增加主要用于企业流动资金和商业、物资、外贸收购资金；不能适当调整存款、贷款利率；不能适当增加重点建设项目、企业技术改造项目的资金；不能适当调整商品价格和劳务费用。

这种财政金融过于紧缩的立法，在国民经济失衡面前采用“大砍大落”办法，无法刺激生产和经济增长速度的回升，不能有效改变短缺与过剩并存的局面，缓解不了产业结构与需求结构的矛盾，而且可能导致“经济滑坡”，使国民经济状况迅速恶化。

3. 经济危机运行期的法律系统

经济萧条期之后是经济危机期。经济危机期的主要特征是国民经济运行混乱，出现严重困难。其主要表现是：工农业生产大幅度下降；国民经济各部门比例严重失调；失业率在高位增长；市场紧张，人民生活水平明显下降。

在经济危机期，应采取危机对策立法，包括金融紧缩法、物价抑制法、企业组织化法、经济管制法、商品专营和配给法、劳动组合法和失业救济法、居民生活紧急措施法等。经济危机对策法的目的，在于阻止国民经济的进一步恶化和生产大滑坡，减轻困难严重程度，推动经济恢复。

与之相反的立法是刺激经济立法。之所以采用这种立法，是认为造成经济困难的原因是需求不足，因此主张通过立法来扩大社会对生产资料和消费品的需求，以刺激社会生产。从这一理论出发，求助于赤字预算、商品倾销、通货膨胀、离职和失业、企业停产或破产等措施。赤字预算不能控制生产滑坡，而且使财政赤字继续扩大，从而使经济矛盾深化。通货膨胀在一定意义上可以刺激生产，掩盖比例失调，但却使物价居高不下从而阻碍商品流通和货币周转，使“过剩”商品的滞销越来越严重。这一时期既可表现为商品普遍短缺，也可表现为结构性过剩。对于前者，往往实行高价政策，以期货币迅速回笼，后者一般会出现“甩卖”局面。甩卖可在一定时期、一定程度上收集社会闲散资金，但人为地扩大需求，不能解脱企业清偿债务的困境，反而动摇了国家信贷基础。大量离职、失业，会产生社会动荡，而企业破产使经济失去恢复的基础。

4. 经济复苏运行期的法律系统

采取经济危机对策立法可以克服、缓解经济困难，把运行期时间缩短到最低限度，使国民经济尽快走上恢复、发展的道路。经济恢复期的主要特点是生产走出“低谷”，国民经济趋向好转。

在这一时期，应采用经济助成立法。这是扶助国民经济全面恢复和发展的立法。主要包括产业助成法、企业生产经营扶植法、合理化法。经济助成立法的主要目标是：恢复企业生产，促进停工待业人员和失业人员再就业；提高产品质量和数量，降低成本；重要经济比例关系在新的基础上实现平衡发展；积累和消费比例恢复正常，人民生活水平逐步提高；市场状况明显改善，物价趋于稳定；货币流通恢复正常，币值稳定；财政收支实现新的平衡；出口扩大，国际收支状况明显改善；经济管理体制得到调整。

与上述立法相反的立法是经济扩张法，这是过分刺激经济复苏的立法。国民经济稍一恢复，就引起国家行为和企业行为的扩张冲动。采用经济扩张立法造成的问题是：增大投资，扩大基建规模，使投资增长速度超过工农业总产值和国民收入的增长速度，超过财政年度财政收入的增长速度；企业急速扩大再生产，提高对劳动力吸纳能力，使农村劳动力迅速转移；优先发展轻工业、加工工业和第三产业，使刚刚恢复的比例关系失调；大规模引进成套设备、技术和高档消费品，使国际收支逆差拉大。

（二）法律系统的联系机制和作用机制

限制增长速度立法—经济结构改善立法—经济危机对策立法—经济助成立法是反周期立法系统，反周期法的规范是“逆风规则”。这一立法系统法律机制作用的结果，使国民经济良性循环。它不能改变经济周期，但可以弱化周期，保证国民经济稳定、健康发展。而与之相反的立法是促进经济增长速度立法—财政金融紧缩立法—刺激经济立法—经济扩张立法系统。这一立法系统的法律规范，是“顺风规则”。机制作用的结果，是国民经济恶性循环，使国民经济在“大起大落”、“大放大收”中付出代价。

这里有一个问题,是否“顺风规则”符合经济规律而“逆风规则”不符合经济规律呢?经济规律是客观的,法是主观的,但经济规律本身与如何利用经济规律并不是一个问题。法属于利用经济规律范畴。“逆风规则”是正确利用经济规律,而“顺风规则”是不正确地利用经济规律。

两种法律系统的联系机制和作用机制的特征是:

其一,两种法律系统的互斥性。即一种法律系统作用机制对另一种法律系统作用机制起排斥作用。如经济进入“下行”区间,经济立法的主要任务是“三防”,即防物价过快上涨、防通货膨胀、防经济大滑坡。上述立法,属于改善经济结构立法系统。这是适当化立法系统,与之相反的立法系统,是财政金融过于紧缩的立法系统。这两个系统是相互排斥的,不可能既是防通货膨胀立法,又是促进资金流动性过剩立法。

其二,在每一法律系统内,法与法之间存在互补性。即诸项立法互为因果,相互补充。这种互补性,表现为经济周期内立法系统的互补性、每一运行期内立法系统的互补性和运行期内同项立法系统的互补性。这关系到系统与子系统、子系统相互间及子系统内同项系统的相互关系中的互补性问题。

第七章　经济法秩序

经济法秩序是社会经济秩序的特殊形式,由经济法建立和保护的社会经济秩序,是经济法秩序。社会经济秩序的形成基于多方面的条件,如国家政策、道德要求、社会心理结构等,但法是普遍的、决定性的条件。当社会经济关系被法规范后形成的秩序,才是最稳定、最有效果的社会经济秩序。经济是社会的基础,社会秩序是建立在经济基础之上的,经济法秩序是法秩序中最经常、最重要的秩序。经济法秩序表现为社会经济秩序的一种状态,它是依靠法的实现来维持的。因此,研究经济法秩序问题具有关键意义。

经济法秩序理论是经济法理论的重要内容。为了促进国民经济健康发展,保证经济秩序的合理性、有效性,应当深入研究经济法秩序理论,了解和掌握什么是经济法秩序,为什么必须建立经济法秩序,我们究竟应当建立什么样的经济法秩序。

本章在界定法秩序固有含义基础上,揭示了经济法秩序的基本特征,又从经济法制度、经济法行为和经济法实施三个方面归纳分析了经济法秩序的构成要素。为了充分认识经济法制和法律责任在建立和形成经济法秩序中的重要作用,本章设专节集中进行阐释。

第一节 经济法秩序释义

被法所规范的社会秩序是法秩序。不同的法规范社会关系会形成不同的法秩序。认识这些法秩序相互间的联系和区别,深入分析经济法秩序的特殊性,就能够把握整个法体系对于保障社会经济秩序的作用。

一、经济法秩序的定义

经济法秩序,是主体按照法的要求,进行适合于一定经济关系类型的活动,从而形成的相互关系状态。这一定义,揭示了主体的经济活动与法的关系,只有主体依法进行经济活动,才能形成经济法秩序,而经济法秩序,又是主体活动的合理性、有效性的保障。

经济法秩序概念包括以下三层含义:

其一,经济法秩序,是上升为法律的国家意志在现实经济关系中实现的状态。这种秩序状态,以国家意志这"一个意志"表现出来。这"一个意志"集中反映了全体主体的普遍意志,而个别主体的意志是在被法所规范的意义上表现出来的;这种秩序状态,是主体严格遵守一般法律准则的状态;为了维护法律秩序,对于违反这种状态的经济活动、经济关系,将被抑制或被依法制止和处理。由上述可以看出,经济法秩序是主体的意志服从于国家意志的状态,这种状态以"依法活动"为前提条件。

其二,经济法秩序,是主体的具体经济权利、义务合法的状态。我们知道,只有现实经济关系转化为法律关系,才能实现法的作用和任务。法规范经济关系,就使主体获得了权利、义务关系的规定性。主体依法享有具体的权利并承担具体的义务,进行与法的要求相适合的经济活动,就能够保障社会经济关系的秩序化。否则,只有法律规定的一般权利、义务,而不通过主体的具体活动去实现这种权利、义务,或者"权利"、"义务"背离法的要求,那么,经济法秩序也不会形成。

其三,经济法秩序,是国家机关正确执行和适用经济法律的状态。制定法律的目的,在于执行和适用,国家机关正确执行和适用法律,对于维护社会经济秩序具有关键意义。作为执法的国家行政机关和作为适用法律的国家司法机关,是具有执行力、强制力的特殊社会组织。它们依法行使国家权力,在规定的职权范围内,针对个别的、具体的经济事实(行为、活动、关系)执行和适用法律。国家经济权力依法实施而不是被放弃或滥用,国家经济审判权力依法行使而不是在程序上、案件审理上被歪曲或不公正地行使,是经济法秩序形成的重要因素。

总之,经济法秩序的形成过程,也是经济法的实现过程。从这个意义上说,经济法秩序是由法建立和保护的经济关系的一种状态,这种状态是经济法实现的结果。

二、经济法秩序的特征

经济法秩序建立在社会经济关系基础之上,反过来又制约社会经济关系。这种与社会经济关系的直接关联性,决定了经济法秩序的特征。

(一)经济法秩序的适应性

经济法秩序是社会经济的法秩序。通过考察经济法秩序的历史进程来揭示经济法秩序的特征,我们可以看到,经济法秩序是社会经济秩序的法律表现,而经济法秩序的决定性基础,是社会基本经济制度和经济体制。

在西方国家,法秩序经历了自然经济、自由放任市场经济、垄断市场经济的发展阶段。自然经济下的法秩序,是专制的、等级身份的法秩序。在那里,人身依附关系和超经济强制构成整个法秩序的基础;与自由放任市场经济相适应的法秩序,是私有财产所有权绝对化、契约自由和自由竞争的法秩序。在自由竞争向垄断过渡及国家垄断形成的历史条件下,随着经济法的产生和发展,法秩序发生了重大变化,逐步形成了垄断和国家垄断的法秩序。在垄断市场经济条件下,垄断是社会经济的基础,整个法秩序特别是经济法秩序正是建立在这个基础之上并与之相适应的,法律保障垄断、国家垄断下的竞争秩序。垄断市场经济法的秩序,并没有改变市场经济制度的性质和固有属性。在经济法秩序上,是反垄断法秩序与维护自由竞争法秩序并存。

社会主义市场经济是一种完全新型的市场经济,其基本特征是,既坚持社会主义基本经济制度,又实行其市场经济的体制。由于社会主义市场经济体制仍处于不断探索中,而经济立法的完善化又是逐步实现的,因此就我国目前情况说,一方面我国已经初步建立了经济法秩序,另一方面,经济法秩序亟须加强和完善。

(二)经济法秩序的矛盾性

经济法秩序的存在,以作为以一定社会经济存在和发展根源的经济矛盾为基础。经济法秩序的结构、层次、要素及性质和发展方向,都为经济矛盾所决定、所制约。可以说,经济法秩序状态,是一种矛盾状态。

经济法秩序矛盾状态的表现是:在结构上,有"公法"秩序与"私法"秩序的矛盾、市民法秩序与社会法秩序的矛盾;在层次上,有宏观经济法秩序与微观经济法秩序的矛盾;在构成要素上,有法律制度、法律行为、法律实施等自身的矛盾以及彼此相互间的矛盾;在性质上,有社会主义法秩序与资本主义法秩序、封建主义法秩序的矛盾;在发展方向上,有法秩序的高级化趋势与低级化的矛盾,以及由高级化"返回"低级化趋势的矛盾,等等。上述经济法秩序的矛盾,是一般意义上的经济法秩序的矛盾。应当明确,我国经济法秩序的矛盾性,还有自己的性质和特点,而且,其表现与西方市场经济国家经济法秩序的矛盾还有很大的不同。一定范围的私有化、市场化与彻底私有化、市场化的矛盾,是决定我国经济法秩序的基本矛盾。

坚持经济法秩序的矛盾观,使我们既能看到经济法秩序与社会主义市场经济体制的适应性,又能看到它还不很完善,还需要进一步改善和加强;能使我们不回避经济矛盾、经济与法的矛盾,而是取实事求是的态度,深入实际,调查研究,采取适当的立法措施加以改进;能使我们把经济法秩序看做是一个不断变化、不断发展的法秩序,对于国民经济发展中出现和存在的问题,不是熟视无睹,也不是惊慌失措,而是有信心、有方针、有办法地自觉应对。

(三) 经济法秩序的动态性

经济法秩序是一种相对定型化的、可重复的、稳定的秩序状态,但同时也是一种不断变化着的、可调节的、趋向优化的秩序状态。其根本特点是根据社会环境及经济条件的变化不断改变自己的存在状态、方向,不断"被调节"、"被控制"。

经济法秩序动态性表现为以下方面:一是经济法秩序是在社会诸因素的相互影响、相互作用中发展的,但决定这种发展起始的、决定性的因素,是社会经济运动。这就是经济法秩序的原动性。当然,上层建筑各种因素的变化,特别是政治形势、政治目标和任务的变动,也是经济法秩序变动的重要条件。二是为适应上述决定性因素和条件因素变化的需要,经济法秩序不断被矫正"偏离度",对既存的秩序状态进行修正和调节,提出新的目标,使之在各种因素变动情况下形成一种适应状态。这是经济法秩序的矫正性特征。三是经济法秩序的适应性有暂时性质,这种适应性又不断被打破,出现非均衡。非均衡有时是整体的,有时是局部的,而其中有结构性的,也有非结构性的。经过国家政策、法律等措施的调节,从非均衡又过渡到均衡,这种新均衡又是新的非均衡的开始。经济法秩序的非均衡性,指的是从非均衡到均衡,又从均衡到非均衡,周而复始。四是经济法秩序的非均衡——均衡的循环运动,不是从终点又回到起点,而是逐步实现秩序优化的过程。经济法秩序的趋优性,表现为从低级状态向高级状态的转化。这里的"低级状态"、"高级状态",指的是经济法秩序的质态即质量状态,而不是通常意义上的秩序的"好"与"不好"。就是说,经济法秩序的质态与状态属于不同的范畴,高级质态可能秩序"不好",低级质态也可能秩序"好"。

应当指出,经济法秩序的稳定,是动态的稳定。不能认为稳定就是不变动,变动了就是不稳定。作为动态的稳定,包含定型和调节两方面内容。经济法秩序的一定定型与调节合而为一,就是法秩序的稳定。一定定型要求保持经济法秩序的现实状态,而调节则要求把与经济规律不相适应的法秩序现实状态加以改变。对于总的经济法秩序说来，在一定时期、一定条件下，要保持现有状态，调节就受到限制，其法秩序的变动就不能是全局性的，而要调节现有法秩序状态，整个法秩序的定型化就一定会被突破。总之，经济法秩序的定型与调节又对立、又统一，两者相互依存、相互促进、相互转化。

三、经济法秩序的构成要素和分类

法产生以来，任何社会形态、某一社会形态的任何发展阶段的法秩序，说到底，都是一定的统治秩序。统治阶级为了推行国家意志，需要建立一种秩序，使统治合法化、制度化、正常化，并使社会矛盾和冲突得到缓和。为此，必须把国家意志上升为法律，作为全体社会成员必须遵守的准则，这些准则的具体化，就是把秩序确定为稳定的权力关系和权利义务关系，如有违反，法的实施机构便依照法律规定采取措施，以维持社会运行的正常秩序。

（一）经济法秩序的构成要素

经济法秩序包括经济法制度、经济法行为和经济法实施三个构成要素。

这里的经济法制度，首先表现为同类法规范的一定总合，它是一个一个具体的法律制度，同时，它又是这些法制度的一定总合。就是说，广义的经济法制度是指经济法律制度的总体。在这个意义上，从法律规定与实践统一论出发，我们可以把经济法制度称为经济法制。在西方法学界，法制度被认为是法律所设定、维持的一种社会制度，“法制”被当作它的同义语使用。人们说“无法便无秩序”，表明了法与社会秩序的关系，这是强调法对于保障社会秩序的重大作用。我们所说的经济法制度是经济法秩序的前提，是从经济法秩序的构成要素讲的，指的是“法”与“法秩序”的关系，而不是指“法”与“社会秩序”的关系；当一定的主体按照法制度的要求进行经济活动时，经济法秩序便获得它的直接表现形式。因此，经济法秩序的直接表现，是依法进行一定的经济活动。

法律行为是以主体的自身意志为转移的法律事实。法律行为包括合法行为和违法行为、犯罪行为。经济法秩序的建立和维护，依靠合法的经济活动。

经济法实施的目的在于经济法制的实现，而静态的经济立法转化为现实经济关系中的法制，关键在于实施。经济法实施的主要环节包括守法、执法和司法。这里应当明确，执法是国家机关执行法律，司法是国家司法机关适用法律。因此，不能将两者相混淆，特别是不能将司法并入执法概念之中。

经济法秩序构成要素的相互关系原理是：经济法制度是经济法秩序的前提；经济法行为是经济法秩序的直接内容；经济法实施是维护经济法秩序的基本手段和方式。

（二）经济法秩序的分类

经济法秩序构成要素，指的是作为经济法秩序概念的构成成分。在此基础上,我们还应把握实际上的经济法秩序的基本结构,即经济法秩序包括哪些方面的法秩序。依据经济法调整社会经济关系的实态,经济法秩序包括经济组织法秩序、经济活动法秩序、经济竞争法秩序、经济调控法秩序、经济管理法秩序和经济监督法秩序。由于涉外经济立法是相对独立的立法领域,在涉外经济关系范围内,也存在涉外经济法秩序。

第二节 经济法制

经济法制,是社会经济法律制度和秩序的总和。作为一种社会制度和社会秩序,它一定是规定性的,又是实践性的。因此,经济法制是静态的法制与动态的法制的综合体。在这个含义上,经济法制是由经济立法、经济守法、经济执法、经济司法和经济仲裁诸环节组成的经济法律制度和秩序。

一、经济立法

经济立法,是国家机关依据法定权限和程序,创制经济规范性文件的活动。这里的国家机关,包括全国人大及其常委会、国务院、地方人大。在我国,国家立法机关是全国人大,但由于宪法赋予了国务院有制定行政法规、地方人大有制定地方性法规的权限,因此上述机关关于经济规范性文件的起草、审议、通过或修改、废止等活动,都属于经济立法活动范畴。

我国经济立法的时间不长,经验不足,也缺乏必要的思想理论准备,因而面临着许多问题。这些问题有法律思想、法学理论上的,也有实践上的;有政治上的、经济上的,也有法律传统上、法律文化上的。这里仅就其中的主要方面加以说明。

(一) 经济立法的指导思想

立法的目的在于实施。法律、法规实施的社会后果,是人们判断一部法律、法规利弊得失的基本标准。那么,经济立法何以造成积极的社会经济后果或者消极的社会经济后果呢? 实践表明,问题的关键,在于要有一个正确的立法指导思想。

我国的经济立法,是有中国特点的、社会主义的、市场经济体制的、充满时代特征的经济立法。这应当成为我国经济立法的指导思想。

"有中国特点的",要求经济立法必须从我国的国情出发、从实际出发,要求经济法律法规有中国的特点,那种不适合中国国情、脱离我国经济实际的立法,不仅无助于社会经济的发展和全面进步,而且还会造成国民经济运行的混乱。为此,我们应当正确处理不同经济发展阶段与法的关系,外国经济立法的借鉴、吸收与"法律西化"的关系,立法传统与立法创新的关系,等等。

“社会主义的”,要求经济立法必须坚持社会主义性质,维护社会主义基本经济制度,充分体现社会主义经济的原则和方向,而且其具体法律措施、手段都为发展社会主义经济服务,为奠定社会主义国家的物质技术基础服务。

“市场经济体制的”,要求经济立法正确反映市场经济的一般条件和一般要求,反映市场经济运行的一般规律。这里的“市场经济”,指的是市场经济体制,而不是市场经济的基本经济制度。

“充满时代特征的”,要求经济立法充分反映时代要求,立足于经济社会的当代实际。任何法都是历史的、社会的,那种超越时代的立法是不存在的。我们应当根据社会发展规律和经济发展规律,深刻认识当代经济关系的本质和表现形式,从而认识和把握当代经济立法与自由资本主义阶段立法的界限,以及当代中国的经济立法与当代西方国家的经济立法的界限。进一步说,经济立法的时代特征,还应当在法律文件的形式、体例乃至语言文字等方面表现出来。

我国经济立法的上述指导思想是一个整体,其中的具体思想是相互联系、相互渗透的,既不能置换,也不可或缺。

(二)经济政策与经济立法

政策与法律属于不同的范畴,两者的区别,主要在于它们的效力。经济政策本身无强制力,依靠教育和纪律推行,而经济法律是有强制力,如有违反,则追究责任并采取一定的责任措施。

在立法领域,经济政策转化为法,经济政策取得法的形式,这是包括西方国家在内的经济立法的普遍规律。西方国家的经济增长政策、稳定物价政策、反萧条政策、就业政策和产业组织政策、国有化政策、收入分配政策、环境保护政策、消费政策、价格政策等等,都通过立法程序转化为法。在西方国家,国家最高行政机关的政策代表国家政策,其指示、命令、规章等属于政策形式。这与我国的情况是不同的。在我国,经济政策包括党的政策和国家政策。党领导国家的宪法地位,从根本上保证了党的方针政策的贯彻、落实,保证了党领导经济建设、法制建设的核心地位。应当认为,不能把法律与政策对立起来,用法律排斥政策。在西方国家,几乎所有的立法领域都存在国家政策。在那里,不曾普遍发生“政策是绝对坏的东西”还是“法律是绝对好的东西”之类的争论。很显然,问题不在于政策与法律孰优孰劣,而在于它们之间的相互关系。转化,正是经济政策与经济法律的相互关系机制。

经济政策与经济法律的共同性、统一性,是转化的基础。经济基础、经济发展总目标、经济领导工作的基本原则和要求等方面的一致性,是两者转化的基础,它们统一于国民经济运行的社会调节机制之中。

我国经济政策转化为法的程序是:党的全国代表大会的决议,是一定时期经济立法工作的总纲领、总原则和总政策。党中央的立法建议,提请全国人大审议,经审议形成的决议,成为该项立法的基础。国务院起草的行政法规草案,经全国人大常委会或批准为法规,或以其名义颁布施行。国务院及其所属部、委、办制定的行政法规和部门规章,本身就是一种立法形式,这种立法,实际上是国家政策。

(三) 授权立法和委托立法

授权立法,是国家立法机关授权国家最高行政机关代为立法。如我国将某项立法由全国人大通过决议,将其立法权授予国务院。由此,国务院制定、颁布的关于该项的行政法规,即取得了属于全国人大立法的法律效果。

授权立法有诸多优点。在程序上,可减少繁琐的环节,解决立法人手和专门知识不足问题,也可尽量防止议而不决现象的发生;能够加快立法步伐,在条件成熟时,抓紧制定和颁行,以适应经济发展的客观需要;而且,被授权的立法有很大灵活性,它可以针对国民经济中存在的问题,有针对性地立法,以解决具体问题。授权立法的授权性,决定了在立法机关授权时,必须以法律形式明确载明授权对象、授权权项、受权范围,以及关于授权立法的法律监督和立法报告、备案、批准或撤销、立法责任等规定。

应当认为,不具备上述事项的授权立法,属于无效授权,受权者因之立法,不具有法律效果。

委托立法,是立法机关把一定的立法事务委托给行政机关、其他组织或个人办理的立法程序形式。我国的委托立法,目前一般限于法律、法规的委托起草工作。与授权立法不同,委托立法是被委托者以立法机关的名义从事法案起草工作,其法案草稿提交立法机关后,始进入立法机关的立法程序,最后以立法机关的名义颁布、施行。由于我国全国人大及其常委会、国务院和地方人大分别行使立法权,因而委托立法也由上述三种机关分别实行。

为了加强经济领域的法秩序,我国较多地利用了部门规章和地方性法规来进行国民经济领导工作。这反映了经济法制建设的客观要求。我国的委托立法工作取得了很大成绩,但也存在一些问题。经济法律、法规委托立法或起草工作的主要问题是:

其一,经济部门立法和地方立法的局限性问题。部、委、办等经济部门制定的规范性文件,宪法上称为“命令、指示和规章”。这些规范性文件,是在同宪法、法律和行政法规不相抵触的前提下,根据本部门的具体情况制定的、适用于本部门管辖范围的具有部分法律性质的规范性文件。所谓“部分法律性质”,是指对行政法规无具体规定的内容作出新的规定,这些规定符合行政法规的立法宗旨和立法原则。部、委、办颁布的规范性文件,如经国务院批转,则具有行政法规性质。我国地域广大、情况复杂,设制地方性法规形式是必要的。由于部门规范性文件和地方性法规,在经济立法体系中数量过多,比重过大;在很多场合规定的内容庞杂繁琐；有些规定事项缺乏彼此间及其内容之间的匹配性；可能出现部门利益倾向、地方保护主义倾向，这就容易出现为了实现国家立法目的却又客观上违背国家立法目的的情况。这样，则不利于宪法、法律和行政法规的实施，不利于法秩序的稳定。

为了避免和克服由于立法本身的问题给法秩序可能造成的消极影响，我们应当认真改进部门立法和地方立法工作，使之完全符合领导国民经济良性运行的需要。为此，一是应注意加强部门、地方规范性文件的整理和系统化工作。在废除某些过时的规范性文件的基础上，着手修改、整理工作，本着“精简、实用、有效”的原则，印行本部门、本地方的规范性文件汇编；建立和健全对部门、地方立法的立法监督制度，其中，报请备案制度、立法动议或立法草案同有关部门的协商制度、法案批准制度等，都是行之必要的制度。二是加强程序法的立法工作。国家经济部门立法和地方立法的立法针对性强，可操作性强，因而程序性内容显得特别重要。程序法不完备、不合理，也是阻碍国民经济顺利发展的重要因素之一。

其二，专家立法的局限性问题。在立法机关的立法过程中，立法工作机关往往把一些法律法规委托给专家起草。鉴于经济部门起草法律法规的局限性以及缺乏法学理论支撑的弱点，委托专家起草法律法规的动因是可以理解的。专家立法带来了一些效果，但也会出现一些问题。其实，凡是与作为该法律法规对象的经济事务、法律事务等有关的专门人才都是专家。他们的实践经验，是深刻的成熟的实际经验。把这些经验集中起来，体现在具体规定和立法技术中，立法会是成功的、行之有效的。如果一部立法，仅依靠学者从书本到书本、从外国的法规到法规，东抽一点、西抽一点拼凑而成，或者把外国的法规直接搬来，那么这部立法不可能有效地解决我国国民经济的最优法律调整问题。“学者”立法的重大弊端，是使一项立法具有起草者本身的学说、学派倾向。通过法的形式固定某种学说、学派并在立法解释和法理解释中广为播散，不利于贯彻学术理论上“百花齐放、百家争鸣”的方针，不利于法制建设本身。应当实行“开门立法”的方针，紧紧依靠人民群众，一部立法草案从群众中来，到群众中去，就会得到人民群众的支持。

二、经济守法

经济守法，是国家机关、经济组织和其他社会组织及公民个人依法进行经济组织活动和经济活动。在我国境内的外国经济组织、外国人和无国籍人，也必须遵守我国的经济法律。守法是法秩序的基础和中心环节。离开了守法，再好的再完备的法律也是一纸空文。经济守法不仅指遵守经济义务，还包括实现经济权利，而且也包括经济权力的行使和制约。

（一）经济守法的标志

经济守法的标志，是合法进行经济活动，施行合法行为。合法行为，是从内容到形式都符合法律规定，能发生行为人所欲获得的法律效果的行为。凡违反法律规定的行为，都是违法行为。关于具体行为的合法性，一般法律规范和其他法律文件都规定得相当充分、明确。

合法行为表现为对法律的遵守。这种遵守，实际上是"自己对自己适用法律"。经济法制建设是一项艰巨的系统工程，不可能一蹴而就，况且许多应当制定的法律、法规尚未制定出来。因此，有些经济行为类型和形式并未被法律、法规直接规定。这里，承认未经法律具体规定的经济行为合法性的依据是：该行为不违反我国社会的各项原则；根据诸法律制度判断具体行为的目的；经济主体实现自身利益的手段可以被许可。

在经济关系领域，国家机关等社会公共组织的行为的合法性与经济组织、公民的行为的合法性并不完全相同。对于经济组织、公民来说，未被法律禁止、限制的经济行为均为合法行为，同时，也不能把未经法规范直接指明的行为视为违法行为。国家机关等社会公共组织享有专门的即受法律限定的主体权力，而且可以按照法律规定的目的和权利范围进行某种经济活动。它们的某种行为虽未经具体法规范的禁止，然而其不符合我国立法原则和部门规范性文件精神的行为，将被视为违法行为。那种认为"法律没有规定的，就可以干，咋儿干咋合法"的认识，是错误的。坚持国家机关和地方党政机关守法的上述特征，是维持经济法秩序的要求决定的。

（二）经济守法的意识障碍

保障经济秩序稳定的重要因素，是守法意识。它要求不折不扣地遵守法律，坚定不移地执行法律。服从于体现国家意志的普遍法律规范，是守法意识的固有属性。各个经济法律关系参加者的守法意识，是法的实现的条件之一。

在法律意识领域，作为守法意识对立面的意识，是逆法意识、违法意识和犯罪意识。在社会主义市场经济条件下，这种逆法意识根源于主体对自身特殊经济利益的追求。"钻法律的空子"、"打擦边球"、"上有法律、下有对策"等等，是逆法意识的一般表现。

毋庸置疑，每一经济活动主体都有自身意志和自身利益。但是，特殊经济利益与自身经济利益是不同的，它不为社会公共利益、国家利益的统一性所包容，而其行为表现为任意的、反社会的性质。应当认为，主体的特殊意志、特殊利益只是一种暂时状态，当为特殊经济利益所驱使的逆法意识客体化为违法行为时，则它是构成危害经济秩序的重要因素。

在经济法制不健全的情况下，经济组织的逆法意识应当引起特别注意。经济组织的逆法意识，是经济组织及其成员在执行职能活动中，基于特殊利益，以经济组织的名义欲实施危害社会公共利益和国家利益的一种特殊心理状态。这里，逆法意识的主体是经济组织和经济组织的成员。其成员，既包括经济组织内部的在职工作人员，也包括招聘人员、临时工作人员。他们的职务活动，是执行经济组织规定的管理、经营、生产等职责性活动。进行非职责性活动的经济组织成员的逆法意识，不属于经济组织逆法意识范畴。经济组织逆法意识的载体是经济组织本身。这种逆法意识是经过谋划的，"企业决定的"、"领导班子集体讨论的"等等，都表明了这种逆法意识的组织性特征。

我国各类经济组织数以千万计，这些组织人财物实力雄厚，经济活动范围广，与国外组织联系密切，它们的逆法意识、逆法行为的危险性、危害性比一般公民个人要大得多。可以说，在几乎所有的经济关系领域，都程度不等地存在逆法意识和逆法行为。同违法意识和违法行为、犯罪意识和犯罪行为一样，逆法意识和逆法行为也是维护经济法秩序的严重障碍。

三、经济执法

经济执法，是国家经济机关依照法律规定的权限和程序，贯彻实施经济法律的活动。经济执法具有执行力、强制力特征。经济机关代表国家执行法律，它是执法者，而不是经济活动关系中的一方当事人。

（一）经济执法的主体

经济执法主体的资格不是自封的，也不是行政命令产生的。这种资格的取得源于法律规定。根据宪法和有关法律的规定，我国经济执法主体是各级人民政府和人民政府工作部门。在法律授权条件下，某些社会组织也可成为经济执法的主体。除上述主体外，任何其他主体都不具有经济执法的主体资格，不享有执法权。

经济执法，可分为颁布规范性文件执法、行使权限执法和法律授权执法三类。

颁布规范性文件执法，是各级人民政府依照宪法和法律的规定，通过颁布实施规范性文件的方式执行宪法和法律。国务院是最高国家行政机关，根据宪法和国务院组织法的规定，国务院颁布规范性文件执法包括：根据宪法和法律，制定行政法规，发布决定和命令，规定行政措施；改变或撤销各部、各委员会发布的不适当的命令、指示和规章；改变或者撤销地方各级国家行政机关不适当的决定和命令。地方各级人民政府颁布规范性文件执法包括：通过执行宪法、法律和行政法规执法；颁布地方性法规执法。

行使权限执法，是各级人民政府及其工作部门，依照宪法、法律规定的权限，通过行使职权的方式执行宪法、法律或行政法规、地方性法规。根据宪法和国务院组织法的规范，国务院规定各部和各委员会的任务和职责，统一领导各部和各委员会的工作,并且领导不属于各部和各委员会的全国性的行政工作;统一领导地方各级国家行政机关的工作,规定中央和省、自治区、直辖市的国家行政机关的职权和具体划分。各级人民政府的工作部门,包括国务院下属机构和各级人民政府的下属机构,根据有关法律的规定,其执法范围有税收、物价、金融、工商、科技、地质矿产、电力、水利、交通、城建、农林、渔业、土地和审计、统计、计量以及外汇、外贸、外资、关税等方面的经济事务。

法律授权执法,是根据法律授权,具有管理公共事务职能的组织在法定授权范围内的执法。因为获取了法律具体授权,这类组织便取得了经济执法的法律资格,它们以自己独立的名义执法,其职权行为具有执行力效力。法律授权与法律规定的固有权限是不同的,它是在其固有权限之外又被授予的权限。这种权限受到法律的严格约束,其主体为特殊主体,职权范围有限,职责专一。在我国,法律授权主体有行业协会、全国性专业公司、专门技术检验和鉴定机构等。这些组织依照法律规定行使职责,管辖处理某些经济事务。

(二) 委托办理经济事务

委托办理经济事务,是政府部门依照法律、法规或行政规章的规定,在法定权限范围内委托符合法定条件的组织办理其具体经济事务。这里符合法定条件的组织,在我国目前是属于依法成立的管理公共事务的组织。

委托办理经济事务是办理人以政府有关部门的名义经办,其责任和后果由政府有关部门承担。这里应当指出,所委托办理的经济事务,是政府有关部门与经济组织和其他社会组织或公民个人之间形成的经济权利、经济义务关系中的经济事务,如税收关系中的代扣代缴事务、国家借贷关系中的国家债券代为发行事务、统计关系中的某些基础统计资料的代为统计事务等等。涉及其经济权力关系中的经济事务,不属于委托办理的范围。因为经济权力是一种经济法上的国家强制权力,不能委托给只能享有当事人之间经济权利的单位或个人行使。

"委托办理经济事务"与所谓"委托执法"是不同的。经济执法是国家机关的专属权限和职责,不能转移、抛弃和委托。如果工商行政管理机关把自己的管理权限、审计机关把自己的审计权限、税务机关把自己的税收权限等"委托"给其他国家机关、社会组织或公民个人,乃至这些受托者成立什么"执法队"、任命"执法员"之类,不但无助于法秩序的稳定,而且还会造成社会经济秩序的混乱。因此,在理论上有必要将"委托办理经济事务"与"委托执法"加以区别。委托执法是一个违反我国立法原则和立法精神的术语,含义含混不清,实践上又任其为我所用,花样翻新,造成了"越委托越乱"的严重后果,给人民政府的崇高声誉和形象带来了损害。我国《行政处罚法》第 18 条关于委托行政处罚的规定,是关于委托行政处罚权的规定。其中,限定只能将处罚权委托给"组织",而这里的组织,是第 19 条规定和"依法成立的管理公共事务的事业组织"。在当前授权立法很不完善的情况下，这种专门的、单项的委托规定，有一定必要性。然而，我们不能将这一规定作演绎性解释，也不能由此扩大为“委托执法”。为了解决经济事务繁杂与精简国家经济机关的矛盾，应当加强法律授权执法的立法。从实际情况出发，对于需要授权执法的经济管理、经济监督事务，一律由立法加以规定。

这里应当明确，经济执法，是与国家活动相联系的一种法的实现的方式，其主体是特定的。据此可以认为，任何社会组织和公民个人的权利义务活动都不是执法，也不能成为执法的主体。因此，“委托执法”是错误的，其本身具有违法性，“委托执法”概念不能成立。

（三）经济执法权的正确行使

经济执法权是国家领导国民经济的重要权力形式。国家机关按照一定的国家职能，按经济业务的类别对国民经济实行领导，并在自己的权限范围内作出具有约束力的决定，以实现经济执法任务。国家机关经济执法权的行使，必须严格遵守社会主义经济法制原则，并将其严格限制在权限范围内。如果与之相反，在其职务活动中滥用经济执法权，将背离国家机关的宗旨，则必将成为动摇经济法秩序稳定性的重要因素。

为防止和克服经济执法权的滥用，正确行使经济执法权，应坚持以下基本准则：

其一，任何规范性文件、决定、命令、指示都不得与宪法和法律相抵触。目前存在的突出问题，是将“执法文件”与法律文件相混淆问题。依照法律文件采取具体执法措施，制定“执法的文件”，是国家机关行使职能的表现。但在“根据某某法律，特制定本规定”这种执法的文件中，往往毫无根据地扩大某些机关的执法权限，而这些机关只有执行法律的任务，并没有创设法律的职能。因此，明确划分“法律文件”与“执法文件”的界限，明确划分执法职能与立法职能的界限，能够促进经济法秩序的巩固和发展。

其二，非有法律根据，不得利用执法权限使其他主体承担经济义务或侵害其经济权利。国家机关与其他经济法主体的关系，或是命令与服从关系，或是平等协商关系。前一种关系为法律所规定，后一种关系以法律为基础。因此，除法律有明文规定外，国家机关不得滥用执法权限，限制或侵害其他主体的经济权利，或使之承担经济义务。目前，有些部门搞的“乱拆建”、“乱监管”、“乱收费”、“乱处罚”等，既侵害了企业事业单位或公民个人的权利，又使之承担了法外义务，应予坚决纠正。

其三，在职权范围内对具体经济事务作自由处置时，不得违背立法精神或超越法律规定的界限。在法律没有详尽规定的情况下，为因事、因地、因时制宜地处理经济事务，国家机关可以根据自己的判断，作出具体处置。但这种处置不是无限制的，超越法定界限，势必引起法秩序的混乱。法律上自由处置权的行使条件是：必须遵守现行法规定的范围；必须为法律规定所允许；对任意性规定作合理的适当的选择。如在“可酌情予以教育或处以罚款”、“予以没收或责令退回”、“可以从轻或者免予处罚”等立法选择项的自由处置中，如果选择处理不合理、不适当，仍将影响法秩序的稳定。“以教代罚”、“以罚代刑”的倾向，正是自由处置权行使不合理、不适当的表现。

其四，不得非法地设定经济权利或免除法定义务。经济活动主体的权利和义务为法律所规定或合同所约定，国家机关非有法律根据不得任意设定或免除。法律上的权利和义务，都是国家从全社会利益出发，适应国民经济发展的客观需要而设立的。如果国家机关囿于部门权益，滥设权利或义务，则必然影响国民经济的顺利运转，加深经济秩序混乱的程度。如税法规定的纳税义务、减免税的对象和条件等被随意免除、变更，则直接影响国家的税收秩序。

综上所述，为了稳固经济法秩序，改变滥用经济执法权的不良状况，必须强调国家机关依法办事，强调正确行使经济执法权。

四、经济司法和经济仲裁

经济司法和经济仲裁是经济法秩序的最后保障，是经济法制的重要环节。推进经济司法和经济仲裁制度的改革，不断提高司法人员、仲裁人员的政治素质和业务素质，实现司法公正和仲裁公正，是加强社会主义经济法制建设的重要任务。

（一）经济司法和经济仲裁的特点

经济司法，是国家司法机关依据法律规定的职权和程序，处理具体经济案件中适用法律的活动。与执法的执行法律不同，司法是适用法律。经济司法权只属于人民法院，其他任何国家机关和政法机关，其他社会组织和公民个人，都不存在司法权问题。当然，在一般意义上，也有的将人民检察院包括在司法机关之中。经济司法是一种具体处理经济案件的活动，其重要特征是：司法程序由专门立法加以规定，而且，其裁定和判决具有终局性，即人民法院的判决和裁定是案件处理的最后结果，对其裁决，其他任何社会组织和个人都不得擅自改变和违抗。

经济仲裁，是仲裁机构依据法律规定，处理具体经济案件的活动。从广义说，经济仲裁也是一种适用法律的活动。其特征是：经济仲裁不具有国家司法的属性，它是非国家组织所进行的案件调处活动。基于仲裁机构的民间性质及其仲裁裁决的法律效力，国外有些学者将仲裁称为“准司法”。

（二）经济司法和经济仲裁的合法性、适法性

合法性是对经济司法和经济仲裁的基本要求。审理案件，适用法律，是司法

机关、仲裁机构的职能，如果适用法律的机关都不能做到合法，那么便失去了设置这类机关的起码意义。

合法性，是指司法机关和仲裁机构依法审理案件，其审理内容和形式、过程和结果均符合法律的要求。合法包括适用实体法合法和适用程序法合法。适用实体法的基本原则，是"以事实为根据，以法律为准绳"。以事实为根据，要求审理案件要以合法证据证明了的客观事实和虽无法查证但可经合法举证及依法推定的事实为根据；以法律为准绳，要求审理案件以法律规定为准则和尺度。有一种观点认为，审判活动就是"找法活动"。这种主张，实际上割裂了"以事实为根据，以法律为准绳"的完整含义，因而背离了这一审理案件的基本原则。审理案件的首要前提，是查明案件事实，获取确凿的证据，在事实清楚的基础上，分清责任，而关于案件事实的结论，也必须以经过认定的事实为根据；整个案件审理过程，是司法、仲裁人员本身严格按照法律要求依法审理的过程。因此，把审判活动归结为"找法活动"，容易造成主观定案，搞适用法律的实用主义，也容易造成对法律条文的轻率态度，乃至信手拈来，搞"穿靴戴帽"、"对号入座"，这不仅有损于法律的尊严，也很可能酿成错案。"以事实为根据，以法律为准绳"，要求司法和仲裁人员有对案件高度负责的态度，精通案件事实、精通法律、精通法学理论，从而准确、合法、及时地办好每一件案件。

这里提出的适法性概念，是指司法机关和仲裁机构审理案件的结论，适合于法律、法规的立法原则、立法目的和立法精神。适法性有两种情况：一是在法律有具体规定，但该规定属于弹性条款或选择条款情况下适用法律的适法性；二是在法律无明文规定情况下适用法律的适法性。

我们知道，司法机关和仲裁机构审理案件必须依法进行，但仅仅做到合法还是不够的，还应当做到适法。从总体上说，我国任何一部法律、法规都代表了全国人民的根本利益，其具体法律、法规的立法目的、立法原则和立法精神，都是围绕维护这一根本利益的要求表现出来的。因此，在案件审理过程中，特别是判决和裁决，必须从有利于保护国家利益和社会公共利益出发，从有利于司法和仲裁为国民经济健康发展的大局服务出发，针对具体案件的情况，正确地适用法律。对于法律涉及自由裁量权的选择性条款，诸如处罚形式的选择、从最低额度到最高额度罚款的选择、罚没并处制裁的选择、诉讼事项及执行判决或裁决期限的选择等等的案件审理结论，都存在适法性问题。上述自由裁量权的行使，关系到当事人的切身利益，关系到社会稳定的大局，关系到司法机关、仲裁机构与人民群众的正确关系，也关系到司法、仲裁的公正性。因此，应当把适法性问题放到评价司法工作的重要位置上。

第三节 经济法责任和制裁

在经济法上,因违反义务而承担相应的责任,并采取一定的措施予以制裁,是形成经济法秩序的重要保障。经济法设置经济义务制度、经济责任制度和经济制裁制度,对于保障国民经济健康发展,维护社会经济秩序,具有关键意义。

一、经济法上的义务、责任和制裁

在法律责任领域,我国法学理论界存在义务、责任、制裁三个术语的含义不能正确区分的情况,即将责任等同于义务、制裁等同于责任。实际上,正如我们先前所阐释的那样,三者含义是不同的,不能混淆使用,但义务、责任、制裁可以相互联系、相互转化。

(一) 义务、责任和制裁的相互关系

义务、责任和制裁是一种相关关系,存在其内在的联系机制。

首先,义务是责任的前提,责任是不履行义务的后果。义务,是依法满足权力或权利实现需要的一定行为或不一定行为。在经济法上,义务可分为对国家的义务、对当事人的义务和职权义务三大类。责任,是因违反法律规定而必须承担的特殊义务。这里,之所以称为"特殊义务",是因为它是在违反法律规定的义务(事实)被确认之后产生的义务,是一种"义务的义务"。因此,义务本身不是责任,也不存在责任问题。只有在违反义务的场合,才存在责任问题。这样理解责任,那么责任实际上只与违反义务联系在一起,而不是与义务本身联系在一起。义务与责任的区别是:(1) 义务是一种法律约束,责任是对违反义务结果的确认;(2) 义务存在于主体间的相互关系范畴,而责任属于法的适用范畴,处于保护性法律关系开始阶段;(3) 义务本身不具有可罚性,责任则具有可罚性。

其次,责任是制裁的前提,制裁是追究责任的结果。责任是一种特殊义务,而使责任者承担具体的、不利的法律后果,是制裁。制裁概念的含义是:制裁是追究法律责任的一定措施,是对责任者采取国家强制影响的措施。由此可以理解为,制裁是由国家有权机关以及人民法院、仲裁机构,对责任者采取的强制措施;制裁是将责任的可罚性转化为现实可罚性。制裁的特征是:与国家机关等有权机关的强制措施连在一起,属于国家机关职能的行使;制裁的成立要件是具备法律规定的条件。就是说,只有当追究责任具备法定条件时,制裁始能成立。

最后,义务与责任、责任与制裁在一定条件下是可以转化的。义务转化为责任的条件,是主体违反义务;责任转化为制裁的条件,是责任具有现实可罚性,即对责任者采取一定的责任措施。如合同一方违反合同义务,则构成违约责任,如果经双方协商,依法自行调解解决,则此违约责任不具有可罚性,即不存在通过

司法机关裁判责任方支付违约金的制裁,但如对方当事人采取提起诉讼办法解决,则司法机关依照法律规定,实行支付违约金的司法制裁。

(二) 经济法责任的特征

经济法责任,是指经济法主体因违反经济法律法规的规定而应承担的特殊义务。根据这一定义,我们可以看出经济法责任有以下特征:

其一,经济法责任是一种法律上的责任,这种责任,因违反经济法律法规而成立。因违法行为而承担法律责任,这很容易理解。问题是,约定责任是不是一种法律上的责任?如因违反合同约定而承担责任,这是双方当事人在合同中约定的,但这种责任为合同法所规定。我们知道,合同法定条款必须符合法律规定,而合同的约定条款也必须符合立法的精神和宗旨。合同法明确规定了违约责任,因而违约责任是一种法律责任。

其二,经济法责任既包括对当事人的责任,也包括对国家、对社会的责任。在主体间的权利义务关系中,不履行义务,应承担责任。这种责任,一般表现为对对方当事人的责任,如违约责任、赔偿责任等;在主体违反对国家的义务的场合,需要承担对国家、对社会的责任。如我国《反不当竞争法》第 24 条规定:“经营者利用广告或者其他方法,对商品作引人误解的虚假宣传的,监督检查部门应当责令停止违法行为,消除影响,可以根据情节处以 1 万元以上 20 万元以下的罚款。”这里的经营者的责任,首先不是对商品购买者的责任,而是因为直接侵害的客体是社会经济秩序,因而应承担对国家、对社会的责任。

其三,经济法责任具有责、权、利、惩相结合的特征。这是经济法责任的独有特征。实行责任、权利、利益、惩罚相结合的责任制度,是法律责任制度的新发展,它是符合经济规律和社会主义市场经济体制要求的经济立法的创造性成果。

(三) 过错责任与无过错责任

在经济法责任领域,既有过错责任,也有无过错责任。无过错责任,是在社会化大生产条件下法律责任制度不断发展的新形式。

过错责任是一种古老的责任形式。过错责任,是指有主观过错的行为人对违法行为及其损害后果所应承担的责任。违法行为基于主观故意或过失而成立,于是产生赔偿责任,这是过错责任理论的基本观点。

过错责任的根据,一是以行为侵害结果的预测可能性或计算可能性为前提。作为私人企业,由于必须对一定投入费用(购入原材料、增量设备、雇工等)及产出利润进行计算,因而在现实活动中,存在可预测的侵害结果和不注意预测(故意、过失)的侵害结果两种情况,进而存在为承担损害赔偿责任而支付赔偿金的计算上的可能性。如果不存在对侵害结果进行赔偿的预测可能性或计算可能性,则不存在过错责任。二是主体对自己的意思表示承担法律后果。故意、过失是一种主观状态,当不良的、有缺陷的意思表示外在地表现为违法行为时,存在承担责任问题。三是对自己的行为后果负责。四是实现法的平等性要求的表现。平等,被认为是法的基本社会目标。在实施了违法行为的情况下,不存在对损害者有利的法,也不存在对受害者不利的法。如果损害者不承担过错责任,那么在法律上损害者与受害者便是不平等的,这与法的平等观念相矛盾。

从根本上说,过错责任是一种财产责任。在经济法领域,财产关系是经济关系的重要形式。社会化大生产条件下的财产关系,既包含财产要素,也包含组织要素。因此,以主观过错为要件的财产责任,是包含财产要素和组织要素的财产责任。由此而论,当代条件下的过错责任,是经济法上的责任之一。

无过错责任,是违法行为不以当事人的主观过错为成立要件,而依照法律规定所应承担的责任。无过错责任是社会化大生产条件下的产物。随着科学技术和工业生产的迅速发展,违法行为造成损害事实发生的成因和后果、采用的手段和方式、损害对象的主体特定性等方面,都发生了量的扩大和质的变化。于是,立法上出现了无过错责任制度的创设和完善。

无过错责任的属性,一是原因行为、损害行为的公共性。其典型事例是飞机噪声侵害、核能发电厂的核辐射侵害、汲取地下水造成地面下沉的侵害、矿山正常开发造成的侵害。这些侵害行为的客体具有公共性、普遍性,它不是针对特定当事人,也不仅限于对主体财产的侵害。二是侵害后果的公认性。这种侵害事实是社会公认的,不是个别当事人自认的。如由于城市化高度发展,高大建筑物不断建成使用,由此,部分企业事业单位及居民必然为这些高大建筑物的背阴所困扰。这种对日照权(非所谓采光权术语)的侵害,不再是先前低矮建筑物间相邻关系中的日照权的侵害。三是侵害客体的利益多类性。这里,被侵害的不仅仅是财产利益,还包括对国民经济组织管理利益的侵害和对人体机能利益的侵害,如一般不是那种民事关系中致伤、致残、致死等人身侵害,而是造成畸形儿、水俣病、污染综合征等人体机能上的侵害。四是认定侵害事实的困难性。自然因果关系并不是一目了然的,不易凭感官或感性所认识。认定自然因果关系需要较高的科技条件和科学理论,而由自然因果关系转化为法律上的因果关系,还需要较高的自然科学基础和立法技术条件。

综上所述,无过错责任是经济法上的重要责任,而它将同扬弃了传统民法局限性的过错责任一起,共同构成经济法责任制度。

二、经济法责任的形式

由于违反经济义务的后果不同,经济法责任的形式也不相同,不同的法律后果应当承担与之相应的责任。

(一) 固有责任

固有责任,是为经济法本身的性质和特征所决定的责任。概括起来,固有责任包括经济责任和组织监督管理责任。

1. 经济责任

经济责任,是以经济资产作为承担责任方式的责任,它是按照法律规定或约定,主体所应承担的责任。不履行或不完全履行经济义务所造成的法律后果,一是使对方主体的权利不能实现或不能完全实现;二是造成了损害事实。这样,作为责任,只能以财产等经济资产来承担。经济责任的具体责任形式是违约金、赔偿金等。

违约金是预先规定的责任。只要一方当事人不履行或不完全履行合同义务,不论是否给对方当事人造成财产损失,都要支付预先约定的一定数额的货币。赔偿金是确实发生损失时的责任形式。由于一方当事人违约造成了对方损失,且损失数额超过违约金数额时,由违约方支付一定数额的补偿性货币。

作为责任形式,违约金属于可能性责任形式,赔偿金属于现实性责任形式。

2. 组织监督管理责任

组织监督管理责任,是按照法律规定和规章,被监督管理主体所应承担的基于国家组织经济和对经济活动进行监督管理所产生的责任。这种责任,存在于国家与经济活动主体的相互关系之中。

组织监督管理责任是对国家、对社会的责任形式。包括:通报批评、警告、限价出售和强制收购、停止营业(整顿)、吊销营业执照、罚款、没收(含强制划拨)。

(二) 援用责任

援用责任,是经济法律法规规定的,但需要适用行政法、刑法或其他法律法规方能实施的责任形式。固有责任是经济法固有的,可依据经济法律法规直接适用。在经济法律法规中,往往规定行政责任和刑事责任的条文。这些责任,不是经济法本身所固有的,实际上是从其他法中援引而来的,故称援用责任。因此,其责任性质属于援用性质。援用责任形式的产生不是偶然的,也不是出于立法者的便利,而是反映了法社会化过程中法与法的结构性变动。从这个意义上说,援用责任仍然是经济法责任的形式。援用责任形式包括行政责任和刑事责任。

经济法上的行政责任,指违反经济法律法规中行政责任的规定所应承担的责任。组织、监管国民经济的机关是国家经济机关。这些机关及其工作人员在进行组织、监管过程中既享有法定职权,也承担义务。对于违反法定义务的机关及其成员,必须承担相应的行政责任。同时,对于经济活动主体,也适用行政责任。

在经济法这里,行政责任的突出特征是,这种责任既是"行政的",又是"经济的"。只是因为其执行机关是行政机关,所以概括为行政责任。这种概括,也与我国经济法律法规中使用的“行政责任”的提法和规定相一致。

经济法上的行政责任形式包括：国家纪律责任和行政侵权赔偿责任。国家纪律责任，是指国家经济机关及其工作人员因违反经济法律法规的规定，而应承担的纪律责任。国家纪律责任有警告、记过、记大过、降级、降职、撤职、开除留用察看、开除公职。行政侵权赔偿责任，是指国家经济机关及其工作人员在行使经济权限时，造成对方的侵害后果所应承担的责任，其特征是：责任主体是国家经济机关及其工作人员；因非法地行使职权造成了财产或人身侵害；赔偿的性质是损害赔偿而不是损害补偿。合法职务行为造成的损害，适用补偿，而不适用赔偿。

经济法上的刑事责任，指违反经济法律法规中刑事责任的规定所应承担的责任。对于在经济活动中构成犯罪的法人、法人的法定代表人或直接责任人员及其他经济犯罪分子，应当承担刑事责任。

在正常经济活动中，存在经济违法行为或经济犯罪行为。为维护经济活动的秩序和当事人的合法权益，经济法律法规往往对经济犯罪作出规定。如税法中对情节严重的构成偷税罪、抗税罪的规定，金融法中对违反现金管理、外汇管理等构成犯罪的规定等等。这种规定，不是适用经济法律法规而是适用刑法。

三、经济法制裁

制裁与责任是两个有联系又有区别的概念。制裁是追究法律责任的一定措施。法律责任形式是责任在法律上的表现形式，而法律制裁是对各种责任形式进行追究的法律措施。

（一）经济法制裁的属性

经济法制裁，是依照经济法律法规的具体规定，由有权限的国家机关、司法机关和仲裁机构所采取的对违法行为追究法律责任的措施。制裁是通过保护法律秩序和解决争议而实施法律的活动。这些实施法律的活动，是作为国家的保护职能而产生的，它只能在保护性法律关系范围内实现。

经济法制裁的含义，是法律责任措施。制裁是由法律规定的，不为法律所规定或超出法律规定范围的“制裁”，都不是法律制裁；而且，法律制裁是一种追究法律责任的措施，不构成法律责任，则不存在法律制裁问题。“法律责任的一定措施”，是法律制裁的本质属性。

实施法律制裁的主体是有权限的国家机关以及人民法院、仲裁机构。这是法律制裁的主体特征。国家机关可以实施制裁，但必须依据法律规定的权限，而没有制裁权限的国家机关，不得实施制裁。除上述三类主体外，其他任何主体均无权实施制裁。

我们知道，在法规范的结构中，包括假定、行为规则和制裁。这里的制裁，是指法规范结构中对违反法规范所产生的后果的规定。显然，这个制裁属于立法中制裁规范的创设范畴。因此，应把作为对进行违法经济法活动的制裁与经济立法中的制裁规范加以区别。

经济法制裁对于保障国民经济顺利发展的作用是明显的，自有其他社会措施无法替代的功能。这些功能包括：(1) 财产惩罚功能。经济法制裁的基本功能，是恢复一方失去、损失的财产。通过财产惩罚，一方面使一方当事人的财产损失得到补偿，另一方面也使损害方的财产（合法或非法）实际减少。(2) 保障权益功能。经济法主体的权益是合法权益，受到法律的保护。通过罚没措施，使国家利益得以维护，通过支付违约金、赔偿金，使企业等经济组织的利益得以维护。(3) 维护社会经济秩序功能。社会经济的秩序化，是进行正常的、健康的经济活动的前提。通过制裁经济违法和经济犯罪行为，维护法律所设定的秩序。(4) 恢复经济法制功能。任何对主体权益的侵犯、对财产的侵犯和对经济秩序的侵犯，都是对经济法制的侵犯。如果这种侵犯普遍存在或得不到有效制止，则经济法制只能被架空。

制裁，实际上是恢复法律关系、恢复法律的尊严和强制力。总之，是恢复法律被侵害的状态。如果法律被侵害的状态长期不能恢复，则加强社会主义法制只能是一句空话。我们应当大力加强经济领域的法律尊严恢复工作。这种“恢复”应当是有实际效果的恢复。“挂起一只死乌鸦来吓跑其他乌鸦”的制裁，在总体上是不能有实际效果的。

（二）经济法制裁的种类

制裁是追究法律责任的一定措施，因而“一定措施”应与“责任形式”相对应。按制裁的性质划分，经济法制裁可分为固有制裁和援用制裁。前者是经济法本身所固有的制裁，包括财产制裁和组织监管制裁；后者是经济法律、法规上的制裁，是从其他法中援引来的制裁方式，包括行政制裁和刑事制裁。由上述可以说，狭义的经济法制裁是固有制裁，广义的经济法制裁，是包括援用制裁在内的制裁。

按制裁的主体划分，可分为经济行政制裁、经济司法制裁和经济仲裁制裁。经济行政制裁，是国家有权机关依照经济法律、法规的规定，采取行政决定、命令方式对经济违法行为所实施的制裁，它既包括国家工商行政管理部门的制裁，也包括物价、审计、计量、税务等国家经济部门的制裁；经济司法制裁，是人民法院依照经济法律、法规的规定，采取经济审判方式对违约当事人所作的财产制裁；经济仲裁制裁，是经济仲裁机构依照经济法律、法规的规定，采用经济仲裁方式对违约当事人所作的财产制裁。

（三）非经济法上的制裁

目前，经济领域制裁名目繁多。归纳起来，有“经济制裁”、“当事人制裁”和

“社会制裁”三大类。这些制裁,都不是经济法上的制裁。而且,其中诸多“制裁”属于对制裁概念的滥用。

在经济立法上,有关于“经济制裁”、“经济处罚”术语。这类制裁,实际上是法上的财产制裁,这是依法进行的制裁,其制裁措施源于法律规定。至于非经济法上的制裁,目前常见的有企业的“经济制裁”和机关、团体和事业等单位的“经济制裁”。这类制裁,其实是这些单位组织自己规定的内部管理措施,它是按本组织单位的规章制度实行的,一般有扣发奖金或工资、责令无酬劳动、随意减薪以及不发“红包”等等。这类所谓经济制裁随意性、自定性很大,有的与法律相冲突,而且存在侵犯职工合法权益的可能性。这类自行“制裁”的合法性,取决于关于制裁的内部规定是否合法。对于违反法律法规规定的“内部规章”,必须予以撤销,对于非法的制裁必须予以纠正。

对于所谓“当事人制裁”,有些教材称为“定金制度”、“价格制裁”、“信贷制裁”、“处置财产制裁”等。这些“制裁”,实际上是当事人之间依据合同约定,恢复权利或使对方履行法定或约定的合同义务,因而不能称之为制裁。

“社会制裁”也是常见的非经济法制裁形式。从有关论述和文件看,社会制裁是社会组织、团体或个人在履行社会事务中发生的制裁。这类制裁有两种情况:一是国家机关、行政性组织等搞的“委托执法”制裁,特别是什么“执法队”、“执法员”等的制裁;二是专项社会义务制裁,如超市对因通过“监督门”时响起警铃的消费者实行搜身、罚款、罚站示众等制裁。这里的“社会制裁”是一种违法行为,是破坏社会主义法制的行为。其“委托执法”制裁和专项社会义务制裁,则构成对社会经济秩序的严重侵害。

第二编　经济法律关系

第八章　经济法主体

经济法主体是被经济法律法规所规范的主体。社会主体多种多样，千差万别，其分类亦有不同的标准。所谓“经济人”、“单位人”、“社会人”只是对社会主体的一种表象性概括。不管怎样，社会主体为不同的法所规范，会形成不同的法律主体。我国现行各类法学教材，都把法律主体限定为部门法主体，进而限定为法律关系主体，即参加现实法律关系的主体。问题在于，同一个主体，当参加不同的社会关系时，一定为具体的法律法规所规范，从而形成不同的法律主体。如一个企业进行商品交易，订立合同时，为合同法所规范，形成合同法主体，而当这个企业为谋取不正当利益，给予国家机关财物时，则为刑法所规范，成为贿赂单位罪主体。当然，不同的“法群”划分为不同的门类，基于每一法的门类的调整范围，可以限定不同门类的主体，但这只能是从法体制的角度概括的，而不是从传统法部门概括的。这里应当明确，法门类的主体同法律关系主体还不是一回事。而且，只从法律关系中去认识主体及主体在社会关系中全部活动的性质和权利义务的实现，是不够的。其实，在具体法律关系之外，还存在其他社会主体，这些社会主体是被法律规定的主体；而且，法律主体不仅仅指法律关系主体，还包括法律联系主体，法律联系主体是法律关系之外的法律主体。由此而论，混淆法律主体与法律关系主体这两个概念的含义，是不正确的。

这里需要说明的是，本篇的主题是阐释经济法律关系，因而应更多地从经济法律关系主体的角度去阐释主体。使用经济法主体术语冠章，是基于全面把握经济法主体问题考虑的。

本章首先界定经济主体与法律主体的区别和联系，在对构成法律主体的法律联系主体与法律关系主体分别阐释的基础上，深入分析经济法主体的构成要素及法律资格的取得，最后概括了经济法主体的范围。

第一节 经济主体与法律主体

以一定方式进行经济活动的主体,总要发生一定的社会经济联系,因而总是存在于一定的社会经济关系中。每当这些主体进行经济活动、参加经济关系时,便为经济法律法规所规范,从而使经济主体成为法律主体。依据经济主体与法律的关系,法律主体可分为法律联系主体和法律关系主体。法律联系主体是为法律所规范,但没有参加现实法律关系的主体形式。

一、两种主体形式

经济关系形成的重要前提,是这种关系的主体性,即经济活动由主体进行,经济关系有主体参加。在经济法律关系范畴中,应区分经济主体、法律主体和法律联系主体、法律关系主体等概念。

(一) 经济主体、法律主体的界定

简单经济活动,通常以单一的形式进行。如我买你一匹马,买卖双方是"一对一"的单一形式。在单一经济关系中,经济主体即法律主体。在原本经济目的的实现需要两个以上主体参加的场合,便存在经济主体与法律主体的区分问题。

从广义说,法律主体是被法律法规所规范的主体,经济主体是进行经济活动的主体。由于经济活动贯穿于生产、交换、分配、消费整个经济过程,因而经济过程的每一环节都会形成经济主体。然而,这些经济主体之所以成立,都起码是依法登记、注册的结果,这是使之成为法律主体的前提。但仅仅有这个前提还是不够的,它要被具体法律法规所规范。这种规范,能够确定主体的法律地位和一般权利义务。这里,经济主体、法律主体是从现实的经济关系中去定义和限定的。

在经济关系中,法律主体,是指在经济关系中与某种法律有特定关系的主体。经济主体,是指在经济关系中与某种经济事实有特定关系的主体。如在房地产关系中,从土地使用权出让到商品房的卖出,要经过土地使用权出让—房地产开发—商品房买卖等几个环节,在这些环节中,存在土地使用权出让关系、房地产开发关系、商品房买卖关系,以及作为补充、协助的融资关系、借贷关系、代理关系和运输、仓储、保管等关系。这些环节所组成的经济关系,是由两个以上主体进行不同的经济活动所形成的"关系链"。由于经济关系的具体性、相对性,决定了在这种相互关系场合,只能是土地管理机关与开发公司、开发公司与销售商、销售商与购买者等结成具体法律关系,以及开发公司与金融机构、开发公司与运输公司等结成具体法律关系,等等。上述具体关系,都是具体经济法律关系。

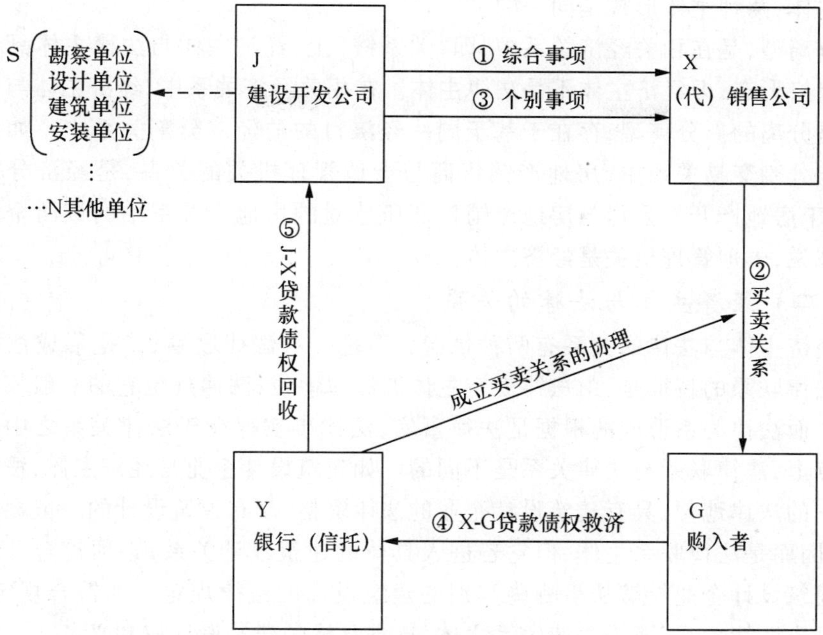

经济主体—法律主体图示

“关系链”上的经济关系，是相关经济关系。它是由互为条件、互为根据的两个以上的主体结成经济关系形成的。而且，这种经济关系具有同一客体。就是说，只有两个主体或不具有同一客体的两个以上的主体，都不能形成相关经济关系。形成“关系链”的重要特征是同一客体。如将福建生产的雪地靴卖到俄罗斯去，其中福建企业 A 与黑龙江企业 B 签订买卖合同，由于 B 企业无贸易出口权，则 B 企业与有贸易出口权的黑龙江 C 企业签订买卖合同，C 企业又与俄罗斯 D 企业签订买卖合同。这个“关系链”上有两个以上主体，而标的同是一个，即雪地靴。

在通常情况下，某一具体经济法律关系中，法律对该关系主体有法律约束力，对该关系主体之外的主体无法律约束力。在相关经济关系中，在其他主体实质上是经济主体的情况下，则存在法律约束力问题。因此，把握经济主体与法律主体的区别，既能解决两个法律主体之间的相互权利义务和责任问题，也能解决作为经济主体的债权担保及产品责任等问题。

经济主体与法律主体的关系形态有两种：一种是同一型，一种是分离型。由于关系形态不同，其主体的法律地位、权利义务状况及责任等是各不相同的。

同一型，是在具体经济法律关系中，经济主体与法律主体为同一资格的关系形态，即经济主体即是法律主体。如上述土地使用权出让关系中，土地管理机关与房地产开发公司无论在经济事实上还是法律事实上，双方既是经济主体又是法律主体，两种主体形式是同一的。

分离型，是在相关经济关系中，即“关系链”上，经济主体与法律主体具有不同的资格形态，即经济主体不是法律主体。在相关经济关系中，经济主体与法律主体是分离的。分离型，存在于基于同一经济目的的经济分割关系中。如上述房地产分割交易关系中，房地产销售商与土地管理机关的关系，是经济分割关系，对于房地产开发公司与房地产销售商所建立的房地产关系中的该两个法律主体来说，土地管理机关是经济主体。

（二）经济主体与法律的关系

经济主体与法律的关系有两种情况：一是一般法律联系；二是形成法律关系。法律联系的特征是，由法律规定主体的法律地位；法律规定它的一般权利和义务。而法律关系形成的根据是法律事实，法律事实存在于法律关系之中。在这一点上，法律联系与法律关系是不同的。如建筑设计企业是经济主体，法律规定了它的法律地位，具有建筑设计企业的法律资格，享有建筑设计的一般权利和义务，因而是法律联系主体，但它若进入具体的建筑设计关系，必须符合几级资质的建筑设计企业能够从事哪些类别的建筑设计的法律规定。如符合规定，它可以进入法律关系，成为法律关系主体，享有具体的建筑设计权利义务。

法律联系是经济主体的静态出发点，它不存在法律关系中那种相互作用的主体行为和主体间不可分割的活动。法律联系只是为主体参加法律关系提供一种资格和可能性。其一般权利义务关系，是法律上的潜在设定，如法律关于国家机关职权及其活动的一般规定、企业和公民个人等权利义务的一般规定。

由此说来，法律主体分为两类：一类是法律联系主体，另一类是法律关系主体。这两种主体的区别，以经济主体与法律的关系的性质和状况为基准。

具有法律联系的主体，是法律联系主体，它是指由法律规定法律地位、具有一般权利和义务的主体。当经济主体参加现实经济关系时，它们便成为具体的权利义务的直接享有者和承担者，从而成为法律关系主体。法律关系主体的特征是：(1) 其权利义务关系是基于法律的个别规定建立起来的；(2) 主体间的相互关系是具体的、特定的；(3) 以主体必须实施自己的行为为前提。由上述可见，经济主体不等同于法律主体，进而不等同于经济法主体；法律主体不等同于法律关系主体，进而不等同于经济法律关系主体。

研究两种主体形式具有重要的理论价值和实践意义。在国民经济领域，区分经济主体、法律主体，并在这种区分的基础上将两种主体形式作统一把握，能够深入认识在国民经济的进一步发展中，新的经济主体存在的合理性，法律的任务是承认新主体的存在，促进其发展和完善。而把一般意义上的经济主体置于经济法律关系中去考察，则作为相关经济法律关系主体的经济主体，存在义务、责任的承担问题。认识到这一点，对于加强社会主义法制，维护社会经济秩序，具有重大意义。在经济法律关系领域,区分法律联系主体、法律关系主体,并在这种区分的基础上将两种主体形式作统一把握,能够深入认识在具体经济关系中,法的实现及法律关系保护的特征和形式。经济法并不是一般地对经济关系发生作用和影响,而是通过对具体的经济法律关系的保护,使主体实现经济权利、承担经济义务。因此,只有认识法律联系主体的一般权利义务特点,认识法律关系主体具体的、特定的主体间相互依赖的经济活动特点,才能够既促进经济发展,又稳定法律秩序。此外,把握经济主体、法律主体的联系和区别,对于保障司法公正,提高司法人员的理论素质,保护当事人的合同权益,具有重要意义。在合同案件审理中,往往不能正确确定被告人、第三人,不能正确判定"另案处理",掌握两种主体区分理论,就能够在"合同链"案件中,根据案件事实和法律规定,很容易解决究竟"被告人"是谁、"第三人"是谁,很容易解决什么是"本案"、什么是"另案"。

二、经济主体

进行一定经济活动的经济实体,是经济主体。除了经济实体进行经济活动外,其他社会实体在有些情况下也进行一定的经济活动,如学校、医院、社会团体及其他社会组织等。这些社会实体不是经济主体,其成立宗旨、社会职能与经济实体有显著不同,但它们的经济活动也为经济法所调整,并因此成为经济法主体。然而,我们应当从经济法的基本主体是经济主体的角度去区分社会主体,在此基础上,把握经济主体演进的类型、主导经济主体的演进规律,以及各类经济主体的性质,从而认识对经济关系实行经济法调整的必要性和有效性。

(一) 个人(家庭)主体与组织主体

个人(家庭)主体与组织主体的概念比较分析,主要解决经济主体形式的转化问题。

个人(家庭)主体和组织主体,是经济主体的两种基本形式。它们是在任何社会形态下都存在的经济主体形式。但是,我们不能不看到,从个人(家庭)主体到组织主体,是这两种形式演进的普遍趋势。

其演进的一般情况和成因是:

其一,早期自然经济下进行生产活动和交换活动的一定组织性主体,是手工作坊、手工工场。手工业家庭是以家庭成员为主从事手工业生产的主体。除了家庭成员,有的还招收帮工,但他们之间的关系,限于师傅与徒弟的关系。家庭生产制度,是拥有劳动力并足以自给自足的家庭,在某一事业领域独立进行生产和销售的制度。由于生产工具简单,产品价格有限,使家庭很容易建立起这种生产作业,又可以通过家庭成员直接把产品打入市场。同时,由于受交通运输不便等自然条件的限制,外地竞争对手较难进入本地市场。这种家庭生产制度适应当时生产力发展水平和状况,促进了社会经济的发展。

其二,从个人(家庭)主体过渡到组织主体的前提条件,是经济活动与家计活动分离。在家庭生产制度下,生产效率低下,产品满足不了市场的需要,而且,商人从家庭手工业那里采购的产品的产量和质量等,又不能受其控制。随着原始资本积累的扩大,社会生产制度逐渐发生了变化,代产包销制度由此产生。这一制度,开始是双方在约定的价格内收购家庭生产的全部产品,后来进一步发展为由收购商提供原材料和生产工具,再以一定价格收购其产品。这样,家庭就不再是自行生产的单位了,而是为包销商生产的单位。这是家庭的经济活动与家计活动分离的开始,其彻底分离,是工厂制度形成之后的事情。

其三,工厂的设立是组织主体演进的成果,是社会经济生活中组织主体占主导地位的历史性开端。工厂制度形成的动因是:首先,家庭生产形式的局限性和弊端。在分散的家庭生产下,包买商往往要把原材料和工具分配到相距较远的众多家庭手工业者手里,而由于没有一定的耗料标准,所以控制不了原料的使用(私下节省下来出售获利),法律虽有明文规定不许偷工减料,若有偷工减料中间商可诉至法院,但实践中纠纷普遍,难于解决。当时的社会生产,迫切需要将家庭生产集中起来。其次,农村剩余劳动力的转移,使之有必要把劳动力集中起来进行共同劳动。随着资本主义经济关系的发展,失去土地的农民越来越多,为满足日益增长的商品市场的需要,由包买商建立集中生产的手工工场逐步扩展。最后,手工工场逐步发展为不同的工业部门,机器的发明及运用,使工厂制度最终确立。手工工场以手工劳动为基础进行生产,这既不能进行大规模生产,又不能把小生产者从本部门中排挤出去。动力机械的问世及其商品化,使整个生产及其程序发生了根本性变化。新机器价格昂贵,一般生产者难于购买,而使用新机器生产所需的资本又无力支付。于是,机器被集中在一处,工人也被集中到同一场所进行集体劳动。

18 世纪中叶起,西方工厂制度摧垮了工场手工业的统治而取得了历史性胜利。工厂制度的特点是:(1) 工人、机器、设备和原材料都集中在一座或一组厂房里,进行集中生产,而不是分散在农村或手工业家庭里;(2) 工厂对原材料、生产和产量有统一计划,并对其进行管理、监督和控制,而原来是原材料和产品由包买商控制、生产由家庭控制;(3) 产生了劳动雇佣关系。生产资料所有权和经营管理权属于资本家,作为生产劳动者的工人处于无权和被剥削的地位。工厂制度是新型的社会生产方式,极大地提高了社会生产力。同时,机器生产的工厂制度使工人变成了雇佣劳动者,也成为了机器和技术的附属物。从此,资本主义市场经济制度也随着工厂制度的确立而形成。

工厂企业是早期工厂制度的进一步发展形式。较之早期工厂,经济力、科技和管理这三个要素,是企业制度的显著特征。在当代,公司企业是组织主体的普遍形式。公司是以“资本”为核心和纽带的企业。

由上述可以看出，个人（家庭）主体向组织主体的演进，反映了社会经济发展的客观进程。在个人（家庭）主体已经不是经济主体的主要形式，在经济发展中也不占重要地位的情况下，法律调整的基础、性质和调整方式都发生了变化。

（二）主导主体与非主导主体

主导经济主体与非主导经济主体的概念比较分析，主要解决各类经济主体在其相互关系中的地位问题。

在每一经济发展阶段，总是有一定的主体形式与之相适应，而在这种适应过程中，总是有一定的主导主体产生并发展起来。其根本原因，在于新的生产组织形式是新生产力的代表者，它是解决生产力的发展与生产组织形式矛盾的一种新方式、新途径。

工厂制度的生产组织形式是独资企业和合伙企业。12 世纪初，独资企业和合伙企业首先在意大利出现，经过 15 世纪至 18 世纪几百年的发展，终于成为主导主体，遍及整个欧洲大陆。

独资企业，是生产资料归个体占有、独资经营，单个业主对债务负无限责任的企业组织形式。一般见之于零售业、农业和小工业。其所有购地、选址、建厂、安装机器设备及雇工生产、销售等，均由单一业主进行。合伙企业是两个或两个以上合伙人合资经营的企业，其中合伙人通过约定，分别提供资金、实物、技术、劳务或厂址来共同进行生产经营活动。合伙企业对债务负无限清偿责任。独资企业和合伙企业须经国家注册，是比较完全意义上的企业。这与手工作坊、手工工场相比，是历史的进步，这是它们发展成为主导主体的根本原因。

独资企业和合伙企业虽然易于控制、直接指挥、决策灵活，并有税务上的某些便利，但资金有限、生产规模较小、经营者的管理能力不足，而无限的个人责任势必妨碍事业的发展。17 世纪初，股份公司作为新的企业组织形式开始在欧洲出现，19 世纪下半叶在欧洲、美国、日本等国家广泛发展，后来终于取代了独资企业和合伙企业的主导主体地位，成为新的主导主体。

股份公司成为主导主体的经济动因，是工业生产从手工业生产向大机器生产的过渡、大机器工业的建立和发展。股份公司这种新的企业组织形式必须解决以下四个主要矛盾：社会资金的分散性与生产集中的矛盾；风险责任个人承担与企业共同体承担的矛盾；企业存在的稳定性与易消性的矛盾；资本所有权与经营管理权的矛盾。由于独资企业和合伙企业无法摆脱上述矛盾，股份公司便应运而生。

股份公司，又称股份有限公司，是全部股本分成等额股份，股东就其所认股份对公司负有限责任，由法定数目以上的股东所组成的企业组织，其核心特征是资本（出资）与经营分离。出资所产生的权利体现在股票上，持有公司股票的股东,按其持股数额拥有对公司的红利分配权和公司清理时的财产分配权、对公司生产经营等的监督权、表决权等。股东只对公司负责,不对公司债权人直接负责。公司是法人,须向政府申请营业执照,经审查认为合法并核准发给营业执照后,始可开始生产经营活动。

股份公司的主导主体地位,体现在它与其他公司企业组织形式的相互关系上。无限公司是由两个以上对债务负有连带无限责任的出资者组成的公司。由于无限公司的规模受到公司成员数和出资额的限制,公司的成员固定,而其责任又是无限责任,因此在发达市场经济国家已不占重要地位,在有的国家如日本几乎不复存在。股份两合公司,是由一人以上的无限责任股东和若干人以上的有限责任股东所组成的股份公司,无限责任股东对公司债务负无限连带责任。由于与无限公司同样的理由,自 19 世纪后半叶起,股份两合公司逐渐被股份有限公司所取代,在有些国家已不存在。有限公司是股份公司的简化形态,它以全部出资者的出资总额为限,也是负有有限责任,但公司成员的总数一般限定几十人以下,公司成员的转让权须经公司全体会议议决。有限公司一般限于中小企业。

在上述企业组织形式中,股份公司基于自身优越性,终于发展成为主导主体,它对完善市场经济进一步发展条件下的生产组织形式,促进生产力的发展,起着积极的推动作用。股份公司主导性的主要表现,一是作为资本所有形态,股份公司是社会联合资本所有替代单个资本所有。作为"社会企业",它是对个人私有企业的扬弃,实现了个人的生产方式向社会联系的生产方式的转化。二是股份公司的发展进一步推进了资本集中的趋势。它通过发行股票吸收社会资金,通过收买其他公司的控制股票,实现更大规模的资本集中和市场垄断。三是股份公司是专业化协作和联合的最高形式。它突破了单个资本家在资本、生产和劳动上的限度,把尽量大的自然力和科学技术并入生产过程,是促进社会生产力发展的一种适合的企业形式。四是股份公司促进了金融市场的发育和成熟,使银行资本和工业资本融合起来,这是造成金融资本统治的重要外部条件。五是股份公司创造了企业组织管理的新形式,把企业的经营管理水平提高到一个新阶段。它实现了财产所有权与经营管理权的分离,使企业财产所有者与企业经营管理者不再集于一身,因而使企业具有对管理人才的吸纳机能。

任何主导主体都是历史的暂时形式,股份公司也不例外。作为生产资料私人所有的股份公司,无法解决生产社会化与生产资料的私人占有的矛盾,而且,它总是面临着各个资本家同"总资本家"——国家的矛盾。在市场经济内在矛盾的进一步发展中,出现并发展着一种新的主体形式,这就是国有企业。在社会主义条件下,国有企业成为主导主体。这反映了生产组织形式发展的历史必然性。

（三）普遍主体与特殊主体

普遍经济主体与特殊经济主体的概念比较分析，主要解决对不同经济主体的性质、比重的认识问题。

普遍经济主体，是在所有的经济主体中属于一般的、普遍存在的经济主体形式，而特殊经济主体，是与普遍主体不同的主体形式。

所谓“企业形式的特殊性”，指的是在所有的企业形式中某种企业形式在存在范围、所占比重上属于特殊的，而不是普遍的。很显然，在西方市场经济国家，私人企业是大量、普遍存在的企业形式，相对而言，国有企业形式是特殊企业形式。因此，西方法学教科书把国有企业设定为“特殊企业形式”，是很容易理解的。我国在改革开放条件下，仍“以公有制为主体”，不是以其他所有制形式为主体。因而在我国，国有企业不是特殊企业形式，而是普遍企业形式。因此，不能把我国的国有企业列为特殊企业形式。

以“所有权的归属”和“所占比重”，作为衡量普通主体与特殊主体的标准，便超越了国家与国家、企业与企业等差异的政治学界限，从而在法学上获得了认定特殊主体形式普遍适用的标准和尺度。

国有企业是资本社会化发展的新的生产组织形式。股份公司统治下的私人垄断的发展，要求国家干涉，而生产资料的国家所有制，是国家干涉的重要表现，也是垄断资本主义的重要内容。当代垄断市场经济国家的国有企业，不仅是个体私有制资本的扬弃，也是联合所有制资本（股份公司）的扬弃。

在西方市场经济国家的诸多经济主体中，国有企业是特殊企业形式。这是因为，虽然国有企业的财产所有权全部或部分属于国家所有，但从总体上说，国有企业在全部企业中的比重不大，私人个体所有制企业和私人联合所有制企业，在数量上的比重或市场控制力上的比重都相当大、相当高，因而国有企业被认为属于特殊企业形式。这里应当指出，在我国现阶段，私营企业、外商独资企业、中外合资及合作经营企业等企业形式有较大较快发展，在数量上或市场控制力上的比重越来越大，然而，我国社会制度的性质决定了这类企业形式的比重不能超过国有企业。因此，对于我国来说，国有企业形式应当不是特殊企业形式，而是普遍企业形式。

三、法律主体

法律主体，是依据法律规定能够或实际参加经济法律关系的主体。法人、经济法人和自然人，是对法律主体的总概括。当然，没有取得法人资格的企业联合体、股份合作组织等组织体，也可以成为法律主体。这里，重点阐释作为组织主体的法律主体。

（一）法人

随着工厂制度的产生和发展，经济活动的主导主体由个人（家庭）过渡到社会组织。这些在社会经济生活中发挥重大作用的社会组织，被法律加以确认，称为法人。法人便是那个时代法律上的主导主体。

1. 法人学说

大陆法系学界认为，法人是为了实现一定目的结合而成的人的团体或财产的总体，它是具有作为独立活动主体资格的权利能力的社会组织。按照通说的“法人实在说”（realism, realisme, realismus）的说法，法人是实在体，它作为独立的实体存在，同自然人一样有独立的意志和行为，所以在法律上应具有独立的人格即法人格。此说基于立论角度的不同，又分为“有机体说”和“组织体说”。前者强调法人本体的基础——人格及意志的有机性，后者强调法人本体是实在法上的组织体。由于这种理论符合实际，又有实际操作性，因而各国立法多采用法人实在说。除法人实在说之外，比较有影响的学说还有“法人拟制说”、“法人否认说”。法人拟制说认为，法人具有独立的人格，为法律所拟制，它立足于个人存在的观念，说明法人实际上是人的团体或以财产为媒介而归属于法益个人。法人否认说，是一种根本否认法人的人格存在的学说。其中，“享益者主体说”认为法人的本体，是通过法律技术而享有利益的多数个人；“管理者主体说”认为法人的本体是它的财产的管理者；“目的财产说”认为法人的本体，是依据一定目的而存在的财产即目的财产。法人否认说的上述几个分支学说尽管说法各异，但都是把法人的最终权利的归属者架空，从而否认法人概念及法人的存在。

上述学说的分歧，反映了个人本位法观念与团体本位法观念的不同影响，以及哲学上唯名论与实在论的不同影响。但无论如何，关于法人学说中占主导地位的思想，是肯定法人实体存在的思想，这是团体本位法律观和唯名论哲学思想影响的产物。从社会组织的客观存在，抽象成法人这个一般概念，是法人学说的思维方式。

2. 法人制度的经济动因

关于法人的思想及把社会组织归结为立法上的法人总概念，有其深刻的动因。其根本经济动因，是资本主义商品经济的发展。资本主义商品经济根本区别于简单商品经济，它是商品经济的发达阶段，其主要特征是：一切劳动产品和劳动力都成为商品，生产资料转化为资本，资产者支配雇佣劳动者，生产的目的和动机是取得剩余价值，使资本增值。法人制度固然与资本主义商品经济联系，但它不只是与资本主义商品经济相联系。我们可以从资本主义商品经济所具有特性中抽象出法人产生和存在的最一般的经济条件。这些条件是：

其一，从生产力方面看，从手工劳动发展到大机器生产，要求把个体的、分散的生产资料变成社会化的即只能大批人共同使用的生产资料，要求生产活动由个人活动变成一系列的社会活动，要求生产的产品通过交换供全社会需要而不是局部的、地域性的需要。这样，生产资料的集中、资本的集中促进了社会生产力的进一步发展。于是要求进行经济活动的主体，主要不再是资产者独立经营的企业，而是"资本团体"。

其二，从生产关系方面看，雇佣关系和资本关系造成了获取剩余价值的稳定条件。这样的生产关系性质和状况，要求企业组织的存在具有长久的连续性。独资企业的业主或合伙企业的合伙人破产或死亡时，则企业自行解体。因此，这样随时可能终止的企业组织，显然不适合于发展资本主义生产关系的需要。

其三，从社会经济联系方面看，自由竞争是这一历史时期占统治地位的普遍经济联系现象。自由竞争意味着资本可以不受限制地在各个企业或经济部门间自由转移。为此，它所要求的企业，必须是根据自身意志独立支配企业财产的企业。只有这样的企业，才能独立参加经济活动，保证企业财产不与其他组织的财产以及本企业内部成员的财产相混淆。

其四，从商品经济的法律条件看，在团体主义思潮下，国家立法改变了由罗马法而来的"个人法"的状况，除"国家法"之外还制定了为数众多的"团体法"。各国在法律上确认法人的地位，并对法人的设立、变更和消灭以及法人的权利等作出规定。与这种法律条件相适应，法律关系也发生了变化。如合伙企业契约是全部合伙人的契约，合伙人对契约负有共同责任，而法人则以自己的名义签订契约并承担契约责任，这就改变了合伙企业契约的性质。

由上述可见，自由主义的市场经济，是法人产生的前提条件，而根源于自由主义市场经济的法，则是法人存在的法律基础。这是决定法人性质和特征的根本性的东西。

3. 法人的基本特征

对于法人的特征，可以从不同的角度进行概括，但在阐释它的特征时，应当揭示它的基本特征，特别是核心特征。这些特征是：(1) 在组织上，法人是相对于自然人而言的，它不是单独的个人，而是具有一定组织形式的社会组织。作为组织形式，法人有一定宗旨、一定组织机构、一定的职能和权利、一定的活动范围和活动方式。(2) 在财产上，法人有其独立支配的财产，享有组织财产所有权、经营权，并以自己的财产对活动的后果负责。(3) 在人格上，法人具有拟制自然人人格的"法人格"。它有属于自己所专有的名称，以自己的名义享有权利并承担义务，具有独立的法律地位，能独立承担法律责任。

法人的核心特征是财产特征，即"有独立支配的财产，享有组织财产所有权"。法人与自然人相区别的，是法人享有"组织财产所有权"，而自然人享有的是"个人财产所有权"，尽管它们都享有财产所有权；法人与经济法人相区别的，是法人享有完全意义上的财产所有权，而经济法人本身并不享有最终财产所有权。

（二）经济法人

经济法人是法人制度的新发展。经济法人具有法人的某些特征，但它又是法人根本性质的质变，是传统法人制度的扬弃形式。

1. 经济法人的产生

市场经济进入垄断阶段后，随着国家垄断资本主义的发展，生产资料的国有化趋势有了明显增长。被称为"国家公司"、"政府企业"、"公用事业部门"等的国有企业，是法人形式的新发展。这些国有化态势的发生不是偶然的，它是在生产方式内部资本关系社会化的必然结果。大规模的生产组织起初由股份公司占有，后来由托拉斯占有，然后又由国家占有，这是各国垄断资本主义经济发展的必然趋势。

在当代，西方国家的国有企业有三种基本类型：（1）完全国家所有企业。这是国家全额出资并经营垄断事业的企业。基于国有企业的垄断性，一般都被赋予法律上的垄断权。这类企业与国家关系的特点是：国家确保其垄断地位；享有公用负担特权；由国家规定固定资产投资额；可获得国家的限额和固定利率贷款；国家预算给予无偿补贴；由国家提供债务保证；国家税收上的优惠措施；准许举借国外贷款。（2）混合企业。这是由国家和私人共同出资的企业。这类企业是国家设立企业后由私人资本参股，或国家购买企业的相当数额的股票。混合企业是国家的垄断联合体，仍集中体现国家对企业的控制力，在这一点上与完全国家所有企业的性质相同。但它们在与国家的关系上有其自身特点：私方以股息和利息形式按规定取得属于自己的利润；企业自有资金所占比重较大；价格政策灵活，可自行定价；税收上不享有特惠待遇。（3）政府内部企业。这是由政府部门兴办的企业，它是由国家拨款设立的。其特点是：在组织上，它是政府有关机关的内部机构，存在直接行政隶属关系；组织人事关系和经济活动全部由政府决定；企业利润全部或部分上缴中央财政或地方财政。

在国家垄断时代，在国家对社会经济的调节更经常更全面的情况下，传统法人所有制法律形式的局限性日益明显。国有化的发展表现了客观上否定传统法人制度的趋势。建立在市场经济自发力量基础上的法人制度，已经不能满足生产社会化对企业的法律形式的新需要。股份公司扬弃了作为个体所有制的个人或家庭企业，获得了法人新形式，国有企业扬弃了作为个体资本联合所有制的股份公司，获得了经济法人新形式。

2. 经济法人的概念内涵

经济法人，是具有权利主体资格，依据国有资产或国家授予的资产进行经济活动的社会组织。对于这一定义，我们可以从以下三方面去理解：

首先，经济法人是具有权利主体资格，依据国家和企业的双重目的进行经济活动的法人。法人是在法律上对进行各种社会活动的社会组织主体的总概括，法人包括国家法人、行政法人等等,但它们不是专门进行经济活动的主体,而经济法人是在法律上限于对进行经济活动的经济主体的总概括。就是说,不是一般社会主体而是经济主体,才能在法律上被确定为经济法人。经济法人的经济目的具有双重性,其生产经营的目的,既有企业自身目的,也有国家目的,体现了两者的有机统一。

其次,经济法人的资产来源于国家,它是经营、管理国有资产的法人(对于混合企业,这是从国家对企业资产的控制力说的)。国有企业是国家所有制的主要经济形式。国有企业的资产客体,是社会成员的共同财富,它只属于一个股东——国家。不管是国有资产还是国家授予的资产,国家都享有企业资产的所有权;而且,企业不能以自己独立的意志支配资产,资产的意志行为者最终为国家,是国家通过国家机关来管理企业的有关资产;企业与国家机关在企业资产上的关系,是一种管理与被管理、监督与被监督的关系。

最后,经济法人是经济法主体的一种重要主体形式。经济法主体是被经济法所规定的社会主体,因而经济法主体是广泛的。说到底,凡是被经济法律法规所规范,并进行一定经济活动的主体,都是经济法主体。这些主体进行依据本身宗旨和业务范围所规定的社会活动,但当它们进行经济活动时,始被经济法所规范,才成为经济法主体。经济法人则不然,它一定是依据国有资产进行活动的,因而进行经济活动,乃是它的宗旨和业务范围。如果将两者相混淆,把经济法主体归结为经济法人,那么经济法主体因失之过窄及与经济法人同义而失去本身的概念意义。

3. 经济法人的特征

经济法人是国家介入经济的产物,因而不可能同传统法人一样独立于国家的直接管理。综合西方国家的经济立法,我们可以总结出经济法人在对国有资产的管理、政府的人事任免权、对企业经济活动的监督、进行审计检查和议会监督等方面的特征:

其一,国家对国有资产进行严格管理。英国的国有公司归中央政府管理,其资产属于国有资产。企业用于扩大再生产的资金,由国家财政划拨,同时向国家缴纳利润税。德国没有实行私人企业的国有化,国有企业是国家投资设立的。企业财务纳入国家财政体系,对于亏损的企业发放中期贷款。法国国有企业的财务,通过国家财政预算实现。国家向企业收缴利润税,亏损企业的亏损部分和部分生产费用,由国家预算划拨。

国家与企业资产关系的重要特征,是国家享有企业的国家资产的所有权。国有资产,指国家负担的属于国家所有的资产,以及依照法律规定附带国有的资产。对于国有资产的取得、维护、保管及使用、处分,由法律加以规定。其管理机关,为政府各主管部,其总辖机关,一般为财政部。部管资产的某些事项,可委托其所属局代管,根据具体情况,也可交由地方政府代管。国家设置国有资产中央审议机关和地方审议机关。审议机关具有咨询性质,其成员及临时工作机构人员,按规定的条件选任,由政府主管部门任命。国有资产管理制度,主要有报告制度、议会议决制度和资产处分限制制度。对于资产的贷出、交换、出卖、转让,严格按法律规定执行,法律要求政府主管部门对所管理的资产的转让、出卖的用途和具体时间进行行政指定。

其二,国家对国有企业拥有人事任免权。日本国有企业的董事长和监事,均由政府任命。在法国,董事、董事长和总经理由内阁会议以法令形式任命,董事长、国家代表的免职或撤职,也由政府任命。当董事会内部发生重大分歧,严重阻碍企业正常领导时,政府还可以撤销董事会全体成员的职务。

其三,国有企业的重要经济活动处于国家的经常监督之下。主管部及财政部等有关国家机关对企业的预算、决算、利润的用途、资金转让、设备增加、吸收新股以及董事长和总经理的报酬等,实行监督。这些监督包括对其分公司和子公司的监督。对于生产经营活动关系到社会公共利益的企业,其产品定价、贷款、职工地位和报酬以及有些企业的投资计划、提供投资贷款、出售股份等,也须接受政府的监督。

其四,接受国家审计机关的审计检查,是企业的义务。一些国家利用法律形式对对于企业进行审计的机关、任务、内容和程序作出规定。在法国,审计院承担对企业的审计检查职责。审计院对企业的会计账目和经济效益进行检查。它有权查阅会计档案资料和其他有关资料,有权查阅稽核工作案卷。

其五,议会对国有企业进行监督。议会通过审议涉及国有企业的法律草案和有关财政法草案;对各部长提起质询,召集会议,讨论政府的各项有关决定,并提出赞成、否决或进行修正的决议;对政府的各种补贴、贷款、资助进行审议,对财政预算的政策性问题进行审议;议会议员享有直接或间接的调查权,可要求审计机关进行调查,召集现场会议进行监督,组织专题调查组进行专题调查,针对特定问题,在一定期限内,议会可设立调查委员会和监督委员会,进行日常口头或书面质询。此外,企业应向议会提交下列报告文件:企业及分公司、子公司的组织结构表册,各种企业信息资料以及会计账目和年终总结。

经济法人的上述特征表明:经济法人同法人一样,在与其他经济主体的相互关系中,都是以权利主体的资格从事经济活动,但另一方面,在经济法人与国家的相互关系中,因为不具备支配企业资产的全部权能,因而不具有作为传统法人的法律地位。社会主义条件下的国有企业与资本主义国有企业在经济形式和法律形式上,有某种共同之处,它们都属于经济法人,实现了对传统法人制度的扬弃。就是说,经济法人是传统法人性质的质变,是独立于传统法人的新的法律形式。

第二节　经济法主体资格

经济法主体是一个既有经济内容,又有法律内容的概念。任何社会主体都可以成为经济法主体,不过,它们将受制于经济法主体资格条件的限制。

一、经济法主体的含义

经济法主体是经济法理论的重要范畴,它自有区别于其他法律门类的法律主体如民法主体、行政法主体等的特定含义。

(一) 经济法主体的定义

经济法主体,是指依据法律规定的经济权限,参加或能够参加经济法律关系的社会主体。为了把握这一定义,下面从三方面作引申说明:

其一,经济法主体一定是被经济法律法规所规范的社会主体。社会主体是自觉地、能动地进行社会活动的个人和社会组织。在人类社会的不同发展阶段,社会主体的结构及主体间的相互关系是不同的。在生产社会化条件下,出现了新的法律主体形式。这是指在经济领域的社会活动,因为具有被市场机制和宏观调整机制所制约的性质,因而这些社会主体被经济法所规范,形成经济法主体。从这个意义上说,任何社会主体都可以成为经济法主体。无论是经济活动关系,还是经济组织关系,不参与其中的社会主体几乎是不存在的。当社会主体按照经济法的要求参加经济关系时,它们便成为经济法主体。当然,当社会主体参加其他社会关系并为有关法所调整时,便成为其他法律主体,如参加财产继承关系、婚姻家庭关系的社会主体,是民法主体,参加行政关系的社会主体是行政法主体。应当指出,法律主体不是按社会主体的这一部分、那一部分划分的,而是社会主体参加什么样的社会关系并为相应的法所调整时,便成为什么法律主体。这正是"一个社会主体,多种法律角色"。

其二,经济法主体是可能参加或实际参加经济法律关系的法律主体。社会主体之所以为经济法主体,就是因为它被经济法所规范具有经济法律关系主体的资格,并通过自己参加经济关系,实际取得经济权利、承担经济义务。"可能参加",指具有主体法律资格,拥有一般权利、义务而能够参加经济法律关系;"实际参加",指依据具体法律规定,享有具体权利、义务,参加经济法律关系。参加经济法律关系是经济法主体存在的前提,如果不具备参加经济法律关系的法律资格或没有参加具体经济法律关系的事实,那么这种社会主体,便不能成为经济法主体。从这个意义上说,经济法主体是特定主体。以经济关系的性质为标准,经济法主体可分为经济活动主体、经济竞争主体、经济管理主体、经济监督主体和经济调控主体五大类。

其三,经济法主体是经济权限主体。经济权限,是经济权力、经济权利义务的概括用语。经济法律关系的参加者,既有经济组织等专门进行经济活动的主体,也有国家、国家经济机关等从事经济管理、经济监督等经济组织活动的主体,因而在经济法律关系中存在经济权利和经济义务关系,也存在经济权力和经济义务关系。经济权限是上述权利、权力和义务的总称。由此可见,并不是所有的社会主体、法律主体都能成为经济法主体,只有拥有经济权限的经济组织、国家经济机关等,才能成为经济法主体。

总之,经济法主体是法律设定的社会主体,是社会主体中的法律主体,是法律主体中的经济权限主体。如果法律没有规定具体的经济权限,则任何主体都不成其为经济法主体。社会主体只有依据法律规定的经济权限,参加现实经济法律关系,才能实现自身的一定经济目的。

(二) 经济法主体的标志

法律主体是依据法律设定建立起来的,不同的法律设定会形成不同的法律主体。为了识别什么样的法律主体是经济法主体,应当确定它的基本标志:

其一,具备一定的组织形式。除公民个人外,经济法主体必须是由国家认可的统一组织。被确定为经济法主体,应当具备下列要素:组织系统和组织形式、职能性质和宗旨、组织规模、工作(技术)条件、活动方式、分配形式和领导关系。这些构成要素涉及主体的经济权限和经济权限类型,须经法律确认。有一定的组织形式,构成独立(或相对独立)的组织,这是成为经济法主体的首要条件,也是它的首要标志。

其二,拥有经济权限,是经济法主体的重要标志。经济法主体在领导国民经济和进行经济活动时,都是经济权力和经济权利的享有者。当然,这里的经济权限与它的活动职能并不是一回事。经济法主体进行职能性活动时,不是以权利(力)主体资格出现的,只有当它们为行使自身职能而参加现实经济关系时,才以权利(力)主体的资格出现。经济法主体的经济权限不是自然发生的,必须由法律确认。例如,它是从法律认可该主体成立时开始发生,并依照法律撤销或解散时消灭;具体经济权限取决于主体成立的宗旨和工作范围,违背成立宗旨及超越权限范围将受到法律干涉;其范围、性质各不相同,这取决于法律确定的经济主体的种类。

其三,对自己的经济活动后果负责,也是经济法主体的标志之一。"对自己的经济活动后果负责"表现为两个方面:一方面,要承担经济活动不利后果的责任,即承担经济责任和法律责任;另一方面,对经济权利受到侵犯的后果,行使保护请求权。经济法主体所承担的不利后果的责任,包括经济法责任以及行政责任和刑事责任。能否独立承担上述责任,是判断能否成为经济法主体的必备标志。

二、经济法主体资格

经济法主体资格,是指为经济法律法规所规定并加以保护的主体参加经济关系的能力和条件。经济法主体资格不是自封的,也不是行政命令产生的。"经济法主体资格"的含义,包括取得经济法主体资格的法律可能性,也包括实现经济法主体资格的法律现实性。

(一)经济法主体资格的取得

取得经济法主体资格须具备两个条件:一是具有一般法律地位。通过法律规定主体的类别、性质、职能(生产、经营、管理等)、组织的产生和终止、财产所有权形式等,确定其法律地位。这种法律地位,表现为该主体在与国家的相互关系中的一般地位和与其他社会组织等的相互关系中的一般地位。之所以称为一般地位,是因为这种地位,是法律上的设定,是关于主体地位在静态法律上的预先规定。如果没有这种设定,它不可能参加现实经济关系。因此,一般法律地位是主体得以参加经济关系的前提条件。二是具有经济权限。经济权限是经济法主体资格的另一构成要件,它是参加具体经济关系的依据和法律界限。如法律规定不同国家经济机关的具体职权和职责的划分,规定国有企业、中外合资及合作经营企业、外商独资企业等不同经济组织的经济权利和经济义务。

经济法主体资格是依法取得的。就是说,没有法律根据,任何社会主体都不能取得经济法主体资格。这里的法,包括宪法、组织法及专门经济法律、法规等实体法,也包括其设立、变更和终止等程序法。

这里应当指出,经济法主体资格的取得与主体的产生或设立不是一回事。主体的产生或设立有几种情况:有的根据国家机关的决定、命令产生,有的根据企业行为产生,有的经有权机关批准产生,有的经登记注册产生等等。通过上述程序、方式产生的主体,只是属于主体设立范畴。实际上,国家机关的决定、命令等,源于法律规定的职权或法律特别授权;企业行政行为源于法律规定和合法的企业规章;工商行政管理机关的注册登记,源于专门法律规定。因此,主体若取得经济法主体资格,即使之具有一般法律地位和具体经济权限,只能依据法律。

(二)经济法主体资格的实现

我们知道,取得了经济法主体资格,是使该主体具备了参加现实经济关系的可能性,而只有把这种可能性变为现实性,即进行经济活动,参加具体的经济法律关系,才能使自己的主体资格体现出来。经济法主体资格的实现,就是由静态的法律上的主体资格转化为动态的经济法律关系上的主体资格。

经济法主体资格是通过下述两种方式实现的:一是通过参加经济组织关系实现。在国家组织国民经济运行中,形成经济管理关系、经济监督关系和经济调控关系,经济法主体参与其每一过程、每一环节,通过行使经济权力或享有经济权利并承担经济义务,实现一定经济目的。二是通过参加经济活动关系实现。经济法主体进行具体经济活动,通过行使经济权利并承担经济义务,实现自身经济目的。

第三节 经济法主体的形式

凡参加国民经济运行过程中形成经济关系并为经济法律法规调整的主体,都是经济法主体,但重要的是确定经济法主体的范围,而把握经济法主体的典型形式,对明确经济法主体的性质和基本特征,有重要意义。

一、经济法主体的范围

经济法主体多种多样,它们一定是依据自身的固有性质和职能参加现实经济法律关系的,但在现实经济法律关系中,这种固有性质和职能必然为其参加的经济法律关系的性质所规定。譬如,国家发行“国债”、政府机关“采购”,皆以与相对人平等关系的资格出现,双方产生权利、义务关系,这种相互关系性质,决定了国家和国家经济机关在这里不再是管理者,而是市场活动参加者。这种“同一主体、多种角色”事实,要求我们在对经济法主体形式划分时,只能依据主体自身的固有性质和职能进行分类。就是说,首先按“是什么”分类,确定主体形式,至于参加现实经济法律关系时“做什么”,则不是主体形式分类的根据。由此而论,国家即是“国家主体”、国家机关即是“国家机关主体”,国家和国家机关参加经济管理关系时,可视为“经济管理主体”,参加经济活动关系时,可视为“经济活动主体”。

根据职能性活动的类型,我们可以把经济法主体分为五类。这五类主体,是相对独立的经济法主体形式。

(一)国家

国家是特殊经济法主体。国家既是国家政权的承担者,又是生产资料的所有者。这就决定了国家参加经济法律关系时的职能性特点。

国家被法律确认为国家所有权主体。全民财产转化为国家财产,由国家根据全体人民的意志加以占有、使用和支配,从而使国家成为国家财产的唯一主体。除国家之外,其他任何主体都不能成为国家财产的主体。国家机关、国有企业或其他组织基于国家授权,对某些国家财产进行经营、管理,但它们不能因此成为国家财产的主体,它们只处于由于国家授权而产生的受托人的法律地位。宪法、法律把国家专有财产的所有权确定为一般权利,把可能享有的财产客体,也确定为一般权利,把对财产客体的管制、征购、征用、收归国有等确定为一般权利。同时,把任何主体都不能取得这些财产的所有权,确定为一般义务,宪法和法律把国家对国有财产的保护,确定为一般权利和义务。

国家是实行经济调节的主体。经济调节是现代国家的重要职能,离开了经济调节,社会经济不可能有效运转。经济调节的客体是整个国民经济,因此,必须由一个社会中心进行调节。除国家之外,国家机关、地方各级行政机关等是经济调节的辅助主体。法律将确定在国家经济调节中,各经济机关特别是各经济调节机关的地位、职权和责任;规定各种经济调节措施的法律性质;法律把地方的本地区经济调节权确定为一般权力,把其对国家经济调节措施的执行,确定为一般义务。

国家是经济活动的参加者。国家所有权主体的特殊性,决定了在一般情况下,国家不以所有权主体的身份参加经济活动。现实具体经济活动的参加者,是国家的实体代表机关。国家以自己的名义参加经济活动,主要有特定购销活动、特定借贷活动、以政府的名义同外国进行经济贸易、科技活动等。国家以自己的名义参加经济活动,便以权利主体资格而不是权力主体资格出现,享有经济权利,承担经济义务。

(二) 国家经济机关

国家机关是重要的经济法主体。从广义角度说,所有的国家机关都参与国民经济运行并发挥关键作用,因而都可以成为经济法主体。但国家机关中的经济机关,是直接进行经济职能性活动的机关,它们是主要经济法主体。

作为经济法主体,国家经济机关不仅行使经济权力,发挥国家调节、管理、监督国民经济的作用,而且也进行经济活动,享有经济权利,承担经济义务。国家机关在职能性活动中,实现了经济权力与经济权利的结合。

(三) 社会经济组织

凡参加经济活动的社会组织,均为经济法主体。其中的经济组织,即具有经济宗旨并直接进行经济活动的社会组织,是最普通的经济法主体。经济组织的特征是:以自己的名义直接进行涉足国民经济运行需要的经济活动;内部经济关系具有统一性,表现为组织统一、经济统一和生产经营技术统一。

社会组织参加经济活动,与其他主体相互之间形成经济法律关系,享有经济权利,承担经济义务。

(四) 经济组织的内部组织

经济组织的内部组织,也是经济法主体之一。经济组织的内部组织,是指在实行统一领导的经济组织内部,享有一定经营管理权的专业生产经营单位和经济联合组织内部成员单位。

内部专业生产经营单位,是指总厂的分厂,是“专业分厂”。专业分厂在总厂领导下,享有被分解的经营管理权;通过签订内部经济合同的形式,形成相互权利义务关系。

联合组织内部成员单位,是指"成员企业"。从生产—技术的联系特征出发,联合组织内部组织的基本形式有四种:(1)生产同类产品和相同工艺技术的联合企业的成员企业。这样的联合组织,其所属企业在生产的产品或工艺技术方面是相同的,如标准件公司、电力工业公司、铸造公司等。(2)原料加工各阶段连续生产的联合企业的成员企业,如钢铁联合公司的炼铁企业、炼钢企业、轧钢企业等。(3)综合加工的联合企业的成员企业。综合利用原料、材料、能源和废物等的成员企业,如对石油和伴生气综合加工的石油化工联合企业的成员企业,以对石油、煤、页岩、泥炭和木材综合加工为基础的动力化学联合企业的成员企业。(4)整机配套、零部件生产和工艺协作的联合企业的成员企业。如计算机工业公司、缝纫机工业公司等。

对于独立型联合企业,即成员企业共同出资、共同经营,形成独立的统一经济实体,在法律上,只有联合体享有权利主体资格,能独立承担责任。对于半独立型联合企业,在共同出资和共同经营方面,与独立型联合企业相同,但联合组织不能独立承担责任,而是由成员企业以各自的财产或经营管理的财产承担责任,其内部成员与联合企业之间的关系,依章程或协议确定,成员企业享有相对独立的权利主体资格。对于非独立型联合企业,成员企业均为独立组织,各自享有权利主体资格,其成员企业一般不共同活动,而是相互的提供产品、技术或劳务,相互协作,独立从事生产经营活动,其相互关系由协议确定,各自独立承担责任。

联合组织的内部组织的权利义务关系特征是:权利义务由法律确定,也由联合组织的章程确定,实行法定权利义务与联合组织依法授予的权利义务相结合;不仅参加内部经济法律关系,也参加外部经济法律关系,可对内签订合同和依据联合企业授权对外签订合同;权利义务依附于联合组织,是联合组织的法定权利义务的分解形式。

(五)个体工商户、农村承包经营户和自然人

个体工商户特别是农村承包经营户,是新的经济主体形式,它们的活动是与国民经济整体运行连在一起的,是经济法主体之一。在当代条件下,自然人的活动不限于婚姻、继承、家庭财产等传统民事活动,它们所从事的经济活动,不可能游离于国民经济运行之外,因而在一定条件下,自然人也可以成为经济法主体。

个体工商户,是指从事个体工商业经营的个体经济形式。个体工商户的法律特征是:以本人或家庭的生产或经营资料进行生产经营活动;成员为劳动者本人或其家庭成员;经工商管理机关核准登记,获得"个体工商户"资格。我国现行法律规定的个体工商户的经营范围是:(1)工业、手工业。可从事产品生

产、加工、矿产开采以及生产设备和生产工具等的修理。(2) 商业经营。可从事商品的收购、销售、运输、存储、保管等。(3) 交通运输业。可从事公路、水上的客货运输、装卸搬运等。(4) 建筑业。可从事土木建筑、建筑设备安装、房屋修缮等。(5) 餐饮业。可从事经营饭馆、菜馆、饭铺、冷饮馆、酒馆、茶馆等。(6) 服务业。可从事照相、浴池、洗染、旅店、刻字、美容美发、体育娱乐、信息传播、咨询服务等。(7) 修理业。可从事钟表、自行车、缝纫机、收录机、电视机、黑白铁及其他杂品的修理。(8) 其他行业,即国家法律允许的行业。个体工商户不属于法人,但经登记注册、核发营业执照后,便具有权利主体资格,可参加经济法律关系,享有经济权利并承担经济义务。

农村承包经营户,是指农村集体经济组织内,按照农村承包经营合同的规定,从事农业生产经营活动的农户。农村承包经营户具有家庭生产经营的特点,在法律上,它是在家庭联产承包责任制下进行农业生产经营,对其生产经营后果负责的农户生产经营单位。承包经营有两种情况:一是土地承包,即在农村土地集体所有制不变的条件下,按农户人口将土地分到各农户承包,进行自主经营;二是专业承包,即在集体组织统一经营的前提下,把适合于农户经营的农、林、牧、副、渔、工、商各生产作业,包产到户或包干到户。农村承包经营户的生产经营活动,是按照承包经营合同的规定进行的。承包经营合同由农村集体经济组织与农户签订。合同规定产量指标、费用限额、包工数量以及向国家交纳农业税、集体经济组织的积累和其他集体提留等。农村承包经营户的权利义务关系,主要是承包合同规定的权利义务关系。

在承包经营向规模经营的发展中,所产生的"承包大户"、"家庭农场"、"专业合作社"等新的组织形式,其基础仍是集体土地的承包经营或专业承包,因而这里仍以"农村承包经营户"概括。

自然人参加经济活动,也可成为经济法主体,享有经济权利,承担经济义务。

此外,目前我国产生了专业合作社,有农业合作社、渔业合作社和林业合作社等。这些专业合作社,是实行股份合作形式的专业生产经营组织体。因为没有专门立法,因而专业合作社的法律地位并不明确,其法律资格的取得,入股成员的权利、义务关系等,均需立法确认。专业合作社大都是以自己承包经营的土地、渔业和林业折价入股,由合作社统一生产、经营,统一分红。专业合作社与过去所称的作为集体经济组织的合作社性质是不同的。

二、经济法主体的典型形式

在属于经济法主体的范围中,有典型形式,也有非典型形式。典型形式,是经济法主体特征的集中表现形式。国家经济机关和经济组织,是经济法主体的典型形式。

（一）国家经济机关

在国家机关中，国家经济机关既拥有经济权力，担负具体经济调节的任务，又以权利主体的身份参加经济活动，它们是完全意义上的经济法主体。国家经济机关分为专业经济机关、职能经济机关和综合经济机关三大类。

1. 专业经济机关

专业经济机关是专业经济系统的领导中心，包括本专业直属机关、本系统地方各级机关和属于本专业归口领导的机关。其活动的基本特征是：领导、管理本专业经济的组织、企业，并对它们的活动进行监督、指导。同时，还通过同它所领导的组织、企业等建立法律关系的途径来领导国民经济。中央专业经济机关是部、委、办等经济主管机构，其主要任务是：贯彻、执行国家关于专业经济的方针、政策和法律；动员和依靠本专业组织、企业及全体职工完成本专业工作任务；对各省、直辖市的专业工作进行业务指导。

2. 职能经济机关

职能经济机关亦称跨部门经济机关，它在整个国民经济范围内实行经济领导。这种领导主要是通过制定规章制度、监督检查和经济规划来实现的。目前中央职能经济机关有财政部、中国人民银行、审计署、国家税务局、国家国有资产管理局、国家统计局、国家技术监督局、国家工商行政管理局、国家环境保护局等等。职能经济机关一般不直接领导企业，它们与企业之间的关系不是行政隶属关系，而是经济管理关系。

3. 综合经济机关

综合经济机关是兼有专业经济机关和职能经济机关的职能、性质的机关，如国家发展改革委员会等。它们是主管全国经济、计划的机关，负责国民经济计划、组织和监督。它们可以在职权范围内，向部、委、办、局及企业等发出强制性指示，在全国、地区、部门和行业范围内进行国民经济的管理和组织工作。在这一点上，它们具有职能经济机关的性质。同时，在对企业等的指导、协调活动上，又与专业经济机关的作用相同。

上述国家经济机关的职能是：在调查研究的基础上进行综合决策，通过方针政策、规章制度来领导国民经济；利用宏观调控手段调节和引导社会生产、流通、分配和消费，协调各地区、各部门、各行业和各企业间的经济关系；为发展社会生产服务，为基层和经济组织服务；进行全面经济监督，对于违反社会主义经济关系准则，扰乱、破坏国民经济秩序的活动，在权限范围内追究责任，采取责任措施。

作为经济法主体的国家经济机关，将改变原先那种实行行政隶属、单纯依靠行政命令来管理国民经济的行政机关性质。而且，无论是领导国民经济还是参加经济活动，都表现为经济权力与经济权利的复合形式，通过这种经济权限形式,发挥自身职能。

（二）经济组织

经济组织,是生产经营单位,是拥有土地、劳动者和资金,利用比较先进的生产经营装备,进行经济活动的独立经济单位。它是独立的经济实体,是实行自主经营、自负盈亏的商品生产者和经营者。作为生产经营单位,经济组织在生产经营上依靠现代科技进步,进行较大规模的生产经营活动,具有劳动分工的复杂性和生产经营过程的整体性特征。作为经济实体,经济组织在生产经营上实行独立经济核算、自负盈亏,在国家统一领导和调节下,独立地组织自己的人力、物力和财力自主进行产、供、销等方面的生产经营活动,在经济交往中具有等价有偿性。

1. 经济组织的特征

经济组织的基本特征是:(1) 以自己的名义直接进行满足国有经济运行需要的经济活动。非社会经济组织,以经济活动之外的活动任务为宗旨。这类社会组织有时参加经济关系,进行某些经济活动,但这些活动不是它的基本社会活动,而是为完成自身工作任务而发生的连带活动。国家机关的宗旨是完成政治、经济、文化、军事等国家任务。国家经济机关也领导和进行经济活动,但这种活动不是直接的生产经营活动。(2) 内部经济关系的统一性。这种统一性主要表现为组织统一、经济统一、生产经营统一和技术统一。经济组织是统一的生产经营综合体,各内部分支机构为实现本组织目标而协调地行使自己的职能。(3) 实行科研与生产经营相结合。这是现代经济组织的显著特征。在本组织内可实现科学技术向生产力的转化,使发明创造或技术革新应用于生产经营。(4) 对自己的经济活动后果负责。任何经济组织包括国有企业、集体所有制企业等,都要对自己生产经营的后果承担经济上、法律上的责任。

2. 经济组织的类型

为正确认识经济组织之间的联系性质和比例关系,按照国民经济发展的客观要求组织、领导经济组织,促进生产力的发展,需要对经济组织进行分类。根据不同的标准,可对经济组织划分为不同的类型。一般地说,分类的标准,可归结为所有制形态和资本形态。

对于这种分类,一些学者困惑不解,以为“改革开放了,与国际接轨了,怎么能按所有制分类呢,按所有制分类,是计划经济的产物”。其实,按“所有制形态”分类,源于西方文献。西方学界之所以这样分类,盖源于私法形成的起点,是“私人所有”,私人所有—商品生产—商品交换—私人权利—私法,是西方法学的经典公式。

我国经济组织的所有制(所有权)类型,目前可分为全民所有制经济组织、集体所有制经济组织和其他所有制经济组织三大类。按资本形态分类,主要有独资组织、合伙组织和公司组织三类。

此外,还可按产业部门、活动范围、生产规模分类。

按产业部门划分,可分为一、二、三次产业。经济组织具有属于国民经济一定部门或一定附属部门的特点。产业部门是指专门生产、经营同类产品或提供同类劳务的经济组织的总和。产业部门分类方法,已为世界多数国家采用。其划分标准通常是:以生产过程和消费过程是否同时进行为标准,两个过程同时进行的,为第三产业部门,不同时进行的为第一、第二产业部门。以生产者与消费者的距离为标准,距离消费者近的,为第三产业部门,次近的依次为第二、第一产业部门。以产品是否有形为标准,产品有形的,为第一、第二产业部门,产品无形的,为第三产业部门。同一产业部门包括哪些行业,各国的划分口径并不一致。通常将农、林、牧、水划归第一产业,工矿业、建筑业、制造业为第二产业,其他统称第三产业。每一行业部门又可作进一步划分,如我国现行工业部门分类目录把工业部门划分为12大类、44个部门、155个小类。产业部门内各经济组织的法律地位由法律加以规定,它们之间的法律关系特征基本相同。按产业部门划分经济组织,可以正确处理社会再生产过程中的各种比例关系,使各产业部门和经济组织协调发展。我们知道,这种经济比例关系和经济的协调发展,是国民经济良性运行的重要基础和基本目的。

按经济组织的活动范围划分,可分为跨国性经济组织、全国性经济组织、地区性经济组织。在我国,经济组织的活动范围与国家对国民经济的领导有关,但领导关系并不影响经济组织的法律地位。按活动范围划分,便于把握国民经济部门的分布及经济区域的专业化与经济综合发展的关系;便于把握经济区域内经济组织之间合理的经济联系。这种划分方法,有助于解决国民经济结构关系的法律调整机制问题。

按经济组织的生产经营规模划分,可分为大型、中型、小型经济组织三类。这是以经济组织的资金、就业人数、产值效益等为标准进行的分类。按生产规模分类,便于衡量它们的经济实力、经济状况,也便于研究经济结构的现状、变化及其趋势。这种分类方法,有助于通过立法解决大型经济组织与中小经济组织的矛盾、发展大型经济组织同时保护中小经济组织,以适应国民经济均衡发展的需要。

第九章　经济权限

经济法主体是依据法律规定的经济权限去参加现实经济关系的。在具体经济法律关系的建立和形成中，经济权限是经济法主体必要的资格基础。

经济权限是经济法理论的专属范畴。国民经济的统一运行过程，其经济组织关系和经济活动关系的不可分割性，决定了在主体间相互关系中权力与权利不可能孤立存在，而经济权力与经济权利的复合形式，正是当代社会经济对法的客观要求，经济权限概念是这种客观要求的理论表现。理解经济权限概念，首先需要弄清楚行政学上的"权限"术语和国外经济法学界对"经济权限"内容的解释，从而准确把握作为经济法理论基本范畴的经济权限的内涵和外延。

本章首先阐述了经济权限概念的提出与界定，在区别经济权限与行政权力、民事权利的基础上，着重分析经济权力与经济权利的相互关系，并将配置经济权限的根据及需要解决的问题作了有针对性的说明。

第一节 经济权限的界定

经济权限是经济法理论的自有范畴。正确说明并界定这一范畴,直接关系到经济法主体自身权益的限度以及权益的实现和保护。经济权限的正确行使,也直接关系到国民经济能否良性运行。

一、经济权限的含义

经济权限是区别于民事权利和行政权力的特定概念,它是对在国民经济形成总体运行背景下经济关系中的权力和权利现象所作的范畴概括。

(一)经济权限概念的提出

"权限"一词最早被用于行政学。行政法上引进、使用的权限概念,通常被理解为国家行政机关处理行政事务的职权及义务的范围,表现为对相对人或行政事务的管辖。其权限范围一般为内阁法、国家行政组织法及行政机关设置法等组织法所规定。在某些情况下,也由特别法加以规定。在当代条件下,在国民经济领导和管理领域,不仅有权力活动方面的关系,也有权利义务活动方面的关系。这样,如果在经济法理论中沿用行政法上的权限概念,因袭权限概念的行政法解释,则不能适应国民经济发展对法学理论的客观要求。传统民法上的民事权利概念,是旨在说明民事主体的资格特征时使用的。这种个人本位、权利至上的权利概念,已不符合国民经济运行中经济活动的客观现实。

国外有的经济法学者于20世纪80年代初提出了经济权限术语,并认为经济权限是反映新的经济现象的法律概念,认为这个概念能准确地反映经济关系的性质和本质,然而却把经济权限概念定义为"经济法主体享有权利和承担义务的总和"。实际上,经济权利和经济义务,只是经济方面的权利和义务。尽管经济权利和义务指的不是任何权利和义务,但在当事人之间的相互关系中,这种权利和义务,仍然是传统民事权利和义务。由此说来,这种经济权限概念并无新意,而且,这种权利和义务,从来都不是专门用来反映当代经济关系的性质和本质的。

因此,行政法上的权限概念以及对经济权限的传统民法学理解,都无助于揭示国民经济运行经济关系所要求的新的法学概念的内涵。

"经济权限"概念本身及其含义,是可以讨论的,但如果对于"权限"这个法学上的成熟概念不明就里,又对"经济权限"概念的来龙去脉不甚了了,从而轻率地加以否定,或用没有论证的"换一个说法"取而代之,并不是严肃的学术态度。

（二）经济权限的定义

经济权限，是指经济法主体依法享有经济权力、经济权利和承担经济义务的总和。这一定义，采取了对国民经济领域存在的权力现象和权利现象作统一把握的立场。

对于经济权限概念，我们可以从以下三方面去理解：

首先，经济权限，是国民经济运行领域经济权力和经济权利的复合权限。经济权限概念的基础，是国民经济总体运行条件下经济关系的统一性。经济组织关系和经济活动关系的不可分割性，决定了经济法主体的活动，既包括经济权力活动，也包括经济权利活动，两者相互制约，缺一不可。在国家领导国民经济过程中，如果只有权力活动，则社会经济就会僵化，而只有权利活动，则国民经济运行失控，经济秩序发生混乱。经济法主体的权限，不是单纯的行政权力，也不是单纯的民事权利。行政权力概念所表达的，是国家行政机关对行政隶属者系统地行使行政权力，采取命令与服从的方式，建立国家行政机关与经济组织等相互之间的组织、人事关系；民事权利概念所表达的，是在商品货币关系领域，当事人之间通过协商的方式，建立权利义务关系，而其权利靠自己的意志自由行使。应当指出，不能把经济法律关系的内容，归结为“经济法主体的权利和义务”。既然有些论者从经济法是调整纵向关系的法出发，又把经济法概括为市场监管法和宏观调控法，那么，作为经济法重要主体的国家机关，让它们仅仅依靠“经济法主体的权利和义务”来进行市场管理、宏观调控，就难其所难了。这是完全不符合实际的。

其次，经济权限是经济法主体的权限，是经济法主体参加经济法律关系的根据和资格。经济权限的拥有者只能是经济法主体，它是经济法主体的一种资格。经济权限概念，是对经济法主体资格的概括性说明。凭借这种资格，经济法主体既可以参加多级别、多层次的经济组织关系，也可以参加各种门类的经济活动关系。在用经济权限概念说明经济法主体的法律地位时，应当将这个概念与用以说明民事主体资格的权利能力概念加以区别。权利能力是民事主体的一种抽象的能力，而经济权限是与经济法主体的活动相适应的经济权力、经济权利和义务，它不是一种抽象的能力，而是一种具体的能力，这种具体的能力，实际上是现实经济法律关系中的经济权力和经济权利。

最后，经济权限概念是总体概念，不同的经济法主体具有不同的经济权限即特定经济权限。特定经济权限，是每一具体经济法主体所具有的经济权限。国家通过经济法律法规，规定经济法主体的经济权限，确定其实现经济目的所必需的经济权力、经济权利的范围。由于各类经济法主体的法律地位不同，其活动范围、职责任务各不相同，因而经济权限也不相同。因此，对于经济法主体说来，其经济权限是具体的、特定的。经济法主体正是依据具体的、特定的经济权限，参加经济法律关系的。

总之，我们在理解经济权限的含义时，应当注意把握经济权限概念的基础，是经济权力与经济权利的复合关系，而不是什么"纵向"、"横向"关系；它不单纯强调权力或权利，而是强调经济权力与经济权利的有机结合；不同的经济法主体特别是国家经济机关主体、经济组织主体的经济权限有不同的规定性；具体经济权限是经济法律关系中的权限，它不能存在于经济法律关系之外。

二、经济权限的特征

经济法主体的经济权限，具有区别于其他法律主体的权力、权利义务的自身特征。

（一）经济权力与经济权利的复合性

经济权力与经济权利的复合性，是经济权限的重要特征。在经济法律关系中，经济权力与经济权利和经济义务不能单独存在。就是说，在同一经济法律关系中既拥有经济权力，同时又有经济权利、经济义务。如在国家经济机关组织、管理、监督等经济法律关系中，有经济权力关系，同时也有经济权利、经济义务关系；在进行购销、借贷等经济法律关系中，有经济组织对本组织内部生产经营、管理等企业行政方面的经济权力关系，同时又有经济权利、经济义务关系。在经济法律关系中，无论是具体的经济权力主体还是经济权利主体，对于国家这个特殊主体，都会形成统一的权力义务关系。

应当说明，不能使经济权利与经济义务相脱离，也不能把经济权利与经济权力对立起来。那种在经济活动中既排斥经济权力又回避经济义务的主张，是错误的。

（二）经济权限的交叉存在形式

具体经济权限形式交叉存在，这是国民经济统一运行的要求所决定的。在我国，国家是国有财产的唯一主体。为了实现国家的经济目的，法律赋予国家经济机关和经济组织一定的经济权限，使之在其支配财产的过程中得以实现。支配财产的过程，是经济职能权力与经济活动权利交叉实现的过程。如经济职权，在国家经济机关那里，表现为经济决策权、监督检查权等，在从事各种生产经营活动，同时兼有经济管理职能的国家公司、联合企业的总公司、国有农牧场的管理机构等那里，也享有一定的经济职权。

行政法上的行政权力、民法上的民事权利，是不能在同一主体交叉存在的。我们知道，行政权力只属于行政机关而不属于自然人或法人，民事权利只属于民事主体，而不同时属于作为行政法主体的行政机关。具体经济权限形式交叉存在，表现了经济权限的固有特征。

（三）经济权限的专有性

经济权限不能随意转移或放弃。经济权限是经济法主体依照法律法规获得的,是通过参加经济法律关系实现的。它的行使服从于国家的经济目的,与国家经济职能、经济活动的要求相联系。因此,经济权限是一种特定的权力或权利,特定的责任或义务,不能随意转移或放弃。如中央银行货币委员会的货币发行权,既是一种权力,也是一种义务,只能为其所专有,不能放弃,也不能转让于其他国家机关或经济组织行使。国有企业的经营管理权,既是一种权利,也是一种义务。如果该企业不进行生产经营活动,或将国家授予的管理经营的财产随意处置,使国有资产流失,将被追究法律责任。

在具体经济活动中,社会经济组织的经济权利,可以依法放弃或转移,这种放弃或转移是自主的,不是"随意"的。

第二节　经济权力与经济权利

经济权力、经济权利是经济法理论的固有范畴。这一对范畴的提出,不仅能够集中揭示经济法律关系的特征,而且对于促进国民经济领域法律关系的合理性和完善化具有关键意义。

一、经济权力

经济权力源于行政权力。随着国家经济职能的强化和扩展,一种经济性的权力形成并发展起来,这种经济权力形成独具特点的经济行政领域,行政作用随之被分割了。

（一）经济权力的形成基础

任何一个概念的形成,都基于一定的客观事实基础。经济权力概念的基础,是权力的国家化和经济性权力领域的形成。

1. 权力的国家化

"权力"一词是从日常用语的"力"引申而来的。日常用语的"力",是指"力气",是人们通过肌肉紧张而感觉到的。由日常用语的含混不清到科学限定,产生了自然科学中"力"的概念。凡能使物体获得加速度或发生形变的作用,称为力。在物理学上,如万有引力、摩擦力、静电力等。17世纪以后,产生了牛顿力学体系后,逐渐发展为固体力学、物理力学和量子力学等分支学科。在18世纪,社会科学的权力论者借用了物理学中"力"的术语,用以说明人类社会中的权力现象,把权力一词赋予自然现象中作用力的意义。然而,人类社会人与人之间的权力是一种制御他人服从之力,这与自然现象间的作用力是不同的。权力是国家固有的,但权力现象却普遍存在于人类社会,权力被泛社会化了。究其原因,盖源于财产关系的异化,即财产权利转化为财产权力、权力转化为财产。财产权力、权力财产,这是社会关系"权力化"的根本原因。雇主与雇工、领导者与被领导者,乃至父母与子女、丈夫与妻子、师傅与徒弟、牧师与信徒等的关系,也变成了权力关系。这种多样化的权力关系是长期形成的,它往往处于一定的稳定状态。就是说,它超越了个人具体的人格而形成了社会的行为方式,权力关系被惯例化了。

然而,在阶级统治的社会里,权力关系根源于统治阶级的利害状况和规范意识。警察挥舞棍棒与居民挥舞棍棒,作为物理学上力的表现,并无不同,但在法律上,前者被认为是执行职务的正当行为,而后者却是违法行为。这种利害状况和规范意识,也决定了这里的权力不是一般意义上的人与人之间制御他人服从之力,而是国家强制力。由此,形成了"国家权力"观念。国家权力,是构成国家的要素,无国家权力则国家不可能存在。国家权力是属于国家的不可瓜分的权力。

国家权力的制度化、法律化,使国家权力获得了稳定的运作方式,社会成员在法律范围内行使自己的权利,对于违反法律规定的行为方式,将给予权力的强制。

总之,权力的社会性而不是自然性,以及权力的国家化而不是社会个人化的权力概念,是经济权力概念形成的基本理论基础。

2. 经济性权力领域的形成

随着市场经济的进一步发展,西方国家实现了"夜警国家"、"消极国家"向"行政国家"、"积极国家"的转变。由此,行政机关的重组、行政权力的分化、行政作用的分割,是不可避免的。在这种转变中,逐步形成了相对独立的经济性权力领域。

基于行政的作用和职能,经济性权力的本质属性仍是权力性,其作用仍是一种权力作用。它可以从下述两个方面得到说明:一是经济行政行为的权力性。无论是执行行为还是处罚行为,都具有权力性。如根据审计法的规定,被审计单位违反审计法的规定,拒绝或拖延提供与审计事项有关的资料,或者拒绝、阻挠检查的,审计机关责令改正。这里关于改正的命令,以及命令的执行,都是行政作用,其命令行为具有权力性。对于不服从行政措施的行为,行政机关将依据罚则予以处罚,以维护行政措施的有效性。二是非权力的经济行政行为的权力性。非权力的经济性行政,是达到行政目的的一种手段,其本身最终还是为了维护行政的权力性。经济指导是非权力性的,但它是在经济指导无效果情况下行使权力的前提。如审计机关对于提供资料的命令发布前,可向被审计单位提出及时提供资料的建议或警告,这是经济指导,是非权力性的,而拒绝建议或警告的后果,是审计机关直接发布要求其提供资料的命令,这时的命令,是权力性的、强制性的。由此可见,非权力的经济行政行为也是以权力性为后盾的。

在国民经济领域,这种经济性权力是经济权力。经济性权力领域形成的根据是:(1)经济立法权大面积地向经济行政权转移,行政法规成为经济立法的普遍形式。在我国,根据宪法的规定,行政法规由最高国家行政机关制定。这样,行政机关的立法便占了整个经济立法的绝大部分。当然,不能把经济法归结为经济行政法。(2)具体行政过程经济政策化。行政法规往往以政策性文件的形式发布实施,"依法行政"也往往是依政策性文件行政。这样,在国民经济管理领域,行政执行行为和行政决定行为的直接依据,必然是法律化的经济政策。(3)国家的经济职能突出出来,国家经济机关系列化。为了满足调节国民经济运行的需要,国家有针对性地设置经济机关。这些经济机关所占国家机关的比例很大,而且,其职责和运作方式,与"警察国家"传统的治安、文教等机关有明显区别。(4)具体调节国民经济的权力专门由经济机关行使。这样,经济机关的权力,不是国家暴力权力,也不是一般的行政权力,而是具有经济性、技术性的权力。

综上所述,由于权力是国家权力,在国家权力中又形成了相对独立的经济性权力领域,因而经济权力作为经济法理论的新范畴而被概括出来。

(二)经济权力的特征及分类

在国民经济运行领域,行政权力转化为经济权力。经济权力,是指国家和国家经济机关为了实现国家的经济目的,依法对国民经济进行调节的权力。

国家经济机关是代表国家行使经济权力的,其行为为国家行为。国家的意思行为具有决定力特征。经济权力是由国家经济机关单方面实施国家行为而形成的,任何社会经济组织和公民个人都必须服从国家决定。同时,这种决定力还表现在,社会组织和公民个人的经济活动是否符合法律的要求,国家经济机关享有认定权,而其认定结果具有约束力。在民事权利关系中,任何一方的意思行为都不具有决定力,不存在一方当事人的意思行为决定另一方当事人意思行为的情况;执行力也是经济权力的重要特征。经济权力是经济事务的执行权。国家经济机关负有对法律的执行义务。

从国家对国民经济调节的要求出发,经济权力可分为五大类:

其一,经济领导组织权力。这是国家通过国家经济机关组织、领导国民经济的权力。包括国民经济发展战略的选择、经济区域的及产业结构的调整、国民经济各管理系列的协调、对涉外经济的组织等权力。

其二,经济支配权力。这是国家经济机关依法在职权范围内,对具体经济事务进行支配的权力。包括对物质资料和自然资源、财政信贷、科学技术、企业经济和劳动力等的支配权力。国家经济机关的经济支配权力,主要采取依法发布规章和执行经济行政措施的方式。

其三,经济强制权力。这是强制社会组织和公民个人等执行国家经济机关经济行政措施的权力。基于这种权力,对于对行政规章和决定的干扰或不执行,国家经济机关有权采取排除措施。

其四,经济处罚权力。对于违反法律法规的规定,违反国家经济机关发布的规定和决定的社会组织和公民个人等,国家经济机关享有处罚权力,可根据罚则予以制裁。

其五,经济监督管理权力。对国民经济各过程、各环节,以及经济主体和它们的活动进行监督管理,是国家经济机关的重要权力。

经济权力,有更细的分类和内容,但主要是上述五大类。这些经济权力,都将在国家调节国民经济运行中表现出来。

(三)经济权力行使的合法性

经济权力的实质是执行力,即执行法律法规的权力。由于法律法规的执行过程,是国家经济机关独立行使经济权力的过程,因而强调行使经济权力的合法性是十分必要的。其合法性的要求是:

其一,经济权力措施不得与宪法及法律相抵触。国家经济机关所采取的经济权力措施,必须遵守宪法及法律的要求,遵守法律规定的条件。如林业主管部门批准毁林种田或毁林开矿,则违反了森林法关于“禁止毁林开垦和毁林采石、采矿、采土以及其他毁林行为”的规定。执法者乱法,对国民经济的良性运行危害尤烈。因此,必须强调“依法行使经济权力”。

其二,不得利用经济权力设定经济权利或撤销经济义务。经济权利、经济义务由法律规定或合同约定,国家经济机关无权设定或撤销。这样的设定或撤销,势必动摇经济关系的法律基础。如从地方利益出发,由地方政府擅自赋予不具备设立、经营条件的主体以“设厂权”、“开业权”,致使假冒伪劣产品泛滥成灾。设定这种经济权利,将侵害其他主体的法定经济权利,并使之承担法外经济义务,如为购买假冒伪劣产品而支付货币、损害生命财产安全等。法律规定的经济义务,非经法律许可,任何部门和单位都不得撤销。如法律关于纳税人的纳税义务及减免税的规定,国家税务机关必须严格遵守。随意免除纳税人的具体纳税义务,对于不符合减免税条件的义务纳税人的税负而随意减免,都是违法行为。

其三,不得利用经济权力使社会经济组织和公民个人等承担法外义务,或侵害其合法权利。经济权利、经济义务是法律规定或合同约定的,非有法律根据,经济机关不得滥用经济权力加以改变。法外义务本身即具有非法性。“乱摊派”、“乱收费”是法律明文禁止的法外义务,禁而不绝有深层次的原因,但关键是有关部门滥用职权所致。防止和纠正经济机关利用职权侵害社会经济组织和公民个人等合法权益,对于加强经济法制具有重要意义。

其四,不得超越法定界限行使自由处置权。经济活动广泛而复杂,法律不可能事无巨细地一概加以规定。在法律没有明确具体规定的场合,经济机关在法定范围内有自由处置的权力。自由处置权的界限,在于法定权限范围。超过法定范围,即为违法。在法定范围内从轻或从重,一般可考虑为是否“不当”,而不为违法。法律规定中的“可酌情”、“罚款……元至……元”、“参照执行”、“直至”、“或”、“可……也可……”等规定,是行使自由处置权的法定条件。

经济权力的合法性,要求经济权力的行使从形式到内容都要符合法律法规的规定。国家经济机关的经济权力不仅要有合法性,而且也要有适法性,即在没有法律法规具体规定的场合,符合法律法规的立法宗旨和立法精神。作为“经济行政国家”现象的突出表现,是经济权力的扩张。在这种情况下,必须强调国家经济机关行使经济权力的合法性、适法性。

二、经济权利和经济义务

经济权利、经济义务是经济法律关系中的重要概念。在现代社会,只有经济权力或只有经济权利,都是不可想象的。经济权利是经济法主体不可缺少的经济权限形式之一。

(一) 经济权利

经济权利,是指经济法主体依据法律规定或合同约定所获得的实现经济目的和满足物质利益需要的权利。权利具有法律规定性质。权利是被法律所规范并在一定法律关系中实现的,法律是权利的可能行为的尺度。这是权利也是经济权利的根本特征。至于在法律上的权利之外,还存在所谓“道德权利”、“政策权利”和“自然权利”等“社会真实权利”之说,是忽略了权利与权利现象的区别。因为不具备强制力这一约束条件,“权利现象”只能在“内心感悟”和“自然”层面实现,这对于主体没有法律意义。

1. 经济权利的含义和意义

具体地说,首先,经济权利是被法律设定的,法定性是经济权利的根本属性。这里的“被法律设定”,是指经济权利是法律规定出来的;主体的权利主张依据于法律;权利可能性的界限为法律所制约。从这个意义上说,任何经济权利都是法定权利。

其次,主体自主实现自身法益,是经济权利的首要含义。法益即合法利益,它是权利的核心概念。只有当某种经济利益被确定为法益时,才能受到法律的保护。因此,经济法益的自主实现,是经济权利的显著特征。“自主实现法益”的含义是:意思决定的自主性;行为方式的选择自由;享有取得利益的资格。因为这种自主性是法律承认的自主性,所以经济法主体能得以能动地去追求并实现自身法益。

最后,经济权利只是主体活动的法律界限,法律界限限定了经济权利的基本内容。经济法主体把意思力、经济活动表现为权利,取决于法律上的可能性。就是说,只有符合法律规定范围内的活动方式,主体才能实现自身权益。这种法律上的可能性,包括有一定经济行为的可实现性;履行相应经济义务要求的可实现性;借助于国家强制力实现自身权益的可实现性。

经济权利是一种法律资格。其意义是:(1) 经济法主体凭借这种资格,可调节或进行一定的经济活动,参加具体的经济法律关系;(2) 凭借这种法律资格,可要求义务主体为一定行为或不一定行为,以实现自己的经济权益和要求;(3) 凭借这种法律资格,在义务主体不履行义务时,有权要求仲裁机构、司法机关强制执行,以保护自身权益。

2. 经济权利的分类

从经济权利产生的基础和根据出发,经济权利可分为固有权利和取得权利两大类。

固有权利,是指经济法主体依照法律法规以及命令、章程等直接获得的权利。这是法律等规范性文件直接规定的权利。它不必服从于其他社会组织或公民个人的意志,也不依赖其他社会组织或公民个人的行为而存在。这种固有权利,是经济法律关系形成的基础,以此为基础参加经济法律关系,以产生具体的经济权利。

取得权利,是指经济法主体通过参加具体经济法律关系而实现或获得的权利。取得权利由特定义务主体实施一定经济行为时才能获得,因而必须参加具体经济法律关系。这种权利,不借助于经济法律关系则不能实现。

经济法主体的经济权利,是固有权利和取得权利的总合,它既是法律规定的可能性的权利,也是参加法律关系时能够得以实现的权利。因此,把经济权利归结为"法律规定的权利",或归结为"法律关系中的权利",都是片面的,是不符合经济权利概念要求的。

(二) 经济义务

经济权利与经济义务不可分割,犹如一枚钱币的两面,所以应将经济义务同经济权利结合起来进行阐述。

1. 经济义务的含义和特征

经济义务,是指经济法主体为满足权利主体或权力主体要求,依法实施一定行为或不一定行为。经济法上的经济义务,既包括对权利主体的义务,也包括对权力主体的义务。在这一点上,它与民事关系中满足民事权利主体要求的义务,以及行政关系中满足行政主体要求的义务是不同的。

经济义务的含义和特征是:经济义务为法律设定或当事人约定。法律设定,是法律明文规定义务。当事人约定,是参加经济法律关系时双方当事人协商议定的义务。这里应当明确,当事人约定的义务,也必须以法律为依据。经济义务是满足权利主体或权力主体要求的行为,不履行经济义务则应承担责任。

2. 经济义务的类型

根据权利者或权力者的不同情况，经济义务可分为国家义务、当事人义务、经济组织内部义务和社会义务。

国家义务，是经济法主体依照法律规定所应承担的对国家的经济义务。如保护公共财产义务、纳税义务、完成指令性计划义务等。这种经济义务的特点是，只要求履行职责，即按规定的职责履行义务，不一定必须与经济权利或经济权力相对应。

当事人义务，是经济法主体在协商性经济关系中当事人相互之间的经济义务。约定，是这种义务的重要特征。它要求与约定的经济权利相对应。如在商品交易中，一方当事人让渡该商品的所有权是他的义务，为此获得等额货币是他的权利；另一方当事人为此支付货币是他的义务，而获得该商品的所有权是他的权利。

经济组织内部义务，是在作为经济法主体的经济组织内部形成的经济关系中所承担的义务。如生产经营责任制义务、内部合同义务、内部审计义务等。这种义务的特点是，不由法律直接规定，而是经济组织依据法律规定或对外签订的合同的约定，将为履行经济义务分解而成的义务。其违反义务的责任，为内部责任。

社会义务，是经济法主体对社会依法承担的义务。如产品质量安全义务、防止环境污染义务等。其特点是，所承担义务的载体是“社会”，主要是关于社会公共利益、社会经济秩序等方面的义务。

三、经济权力与经济权利的关系

经济权力与经济权利的关系不是对立的或割裂的，而是统一的。在具体经济法律关系中，两者呈复合关系特征。

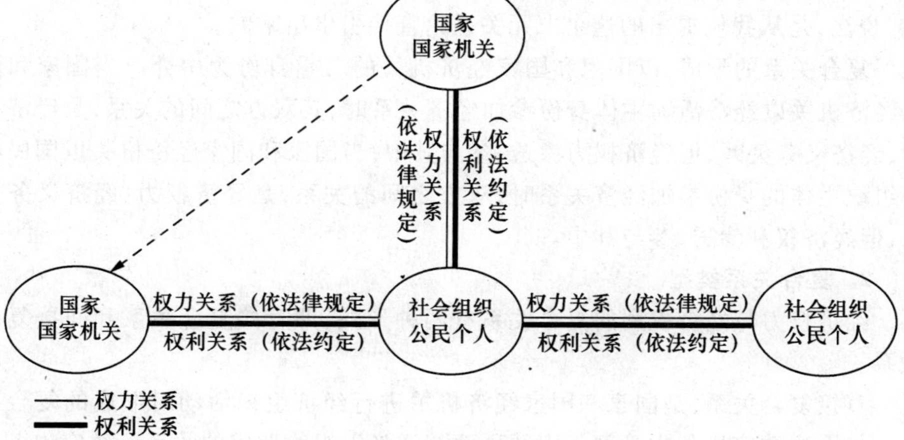

权利与权力关系图示

(一) 经济权力与经济权利的复合关系

1. 复合关系的成因

国民经济运行过程中形成的经济关系,是经济组织关系和经济活动关系相统一的经济关系,其中的经济权力活动与经济权利活动,不可分割地联系在一起,相互制约、相辅相成,形成复合关系。复合关系的成因主要是:国民经济的统一性,决定了对国民经济进行法律调整的统一性,这种统一性,通过作为法律调整重要对象的权力活动与权利活动的统一性表现出来;经济组织与国家经济机关职能上的联系性,决定了实现国家经济目的和实现经济组织经济目的的一致性;经济权力与经济权利的相互制约性,决定了任何权力的实现离不开权利基础,而权利的实现也离不开权力的作用。

以税收关系为例加以说明。税收关系是国家与社会组织和公民个人等的税负与征收关系。这种关系,通常认为是一种权力关系。其主要理由是:课税是国家的重大经济事务,它不以自身财产为根据而以国家权力为根据,强制地向纳税人征税,义务纳税人必须依法服从。因此,税收关系要素为权力要素;税收具有无偿性特征,国家凭借权力不付任何报酬地征收税款,从而实现义务纳税人的货币财产所有权的无偿转移。

其实,税收关系的一元权力论者未能揭示其中的权利关系。税收权利关系适用公平负担原则和诚实信用原则。其主要表现是:(1) 纳税人应忠诚老实,恪守信用,同时,对错误征税曾表示过服从的纳税人的权益,法律将予以保护;(2) 在税收中按受益负担和按能力负担,实际上体现了当事人之间的公平;(3) 滞纳金制度是一种债权抵押制度,作为第三人的义务扣缴人,对义务纳税人享有反对债权,可以行使相抵权。这样,在国家的抵押债权和社会组织及公民个人的抵押债权上,确立了第三债务人的法律地位。我国流行的"税收债权债务"说法,是从我们提出的这个二元关系论直接引申出来的。

复合关系的形成,以国家和国家经济机关的二重身份为中介。当国家和国家经济机关以经济活动主体身份参加经济关系时,其双方之间的关系,是经济权利、经济义务关系,但经济权力渗透、参与其中;当国家和国家经济机关以国民经济组织主体的身份参加经济关系时,双方之间的关系,是经济权力、经济义务关系,但经济权利渗透、参与其中。

2. 复合关系类型

经济权力与经济权利的复合关系有两种形式,即直接复合关系和间接复合关系。

直接复合关系,是国家和国家经济机关进行经济组织活动时形成的复合关系。如上述政府税务主管部门因征税而与经济组织等形成的关系。政府税务主管部门根据税收计划,对企业征税。同时,会同有关部门解决企业生产经营中的困难，为生产发展提供必要的服务，这些都是直接权力活动。在征税活动中存在政府税务主管部门、企业各自税务上的权利和义务，这又是一种权利活动。在税收关系及以此为基础形成的其他关系中，经济权力与经济权利的关系，是直接复合关系。直接复合关系成立的前提条件，是国家经济机关直接依据经济权力参加经济关系，形成经济权力与经济权利直接联系的复合关系。

间接复合关系，是经济活动主体间进行经济活动时形成的复合关系。这种复合关系，首先是经济权利关系。如棉花购销合同由购销双方商定，各自享有合同权利、承担合同义务，但立法规定收购主体只为农村供销社，而且收购价格也由立法加以规定。这里，关于特定主体和收购价格均由立法规定，是一种权力性规定。这样的购销关系是经济权利与经济权力的复合关系。在经济活动关系中，当事人之间关系的形成基础和直接联系，是经济权利、经济义务，而权力作用是依据法律间接地附加在经济权利义务关系上面的，因而两者的复合关系，是间接复合关系。间接复合关系形成的前提条件，是法律规定，即主体依据法律有关权力性规定而不是依据国家经济机关的经济权力参加经济关系，从而形成经济权利与经济权力间接联系的复合关系。

当代各国的实践证明，单纯依靠行政权力或单纯依靠民事权利来解决国民经济良性运行问题，无一例成功。经济权力与经济权利的复合性，是当代经济关系发展的客观法则。当然，两者复合的程度、方式和适用领域等问题，是需要认真研究的，但我们要使这种研究符合社会经济发展的客观本性的要求。

（二）学说评价

经济权力、经济权利是权力、权利范畴的新形式。为正确说明经济权力与经济权利的相互关系，分析国外以往关于权力与权利相互关系学说是必要的。

1. 法域分属说

“法域分属”说认为，权力与权利分别属于不同的法域。权力现象属于公法法域，权利属于私法法域。认为国家与私人之间的关系是权力关系，私人与私人之间的关系是权利关系。这种学说，是基于将公法和私法的划分绝对化的思想方法。在法的社会化条件下，发生了公法与私法交错过程。由于在这一过程中，发生了法的结构变动，产生了新的法的领域——社会法、经济法领域，因而这一新领域不再是单一的权力关系或权利关系。

2. 差异主体说

“差异主体”说把平等主体、不平等主体的区分，作为划分权力与权利的焦点。认为权力存在于不平等主体间的相互关系中，权利存在于平等主体间的相互关系中。把主体划分为不平等主体、平等主体，是权力绝对主义理论的一贯主张。问题在于，在社会化大生产条件下，国家与社会的对立及二元化发展，逐渐变成了国家与社会统一发展的一元化过程。这是改变权力与权利对立的现实基础。况且,在自由资本主义时期,法的重要标志之一是主体的平等性。其实,所谓平等、不平等,不可能指主体的法律地位,而是看主体间的"关系状态"是对等还是不对等,因为任何主体在法律上都是平等的。在当代,"平等主体"之间的关系,有商品货币关系,也有国家调节关系;有自由竞争关系,也有垄断关系,就是说,有平等关系,也有不平等关系。由此说来,所谓天赋的"平等主体"是不存在的,只言"主体"便足够了。我国《民法通则》规定民法调整"平等主体"间的财产关系,显然落后于时代。

3. 关系排斥说

"关系排斥"说认为,权力存在于权力—服从关系中,权利存在于权利—义务关系中,这两种关系是相互排斥的、是不相容的。我们知道,在权力过剩的时代,权力排斥一切。商品货币关系不仅创造了财产权力,也产生了权利关系。随着商品经济的高度发展,权力受到限制,成为"被限制的权力";主体拥有对权力侵害的抵抗权;对于权力侵害行为,形成了行政诉讼、国家赔偿、追究权力者责任等法律制度。这充分说明了权力与权利不是相互排斥的,而是相互制约、相互补充,以服从于、服务于国民经济总体运行的需要。

4. 意志优劣说

"意志优劣"说认为,意志优劣是权力和权利的法律价值,权力标志强的意志,权利标志弱的意志,强的意志约束弱的意志,权利意志表示对权力意志服从。在现代国家,权力和权利都具有法定性。权力和权利都是法的意志的表现。如认为警察法是警察权力法,是强的意志,游行示威法是民众权利法,是弱的意志,其实,这两个法都是"一个意志",即国家意志,国家意志本身是不可能有强弱之分的。法律规定游行示威,既能解决社会矛盾、心理矛盾的化解问题,又能解决国计民生问题。其实,西方国家的游行示威法,是一种政治上的"发泄疗法"。这是一种很强的国家意志。在法意志的统一性上,权力与权利的区别,只能是"这个意志"与"那个意志"的区别,而不是强的意志与弱的意志的区别。问题不在于意志的优劣,而在于权利发生了异化——权利异化成为义务,或权利异化成为权力。

上述诸西方学说,都在不同程度上注意到了主体间普遍存在的权力和权利现象,并试图给以总括性说明。其根本缺陷是:在认定权力与权利相互对立的基础上,论证两者的界限,而不是在将两者作统一把握的基础上,分析它们的区别和联系。

第三节 经济权限的配置

经济权限源于法律规定,经济权限的配置只能是立法上的配置。我们应当充分认识国民经济总体利益、总体效益决定经济权限分配的范围、内容和诸权限间的比重，做到经济权限的合理配置。

一、基本经济权限

为满足国民经济运行需要，从法律调整的实际状况出发，国民经济领域的基本经济权限包括经济职权、国家所有权、国有企业经营权、企业财产权和经济债权五类。

（一）经济职权

经济职权，是指国家经济机关依法获得的组织国民经济运行的权限。经济职权主要由国家经济机关行使。这是因为，组织、领导国民经济是国家经济职能的集中表现，通过国家经济机关行使经济职权，国家的经济职能才能得以发挥出来。实施国家经济职能而不是直接从事生产经营活动，是国家经济机关的显著标志。

经济职权包括规章制定权、经济决策权、经济协调权、经济行政措施权、经济管理权、经济检查监督权、经济处罚权等。

从事各种生产经营活动，同时兼有国家经济管理职能的经济部门，如社会经济公共部门、国家政策公司、国家公司等，也享有一定的经济职权。国家公司是以国家名义设立的公司，如国家纺织工业总公司，是由原纺织工业部撤销后组建的，享有一定的经济职权，它对全国整个纺织工业部门所采取的一切措施如限产措施、关停并转措施等，都属于经济职权。

（二）国家所有权

国家所有权，是指国家对国有资产和国有资源享有占有、使用、收益和处分的决定权限。国家是国有资产的所有者，也是国家经济职能的最终承担者，因此国家所有权是一种特殊的财产权利。国家是国有资产和国有资源的唯一主体，其他任何主体包括国家机关和国有企业，都不能成为国家所有权主体。

在社会主义国家的当前发展阶段，“全民所有”表现为“国家所有”。在我国，国家所有权包括对国有资产的确认权、对国有资产使用和处分的程序及权限的决定权、对国有资产的调拨权等等。

目前，我国现行法律对行使国家所有权的要求是：国有企业独立支配其经营管理的财产，政府和企业财产监督机构不能直接支配企业财产；除法律、行政法规规定外，政府和企业财产监督机构不得以任何形式抽取注入企业的资本金，不能平调企业财产和随意收费；国家对企业承担的财产责任以投入企业的资本额为限，承担有限责任，企业以其全部财产独立承担财产责任；企业承担全部企业财产及其净资产的保值、增值责任。

（三）国有企业经营权

国有企业经营权，是指国有企业依据国家所有或国家授予的财产，进行自主经营管理的权限。企业经营权是从国家所有权派生出来的，它是一种相对独立的财产权形式。根据国家所有权与企业经营权分离的原则，国有企业占有、使用和依法处分国家授予的财产。企业经营权的设立，标志着对于国家资产由国家经营改变为国家所有、企业经营的两权分离制度的创设。

国有企业经营权包括生产经营决策权、劳动人事权、内部机构设置权、产品劳务定价权、产品物资购销权、自有资金支配权、固定资产处置权、经营方式选择权和进出口权等等。

与国有企业经营权相关的一个术语，叫做“法人财产权”。对于“法人财产权”，学界有三种意见，即解释为企业所有权、企业经营权和企业所有权和经营权的综合权利。由于这一术语含义的不确定性以及具体操作上的困难，现在已基本不采用这一术语。

（四）企业财产权

企业财产权，是指企业对所拥有的财产享有完全所有和独立支配的权限。这种财产权，是完整意义上的私人财产权。企业财产属于企业自身所有，这是独立于其他组织和公民个人的财产，企业对其财产享有占有、使用、收益和处分的全部权利。我国目前享有企业财产权的经济组织是私营企业、外商投资企业和私人公司等。

（五）经济债权

经济债权，是指主体在共同经济活动中所享有的权限。共同经济活动，是为实现一定经济目的的当事人之间相互进行的经济活动。经济债权的主要形式是合同债权。我国《合同法》颁布后，我国实行统一合同制度，但在合同分类上，存在民事合同、经济合同和行政合同的划分。这些合同是性质很不相同的合同。为一定经济目的签订的合同，是经济合同，为一定行政目的签订的合同，是行政合同。经济合同同行政合同的区别，是“目的”区别，不是“身份”区别，不能认为凡是行政机关签订的合同都是行政合同。如政府同企业签订的企业承包经营合同，作为一方当事人的政府，是行政机关，但由于合同目的是经济目的，因而所签合同为经济合同。这里的合同债，主要是指经济合同债。

经济债权一般包括转移财产债权、完成工作债权和提供劳务债权。

以上五类经济权限是基本经济权限，而且，每一类经济权限都有具体分类。

二、经济权限配置的根据

经济权限总是主体的权限，而主体参加经济组织活动和经济活动的具体目的及利益取向并不相同。法律配置经济权限的总目的,就是保障国民经济良性运行,维护社会经济秩序,这是经济权限如何配置的前提。配置经济权限的根据,正是基于这一前提提出的。

(一) 根本根据

"国民经济总体利益"和"国民经济总体效益",是经济权限配置的根本根据。这里提出的这两个概念,立足于解决总需求与总供给、产业结构与消费结构的矛盾;强调局部利益、局部效益与总体利益、总体效益,短期利益、短期效益与长远利益、长远效益,企业利益、企业效益与社会(国家)利益、社会效益的正确关系;目的是国民经济的协调、稳定发展。据此,国民经济总体利益可表述为个人利益、企业利益、地方利益和国家利益的统一,国民经济总体效益可表述为经济效益、社会效益和环境效益的统一。

西方法律经济学认为,权利配置的根据是"成本"和"效率",所谓"当交易成本为零时,达到帕累托最优,是最有效率的"。"交易成本为零"只是一种假设,事实上不可能存在,而效率同权利分配完全是两回事。如果效率高分配权利就多,效率低分配权利就少,那么这个经济世界就不是公平正义的世界了,而是丛林法则的世界了。"帕累托最优",是帕累托(Pareto)试图建立一般均衡理论里的思想。他从英国埃奇沃斯(F. Y. Edge Worth)提出的"契约曲线"概念引申出"无差异曲线"、"偏好曲线"概念,在讨论"集合体效用"极大化问题时,论证了"生产资源配置的最大效率"问题。他认为,当重新改变生产资源在各部门的分配,达到在不使任何一个人的处境变坏的情况下,使任何一个人的处境更好的状态,生产资源配置就达到了集合体效用(社会经济福利)极大值。由此,被进一步总结出"帕累托法则",即"除非使收入的平均水平有所提高,否则要缩小收入分配的不均等程度是不可能的"。由此,又被演绎出"分蛋糕"理论。

应当认为,任何牺牲或忽视国家利益的企业利益、地方收益,任何牺牲或忽视社会效益、环境效益的经济效益,都不应成为配置经济权限的根据。

(二) 确定根据的理由

把国民经济总体利益和国民经济总体效益作为经济权限配置根据的理由是:

首先,它决定以社会主义市场经济的特殊本质为基本依据的经济权限分配、再分配的主观立法过程。在科技进步基础上不断发展社会生产,以保证最大限度地满足整个社会日益增长的物质和文化需要,是社会主义市场经济的特殊本质。这就决定了生产、交换、分配和消费活动都要以国民经济总体利益、总体效益为出发点,国民经济总体利益和总体效益对经济权限配置起主导、制约作用。

其次,它决定了经济权限配置的核心问题。由于国民经济总体利益、总体效益反映了国家、地方、企业和个人根本利益的一致性,反映了在经济可持续发展上经济效益、社会效益、环境效益的一致性,这就决定了无论是组织、领导国民经济方面的权限,还是进行生产经营活动方面的权限划分,都要以国民经济总体利益、总体效益为核心。离开这个核心,造成经济僵化或经济自由主义不良倾向,就会阻碍国民经济的健全发展。

最后,它决定了经济权限配置统一体系的基础、条件和形成途径。其基础,是作为国民经济总体利益、总体效益基础的“社会需要”。适用于社会全体成员的社会需要,经济权限才能处于协调状态。国民经济总体利益、总体效益的统一,是经济权限配置体系形成的条件,只有两者的统一,才能使各经济权限成为有机联系的统一体。全体社会成员的“同步方法”,是形成经济权限体系的正确途径,只强调企业利益、经济效益,不能形成合理的经济权限体系。

国民经济总体利益、总体效益的状况、态势,决定经济权限的划分和具体内容以及各个具体经济权限的比重。脱离国民经济总体利益、总体效益的经济权限配置,会给国民经济运行带来不利后果。

经济权限的配置是一个过程,不是一次完成的。因此,关于经济权限的立法,也应当是一个废、改、立的过程。

三、经济权限的合理配置

经济权限是主体法律地位的集中表现,也是主体参加经济关系取得经济利益的依据,因而人们把注意力的焦点放在经济权限配置的合理性上,是很自然的。同时,经济权限的合理配置,事关大局,关系到国民经济运行的状况和未来发展。

为保障经济权限配置的合理性,应当解决好两个基本问题:一是集权与分权的关系;二是各对应经济权限的关系。

(一)集权与分权的协调

法所反映的经济利益,是通过法对经济权限的分配实现的,权限的行使,表明了权限享有者实现经济利益的法律上的可能性。在法律上,有集权制和分权制两种立法模式。

集权制,是使经济权限趋向于上位,特别是中央的立法模式。其主要表现是:推行统一的指令性计划,把经济决策权集中在中央,各地方、各经济组织的利益通过国家利益体现;积累基金及其使用权归中央掌管;工业品与农产品的不等价交换,使农村经济组织的积累及农民收入处于较低水平;基本上由国家统包劳动力在社会生产上的分配;从普遍满足基本需求的角度分配个人消费资料。由于社会主义建设初期不可避免的经济发展的低水平、经济发展目标的有限性,因此必须强调集中统一,强调“全国一盘棋”,把有限的资源、资金、物资、技术和劳动力集中起来,以恢复国民经济,保证重点建设,建设国家的经济基础。

分权制,是经济权限趋向于下位,特别是企业和地方的立法模式。正确的分权,能够调动企业和地方的积极性,使企业和地方获得相应的权限,有利于经济发展。然而,无条件、无限制地向企业和地方分权,会导致下列后果:企业行为软约束,企业权利不法扩张;资金、外汇、物资的分配权过度分散,国民收入过多向企业和地方倾斜,中央财政空虚;助长地方保护主义,形成地方特殊利益;劳动力过剩,农村劳动力过多过早地转移到城市和非农业行业;社会消费需求膨胀;社会经济秩序特别是流通秩序混乱。

在集权与分权相互关系上,我国经历了放权、收权,再放权、再收权这样一种"放收循环"的现象。"一统就死,一放就乱",不适应国民经济运行的规律。为保障国民经济良性运行、稳定发展,应当找到一种集权与分权结合的好方式,这就是实行统分结合制。在这种权限配置体制下,实现集权下的分权,分权基础上的集权,形成集权与分权有机结合的机制。统分结合制能够做到:以国家利益、社会公共利益为最高权益,充分保证中央对整个国民经济的统一指挥、统一领导;国民经济决策权、宏观调控权集中在中央;兼顾地方利益,地方拥有适当经济权限,以发展地方经济;赋予特殊经济区、老少边穷地区和计划单列市以特定权限;企业成为相对独立的经济实体,享有生产经营自主权;公民个人享有合法权益,通过诚实劳动,不断提高生活质量和水平。

(二) 对应经济权限的协调

为实现对经济权限的合理配置,在统分结合体制下,还应当解决各经济权限的协调及其对应权限的矛盾。

在国民经济基本矛盾中,应解决下列对应权限的协调问题:

在宏观调节与市场机制的矛盾中,协调宏观调节权与市场权的矛盾。在实行宏观调节的国民经济中,市场仍是资源配置的基本手段,但宏观调节能提供比市场更丰富、更准确的信息,它以直接或间接手段影响经济活动。为解决宏观调节权与市场权的矛盾,立法应明确宏观调节的权限范围,完善宏观调节措施的制定和实施办法。同时对自由市场权加以限制,防止和纠正市场权的滥用。

在积累与消费的矛盾中,协调税收权、国债权、外债权、公产权、罚没权等与社会福利权、物质帮助权、个人消费权和公共消费权等的矛盾。影响积累与消费矛盾的主要因素有国民收入总额及其增长速度、积累基金与消费基金的比例及使用。因此,我们应当在发展生产,提高经济效益,使国家财政稳定增长的前提下,不断提高消费水平。这应当成为协调在积累与消费领域的经济权限的指导思想。

在经济增长与资源短缺的矛盾中,协调经济决策权、产业结构调整权、宏观调节权等与设厂权、矿山开采权、经营权、就业权、工业产权等的矛盾。经济增长是产品和劳务的增长,生产要素的投入量及效率、科技开发、劳动力的数量和质量等，都是经济增长的重要因素。在资源短缺情况下，应当合理地利用资源、开发资源，以保障国民经济的有效增长、可持续增长。为此，对那种小煤窑、小矿山等“五小企业”任意设厂、开矿等权利，应当加以限制，防止盲目发展。

在稳定物价与发展生产的矛盾中，协调货币发行权、征税权、政府定价权和价格调节权、物价管理权与融资权、企业定价权、生产经营权、消费权等的矛盾。在社会生产和再生产过程中，物价具有抗降性特点，但是，包括西方国家在内，各国都实行开放体制下的特定物价政策。稳定物价是要保持市场物价总水平的基本稳定，不发生大的波动，当然也包括对物价的合理调整。为此，应当对企业依靠滥用定价权来刺激生产的做法，予以限制。

在经济效益与社会公平的矛盾中，协调企业用工权、工资分配权、科技开发权等与劳动就业权、劳动报酬权（包括最低工资权）、劳动保护权、社会保障权等的矛盾。效益是生产耗费与生产成果的相互对比，即投入与产出的对比关系，经济权限立法当然必须始终注意效益，但效益必须体现法的公平的本质特征。国家通过各种途径创造就业机会、加强劳动保护，并在发展生产的基础上不断提高劳动报酬和福利待遇，以维护宪法规定的劳动权利。

在资源重点配置与地区、部门均衡发展的矛盾中，协调经济优先权与经济平等权的矛盾。经济发展的不平衡性，要求国家、社会在资源配置上突出重点，用重点带动一般，使一些地区、部门得到优先发展。但是，必须兼顾全国生产力的合理布局，使国民经济协调发展。我国开发中西部地区政策，加强基础设施和“瓶颈产业”部门的政策，正是体现了经济平等权原则。

在国内经济与涉外经济的矛盾中，协调进出口限制权、进出口商品检验权、汇率调节权、外汇管理权、涉外税收权、外资管理权、查处走私权等与企业外贸权、技术引进权、企业外债权、涉外工业产权、特区产品内销权等的矛盾。社会主义市场经济是独立自主经济，也是开放经济。在我国加入世界贸易组织之后，存在涉外经济立法与国际公约、国际惯例如何协调问题。因此，如何协调国家管理权与企业涉外权，便成为经济权限配置的重要课题。

第十章 经济法客体

法的客体是法所规范的对象,法律关系的客体是法律关系主体相互权利和义务所指向的对象。因此,法的客体与法律关系的客体是不同的。经济法律关系的客体,是经济法客体中属于依法建立的经济关系中的客体。考虑到两者的关联性,本章以经济法客体为题,但主要是阐释经济法律关系客体,并且是在将两者加以区别的基础上去阐释经济法律关系客体的。

通常认为,法律关系客体包括物、行为和精神产品。这种概括,并不完全适合于当代经济关系事实。这不仅仅因为客体的范围和种类不断扩大和增多,更重要的是客体的性质和法律调整的性质都发生了变化。对于作为经济法律关系的客体,应当将其置于经济法律关系之中考察,揭示它的基本法律状态,而如果只是因袭地罗列那些传统客体的名称,则无实际意义。

本章首先分析了经济法律关系客体的性质和特征,并在此基础上对其客体进行了新的概括和分类,接着依据客体的类型,阐释自然资源和产品资料、经济行为、信息资源。

第一节 经济法律关系客体的特征和类型

经济法律关系客体是经济法律关系的构成要素之一。如果没有其客体，经济法律关系不可能形成。经济法律关系客体是生产社会化、国民经济体系化和经济国际化条件下的法律关系客体，它与传统法律关系客体、与传统民法上的“物”有重大区别。

一、经济法律关系客体的含义和特征

经济法律关系客体，是指经济法主体相互权利、义务所指向的对象。经济法律关系客体是主体建立权利、义务关系的决定性条件，它是其权利义务关系发生、变更、终止的基础。

（一）经济法律关系客体的含义

首先，经济法律关系客体是建立经济法律关系的基础。经济法律关系是以经济法律关系客体为中介而建立起来的。正是以客体为中介，才会实际上形成主体相互间的权利、义务关系。主体建立经济法律关系的目的，是为了取得一定的经济利益，但经济利益本身并不是权利、义务联系的中介。譬如，购销关系的建立，以一定物质资料为中介，这一定物质资料的出售或购入，是为了实现各自的经济利益，但离开具体的该物质资料，则经济利益无法实现。所以说，设定经济利益或经济利益的实现，必然以具体客体为中介，而不以所谓经济利益为中介。

其次，对于经济法律关系客体，不能仅从权利客体方面去理解，应从主体相互权利、义务的对象上去理解。权利客体是权利的对象，作为单独的、静态的权利的对象，还没有进入法律关系领域，它只是为主体进入法律关系提供了可能。因此，在阐述法律关系客体时，孤立地谈论权利客体，没有什么意义。我们知道，主体间的权利、义务具有相互性质，在双向法律关系中，有两个权利和两个义务，即一方的权利即对方的义务、一方的义务即是对方的权利。而法律关系客体，是两个权利、两个义务共同指向的对象。因此，即使是作为法律关系客体的权利客体，如果离开义务客体，也不能称其为权利客体了。在法律关系中，权利客体与义务客体，是同一个东西。

最后，经济法律关系客体中的行为，只是客体形式之一。不能认为行为是经济法律关系的唯一客体。传统法学把行为说成是法的客体，是在对物与行为相互关系的认识上颠倒了决定与被决定关系。在这里，物是第一位的，人的行为是第二位的，行为以物为前提。譬如，在商品购销关系中，双方当事人的权利义务关系是以对该商品的购买和对该商品的销售建立起来的。以该商品为标的、为

基础,始能存在购买行为和销售行为。

总之,经济法律关系客体是经济法主体相互权利、义务所指向的对象。这里"所指向的对象",不是"经济利益"、"权利客体",也不是唯一的"行为"。正确、全面地理解经济法律关系客体的含义,对于保障经济立法的可行性和法律关系客体理论的科学性,都具有重要意义。

(二)经济法律关系客体的特征

经济法律关系客体是一种新型的法律关系客体,它与以罗马法为基础逐步形成的传统法律关系客体是不同的。其基本特征是:

其一,经济法律关系客体是国民经济运行中形成的经济关系的客体,这种客体,是社会化客体。社会化客体的基本含义,一是它是置于国民经济总体运行中的客体。与自由放任经济阶段及以前诸经济阶段不同,法律对生产、交换、分配、消费各经济过程中的客体,采取鼓励、限制、禁止等措施。这种对客体的规范性,实际上体现了法律与客体的客观条件的关系,而不再只是先前那种法律与客体本身的关系。二是客体具有私人性与公共性的二重属性。先前那种私人对物的无限制地占有、使用、收益和处分的绝对权利不复存在。经济法律关系是基于社会化客体建立起来的。社会化客体的上述属性和特征,决定了经济法律关系客体必然与传统法律关系客体具有不同的属性和特征。

其二,经济法律关系客体超越了物的内涵和外延,不再是传统的民事关系上的物。传统民法没有自然资源概念,对于这种资源也不是从资源配置的意义上去理解的。随着社会生产力的高度发展和经济关系的新变化,物资资料的范围和种类不断扩大和增多,其中的绝大部分种类是新出现的,它们未曾被传统法规范过;而且,这些物质资料与民法上的物有不同的性质。这样,经济法律关系客体便具有一系列新特点:一是自然领域尽可能地扩大了,它们成为经济法律关系客体,如大气、外层空间、水和海洋、声音等成为经济法律关系客体;二是改变了物的个人持有性和可支配性特征,这种新的客体形式是主体不能持有、不可支配之"物",如大气是不可能被主体持有的,只能被利用,如制造商提存的"氧气"是民法上的物,但由此污染的"大气",却是经济法客体;三是从总体上看,以现代科学技术为基础的产品资料取代了以自然资源为基础的自然物。这是法律关系客体划时代的变革。通过科技合成生产出来的产品资料,是社会化大生产的产物,其本身具有复杂的法律因素,这与简单商品关系下自然物和人工打制的初步加工物迥然有别。

其三,经济法律关系客体不仅仅是实物形态,还存在非实物形态或"非形态"。如电子网络无实物形态,它是通过计算机通讯网络传递一定经济信息。网络经济的法律关系是以交换电子数据的方法形成、储存或传递法律关系内容。这种法律关系的内容,是透过屏幕的显示而被感知,而且,在网络空间,不存在统一的维持网络秩序的主体。这种客体,是传统法学理论无法理解的,传统法也无法调整这样的客体。

经济法律关系客体的上述特征表明:经济法律关系客体是一种新型客体,它是传统民事法律关系客体无法比拟的。如果把民事法律关系客体简单地复述为经济法律关系客体,则不但不符合当代经济事实、法律事实的实际,而且会丧失国民经济良性运行的基础,阻碍社会经济关系的全面进步。

二、经济法律关系客体的分类

对于法律关系客体,法理学界有的分为物、人身、精神产品和行为结果。民法理论对于民事法律关系客体,一般分为物、行为和精神产品。这些分类是否科学、是否符合实际,另当别论。应当认为,法律关系客体的分类,是由法律关系客体的性质、特征和基本范围决定的。基于对前述经济法律关系客体的认识,这里将其分为四类,即自然资源、产品资料、经济行为和信息资源。

(一)自然资源

自然资源,是自然界中一切有利用价值的物质资源。自然资源的可利用性,是由人类认识能力的状况决定的。随着人类认识能力的不断提高,可利用的自然资源的范围逐渐扩大。截至目前,可利用的自然资源包括土地、草原、森林、水资源、阳光、地热、大气、外层空间以及动物、植物和矿物等。自然资源,是法在调整自然资源的开发、利用和保护过程中所形成的法律关系的客体。

(二)产品资料

产品资料,是为了满足社会需要,在社会生产过程中用于生产产品的资料。社会生产过程,就是将劳动同物质相结合,生产物质资料的过程。产品资料,有的构成生产资料,成为进行生产必须具备的物质条件;有的构成生活资料,成为人们生存所必需的衣、食、住、行等方面物质条件。产品资料是普遍的、极为重要的经济法律关系客体。

(三)经济行为

经济行为,是进行经济活动,能发生一定经济后果的行为。作为经济法律关系客体的经济行为,是引起经济权利、义务的发生、变更和终止的经济活动。由于国家经济职能的变化和民事关系的异化,社会化大生产条件下的经济行为,既包括经济组织等的经济行为,也包括国家和国家机关的经济行为。

(四)信息资源

信息资源,是智力创造的以一定载体表现的知识成果资源。如专利、专有技术、技术改进方案、合理化建议、商标、生产经营标记、著作以及电子商务、电子邮件、虚拟现实等。在当代,信息资源已成为与物质资源同等重要的资源。网络信息高速、广泛传输的特点,使世界形成了没有边界的信息空间。信息资源不是有形体,也不是人的思维活动本身,而是思维成果的一定物化形式。将信息资源由潜在的经济价值转化为现实经济价值,由一般物化客体转化为具体经济关系客体时,它将成为经济法律关系客体。

上述分类,是基于经济法律关系客体的基本性质和特征进行划分的。至于专利、著作,一般不作为经济法律关系客体存在。职务专利、职务著作因为涉及到专利权、著作权的"单位"归属,以及专利转让、专利实施和著作使用等特殊情况,可以成为经济法律关系的客体。

第二节 自然资源和产品资料

自然资源和产品资料是经济法律关系普遍客体。无论在其范围上还是性质上,它们与传统民法中的物都存在根本的不同。因此,不能用物这个概念来替代或概括自然资源、产品资料概念。

一、自然资源

自然资源是自然界中天然的为人类利用的物质和能量的总称。按其物质属性,自然资源可分为可更新资源、不可更新资源和无限性资源三大类。可更新资源如土地、水、森林、草原等资源,不可更新资源如矿产资源,无限性资源如大气、外层空间等资源和太阳能、风能等能量资源。

(一) 自然质体资源

自然资源中的质体资源,是在开发、利用和保护自然物质本体资源过程中所形成的经济法律关系客体。这类客体,具有固定性、不可替代性和有限性特征。

1. 土地资源

土地是重要的自然质体资源,是在对土地的权属、使用、保护及土地权益等实行严格管理过程中形成的经济法律关系客体。我国1986年颁布了《中华人民共和国土地管理法》,经1988年、1998年和2004年三次修订。这一法律及相关配套法规,形成了我国较为完整的土地法律制度。土地客体的基本法律状态包括:(1)土地所有权及使用权。城镇郊区的土地,归国家所有;农村和城镇郊区的土地归农村集体经济组织所有,国家未确定为集体所有的土地归国家所有。城镇国有土地实行有偿使用。集体土地使用权通过签订承包合同等方式,由农户取得使用权。关于土地使用权的转让、出租,法律作出了明确限制。(2)耕地保护。国家保护耕地,严格控制耕地转为非耕地。国家实行占用耕地补偿制度。我国实行基本农田保护制度。(3)建设用地管理。任何单位和个人进行建设,需要使用土地的,必须依法申请使用国有土地,对于涉及农用地转为建设用地的,应办理农用地转用审批手续;征用基本农田、征用基本农田以外的耕地,征用其他土地的,需经批准。

2. 森林资源

森林是在采伐、保护和管理森林资源过程中形成的经济法律关系客体。森林包括林木、竹木、林地及其植被资源。我国1984年通过的《中华人民共和国森林法》及其配套法规,是主体建立森林法律关系的基本法律依据。森林客体的基本法律状态包括:(1)林权。国家所有和集体所有的森林、林木和林地,个人所有的林木和使用的林地,由县级以上地方人民政府登记造册,发放证书,确认所有权或使用权。由法律规定的森林、林木、林地的使用权可以依法转让,也可以依法作价入股或者作为合资、合作造林及经营林木的出资、合作条件。(2)森林采伐。实行森林年采伐限额制度。采伐林木必须申请采伐许可证,按许可证的规定采伐。对防护林和环境保护林、风景林、母树林,只准许抚育更新性采伐,对自然保护区的林木,严禁任何性质的采伐。(3)森林保护。禁止毁林开垦和毁林采石、采砂、采土及其他毁林行为,禁止在幼林地和特种用途林内砍柴、放牧。在森林防火期内,禁止在林区野外用火。应在林区设置防火设施。各级林业部门负责组织森林病虫害的预防工作。(4)植树造林。各级人民政府应制定植树造林规划,组织完成规划所确定的任务,可采取一定的封山育林措施。植树造林是全民社会义务。

3. 草原资源

草原是在利用、保护和从事牧业活动中形成的经济法律关系的客体。草原是陆地生长的植物群落及用于放牧和割用的草山草地的总称。我国1985年颁布了《中华人民共和国草原法》,对草原的保护、利用和征用等作了具体规定。草原资源客体的基本法律状态包括:(1)草原权属和使用。除法律规定属于集体所有的草原外,草原归国家所有。对于属于集体所有的草原,一定的集体经济组织享有草原所有权。全民所有的草原、集体长期固定使用的全民所有的草原,可由集体或个人承包从事畜牧业生产。国家建设临时使用草原、一定建设单位临时使用草原,依照规定取得临时使用权。(2)草原保护。严格保护草原植被,禁止盲目开垦和破坏,已经开垦并造成沙化或水土流失严重的,应限期封闭,返耕还牧,限期恢复植被;禁止在荒漠草原、半荒漠草原和沙化地区砍挖灌木、药材或其他固沙植物,不得采集草原上的珍稀野生植物。草原防火、草原鼠虫害和疫病防治,是草原保护的重要任务。(3)草原临时调剂使用和征用草原建设用地。在因自然灾害等原因产生畜牧饲料不足的情况下,经双方协商或经集体经济组织协商或经县级人民政府协商,可将受灾草原上放牧的牲畜迁往未受灾草原放牧。国家临时使用草原,征用草原建设用地,需按有关规定办理。使用期满,应当恢复草原植被。

4. 水资源

水资源是在开发、利用、保护水资源过程中形成的经济法律关系的客体。水资源,是地球上所有液态、气态、固态的地表水和地下水水资源的总称。我国1988年颁布的《中华人民共和国水法》,是调整水资源的基本法律依据。水资源客体的基本法律状态包括:(1)水资源的开发和利用。我国实行全面规划、统筹兼顾、综合利用、计划用水和节约用水的总原则。开发利用水资源,应兼顾流域和各地区的利益;首先满足城乡居民生活用水,统筹农业、工业用水和航运的需要。(2)水资源的保护。不得在江河、湖泊、水库、渠道内设置阻碍水流的物体。禁止围湖造田和围垦河流。禁止在堤坝、固定渠道上扒口、取土,拆毁水利工程设施,禁止在泉域、湖区和水资源保护范围内开荒、打井、毁泉、砍林木,禁止向河道、水库、渠道和地下水源地倾倒垃圾、废渣和排放有毒废水;在行洪、排涝河道和航道范围内采砂石、砂金,必须报经河道主管部门批准。(3)取水。严禁在地下水已超采的地区继续汲取地下水,以防地面沉降;开采矿产或兴建地下工程,因排水导致地下水位下降、枯竭或地面塌陷的,采矿或建设单位应当采取补救措施;对直接从地下或者江河、湖泊取水的,实行取水许可证制度;凡新建、改建、扩建的建设项目,需要申请取水许可的,应经有关机关事先审查、批准。

5. 水产资源

水产资源是在开发、利用和保护渔业水域过程中形成的经济法律关系的客体。水产资源,是水生生物及其栖息水域、滩涂的总称。我国1986年颁布了《中华人民共和国渔业法》,并于1987年发布了《中华人民共和国渔业法实施细则》,全面调整因养殖和捕捞水生生物而形成的经济关系。水产资源客体的基本法律状态包括:(1)养殖和捕捞。县级以上人民政府可以将规划用于养殖业的全民所有的水面、滩涂,确定给全民所有制单位和集体所有制单位从事养殖生产,核发养殖使用证。全民所有制单位使用的水面、滩涂,集体所有制单位使用的全民所有的水面、滩涂,可以由集体或个人承包,从事养殖生产;从事捕捞业,捕捞水生动植物,应按规定取得捕捞许可证。外国人、外国船舶在我国管辖的水域,从事渔业生产或者渔业资源调查活动,须经国务院有关部门批准。(2)水产资源的保护。不得在禁渔区或禁渔期捕捞及使用禁用的渔具和渔法;禁止未取得许可证擅自捕捞;必须按照捕捞许可证有关作业类型、场所、时限和渔具数量的规定进行捕捞,不得非法买卖、出租或以其他形式转让捕捞许可证。在机动船底拖网、禁渔区线外建造人工鱼礁,须经国务院主管部门批准,在其内侧建造人工鱼礁,须经省级主管部门或其授权单位批准。

6. 矿产资源

矿产资源是在勘查、开发、利用和保护矿产资源过程中形成的经济法律关系的客体。矿产资源,是埋藏于地下的固体、液体、气体状态的各种金属和非金属物质以及燃料和地热等资源的总称。我国1986年制定了《中华人民共和国矿产资源法》。这部法律,以矿产资源法直接命名,突出了对矿产资源的利用和保护。矿产资源客体的基本法律状态包括:(1)矿产勘查。勘探矿产必须向国务院地质矿产主管部门办理勘查登记手续,领取勘查许可证。区域地质调查按国家统一规划进行,调查报告和图纸等文件按规定验收。进行矿产资源普查应作出初步综合评价或综合评价。(2)矿产开采。开办国有矿产企业,分别由国务院、国务院主管部门或省级人民政府审批。列入保护性开采范围的特种矿产,由经国务院主管部门批准的国有矿山企业开采。划为国家储备矿区内的储备矿源,未经国务院有关部门批准,任何人不得开采。对乡镇集体矿山企业,经核准后颁发采矿许可证。任何单位和个人不得进入已经取得采矿权的矿山企业矿区范围内从事采矿作业。(3)探矿权和采矿权的转让。我国领域及管辖海域的矿产资源属于国家所有。地表或者地下的矿产资源的国家所有权,不因其所依附的土地的所有权或使用权而改变。探矿权、采矿权在法定条件下可以转让。探矿权、采矿权转让的受让人,应当符合法律规定的条件。严禁倒买倒卖勘查许可证和采矿许可证。

(二)自然能源资源

自然资源中的能源资源,是人们在开发、利用和保护自然能源过程中所形成的经济法律关系客体。自然能源资源是自然界所提供的能作为能源的资源。如水能、太阳能、风能、潮汐能以及煤炭、石油、天然气等都属于自然能源资源。其中,煤炭、石油、天然气等属于广义的矿产资源,因这些矿产资源具有能源特点,由此归类于自然能源资源较为合适。

1. 煤炭资源

煤炭是基本自然能源资源。以1996年颁布的《中华人民共和国煤炭法》为标志,我国形成了较为完备的煤炭立法体系。煤炭客体的基本法律状态包括:(1)煤炭开发。国务院煤炭管理部门根据全国矿产资源勘查规划编制全国煤炭资源勘查规划,组织编制和实施煤炭生产开发规划。省、自治区、直辖市人民政府煤炭管理部门根据全国矿产资源规划规定的煤炭资源,组织编制和实施本地区煤炭生产开发规划。煤炭生产开发规划应当根据国民经济和社会发展的需要制定,并纳入国民经济和社会发展计划。(2)煤炭生产经营。国家实行煤炭生产许可制度。未取得煤炭生产许可证的,不得从事煤炭生产。依法取得煤炭生产许可证的企业,有权销售本企业生产的煤炭。(3)矿区保护。包括对整个划定矿区的保护、对煤矿安全的保护、对煤矿用地的保护以及对煤矿生产设施的保护等等。任何单位和个人不得危害煤矿矿区的电力、通讯、水源、交通及其他生产设施。禁止任何单位和个人扰乱煤矿矿区的生产秩序和工作秩序。

2. 石油、天然气资源

石油、天然气是重要自然能源资源。我国石油业、天然气业起步较晚,目前,尚无基本法,但有关法律、法规比较完备。石油、天然气资源是石油勘查、开采、加工、利用、运送和交易活动中形成的经济法律关系的客体。石油、天然气客体的基本法律状态包括:(1)石油、天然气勘查和开采。石油和天然气资源属于国家所有。在中国领域和管辖海域进行勘查、开采,须取得勘查许可证、开采许可证。全国石油、天然气勘查、开采登记管理,由国务院石油管理部门负责。石油开采需上报计划任务书、储量报告、油田建设可行性研究报告、油气田开发建设设计书,经国务院石油管理部门审查批准。中外合作开采陆上和海洋石油资源,须经国务院批准。国务院授权部门负责确定合作方式、审批油气田总体开发方案。中外合作开采石油合同由国家公司制定统一合同文本,合同须经对外经济贸易合作部审批。(2)石油、天然气管道保护。国务院石油管理部门负责全国石油、天然气管道及其附属设施安全保护工作的监督、管理。管道沿线地方人民政府负责管道保护安全教育和组织协调工作。管道运输企业应保障所辖管道及附属设施的安全运行,严格执行技术操作规程和安全规程,定期巡视,及时维修。任何单位和个人都负有保护管道及附属设施的义务,不得破坏、盗窃、哄抢管道及附属设施。

二、产品资料

产品资料是人们改造自然、生产物质资料过程中生产的产品。包括生产资料和生活资料。生产资料是用于社会生产的产品资料,生活资料是用于人们生活的产品资料。这里应当明确指出,“产品资料”术语并不是“物”术语的换一种说法。

产品资料是经济法律关系最普遍、最直接的客体形式。产品资料不在于本身是什么,而在于“用什么方式进行生产”。譬如鞋子,本身不在于它是鞋子,鞋子几千年前就存在了,而在于鞋子是“用什么方式进行生产”的。农业经济时代的鞋子,是用针线缝制的,工业经济时代的鞋子是用机器压制成型生产的,知识经济时代的鞋子是电脑操控生产的,而其用料也具有初步加工物与产品资料的不同。“用什么方式进行生产”是一定社会经济发展阶段的显著标志,是物质资料进步的根本动因,也是产品资料概念与物的概念相区别的关键所在。传统民法关于物的理论,强调对物的所有,并将物置于当事人间的交易领域,而在生产社会化条件下的产品资料,应当强调的是作为资源的社会配置,而且产品资料不仅仅存在于交易领域,它存在于国民经济运行的生产、交换、分配和消费的整个过程和环节。因此,对产品资料的法律调整,不可能局限于古老的物权、债权方面,它是对其在生产、交换、分配和消费的社会经济总过程中的客体关系的全方位调整。

产品资料的构成,可分为初级产品资料和工业制品资料两大类。

(一) 初级产品资料

初级产品资料可分为五大类,包括食品及活动物、饮料及烟类、非食用原料(燃料除外)、矿物燃料和润滑油及有关原料以及动植物油、脂及蜡。这些产品,总体上是社会化大生产的产物,是采用先进技术制成的产品。其法律状态,与法国民法典时代完全不同。

在法国民法典时代,将物分为动产和不动产,不动产包括地产、建筑物、未收割的果实、未采伐的树木、与土地构成整体的牲畜、农具、种子、鸽子、兔子、蜂群、鱼类、压轧机械、锅炉、蒸馏器、酿酒桶、工厂设备、肥料、与房屋不可分的镜子、画、雕塑等;动产包括公司股份和利息、定期金、船舶及其用品、建筑材料、动产家具等,但不包括现款、珠宝、应收债款、书籍、衣物、马匹、车辆等。这里的"物"是以自然物为原料,经人工初步加工而成的。在"用什么方式进行生产"上,法国民法典上的"物"与当代的"初级产品资料"有根本区别。法国民法典时代的"物",是利用自然物,用简单工具手工生产的,而"初级产品资料"是大机器工业的先进技术和工具生产的。

(二) 工业制品资料

工业制品资料可分为五大类,包括化学成品及有关产品、按原料分类的制成品、机械及运输设备、杂项制品和未分类的商品。上述工业制品资料,大都是20世纪以来不断发明创造出来的,据国际货币基金组织统计,由于科技进步和信息投入的增多,目前一个单位工业品所需原料仅为1900年的2/5左右。而且,这些工业制品资料,存在于垄断及国家垄断经济关系之中,其法律状态、法律性质是罗马法时代和法国民法典时代无法想象的。产品资料是有机产品资料,而有机合成物是20世纪初叶开始形成的工业部门的产物。现在办公室里的办公用具,没有有机合成物的几乎不存在。例如,用具上面的涂料是有机合成物。有涂料的桌子,不再是自然物或初步加工物。这在法律上,需要对有机涂料污染作出规定,而这个规定,是经济法不是民法。在18世纪,一张桌子可以流通、买卖,如有瑕疵,承担民事责任。现在是这张桌子"有毒",油漆的排放物超标,不可以流通和买卖。这张桌子就这样与经济法律关系联系起来了。

基于不同的法律规定,上述初级产品资料和工业制品资料将处于不同的法律状态之中。在生产领域,法律状态基本上有三类:(1) 禁止生产状态;(2) 限制生产状态;(3) 鼓励生产状态。在流通领域,主要是禁止流通的状态和限制流通的状态。

在对外经济贸易中,基于商品贸易方式的不同,产品资料也处于不同的法律状态。这些商品贸易方式包括:一般贸易、补偿贸易、来料加工装配贸易、进料加工贸易、寄售代销贸易、边境小额贸易、来料加工装配进口的设备、对外承包工程出口货物、租赁贸易、外商投资企业作为投资进口的设备和物品、出料加工贸易、易货贸易、免税外汇商品、保税仓库进出境货物、保税区仓储转口货物等。上述产品资料不同的法律状态，始于法律对其作出的具体规定。

由上述可知，“物”所形成的法律关系同“产品资料”所形成的法律关系，不可能是相同的。

第三节　经济行为

经济行为是经济法律关系的重要客体，与民事行为及民法上的行为有本质上的区别。经济行为(economic behavior)术语是为满足生产社会化发展的要求而被概括出来的，它逐渐脱离于传统民事行为的狭隘含义，成为20世纪初叶以来经济学、管理学、行政学等诸多学科普遍采用的术语。作为经济法律关系客体的经济行为，是指导致主体间经济权利、经济义务发生、变更和终止的一切经济活动。基于主体的职能，经济行为可分为政府的经济行为、经济组织的经济行为和市场中介组织的经济行为三大类。

一、政府的经济行为

政府的经济行为，是指国家权力执行机构所具有的经济职能性经济活动。在现阶段，国家不仅具有一般社会管理者的经济职能，而且国家作为社会的代表，享有为全社会所拥有的那部分生产资料的所有权，这样，国家就不仅是社会管理者，而且是生产资料所有者。因此，政府作为经济行为的重要主体，一方面承担着对国民经济运行进行调节的经济职能，同时也充当一般的经济组织，直接参与经济活动。

(一) 政府调节性经济行为

政府作为社会经济调节者在行使其经济职能过程中的具体运作，主要有以下方面：

经济管理和组织行为，是政府机构充当对市场进行培育、对市场要素进行组织和对市场主体进行管理的组织者而实施的经济行为，如培育、完善市场体系，界定商品生产经营者的资格，发展市场规模、组织和指导商品流通活动等，使经济活动的正常开展得到有效的组织，促进市场的发育和完善。

经济调控行为，是政府运用各种经济杠杆，引导经济运行达到某一种预期状态而实施的经济行为，如通过计划和规划、财政、税收、信贷等政策调节和控制市场运行，维护市场供需总量平衡、引导或指导市场经济结构合理化，促进国民经济健康协调发展。

经济监督行为，是政府通过一定的经济监督部门和行政执法机关，对经济运行进行监督和检查，保护合法经营，打击非法交易，维护市场公平竞争秩序，保证市场秩序的健康有序。

经济调解行为，是在经济活动中，商品生产者或经营者之间发生利益冲突或产生经济纠纷时，政府机构作为第三方居中裁判，协调当事人之间的经济利益关系，使市场交易关系和谐有序。

政府指导和信息服务行为，是政府对经济运行进行非强制性的指导和影响，主要通过制定各种指导性计划、公布产业政策、制定各种发展规划、提供政府掌握的各种信息、定期对经济活动发表政府看法、建议、希望、意见等方式，对经济主体进行劝告，引导其按照预定的模式和方向进行经济活动，从而弥补市场分散信息的不足，引导市场走向，提高资源配置的效益。

（二）政府经营性经济行为

政府作为生产资料所有者在行使其财产所有权过程中的具体运作，主要有以下方面：

国有资产经营行为。国有资产是指国家所有的，由经济组织使用的，并能给经济组织带来经济收益的一切资源。国有资产的形成，表明国家对经济的直接管理和不同程度的经营介入。国家对国有资产进行经营，是由社会主义基本经济制度决定的。政府机构的国有资产经营行为主要有资产投资行为和资产监督管理行为。国有资产投资行为主要是通过国有资产管理部门授权国有投资公司、国有银行和国有企业进行，投资的方向主要为关系国计民生的重要部门，私人资本无力投资或不愿投资的部门，以及其他在国民经济结构中占有重要地位的部门。

政府采购行为。政府机构作为一个经济主体，有着复杂的交易和消费行为，根据其目的的不同，可以分为三类：一是政府机构购买为执行其职能所必需的物质设备而进行的采购行为；二是政府机构为满足其工作人员的物质需要而进行的采购行为；三是政府部门为实现对经济结构的调整或引导而进行的采购行为。

二、经济组织的经济行为

经济组织是从事生产、经营，以创造社会财富、扩大社会积累为目的的社会经济实体。经济组织的经济行为，就是这些直接从事市场经济活动的经济实体的具体生产经营行为。经济组织的经济行为，按照行为性质的不同，可以分为组织性经济行为和经营性经济行为。

（一）组织性经济行为

组织性经济行为，是具体经济组织的设立、变更、终止等涉及自身组织机构的活动。经济组织的设立、变更、终止、解散等行为,必须严格按照国家设置的强制性规范进行,这也是国家对经济组织管理和监督的基本环节。

经济组织的设立行为,是指具备一定资金和其他必要的物质条件的社会组织,经国家主管部门批准,依法登记,取得市场主体资格的行为。

经济组织的变更行为,主要是指依法成立的经济组织在性质和组织机构上的变更行为,如企业向公司的转制,经济组织的合并、分立等。

经济组织的终止行为,是指导致经济组织丧失市场主体资格的行为,主要有因经济组织设立的任务完成、期限届满等而依法被主管部门撤销的行为,因设立人协商一致的解散行为,因资不抵债、不能清偿到期债务的破产行为等。经济组织的终止还必须进行清算行为,包括经济组织的业务了结、财产清理以及注销登记和公告。

(二)经营性经济行为

经营性经济行为,是具体经济组织进行的社会生产、分配、交换、消费等经济行为,这是经济主体最基本和最主要的经济活动。经济实体作为依法从事商品生产、经营的社会经济组织,只有通过参与市场活动,才能形成与其他社会组织的联系,其活动才能成为社会活动,经济实体才有其存在的基本条件。经济实体的经济行为表现为一个不断循环往复、周而复始的过程,这个过程分为生产、分配、交换、消费等四个环节。

生产行为是最基本的经济活动,是指在经济组织的负责、控制和管理下进行的一种物质生产过程。在这一过程中,劳动和资产用于将货物和服务的投入转换成另一些货物和服务的产出。作为产出的所有货物和服务应该是能够在市场上销售和安排,或至少能够有偿或无偿地由一个经济组织向另一个经济组织提供。

经济组织间的分配过程,表现为对生产行为中的产品进行分配,这种分配往往以现实的货币来进行。参加分配的经济组织可以对社会产品占有,用参加分配得到的货币在市场上购买到其所需要的产品。

经济组织的交换行为,表现为现实的市场行为,通过买卖行为,购得生产要素,实现价值补偿和最终实现劳动者为经济组织创造的价值。

经济组织的消费行为是集体消费行为。集体消费包括生产消费、为扩大再生产而追加生产资料所引起的消费、经济组织福利消费以及为改善生产条件、工作条件、保护环境等所作的消费。

三、市场中介组织的经济行为

我国的市场经济体制,是市场在资源配置中起基础性作用的经济体制。我们在完善市场机制、提高政府效能的同时,还要建立和发展第三种市场机制形式，这就是社会中介组织。社会中介组织的功能，就是规范市场行为，维护市场秩序，减轻政府负担，协调政府、企业与个人三者之间的矛盾。正因为如此，建立社会主义市场经济体制就必然要求发展市场中介组织。市场中介组织，按其职能可以划分为市场服务性中介组织、市场监督性中介组织和市场自律性中介组织。

（一）市场服务性中介组织的经济行为

市场服务性中介组织，是为经济组织的市场行为提供服务，同时减轻政府负担的中介机构。主要有两类：一是政府成立的各类市场，如技术交易市场、各类商品交易市场等。市场主体为了实现经济利益，往往需要花大量的精力来协调与不同政府管理部门之间的关系，这些市场的设立，为供需直接见面、减少交易环节创造了条件，为加速商品的流通及循环速度提供了秩序保障，对于降低交易成本，拓展市场容量具有重要功能。二是专业性的市场服务性中介组织，如会计师事务所、审计事务所、资产评估事务所等，这些中介组织提供与市场交易有关的财务、资信等专门性服务，这对规范市场交易行为，保障市场秩序的规范性，调解市场纠纷，是不可缺少的。

（二）市场监督性中介组织的经济行为

市场监督性中介组织，是审查和评价市场主体的经济行为，监督其按照公平、公正、公开的原则进行市场竞争的中介机构，如质量检测中心、计量检测中心、商品检验中心、消费者保护组织等。这些中介机构往往被赋予一些本应由政府承担的行政性任务，以减轻政府的负担，从而推动政府职能转变和政府机构改革的顺利进行。

（三）市场自律性中介组织的经济行为

市场自律性中介组织，是以生产的产品或从事的经济行为的领域为依托，而成立各种商会和行业协会等中介机构。其职能主要是依据市场规则，结合本行业的特点，制定本行业的会规、行规或公约，约束本行业成员的市场行为，进行自我管理、集体自律，达到本行业共同发展，消除不正当竞争的目的。

第四节　信息资源

信息资源是目前唯一一种随着开发利用而增加的可再生资源。信息资源可分为纸面信息资源和网络信息资源。任何资源都受法律保护，但并非每一种资源都具有法律授权性。经济信息资源权利的产生、有效期间、有效地域，由法律加以规定，但相当多的信息资源活动领域还未被法律规范。这一法律授权性与非授权性同时存在的特征，使信息资源客体比其他经济法律关系客体的法律状态更加复杂。

一、纸面信息资源

这里的纸面信息资源,是指以纸面为载体的信息资源,如专利、专有技术、技术改进方案、合理化建议、商标、生产经营标记等等。这些信息资源的共同特征是以“纸面”为载体,以文字、图形、表格、公式和程序等形式表现出来。

纸面信息资源普遍存在于社会活动的领域,而且其范围处于不断的变化之中,并随着社会、经济的发展呈现扩大趋势。纸面信息资源依据不同的标准可以作不同的分类。按照信息存在的状态和传播方式,可分为公开信息和秘密信息,前者如公知技术、专利技术,后者如国家秘密、技术秘密。按照信息资源的经济价值,可以分为有偿信息和无偿信息,前者如专利技术、技术秘密,后者如政府信息、公知技术。

纸面信息资源本身具有资源性以及由这种资源属性而衍生出的价值性和相关的权利义务属性。纸面信息资源与传统的“纸面消息”相比,具有不同的内涵,其表现形式和内容均有现代性特征。

(一) 信息表达

我国宪法从根本上确认了公民与团体表达自己意志、发布信息的权利。公民与团体具有信息表达自由的同时,也应履行必要的义务,如公民与团体表达权利的实现不应泄露国家机密,不应侵犯其他公民与团体的合法权益,不得损害国家利益,不得传播国家有关法律、法规禁止传播的信息。

(二) 信息获取

获取信息的行为主体包括自然人、法人、政府、国家等全部法律主体。在信息社会里,不能获取信息,将无法生存和发展,应该保障每一个主体获取信息的正当权利。政府是国家中最大的信息生产者、消费者、发布者。自然人和法人应该合法地获取所需政府信息,政府应该合法地收集和处理自然人和法人的信息。自然人和法人获取政府、法人、自然人信息的权利并不是无限制的,法律规定保密的信息、法人的商业秘密或其他有偿信息,只能在法律规定的范围内获取和使用。

(三) 信息保存

信息保存的目的是方便当前的使用和今后可能的使用。保存可能是个人,也可能是企业、事业单位和国家;信息的保存和使用牵涉到知识产权问题,也关系到保密和其他权益问题,还有成本和收益问题。

(四) 信息交换

信息由生产者到使用者,经过一个交换的过程。在信息交换过程中,应平衡信息生产者或信息拥有者、信息传递服务提供者、信息接受者和使用者三方权利义务关系。法律既保障信息生产者或提供者的权益,以鼓励信息生产的发展;同时,也合理界定了获取信息的成本,并规定社会无偿信息的范围,从而促进信息的传播和利用;法律还适当限制信息拥有者的垄断权利,以促进信息的创新。

二、网络信息资源

网络信息资源,是以网络为载体的信息资源,如电子交易、电子支付、拟制经济现实、网上广告、远程服务等等。这些信息资源的共同特征是以“网络”为载体,其表现形式是数据电文在荧屏上被感知。

网络信息资源的技术支持系统,是现代信息技术。现代信息技术主要是指与计算机及其相关通讯手段有关的技术,包括计算机软件程序设计、信息处理和传输以及计算机网络等。网络通讯是通过数位化讯号传递信息的,因而网络信息资源处于无纸化环境。有纸化与无纸化的区分,造成了网络立法与传统立法的重大差异。

关于网络信息资源的立法,国际上,有《联合国电子商务示范法》,欧盟《区域电子商务框架指令》、《隐私保护法案》、《电子欧洲——欧盟迎接信息社会的行动纲领》,美国《统一电子交易法》、加拿大《个人信息保护和电子文件法案》和新加坡《电子交易法》等,都较有特色。

我国的立法目前则侧重于对“违法犯罪行为和有害信息”的管理,发布了《计算机信息系统国际联网保密管理规定》、《互联网信息服务管理办法》和《互联网电子公告服务管理规定》。

(一)信息服务

信息服务分为经营性服务和非经营性服务两类。经营性服务,是在互联网上提供有偿信息、网页制作等信息服务。非经营性服务,是在互联网上无偿提供具有公共性信息的信息服务。目前,各国立法都对互联网的信息服务实行管理。

互联网信息服务的法律要求是:(1)信息服务提供者制作、复制、发布、传播的信息符合法律要求。(2)从事新闻、出版以及电子公告等服务项目的信息服务提供者,应当记录提供的信息内容及其发布时间、互联网地址或者域名。互联网接入服务者应当记录上网用户的上网时间、用户账号、互联网地址或域名、主叫电话号码等信息。信息服务提供者和接入服务提供者应将记录备份保存,并依法接受国家有关机关的查询。(3)信息服务提供者发现其网站传输的信息明显违法时,应立即停止传输,保存有关记录,并向国家有关机关报告。

(二)电子商务

电子商务,是通过计算机或计算机联网的电子手段所进行的商务活动的泛称。电子商务活动是通过对文本、声音和图像等资料的电子化处理和交换实现的。包括对货物和服务的电子贸易、数位内容的网上交货、电子资金转移、电子股票交易、电子提单、商业拍卖、合作设计开发以及针对用户的直接广告和售后服务等商业活动。

在实践中，电子商务的发展广泛而迅速，而目前进行体系化的电子商务立法，几乎是不可能的。对此，各国突出重点，应其所急，对电子商务中的电子交易活动先行立法。截至目前，我国对电子交易的立法限于个别条款、个别规定。下面关于电子交易的法律要求，是依据联合国和一些国家的立法归纳的：(1) 电子记录与电子签名。电子记录具有法律效力和法律执行力。如果法律规定要求特定的文件、记录或信息需要保存，则应加以保存。完整、真实的电子文件，具有与书面形式的相同效力。电子签名具有法律效力。一方当事人有必要据已存在的编程执行某种信号或安全程序，以便证实该电子签名属于该当事人。以数字签名形式签署的电子记录的任何部分，如果符合法律关于安全电子签名的规定，则该数字签名具有法律效力。(2) 认证机构。认证机构在提供服务时应保证使用可靠系统。认证机构应披露认证机构证书、证书的操作、证书撤销或中止的通知。为许可、确认、监测和监督认证机构的活动，政府可通过任命管理官员等形式，加强管理。(3) 当事人身份。一项数据电文，如系发送人自己发送，则该数据电文归属于发送人，如代理人发送或依法推定为发送人发送，则该数据电文归属发送人。数据电文须经接收确认。在未收到任何方式的确认之前，应视同并未发送。(4) 电子支付。电子支付应保障付款交易所需资料的保密性、完整性，防止发送人否认交易，保障持卡人身份隐私。资金划拨未完成时，发出有效支付命令的当事人享有划拨权利。银行对划拨款项及利息承担责任。

(三) 网上税收

电子商务的无边界性、无形性特征，对现行税法和税收制度造成了直接的、决定性的冲击，而首当其冲的是税收管辖权问题。

国际税收的主要问题，是防止逃税和避免重复征税。这两项法律制度，是适应传统经贸的发展而建立起来的。对于征税国对收益或所得来源于境外实行税收管辖，需要确定来源地，而来源地的确定又依靠对生产经营场所的确定。网上交易是在网络空间进行的，如何确定生产经营场所，其网站能否认定为生产经营场所，至今仍是立法实践和法学理论上的难题，尚无定论；对于征税国对纳税人在本国境内存在居所的收益或所得实行税收管辖，是依据纳税人的居民身份确认经济活动的发生地征税。由于在网络空间实行地域管辖难以实现，因而美国等国家主张行使居民管辖权。

目前各国网上税收政策，基本上是实行现有税制，即在网上交易中，以通常运输方式进行货物贸易的，仍按目前税则征收关税。对于由互联网传送数位化商品或服务的，只有美国实行免征关税制度。

第三编　经济法律制度

第十一章　经济组织法律制度

经济组织法是从组织上规范社会经济组织的法律制度。经济组织是国民经济的“细胞”，是国民经济运行的组织前提。经济组织法通过规范经济组织的内部和外部组织关系，确定其法律地位，使之获得一定的法律资格。这种法定的地位和资格，是经济组织得以参加现实经济活动，与其他主体建立经济关系的前提。从这个意义上说，经济组织法是调整国民经济运行经济关系的前提条件，在经济法体系中居于逻辑起始地位。

本章在确定作为组织法的经济组织法概念构成的基础上，指明了它与传统商法或商人组织法的区别。在此前提下，把集中分布于具有经济性、组织性的法律法规体系化，使之形成经济组织法“法群”；进一步，从这一“法群”及其他立法中概括出基本法律制度。这样，我们就能够在“法群”和“法律制度”两个层面上，把握作为经济法的经济组织法的基本方面。就是说，经济组织法律制度不是经济组织法律法规的汇编，而是将法律法规中的经济组织同类法律规范类型化，按照一定的逻辑安排，分门别类地归纳为不同的经济组织法律制度。这种经济组织法律制度的有机构成，便是经济组织法。作为法体制基础和中心环节的法律制度是本章的重点。本编其他章也以法律制度为重点。

第一节　经济组织法概说

组织性,是经济组织法的显著特征。无论以什么标准对经济组织法分类,它所调整的关系,都是经济组织的组织关系。社会经济组织的"组织关系",既限定了经济组织法的性质和范围,也界定了与作为传统商法及所谓商人组织法的区别。

一、经济组织法的含义

经济组织法,是规范社会经济组织内部和外部组织关系的法律制度的体系。经济组织法属于经济法体制,具有经济法律制度的一般属性,也有自己特有的属性。

首先,经济组织法是调整社会经济组织的法。非社会组织,进而社会组织中的非经济组织,都不是经济组织法的调整范围。经济组织,是专门从事生产经营活动的社会组织。经济领导机关以及非经济组织如社会文化教育组织、行政组织、工会等社会组织,不属于经济组织范畴。经济组织的基本特征:一是以自己的名义直接进行满足国民经济运行需要的经济活动,如生产、经营、服务等物质技术活动。二是人的要素、物的要素和技术要素的统一整体。其中,所有者、经营者和劳动者是人的要素,劳动工具和劳动对象是物的要素,科学技术是人的要素和物的要素的中介要素。这三要素的统一体,表现为组织统一、生产经营技术统一和经济统一。三是具有人事组织系统和治理结构。确定领导体制,设置内部机构,定编制、定岗位、定人员,而且各分支机构及职能划分明确,相互补充完善,相互制约。

其次,经济组织法是调整经济组织的组织关系的法。调整社会经济组织的法是多种多样的,不能认为凡是调整涉及社会经济组织的法都是经济组织法。经济组织及其活动必然产生各种关系,我们是在调整社会经济组织本身的组织关系含义上,去概括经济组织法的。经济组织的内部组织关系包括四个方面:一是设存关系。这是经济组织的设立、变更和终止方面的关系。二是投资关系。投资者相互之间及其与该经济组织的关系。三是结构及职权关系。即内部机构设置、职权及其相互关系。四是生产经营、科技、财务会计、股票发行、债券发行等内部管理关系。经济组织的外部组织关系包括两个方面:经济组织与国家的关系,如财产运营和财产管理方面的关系、承包经营、租赁经营方面的关系;经济组织与其他经济组织、社会组织或个人的关系,如经济组织与行业协会、商会的关系、国有企业与资产管理公司的关系等。这里应当明确,经济组织的外部组织关系,是其内部组织关系的延伸,而且是一种静态的组织关系。至于经济组织在对外进行具体经济活动中产生的经济组织关系,如订立合同前的组织联系由经济活动法调整。

最后,经济组织法是经济组织法律制度。从法的结构意义上说,经济组织法是关于经济组织本身组织关系的法律规范的总和。但这一提法,具有某种抽象性,还不能直观地表现经济组织法的概貌。经济组织法律规范集中分布于关于经济组织的法律法规中,从这个意义上说,一般可称某项经济组织立法为经济组织法。然而,由于某项经济组织立法如《中华人民共和国公司法》、《中华人民共和国全民所有制工业企业法》等法律法规中,存在其他性质的法律规范,不能将这类法律规范纳入经济组织法,因而从法律制度的角度去概括经济组织法,既是直观表现的,又是合理的。

二、经济组织法的特征

经济组织法是组织法,它确定经济组织的法律地位和法律资格,这是它与其他主体形成法律联系或法律关系的静态出发点,而其内部组织机构、领导体制等等,又是它参加现实经济活动的组织前提。在立法作出组织性规定时,还存在对行为、程序等方面的规定,但这类规定,是从组织性出发的,是围绕组织性规定而规定的。一般说来,任何立法都存在组织性规定和行为性、程序性规定,在这个意义上,任何立法都是与"程序法"、"行为法"相结合。因此,揭示经济组织法的特征,只能以其固有的属性为依据。经济组织法的基本特征是:

其一,经济组织法是组织性强制法。法律、法规中关于经济组织的组织关系的规定,基本上都具有强制性质。如《中华人民共和国企业法人登记管理条例》规定了企业设立的条件和程序,规定了企业变更登记和注销登记制度,如有违反,则承担相应的责任。其他关于企业(公司)的合并、分立和终止,组织机构、资本、财务会计制度等都有明确规定。这些规定,不具有任意法性质。作为组织性的强制法的特征,是经济组织法的一般特征。

其二,经济组织法是国民经济运行的基础法。经济组织是国民经济的"细胞"。在我国现阶段,全民所有制经济、集体所有制经济、个体经济、私营经济以及外资、中外合资和合作经济等不同经济成分的经济组织共同参加国民经济总体运行,经济组织法规范将确定上述经济成分的种类、性质、地位、作用、范围以及一种经济成分与其他经济成分的关系等等,以保证整个国民经济的统一性,同时又在局部上保证各个经济组织生产经营的多样性、灵活性和进取性,从而最大限度地实现国民经济总体利益。

其三,经济组织法是现代经济活动主体法。这一特征,表现了它与传统商法或所谓商人组织法的根本区别。商法的出发点是"人","人"的买卖活动与家计活动相分离,是商法产生的前提。在商法那里,"人"被分成商人和非商人,商法的对象是商人和商行为。商法中关于商人的规定，多为商人的组织关系的规定。这便存在一个问题，即经济组织法是否可以归结为商人组织法。我们知道，商法的显著特征是它的身份法和自治法特征。商法的对象是商人及商人团体的成员，商人是一种身份，商人因其专门从事买卖活动而成为一个特殊的社会阶层；而且，传统商法是商人团体试图摆脱封建势力和其他社会势力的产物，它是商人团体制定的、不依靠国家强制力的自治法。很显然，在生产社会化和国民经济体系化条件下，经济组织法不可能具有身份法和自治法特征。

应当指出，20 世纪初叶以来，由于商人演化成的经济组织不再是特殊社会阶层，经济组织的经济活动不再限于交易领域的买卖活动，经济组织自身的章程和协议本身也不再具有直接法律性质，因而商法逐渐演变为广义的企业法，而具有公共性的企业法是经济法的组成部分。在这种情况下，主张我国要制定《商法典》、要建立“商法学科”，是不合时宜的，有悖于时代精神。世界上只有极少数几个国家制定了所谓《商法典》，而其中美国的《统一商法典》并不是某些论者望文生义地误认为是规定商人和商行为的。况且“商”、“商事”、“商业”是不同的概念。不能把所谓“商业组织法”当作是“商事立法”而加以定义和提倡。

三、经济组织法的分类

经济组织法可以按经济组织的类型分类。经济组织的类型，可以采用不同标准来进行分类。考虑到与我国现行经济组织法的立法体系相一致，这里划分为所有制形态经济组织法和资本形态经济组织法。

（一）所有制形态经济组织法

按所有制的不同，经济组织可以分为全民所有制企业、集体所有制企业、私营企业、外商投资企业。相应地，经济组织法也可以分为全民所有制企业法、集体所有制企业法、私营企业法、外商投资企业法。

全民所有制企业，是以生产资料的全民所有制为基础，由国家授权的机构、部门或其他全民所有制企业投资设立的企业。在计划经济条件下，全民所有制企业取“国营企业”形式。在我国，1993 年宪法修正案将“国营企业”修改为“国有企业”，从而使全民所有制企业变成自主经营、自负盈亏、独立核算的生产单位和经营单位，企业依法取得法人资格。集体所有制企业，是以生产资料的劳动群众集体所有制为基础，由集体投资或企业成员入股集资设立的企业。集体企业的财产归劳动群众集体所有，有比国有企业更完整和独立的生产经营自主权。私营企业，是以生产资料归私人所有、由私人投资设立的企业。1999 年宪法修正案规定了私营经济“是社会主义市场经济的重要组成部分”。目前，私营企业可分为独资企业、合伙企业和有限责任公司三种形式。外商投资企业，是指全部或部分由外国投资者投资依中国法律设立的企业。

（二）资本形态经济组织法

按资本及投资者承担责任形式的不同，经济组织可以分为个人独资企业、合伙企业、公司企业。相应地，经济组织法可以分为个人独资企业法、合伙企业法、公司法。

个人独资企业，是依法设立，由一个自然人投资，财产归投资者个人所有，投资者以其个人财产对企业债务承担无限责任的经营实体。合伙企业，是依法设立的由各合伙人订立合伙协议，共同出资、合伙经营、共享收益、共担风险，并对合伙企业债务承担无限连带责任的营利性组织。公司，是两个以上股东依公司法设立的具有法人资格的营利性组织。根据股东对公司所负责任的不同，可以把公司分为无限公司、有限责任公司、两合公司、股份有限公司、股份两合公司。我国现行公司法只规定了两种公司形式，即有限责任公司和股份有限公司。

第二节　经济组织法的体系

法律法规形式的经济组织法，包括所有制形态的经济组织法和资本形态的经济组织法。这两类法的有机整体，便构成经济组织法的法律法规性体系。随着现代企业制度的建立，我国将逐步建立起较为完整的，符合中国国情的经济组织法立法体系。

一、所有制形态的经济组织法

生产资料的归属，是经济组织的社会性质的核心问题。因此，经济组织的分类，一般以所有制为基准。有些西方国家的经济文献对经济组织按法律形态和经济形态进行分类，其法律形态归于资本的所有权，实际上是按所有制分类，有的经济文献在法律形态项下，直接按所有制分类。由于西方国家的普遍经济组织是私人经济组织，因而不作公有制经济组织与私有制经济组织的划分，只是把“公共”的、国有的经济组织单独划为“特殊企业形式”。这样，西方国家经济组织的法律形式，只能依据其资本形态来划分和概括。我国所有制形态的经济组织法体系，是从我国立法实际情况出发所作的概括。

（一）全民所有制企业法

全民所有制企业法，是规范全民所有制企业组织关系的法律制度。我国宪法明确规定，我国经济制度的基础是生产资料的社会主义公有制，即全民所有制和劳动群众集体所有制。为了解决国有企业统得过死、缺乏活力的状况，扩大国有企业的经营管理自主权，转换企业经营机制，推动企业进入市场，我国自1979年以来颁布了一系列重要的法律、法规。

1988年4月13日第七届全国人民代表大会第一次会议通过了《中华人民

共和国全民所有制工业企业法》。该法分8章,共69条,除适用于全民所有制工业企业外,其原则还适用于全民所有制交通运输、邮电、地质勘探、建筑安装、商业、外贸、物资、农林、水利企业。全民所有制工业企业法规定了全民所有制工业企业的设立、变更和终止,全民所有制工业企业所享有的权利和应当承担的义务,全民所有制工业企业的内部领导制度,全民所有制工业企业和政府的关系,以及违反该法应承担的法律责任。

全民所有制工业企业法的颁布和执行并没有完全解决国有企业的活力问题,推行承包制和租赁经营制成为解决这个问题的新尝试。1988年2月27日,国务院颁布了《全民所有制工业企业承包经营责任暂行条例》。1988年5月18日,国务院通过了《全民所有制小型工业企业租赁经营暂行条例》。

承包制推行后,转换经营机制成为新一轮企业改革的目标,1992年7月23日,国务院颁布了《全民所有制工业企业转换经营机制条例》。该条例规定了全民所有制工业企业转换经营机制的目标、原则以及在企业转换经营机制中政府职能的转变、企业经营权、企业与政府的关系等。

转换企业经营机制的目标逐渐明确为建立现代企业制度。1993年,第八届全国人大常委会第五次会议通过了《中华人民共和国公司法》。在《公司法》的第二章第三节,对国有独资公司作出了规定,并在该法的第三章、第四章的第三节对国有企业改组为股份有限公司及上市公司作出了相应的规定。

对经营管理不善、资不抵债的国有企业,可以依照2006年8月27日第十届全国人大常委会第二十三次会议通过的《中华人民共和国企业破产法》实行破产。我国的《企业破产法》适用于包括国有企业在内的企业法人。《企业破产法》规定了破产申请的提出和受理,债权人委员会的组成、职权、会议规则,重整与和解,破产宣告和破产清算,破产责任人应承担的法律责任等内容。

(二) 集体所有制企业法

集体所有制企业法,是规范集体所有制企业组织关系的法律制度。集体所有制经济是我国公有制经济的重要组成部分。

为发展集体经济,落实集体企业的经营自主权,1990年6月3日国务院颁布了《乡村集体所有制企业条例》。该条例共8章45条,适用于乡(含镇)、村(含村民小组)农民举办的企业。1996年10月29日,第八届全国人大常委会第二十二次会议通过的《中华人民共和国乡镇企业法》取代了《乡村集体所有制企业条例》,扩大了调整范围,不仅适用于农村集体经济组织投资设立的乡镇企业、农村集体经济组织与其他企业和个人共同投资设立的乡镇企业,而且还适用于农民合伙或者单独投资设立的乡镇企业。在内容上,乡镇企业法也作了修改,删除了有关承包制的规定,规定了一些鼓励乡镇企业发展的措施,如设立乡镇企业发展基金、对符合条件的企业实行税收优惠等。1991年9月9日,国务院又颁布了《城镇集体所有制企业条例》,适用于城镇区域内设立的集体经济组织,该条例规定了城镇集体所有制企业的设立、变更和终止,城镇集体所有制企业的权利和义务,城镇集体所有制企业的内部领导制度,城镇集体所有制企业和政府的关系,以及违反该条例所应承担的法律责任。

（三）私营企业法

私营企业法,是规范私营企业组织关系的法律制度。私营经济等非公有制经济是社会主义市场经济的重要组成部分,国家保护私营经济的合法权利和利益。国家对私营经济实行引导、监督和管理。

1988 年 6 月 25 日,国务院颁布了《私营企业暂行条例》,共 8 章 48 条,对私营企业的种类、私营企业的开办和关闭、私营企业的权利和义务、私营企业的劳动管理、私营企业的财务和税收、政府对私营企业的监督、违反该法所应承担的法律责任等作出了规定。

继 1993 年 12 月 29 日《中华人民共和国公司法》颁布之后,1997 年 2 月 23 日《中华人民共和国合伙企业法》、1999 年 8 月 30 日《中华人民共和国个人独资企业法》又分别在全国人大常委会通过。此后,私营企业的三种组织形式——个人独资、合伙和公司,都有了相应的单行法,私营企业关系的法律调整任务实际上已经主要由上述三部单行法来承担。个人独资企业的投资人为一个自然人,以家庭共有财产作为个人投资的,应依法以家庭共有财产对企业债务承担无限责任。合伙企业是由合伙人共同出资、合伙经营、共享收益、共担风险,对合伙企业的债务承担无限连带责任的营利性经济组织。合伙企业不具有法人资格,其设立和内部管理以合伙协议为基础。

（四）外商投资企业法

外商投资企业法,是规范外商投资企业组织关系的法律制度。外商投资企业,是全部或部分由境外投资者投资、依照中国法律在中国境内设立的企业,包括中外合资经营企业、中外合作经营企业、外资企业。中外合资经营企业是中方经济组织和外方依法在中国境内举办的双方共同投资、共同管理和共负盈亏的股权式合营企业,中外合作经营企业是中方经济组织和外方经济组织依法在中国境内举办的双方共同投资、共同管理、共负盈亏的契约式合营企业,外资企业是依法在中国境内设立的全部资本由外国投资者投资的具有独立法律地位的企业。外资经济也是我国经济的组成部分。

我国已经形成了一个完整的外商投资经济组织法的框架。这个法律框架由两部分组成：全国人大及其常委会制定的外商投资经济组织的单行法和国务院批准、发布的单行法的实施条例（或称实施细则）。实施条例是单行法的补充,比单行法更为详尽、更具操作性。

1979 年 7 月 1 日第五届全国人民代表大会第二次会议通过、1990 年 4 月 4

日第七届全国人民代表大会第三次会议修改的《中华人民共和国中外合资经营企业法》和国务院1983年9月20日发布的《中华人民共和国中外合资经营企业法实施条例》,对中外合资企业的设立与登记、组织形式与注册资本、出资方式、董事会与经营管理机构、引进技术、场地使用权及其费用、计划、购买与销售、税务、外汇管理、财务与会计、职工、工会、期限、解散与清算、合资双方的争议解决作出了规定。2001年3月15日第九届全国人民代表大会第四次会议对中外合资经营企业法作了部分修改。

1988年4月13日第七届全国人民代表大会第一次会议通过的《中华人民共和国中外合作经营企业法》和1995年8月7日国务院批准、1995年9月4日对外贸易经济合作部发布的《中华人民共和国中外合作经营企业法实施细则》,对中外合作经营企业的设立、组织形式与注册资本、投资与合作条件、组织机构、购买物品与销售产品、分配收益与收回投资、期限与解散、不具备法人资格的合作企业等作出了相应的规定。2000年10月31日第九届全国人大常委会第十八次会议对中外合作经营企业法作了部分修改。

1986年4月12日第六届全国人民代表大会第四次会议通过的《中华人民共和国外资企业法》和1990年10月28日国务院批准、1990年12月12日对外经济贸易部发布的《中华人民共和国外资企业法实施细则》,对外资企业的设立程序、组织形式与注册资本、出资方式与期限、用地及其费用、购买物品与产品销售、税务、外汇管理、财务会计、职工、工会、期限、终止与清算作出了规定。2000年10月31日第九届全国人大常委会第十八次会议和2001年4月12日国务院分别对《外资企业法》及其《实施细则》作了部分修改。

二、资本形态的经济组织法

资本构成、投资特征以及出资者承担责任的方式,在有些经济组织中占有突出地位。我们把这类经济组织单独划出,有助于从资本的社会性质方面把握并区分经济组织形态。

(一) 公司法

公司法,是规范公司组织关系和公司法律地位的法律制度。公司法规范的对象是公司企业,其性质是组织法(兼具行为法的某些特征)。公司法主要由命令性法律规范和禁止性法律规范构成。《中华人民共和国公司法》于1993年12月29日第八届全国人大常委会第五次会议通过,共11章230条,对有限责任公司的设立、组织机构、国有独资公司;对股份有限公司的设立和组织机构、股份发行和转让;对公司债券,公司财务会计,公司合并分立,公司破产、解散和清算;对外国公司的分支机构;对公司法和相关法律的关系;对违反公司法应承担的法律责任,都作出了相应的规定。1999年12月25日第九届全国人大常委会第十三次会议、2004 年 8 月 28 日第十届全国人大常委会第十一次会议、2005 年 10 月 27 日第十届全国人大常委会第十八次会议对《公司法》作了部分修改。

同《公司法》配套的行政法规是国务院于 1994 年 6 月 24 日发布的《公司登记管理条例》。该条例规范与有限责任公司和股份有限公司的登记有关的行为,共 12 章 76 条。其主要内容是:登记管辖权限的划分;应予登记的事项;设立登记的条件、要求和法律效果;变更登记的条件、要求和法律效果;注销登记的条件和要求;分公司的登记的登记机关、条件和法律效果;登记程序;公司登记机关对公司的年度检验;证照和档案管理;违反该条例所应承担的法律责任等。

(二) 合伙企业法

合伙企业法,是规范合伙企业组织关系和合伙企业的法律地位的法律制度。《中华人民共和国合伙企业法》于 1997 年 2 月 23 日第八届全国人大常委会第二十四次会议通过,它规定了设立合伙企业的条件(合伙人、合伙协议、合伙企业的登记),合伙企业财产的管理和使用规则,合伙企业的事务执行,合伙企业与第三人的关系,入伙与退伙的规则,合伙企业的解散、清算以及违反合伙企业法的法律责任。

同合伙企业法配套的行政法规是国务院于 1997 年 11 月 19 日发布的《合伙企业登记管理办法》。该管理办法规范与合伙企业的登记有关的行为,包括申请登记人和登记机关的行为。该办法的主要内容是:设立登记的登记人、登记事项、登记时应提交的文件、设立登记的法律效果;变更登记和注销登记的前提、应提交的文件和法律效果;分支机构登记的有关事项;登记机关对合伙企业的年度检验;证照和档案管理;违反该办法应承担的法律责任。

(三) 个人独资企业法

个人独资企业法,是规范个人独资企业组织关系和个人独资企业法律地位的法律制度。《中华人民共和国个人独资企业法》于 1999 年 8 月 30 日第九届全国人大常委会第十一次会议通过,它规定了设立个人独资企业的条件、程序(申请批准和登记、登记)以及和设立有关的其他事项,个人独资企业的投资人和事务管理,个人独资企业的解散和清算,以及违反该法应承担的法律责任。

第三节　基本法律制度

经济组织法的基本法律制度,既包括集中分布于作为法律法规形式的经济组织法的法律制度,也包括其他法律法规中属于经济组织法的法律制度。规范经济组织的组织关系的基本法律制度,主要有经济组织的设存法律制度、资本法律制度、内部组织法律制度、生产经营管理法律制度、设备管理法律制度。

一、设存法律制度

经济组织的设存法律制度,是关于经济组织合法资格的法律制度。这种法定资格的获得或丧失,都依据于法律规定的条件和程序。

(一) 设立制度

经济组织的设立,是以设立经济组织为目的依照法律规定而施行的法律行为。不同历史时期、不同国家对经济组织设立的法律要求各不相同。国外一般有四种类型,即放任主义、特许主义、核准主义和准则主义。放任主义,是法律对经济组织的设立不加干涉,任当事人自由选择、决定。特许主义,是由国家制定特许条例,设立经济组织需符合该条例的规定并且能通过特许(君主特许或法律特许)程序。核准主义,是经济组织的设立除应符合法律规定的条件外,尚需得到行政机关的批准。准则主义,是由法律预先规定设立经济组织的条件,符合这些条件,经济组织即可成立。由于放任主义对经济组织设立的要求过于宽松,特许主义的要求则过于苛刻,各国在实践上都已弃用这两种原则。

在我国,有限责任公司、合伙企业、个人独资企业的设立实行准则主义,其他类型的经济组织,包括全民所有制企业、集体企业、外商投资企业、股份有限公司,其设立都实行核准主义。

无论实行核准主义还是准则主义哪种立法原则,经济组织的设立制度就其内容而言,都包括设立条件和设立程序两个方面,表现为资格认定制度和登记审批制度。

1. 资格认定制度

法律规定的设立条件,是经济组织得以成立的前提。其共同条件,是任何经济组织的设立都必须依照执行的条件。由于经济组织类型不同,法律根据具体情况又设置了特殊条件。这些特殊规定的条件,是该类经济组织设立时必须遵照执行的。

设立经济组织的共同条件是:(1) 有名称。有名称是经济组织具有独立法律主体资格的必要条件。名称必须符合法律的规定,方能获准登记。(2) 法人必须有固定的生产经营场所、有确定的住所(主要办事机构所在地)。(3) 有符合规定的资金(资本)。设立法人企业,必须达到《企业法人登记管理实施细则》所规定的最低注册资本要求。设立公司,必须达到《公司法》所规定的最低注册资本要求。对合伙企业和个人独资企业虽然没有规定最低的资本要求,但法律要求设立合伙和个人独资企业必须有相应的资金。(4) 有组织机构。经济组织必须通过它的组织机构来进行决策和经营管理。(5) 有确定的经营范围和经营方式。经营范围是指企业生产和经营的商品类别、品种和服务项目,经营方式是指生产和服务活动中所采用的方式方法,如批发、零售、代购代销等。

我国设立特定类型企业的特殊条件是：

有限责任公司的设立应当有法定数额的股东，有股东共同制定的章程。股份有限公司的设立，发起人应当有法定名额以上，其中须有过半数的发起人在中国有住所，国有企业改建股份有限公司的，发起人可以少于法定名额，但应当采用募集设立的方式，发起人认缴和社会公开募集的股本达到法定资本最低限额，股份发行、筹办事项符合法律规定。对申请上市的股份有限公司还须符合以下条件：股票须经国务院证券管理部门批准已向社会公开发行，公司股本总额、开业时间、连续盈利年限，依法律规定，原国有企业依法改建而设立的，或者公司法实施后新组建成立，其主要发起人为国有大中型企业的，可连续计算等。

设立合伙企业应当有两个以上的合伙人，并且都是承担无限责任者。应当有书面合伙协议，协议应当明确合伙企业的名称和主要经营场所的地点，合伙目的和合伙企业的经营范围，合伙人的姓名和住所，合伙人出资的方式、数额和交付出资的期限，利润分配和亏损分担方法，合伙企业事务的执行，入伙和退伙，合伙企业的解散和清算，违约责任。

个人独资企业的投资人应为一个自然人。

设立中外合资经营企业，必须从事中国法律允许从事的行业，并且应当注重经济效益，符合下列一项或数项要求：采用先进技术设备和科学管理方法，能增加产品品种，提高产品质量和产量，节约能源和材料；有利于企业技术改造，能做到投资少、见效快、收益大；能扩大产品出口，增加外汇收入；能培训技术人员和经营管理人员。设立合营企业不得有下列情况：有损中国主权，违反中国法律，造成环境污染，不符合中国国民经济发展要求，签订的协议、合同、章程显属不公平，损害一方权益的。

设立中外合作经营企业，应当在合作企业合同中约定投资或者合作条件、收益或者产品的分配、风险和亏损的分担、经营管理的方式和合作企业终止时财产的归属等事项；应当符合国家的发展政策和产业政策，遵守国家关于指导外商投资方向的规定；不得损害国家主权或者社会公共利益，不得危害国家安全，不得造成环境污染，不得违反中国的法律法规。

设立外资企业，必须有利于中国国民经济的发展，能获得显著的经济效益。设立外资企业不能有下列情况：有损中国主权或者社会公共利益的；危及国家安全的；违反中国法律、法规的；可能造成环境污染的；不符合中国国民经济发展要求的。

2. 登记审批制度

经济组织的设立程序，依立法原则的不同而有所不同。采用准则主义，在完成法律所规定的设立程序后，直接向登记主管机关登记。采用核准主义，则还须经过政府审批和注册登记两个阶段。

在准则主义下,有限责任公司的设立,须确定公司股东,由全体股东制定公司章程,股东依章程缴纳公司资本。合伙企业的设立,须确定合伙人,签订合伙协议,缴纳合伙协议所定的出资。个人独资企业则并没有特定的要求。

核准主义下登记前的程序是:

在核准主义下,股份公司以外的其他企业的登记前程序主要是政府审批程序,依企业类型的不同而繁简不一。全民所有制企业和城镇集体企业的设立由政府或政府主管部门审批,属于一次审批。设立乡村集体企业,经乡人民政府批准后,再报县级人民政府乡镇企业主管部门审批,属于两次审批。设立中外合资经营企业和中外合作经营企业,应由中国合营者向企业主管部门呈报拟与外国合营者设立合营企业的项目建议书和初步可行性研究报告,该建议书和研究报告经企业主管部门审查同意并转报审批机关批准后,合营双方签订正式的合营企业协议、合同和章程,再报中国合营者的企业主管部门和合营所在地的省、自治区、直辖市人民政府签署意见,最后再报国家对外经济贸易部门或对外经济贸易部门授权委托的审批机关审批,属于多次审批。设立外资企业,由外国投资者依法设立外资企业所在地的县级或县级以上地方人民政府提交报告,报告的内容包括设立外资企业的宗旨、生产产品、外销比例等,当地政府同意后,再由其向国家对外经济贸易主管部门或国务院授权的机关提出申请请求审查批准。

股份有限公司如果采用发起设立,首先确定发起人,制定章程、书面认购股款,报国务院授权的部门或省级人民政府审批后,由发起人缴纳股款,建立公司组织机构,即可申请登记。采用募集方式设立股份有限公司,首先也是确定发起人,然后拟定公司章程、认购并实际缴纳部分股份,制作招股说明书,向国务院证券管理部门递交募股申请,申请得到批准后,向社会公开募集股份,然后召开创立大会,最后组建公司组织机构。

登记是设立经济组织的必经程序。依照《企业法人登记管理条例》、《公司登记管理条例》、《合伙企业登记管理办法》、《个人独资企业法》等法律、法规的规定,有关设立登记的事项可概括如下:

登记机关是国家工商行政管理局和地方各级工商行政管理局。国务院授权部门批准设立的股份有限公司,国务院授权投资的公司,国务院授权投资的机构或者部门单独投资或者共同投资设立的有限责任公司,外商投资的有限责任公司,由国家工商行政管理局核准注册登记。省、自治区、直辖市人民政府批准设立的股份有限公司,省、自治区、直辖市人民政府授权投资的公司,国务院授权投资的机构或者部门与其他投资者共同投资设立的有限责任公司,省、自治区、直辖市人民政府授权投资的机构或者部门单独或者共同投资设立的有限责任公司,以及国家工商行政管理局委托登记的公司,由省、自治区、直辖市工商行政管理局核准登记。其他经济组织的设立由市、县工商行政管理局核准登记。登记机关应当在接到登记申请后30日内作出同意或不同意核准的决定，对个人独资企业，则必须在15日之内作出同意或不同意核准的决定。

登记事项包括企业名称、住所、经营场所、法定代表人、经济性质、经营范围、经营方式、注册资金、从业人数、经营期限、分支机构。对公司，还应登记有限责任公司的股东和股份有限公司的发起人的姓名或名称；合伙企业要登记合伙人的姓名及住所、出资额及出资方式。

设立有限责任公司，应提交公司董事长签署的设立登记申请书，全体股东制定代表或者共同委托代理人的证明，公司章程，验资证明，股东的法人资格证明或自然人身份证明，载明公司董事、监事、经理的姓名、住所的文件以及有关委派、选举或者聘用的证明，公司法定代表人任职文件和身份证明，企业名称预先核准通知书，公司住所证明。设立股份有限公司，除提交上述文件外，还须提交有关部门的审批文件，创立大会的会议记录，筹办公司的财务会计报告。设立合伙企业则须提交合伙协议、出资权属证明，其他大体与有限责任公司同。设立个人独资企业只需提交设立申请书、投资人身份证明、生产经营场所使用证明。

经核准登记后，取得营业执照，经济组织正式成立，可以开展经营活动。取得法人资格的企业，凭营业执照可刻制公章、开立银行账户。

（二）变更制度

经济组织的变更，是指其法律资格或法定登记事项的变更。经济组织成立后，由于运营情况或对外关系情况的变化，将涉及法律资格或登记事项的变动。经济组织的变更制度，是经济组织依照法律规定的条件和程序进行变更法律资格或登记事项的法律制度。

1. 合并和分立制度

经济组织的合并，仅适用于取得法人资格的经济组织，包括吸收合并和新设合并。吸收合并是指一个经济组织吸收另一个经济组织，被吸收的经济组织解散，债权债务由继续存在的经济组织享受和承担。新设合并是指两个以上的经济组织合并设立一个新的经济组织，合并各方解散，债权债务由新设立的经济组织享受和承担。经济组织的分立，是指一个依法成立的经济组织分成两个以上的经济组织，原有经济组织的财产和债务，也加以分割由分立后的经济组织享有和承担。

合并和分立会导致新的经济组织的设立和原有经济组织的消灭。对新设立的经济组织，必须办理设立登记；对继续存在的经济组织，则要办理变更登记；对被解散的经济组织，则要办理注销登记。

2. 组织形式转换制度

经济组织形式的转换，是在法律所规定的经济组织的法律形态个人独资、合伙、有限责任公司、发起设立的股份有限公司、募集设立的股份有限公司之间的转换。依照我国现行法律,有限责任公司可以转换为股份有限公司。但是合伙企业转换为有限公司、股份公司转换为有限责任公司、募集设立的股份公司转换为发起设立的股份公司,由于没有明确的法律规定,在转换上存在困难。合伙企业不能转换为个人独资企业,我国《合伙企业法》规定,合伙人少于法定人数时,合伙企业解散,解散后应进行清算。个人独资企业转变为合伙企业,也同样存在困难。经济组织的法律形态转变之后,必须进行变更登记。

3. 注册登记事项变更制度

经济组织注册登记事项,包括企业名称、住所、经营场所、法定代表人、经济性质、经营范围、经营方式、注册资金、从业人数、经营期限、分支机构。对于公司,还应登记有限责任公司的股东和股份有限公司的发起人的姓名或名称;对于合伙企业要登记合伙人的姓名及住所、出资额及出资方式。所有上述事项发生了变更,均应进行变更登记。

对于在核准主义下设立的经济组织,包括股份有限公司、外商投资企业、国有企业、集体企业,其变更应得到原审批机关的批准同意,然后再到登记机关进行变更登记。准则主义下设立的经济组织则直接到登记机关请求变更登记。

上述经济组织的法律资格或法定登记事项的变更,将引起相应的法律后果。合并和分立涉及新经济组织法律资格的取得和原经济组织的消灭;组织形式转换涉及权利义务的变动和内部机构设置;注册登记事项变更涉及责任承担等等。

(三)终止制度

经济组织的终止,是经济组织本身法律地位和法律资格的消灭。经济组织终止制度,是经济组织依法停止生产经营活动,注销登记,使之法律资格归于消灭的法律制度,包括解散制度和清算制度。

1. 解散制度

解散,是经济组织归于消灭的法律事实。依其种类,可分为命令解散、决议解散、裁定解散三种。

命令解散,即由行政主管机关依法命令经济组织解散。依照我国《企业法人登记管理条例》的规定,以下六种情形,情节严重的,将受到吊销营业执照的处罚:登记事项隐瞒真实情况、弄虚作假或者未经核准登记注册擅自开业的;擅自改变主要登记事项或者超出核准登记的经营范围从事经营活动的;不按照规定办理注销登记或者不按照规定报送年检报告书、办理年检的;伪造、涂改、出租、出借、转让、出卖或者擅自复印《企业法人营业执照》及其副本的;抽逃、转移资金,隐匿财产逃避债务的;从事非法经营活动的。

决议解散,即由投资者、合伙人、股东会作出解散的决议而解散。对国有独资企业,国家授权的机构或部门可以依法命令国有企业解散,虽然行使主体是行政机关,但这在实质上相当于行使股东的权利,因此也应归入决议解散。经营期限届满、经营目的已经达到或无法达到,均是决议解散的理由。对作出解散决议的过程,法律上存在一些限制条件。例如,公司法规定,有限责任公司的股东会作出公司解散的决议,须经代表 2/3 以上表决权的股东通过,股份有限公司的股东大会对解散公司作出的决议,须经出席会议的股东所持表决权的 2/3 以上通过。又如,中外合资经营企业和中外合作经营企业的董事会作出解散的决议,须取得出席董事会会议的董事的一致同意。

裁定解散,即由经济组织的相关方(债权人、行政机关)或经济组织自身申请,经法院裁定而解散。裁定解散主要适用于破产。依照我国的《企业破产法》和《民事诉讼法》的"企业法人破产还债程序",企业法人因严重亏损无力还债的,债权人可以向法院提出申请宣告债务人破产还债,债务人也可以向法院申请宣告破产还债。法院接受申请后,如果债权人和债务人没有达成和解协议,或者虽达成和解整顿的协议,但企业不执行和解协议,或整顿期间财务状况继续恶化,或企业有隐匿、私分、无偿转让财产等严重损害债权人利益的行为,或整顿期满仍无法按和解协议偿还债务,法院即宣告企业破产,进入破产清算程序。

2. 清算制度

清算,是了结债务,使与经济组织有关的法律关系归于消灭的法律事实。清算可分为破产清算和一般清算。所谓破产清算,是指因经济组织的破产而引起的清算。破产清算受人民法院和债权人的监督较严。所谓一般清算,是指破产清算以外的其他清算,对于这种清算,投资者享有较大的自主权,又可分为自愿清算和强制清算。自愿清算是指由投资者决议解散清算,强制清算是指经济组织被有关行政主管部门强迫解散清算。无论是哪一种清算,都是由清算组或清算委员会在一定机关(股东会、董事会、有关主管机关、法院、债权人会议)的监督下完成的。

公司的命令解散,应由主管机关组织股东、有关机关及专业人员成立清算组;决议解散,有限责任公司的清算组由股东组成,股份有限公司的清算组由股东大会确定其人选,逾期不成立清算组,债权人可以申请人民法院指定人员组成清算组;裁定解散,由法院组织股东、有关机关和有关专业人员组成清算组。

全民所有制企业,除破产清算由法院组织有关机关和有关人员组成清算组外,均由政府主管部门指定成立的清算组进行清算。

对于中外合资经营企业,无论何种解散,清算委员会人员一般都在董事中选任,董事不能担任或不适合担任时,也可聘请中国的注册会计师、律师担任,审批机关在认为必要时,也可派人对清算委员会进行监督,并且,清算委员会人选须报企业主管部门审核。如果是外资企业,无论何种解散,清算委员会均应当由外资企业的法定代表人、债权人代表及有关主管机关的代表、中国的注册会计师、律师组成,并须报请审批机关审批。

合伙企业的清算人一律由合伙人组成。

个人独资企业的清算人由投资人担任或者法院指定。

对集体企业、中外合作经营企业的清算组成员的确定,目前我国法律没有作出具体的规定。

清算组或清算委员会的职权包括六个方面:

(1) 公告申报债权。公司的清算组自成立之日起一定期限内通知债权人,并在报纸上公告,债权人应当自接到通知书或未接到通知书的自第一次公告之日起一定期限,向清算组申报债权。对于破产清算,债权申报是向法院进行的。自法院宣告企业破产后,法院应通知债权人并公告。企业法人破产还债进行债权申报的时点是不同的,有的公告申报债权是在法院受理破产申请之后,有的则是在破产宣告后方进行。

(2) 清理财产,编制资产负债表和财产清单,制订清算方案。在这个过程中,原有的经营者应向清算组移交财产、账册、文书、资料和印章。在一般清算中,如果清算组发现财产不足以清偿债务,应立即向法院申请宣告破产。如果是破产清算,这个过程和债权申报一起可确定破产财产和破产债权的构成。依破产法,破产财产由下列财产构成:宣告破产时破产企业经营管理的全部财产;破产企业在破产宣告后破产程序终结前所取得财产;应当由破产企业行使的其他权利;担保物的价款超过其所担保的债务数额的部分。并且,已作为担保物的财产其价款在所担保的债务数额之内的部分不能作为破产财产。破产债权由下列部分构成:破产宣告前成立的无财产担保的债权和放弃优先受偿权利的有财产担保的债权;破产宣告时未到期的债权减去未到期的利息;有财产担保的债权,其数额超过担保物的价款未受清偿的部分;因清算组解除合同受到损害的另一方,破产企业应对其赔偿的数额。财产清查后,清算组即可拟定一个清算方案。一般清算,清算方案须报经济组织的权力机关(股东会或董事会)通过,破产清算,则须经债权人会议通过后再报法院裁定。

(3) 处理与清算有关的未了结的业务。这主要是指已签订但尚未履行的合同。清算组应当权衡利弊以决定是否继续履行合同。依破产法,清算组有权决定继续履行或者解除尚未履行的合同,如果选择解除合同,则须赔偿对方因此而产生的损失。

(4) 清理债权债务。清理债权债务是清算方案的主要内容。清算组首先应收回债权,未到期的债权,可以作价转让。其他财产,应当以变现处理为原则。在财产变现过程中,存在一些法律上的限制,例如,破产法规定,破产财产中的成套设备,应当整体出售,不能整体出售的,才能分散出售。清偿债务,也以金钱清偿为原则,以实物清偿为补充。清偿债务应当按下列顺序进行:首先支付清算费用,然后支付职工工资和劳动保险费用,再缴纳所欠税款,最后清偿其他债务。

财产不足以清偿同一顺序的清偿要求的,按比例分配。

(5)分配剩余财产。清偿所有债务后剩余的财产,有限责任公司按股东的出资比例分配,股份有限公司按股东所持有的股份比例分配,合伙企业按合伙协议在合伙人之间分配,合伙协议未规定的平均分配,独资企业归投资者所有。

(6)制作清算报告,办理注销登记。清算结束后,清算组应当制作清算报告,报股东会(对公司)、董事会(外商投资企业)、有关主管机关(命令解散)、法院(破产)确认,然后到登记机关办理注销登记,收缴《营业执照》、《营业执照》副本和公章。

二、资本法律制度

资本制度是经济组织的重要制度。"资本"与"资金"不同,资本所体现的是一种财产所有权,而资金所体现的是货币权利。我国过去的国有企业立法中,一般使用"资金"术语。

资本法律制度中,资本三原则(资本确定、资本维持、资本不变)处于核心地位。授权资本制则是对资本三原则的修正。一般地说,在我国资本三原则主要适用于公司,授权资本制只适用于外商投资企业。

资本确定原则,是指公司注册资本总额应记载于公司章程,并在公司成立时认足、缴足,即实缴资本应不能小于注册资本。资本确定原则也包含了法定资本最低限额原则。所谓法定资本最低限额原则,是指法律规定设立公司需要达到的最低注册资本。我国公司法及外商投资企业法均规定公司注册资本是章程的法定记载事项,也是公司登记的必要登记事项。公司法和企业法人登记管理条例实施细则还规定了设立公司的最低注册资本要求。公司法还规定了不得虚报注册资本、不得虚假出资。

资本维持原则,是指公司应当维持与公司资本总额相应的财产,即应当使公司所拥有财产的实际价值,在扣除公司债务后,应大于或等于公司资本总额。我国公司法规定,不得抽逃资本,公司在弥补亏损、提取公积金、公益金之前,不得向股东分配利润。

资本不变原则,是指公司资本总额非依法定程序变更章程,不得改变。公司法规定,有限责任公司、股份有限公司增减资本须经代表2/3以上表决权的股东通过。依外商投资企业法,中外合资企业、中外合作经营企业增减注册资本须经出席董事会会议的董事的一致通过。外资企业,在经营期间不得减少注册资本,增加注册资本,须经审批机关审批。

授权资本制,是公司资本记载于章程,但不必在公司成立时一次认足或募足,而是可以在公司成立后根据业务的需要分次发行,在授权资本的数额内发行新股,不必由股东会批准,也不必履行审批手续。

（一）出资制度

投资者可以用货币出资，也可以用实物、工业产权、非专利技术、土地使用权作价出资。不过，对作为出资的实物、工业产权、非专利技术或者土地使用权，必须进行评估作价，核实财产，不得高估或者低估作价。根据我国法律的有关规定，以工业产权、非专利技术作价出资的金额不得超过注册资本的20%，国家对采用高新技术成果有特别规定的除外。

1. 出资类别制度

对于中外合资经营企业，外国合营者出资的外币，按缴款当日国家外汇管理局公布的外汇牌价折算成人民币或套算成约定的外币；中国合营者出资的人民币现金，如需折合外币，也按缴款当日国家外汇管理局公布的外汇牌价折算。外国合营者出资的机器设备和其他物料，在技术和价格上必须符合下列各项条件：为合营生产所必不可少；中国不能生产，或虽能生产，但价格过高或在技术性能和供应时间上不能保证需要的；作价不得高于同类机器设备和其他物料当时国际市场价格。在程序上，则须经中国合营者的企业主管部门审查同意后报审批机关审批。作为外国合营者出资的工业产权或专有技术，必须符合下列条件之一：能生产中国急需的新产品或出口适销产品的；能显著改进现有产品的性能、质量，提高生产效率的；能显著节约原材料、燃料、动力的。并且，外国合营者须提交该工业产权或专有技术的有关资料，包括专利证书或商标注册证书的复制件、有效状况及其技术特性、实用价值、作价的计算依据、与中国合营者签订的作价协议等有关文件作为合营合同的附件，经中国合营者的企业主管部门审查同意后报审批机关审批。

对于外资企业，外国投资者除可用机器设备、工业产权、专有技术作价出资外，也可以用自由可兑换的外币出资，在审批机关批准的情况下，也可以用其从中国境内举办的其他外商投资企业获得的人民币利润出资。对非货币性出资的限制条件与中外合资经营企业基本相同。不同的是，作价出资的机器设备运抵中国口岸时，应当报请中国的商检机构进行检验，由该商检机构出具商检报告。作价出资的机器设备的品种、质量和数量与外国投资者报送审批机关的作价出资清单列出的机器设备的品种、数量和质量不符的，审批机关有权要求外国投资者限期改正。作价出资的工业产权、专有技术实施后，审批机关有权进行检查，如发现该工业产权、专有技术与外国投资者原提供的资料不符的，审批机关有权要求限期改正。

2. 出资期限制度

出资期限是采用授权资本制时才存在的一个问题。由于授权资本制在我国只适用于外商投资企业，因此，出资期限的法律规定也只适用于外商投资企业。

对于中外合资经营企业的出资期限，规定一次缴清出资的，合营各方应当从营业执照签发之日起一定期限内缴清；合营合同中规定了分期缴付的，合营各方的第一期出资，不得低于各自认缴的出资额的一定比例，并且应当在营业执照签发之日起一定期限内缴清。合营各方未能在合营合同规定的上述期限内缴付出资的，视同合营企业自动解散，合营企业批准证书自动失效。合营各方缴付第一期出资后，超过合同规定的其他任何一期出资期限，仍未出资或者出资不足时，工商行政管理局应会同原审批机关发出通知，要求合营各方在一定期限内缴清出资。未按期限缴清出资的，原审批机关有权撤销对该合营企业的批准证书。如果只是合营一方未如期缴付或未缴足出资，即构成违约。守约方应当催告违约方在一定期限内缴付、缴清出资，逾期仍未缴付或缴清的，视同违约方放弃在合营合同中的一切权利，守约方还可以依法要求违约方赔偿损失。

对于中外合作经营企业的出资期限，中外合作经营企业合作各方的出资或者提供合作条件的期限由合作企业合同约定。

对于外资企业的出资期限，外国投资者可以分期缴付出资，最后一期出资应当在营业执照签发之日起一定期限内缴清，第一期出资不得少于外国投资者认缴的出资额的一定比例，并须在外资企业营业执照签发之日起一定期限内缴清。外国投资者未能在外资企业营业执照签发之日起一定期限内缴付第一期出资的，或者无正当理由逾期不缴付其他各期出资的，外资企业批准证书即自动失效。外国投资者有正当理由要求延期出资的，应当经审批机关同意，并报工商行政管理机关备案。

3. 出资比例制度

出资比例是投资各方占注册资本的比例。公司法对有限责任公司和发起设立的股份有限公司没有出资比例方面的限制，但对募集设立的股份有限公司则要求发起人认购的股份不得少于公司股份总数的一定比例。中外合资经营企业和中外合作经营企业外方的出资比例一般不得低于一定比例，而对合资、合作企业外方出资比例的上限，至今未作出规定。

（二）缴资、折股与验资制度

1. 缴资制度

实缴资本是指经济组织所实际收到的投资者投入的作为资本的现款和以货币计算的其他财产的总额。对有限责任公司，因为其注册资本是按股东实际缴纳的出资额来定义的，所以，注册资本将等于实缴资本。对于外商投资企业，由于实行授权资本制，投资者所认缴的出资额可以分次缴纳，在投资者尚未完全履行其出资义务之前，注册资本将大于实缴资本，在投资者完全履行其出资义务之后，实缴资本将大于或等于注册资本，大于部分作为资本公积。对股份有限公司，由于股份只能平价或溢价发行，实缴资本将大于或等于注册资本，大于部分同样作为资本公积。

对于合资公司,投资者行使权利依据的是出资比例,所谓出资比例,应是注册资本的比例,而不是实缴资本的比例。因此,区分注册资本与实缴资本这两个不同的概念是很重要的。

有限责任公司和发起设立的股份有限公司的股东以货币出资的,应当将货币出资足额存入准备设立的有限责任公司(股份有限公司)在银行开设的临时账户,以实物、工业产权、非专利技术或者土地使用权出资的,应当依法办理其财产权的转移手续。募集设立的股份有限公司,发起人的缴资方法与有限责任公司股东相同,对于其他认股人,则以货币形式向代收股款银行缴纳股款。这是因为,发起人不能直接向社会公开发行股票,而必须由发起人与依法设立的证券经营机构签订承销协议,由证券经营机构承销,并且,发起人也不能直接收受股款,而必须由发起人和银行签订代收股款协议,由代收股款银行按照协议代收和保存股款,向缴纳股款的认股人出具收款单据,并负有向有关部门出具收款证明的义务。

2. 折股制度

折股是国有企业或有限责任公司改组为股份有限公司所面临的特殊问题。所谓折股,是指改组前国有企业或有限责任公司的净资产应当折合为新设立的股份有限公司的股份。因此,折股实际上是一种特殊的缴资方法。公司法规定,有限责任公司依法经批准变更为股份有限公司时,折合的股份总额应当相等于公司净资产额。国有企业改建为股份有限公司时,严禁将国有资产低价折股。

3. 验资制度

投资者履行出资义务后,必须由法定的验资机构验资并出具验资证明。

(三) 出资转让制度

1. 一般转让制度

投资者可以将其出资的一部分或全部转让给他人。公司法规定,有限责任公司股东之间可以相互转让其全部出资或部分出资,股份有限公司股东可以依法转让其持有的股份。外商投资企业法规定,中外合资经营企业的合营一方可以向他人转让其全部或部分出资,中外合作经营企业,合作各方之间可以相互转让或者一方向合作方以外的他人转让属于其在合作企业合同中全部或部分权利,外资企业的外国投资者也可以向他人转让其出资。

国家授权投资的机构经审批可以依法转让其持有的股份,也可以购买其他股东持有的股份。

2. 转让权限制制度

关于对转让权的限制,各国法律一般有所规定。我国法律作了具体规定:

(1) 对有限责任公司的转让权限制。股东向股东以外的人转让其出资时,必须经全体股东过半数同意,不同意转让的股东应当购买该转让的出资,如果不购买该转让的出资,视为同意转让。经股东同意转让的出资,在同等条件下,其他股东对该出资有优先购买权。有限责任公司的章程还可以规定股东转让出资的其他条件。

(2) 对股份有限公司的转让权限制。股东转让其股份,必须在依法设立的证券交易场所进行。记名股票,由股东以背书或者法律、行政法规规定的其他方式转让,转让后,由公司将受让人的姓名或者名称及住所记载于股东名册,在股东大会召开前一定期限内或者决定分配股利的基准日前一定期限内,不能进行股东名册的变更登记。无记名股票的转让,由股东在依法设立的证券交易场所将该股票交付给受让人后即发生转让的效力。发起人持有的本公司股份,自公司成立之日起一定期限内不得转让。公司董事、监事、经理所持有的本公司的股份在任职期间内不得转让。公司不得收购本公司的股票,但为减少公司资本而注销股份或者与持有本公司股票的其他公司合并时除外。公司为减少公司资本收购本公司的股票后,必须在一定期限内注销该部分股份,依照法律、行政法规办理变更登记,并公告。公司不得接受本公司的股票作为抵押权的标的。

(3) 对外商投资企业的转让权限制。中外合资经营企业的合营一方可以向他人转让其全部或部分出资,但需经合营他方同意,并经审批机构批准。在同等条件下,合营他方有优先购买权。中外合作经营企业,合作各方之间相互转让或者一方向合作方以外的他人转让属于其在合作企业合同中全部或部分权利的,须经合作他方同意,并报审查批准机关批准。外资企业的外国投资者转让其出资,须经审批机关批准。

(四) 注册资本制度

1. 实缴、认缴制度

注册资本的来源有两种方式,一种是依据投资者实缴的出资额,如公司法规定,有限责任公司的注册资本是在公司登记机关登记的全体股东实缴的出资额,另一种是依据投资者认缴的出资额,如中外合资经营企业、中外合作经营企业的注册资本是指在登记管理机构登记的资本总额,为合营各方认缴的出资额之和,外资企业的注册资本是指为设立外资企业在工商行政管理机关登记的资本总额,即外国投资者认缴的全部出资额。至于股份有限公司,其注册资本是指在公司登记机关登记的实收资本总额,即每股面值和已发行股份总数的乘积,又称为股本,在每股发行价格超过每股面值时,股东实际缴纳的出资额大于注册资本。据此可以认为,股份有限公司的注册资本也是按股东认缴的出资额来定义的。

2. 注册资本增减制度

有限责任公司增加或减少注册资本,须由股东会决议,并获得代表 2/3 以上表决权的股东通过。股份有限公司增减注册资本,需由股东大会作出决议,由于注册资本为章程必要记载事项,增减注册资本就是修改章程,应获得出席股东大会的股东所持表决权的2/3以上通过。

公司需要减少注册资本时,必须编制资产负债表及财产清单。公司应当自作出减少注册资本决议之日起一定期限内通知债权人,并于一定期限内在报纸上公告。债权人自接到通知书之日起一定期限内,未接到通知书的自第一次公告之日起一定期限内,有权要求公司清偿债务或者提供相应的担保。公司减少资本后的注册资本不得低于法定的最低限额。

中外合资经营企业在合营期间不得减少注册资本;增加注册资本,应由董事会会议通过并报审批机关批准。中外合作经营企业注册资本在合作期限内不得减少,因投资总额和生产经营规模等变化确需减少的,需经审批机关批准。外资企业在经营期内不得减少注册资本,增加注册资本须经审批机关批准。

三、内部组织法律制度

经济组织的内部组织法律制度的基本内容,是领导体制、机构设置及职权划分。其核心,是领导体制的匹配机制。

(一) 全民所有制企业的内部组织制度

全民所有制企业的内部组织,由厂务委员会、职工代表大会和企业党委构成。其组织制度是围绕这些内部组织建立的。

1. 厂长(经理)负责制

厂长是企业的法定代表人。企业建立以厂长为首的生产经营管理系统。厂长在企业中处于中心地位,对企业的物质文明建设和精神文明建设负有全面责任。

厂长的产生由政府主管部门根据企业的情况决定采取下列两种方式中的一种:一是由政府主管部门委任或者招聘;二是由企业职工代表大会选举。政府主管部门委任或者招聘的厂长人选,须征求职工代表的意见;企业职工代表大会选举的厂长,须报政府主管部门批准。

厂长可以决定或者报请审查批准企业的各项计划;决定企业行政机构的设置;提请政府主管部门任免或者聘任、解聘副厂长级行政领导干部;任免或者聘任、解聘企业中层行政领导干部;提出工资调整方案、奖金分配方案和重要的规章制度,提请职工代表大会审查同意;依法奖惩职工,提请政府主管部门奖惩副厂级行政领导干部。

2. 企业民主管理制度

企业通过职工代表大会和其他形式,实行民主管理。

企业职工代表大会由企业职工选举产生的职工代表组成,进行选举和作出决议,需经全体职工代表过半数通过。职工代表大会行使的职权包括:企业重大经营决策审议权,即对企业重大经营决策,提出意见和建议;企业重要规章制度审查同意或否决权；重大生活福利事项审议决定权；评议、监督企业行政领导干部权；选举厂长权，即有权根据政府主管部门的决定选举厂长，报政府主管部门批准。

3. 政治思想工作领导制度

企业党委是企业的政治核心，负责企业政治思想工作的领导，对党和国家的方针、政策以及国家法律、法规在本企业的贯彻执行实行保证和监督。

4. 政府部门管理制度

为确保企业财产所有权，政府有关部门分别行使下列职权：考核企业保值、增值指标，对企业资产负债和损益情况进行审查和审计监督；根据国务院的有关规定，决定国家和企业之间财产收益的分配方式、比例或定额；根据国务院的有关规定，决定、批准企业生产性建设项目，《全民所有制工业企业转换经营机制条例》规定由企业自主决定的投资项目除外；决定或者批准企业的资产经营形式和企业的设立、合并、分立、终止、拍卖，批准企业提出的被兼并申请和破产申请；根据国务院的有关规定，审批企业财产的报损、冲减、核销及关键设备、成套设备或者重要建筑物的抵押、有偿转让，组织清算和收缴被撤销、解散企业的财产；依照法定条件和程序，决定或者批准企业厂长的任免（聘任、解聘）和奖惩，批准厂长关于副厂级领导的任免和奖惩。

（二）乡镇集体企业和乡村集体企业的内部组织制度

1. 乡镇集体企业的内部组织制度

乡镇集体企业的内部组织由职工（代表）大会、厂长构成，企业党委起政治核心作用。其组织制度是围绕这些内部组织建立的。

（1）职工（代表）大会制度

企业依据企业职工人数的限制，应建立职工大会制度或职工代表大会制度。职工（代表）大会是城镇集体所有制企业的权力机关，行使以下职权：制定修改企业章程；按照国家规定选举、罢免或者聘用、解聘厂长（经理）、副厂长（副经理）；审议厂长（经理）提交的各项议案，决定企业经营管理的重大问题；审议并决定企业职工工资形式、工资调整方案、奖金和分红方案、职工住宅分配方案和其他有关职工生活福利的重大事项；审议并决定企业的职工奖惩办法和其他重要规章制度。

（2）厂长负责制

厂长一般由企业职工（代表）大会选举或者招聘产生，由集体联合经济组织投资开办的集体企业，厂长可由该联合经济组织任免，投资主体多元化且国家投资达到一定比例的可由上级管理机构按照国家有关规定任免。厂长行使下列职权：负责企业日常生产经营和行政工作；主持编制并向职工（代表）大会提出企业的中长期发展规划、年度生产计划、固定资产投资方案；主持编制并向职工

(代表)大会提出企业机构设置的方案,决定劳动组织的调整方案;按照国家规定任免或者聘任、解聘企业中层行政领导干部;提出企业年度财务预算、决算方案和利润分配方案;提出企业的经济责任制方案、工资调整方案、劳动保护措施方案、奖惩办法和其他重要的规章制度;奖惩职工;特殊情况下,提出召开职工(代表)大会的建议。

(3) 思想政治工作领导制度

党的基层组织是企业的政治核心,负责企业政治思想工作的领导,对党和国家的方针、政策以及国家法律、法规在本企业的贯彻执行实行保证和监督。

2. 乡村集体企业的内部组织制度

乡村集体企业的内部组织由财产所有者、厂长、职工(代表)大会构成。具备条件的乡村集体企业须建立中国共产党的基层组织,领导企业的思想政治工作,发挥政治核心的作用。乡村集体企业有权决定企业的经营方向、经营形式、厂长(经理)人选或者选聘方式,依法决定企业税后利润在其余企业之间的具体分配比例,有权作出关于企业分立、合并、迁移、停产、终止、申请破产等决议。厂长一般由农村集体经济组织任免或者聘任、解聘,贯彻集体经济组织就企业生产经营的重大问题所作出的各项决定,并对企业生产经营的其他问题作出决定,负责对企业的日常生产经营活动实行全面指挥。职工(代表)大会有权对企业经营管理中的问题提出意见和建议,评议、监督厂长(经理)和其他管理人员,维护职工的合法权益。

(三) 中外合资经营企业的内部组织制度

中外合资经营企业的内部组织由董事会、经营管理机构构成,不设股东会和监事会。

1. 董事会决策制度

董事会是合营企业的最高权力机构,决定合营企业的一切重大问题。

董事会由法定成员组成,董事名额的分配由合营各方参照出资比例协商确定。董事由各方委派,董事长由中国合营者委派,副董事长由外国合营者委派。董事的任期有一定时限,经合营各方继续委派可以连任。

董事会会议每年至少召开1次,由董事长负责召集并主持。董事长不能召集时,由董事长委托副董事长或其他董事负责召集并主持董事会会议。经一定比例以上董事提议,可由董事长召开董事会临时会议。董事会会议应由一定比例以上董事出席方能举行。董事不能出席,可出具书面委托书委托他人代表其出席和表决。董事会会议一般应在合营企业法定地址所在地举行。合营企业章程的修改、合营企业的终止、解散、合营企业注册资本的增加、减少、合营企业和其他经济组织的合并等事项的决议,需由出席董事会会议的董事的一致通过方可作出决议。

董事长是企业的法定代表。董事长不能履行职责时,应授权副董事长或其他董事代表合营企业。

2. 经营管理制度

经营管理机构负责企业的日常经营管理工作,设总经理1人,副总经理若干人。总经理、副总经理由合营企业董事会聘请,可以由中国公民担任,也可以由外国公民担任。经董事会聘请,董事长、副董事长、董事可以兼任合营企业的总经理、副总经理和其他高级管理职务。

总经理执行董事会会议的各项决议,组织领导合营企业的日常经营管理工作。在董事会授权范围内,总经理对外代表合营企业,对内任免下属人员,行使董事会授予的其他职权。副总经理协助总经理工作,总经理处理重要问题时,须与副总经理协商。

(四) 中外合作经营企业的内部组织制度

中外合作经营企业的内部组织由董事会或联合管理委员会以及经营管理机构组成,不设股东会和监事会。

1. 董事会或联合管理委员会决策制度

合作企业设董事会或联合管理委员会作为合作企业的权力机构,由其按照合作企业章程的规定决定企业的重大问题。

董事会或者联合管理委员会的成员不得少于一定名额,其名额的分配由中外合作者参照其投资或者提供的合作条件协商确定。董事会董事或者联合管理委员会委员由合作各方自行委派或者撤换。董事会董事长、副董事长或者联合管理委员会主任、副主任的产生办法由合作企业章程规定,中外合作者的一方担任董事长、主任的,副董事长、副主任由他方担任。董事或者委员的任期由章程规定,但是,每届任期不得超过规定的时限。董事或者委员任期届满,委派方继续委派的,可以连任。

董事长或者联合管理委员会主任是合作企业的法定代表人,董事长或者联合管理委员会主任因特殊原因不能履行职务时,应当授权副董事长、副主任或者其他董事、委员对外代表合作企业。

董事会会议或者联合管理委员会会议每年至少召开一次,由董事长或者联合管理委员会主任召集并主持。董事长或者联合管理委员会主任因特殊原因不能履行职务时,由董事长或者联合管理委员会主任指定副董事长、副主任或者其他董事、委员召集并主持。一定比例以上的董事或者委员可以提议召开董事会会议或者联合管理委员会会议。董事会会议或者联合管理委员会会议应当有一定比例以上董事或者委员出席方能举行,不能出席的董事或者委员应当书面委托他人代表其出席和表决。董事会会议或者联合管理委员会会议作出决议,需经全体董事或者委员过半数通过。董事或者委员无正当理由不参加又不委托他人代表其参加董事会会议或者联合管理委员会会议的，视为出席董事会会议或者联合管理委员会会议并在表决中弃权。召开董事会会议或者联合管理委员会会议，应当在会议召开前的一定期限通知全体董事或者委员。董事会或者联合管理委员会也可以用通讯的方式作出决议。

合作企业章程的修改，合作企业注册资本的增加和减少，合作企业的解散，合作企业的资产抵押，合作企业的合并、分立和变更组织形式，合作各方约定由董事会会议或者联合管理委员会会议一致通过方可作出决议的其他事项，应当由出席董事会会议或者联合管理委员会会议的董事或者委员的一致通过方可作出决议。

2. 经营管理制度

合作企业设总经理，负责合作企业的日常经营管理工作，对董事会或者联合管理委员会负责，由董事会或者联合管理委员会聘任、解聘，可由中国或者外国公民担任。经董事会或者联合管理委员会聘任，董事或者委员可以兼任合作企业的总经理或者其他高级管理职务。

3. 委托管理制度

合作企业成立后委托合作各方以外的他人经营管理的，必须经董事会或者联合管理委员会一致同意，并应当与被委托人签订委托经营管理合同，并报审批机关批准。

（五）外资企业的内部组织制度

从在中国设立的外资企业的具体情况出发，结合国际惯例，我国外资企业法对外资企业的组织结构及职权划分未作规定，由企业章程自行决定。

外资企业的法定代表人是依照章程规定，代表外资企业行使职权的负责人。法定代表人无法履行其职权时，应当以书面形式委托代理人，代其行使职权。这是涉及外资企业内部组织制度的唯一规定。

（六）有限责任公司的内部组织制度

有限责任公司的内部组织由股东会、董事会（执行董事）、经理、监事或监事会构成。

1. 权力决策制度

股东会由全体股东组成，是公司的权力机构，行使下列职权：决定公司的经营方针和投资计划；选举和更换董事，决定有关董事的报酬事项；选举和更换由股东代表出任的监事，决定有关监事的报酬事项；审议批准董事会的报告；审议批准监事会或者监事的报告；审议批准公司的年度财务预算方案、决算方案；审议批准公司的利润分配方案和弥补亏损方案；对公司增加或者减少注册资本作出决议；对发行公司债券作出决议；对股东向股东以外的人转让出资作出决议；对公司合并、分立、变更公司形式、解散和清算等事项作出决议；修改公司章程。

股东会会议由股东按照出资比例行使表决权。股东会的首次会议由出资最多的股东召集和主持,依照公司法规定行使职权。股东会会议分为定期会议和临时会议。定期会议应当按照公司章程的规定按时召开。代表一定比例以上表决权的股东以及一定比例以上董事或者监事,可以提议召开临时会议。有限责任公司设立董事会的,股东会会议由董事会召集,董事长主持,董事长因特殊原因不能履行职务时,由董事长指定的副董事长或者其他董事主持。召开股东会会议,应当于会议召开一定期限以前通知全体股东。

股东会对修改公司章程、公司增加或者减少注册资本、分立、合并、解散或者变更公司形式作出决议,必须经代表一定比例以上表决权的股东通过。

2. 业务执行制度

董事会是公司的业务执行机关,成员为法定数额。两个以上的国有企业或者其他两个以上的国有投资主体投资设立的有限责任公司,其董事会成员中应当有公司职工代表。董事会中的职工代表由公司职工民主选举产生。董事会设董事长1人,可以设法定数额副董事长。董事长、副董事长的产生办法由公司章程规定。董事长为公司的法定代表人。

董事会对股东会负责,行使下列职权:负责召集股东会,并向股东会报告工作;执行股东会的决议;决定公司的经营计划和投资方案;制订公司的年度财务预算方案、决算方案;制订公司的利润分配方案和弥补亏损方案;制订公司增加或者减少注册资本的方案;拟订公司合并、分立、变更公司形式、解散的方案;决定公司内部管理机构的设置;聘任或者解聘公司经理(总经理)(以下简称经理),根据经理的提名,聘任或者解聘公司副经理、财务负责人,决定其报酬事项;制定公司的基本管理制度。董事任期由公司章程规定,但每届任期不得超过一定时限。董事任期届满,连选可以连任。

董事会会议由董事长召集和主持,董事长因特殊原因不能履行职务时,由董事长指定副董事长或者其他董事召集和主持。一定比例以上董事可以提议召开董事会会议。召开董事会会议,应当于会议召开一定期限以前通知全体董事。

有限责任公司,股东人数较少和规模较小的,可以设1名执行董事,不设立董事会。执行董事可以兼任公司经理。执行董事为公司的法定代表人。

3. 生产经营管理制度

经理由董事会聘任或者解聘。经理对董事会负责,行使下列职权:主持公司的生产经营管理工作,组织实施董事会决议;组织实施公司年度经营计划和投资方案;拟订公司内部管理机构设置方案;拟订公司的基本管理制度;制定公司的具体规章;提请聘任或者解聘公司副经理、财务负责人;聘任或者解聘除应由董事会聘任或者解聘以外的负责管理人员;公司章程和董事会授予的其他职权;列席董事会会议。

4. 监督制度

监事或监事会是公司的监督机关。有限责任公司,股东人数较少和规模较小的,可以设法定数额的监事。经营规模较大的,设立监事会,其成员不得少于3人。监事会应在其组成人员中推选1名召集人。监事会由股东代表和适当比例的公司职工代表组成,具体比例由公司章程规定。监事会中的职工代表由公司职工民主选举产生。董事、经理及财务负责人不得兼任监事。监事的任期每届有一定期限。监事任期届满,连选可以连任。

监事会或者监事行使下列职权:检查公司财务;对董事、经理执行公司职务时违反法律、法规或者公司章程的行为进行监督;当董事和经理的行为损害公司的利益时,要求董事和经理予以纠正;提议召开临时股东会;公司章程规定的其他职权;监事列席董事会会议。

(七)股份有限公司的内部组织制度

股份有限公司的组织机构,由股东会、董事会、经理和监事会组成。

1. 权力决策制度

股东大会由股东组成,是公司的权力机构,行使的职权,除不能对股东的股份转让权进行表决外,与有限责任公司股东会的职权相同。

股东常会应当每年召开1次。有下列情形之一的,应当在一定期限内召开临时股东大会:董事人数不足本法规定的人数或者公司章程所定人数的法定比例时;公司未弥补的亏损达股本总额法定比例时;持有公司股份法定比例以上的股东请求时;董事会认为必要时;监事会提议召开时。

股东大会会议由董事会负责召集,由董事长主持。董事长因特殊原因不能履行职务时,由董事长指定的副董事长或者其他董事主持。召开股东大会,应当将会议审议的事项于会议召开一定期限以前通知各股东。临时股东大会不得对通知中未列明的事项作出决议。

发行无记名股票的,应当于会议召开一定期限以前就前款事项作出公告。无记名股票持有人出席股东大会的,应当于会议召开一定期限以前至股东大会闭会时止将股票交存于公司。股东可以委托代理人出席股东大会,代理人应当向公司提交股东授权委托书,并在授权范围内行使表决权。

股东出席股东大会,所持每一股份有一表决权。股东大会作出决议,必须经出席会议的股东所持表决权的半数以上通过。股东大会对公司合并、分立或者解散公司作出决议,必须经出席会议的股东所持表决权的法定比例以上通过。修改公司章程必须经出席股东大会的股东所持表决权的法定比例以上通过。

股东大会、董事会的决议违反法律、行政法规,侵犯股东合法权益的,股东有权向人民法院提起要求停止该违法行为和侵害行为的诉讼。

2. 业务执行制度

董事会成员为法定数额。董事会对股东大会负责,行使的职权与有限责任公司董事会相同。

董事会设董事长 1 人,可以按法定数额设副董事长。董事长和副董事长由董事会以全体董事的过半数选举产生。董事长为公司的法定代表人。董事长行使下列职权: 主持股东大会和召集、主持董事会会议;检查董事会决议的实施情况;签署公司股票、公司债券。副董事长协助董事长工作,董事长不能履行职权时,由董事长指定的副董事长代行其职权。

董事任期由公司章程规定,但每届任期不得超过一定期限。董事任期届满,连选可以连任。董事在任期届满前,股东大会不得无故解除其职务。董事义务同有限责任公司。

董事会每年度每次会议应当于会议召开一定期限以前通知全体董事。董事会召开临时会议,可以另定召集董事会的通知方式和通知时限。董事会会议应由法定比例以上的董事出席方可举行。董事会作出决议,必须经全体董事的过半数通过。董事会会议,应由董事本人出席。董事因故不能出席,可以书面委托其他董事代为出席董事会,委托书中应载明授权范围。

董事应当对董事会的决议承担责任。董事会的决议违反法律、行政法规或者公司章程,致使公司遭受严重损失的,参与决议的董事对公司负赔偿责任。但经证明在表决时曾表明异议并记载于会议记录的,该董事可以免除责任。

公司根据需要,可以由董事会授权董事长在董事会闭会期间,行使董事会的部分职权。

3. 生产经营管理制度

经理由董事会聘任或者解聘。董事会可以决定,由董事会成员兼任经理。经理对董事会负责,行使的职权与有限责任公司经理相同。

4. 监督制度

股份有限公司设监事会,其成员不得少于法定名额。监事会应在其组成人员中推选 1 名召集人。监事会由股东代表和适当比例的公司职工代表组成,具体比例由公司章程规定。监事会中的职工代表由公司职工民主选举产生。董事、经理及财务负责人不得兼任监事。监事的任期每届为法定期限。监事任期届满,连选可以连任。监事的义务同有限责任公司。

监事会行使的职权与有限责任公司监事会相同。

(八) 国有独资公司的内部组织制度

国有独资公司,是国家授权投资的机构或者国家授权的部门单独投资设立的有限责任公司。国务院确定的生产特殊产品的公司或者属于特定行业的公司,应当采取国有独资公司形式。国有独资公司在内部组织方面与一般有限责任公司的不同之处是,国有独资公司不设股东会和监事会(监事),应由股东会行使的职权分配给董事会和国家授权投资的机构或者部门分别行使;在监事会空缺后,监事会的职权应当如何处置,公司法没有作出相应的规定。

1. 股东会职权代行制度

股东会的职权分配给董事会和国家授权投资的机构或者部门分别行使。经营管理制度健全、经营状况较好的大型的国有独资公司,可以由国务院授权行使资产所有者的权利;其他国有独资公司,由国家授权投资的机构或者国家授权的部门,授权公司董事会行使股东会的部分职权,决定公司的重大事项,但是,公司的合并、分立、解散、增减资本和发行公司债券,必须由国家授权投资的机构或者国家授权的部门决定。公司章程由国家授权投资的机构或者国家授权的部门制定,或者由董事会制定,报国家授权投资的机构或者国家授权的部门批准。国家授权投资的机构或者国家授权的部门依照法律、行政法规的规定,对国有独资公司的国有资产实施监督管理。国有独资公司的资产转让,依照法律、行政法规的规定,由国家授权投资的机构或者国家授权的部门办理审批和财产权转移手续。

2. 决策和执行制度

董事会的职权基本上与一般有限责任公司相同,得到授权还可以决定公司的重大事项,如决定公司的经营方针和投资计划。董事会每届任期为法定期限。公司董事会成员为法定名额,由国家授权投资的机构或者国家授权的部门按照董事会的任期委派或者更换。董事会成员中应当有公司职工代表。董事会中的职工代表由公司职工民主选举产生。

董事会设董事长1人,可以视需要设副董事长。董事长、副董事长,由国家授权投资的机构或者国家授权的部门从董事会成员中指定。董事长为公司的法定代表人。

3. 生产经营管理制度

经理由董事会聘任或者解聘。经理职权与一般有限责任公司相同。经国家授权投资的机构或者国家授权的部门同意,董事会成员可以兼任经理。

四、生产经营管理法律制度

生产经营管理制度,属于经济组织的运营制度。主要包括生产管理制度、经营管理制度、财务会计制度、人事工资制度。在经济体制改革中出现并由法律加以规定的承包经营制和租赁经营制,也可包括在生产经营管理制度之中。

(一)生产管理制度

1. 生产许可证制度

国家对一部分工业产品实行工业产品许可证制度,企业必须取得生产许可证才具有生产该产品的资格。

取得生产许可证必须具备以下条件：企业必须持有工商行政管理部门合法的营业执照；产品必须达到现行国家标准或专业标准；产品必须具有按规定程序批准的正确、完整的图纸或技术文件；企业必须具备保证该产品质量的生产设备、工艺装备和计量检验与测试手段；企业必须具有一支足以保证产品质量的和进行正常生产的专业技术人员、熟练技术工人及计量、检验人员队伍，并能严格按照图纸、生产工艺和技术标准进行生产、试验和检测。取得生产许可证的产品，必须在该产品包装上标明生产许可证编码和批准日期。

取得生产许可证的企业，要注销生产许可证的条件是：降低产品质量的；经复查不符合取得生产许可证的条件的；未经批准降低技术标准的；将生产许可证、产品名牌转让其他企业使用的。国家决定淘汰或停止生产的产品，也要注销或收回其生产许可证。

2. 计划管理制度

国务院和省级政府计划部门及其授权的部门根据需要，有权向企业（国有企业）下达指令性计划。企业必须完成指令性计划。企业根据指令性计划生产的产品，应当按照计划规定的范围销售。

对缺乏应当由国家计划保证的能源、主要物资供应和运输条件的指令性计划，企业可以根据自身承受能力和市场变化，要求调整。计划下达部门不予调整的，企业可以不执行。企业有权要求在政府有关部门的组织下，与需方企业签订合同，需方企业或者政府指定的单位不签订合同的，企业可以不安排生产，已签订合同但需方企业或者政府指定的单位不履行合同的，企业有权停止生产，并可以向政府或者政府有关部门申诉，要求协商解决，也可以依照合同向法院起诉，追究需方企业或者政府指定的单位的违约责任，已经生产的产品，企业可以自行销售。对指令性计划供应的物资，企业有权与生产企业或者其他供货方签订合同。

3. 定额管理制度

定额管理是企业基础管理工作中的重要方面。通过定额管理，可以提高劳动生产率，降低消耗，提高企业的管理水平。所有企业凡是能够实行定额考核的劳动、物资、资金、费用等，都应实行定额管理，扩大定额面，提高定额水平，逐步建立起以技术标准为主体，包括工作标准和管理标准在内的企业标准化系统。

4. 质量管理制度

企业必须牢固树立质量第一的观念，为用户提供优质产品和服务。可能危及人体健康和人身、财产安全的工业产品，必须符合保障人体健康和人身、财产安全的国家标准、行业标准，未制定国家标准、行业标准的，必须符合保障人体健康和人身、财产安全的要求。

企业必须学会质量管理的科学方法，动员和组织职工参加质量管理活动，充实质量管理和检验机构。要把产品质量和职工的荣誉和物质利益结合起来。

国家根据国际通用的质量管理标准,推行企业质量体系认证制度。企业根据自愿原则可以向国务院产品质量监督管理部门或者国务院产品质量监督管理部门或者国务院产品质量监督管理部门授权的部门认可的认证机构申请企业质量体系认证。经认证合格的,由认证机构颁发企业质量体系认证证书。国家参照国际先进的产品标准和技术要求,推行产品质量认证制度,企业根据自愿原则,可以向国务院产品质量监督管理部门授权认可的认证机构申请产品质量认证。经认证合格的,由认证机构颁发产品质量认证证书,准许企业在产品或者其包装上使用产品质量认证标志。

国家对产品质量实行以抽查为主要方式的监督检查制度。对可能危及人体健康和人身、财产安全的产品,影响国计民生的重要工业产品以及用户、消费者、有关组织反映有质量问题的产品进行抽查。抽查的结果应当公布。对不合格产品的生产者提出警告,限期改进。对危害人体健康和人身安全的食品、医药、电器等产品以及危害使用单位生产、建设安全的产品,必须立即停止销售,并追究责任。

5. 技术改造、节能降耗管理制度

企业应当加速产品更新换代和技术改造,制定技术进步计划和年度实施计划,按照改进一代、研制一代、预研一代的方针,积极采用新技术、新设备、新材料,采用先进工艺,改造、淘汰老产品。

企业要把节能降耗列为企业技术改造的重点,优先纳入计划,安排资金。要把节能降耗落实到每一个环节,广泛开展综合利用和回收利废工作,合理使用各种物资,杜绝浪费。国家已公布淘汰的机电产品和超过消耗标准的设备,要限期停止使用或更新改造。对原料、材料和能源消耗实行节约有奖、超耗惩罚的办法。浪费严重、长期得不到解决的,要追究企业负责人和直接责任者的行政责任。

(二) 经营管理制度

1. 购销管理制度

企业对指令性计划内供应的物资,应当从指定的生产企业或其他供货方购买。对指令性计划外所需的物资,可以自行选择供货单位、供货形式、供货品种和数量,自主签订供货合同,并可以自主进行物资调剂。

外商投资企业所需的机器设备、原材料、燃料、配套件、运输工具和办公用品等,有权自行决定在中国购买或向国外购买,在同等条件下,应尽先在中国购买。在中国购买的物资,其供应渠道如下:属于计划分配的物资,纳入企业主管部门供应计划,由物资、商业部门或生产企业按合同保证供应;属于物资商业部门经营的物资,向有关的物资经营单位购买;属于市场流通的物资,向生产企业或其经销、代销单位购买；属于外贸公司经营的出口物资，向有关的外贸公司购买。在中国购买物资和所需服务，其价格按下列规定执行：购买用于生产直接出口产品的金、银、铂、石油、煤炭、木材六种原料，按照国家外汇管理局或外贸部门提供的国际市场价格计算，以外币或人民币支付；购买中国的外贸公司经营的出口商品或进口商品，由供需双方参照国际市场价格协商定价，以外币支付；购买用于生产在中国国内销售产品所需的燃料用煤、车辆用油和其他物资的价格，以及为企业提供的水、电、气、热、货物运输、劳务、工程设计、咨询服务、广告等收取的费用，应与国有企业同等对待，以人民币支付。

外商投资企业向国外购买物资，凡属国家规定需领取进口许可证的，每年编制一次计划，每半年申领一次。

企业可以在全国范围内自主销售本企业生产的指令性计划外的产品，任何部门和地方政府不得对其采取封锁、限制和其他歧视性措施。根据指令性计划生产的产品，应当按照计划规定的范围销售。

中外合资经营企业在中国销售产品，按下列办法办理：属于计划分配的物资，通过企业主管部门列入物资管理部门的分配计划，按计划销售给指定的用户；属于物资、商业部门经营的物资，由物资、商业部门向合营企业定购；上述两类物资的计划收购外的部分，以及不属于上述两类的物资，合营企业有权自行销售或委托有关单位代销；合营企业出口的产品，如属中国的外贸公司所要进口的物资，合营企业可向中国的外贸公司销售，收取外汇。中外合作企业销售产品，应当按照经批准的合作企业合同的约定销售。合作企业不得以明显低于合理的国际市场同类产品的价格出口产品，按照规定应当申领出口许可证的，须办理申领手续。外资企业有权自行出口或委托中国的外贸公司或者委托中国境外的公司代销企业生产的产品，出口产品的价格，由外资企业参照当时国际市场价格自行确定，但不得低于合理的市场价格。用高价进口、低价出口等方式逃避税收的，税务机关有权根据税法规定，追究其法律责任。依照中国的规定需要领取出口许可证的，应当编制年度出口计划，每半年向发证机关申领一次。

2. 投资决策管理制度

在对外投资方面，企业依照法律和国务院有关规定，有权以留用资金、实物、土地使用权、工业产权和非专利技术向国内的企事业单位投资，购买和持有其他企业的股份。经政府有关部门批准，企业可以向境外投资或者在境外开办企业。

在生产性建设方面，企业遵照国家产业政策和行业、地区发展规划，以留用资金和自行筹措的资金从事生产性建设，能够自行解决建设和生产条件的，由企业自主立项，报政府有关部门备案并接受监督。政府有关部门应当根据会计师事务所的验资证明，出具认可企业立项的文件。经土地管理、城市规划、城市建设、环境保护等部门依法办理有关手续后，企业自主决定开工。企业从事生产性建设,不能自行解决建设和生产条件或者需要政府投资的,报政府有关部门批准;需要银行贷款或者向社会发行债券的,报政府有关部门会同银行审批或者由银行审批;需要使用境外贷款的,报政府有关部门审批。

在资产处置方面,企业根据生产经营的需要,对于一般固定资产,可以自主决定出租、抵押或者有偿转让;对关键设备、成套设备或者重要建筑物可以出租,经政府主管部门批准也可以抵押、有偿转让。

在联营和兼并方面,企业有权按照下列方式与其他企业、事业单位联营:与其他企业、事业单位组成新的能独立承担民事责任、具备法人条件的经济实体;与其他企业、事业单位共同经营,联营各方按照出资比例或者协议的约定承担民事责任;与其他企业、事业单位订立联营合同,确立各方的权利和义务,联营各方各自独立经营、各自承担民事责任。企业按照自愿、有偿的原则,可以兼并其他企业,报政府有关部门备案。

(三)财务会计管理制度

公司应当依照法律、行政法规和国务院财政主管部门的规定建立本公司的财务、会计制度。

1. 财务会计报告与会计账册制度

公司应当在每一会计年度终了时制作财务会计报告,并依法经审查验证,即由注册会计师审计并出具审计报告。财务会计报告应当包括下列财务会计报表及附属明细表:资产负债表;损益表;财务状况变动表;财务情况说明书;利润分配表。

有限责任公司应当按照公司章程规定的期限将财务会计报告送交各股东。股份有限公司的财务会计报告应当在召开股东大会年会的一定期限以前置备于本公司,供股东查阅。以募集设立方式成立的股份有限公司必须公告其财务会计报告。

公司除法定的会计账册外,不得另立会计账册。对公司资产,不得以任何个人名义开立账户存储。

外商投资企业的一切自制凭证、账簿、报表必须用中文书写,可以同时用投资者确定的一种外文书写。以外币记账的企业,除编制外币的会计报表外,还应另编制折合为人民币的会计报表。

2. 利润分配制度

公司分配当年税后利润时,应当提取利润的法定比例列入公司法定公积金,并提取利润的法定比例列入公司法定公益金。公司法定公积金累计额为公司注册资本的法定比例以上的,可不再提取。公司的法定公积金不足以弥补上一年度公司亏损的,在提取法定公积金和法定公益金之前,应当先用当年利润弥补亏损。公司在从税后利润中提取法定公积金后,经股东会决议,可以提取任意公积金。公司弥补亏损和提取公积金、法定公益金后所余利润,有限责任公司按照股东的出资比例分配,股份有限公司按照股东持有的股份比例分配。股东会或者董事会在公司弥补亏损和提取法定公积金、法定公益金之前向股东分配利润的,必须将违反规定分配的利润退还公司。

3. 公积金、公益金使用制度

股份有限公司以超过股票票面金额的发行价格发行股份所得的溢价款以及国务院财政主管部门规定列入资本公积金的其他收入,应当列入公司资本公积金。公司的公积金用于弥补公司的亏损,扩大公司生产经营或者转为增加公司资本;提取的法定公益金用于本公司职工的集体福利。股份有限公司经股东大会决议将公积金转为资本时,按股东原有股份比例派送新股或者增加每股面值。但法定公积金转为资本时,所留存的该项公积金不得少于注册资本的法定比例。

4. 汇兑损益及利润分配制度

外商投资企业因汇率的差异而发生的汇兑损益,应以实现数为准,作为本年损益列账。记账汇率变动,有关外币账户的账面余额,均不作调整。外商投资企业缴纳所得税后的利润分配原则如下:提取储备基金、职工奖励及福利基金、企业发展基金,提取比例由董事会确定;储备基金除用于垫补企业亏损外,经审批机构批准也可以用于本企业增加资本,扩大生产;可分配利润,应按照出资比例进行分配。

5. 外汇管理制度

内资企业的外汇管理,适用《中华人民共和国外汇管理条例》。经济组织法的单行法中没有关于外汇管理的专门规定。

外商投资企业凭工商行政管理机关发给的营业执照,在中国境内可以经营外汇业务的银行开立账户,由开户银行监督收付。企业的外汇收入,应当存入其开户银行的外汇账户;外汇支出,应当从其外汇账户中支付。

(四) 人事、工资管理制度

企业有权按照法律和国务院规定录用和辞退职工,有权确定适合本企业情况的工资形式和奖金分配方法。

1. 录用、使用和辞退职工制度

企业自主决定招工的时间、条件、方式、数量。企业从所在城镇人口中招工,不受城镇行政区划的限制。企业自主决定用工形式,可以实行合同化管理或者全员劳动合同制,可以与职工签订有固定期限、无固定期限或者以完成特定生产任务为期限的劳动合同。企业有权在做好定员定额的基础上,通过择优上岗,实行劳动组合。对富余人员,可以通过发展第三产业、厂内转岗培训、提前退出岗位休养以及其他方式安置,也可由政府帮助转换工作单位。企业有权依照法律、法规和企业规章,解除劳动合同,辞退、开除职工。

企业对管理人员和技术人员实行聘任制、考核制,可以从工人中选拔聘用管理人员和技术人员,经政府有关部门批准,还可以招聘境外技术人员和管理人员。对被解聘或者未聘用的管理人员和技术人员,可以安排其他工作,包括到工人岗位上工作。企业根据需要设置专业技术职务,技术人员的职务和待遇由企业自主决定。企业可以按照国家规定任免中层管理人员。对副厂级行政管理人员,由厂长报请政府主管部门任免,或者由政府主管部门授权,由厂长任免。

2. 工资和奖金分配制度

企业的工资总额依照政府规定的工资总额与经济效益挂钩办法确定,企业在相应提取的工资总额内,有权自主使用、自主分配工资和奖金。企业可以根据职工的劳动技能、劳动强度、劳动责任、劳动条件和实际贡献,决定工资奖金的分配档次,可以实行岗位技能工资制或者其他适合企业特点的工资制度。企业自主决定晋级增薪、降级减薪的条件和时间。

(五) 经营承包责任制

承包经营责任制,是在坚持企业的全民所有制性质的基础上,按照所有权与经营权分离的原则,以承包经营合同形式,确定国家与企业的责权利关系,使企业做到自主经营、自负盈亏的经营管理制度。

实行承包经营责任制,按照包死基数、确保上交、超收多留、歉收自补的原则,确定企业与国家的分配关系。承包经营责任制的主要内容是:包上交国家利润,包完成技术改造任务,实行工资总额与经济效益挂钩。企业可以实行上缴利润递增包干;上缴利润基数包干,超收分成;微利企业上缴利润定额包干;亏损企业减亏(或补贴)包干;国家批准的其他形式上交国家利润。未完成上缴利润任务的,应当以企业风险抵押金、工资储备基金、留利补交。

目前,国有企业的经营承包形式已不具有普遍性。

(六) 租赁经营制

租赁经营制,是国家授权单位为出租方将企业有限期地交给承租方经营,承租方向出租方交付租金并依照合同规定对企业实行自主经营的生产经营管理制度。

国家授权企业所在地方人民政府委托的部门为出租方,代表国家行使企业的出租权。承租经营企业的一方为承租方。承租方可以采取下列形式承租经营企业:个人承租,即1个人承租经营企业;合伙承租,即2至5个人合伙承租经营企业;全员承租,即本企业全体职工承租经营企业;企业承租,即一个企业承租经营另一个企业。承租方必须提供一定的担保,其中应有一定比例的现金。个人承租的,还需有不少于两名有相应财产可资担保的保证人。

自租赁经营合同生效时起,停发承租经营者及合伙承租经营成员的工资、奖金,预支生活费。承租经营者及合伙承租成员的收入可以分年度结算或者租赁期满一次结算。承租方按照租赁经营合同规定的比例取得的收入,在交付租金和实际支付给承租成员以后仍有余额的,应当作为企业风险保证金留存。

承租方在租赁期内达不到租赁经营合同规定的经营总目标或者欠交租金时,应当以企业的风险保证金、预支的生活费或者承包成员的年度收入抵补,不足部分,由承租方、保证人提供的担保财产抵补。

五、设备管理法律制度

经济组织的设备管理法律制度,是经济组织法律制度中的重要内容。设备是经济组织的重要生产要素,因而西方国家十分重视设备立法,立法全面、周全,形成了完备的体系。我国的设备管理立法十分薄弱,散见于国务院的个别规定,大量的是企业规章。

(一)设备的规划、选购及安装调试制度

企业必须做好设备的规划、选型、购置(或设计、制造)及安装调试等管理工作。企业购置重要生产设备,应当进行技术经济论证,并按照有关规定上报审批。企业购置设备,应当由企业设备管理机构或设备管理人员提出有关设备的可靠性和有利于设备维修等要求。

企业自制设备,应当组织设备管理、维修、使用方面的人员参加设计方案的研究和审查工作,并严格按照设计方案做好设备的制造工作。设备制成后,应当有完整的技术资料。设备制造部门应当与用户建立设备使用信息反馈制度,为用户提供设备售后服务。

企业选购的进口设备应当备有设备维修技术资料和必要的维修配件。进口的设备到达后,企业应当认真验收,及时安装、调试和投入使用,发现问题应当在索赔期内提出索赔。

(二)设备的使用和维护制度

企业应当健全设备的操作、使用、维护规程和岗位责任制。设备的操作和维护人员必须严格遵守设备操作、使用和维护规程。

企业应当按照国家有关规定,加强对动力、起重、运输、仪器仪表、压力容器等设备的维护、检查监测和预防性试验。

(三)设备的检修制度

企业的设备检修工作应当严格遵守检修规程,执行检修技术标准,以保证检修质量,缩短检修时间,降低检修成本。企业应当根据设备的实际技术状况,结合生产安排,编制设备检修计划,并纳入企业年度计划,企业必须严格执行设备检修计划。

企业必须遵守财经制度,接受审计监督。企业提取和使用设备的大修理基

金,必须遵守国家有关规定。结合大修理进行技术改造的设备,大修理费用不足时,可以从折旧基金中安排使用。

企业应当合理储备备品配件,并做好保管维护工作。企业应当在保证设备检修质量的前提下,做好设备旧件的修复利用,节约检修资金。

（四）设备的改造和更新制度

企业应当编制设备改造和更新的中长期计划和年度计划,并组织实施。企业对重要设备进行改造和更新,必须事先进行技术经济论证,并按照有关规定上报审批。企业设备的固定资产折旧基金,应当按国家规定主要用于设备的改造和更新。企业对设备改造验收后新增的价值,应当办理固定资产增值手续。

企业对属于下列情况之一的设备,应当报废更新:经过预测,继续大修理后技术性能仍不能满足工艺要求和保证产品质量的;设备老化,技术性能落后,耗能高、效率低、经济效益差的;大修理虽能恢复精度,但不如更新经济的;严重污染环境,危害人身安全与健康,进行改造又不经济的;其他应当淘汰的。

企业出租、转让或者报废设备,对一般的设备,可以自主决定出租、抵押或者有偿转让;对关键设备、成套设备或者重要建筑物,须经政府主管部门批准。企业出租、转让、报废设备所取得的收益,必须用于设备的改造和更新。

（五）设备管理的基础工作制度

企业应当建立健全设备的验收交接、档案、管理和考核制度;应当制定设备检修的工时、资金、消耗和储备定额。

企业应当向有关部门报送设备管理的统计报表。

企业发生设备事故必须如实上报。设备事故分为一般事故、重大事故和特大事故。企业对发生的设备事故,必须查清原因,并按事故性质严肃处理。

第十二章　经济活动法律制度

经济活动法是规范经济活动的法律制度。经济活动是主体的基本社会活动。主体的经济活动是自觉的有目的的活动,但当主体为自身特殊经济利益与社会其他组织建立不正当的经济关系,危害国民经济运行秩序时,则法必须承担起危害的排除责任。这是当代经济活动的显著特征。经济活动法规定主体的行为界限,规定具体经济活动的条件和范围,从而使主体间建立起合法的经济关系。经济活动法是调整国民经济运行经济关系的普遍立法,在经济法体系中居于基础地位。

本章分三部分,第一部分是在明确经济活动与传统交易活动进而明确经济活动与所谓“民事行为”区别的基础上,去理解经济活动法的含义;第二部分是概括集中分布于具有经济性、活动性法律法规的“法群”,使之从法律法规体系化的角度把握经济活动法;第三部分是对属于经济法的经济活动法律制度的基本概括。

第一节　经济活动法概说

在当代条件下，经济活动是国家的、社会的、主体的经济活动。调整这样的经济活动的法与传统上调整民事交易关系的法，是根本不同的。

一、经济活动法的含义

经济活动法，是规范在国家组织国民经济运行过程中形成的生产和制造产品、完成工作、提供服务活动的法律制度体系。经济活动法是经济法的重要组成部分。

首先，经济活动法是规范经济活动的。与其他社会活动相比较，经济活动具有以下属性：一是活动的营利性。主体活动的目标是追求经济利益及经济利益的最大化，以求以较小的投入获得较大的收益。二是活动的连续性。经济活动不是一次完结的，而且相互间互为因果和条件。经济活动的存续，是整个国民经济运行和发展的基础。三是活动的后果性。每一经济活动都存在积极后果或消极后果，也存在对主体自身有利或不利的后果。这种后果，表现为财产后果和组织管理后果，主体应对自己的活动后果负责。经济活动法只调整经济活动，其他社会活动不属于经济活动法的调整领域。这是从经济活动区别于其他社会活动的角度，来说明经济活动的。

其次，经济活动法，是规范国民经济运行过程中形成的经济活动的法。这样的经济活动，无论是生产和制造产品，完成一定工作，还是提供服务，都置于生产社会化、国民经济体系化和经济国际化的基础上。经济活动不再是简单的“一对一”的传统民事活动，进行经济活动的客体也不仅仅局限为“物”。经济活动法的客体是经济活动。在经济活动过程中形成各种关系，有行政关系、民事关系和刑事关系等等，但经济活动法的规范范围仅限于经济活动过程中形成的经济关系，即经济活动与在经济活动过程中形成的经济关系之间的相互关系。

最后，经济活动法是国家参加并组织经济活动的法。经济活动不只是经济组织参加的活动，国家和国家经济机关、其他社会组织和公民个人也参加经济活动。然而，这些经济活动的参加者，其目的和功能是不同的。国家和国家机关作为国民经济运行的组织者参加经济活动，其目的和功能是引导社会经济活动的方向和限度，保障国民经济健康持续发展；经济组织和其他社会组织参加经济活动，是为了实现自身经济目的和经济权益。经济活动法规范国家参与其中的经济活动，以实现国民经济总体利益，因此，它不是那种排除国家及公共部门经济活动的所谓民法和其他私法。

二、经济活动法的特征

在生产社会化条件下的经济活动,不是传统的民事交易活动。经济活动法的基本特征是:

其一,经济活动法是对经济活动关系进行复合调整的法律。这种调整,是对自发性经济活动和他律性经济活动即复合经济活动的调整。在传统法领域,价格活动是民事活动的焦点,"一对一"的当事人按照自由价格进行交易,排除法律和政府对价格的干涉,因而这种活动属于民法调整。然而在当代,价格活动的主体,有政府、垄断组织、一般经济组织和行业协会,是四个主体而非"一对一"的两个主体;其价格形式,不仅仅是双方的自由价格形式,而是包括最高限价、最低保护价、政府定价、政府指导价、停止价格和卡特尔协定价格、垄断价格以及不当高价、暴制价格,还有行业协会的参考价格、指导价格等。双方当事人的交易价格,是以上述价格形式进行交易的,交易是自愿的,但不是自由价格。调整包括这样的价格关系的经济活动关系的法,不是民法,而是经济法。这是之所以把调整经济活动的法归属于经济法的原因。

其二,经济活动法的主体主要是国家和国家机关、经济组织和其他社会组织,公民个人不是普遍主体。在当代社会,个人活动还存在着,但被客观地限制在狭小的范围内,如个人消费活动,因遗嘱、继承和婚姻家庭等关系派生的财产活动等等。在经济活动法这里,那种以个人权利为本位,通过商品交换来实现权利的活动的法,只是一种补充或例外。

其三,经济活动法与国家的经济目的相联系。由于经济活动置于国民经济体系化和经济国际化环境中,因而进行脱离国家经济目的经济活动是不可想象的。国家的经济目的渗透于具体经济活动中,经济组织的自身经济目的赖于与国家经济目的的统一而实现。从这个意义上说,经济活动法是协调国家经济目的与经济组织经济目的关系的法。传统民法或民事交易法,是以实现"个人意思自治"、"企业自治"的法,它排斥国家对"人"的交易活动的管理和调节,其基本立法理念是:"个人意思自治就是法律",而经济活动法则不是。

其四,经济活动法所调整的经济活动,不限于交易关系、不限于这种关系中的买卖活动。当代经济活动,是产、供、销一条龙活动,这是包括生产、供应在内的活动;而且,在这种活动中,相当普遍地存在着企业的组织经济的活动。由地区的、国内的单一商品的买卖过渡到多产品、多劳务的跨行业、跨国的经济活动,无论如何离不开经济活动中的组织活动,这种经济上的组织活动,传统民法无能为力。

综上所述,那种认为经济活动是"民事活动"、"交易活动"或"买卖活动",调整经济活动的法是民法或民事交易法的认识,是不符合当代实际的。在当代经济活动中,正是在所谓“平等主体”的交易关系领域,其法律调整体现了经济法调整的属性。

三、经济活动法的分类

经济活动十分复杂,范围广泛,主体各异,手段多种多样,而且随着社会经济的发展不断产生出新的经济活动形式。在这种情况下,对经济活动法进行分类是困难的。这里,按经济活动的基本方式分为商品贸易活动法、服务活动法、技术活动法和劳务活动法等。

(一) 商品贸易活动法

商品贸易活动,是经济主体的基本经济活动。商品贸易的范围很广,国家往往对某些重要的商品货币贸易予以特别规范,以引导国民经济的健康发展。

商品贸易活动法主要包括物资法、房地产法、商标法、票据法、招标投标法以及价格法、合同法等。

(二) 服务活动法

服务活动是经济主体进行的各类服务性活动。服务活动是伴随着商品贸易的发展而逐步发展起来的。与商品贸易活动不同,服务活动不是直接的商品交换活动,而是这种商品交换活动的辅助补充性活动。从总体上说,它是为基础产业、加工产业提供服务的活动。

相应的服务活动法主要包括金融法、证券法、期货法、保险法、广告法,以及交通运输法、邮电法和旅游法等。

(三) 技术活动法

技术活动是经济主体取得技术权利并进行技术商品交易的活动。关于产品、工艺、材料及其方法等技术的开发、转让、咨询、服务等活动,都是技术活动。

技术活动法主要包括专利法、非专利技术法、科技促进法等。

(四) 劳务活动法

劳务活动是劳动力流动与使用的活动。这种劳务活动,表现为劳动者个人的劳务活动与劳务使用者的活动、劳动者集体与用人单位的活动,以及劳务市场上的劳务提供者、劳务需求者、劳务关系协调者的活动。在社会主义条件下,劳动者不是客体,劳动者的劳动力不是商品,不得进行买卖,而劳动者通过自己的劳务进行创造社会财富的活动有一定使用价值。因此,劳务活动的对价与劳动力的价格,是有根本区别的。

劳务活动法主要包括就业促进法、劳动报酬法、劳动保险法等。

第二节　经济活动法的体系

法律法规形式的经济活动法,包括商品贸易活动法、服务活动法、技术活动法和劳务活动法。商品贸易活动、服务活动、技术活动与劳务活动是密不可分的,调整这四类经济活动的法也是密不可分的。这一立法的有机整体,便构成经济活动法的体系。

一、商品贸易活动法

商品贸易是实物形态的贸易。在高科技发展时代,商品贸易的地位虽有所变化,但其仍然是贸易体系的基础。商品贸易活动法也是贸易法的基础。

(一) 物资法

物资法,是规范事关国民经济运行全局性的重要生产资料的经营活动的法律制度。

目前,我国尚无有关物资采购的法律和行政法规,只有部委办颁布的部门规章,如《国有工业企业物资采购管理暂行规定》、《铁路物资采购、供应的暂行规定》、《发挥电力系统物资主渠道作用,加强物资采购管理工作的意见》。有关政府采购的行政规章有《关于在国务院各部门机关试行政府采购意见的通知》、《政府采购管理暂行办法》、《政府采购招标投标管理暂行办法》和《政府采购合同监督暂行办法》。

有关种子经营的法律有 2000 年 7 月 8 日第九届全国人大常委会第十六次会议通过的《中华人民共和国种子法》,以及部委办颁布的部门规章,主要有《农作物种子生产经营管理暂行办法》、《农作物种子检验管理办法(试行)》、《进出口农作物种子(苗)管理暂行办法》、《果树种子苗木管理暂行办法(试行)》、《关于设立外商投资农作物种子企业审批和登记管理的规定》、《林木种子检验管理办法》、《关于加强肥料、农药、种子市场管理的通知》、《关于进一步加强肥料、农药、种子管理的通知》。

有关肥料经营的行政法规有 1992 年 10 月 25 日国务院发布的《关于加强化肥、农药、农膜经营管理的通知》、1998 年 11 月 16 日国务院发布的《关于深化化肥流通体制改革的通知》,以及部委办颁布的部门规章,主要有《关于进一步加强有机肥料工作的通知》、《关于加强肥料、农药、种子市场管理的通知》、《关于进一步加强肥料、农药、种子管理的通知》、《关于肥料、土壤调理剂及植物生长调节剂检验登记的暂行规定》。

有关农药经营的行政法规及部委办颁布的部门规章,主要有《关于化肥、农药、农膜实行专营的决定》、《关于加强农药管理严厉打击制造、销售假劣农药活动的通知》、《关于完善化肥、农药、农膜专营办法的通知》、《关于进一步做好化肥、农药、农膜专营办法的通知》、《关于加强农药、兽药管理的通知》、《关于加强化肥、农药、农膜经营管理的通知》、《关于加强肥料、农药、种子市场管理的通知》、《关于进一步加强肥料、农药、种子管理的通知》、《农药管理条例》、《农药管理条例实施办法》。

（二）房地产法

房地产法，是指规范房地产开发、交易和监管活动的法律制度。房地产业是国民经济发展的基础产业。房地产项目资金多、成本高、期限长、风险大，对国民经济运行具有重大影响。防范房地产泡沫化和非理性发展，应是房地产立法的重要任务。

目前，国家有关房地产的法律和行政法规主要有1994年7月5日第八届全国人大常委会第八次会议通过的《中华人民共和国城市房地产管理法》、1983年12月17日国务院发布的《城市私有房屋管理条例》、1990年12月31日国务院发布的《城市房屋拆迁管理条例》、1998年7月20日国务院发布的《城市房地产开发经营管理条例》，以及部委办颁布的部门规章，主要有《城市危险房屋管理规定》和《城市地产毗连房屋管理规定》、《城市房屋修缮管理规定》、《房地产开发企业资质管理规定》、《城市公有房屋管理规定》、《城市房屋租赁管理办法》、《城市房地产转让管理规定》、《城市房地产中介服务管理规定》、《城市房地产抵押管理办法》、《城市房屋权属登记管理办法》、《房地产估价注册管理办法》、《已购买公有住房和经济适用住房上市出售管理暂行办法》和《城镇廉租住房管理办法》、《房地产开发企业资质管理规定》、《住房置业担保管理试行办法》、《工程建设项目招标代理机构资格认定办法》和《房屋建筑工程质量保修办法》、《商品房销售管理办法》等。上述法律、法规和部门规章确立了我国房地产开发、房地产转让、房地产抵押、房屋租赁、房地产中介服务等制度。

（三）商标法

商标法是规范商标的注册、使用、管理等活动的法律制度。

目前，国家有关商标的法律和行政法规主要有1982年8月23日第五届全国人大常委会第二十四次会议通过、1993年2月22日第七届全国人大常委会第三十次会议第一次修正、2001年10月27日第九届全国人大常委会第二十四次会议第二次修正的《中华人民共和国商标法》，2002年8月3日国务院颁布的《中华人民共和国商标法实施条例》，以及《集体商标、证明商标注册和管理办法》、《驰名商标认定和管理暂行规定》、《商标印制管理暂行办法》、《商标评审规则》等若干部门规章。上述法律、行政法规和部门规章确立了我国商品商标、服务商标、集体商标、证明商标等、商标注册、商标核转、商标评审、商标评估、商标代理、商标续展、商标保护制度等。

(四) 票据法

票据法,是规范票据活动的法律制度。

目前,国家有关票据的法律有1995年5月10日第八届全国人大常委会第十三次会议通过、2004年8月28日第十届全国人大常委会第十一次会议修正的《中华人民共和国票据法》,以及《票据管理实施办法》和《支付结算办法》等部门规章。上述法律和部门规章,规定了汇票、本票和支票票据的法定类型,同时规定了票据法律关系以及各种票据行为,如出票、背书、承兑、保证、付款、追索等要件、程序、效力等。

(五) 价格法

价格法,是规范价格活动的法律制度。价格法是贯彻执行国家的价格方针、政策,加强价格管理,保持市场价格的基本稳定,安定人民生活的重要法律保障。价格法是行为法,一般不属于经济调控法范畴,只是在"物价上涨率"的调控上具有一定宏观调控功能,而这种调控是各相关立法相互作用的结果。

为了促进社会主义有计划商品经济的发展,国务院于1987年9月11日颁布了《中华人民共和国价格管理条例》。该条例规定了国家对价格管理采取直接管理和间接控制相结合的原则,并实行国家定价、国家指导价和市场调节价三种价格形式。该条例分总则、价格的制定和管理、价格管理职责、企业的价格权利和义务、价格监督检查、罚则、附则等七章。《中华人民共和国价格法》由第八届全国人大常委会第二十九次会议于1997年12月29日通过,自1998年5月1日起施行。该法的立法宗旨是,规范价格行为,发挥价格合理配置资源的作用,稳定市场价格总水平,保护消费者和经营者的合法权益,促进社会主义市场经济健康发展。它包括总则、经营者的价格行为、政府的定价行为、价格总水平调控、价格监督检查、法律责任、附则等七章。《价格法》颁行后,《价格管理条例》自行失效。

二、服务活动法

服务活动法是一个范围很广的概念。对作为经济活动法的服务活动法,这里仅就其中主要的法律、法规归纳说明。

(一) 金融法

金融法,是规范资金融通活动的法律制度。从经济活动的角度概括金融活动,应当是信贷、现金收支和使用、金银贵金属购售,以及与资金通融业务直接关联的证券、期货等活动。在这里,货币发行与流通、金融机构、银行管理等活动,则不包含在金融活动之中。就是说,对于广义的金融法来说,货币法属于经济调节法范畴,信贷法属于经济活动法范畴,金融机构法属于经济组织法范畴。因此,由经济学而来的"金融"概念,在法学上,"金融法"是上述三部分法的总称。研究法律调整问题,应当按其法律制度的不同性质和特征进行分类,并确定其归属。在金融法的制度构成中,只有货币法才具有经济调节功能,因而不能笼统地说金融法属于宏观调控法。此外,银行法属于经济组织法,它确定银行的法律地位和业务范畴,不具有宏观调控功能。而且,对于银行也不能仅仅理解为"发票子"。在新中国建立以来各个历史时期,银行从来都是有货币发行、信贷及机构设置和管理等诸多功能的。只是在现代国家,银行由中央银行、国策银行和商业银行等功能各异的银行组成。目前,我国这三类银行业已分别设立。

目前,调整银行资金活动的法律有1995年5月10日第八届全国人大常委会第十三次会议通过、2003年12月27日第十届全国人大常委会第六次会议修正的《中华人民共和国商业银行法》、部门规章《支付结算办法》等。为了防范金融风险,整顿金融秩序,发布了《非法金融机构和非法金融业务活动取缔办法》、《金融违法行为处罚办法》等部门规章。上述法律、行政法规和部门规章确立了我国金融体制改革的方向、金融改革的具体措施以及中国人民银行的法律地位、法定职责、组织机构、法定货币、业务执行、金融监管及商业银行的法律地位、业务范围、组织机构、存贷规则、业务监管、银行支付结算手段、结算方式、结算纪律等制度。《现金管理暂行条例》、《现金管理暂行条例实施细则》、《大额现金支付登记备案规定》等行政法规和部门规章,确立了现金流通的原则、数量、程序、监管等;行政法规《金银管理条例》、部门规章《金银管理条例施行细则》,确立了金银收购、金银配售、金银进出国境、经营主体等制度。

(二)证券法

证券法是规范证券的发行、交易和监管活动的法律制度。证券是现代经济条件下财产实物形态与权利形态相互分离的产物。目前,我国证券法所规范的证券种类为股票、公司债券和国务院依法认定的其他证券。

目前,国家有关证券的法律和行政法规有1998年12月29日第九届全国人大常委会第六次会议通过、2004年8月28日第十届全国人大常委会第十一次会议和2005年10月27日第十届全国人大常委会第十八次会议修正的《中华人民共和国证券法》、2003年10月28日全国人大常委会通过的《中华人民共和国证券投资基金法》,1993年4月22日国务院通过的《股票发行与交易管理暂行条例》。部门规章有《证券投资基金管理暂行办法》、《可转换公司债券管理暂行办法》、《关于严禁操纵证券市场行为的通知》、《证券市场禁入暂行规定》、《证券投资基金信息披露指引》、《关于进一步加强证券公司监管的若干意见》、《证券投资咨询机构检查制度》、《开放式证券基金试点办法》、《证券公司检查办法》、《上市公司新股发行管理办法》、《上市公司检查办法》、《上市公司发行可转换公司债券实施办法》等。上述法律、法规和部门规章确立了我国证券发行、证券上市、信息披露、交易禁止、上市收购以及证券交易服务等制度。

（三）期货法

期货法是规范期货交易和监管活动的法律制度。期货活动是买进或卖出在将来时间交易的商品、通货或金融工具的活动。因为期货市场的期权交易的标的一般是通货或其他金融工具，期权合同可以在证券市场转让，故期货活动可属于服务活动。

目前，国家有关期货交易的行政法规有2007年3月6日国务院发布的《期货交易管理条例》、1998年8月1日国务院发布的《关于进一步整顿和规范期货市场的通知》。部门规章有《期货经纪公司登记管理暂行办法》、《期货业从业人员资格管理办法》、《期货经纪公司管理办法》和《期货经纪公司高级管理人员任职资格管理办法》等。上述行政法规和部门规章确立了我国期货交易的期货交易所、期货经纪公司、期货业从业人员资格、期货投资咨询、市场禁止进入、期货市场监管等制度。

（四）保险法

保险法是规范商业保险活动的法律制度。商业保险活动，是投保人根据合同约定，向保险人支付保险费，保险人对于合同约定的可能发生的事故因其发生所造成的财产损失承担赔偿保险金责任活动。

目前，国家有关商业保险的法律有1995年6月30日第八届全国人大常委会第十四次会议通过、2002年10月28日第九届全国人大常委会第三十次会议和2009年2月28日第十一届全国人大常委会第七次会议修正的《中华人民共和国保险法》。部门规章有《保险代理人管理规定》（试行）、《保险经纪人管理规定》（试行）、《保险机构高级管理人员任职资格管理暂行规定》。上述法律、法规和部门规章确立了我国商业保险的种类、保险组织、保险经营、保险代理、保险经纪等制度。

三、技术活动法

技术，是关于制造某种产品、应用某一工序和提供某项服务所需要的知识系统，而这种知识系统必须是能够用文字、图表等表达的，也必须是能够传授的。技术活动法是规范上述技术活动的法律制度。

（一）专利法

专利法，是规范发明、实用新型和外观设计等专利技术的申请、审查、批准和实施等活动的法律制度。

目前，国家有关专利的法律有1984年3月12日第六届全国人大常委会第四次会议通过、1992年9月4日第七届全国人大常委会第二十七次会议第一次修正、2000 年 8 月 25 日第九届全国人大常委会第十七次会议第二次修正、2008 年 12 月 27 日第十一届全国人大常委会第六次会议第三次修正的《中华人民共和国专利法》。2001 年 6 月 15 日国务院发布、2002 年 12 月 28 日和 2010 年 1 月 9 日修订了行政规章《中华人民共和国专利法实施细则》以及《专利代理条例》等若干部门规章。上述法律和部门规章确立了专利权的类型、专利权的内容、专利权的期限、专利权的终止和专利权的无效、专利权的授予条件、专利申请和专利代理、专利申请的审查和批准、专利的实施和实施许可、专利权的转让、不视为侵犯专利权的行为、专利实施强制许可、专利实施计划许可以及专利权的保护范围、保护手段等内容。

(二) 科技促进法

科技促进法,是规范科学技术进步的法律制度。为促进科技进步,保障科技与经济和社会协调发展,科技促进法在科技组织、科技资金、科技成果推广、科技评价、科技奖励以及科技创新、高新技术发展等方面作出规定。

国家有关促进科技进步的行政法规和部门规章主要有:《中华人民共和国科学技术进步条例》、《中华人民共和国发明奖励条例》、《科学技术成果鉴定办法》、《关于推广国营企业技术进步的若干暂行规定》。

四、劳务活动法

劳务活动法,是规范劳动力流动与使用的法律制度。它旨在培育适应社会发展需要的新型劳动者,推动人才的合理流动,实现劳务资源的合理配置。有关劳务活动的法律制度主要有就业促进制度、职业培训制度、劳动合同与集体合同制度、工作时间和休息休假制度、工资制度、劳动保护制度、社会保险制度等。

有关劳务活动的基本法,是 1994 年 7 月 5 日第八届全国人大常委会第八次会议通过的《中华人民共和国劳动法》。关于《劳动法》的部门规章,有《关于贯彻执行〈中华人民共和国劳动法〉若干问题的意见》、《违反〈中华人民共和国劳动法〉行政处罚办法》。

(一) 就业促进法

就业促进法,是规范劳动者劳动就业,获得工作职业并取得劳动报酬的法律制度。

目前关于促进劳动就业的法律有 1998 年 12 月 29 日全国人大常委会《关于批准〈准予就业最低年龄公约〉的决定》、部门规章《就业训练规定》、《关于全面实施〈再就业工程〉的通知》、《劳动力市场管理规定》等。

(二) 劳动报酬法

劳动报酬法,是规范劳动报酬的法律制度。它规定劳动报酬的形式、最低工资标准、特殊情况下劳动报酬的支付等。

目前我国没有关于劳动报酬的法律和行政法规，只有部门规章，如《企业最低工资规定》、《关于实施最低工资保障制度的通知》、《工资支付暂行规定》、《工资集体协商试行办法》、《最低工资规定》。

(三) 劳动保险法

劳动保险法，是规范劳动者在年老、疾病、失业等情况下获得国家、集体或社会一定物质帮助的法律制度。

目前我国关于劳动保险的行政、法规主要有1997年7月16日国务院发布的《关于建立统一的企业职工基本养老保险制度的决定》、1998年12月14日国务院发布的《关于建立城镇职工基本医疗保险制度的决定》、1999年1月22日国务院发布的《失业保险条例》。部门规章有《失业保险金申领发放办法》。

第三节　基本法律制度

经济活动法律制度，既包括集中分布于法律法规形式中的法律制度，也包括其他法律法规中属于经济活动法的法律制度。其规范经济活动的基本法律制度，一般有物资流通法律制度、房地产开发法律制度、价格法律制度、资金融通法律制度、期货交易法律制度、证券发行和交易法律制度、保险法律制度、票据法律制度、专利法律制度、商标法律制度、劳动法律制度。

一、物资流通法律制度

物资通常包括原材料、燃料、辅料、零部件、设备、配件、办公用品、劳动保护用品以及其他物资等。物资流通法律制度，主要是以关系到国计民生的重要物资流转而建立起来的法律制度。这里分为物资采购制度和物资经营制度分别阐述。

(一) 物资采购制度

物资采购制度是规范物资采购过程中决策、价格监督、质量检验等方面的制度。

1. 企业采购制度

目前，我国国有工业企业实行物资采购管理制度。国有交通运输、建筑安装、地质勘探、商业、外贸、邮电、水利、科技等企业参照国有工业企业实行物资采购管理制度。企业应当按照科学有效、公开公正、比质比价、监督制约的原则，建立健全采购管理的各项制度，防止采购过程中的不正当行为发生。

(1) 决策制度

企业应当建立健全物资采购决策程序，根据采购物资类别和金额的大小，实行分级分权管理，明确各级管理者、各有关部门及人员的权限。除特殊情况外，企业主要原材料及其他金额较大物资采购的重大事项，应当由厂长、经理、副厂长、副经理和相关部门负责人通过会议或其他形式实行集体决策。企业应当加强对采购物资价格、质量、数量的监督，可设立专门机构履行监督职能，不设专门机构的，应当明确行使监督职能的部门或人员。企业各级管理者对其审批的物资采购负有审查、监督责任。

（2）比质比价采购制度

企业应当广泛收集采购物资的质量、价格等市场信息，掌握主要采购物资信息变化。采购部门和采购人员应当根据市场信息做到比质、比价采购。除仅有唯一供货单位或企业生产经营有特殊要求外，企业主要物资的采购应当选择两个以上的供货单位，从质量、价格、信誉等方面择优进货。企业主要物资采购及有特殊要求的物资采购，应当审查供货单位资格；对已确定的供货单位，应当及时掌握其质量、价格、信誉变化情况。企业大宗原燃辅料的采购、基建或技改项目主要物资的采购以及其他金额较大的物资采购等，具备招标采购条件的，应尽量实行招标采购。

（3）采购价格监督制度

企业行使价格监督职能的部门或人员，应当严格履行职责，监督采购价格，控制采购成本。企业主要物资应当经价格监督部门事前进行价格审核，物资采购部门应当在价格监督部门审核的价格内进行采购，特殊情况除外。企业行使价格监督职能的部门或人员应当对所采购的主要物资的价格单据等进行审核，对未在审核价格内进行采购损害企业利益的，应及时向企业经营者或有关主管人员反映并提出处理意见。企业行使价格监督职能的部门或人员应当及时了解、掌握主要采购物资的市场价格，并对其审核的物资采购价格承担相应责任。

（4）质量检验监督制度

企业应当对采购物资进行质量检验或验证，所采购物资未经质量检验或验证不能办理正式入库和结算手续，特殊情况除外。企业对采购物资质量检验或验证时，可能影响公正检验的部门和单位不得介入。企业应当根据生产经营需要完善必要的质量、计量检测条件。不具备检测条件的企业需要对所采购物资进行检验的，可以委托检验或要求供货单位出具国家认定的检测机构的质量检验报告。对主要采购物资，企业可以根据需要留样存档，并进行复检。

2. 政府采购制度

政府采购，是政府机关以购买、租赁、委托或雇用等方式获取货物、工程和服务的活动。政府采购应当遵循公开、公平、公正、效益及维护公共利益的原则。未经批准，采购机关不得采购外国货物、工程和服务。政府采购主体包括采购机关和供应商。

采购机关分为集中采购机关和非集中采购机关。集中采购机关负责下列政府采购事务：统一组织纳入集中采购目录的政府采购项目；组织由财政拨款的大型政府采购项目；受其他采购机关的委托，代其采购或组织招标投标事宜；办理财政部门交办的其他政府采购事务。采购机关可以委托具备政府采购业务代理资格的社会中介机构承办政府采购具体事务。

（1）采购方式制度

政府采购采用公开招标、邀请招标、竞争性谈判、询价、单一来源等采购方式。

公开招标采购，是采购机关或其委托的政府采购业务代理机构（统称招标人）以招标公告的方式邀请不特定的供应商（统称投标人）投标的采购方式。邀请招标采购，是招标人以投标邀请书的方式邀请若干特定的供应商投标的采购方式。竞争性谈判采购，是采购机关直接邀请若干家以上的供应商就采购事宜进行谈判的采购方式。询价采购，是对若干家以上的供应商提供的报价进行比较，以确保价格具有竞争性的采购方式。单一来源采购，是采购机关向供应商直接购买的采购方式。

除法律规定外，达到财政部及省级人民政府规定的限额标准以上的单项或批量采购项目，应实行公开招标采购方式或邀请招标采购方式。达到限额标准以上的单项或批量采购项目，属于下列情形之一的，经财政部门批准，可以采用竞争性谈判采购方式：招标后，没有供应商投标或者没有合格标的；出现了不可预见的急需采购，而无法按招标方式得到的；投标文件的准备需较长时间才能完成的；供应商准备投标文件需要高额费用；对高新技术含量有特别要求的；财政部门认定的其他情形。达到限额标准以上的单项或批量采购的现货，属于标准规格且价格弹性不大的，经财政部门批准，可以采用询价采购方式。达到限额标准以上的单项或批量采购项目，属于下列情形之一的，经财政部门批准，可以采取单一来源采购方式：只能从特定供应商处采购，或供应商拥有专有权，且无其他合适替代标的；原采购的后续维修、零配件供应、更换或扩充，必须向原供应商采购的；原招标目的范围内，补充合同的价格不超过原合同价格一定比例的工程，必须与原供应商签约的，预先声明需对原有采购进行后续扩充的；采购机关有充足理由认为只有从特定供应商处进行采购，才能促进实施相关政策目标的；从残疾人、慈善等机构采购的等。

（2）采购监督制度

财政部门应当加强对政府采购的监督检查。监督检查包括以下主要内容：有关政府采购的法律、法规和政策的执行情况；政府采购项目预算的执行情况；政府采购的采购标准、采购方式和采购程序的执行情况；政府采购合同的履行情况；其他应当监督检查的内容。被监督检查的单位和个人应当如实反映情况，提供有关材料。财政部门发现正在进行的政府采购严重违反规定，可能给国家、社会公众和当事人利益造成重大损害或导致采购无效的，应当责令采购机关停止采购，并及时作出处理。

采购机关应当对采购合同的标的组织验收，根据验收结果，在验收结算书上签署意见并报送财政部门。财政部门根据采购合同对验收结算书进行审核，符合规定的，办理采购资金的拨款手续。国有资产管理部门应当加强对新增国有资产的管理，及时办理新增资产的登记。

政府采购当事人认为自己的合法权益受到损害，可以向财政部门提出书面投诉。政府采购应当接受审计、监察等部门以及社会的监督。任何单位和个人有权对政府采购中的违法行为进行控告和检举，财政部门及有关部门应当及时进行处理。

（二）物资经营制度

物质经营制度，是规范物资的经营、使用、处理等方面的法律制度。由于我国工业用生产资料的经营已经放开，因而这里主要阐释农业生产资料经营的法律制度。

1. 种子经营制度

种子是农作物和林木的种植材料或者繁殖材料，包括籽粒、果实和根、茎、苗、芽、叶等。国家规范品种选育和种子生产、经营、使用行为，维护品种选育者和种子生产者、经营者、使用者的合法权益，提高种子质量水平，推动种子产业化，促进种植业和林业的发展。

（1）种质资源保护制度

种质资源是选育新品种的基础材料，包括各种植物的栽培种、野生种的繁殖材料以及利用上述繁殖材料人工创造的各种植物的遗传材料。种质资源受国家保护。国家有计划地搜集、整理、鉴定、登记、保存、交流和利用种质资源，定期公布可供利用的种质资源目录。中央和地方建立种质资源库、种质资源保护区或者种质资源保护地。国家对种质资源享有主权，进出国境需严格依程序进行。

（2）品种选育与审定制度

国家组织有关单位进行品种选育理论、技术和方法的研究。国家鼓励和支持单位、个人从事良种选育和开发。国家实行植物新品种保护制度。对转基因植物品种的选育、试验、审定和推广应当进行安全性评价，并采取严格的安全控制措施。主要品种在推广应用前应通过国家或省级鉴定。

（3）种子生产制度

主要农作物和主要林木的商业种子生产实行许可制度。种子生产许可证应当注明生产种子的品种、地点和有效期限等项目。禁止伪造、变造、买卖、租借种子生产许可证;禁止任何单位和个人无证或者未按照许可证的规定生产种子。商品种子生产应当执行种子生产技术规程和种子检验、检疫规程。

(4) 种子经营制度

种子经营实行许可制度。种子经营许可证实行分级审批发放制度。国家鼓励和支持科研单位、学校、科技人员研究开发和依法经营、推广新品种。种子经营许可证应当注明种子经营范围、经营方式及有效期限、有效区域等项目。禁止任何单位和个人无证或未按照许可证的规定经营种子。

(5) 种子使用制度

种子使用者有权按照自己的意愿购买种子,任何单位和个人不得非法干预。国家投资或者国家投资为主的造林项目和国有林业单位造林,应当根据林业行政主管部门制定的计划使用林木良种。国家对推广使用良种营造防护林、特种用途林给予扶持。种子使用者因种子质量问题遭受损失的,出售种子的经营者应当予以赔偿。

2. 化肥经营制度

化肥是国家重要的农用生产资料。目前,国家对化肥流通的管理由直接计划管理为主改为间接管理为主,发挥市场配置化肥资源的基础性作用。取消国产化肥指令性生产计划和统配收购计划,由化肥生产和经营企业自主进行购销活动。鼓励化肥生产企业和经营企业建立稳定的产销关系,化肥生产企业既可以与化肥经营企业直接签订购销合同,也可以实行销售代理。取消指令性计划后,为避免市场的盲目性,国家计委仍应会同有关部门搞好全国化肥的总量平衡和宏观调控,进行必要的省际间产需平衡衔接,协调大型化肥生产企业和缺肥地区的供需关系。

(1) 化肥购销制度

拓宽化肥流通渠道,扩大企业经营自主权。化肥生产企业可以将自产化肥销售给各级农资公司和农技推广站、土肥站、植保站(简称农业"三站")及以化肥为原料的企业,也可以设点直接销售给农民。农业"三站"经营的化肥可以从各级农资公司进货,也可以直接从化肥生产企业进货,可以将化肥供应到具有技术服务项目的单位,也可以直接销售给农民。保留现行允许农垦、林业、烟草、军队系统在本系统内销售化肥的做法,其化肥来源可以委托农资公司代购,也可以从化肥生产企业自行采购。赋予中国化工进出口总公司化肥内贸经营权。除上述单位外,其他单位和个人不得从事化肥批发业务,通过适度竞争,促进化肥经营单位加强内部管理,减少流通环节,降低流通费用,强化服务功能,从单一经营型向服务经营型转变。同时鼓励化肥生产、经营企业打破系统和行业界限,通过发展工商联营、组建集团等多种形式的联合,优势互补,共同做好化肥产销工作。

（2）化肥定价制度

建立政府指导下市场形成价格的机制。化肥出厂价格由政府定价改为政府指导价。国家计委只对大型氮肥企业生产的化肥制定中准出厂价和上下浮动幅度，供需双方可在浮动幅度内根据淡、旺季及市场情况协商确定具体价格。中准出厂价根据化肥生产成本和市场供求的变化适时进行调整。放开化肥零售价格，必要时省级物价部门可以对部分品种规定最高限价。

（3）化肥进口制度

各种贸易方式和渠道进口化肥均纳入进口配额管理。国家经贸委根据总量平衡、资源配置和优化品种结构的要求，安排全国化肥进口，中央进口化肥计划下达给供销总社和有关部门，各部门不能对进口化肥指标自行调剂。适当增加化肥进口代理渠道，除中国化工进出口总公司外，赋予中国农业生产资料集团公司化肥进口代理经营权。进口化肥代理手续费，不得高于国家计委核定的标准。外经贸部应加强化肥进口代理企业的业务指导和协调管理。有关银行要积极筹措资金，为进口单位及时发放贷款。

（4）救灾化肥储备制度

化肥是常年生产、季节使用的产品。国家通过中准出厂价和浮动幅度的指导性价格政策，使化肥保持合理的淡、旺季价差，以鼓励生产、经营企业和农户淡季储存化肥。国有商业银行对所需贷款应予以支持。全国化肥市场如出现大的波动，由国家计委会同有关部门研究提出应对措施上报国务院，经批准后组织实施。为解决救灾用肥的应急需要，建立中央救灾化肥年度储备制度。

（5）优惠制度

国家支持化肥生产和流通。有关部门应优先保证、均衡供应化肥生产所需石油、天然气、煤炭、矿石、电力等原材料和能源；铁路、交通、港口等单位应优先保证化肥及其原材料的运输，并对有经营资格的单位调运农用化肥和磷矿石实行优惠运价。对化肥生产、经营和国内短缺品种进口继续实行税收优惠政策。国有商业银行在规定的企业资产负债比例之内，优先安排化肥生产、经营所需资金，要与生产、经营单位密切配合，加强资金管理，防止挤占挪用。

3. 农药经营制度

农药是用于预防、消灭或者控制危害农业、林业的病、虫、草和其他有害生物以及有目的地调节植物、昆虫生长的化学合成或者来源于生物、其他天然物质的一种物质或者几种物质的混合物及其制剂。国家鼓励和支持研制、生产和使用安全、高效、经济的农药。

（1）农药登记制度

国家实行农药登记制度。生产（包括原药生产、制剂加工和分装）农药和进口农药，必须进行登记。国内首次生产的农药和首次进口的农药按照田间试验、临时登记、正式登记三阶段进行登记。经正式登记和临时登记的农药，在登记有效期限内改变剂型、含量或者使用范围、使用方法的，应当申请变更登记。

（2）农药生产制度

农药生产应当符合国家农药工业的产业政策。国家实行农药生产许可制度。生产有国家标准或者行业标准的农药的，应当向国务院化学工业行政管理部门申请农药生产许可证。生产尚未制定国家标准、行业标准但已有企业标准的农药的，应当经省、自治区、直辖市化学工业行政管理部门审核同意后，报国务院化学工业行政管理部门批准，发给农药生产批准文件。农药生产企业应当按照农药产品质量标准、技术规程进行生产，生产记录必须完整、准确。农药产品出厂前，应当经过质量检验并附具产品质量检验合格证；不符合产品质量标准的，不得出厂。

（3）农药购销制度

供销合作社的农业生产资料经营单位、植物保护站、土壤肥料站、农林技术推广机构、森林病虫害防治机构、农药生产企业、国务院规定的其他经营单位可以经营农药。农药经营单位应当具备法定条件，领取营业执照后，方可经营农药。农药经营单位购进农药，应当将农药产品与产品标签或者说明书、产品质量合格证核对无误，并进行质量检验。

禁止收购、销售无农药登记证或者农药临时登记证、无农药生产许可证或者农药生产批准文件、无产品质量标准和产品质量合格证和检验不合格的农药。

农药经营单位应当按照国家有关规定做好农药储备工作。贮存农药应当建立和执行仓储保管制度，确保农药产品的质量和安全。农药经营单位销售农药，必须保证质量，农药产品与产品标签或者说明书、产品质量合格证应当核对无误。

（4）农药使用制度

县级以上各级人民政府农业主管部门应当根据“预防为主，综合防治”的植保方针，组织推广安全、高效农药，开展培训活动，提高农民施药技术水平，并做好病虫害预测预报工作。使用农药应当遵守农药防毒规程，正确配药、施药，做好废弃物处理和安全防护工作，防止农药污染环境和农药中毒事故。使用农药应当遵守国家有关农药安全、合理使用的规定，按照规定的用药量、用药次数、用药方法和安全间隔期施药，防止污染农副产品。使用农药应当注意保护环境、有益生物和珍稀物种。严禁用农药毒鱼、虾、鸟、兽等。

（5）农药违禁制度

任何单位和个人不得生产未取得农药生产许可证或者农药生产批准文件的农药。任何单位和个人不得生产、经营、进口或者使用未取得农药登记证或者农药临时登记证的农药。进口农药应当遵守国家有关规定，货主或者其代理人应当向海关出示其取得的中国农药登记证或者农药临时登记证。

禁止生产、经营和使用以非农药冒充农药或者以此种农药冒充他种农药的以及所含有效成分的种类、名称与产品标签或者说明书上注明的农药有效成分的种类、名称不符的假农药。禁止生产、经营和使用不符合农药产品质量标准的、失去使用效能的、混有导致药害等有害成分的劣质农药。禁止经营产品包装上未附标签或者标签残缺不清的农药。未经登记的农药,禁止刊登、播放、设置、张贴广告。农药广告内容必须与农药登记的内容一致,并依照广告法和国家有关农药广告管理的规定接受审查。

任何单位和个人不得生产、经营和使用国家明令禁止生产或者撤销登记的农药。禁止销售农药残留量超过标准的农副产品。

二、房地产开发法律制度

在西方国家,房地产制度就是房地产买卖制度,是民法制度。由于我国用于出让的是土地使用权而非所有权,因而不适用传统的民事原则。"开发"是指利用过去没有被利用的自然资源。利用土地资源进行土地使用权的买卖,这是过去不曾发生过的事情,因而称为"房地产开发"。日本学者推而广之,将我国改革开放立法称为"开发法"。房地产开发,是在依法取得国有土地使用权的土地上进行基础设施、房屋建设的活动。房地产开发用地可以通过土地使用权出让和转让两种方式取得。除国家在法律规定的范围内划拨国有土地使用权的外,国家依法实行国有土地有偿、有限期使用制度。

(一) 土地使用权出让、划拨制度

土地使用权出让,是国家将国有土地使用权在一定年限内出让给土地使用者,由土地使用者向国家支付土地使用权出让金的行为。城市规划区内的集体所有的土地,经依法征用转为国有土地后,该国有土地的使用权方可有偿出让。土地使用权出让,必须符合土地利用总体规划、城市规划和年度建设用地计划。土地使用权出让应按照法律规定的条件和程序进行审批,出让可以采取拍卖、招标或者双方协议的方式。土地使用权出让,应当签订书面出让合同。土地使用者必须按照出让合同约定,支付土地使用权出让金;未按照出让合同约定支付土地使用权出让金的,土地管理部门有权解除合同,并可以请求违约赔偿。土地使用权因土地灭失而终止。

土地使用权划拨,是县级以上人民政府依法批准,在土地使用者缴纳补偿、安置等费用后将该幅土地交付其使用,或者将土地使用权无偿交付给土地使用者使用的行为。依法以划拨方式取得土地使用权的,除法律、法规另有规定外,没有使用期限的限制。国家机关用地和军事用地,城市基础设施用地和公益事业用地,国家重点扶持的能源、交通、水利等项目用地,法律、法规规定的其他用

地的土地使用权,确属必需的,可以由县级以上人民政府依法批准划拨。

(二) 房地产开发制度

房地产开发必须严格执行城市规划,按照经济效益、社会效益、环境效益相统一的原则,实行全面规划、合理布局、综合开发、配套建设。

以出让方式取得土地使用权进行房地产开发的,必须按照土地使用权出让合同约定的土地用途、动工开发期限开发土地。房地产开发项目的设计、施工,必须符合国家的有关标准和规范。房地产开发项目竣工,经验收合格后,方可交付使用。

设立房地产开发企业应当具备的条件是:有自己的名称和组织机构;有固定的经营场所;有符合国务院规定的注册资本;有足够的专业技术人员;法律、法规规定的其他条件。设立有限责任公司、股份有限公司,从事房地产开发经营的,还应当执行公司法的有关规定。

房地产开发企业的注册资本与投资总额的比例应当符合国家有关规定。房地产开发企业分期开发房地产的,分期投资额应当与项目规模相适应,并按照土地使用权出让合同的约定,按期投入资金,用于项目建设。

(三) 保障性住房制度

保障性住房制度,是关于"限价商品住房"、"经济适用住房"和"廉租住房"等制度的总称。目前,各地地方政府相继出台了保障性住房管理办法,初步形成了相应的管理制度。

"限价商品住房"供应对象为中等收入住房困难的城镇居民家庭、征地拆迁过程中涉及的农民家庭以及政府规定的其他家庭。申请购买限价商品住房家庭的户籍、收入、住房和资产,均应符合规定的条件;申购程序、房源安排、统筹分配以及上市交易等,均按规定执行。"经济适用住房"供应对象是低收入住房困难家庭,其家庭收入标准根据各地不同情况确定。"廉租住房"供应对象是城市低收入住房困难家庭和城市居民最低生活保障家庭,租金实行政府定价。

三、价格法律制度

国家实行并逐步完善宏观经济调控下主要由市场形成价格的机制。价格的制定应当符合价值规律,大多数商品和服务价格实行市场调节价,极少数商品和服务价格实行政府指导价或者政府定价。市场调节价,是由经营者自主制定,通过市场竞争形成的价格。政府指导价,是依照法律规定,由政府价格主管部门或者其他有关部门,按照定价权限和范围规定基准价及其浮动幅度,指导经营者制定的价格。政府定价,是依照法律规定,由政府价格主管部门或者其他有关部门,按照定价权限和范围制定的价格。

（一）经营者价格制度

商品价格和服务价格，除依照法律规定适用政府指导价或者政府定价外，均实行市场调节价，由经营者依照价格法自主制定。经营者定价，应当遵循公平、合法和诚实信用的原则，定价的基本依据是生产经营成本和市场供求状况。经营者应当努力改进生产经营管理，降低生产经营成本，为消费者提供价格合理的商品和服务，并在市场竞争中获取合法利润。

1. 价格权限制度

经营者进行价格活动，享有的权利有：自主制定属于市场调节的价格；在政府指导价规定的幅度内制定价格；制定属于政府指导价、政府定价产品范围内的新产品的试销价格，特定产品除外；检举、控告侵犯其依法自主定价权利的行为。

2. 价格限制制度

经营者进行价格活动，应当遵守法律、法规，执行依法制定的政府指导价、政府定价和法定的价格干预措施、紧急措施。经营者销售、收购商品和提供服务，应当按照政府价格主管部门的规定明码标价，注明商品的品名、产地、规格、等级、计价单位、价格或者服务的项目、收费标准等有关情况。经营者不得在标价之外加价出售商品，不得收取任何未予标明的费用。

3. 价格违禁制度

经营者不得有不正当价格行为。包括：相互串通，操纵市场价格，损害其他经营者或者消费者的合法权益；在依法降价处理鲜活商品、季节性商品、积压商品等商品外，为了排挤竞争对手或者独占市场，以低于成本的价格倾销，扰乱正常的生产经营秩序，损害国家利益或者其他经营者的合法权益；捏造、散布涨价信息，哄抬价格，推动商品价格过高上涨的；利用虚假的或者使人误解的价格手段，诱骗消费者或者其他经营者与其进行交易；提供相同商品或者服务，对具有同等交易条件的其他经营者实行价格歧视；采取抬高等级或者压低等级等手段收购、销售商品或者提供服务，变相提高或者压低价格；违反法律、法规的规定牟取暴利；法律、行政法规禁止的其他不正当价格行为。

（二）政府价格制度

政府价格，包括政府定价和政府指导价。政府价格制度是基于这两种价格形式建立起来的。

1. 定价权限制度

政府定价，是依照法律规定，由政府价格主管部门或者其他有关部门，按照定价权限和范围制定的价格。对于与国民经济发展和人民生活关系重大的极少数商品价格、资源稀缺的少数商品价格、自然垄断经营的商品价格、重要的公用事业价格和重要的公益性服务价格，在必要时可以实行政府指导价或者政府定价。

政府指导价、政府定价的定价权限和具体适用范围,以中央的和地方的定价目录为依据。中央定价目录由国务院价格主管部门制定、修订,报国务院批准后公布。地方定价目录由省、自治区、直辖市人民政府价格主管部门按照中央定价目录规定的定价权限和具体适用范围制定,经本级人民政府审核同意,报国务院价格主管部门审定后公布。省、自治区、直辖市人民政府以下各级地方人民政府不得制定定价目录。

2. 批准、授权制度

国务院价格主管部门和其他有关部门,按照中央定价目录规定的定价权限和具体适用范围制定政府指导价、政府定价;其中重要的商品和服务价格的政府指导价、政府定价,应当按照规定经国务院批准。省、自治区、直辖市人民政府价格主管部门和其他有关部门,应当按照地方定价目录规定的定价权限和具体适用范围制定在本地区执行的政府指导价、政府定价。市、县人民政府可以根据省、自治区、直辖市人民政府的授权,按照地方定价目录规定的定价权限和具体适用范围制定在本地区执行的政府指导价、政府定价。

3. 价格调整制度

政府指导价、政府定价的具体适用范围、价格水平,应当根据经济运行情况,按照规定的定价权限和程序适时调整。消费者、经营者可以对政府指导价、政府定价提出调整建议。

4. 程序制度

政府价格主管部门和其他有关部门制定政府指导价、政府定价,应当开展价格、成本调查,听取消费者、经营者和有关方面的意见。制定关系群众切身利益的公用事业价格、公益性服务价格、自然垄断经营的商品价格等政府指导价、政府定价,应当建立听证会制度,由政府价格主管部门主持,征求消费者、经营者和有关方面的意见,论证其必要性、可行性。政府指导价、政府定价制定后,由制定价格的部门向消费者、经营者公布。政府指导价、政府定价的具体适用范围、价格水平,应当根据经济运行情况,按照规定的定价权限和程序适时调整。

(三) 价格总水平限制制度

稳定市场价格总水平是国家重要的宏观经济政策目标。国家根据国民经济发展的需要和社会承受能力,确定市场价格总水平调控目标,列入国民经济和社会发展计划,并综合运用货币、财政、投资、进出口等方面的政策和措施,予以实现。

1. 重要商品储备制度

政府可以建立重要商品储备制度,设立价格调节基金,调控价格,稳定市场。

2. 价格监测制度

为适应价格调控和管理的需要,政府价格主管部门应当建立价格监测制度,对重要商品、服务价格的变动进行监测。

3. 价格干预制度

政府在粮食等重要农产品的市场购买价格过低时,可以在收购中实行保护价格,并采取相应的经济措施保证其实现。

当重要商品和服务价格显著上涨或者有可能显著上涨时,国务院和省、自治区、直辖市人民政府可以对部分价格采取限定差价率或者利润率、规定限价、实行提价申报制度和调价备案制度等干预措施。省、自治区、直辖市人民政府采取前款规定的干预措施,应当报国务院备案。

当市场价格总水平出现剧烈波动等异常状态时,国务院可以在全国范围内或者部分区域内采取临时集中定价权限、部分或者全面冻结价格的紧急措施。

四、资金融通法律制度

资金的流通和融资活动,是重要的经济活动。资金融通法律制度实行自愿基础上的国家限制,以求金融稳定。

(一) 资金借贷制度

商业银行业务活动是商业银行存款、贷款、结算等各项经营活动。商业银行是依照商业银行法和公司法设立的吸收公众存款、发放贷款、办理结算等业务的企业法人。商业银行可以经营下列部分或者全部业务:吸收公众存款;发放短期、中期和长期贷款;办理国内外结算;办理票据贴现;发行金融债券;代理发行、代理兑付、承销政府债券;买卖政府债券;从事同业拆借;买卖、代理买卖外汇;提供信用证服务及担保;代理收付款项及代理保险业务;提供保管箱服务;经中国人民银行批准的其他业务。

商业银行以效益性、安全性、流动性为经营原则,实行自主经营,自担风险,自负盈亏,自我约束。商业银行以其全部法人财产独立承担民事责任。

1. 存款制度

商业银行遵循存款自愿、取款自由、存款有息、为存款人保密的原则,办理个人储蓄存款业务。对个人储蓄存款,商业银行有权拒绝任何单位或者个人查询、冻结、扣划,但法律另有规定的除外。对单位存款,商业银行有权拒绝任何单位或者个人查询、冻结、扣划,但法律、行政法规另有规定的除外。商业银行应当按照中国人民银行的规定,向中国人民银行交存存款准备金,留足备付金。商业银行应当保证存款本金和利息的支付,不得拖延、拒绝支付存款本金和利息。

2. 贷款制度

商业银行根据国民经济和社会发展的需要,在国家产业政策指导下开展贷款业务。商业银行贷款,应当对借款人的借款用途、偿还能力、还款方式等情况进行严格审查。商业银行贷款,应当实行审贷分离、分级审批的制度。商业银行贷款,借款人应当提供担保。商业银行应当对保证人的偿还能力,抵押物、质物的权属和价值以及实现抵押权、质权的可行性进行严格审查。商业银行贷款,应当与借款人订立书面合同。合同应当约定贷款种类、借款用途、金额、利率、还款期限、还款方式、违约责任和双方认为需要约定的其他事项。

3. 结算制度

支付结算是单位、个人在社会经济活动中使用票据(银行汇票、商业汇票、银行本票和支票)、信用卡和汇兑、托收承付、委托收款等结算方式进行货币给付及其资金清算的活动。银行(含城市信用合作社、农村信用合作社)是支付结算和资金清算的中介机构。票据和结算凭证是办理支付结算的工具。单位、个人和银行办理支付结算必须遵守恪守信用,履约付款;谁的钱进谁的账,由谁支配;银行不垫款等原则。

(二) 现金使用、收支制度

现金使用、收支制度是规范现金使用范围、收入支出等方面的法律制度。中国人民银行履行金融主管机关的职责,负责对开户银行的现金管理进行监督和稽核。开户银行(银行和其他金融机构)对开户单位(在开户银行开立账户的机关、团体、部队、企业、事业单位和其他单位)收支和使用现金的活动进行监督管理。国家鼓励开户单位和个人在经济活动中,采取转账方式进行结算,减少使用现金。开户单位之间的经济往来,除按有关规定范围可以使用现金外,应当通过开户银行进行转账结算。

1. 现金使用制度

开户单位使用现金的范围是:职工工资、津贴;个人劳务报酬;根据国家规定颁发给个人的科学技术、文化艺术、体育等各种奖金;各种劳保、福利费用以及国家规定的对个人的其他支出;向个人收购农副产品和其他物资的价款;出差人员必须随身携带的差旅费;结算起点以下的零星支出;中国人民银行确定需要支付现金的其他支出。开户银行应当根据实际需要,核定开户单位一定时限的日常零星开支所需的库存现金限额。边远地区和交通不便地区的开户单位的库存现金限额,可以多于一定时限。经核定的库存现金限额,开户单位必须严格遵守。需要增加或者减少库存现金限额的,应当向开户银行提出申请,由开户银行核定。

2. 现金收支制度

开户单位现金收入应当于当日送存开户银行,当日送存确有困难的,由开户银行确定送存时间;开户单位支付现金,可以从本单位库存现金限额中支付或者从开户银行提取,不得从本单位的现金收入中直接支付(即坐支)。因特殊情况需要坐支现金的,应当事先报经开户银行审查批准,由开户银行核定坐支范围和限额。

坐支单位应当定期向开户银行报送坐支金额和使用情况;开户单位从开户银行提取现金,应当写明用途,由本单位财会部门负责人签字盖章,经开户银行审核后,予以支付现金;因采购地点不固定,交通不便,生产或者市场急需,抢险救灾以及其他特殊情况必须使用现金的,开户单位应当向开户银行提出申请,由本单位财会部门负责人签字盖章,经开户银行审核后,予以支付现金。

3. 大额现金支付登记备案制度

为加强现金管理,严格控制大额提现,防止金融犯罪,我国实行大额现金支付登记备案制度。

凡办理现金收付业务的商业银行、城市合作银行、城乡信用社(简称开户银行)都必须建立大额现金支付登记备案制度。实行登记备案的范围限于机关、团体、企业、事业单位、其他经济组织和个体工商户以及外国驻华机构的大额现金支付,工资性支出和农副产品采购现金支出除外。对居民个人提取储蓄存款暂不实行登记备案。大额现金的数量标准由中国人民银行各省、自治区、直辖市分行根据当地开户单位正常、零星的现金支出的实际确定,并报中国人民银行总行备案。开户单位在提取大额现金时,要填写有关大额现金支取登记表格,表格的主要内容应包括支取时间、单位、金额、用途等。开户银行要建立台账、实行逐笔登记,并于季后一定时限内报送中国人民银行当地分支行备案。开户银行对本行签发的超过大额现金标准、注明“现金”字样的银行汇票、银行本票,视同大额现金支付,实行登记备案制度。

(三) 金银购售制度

金银购售制度是规范金银收购、配售、出境等方面的法律制度。

中国人民银行是国家管理金银的主管机关。中国人民银行负责管理国家金银储备;负责金银的收购与配售;会同国家物价主管机关制定和管理金银收购与配售价格;会同国家有关主管机关审批经营(包括加工、销售)金银制品、含金银化工产品以及从含金银的废渣、废液、废料中回收金银的单位,管理和检查金银市场;监督有关法规的实施。国家金银管理的金银范围包括:矿藏生产金银和冶炼副产金银;金银条、块、锭、粉;金银铸币;金银制品和金基、银基合金制品;化工产品中含的金银;金银边角余料及废渣、废液、废料中含的金银。铂(即白金),按照国家有关规定管理。属于金银质地的文物,按照《中华人民共和国文物法》的规定管理。

国家对金银实行统一管理、统购统配的政策。中华人民共和国境内机构的一切金银的收入和支出,都纳入国家金银收支计划。境内机构所持的金银,除经中国人民银行许可留用的原材料、设备、器皿、纪念品外,必须全部交售给中国人民银行,不得自行处理、占有。在中华人民共和国境内,一切单位和个人不得计价使用金银,禁止私相买卖和借贷抵押金银。

1. 金银收购制度

金银的收购,统一由中国人民银行办理。除经中国人民银行许可、委托的以外,任何单位和个人不得收购金银。

从事金银生产单位和个人所采炼的金银,必须全部交售给中国人民银行,不得自行销售、交换和留用。国家鼓励经营单位和使用金银的单位,从伴生金银的矿种和含金银的废渣、废液、废料中回收金银。

境内机构从国外进口的金银和矿产品中采炼的副产金银,除经中国人民银行允许留用的或者按照规定用于进料加工复出口的金银以外,一律交售给中国人民银行,不得自行销售、交换和留用。

个人出售金银,必须卖给中国人民银行。一切出土无主金银,均为国家所有,任何单位和个人不得熔化、销毁或占有。公安、司法、海关、工商行政管理、税务等国家机关依法没收的金银,一律交售给中国人民银行,不得自行处理或者以其他实物顶替。没收的金银价款按照有关规定上缴国库。

2. 金银配售制度

凡需用金银的单位,必须按照规定程序向中国人民银行提出申请使用金银的计划,由中国人民银行审批、供应。中华人民共和国境内的外资企业、中外合资企业以及外商,订购金银制品或者加工其他含金银产品,要求在国内供应金银者,必须按照规定程序提出申请,由中国人民银行审批予以供应。使用金银的单位,必须建立使用制度,严格做到专项使用、结余交回。未经中国人民银行许可,不得把金银原料(包括半成品)转让或者移作他用。

3. 金银进出国境管理制度

携带金银进入中华人民共和国国境,数量不受限制,但是必须向入境地中华人民共和国海关申报登记。携带或者复带金银出境,中华人民共和国海关凭中国人民银行出具的证明或者原入境时的申报单登记的数量查验放行;不能提供证明的或者超过原入境时申报登记数量的,不许出镜。

五、期货交易法律制度

期货交易,是在期货交易所内集中买卖某种期货合约的交易活动。从事期货交易活动,应当遵循公开、公平、公正和诚实信用的原则。禁止欺诈、内幕交易和操纵期货交易价格等违法行为。期货交易所、期货经纪公司应当保证期货交易、结算、交割资料的完整和安全。期货交易必须在期货交易所内进行。

(一)期货交易基本制度

1. 委托制度

在期货交易所内进行期货交易的,必须是期货交易所会员。期货经纪公司会员只能接受客户委托从事期货经纪业务,非期货经纪公司会员只能从事期货自营业务。期货交易所会员应当委派出市代表进入交易场所内进行期货交易。出市代表只能接受本会员单位的交易指令,不得接受其他单位、个人的交易指令或者为其提供咨询意见,不得为自己进行期货交易。

期货经纪公司接受客户委托为其进行期货交易,应当事先向客户出示风险说明书,经客户签字确认后,与客户签订书面合同。期货经纪公司不得向客户作获利保证或者与客户约定分享利益或者共担风险,不得接受公司、企业或者其他经济组织以个人的名义委托进行期货交易,不得将受托业务进行转委托或者接受转委托业务。期货经纪公司不得接受其委托为其进行期货交易的主体是:金融机构、事业单位和国家机关;中国证监会的工作人员;期货市场禁止进入者;未能提供开户证明文件的单位;中国证监会规定不得从事期货交易的其他单位和个人。客户可以通过书面、电话或者中国证监会规定的其他方式,向期货经纪公司下达交易指令。客户的交易指令应当明确、全面。期货经纪公司根据客户的交易指令,为其进行期货交易。期货经纪公司不得未经客户委托或者不按照客户委托范围,擅自进行期货交易。期货经纪公司向客户提供的期货市场行情应当真实、准确,不得隐瞒重要事项或者使用其他不正当手段诱骗客户发出交易指令。

2. 信息披露制度

期货交易所应当及时公布上市品种期货合约的成交量、成交价、持仓量、最高价与最低价、开盘价与收盘价和其他应当公布的信息,并保证信息的真实、准确。期货交易所不得公布价格预测信息。

3. 结算和交割制度

期货交易实行集中竞价,按照价格优先、时间优先的撮合成交原则进行。期货交易的结算,由期货交易所统一组织进行。期货交易所实行每日结算制度。期货交易所应当在当日收市后及时将结算结果通知会员。期货经纪公司根据期货交易所的结算结果对客户进行结算,并应当将结算结果及时通知客户。

期货交易的交割,由期货交易所统一组织进行。期货交易所不得限制实物交割总量。交割仓库由期货交易所指定。期货交易所应当与交割仓库签订协议,明确双方的权利和义务。交割仓库不得出具虚假仓单;违反期货交易所业务规则,限制交割商品的入库、出库;泄露与期货交易有关的商业秘密;参与期货交易。

4. 违禁制度

任何单位或者个人不得编造、传播有关期货交易的谣言,不得恶意串通、联手买卖或者以其他方式操纵期货交易价格。任何单位或者个人不得使用信贷资金、财政资金进行期货交易。金融机构不得为期货交易融资或者提供担保。未经批准,任何单位或者个人不得直接或者间接从事境外期货交易。确需利用境外期货市场进行套期保值的,由中国证监会会同国务院有关部门审核,报国务院批准后,颁发境外期货业务许可证。禁止期货经纪公司从事境外期货交易。

(二)期货交易保证金制度

期货交易保证金,是期货交易者按照规定标准交纳用于结算和保证履约的资金。期货保证金制度,是规范期货保证金的来源、标准、权属、使用等方面的法律制度。

1. 保证金标准制度

期货交易所向会员、期货经纪公司向客户收取的保证金,不得低于中国证监会规定的标准,并应当与自有资金分开,专户存放。期货交易所向会员收取的保证金应是现金、可上市流通的国库券和标准仓单。其中现金在交易保证金中所占的比例不得低于一定比例,国库券抵押现金的比例不得高于该券种市值的一定比例。

标准仓单只能用于冲抵同时满足下列条件头寸所需的交易保证金:被交易所批准的套期保值空头头寸;确定进行实物交割的头寸;以标准仓单所代表的商品为标的物的头寸。禁止使用银行存单、国库券代保管凭证抵作交易保证金。对于使用银行本票、汇票和支票支付保证金的,交易所要建立严格的确认管理程序,只有在确认资金到账后期货交易所会员的保证金不足时,该会员必须追加保证金。

会员未在期货交易所统一规定的时间内追加保证金的,期货交易所应当将该会员的期货合约强行平仓,强行平仓的有关费用和发生的损失由该会员承担。期货经纪公司在客户保证金不足而客户又未能在期货经纪公司统一规定的时间内及时追加时,应当将该客户的期货合约强行平仓,强行平仓的有关费用和发生的损失由该客户承担。

2. 保证金权属制度

期货交易所向会员收取的保证金,属于会员所有;期货交易所除用于会员的交易结算外,严禁挪作他用。期货经纪公司向客户收取的保证金,属于客户所有;期货经纪公司除按照中国证监会的规定为客户向期货交易所交存保证金、进行交易结算外,严禁挪作他用。期货经纪公司应当为每一个客户单独开立专门账户、设置交易编码,不得混码交易。

3. 保证金使用制度

期货交易所、期货经纪公司应当按照中国证监会、财政部的规定提取、管理和使用风险准备金,不得挪用。会员在期货交易中违约的,先以该会员的保证金承担违约责任;保证金不足的,期货交易所应当以风险准备金和自有资金代为承担违约责任,并由此取得对该会员的相应追偿权。客户在期货交易中违约的,期货经纪公司比照前述规定执行。

（三）期货市场禁入制度

期货市场禁入制度，是各期货交易所、期货经纪机构对被宣布为"市场禁入者"的机构和个人，一定期限内不得接受其从事期货交易的法律制度。

1. 禁入主体认定制度

期货交易所宣布其为"市场禁入者"的范围是：被期货交易所认定有操纵市场行为或者其他涉及期货欺诈行为的机构和个人；严重违反国家有关金融、证券、期货等法律、法规，蓄意违反期货交易所的有关规章制度，造成严重后果的机构和个人；采取造谣、诬告等手段散布虚假信息、扰乱市场秩序，造成严重后果的机构和个人。

2. 违禁制度

操纵期货市场行为，是交易所会员或客户为了获取不正当利益，故意违反国家有关期货交易规定，违背期货公开、公平、公正的原则和大户报告制度，单独或者合谋使用不正当手段，严重扭曲期货市场价格，扰乱市场秩序的各种行为。

具体表现为：(1) 交易所会员或客户为了规避交易所持仓限量规定，利用其他会员席位或者其他客户名义建仓，其建仓总量超过交易所对该会员或客户规定的持仓限量的；(2) 若干交易所会员或客户之间通过集中资金，由一个客户或者会员统一下达交易指令且情节严重的；(3) 交易所会员用若干客户的资金为一个客户或自己进行交易且情节严重的；(4) 交易所会员为客户提供资金，并强制客户按照自己的意志和要求进行交易的；(5) 交易所会员间利用移仓、对敲等手段，故意制造市场假象，虽未超过持仓限量，但已严重影响市场秩序，企图或实际影响期货价格或者市场持仓量的；(6) 交易所会员或客户蓄意串通，按照事先约定的方式或价格进行交易或互为买卖，制造市场假象，企图或实际严重影响期货价格或者市场持仓量的；(7) 交易所会员接受多个客户的全权委托，并实际统一进行交易，严重影响期货市场价格的；(8) 客户假借他人名称或用虚假的名字，多方开立账户和下达交易指令，实际超过持仓限量或严重影响期货市场价格的；(9) 交易所会员故意阻止、延误或改变客户某一方向的交易指令，或擅自下达交易指令或诱导、强制客户按照自己的意志进行交易，且情节严重的；(10) 交易所会员或客户超越自身经营范围或实际要求，控制大量交易所指定仓库标准仓单，企图或实际严重影响期货市场价格的；(11) 交易所会员或客户在实物交割环节上蓄意违规，企图或实际严重影响交割结算的正常进行的；(12) 交易所会员或客户在现货市场上超越自身经营范围或实际需求，囤积居奇，企图或实际严重影响期货市场价格的。

3. 处罚制度

各期货交易所要将认定的"市场禁入者"及时报中国证监会，由中国证监会通报其他各期货交易所。被中国证监会通报的"市场禁入者"，各期货交易所、期货经纪机构一定期限内均不得为其办理期货交易开户手续;对已开户交易者,除清理原有持仓的交易指令外,要立即停止接受其新的交易指令。

被认定为“市场禁入者”的机构的主要负责人和直接责任人员,各期货交易所、期货经纪机构不得接受其从事期货业务。对违规接受“市场禁入者”的期货交易所和期货经纪机构,中国证监会将对其作出责令改正、没收非法所得、罚款、停业整顿、取消试点交易所资格或取消期货经纪业务资格的处罚,并追究主要负责人的责任。

六、证券发行和交易法律制度

证券发行和交易活动,遵循公开、公平、公正、平等、自愿、有偿、诚信、守法原则,禁止欺诈、内幕交易和操纵证券交易市场的行为。国务院证券监督管理机构依法对全国证券市场实行集中统一监管。在国家对证券发行活动实行集中统一监管的前提下,依法设立证券业协会,实行自律性管理。国家审计机关对证券交易所、证券公司、证券登记结算机构、证券监督管理机构,依法进行审计监督。

(一)证券发行制度

证券发行制度是有关规范证券发行的程序、方式、文件、价格等方面的法律制度。

证券发行可以分为原始发行和新股发行。公司向发起人、国家授权投资的机构、法人发行的股票,应当为记名股票,并应当记载该发起人、机构或者法人的名称,不得另立户名或者以代表人姓名记名。对社会公众发行的股票,可以为记名股票,也可以为无记名股票。上市公司发行新股,应当符合公司法有关发行新股的条件,可以向社会公开募集,也可以向原股东配售。上市公司对发行股票所募资金时必须按招股说明书所列资金用途使用。改变招股说明书所列资金用途,必须经股东大会批准。擅自改变用途而未作纠正的,或者未经股东大会认可的,不得发行新股。股票依法发行后,发行人经营与收益的变化,由发行人自行负责;由此变化引致的投资风险,由投资者自行负责。

1. 审核制度

公开发行证券,必须符合法律、法规规定的条件,并依法报经国务院证券监督管理机构或者国务院授权的部门核准或者审批;未经依法核准或者审批,任何单位和个人不得向社会公开发行证券。

国务院证券监督管理机构设发行审核委员会,依法审核股票发行申请。发行审核委员会由国务院证券监督管理机构的专业人员和所聘请的该机构外的有关专家组成,以投票方式对股票发行申请进行表决,提出审核意见。国务院证券监督管理机构依照法定条件负责核准股票发行申请。核准程序应当公开,依法接受监督。参与核准股票发行申请的人员，不得与发行申请单位有利害关系；不得接受发行申请单位的馈赠；不得持有所核准的发行申请的股票；不得私下与发行申请单位进行接触。国务院授权的部门对公司债券发行申请的审批，参照上述规定执行。国务院证券监督管理机构或者国务院授权的部门应当自受理证券发行申请文件之日起一定期限内作出决定；不予核准或者审批的，应当作出说明。国务院证券监督管理机构或者国务院授权的部门对已作出的核准或者审批证券发行的决定，发现不符合法律、法规规定的，应当予以撤销；尚未发行证券的，停止发行；已经发行的，证券持有人可以按照发行价并加算银行同期存款利息，要求发行人返还。

境内企业直接或者间接到境外发行证券或者将其证券在境外上市交易，必须经国务院证券监督管理机构批准。

发行人依法申请公开发行证券所提交的申请文件的格式、报送方式，由依法负责核准或者审批的机构或者部门规定。发行人向国务院证券监督管理机构或者国务院授权的部门提交的证券发行申请文件，必须真实、准确、完整。为证券发行出具有关文件的专业机构和人员，必须严格履行法定职责，保证其所出具文件的真实性、准确性和完整性。

证券发行申请经核准或者经审批，发行人应当依照法律、法规的规定，在证券公开发行前，公告公开发行募集文件，并将该文件置备于指定场所供公众查阅。发行证券的信息依法公开前，任何知情人不得公开或者泄露该信息。发行人不得在公告公开发行募集文件之前发行证券。

2. 承销发行制度

证券发行采用证券公司承销的方式进行。公开发行证券的发行人有权依法自主选择承销的证券公司。证券公司应当依照法律、法规的规定承销发行人向社会公开发行的证券。证券承销业务采取代销或者包销方式。前者是指证券公司代发行人发售证券，在承销期结束时，将未售出的证券全部退还给发行人的承销方式。后者是指证券公司将发行人的证券按照协议全部购入或者在承销期结束时将售后剩余证券全部自行购入的承销方式。

证券公司不得以不正当竞争手段招揽证券承销业务。证券公司承销证券，应当同发行人签订代销或者包销协议。证券公司承销证券，应当对公开发行募集文件的真实性、准确性、完整性进行核查；发现含有虚假记载、误导性陈述或者重大遗漏的，不得进行销售活动；已经销售的，必须立即停止销售活动，并采取纠正措施。向社会公开发行的证券票面总值超过人民币法定数额的，应当由承销团承销。承销团应当由主承销和参与承销的证券公司组成。证券的代销、包销期最长不得超过规定期限。证券公司在代销、包销期内，对所代销、包销的证券应当保证先行出售给认购人，证券公司不得为本公司事先预留所代销的证券和预先购入并留存所包销的证券。证券公司包销证券的,应当在包销期满后的一定期限内,将包销情况报国务院证券监督管理机构备案。证券公司代销证券的,应当在代销期满后的一定期限,与发行人共同将证券代销情况报国务院证券监督管理机构备案。

同次发行的股票,每股的发行条件和价格应当相同。任何单位或者个人所认购的股份,每股应当支付相同价额。股票发行价格可以按票面金额,也可以超过票面金额,但不得低于票面金额。股票发行采取溢价发行的,其发行价格由发行人与承销的证券公司协商确定,报国务院证券监督管理机构核准。

(二) 证券交易制度

证券交易制度是规范证券交易的监管、条件、方式、场所等方面的制度。国务院证券监督管理机构依法对全国证券市场实行集中统一监督管理。在国家对证券发行活动实行集中统一监督管理的前提下,依法设立证券业协会,实行自律性管理。国家审计机关对证券交易所、证券公司、证券登记结算机构、证券监督管理机构,依法进行审计监督。

1. 挂牌竞价交易制度

证券交易当事人依法买卖的证券,必须是依法发行并交付的证券。非依法发行的证券,不得买卖。依法发行的股票、公司债券及其他证券,法律对其转让期限有限制性规定的,在限定的期限内,不得买卖。

经依法核准的上市交易的股票、公司债券及其他证券,应当在证券交易所挂牌交易。证券在证券交易所挂牌交易,应当采用公开的集中竞价交易方式。证券交易的集中竞价应当实行价格优先、时间优先的原则。证券交易当事人买卖的证券可以采用纸面形式或者国务院证券监督管理机构规定的其他形式。证券交易以现货进行。

2. 行为限制制度

证券公司不得从事向客户融资或者融券的证券交易活动。证券交易所、证券公司、证券登记结算机构从业人员、证券监督管理机构工作人员和法律、法规禁止参与股票交易的其他人员,在任期或者法定限期内,不得直接或者以化名、借他人名义持有、买卖股票,也不得收受他人赠送的股票。任何人在成为前述人员时,其原已持有的股票,必须依法转让。

为股票发行出具审计报告、资产评估报告或者法律意见书等文件的专业机构和人员,在该股票承销期内和期满后法定期限内,不得买卖该种股票。为上市公司出具审计报告、资产评估报告或者法律意见书等文件的专业机构和人员,自接受上市公司委托之日起至上述文件公开后法定期限内,不得买卖该种股票。

3. 证券上市制度

(1) 股票上市制度

国家鼓励符合产业政策同时又符合上市条件的公司股票上市交易。股份有限公司申请其股票上市交易,必须报经国务院证券监督管理机构或者国务院证券监督管理机构授权的证券交易所核准。股份有限公司申请股票上市交易时,应当提交法定文件。上市交易申请经国务院证券监督管理机构核准后,其发行人应当向证券交易所提交核准文件和其他法定文件。证券交易所应当自接到该股票发行人提交的前款规定的文件之日起法定期限内,安排该股票上市交易。股票上市交易申请经证券交易所同意后,上市公司应当在上市交易的法定期限前公告经核准的股票上市的有关文件以及其他法定文件,并将该文件置备于指定场所供公众查阅。上市公司丧失公司法规定的上市条件的,其股票依法暂停上市或者终止上市。

(2) 公司债券上市制度

公司申请其发行的公司债券上市交易,必须报经国务院证券监督管理机构或者国务院证券监督管理机构授权的证券交易所核准。公司申请其公司债券上市交易必须符合下列条件:公司债券的期限为一定期限以上;公司债券实际发行额不少于人民币法定数额;公司申请其债券上市时仍符合法定的公司债券发行条件。公司申请公司债券上市交易时,应当提交法定文件。公司债券上市交易申请经国务院证券监督管理机构核准后,其发行人应当向证券交易所提交核准文件和其他法定文件。证券交易所应当自接到该债券发行人提交的前款规定的文件之日起一定期限内,安排该债券上市交易。公司债券上市交易申请经证券交易所同意后,发行人应当在公司债券上市交易的一定期限前公告公司债券上市报告、核准文件及有关上市申请文件,并将其申请文件置备于指定场所供公众查阅。

公司债券上市交易后,出现法定的损害上市交易情形的,由国务院证券监督管理机构决定暂停其公司债券上市交易。国务院证券监督管理机构可以授权证券交易所依法暂停或者终止股票或者公司债券上市。

(三) 证券信息披露制度

证券信息披露制度是规范证券信息披露主体、披露事项、披露时间、披露方式、披露程度等方面的法律制度。证券信息披露义务人为股份有限公司和发行公司债券的有限责任公司,同时也涉及对发行证券承担审核、评估等事项的组织。

1. 公告制度

公司公告的股票或者公司债券的发行和上市文件,必须真实、准确、完整,不得有虚假记载、误导性陈述或者重大遗漏。经国务院证券监督管理机构核准依法发行股票,或者经国务院授权的部门批准依法发行公司债券,依照公司法的规定,应当公告招股说明书、公司债券募集办法。依法发行新股或者公司债券的,还应当公告财务会计报告。

依照法律法规规定必须作出的公告,应当在国家有关部门规定的报刊上或者在专项出版的公报上刊登,同时将其置备于公司住所、证券交易所,供社会公众查阅。

2. 报告制度

(1) 中期报告制度

股票或者公司债券上市交易的公司,应当在每一会计年度的上半年结束之日起一定期限内,向国务院证券监督管理机构和证券交易所提交记载以下内容的中期报告,并予公告:公司财务会计报告和经营情况;涉及公司的重大诉讼事项;已发行的股票、公司债券变动情况;提交股东大会审议的重要事项;国务院证券监督管理机构规定的其他事项。

(2) 年度报告制度

股票或者公司债券上市交易的公司,应当在每一会计年度结束之日起一定期限内,向国务院证券监督管理机构和证券交易所提交记载以下内容的年度报告,并予公告:公司概况;公司财务会计报告和经营情况;董事、监事、经理及有关高级管理人员简介及其持股情况;已发行的股票、公司债券情况,包括持有公司股份最多的前10名股东名单和持股数额;国务院证券监督管理机构规定的其他事项。

(3) 临时报告制度

发生可能对上市公司股票交易价格产生较大影响,而投资者尚未得知的重大事件时,上市公司应当立即将有关该重大事件的情况向国务院证券监督管理机构和证券交易所提交临时报告,并予公告,说明事件的实质。

3. 监督制度

国务院证券监督管理机构对上市公司年度报告、中期报告、临时报告以及公告的情况进行监督,对上市公司分派或者配售新股的情况进行监督。证券监督管理机构、证券交易所、承销的证券公司及有关人员,对公司依照法律法规规定必须作出的公告,在公告前不得泄露其内容。

国务院证券监督管理机构对有重大违法行为或者不具备其他上市条件的上市公司取消其上市资格的,应当及时作出公告。证券交易所依照授权作出前述规定的决定时,应当及时作出公告,并报国务院证券监督管理机构备案。

4. 责任制度

发行人、承销的证券公司公告招股说明书、公司债券募集办法、财务会计报告、上市报告文件、年度报告、中期报告、临时报告,存在虚假记载、误导性陈述或者有重大遗漏,致使投资者在证券交易中遭受损失的,发行人、承销的证券公司应当承担赔偿责任,发行人、承销的证券公司的负有责任的董事、监事、经理应当承担连带赔偿责任。

（四）证券交易禁止制度

证券交易禁止制度是规范禁止交易行为的种类、构成要件、法律责任等方面的法律制度。

1. 禁止内幕交易制度

禁止证券交易内幕信息的知情人员利用内幕信息进行证券交易活动。知悉证券交易内幕信息的知情人员或者非法获取内幕信息的其他人员，不得买入或者卖出所持有的该公司的证券，或者泄露该信息或者建议他人买卖该证券。

知悉证券交易内幕信息的知情人员包括：发行股票或者公司债券的公司董事、监事、经理、副经理及有关的高级管理人员；持有公司5%以上股份的股东；发行股票公司的控股公司的高级管理人员；由于所任公司职务可以获取公司有关证券交易信息的人员；证券监督管理机构工作人员以及由于法定的职责对证券交易进行管理的其他人员；由于法定职责而参与证券交易的社会中介机构或者证券登记结算机构、证券交易服务机构的有关人员；国务院证券监督管理机构规定的其他人员。

证券交易活动中，涉及公司的经营、财务或者对该公司证券的市场价格有重大影响的尚未公开的信息，为内幕信息。内幕信息包括：公司的经营方针和经营范围的重大变化；公司的重大投资行为和重大的购置财产的决定；公司订立重要合同，而该合同可能对公司的资产、负债、权益和经营成果产生重要影响；公司发生重大债务和未能清偿到期重大债务的违约情况；公司发生重大亏损或者遭受超过净资产一定比例以上的重大损失；公司生产经营的外部条件发生的重大变化；公司的董事长，一定比例以上的董事，或者经理发生变动；持有公司一定比例以上股份的股东，其持有股份情况发生较大变化；公司减资、合并、分立、解散及申请破产的决定；涉及公司的重大诉讼，法院依法撤销股东大会、董事会决议；公司分配股利或者增资的计划；公司股权结构的重大变化；公司债务担保的重大变更；公司营业用主要资产的抵押、出售或者报废一次超过该资产的一定比例；公司的董事、监事、经理、副经理或者其他高级管理人员的行为可能依法承担重大损害赔偿责任；上市公司收购的有关方案；国务院证券监督管理机构认定的对证券交易价格有显著影响的其他重要信息；法律、法规规定的其他事项。

2. 禁止非法牟利与转嫁风险制度

禁止任何人以下列手段获取不正当利益或者转嫁风险：通过单独或者合谋，集中资金优势、持股优势或者利用信息优势联合或者连续买卖，操纵证券交易价格；与他人串通，以事先约定的时间、价格和方式相互进行证券交易或者相互买卖并不持有的证券，影响证券交易价格或者证券交易量；以自己为交易对象，进行不转移所有权的自买自卖，影响证券交易价格或者证券交易量；以其他方法操纵证券交易价格。

3. 禁止虚假信息制度

各种传播媒介传播证券交易信息必须真实、客观,禁止误导。禁止国家工作人员、新闻传播媒介从业人员和有关人员编造并传播虚假信息,严重影响证券交易。禁止证券交易所、证券公司、证券登记结算机构、证券交易服务机构、社会中介机构及其从业人员,证券业协会、证券监督管理机构及其工作人员,在证券交易活动中作出虚假陈述或者信息误导。

4. 禁止欺诈行为制度

在证券交易中,禁止证券公司及其从业人员从事下列损害客户利益的欺诈行为:违背客户的委托为其买卖证券;不在规定时间内向客户提供交易的书面确认文件;挪用客户所委托买卖的证券或者客户账户上的资金;私自买卖客户账户上的证券,或者假借客户的名义买卖证券;为牟取佣金收入,诱使客户进行不必要的证券买卖;其他违背客户真实意思表示,损害客户利益的行为。

此外,在证券交易中,禁止法人以个人名义开立账户,买卖证券。在证券交易中,禁止任何人挪用公款买卖证券。国有企业和国有资产控股的企业,不得炒作上市交易的股票。证券交易所、证券公司、证券登记结算机构、证券交易服务机构、社会中介机构及其从业人员对证券交易中发现的禁止的交易行为,应当及时向证券监督管理机构报告。

（五）上市公司收购制度

上市公司收购,是投资者公开收购股份有限公司已经发行上市的股份以达到对该股份有限公司控股或者兼并的行为。上市公司收购制度是关于规范上市公司收购的方式、程序、条件等方面的法律制度。上市公司是指所发行的股票经国务院或者国务院授权证券管理部门批准在证券交易所上市交易的股份有限公司。

股份有限公司申请其股票上市必须符合规定的条件:股票经国务院证券管理部门批准已向社会公开发行;公司股本总额不少于人民币法定数额;开业时间在一定期限以上,一定期限连续盈利;原国有企业依法改建而设立的,或者《证券法》实施后新组建成立,其主要发起人为国有大中型企业的,可连续计算;持有股票面值达人民币法定数额以上的股东人数不少于法定名额,向社会公开发行的股份达公司股份总数的一定比例以上;公司股本总额超过人民币法定数额的,其向社会公开发行股份的比例为一定比例以上;公司在一定期限内无重大违法行为,财务会计报告无虚假记载;国务院规定的其他条件。

1. 收购报告、公告制度

通过证券交易所的证券交易,投资者持有一个上市公司已发行的股份的一定比例时,应当在该事实发生之日起一定期限内,向国务院证券监督管理机构、证券交易所作出书面报告,通知该上市公司,并予以公告;在法律规定的期限内,不得再行买卖该上市公司的股票。投资者持有一个上市公司已发行的股份的一定比例后,通过证券交易所的证券交易,其所持该上市公司已发行的股份比例每增加或者减少一定比例,应当依照前述规定进行报告和公告。在报告期限内和作出报告、公告后一定期限内,不得再行买卖该上市公司的股票。

依照前述规定所作的书面报告和公告,应当包括下列内容:持股人的名称、住所;所持有的股票的名称、数量;持股达到法定比例或者持股增减变化达到法定比例的日期。

2. 要约、协议收购制度

(1) 要约收购制度

通过证券交易所的证券交易,投资者持有一个上市公司已发行的股份的30%时,继续进行收购的,应当依法向该上市公司所有股东发出收购要约。但经国务院证券监督管理机构免除发出要约的除外。依照规定发出收购要约,收购人必须事先向国务院证券监督管理机构报送上市公司收购报告书,并载明下列事项:收购人的名称、住所;收购人关于收购的决定;被收购的上市公司名称;收购目的;收购股份的详细名称和预定收购的股份数额;收购的期限、收购的价格;收购所需资金额及资金保证;报送上市公司收购报告书时所持有被收购公司股份数占该公司已发行的股份总数的比例。收购人还应当将公司收购报告书同时提交证券交易所。收购人在依照上述规定报送上市公司收购报告书之日起一定期限后,公告其收购要约。收购要约的期限不得少于一定期限,并不得超过一定期限。在收购要约的有效期限内,收购人不得撤回其收购要约。在收购要约的有效期限内,收购人需要变更收购要约中事项的,必须事先向国务院证券监督管理机构及证券交易所提出报告,经获准后,予以公告。收购要约中提出的各项收购条件,适用于被收购公司所有的股东。

收购要约的期限届满,收购人持有的被收购公司的股份数达到该公司已发行的股份总数的一定比例以上的,该上市公司的股票应当在证券交易所终止上市交易。收购要约的期限届满,收购人持有的被收购公司的股份数达到该公司已发行的股份总数的一定比例以上的,其余仍持有被收购公司股票的股东,有权向收购人以收购要约的同等条件出售其股票,收购人应当收购。收购行为完成后,被收购公司不再具有公司法规定的条件的,应当依法变更其企业形式。采取要约收购方式的,收购人在收购要约期限内,不得采取要约规定以外的形式和超出要约的条件买卖被收购公司的股票。

(2) 协议收购制度

采取协议收购方式的,收购人可以依照法律、法规的规定同被收购公司的股东以协议方式进行股权转让。以协议方式收购上市公司时,达成协议后,收购人必须在一定期限内将该收购协议向国务院证券监督管理机构及证券交易所作出书面报告,并予公告。在未作出公告前不得履行收购协议。采取协议收购方式的,协议双方可以临时委托证券登记结算机构保管协议转让的股票,并将资金存放于指定的银行。

在上市公司收购中,收购人对所持有的被收购的上市公司的股票,在收购行为完成后的一定期限内不得转让。通过要约收购或者协议收购方式取得被收购公司股票并将该公司撤销的,属于公司合并,被撤销公司的原有股票,由收购人依法更换。收购上市公司的行为结束后,收购人应当在一定期限内将收购情况报告国务院证券监督管理机构和证券交易所,并予公告。上市公司收购中涉及国家授权投资机构持有的股份,应当按照国务院的规定,经有关主管部门批准。

七、保险法律制度

保险活动是一种完成一定工作与提供劳务相结合的经济活动,是相对独立的金融活动领域。保险法律制度能够规范保险经营,促进金融关系的完善化、合理化。

(一) 保险经营基本制度

保险经营制度是规范保险经营的原则、范围、程序等方面的基本制度。

1. 保险公司资格制度

保险公司应当采取股份有限公司或者国有独资公司的组织形式。设立保险公司,必须经保险监督管理部门批准。保险公司的业务范围确定如下:财产保险业务,包括财产损失保险、责任保险、信用保险等保险业务;人身保险业务,包括人寿保险、健康保险、意外伤害保险等保险业务。除《保险法》颁布前成立的保险公司外,同一保险人不得同时兼营财产保险业务和人身保险业务。保险公司的业务范围由保险监督管理部门核定。保险公司只能在被核定的业务范围内从事保险经营活动。经保险监督管理部门核定,保险公司可以经营前述规定的保险业务的分出保险和分入保险的再保险业务。

2. 保险费提存制度

除人寿保险业务外,经营其他保险业务,应当从当年自留保险费中提取未到期责任准备金;提取和结转的数额,应当相当于当年自留保险费的一定比例。经营有人寿保险业务的保险公司,应当按照有效的人寿保险单的全部净值提取未到期责任准备金。保险公司应当按照已经提出的保险赔偿或者给付金额,以及已经发生保险事故但尚未提出的保险赔偿或者给付金额,提取未决赔款准备金。

除依照规定提取准备金外,保险公司应当依照有关法律、法规及国家财务会计制度的规定提取公积金。

为保障被保险人的利益,支持保险公司稳健经营,保险公司应当按照金融监督管理部门的规定提存保险保障基金。保险保障基金应当集中管理,统筹使用。

保险公司应当具有与其业务规模相适应的最低偿付能力。保险公司的实际资产减去实际负债的差额不得低于金融监督管理部门规定的数额；低于规定数额的，应当增加资本金，补足差额。

经营财产保险业务的保险公司当年自留保险费，不得超过其实有资本金加公积金总和的一定比例。

保险公司对每一危险单位，即对一次保险事故可能造成的最大损失范围所承担的责任，不得超过其实有资本金加公积金总和的一定比例；超过的部分，应当办理再保险。

除人寿保险业务外，保险公司应当将其承保的每笔保险业务的一定比例按照国家有关规定办理再保险。保险公司需要办理再保险分出业务的，应当优先向中国境内的保险公司办理。金融监督管理部门有权限制或者禁止保险公司向中国境外的保险公司办理再保险分出业务或者接受中国境外再保险分入业务。

保险公司的资金运用必须稳健，遵循安全性原则，并保证资产的保值增值。保险公司的资金运用，限于在银行存款、买卖政府债券、金融债券和国务院规定的其他资金运用形式。保险公司的资金不得用于设立证券经营机构和向企业投资。

保险公司及其工作人员在保险业务活动中不得有下列行为：欺骗投保人、被保险人或者受益人；对投保人隐瞒与保险合同有关的重要情况；阻碍投保人履行保险法规定的如实告知义务，或者诱导其不履行保险法规定的如实告知义务；承诺向投保人、被保险人或者受益人给予保险合同规定以外的保险费回扣或者其他利益。

（二）保险代理制度

保险代理，是根据保险人的委托，向保险人收取代理手续费，并在保险人授权的范围内代为办理保险业务的行为。保险代理人从事保险代理业务必须遵守国家的有关法律、法规和行政规章，遵循自愿和诚实信用原则。保险代理人在保险人授权范围内代理保险业务的行为所产生的法律责任，由保险人承担。

1. 资格认定制度

保险代理人分为专业代理人、兼业代理人和个人代理人。

专业代理人是专门从事保险代理业务的保险代理公司。保险代理公司的组织形式为有限责任公司。保险代理公司必须具备以下条件：最低实收货币资本金为人民币法定数额；具有符合规定的公司章程；拥有至少一定名额持有“展业证书”的代理人员；具有符合任职资格的高级管理人员；具有符合要求的营业场所。在保险代理公司的资本金构成中，单个法人资本不得超过资本金总额的法定比例，个人资本金之和不得超过资本金总额的一定比例，单一个人资本不得超过资本金总额的一定比例。各级政府及各级政府职能部门、社团法人、银行、保险公司,不得以任何名义投资于保险代理公司。保险代理公司可以代理财产险公司和一家人寿险公司的业务。保险代理公司的业务范围包括:代理推销保险产品;代理收取保险费;协助保险公司进行损失的勘查和理赔;国务院保险监督管理部门批准的其他业务。保险代理公司的高级管理人员除应具有"保险代理人资格证书"外,还应符合下列条件:具有保险专业大专以上学历,从事保险工作一定年限以上,或从事经济工作一定年限以上;具有非保险专业大专以上学历,从事保险工作一定年限以上,或从事经济工作一定年限以上;具有高中学历,从事保险工作一定年限以上或从事经济工作一定年限以上;从事经济工作一定年限以上。

兼业代理人是受保险人委托,在从事自身业务的同时,指定专人为保险人代办保险业务的单位。兼业保险代理人必须符合下列条件:具有法人资格或经法定代表人授权;具有持有"保险代理人资格证书"的专人从事保险代理业务;有符合规定的营业场所。兼业代理人必须持有"经营保险代理业务许可证(兼业)",方可从事保险代理业务。兼业代理人的业务范围:代理推销保险产品;代理收取保险费。兼业代理人只能代理与本行业直接相关,且能为投保人提供便利的保险业务。党政机关及其职能部门不得兼业从事保险代理业务。

个人代理人是根据保险人委托,向保险人收取代理手续费,并在保险人授权的范围内代为办理保险业务的个人。凡持有"保险代理人资格证书"并申请从事个人代理业务者,必须与保险公司签订"保险代理合同书",持有所代理保险公司核发的"展业证书",并由所代理保险公司报经其所在地的中国保险监督管理部门备案后,方可从事保险代理业务。个人代理人的业务范围:代理推销保险产品;代理收取保险费。个人代理人不得办理企业财产保险业务和团体人身保险业务。任何个人不得兼职从事个人保险代理业务。个人代理人不得签发保险单。

从事保险代理业务的人员必须参加保险代理人资格考试,并获得中国人民银行颁发的"保险代理人资格证书"。凡年满 18 周岁、具有高中以上学历或同等学力的中华人民共和国公民,均可报名参加保险代理人资格考试。"保险代理人资格证书"是国务院保险监督管理部门对具有保险代理能力人员的资格认定,不得作为展业证明。"保险代理人资格证书"有效期限为一定年限。持证人自领取资格证书之日起一定年限未从事保险代理业务,其资格证书自然失效。

2. 执业制度

保险代理人只能为经国务院保险监督管理部门批准设立的保险公司代理保险业务。保险代理人只能在国务院保险监督管理部门批准的行政区域内,为在该行政区域内注册登记的保险公司代理保险业务。代理人寿保险业务的保险代理人只能为一家人寿保险公司代理业务。

保险代理人从事保险代理业务,不得擅自变更保险条款,提高或降低保险费率;不得利用行政权力、职务或职业便利强迫、引诱投保人购买指定的保单;不得使用不正当手段强迫、引诱或者限制投保人、被保险人投保或转换保险公司;不得串通投保人、被保险人或受益人欺骗保险公司;不得对其他保险公司、保险代理人,作不正确的或误导性的宣传;不得代理再保险业务;不得以代理人名义签发保险单;不得挪用或侵占保险费;不得向投保人收取保险费以外的额外费用,如咨询费等;不得兼做保险经纪业务;国务院保险监督管理部门认定的其他损害保险公司、投保人和被保险人利益的行为。

(三) 保险经纪人制度

保险经纪人,是基于投保人的利益,为投保人与保险人订立保险合同提供中介服务,并依法收取佣金的有限责任公司。经营保险经纪业务,必须是依法设立的保险经纪公司。未经批准,任何单位和个人不得经营保险经纪业务。从事保险经纪活动必须遵守国家的有关法律、行政法规,遵循自愿和诚实信用的原则。

1. 资格认定制度

从事保险经纪业务的人员必须参加保险经纪人员资格考试。凡具有大专以上学历的个人,均可报名参加保险经纪人员资格考试。保险经纪人员资格考试合格者,由中国人民银行或其授权机构核发“保险经纪人员资格证书”。“保险经纪人员资格证书”是国务院保险监督管理部门对有保险经纪能力人员的资格认定,不得作为执业证件使用。

设立保险经纪公司须经国务院保险监督管理部门审批。设立保险经纪公司必须具备以下一般条件:最低实收货币资本金为人民币一定比例;具有符合法律规定的公司章程;公司员工人数不得少于一定名额,其中持有“保险经纪人员资格证书”的公司员工人数不得低于公司员工总数的一定比例;具有符合国务院保险监督管理部门任职资格规定的高级管理人员;具有符合规定的固定的营业场所。

申请设立外资保险经纪公司的外国保险经纪公司除具备一般条件外,还应当具备下列条件:资信良好,最近一定期限内未受到所在国家主管部门和司法部门的重大处罚;经营保险经纪业务一定期限以上;申请前连续一定期限营业收入不低于法定数额;在中国设有代表机构一定期限以上;所在国家有完善的保险监管制度;拟任高级管理人员符合国务院保险监督管理部门规定的任职资格;国务院保险监督管理部门规定的其他条件。

申请设立合资保险经纪公司的外方合资者应当具备一般条件,中方合资者应当是具备下列条件的企业:资信良好,一定期限内未受到国家主管部门和司法部门的重大处罚;提出申请前一定期限连续盈利;提出申请前一年的年末资本金不低于法定数额;国务院保险监督管理部门规定的其他条件。保险经纪公司的股东应符合国务院保险监督管理部门关于向金融机构投资入股的有关规定。各级党政机关、部队、社会团体、国家拨给经费的事业单位以及保险公司不得向保险经纪公司投资入股。中资保险经纪公司的资本金构成中,单一法人股不得超过资本金总额的法定比例,个人股本之和不得超过资本金总额的法定比例,单一个人股本不得超过资本金总额的法定比例。

保险经纪公司的高级管理人员除必须持有"保险经纪人员资格证书"外,还应符合下列条件之一:具有经济、金融、保险、法律专业本科以上学历,从事保险经纪或相关工作 3 年以上;具有非经济、金融、保险、法律专业本科以上学历,从事保险经纪或相关工作 5 年以上;从事保险经纪或相关工作 10 年以上的,其学历要求可适当放宽。

2. 执业制度

"保险经纪人员执业证书"是保险经纪人员从事保险经纪活动的唯一执照。已取得"保险经纪人员资格证书"的个人,必须在接受保险经纪公司的聘用,并由保险经纪公司代其向国务院保险监督管理部门或国务院保险监督管理部门授权机构申领并获得"保险经纪人员执业证书"后,方可从事保险经纪业务。有下列情形的,不得申领"保险经纪人员执业证书":党政机关、军队、社会团体、企事业单位的现职人员;保险公司、保险协会的现职人员;曾受到刑事处罚者;曾因违反有关金融法律、法规、规章而受到行政处罚或纪律处分者;正处于接受刑事、行政处罚或民事强制措施期间者;中国人民银行认定的其他不宜从事保险经纪业务的人员。

保险经纪公司及其职员在执业过程中不得损害委托人的合法权益;做不实、误导的广告或宣传;非法挪用或侵占保险费或保险赔款、保险金;就订立保险合同向投保人和保险人同时收取报酬;以任何方式向投保人支付保费回扣、佣金或给予其他利益;兼营保险代理业务;不如实转告投保人声明事项;利用行政权力、职务或者职业便利以及其他不正当手段强迫、引诱或者限制投保人订立保险合同;国家法律、法规和行政规章禁止的其他行为。

八、票据法律制度

票据活动是经济活动的必要补充活动。票据法律制度通过规范具体票据活动,维护正常经济秩序,促进国民经济良性发展。

(一) 汇票制度

汇票制度是规范汇票出票、背书、承兑、保证、付款、追索等方面的法律制度。

1. 出票制度

出票是出票人签发票据并将其交付给收款人的票据活动。汇票的出票人必须与付款人具有真实的委托付款关系,并且具有支付汇票金额的可靠资金来源。不得签发无对价的汇票用以骗取银行或者其他票据当事人的资金。汇票必须记载必载事项。汇票上记载付款日期、付款地、出票地等事项的，应当清楚、明确。汇票上未记载付款日期的，为见票即付。汇票上未记载付款地的，付款人的营业场所、住所或者经常居住地为付款地。汇票上未记载出票地的，出票人的营业场所、住所或者经常居住地为出票地。汇票上可以记载票据法规定事项以外的其他出票事项，但是该记载事项不具有汇票上的效力。付款日期可以按照下列形式之一记载：见票即付；定日付款；出票后定期付款；见票后定期付款。前述规定的付款日期为汇票到期日。出票人签发汇票后，即承担保证该汇票承兑和付款的责任。

2. 背书制度

背书是在票据背面或者粘单上记载有关事项并签章的票据活动。持票人可以将汇票权利转让给他人或者将一定的汇票权利授予他人行使。背书由背书人签章并记载背书日期。背书未记载日期的，视为在汇票到期日前背书。汇票以背书转让或者以背书将一定的汇票权利授予他人行使时，必须记载被背书人名称。以背书转让的汇票，背书应当连续。持票人以背书的连续，证明其汇票权利；非经背书转让，而以其他合法方式取得汇票的，依法举证，证明其汇票权利。以背书转让的汇票，后手应当对其直接前手背书的真实性负责。背书不得附有条件。背书时附有条件的，所附条件不具有汇票上的效力。将汇票金额的一部分转让的背书或者将汇票金额分别转让给2人以上的背书无效。汇票被拒绝承兑、被拒绝付款或者超过付款提示期限的，不得背书转让；背书转让的，背书人应当承担汇票责任。

3. 承兑制度

承兑是汇票付款人承诺在汇票到期日支付汇票金额的票据行为。定日付款或者出票后定期付款的汇票，持票人应当在汇票到期日前向付款人提示承兑。提示承兑是指持票人向付款人出示汇票，并要求付款人承诺付款的行为。见票后定期付款的汇票，持票人应当自出票日起一定限期内向付款人提示承兑。汇票未按照规定期限提示承兑的，持票人丧失对其前手的追索权。见票即付的汇票无需提示承兑。付款人承兑汇票，不得附有条件；承兑附有条件的，视为拒绝承兑。付款人承兑汇票后，应当承担到期付款的责任。

4. 保证制度

汇票的债务可以由保证人承担保证责任。保证人由汇票债务人以外的他人担当。保证人必须在汇票或者粘单上记载下列事项：表明“保证”的字样；保证人名称和住所；被保证人的名称；保证日期；保证人签章。保证不得附有条件；附有条件的，不影响对汇票的保证责任。保证人对合法取得汇票的持票人所享有的汇票权利，承担保证责任，但是，被保证人的债务因汇票记载事项欠缺而无效的除外。被保证的汇票，保证人应当与被保证人对持票人承担连带责任。汇票到期后得不到付款的,持票人有权向保证人请求付款,保证人应当足额付款。

5. 付款制度

持票人应当按照法定期限提示付款。持票人依照规定提示付款的,付款人必须在当日足额付款。持票人获得付款的,应当在汇票上签收,并将汇票交给付款人。持票人委托银行收款的,受委托的银行将代收的汇票金额转账收入持票人账户,视同签收。付款人依法足额付款后,全体汇票债务人的责任解除。

汇票到期被拒绝付款的,持票人可以对背书人、出票人以及汇票的其他债务人行使追索权。

(二) 本票制度

本票制度是规范本票出票、背书、保证、付款、追索等方面的法律制度。

本票的出票人必须具有支付本票金额的可靠资金来源,并保证支付。本票出票人的资格由中国人民银行审定。本票必须记载下列事项:表明"本票"的字样;无条件支付的承诺;确定的金额;收款人名称;出票日期;出票人签章。本票上未记载前述规定事项之一的,本票无效。本票上记载付款地、出票地等事项的,应当清楚、明确。本票上未记载付款地的,出票人的营业场所为付款地。本票上未记载出票地的,出票人的营业场所为出票地。本票的出票人在持票人提示见票时,必须承担付款的责任。本票自出票日起,付款期限最长不得超过规定的期限。

本票的持票人未按照规定期限提示见票的,丧失对出票人以外的前手的追索权。本票的背书、保证、付款行为和追索权的行使,除特别规定外,适用汇票的规定。

(三) 支票制度

支票制度是规范支票出票、背书、付款、追索等方面的法律制度。

开立支票存款账户,申请人必须使用其本名,并提交证明其身份的合法证件。开立支票存款账户和领用支票,应当有可靠的资信,并存入一定的资金。开立支票存款账户,申请人应当预留其本名的签名式样和印鉴。支票可以支取现金,也可以转账,用于转账时,应当在支票正面注明。支票中专门用于支取现金的,可以另行制作现金支票,现金支票只能用于支取现金。支票中专门用于转账的,可以另行制作转账支票,转账支票只能用于转账,不得支取现金。

支票必须记载的事项包括:表明"支票"的字样;无条件支付的委托;确定的金额;付款人名称;出票日期;出票人签章。支票上未记载前述规定事项之一的,支票无效。支票上的金额可以由出票人授权补记,未补记前的支票,不得使用。支票上未记载收款人名称的,经出票人授权,可以补记。支票上未记载付款地的,付款人的营业场所为付款地。支票上未记载出票地的,出票人的营业场所、住所或者经常居住地为出票地。

出票人可以在支票上记载自己为收款人。支票的出票人所签发的支票金额不得超过其付款时在付款人处实有的存款金额。出票人签发的支票金额超过其付款时在付款人处实有的存款金额的,为空头支票。禁止签发空头支票。支票的出票人不得签发与其预留本名的签名式样或者印鉴不符的支票。出票人必须按照签发的支票金额承担保证向该持票人付款的责任。出票人在付款人处的存款足以支付支票金额时,付款人应当在当日足额付款。支票限于见票即付,不得另行记载付款日期。

九、专利法律制度

专利法律制度是保护发明创造活动的法律制度。这一制度的基本内容,是国家专利机关依法对申请专利的发明创造进行审查,授予专利权。同时,将发明创造的内容向社会公开,以利于技术交流和技术的推广应用。

(一)专利授予制度

专利授予制度,是规范专利授予的机构、类型、条件、程序等方面的法律制度。中华人民共和国国务院专利行政部门受理和审查专利申请,对符合专利法规定的发明创造授予专利权。

1. 条件限定制度

我国专利法所保护的专利的范围,包括发明专利、实用新型专利和外观设计专利。所谓发明,是指对产品、方法或者其改进所提出的新的技术方案。所谓实用新型,是指对产品的形状、构造或者其结合所提出的适于实用的新的技术方案。所谓外观设计,是指对产品的形状、图案或者其结合以及色彩与形状、图案的结合所作出的富有美感并适于工业上应用的新设计。

授予专利权的发明和实用新型,应当具备新颖性、创造性和实用性。所谓新颖性,是指在申请日以前没有同样的发明或者实用新型在国内外出版物上公开发表过、在国内公开使用过或者以其他方式为公众所知,也没有同样的发明或者实用新型由他人向国务院专利行政部门提出过申请并且记载在申请日以后公布的专利申请文件中。申请专利的发明创造在申请日以前一定期限内不丧失新颖性的条件是:在中国政府主办或者承认的国际展览会上首次展出的;在规定的学术会议或者技术会议上首次发表的;他人未经申请人同意而泄露其内容的。所谓创造性,是指同申请日以前已有的技术相比,该发明有突出的实质性特点和显著的进步,该实用新型有实质性特点和进步。所谓实用性,是指该发明或者实用新型能够制造或者使用,并且能够产生积极效果。授予专利权的外观设计,应当同申请日以前在国内外出版物上公开发表过或者国内公开使用过的外观设计不相同或者不相近似,并不得与他人在先取得的合法权利相冲突。

2. 最先申请制度

专利授予采取先申请原则，即两个以上的申请人分别就同样的发明创造申请专利的，专利权授予最先申请的人。

3. 专利权属制度

享有专利权的单位和个人统称为专利权人，或者说，专利权的所有人和持有人统称专利权人。执行本单位的任务或者主要是利用本单位的物质技术条件所完成的发明创造为职务发明创造，职务发明创造申请专利的权利属于该单位。申请被批准后，该单位为专利权人；非职务发明创造，申请专利的权利属于发明人或者设计人。申请被批准后，该发明人或者设计人为专利权人；利用本单位的物质技术条件所完成的发明创造，单位与发明人或者设计人订有合同，对申请专利的权利和专利权的归属作出约定的，从其约定。在中国境内的外资企业和中外合资经营企业的工作人员完成的职务发明创造，申请专利的权利属于该企业；非职务发明创造，申请专利的权利属于发明人或者设计人。申请被批准后，专利权归申请的企业或者个人所有。两个以上单位或者个人合作完成的发明创造、一个单位或者个人接受其他单位或者个人委托所完成的发明创造，除另有协议的以外，申请专利的权利属于完成或者共同完成的单位或者个人；申请被批准后，申请的单位或者个人为专利权人。

发明专利权的期限为法定期限，实用新型专利权和外观设计专利权的期限也为法定期限，均自申请日起计算。

（二）专利实施强制许可制度

专利实施的强制许可，是国务院专利行政部门在一定的条件下，不需要经过专利权人的同意，准许其他单位和个人实施专利权人专利的一种强制性法律措施。

1. 强制许可申请、执行制度

具备实施条件的单位以合理的条件请求发明或者实用新型专利权人许可实施其专利，而未能在合理长的时间内获得这种许可时，国务院专利行政部门根据该单位的申请，可以给予实施该发明专利或者实用新型专利的强制许可；在国家出现紧急状态或者非常情况时，或者为了公共利益的目的，国务院专利行政部门可以给予实施发明专利或者实用新型专利的强制许可；一项取得专利权的发明或者实用新型比前已经取得专利权的发明或者实用新型具有显著经济意义的重大技术进步，其实施又有赖于前一发明或者实用新型的实施的，国务院专利行政部门根据后一专利权人的申请，可以给予实施前一发明或者实用新型的强制许可；在依照前款规定给予实施强制许可的情形下，国务院专利行政部门根据前一专利权人的申请，也可以给予实施后一发明或者实用新型的强制许可。

2. 强制许可实施制度

依照专利法规定申请实施强制许可的单位或者个人,应当提出未能以合理条件与专利权人签订实施许可合同的证明。国务院专利行政部门作出的给予实施强制许可的决定,应当及时通知专利权人,并予以登记和公告。取得实施强制许可的单位或者个人不享有独占的实施权,并且无权允许他人实施。取得实施强制许可的单位或者个人应当付给专利权人合理的使用费,其数额由双方商定;双方不能达成协议的,由国务院专利行政部门裁决。

十、商标法律制度

商标法律制度规定商标的注册、使用、管理,确认商标所有权、商标转让和许可使用等内容。商标是商品的特定标记,与商品不可分离,因而商标法属于商品贸易法范畴。

(一) 商标注册制度

商标注册制度是规定商标申请人、商标注册条件、注册商标续展等方面的法律制度。我国商标法规定,经商标局核准注册的商标为注册商标,商标注册人享有商标专用权,受法律保护。企业、事业单位和个体工商业者,对其生产、制造、加工、拣选或者经销的商品,需要取得商标专用权的,应当向商标局申请商品商标注册。企业、事业单位和个体工商业者,对其提供的服务项目,需要取得商标专用权的,应当向商标局申请服务商标注册。国家规定必须使用注册商标的商品,必须申请商标注册,未经核准注册的,不得在市场销售。

1. 认定制度

商标使用的文学、图形或者其组合,应当有显著特征,便于识别。使用注册商标的,应当标明"注册商标"或者注册标记。商标不得使用下列文字、图形:同中华人民共和国的国家名称、国旗、国徽、军旗、勋章相同或者近似的;同外国的国家名称、国旗、国徽、军旗相同或者近似的;同政府间国际组织的旗帜、徽记、名称相同或者近似的;同"红十字"、"红新月"的标志、名称相同或者近似的;本商品的通用名称和图形;直接表示商品的质量、主要原料、功能、用途、重量、数量及其他特点的;带有民族歧视性的;夸大宣传并带有欺骗性的;有害于社会主义道德风尚或者有其他不良影响的。县级以上行政区划的地名或者公众知晓的外国地名,不得作为商标,但是,地名具有其他含义的除外;已经注册的使用地名的商标继续有效。

2. 续展制度

注册商标的有效期依法定年限,自核准注册之日起计算。注册商标有效期满,需要继续使用的,应当在期满前一定期限内申请续展注册;在此期间未能提出申请的,可以给予一定期限的宽展期。宽展期满仍未提出申请的,注销其注册商标。每次续展注册的有效期依法定年限。续展注册经核准后,予以公告。

(二) 注册商标使用制度

注册商标使用制度是规定注册商标的使用方式、使用保护等方面的法律制度。

1. 转让制度

转让注册商标的,转让人和受让人应当共同向商标局提出申请。受让人应当保证使用该注册商标的商品质量。转让注册商标经核准后,予以公告。

2. 许可制度

商标注册人可以通过签订商标使用许可合同,许可他人使用其注册商标。许可人应当监督被许可人使用其注册商标的商品质量。被许可人应当保证使用该注册商标的商品质量。许可使用他人注册商标的,必须在使用该注册商标的商品上标明被许可人的名称和商品产地。商标使用许可合同应当报商标局备案。

3. 限制制度

使用注册商标,由商标局责令限期改正或者撤销其注册商标的情况是: 自行改变注册商标的文字、图形或者其组合的;自行改变注册商标的注册人名义、地址或者其他注册事项的;自行转让注册商标的;连续 3 年停止使用的。使用注册商标,其商品粗制滥造,以次充好,欺骗消费者的,由各级工商行政管理部门分别不同情况,责令限期改正,并可以予以通报或者处以罚款,或者由商标局撤销其注册商标。注册商标被撤销的或者期满不再续展的,自撤销或者注销之日起 1 年内,商标局对与该商标相同或者近似的商标注册申请,不予核准。使用未注册商标由地方工商行政管理部门予以制止,限期改正,并可以予以通报或者处以罚款的情况包括: 冒充注册商标的;违反商标违禁规定的;粗制滥造,以次充好,欺骗消费者的。

4. 专用权保护制度

注册商标的专用权,以核准注册的商标和核定使用的商品为限。下列行为,均属侵犯注册商标专用权: 未经注册商标所有人的许可,在同一种商品或者类似商品上使用与其注册商标相同或者近似的商标的;销售明知是假冒注册商标的商品的;伪造、擅自制造他人注册商标标识或者销售伪造、擅自制造的注册商标标识的;给他人的注册商标专用权造成其他损害的。

十一、劳动法律制度

劳动法律制度是规定劳动者与劳动力使用者之间社会经济利益等方面的法律制度。劳动法律制度属于劳动活动法的范围,它是狭义的劳动活动法,即限于劳资关系、雇佣关系、劳工关系等劳动活动的法律制度。

（一）就业制度

1. 就业促进制度

劳动者享有平等就业和选择职业的权利。国家采取各种措施，促进劳动就业。国家通过促进经济和社会发展，创造就业条件，扩大就业机会。国家鼓励企业、事业组织、社会团体在法律、行政法规规定的范围内兴办产业或者拓展经营，增加就业，支持劳动者自愿组织起来就业和从事个体经营实现就业。地方各级人民政府应当采取措施，发展多种类型的职业介绍机构，提供就业服务。

2. 平等就业制度

劳动者就业，不因民族、种族、性别、宗教信仰不同而受歧视。妇女享有与男子平等的就业权利。在录用职工时，除国家规定的不适合妇女的工种或者岗位外，不得以性别为由拒绝录用妇女或者提高对妇女的录用标准。残疾人、少数民族人员、退出现役的军人的就业，法律、法规有特别规定的，从其规定。禁止用人单位招用未满16周岁的未成年人。文艺、体育和特种工艺单位招用未满16周岁的未成年人，必须依照国家有关规定，履行审批手续，并保障其接受义务教育的权利。

（二）劳动合同和集体合同制度

1. 劳动合同制度

劳动合同是劳动者与用人单位确立劳动关系、明确双方权利和义务的协议。建立劳动关系应当订立劳动合同。订立和变更劳动合同，应当遵循平等自愿、协商一致的原则，不得违反法律、行政法规的规定。劳动合同依法订立即具有法律约束力，当事人必须履行劳动合同规定的义务。劳动合同应当以书面形式订立，并具备以下条款：劳动合同期限、工作内容、劳动保护和劳动条件、劳动报酬、劳动纪律、劳动合同终止的条件、违反劳动合同的责任等。劳动合同的期限分为有固定期限、无固定期限和以完成一定的工作为期限。劳动合同期满或者当事人约定的劳动合同终止条件出现，劳动合同即行终止。经劳动合同当事人协商一致，劳动合同可以解除。

解除劳动合同，必须符合法定条件。劳动者存在下列情况，用人单位可以解除劳动合同：在试用期间被证明不符合录用条件的；严重违反劳动纪律或者用人单位规章制度的；严重失职，营私舞弊，对用人单位利益造成重大损害的；被依法追究刑事责任的。存在下列情况，用人单位可以解除劳动合同，但是应当提前法定期限以书面形式通知劳动者本人：劳动者患病或者非因工负伤，医疗期满后，不能从事原工作也不能从事由用人单位另行安排的工作的；劳动者不能胜任工作，经过培训或者调整工作岗位，仍不能胜任工作的；劳动合同订立时所依据的客观情况发生重大变化，致使原劳动合同无法履行，经当事人协商不能就变更劳动合同达成协议的。用人单位濒临破产进行法定整顿期间或者生产经营状况发生严重困难，确需裁减人员的，应当提前法定期限向工会或者全体职工说明情况，听取工会或者职工的意见，经向劳动行政部门报告后，可以裁减人员。劳动者存在下列情况的，用人单位不得解除劳动合同：患职业病或者因工负伤并被确认丧失或者部分丧失劳动能力的；患病或者负伤，在规定的医疗期内的；女职工在孕期、产期、哺乳期内的；法律、行政法规规定的其他情形。存在下列情况的，劳动者可以随时通知用人单位解除劳动合同：在试用期内的；用人单位以暴力、威胁或者非法限制人身自由的手段强迫劳动的；用人单位未按照劳动合同约定支付劳动报酬或者提供劳动条件的。劳动者解除劳动合同，应当提前法定期限以书面形式通知用人单位。

2. 集体合同制度

企业职工一方与企业可以就劳动报酬、工作时间、休息休假、劳动安全卫生、保险福利等事项，签订集体合同。集体合同草案应当提交职工代表大会或者全体职工讨论通过。集体合同由工会代表职工与企业签订；没有建立工会的企业，由职工推举的代表与企业签订。集体合同签订后应当报送劳动行政部门；劳动行政部门自收到集体合同文本之日起法定期限内未提出异议的，集体合同即行生效。依法签订的集体合同对企业和企业全体职工具有约束力。职工个人与企业订立的劳动合同中劳动条件和劳动报酬等标准不得低于集体合同的规定。

（三）工作时间和休息休假制度

1. 工作时间制度

国家实行劳动者每日工作时间不超过法定时限、平均每周工作时间不超过法定时限的工时制度。用人单位由于生产经营需要，经与工会和劳动者协商后可延长工作时间，一般每日不得超过法定时限，因特殊原因需要延长工作时间的，在保障劳动者身体健康的条件下，延长工作时间不得超过法定时限。对实行计件工作的劳动者，用人单位应当根据工时制度合理确定其劳动定额和计件报酬标准。用人单位应当保证劳动者每周至少休息1日。

2. 休息休假制度

企业因生产特点不能实行正常工作时间的，经劳动行政部门批准，可以实行其他工作和休息办法。用人单位在下列节日期间应当依法安排劳动者休假：元旦，春节，国际劳动节，国庆节；法律、法规规定的其他休假节日。用人单位由于生产经营需要，经与工会和劳动者协商后可以延长工作时间，但应严格按照法律的规定进行。有下列情况的，延长工作时间不受限制：发生自然灾害、事故或者因其他原因，威胁劳动者生命健康和财产安全，需要紧急处理的；生产设备、交通运输线路、公共设施发生故障，影响生产和公众利益，必须及时抢修的；法律、行政法规规定的其他情形。安排劳动者延长工作时间、休息日安排劳动者工作又不能安排补休、法定休假日安排劳动者工作的，用人单位应当支付高于劳动者正常工作时间工资的工资报酬。国家实行带薪年休假制度。劳动者连续工作 1 年以上的,享受带薪年休假。

（四）工资制度

1. 同工同酬制度

工资,是指在劳动关系中,职工因履行劳动义务而获得的由用人单位以法定形式支付的各种形式的物质补偿。工资制度,通常包括工资表现形式、工资基本构成、工资分配原则、工作分配方式、最低工资保障。工资分配应当遵循按劳分配原则,实行同工同酬。工资应当以货币形式按月支付给劳动者本人,不得克扣或者无故拖欠劳动者的工资。工资水平应在经济发展的基础上逐步提高。国家对工资总量实行宏观调控。用人单位根据本单位的生产经营特点和经济效益,依法自主确定本单位的工资分配方式和工资水平。

2. 最低工资制度

国家实行最低工资保障制度。最低工资的具体标准由省、自治区、直辖市人民政府规定,报国务院备案。用人单位支付劳动者的工资不得低于当地最低工资标准。确定和调整最低工资标准应当综合参考下列因素:劳动者本人及平均赡养人口的最低生活费用、社会平均工资水平、劳动生产率、就业状况、地区之间经济发展水平的差异。工资应当以货币形式按月支付给劳动者本人。不得克扣或者无故拖欠劳动者的工资。劳动者在法定休假日和婚丧假期间以及依法参加社会活动期间,用人单位应当依法支付工资。

（五）劳动保护制度

1. 劳动安全卫生制度

劳动保护,是指用人单位对劳动者在劳动过程中的安全和健康的保护。用人单位必须建立、健全劳动安全卫生制度,严格执行国家劳动安全卫生规程和标准,对劳动者进行劳动安全卫生教育,防止劳动过程中的事故,减少职业危害。劳动安全卫生设施必须符合国家规定的标准。新建、改建、扩建工程的劳动安全卫生设施必须与主体工程同时设计、同时施工、同时投入生产和使用。用人单位必须为劳动者提供符合国家规定的劳动安全卫生条件和必要的劳动防护用品,对从事有职业危害作业的劳动者应当定期进行健康检查。从事特种作业的劳动者必须经过专门培训并取得特种作业资格。劳动者在劳动过程中必须严格遵守安全操作规程。劳动者对用人单位管理人员违章指挥、强令冒险作业,有权拒绝执行;对危害生命安全和身体健康的行为,有权提出批评、检举和控告。那种“因公死伤,企业概不负责”的“生死合同”,属于无效合同。国家建立伤亡事故和职业病统计报告和处理制度。

2. 特殊劳动保护制度

国家对女职工和未成年工实行特殊劳动保护。未成年工是指年满 16 周岁未满18周岁的劳动者。禁止安排女职工从事矿山井下、国家规定的第四级体力劳动强度的劳动和其他禁忌从事的劳动。不得安排女职工在经期从事高处、低温、冷水作业和国家规定的第三级体力劳动强度的劳动。不得安排女职工在怀孕期间从事国家规定的第三级体力劳动强度的劳动和孕期禁忌从事的劳动。对怀孕7个月以上的女职工,不得安排其延长工作时间和夜班劳动。女职工生育享受不少于法定期限的产假。不得安排女职工在哺乳未满1周岁的婴儿期间从事国家规定的第三级体力劳动强度的劳动和哺乳期禁忌从事的其他劳动,不得安排其延长工作时间和夜班劳动。不得安排未成年工从事矿山井下、有毒有害、国家规定的第四级体力劳动强度的劳动和其他禁忌从事的劳动。用人单位应当对未成年工定期进行健康检查。

（六）社会保险和福利制度

1. 社会保险制度

国家发展社会保险事业,建立社会保险制度,设立社会保险基金,使劳动者在年老、患病、工伤、失业、生育等情况下获得帮助和补偿。社会保险水平应当与社会经济发展水平和社会承受能力相适应。社会保险基金按照保险类型确定资金来源,逐步实行社会统筹。用人单位和劳动者必须依法参加社会保险,缴纳社会保险费。劳动者依法享受社会保险待遇有:退休;患病、负伤;因工伤残或者患职业病;失业;生育。劳动者死亡后,其遗属依法享受遗属津贴。劳动者享受的社会保险金必须按时足额支付。国家鼓励用人单位根据本单位实际情况为劳动者建立补充保险。国家提倡劳动者个人进行储蓄性保险。

2. 社会福利制度

国家发展社会福利事业,兴建公共福利设施,为劳动者休息、休养和疗养提供条件。用人单位应当创造条件,改善集体福利,提高劳动者的福利待遇。

（七）工会制度

我国实行统一工会制度,即工会由国家统一组建并有组织地进行活动的制度。这与西方国家的“独立工会”制度是不同的。

1. 会员资格制度

在中国境内的企业、事业单位、机关中以工资收入为主要生活来源的体力劳动者和脑力劳动者,不分民族、种族、性别、职业、宗教信仰、教育程度,都有依法参加和组织工会的权利。工会领导人要符合工会会员的条件,还应具备较好的政治素质和思想修养,有一定的组织活动和社会活动能力,能热心为职工群众服务,在职工中有较广泛的号召力。

2. 新建工会组织制度

全国建立统一的中华全国总工会。新组建的工会承认中华全国总工会章程,经上级工会批准并作为中华全国总工会的属会,即取得合法工会资格。基层工会、地方各级总工会、全国或者地方产业工会组织的建立,必须报上一级工会组织的批准。企业、事业单位、机关有会员法定人数以上者,可以建立工会基层工作委员会,会员不足法定人数的,选举组织员1人,组织会员开展活动。在非公有制企业,会员法定人数以上的,也可以建立工会基层工作委员会,不足法定人数的,可以建立工会分会或工会小组,参加按区域或行业建立的联合基层工会,也可以参加乡镇、街道工会。

第十三章　经济竞争法律制度

经济竞争法是规范经济竞争关系的法律制度。竞争是市场经济的产物，在社会经济已经形成国民经济运行条件下的竞争，具有市场机制下竞争的新特点。这种竞争，如西方经济学家所指出的，是主体为扩大或争夺市场势力而进行的具有进攻性、对抗性的经济活动。其实质是争夺“市场势力”。由此而论，经济竞争是经济活动的一种特殊形式。从这个意义上说，经济竞争法与经济活动法是不同的，它不属于经济活动法。经济竞争法促进正当竞争，反不正当竞争和反垄断，维护市场经济秩序，保障国民经济的健康发展，在经济法体系中居于核心地位。

本章在明确限定经济竞争法含义的基础上，确定了经济竞争法的基本结构。这里，把经济竞争法分为竞争促进法、反不正当竞争法和反垄断法，并连同其他具有经济竞争性质的法律法规，从中概括出经济竞争法基本法律制度。应当说明，由于我国的经济竞争法还很不完善，因此本章有些内容是依据西方市场经济国家的立法归纳阐述的。

第一节 经济竞争法概说

现代市场经济条件下的竞争关系，是公平竞争与不正当竞争、垄断并存的竞争关系。对这种关系的法律调整，不是市民法的调整，而是经济法的调整。我们应当从这一基本认识出发，去理解经济竞争法的属性和特征，并对经济竞争法进行分类。

一、经济竞争法的含义

经济竞争法，是规范经济竞争关系的法律制度的体系。交易关系是市民法的传统调整领域。正是在这一领域的经济竞争法的调整，集中表现了经济法调整的本质属性。

首先，经济竞争法是规范经济活动中形成的竞争关系的法。竞争是一个多样化的、动态的概念。应当认为，法学上的经济竞争，是指两个以上的主体，各自为获得更多的市场势力而对一定的商品或劳务自由地进行生产、销售、购入活动，以及其准备和补充活动的全部活动。这里的准备和补充活动，一般包括市场调查、投资、广告及宣传、售后服务等活动。由此可见，经济竞争是主体相互之间的竞争，是在市场机制作用下的竞争。离开了市场机制，便不存在经济竞争问题，这是“竞争”概念与“竞赛”概念的根本区别。

形成竞争关系有四个要素：(1) 对象要素。在市场上能够形成竞争关系的标的，只能是同种或类似的商品、劳务。由于诸多企业的商品在质量、产地、装潢、广告作用等方面存在差异，使企业竞争力的强弱很不相同。(2) 阶段要素。在不同的流通阶段，会形成不同的竞争关系，如生产业者之间、批发业者之间、零售业者之间形成竞争关系。位于不同流通阶段的业者之间，不会形成竞争关系。(3) 形式要素。不同的交易形式，形成不同的竞争关系，如一次性交易与期次性交易、大宗交易与小宗交易、独家交易与联厂交易等等。(4) 地区要素。交易地区不同，由此形成的竞争关系也不同。一地区内的交易，在这一地区内形成竞争关系；全国范围内的交易，在全国形成竞争关系；国家及地区间的交易，在国家及地区间形成竞争关系。经济竞争法正是调整这样的竞争关系的法。

形成竞争关系的主体是竞争主体。以次充好、以假乱真、欺行霸市、哄抬物价等行为，是经济活动当事人之间的违法行为，不是竞争行为。因此，把当事人之间的经济行为当作竞争主体之间的竞争行为，进而归之于经济竞争法，是没能理解什么是竞争关系的缘故。

其次，经济竞争法是超越传统民法界限的法。在垄断和国家垄断条件下，垄断并没有消除竞争，而是凌驾于自由竞争之上并与之并存。这是因为，垄断并没有改变市场经济性质，利润最大化仍是企业生产的目的，因而竞争必然存在；而且，垄断只是占统治地位，不存在社会经济生活的全部垄断和绝对垄断。就是说，非垄断的经济组织、中小企业相互之间以及它们与垄断组织之间，还存在着竞争，况且全国不可能形成一个统一的垄断组织。在这种情况下，垄断组织与垄断组织之间、一国垄断组织与国际垄断组织之间，必然展开激烈的竞争。应当认为，调整自由放任市场经济条件下的竞争关系与垄断市场经济条件下的竞争关系的法的性质是不同的。对于前者，是根据私人自治原则进行的，要求市民社会的市民法的调整，以期在竞争关系中形成市民法秩序；而对于后者的法律调整，必然超过市民法的界限而为经济法调整。

最后，经济竞争法既是促进、维持公平竞争的法，又是限制不正当竞争和限制垄断的法。经济竞争法的立法宗旨是以经济民主主义为目的，而经济上的机会均等和经济平等是经济民主主义的两大思想支柱。为维护公平竞争，必须反对私人垄断。在私人垄断统治下，垄断组织竞争的目的已经不是平均利润而是获取高额垄断利润；竞争的范围从生产、销售到金融信贷、运输、科技、高素质劳动力乃至国家经济权力；竞争的形式和手段已从价值竞争、价格竞争到非价格竞争及对经济过程的控制权的竞争；竞争的结果已经不是资本在本部门转移而是在各经济部门和跨国转移。在这种情况下，必然产生私人垄断，产生不正当的限制交易及采用不公正的交易方法，产生通过合谋或协定等方法对生产、销售、技术和价格等不正当的限制，以及对一切事业活动进行不正当的限制或约束。为保护社会公共利益，维护竞争经济秩序，必须有作为反对私人垄断内容的法与之相适应，这样的法是经济竞争法，它是经济法的重要组成部分。

二、经济竞争法的特征

私人自治和企业自由是自由放任市场经济的准则，而利润最大化是企业追求的首要目标。为追求超额利润、对付市场经济的内在矛盾引起的危机，企业必然把垄断化作为自己的企业政策加以推行，而垄断化又必然限制了自由竞争。实行自由竞争是市民法的目的，但垄断却是市民法调整的产物。这里的问题是，既要反对私人垄断，又要维护正当竞争，这就不能不要求有别于市民法的法律，从而形成不同于市民法秩序的法秩序。这就是经济竞争法和经济竞争法秩序。很显然，站在既反对私人垄断又维护正当竞争的立场上，超越市民法的限度而实行经济法的调整，是经济竞争法的根本特征。其具体特征是：

其一，根本立法目的是恢复有效竞争。无论是私人垄断，还是不正当竞争，都是“在一定交易领域里对竞争进行实质性限制”。这种实质性限制，使市场结构中出现了非有效竞争状态。经济竞争法的根本目的，是恢复有效竞争。这里的有效竞争，不是市民法秩序下的竞争，而是在垄断、国家垄断条件下，排除对竞争进行实质性限制的竞争。市民法上的竞争,以所谓平等、公平、诚实信用等为原则,强调平等主体及其相互间的利害关系,以竞争手段追求自身利益,强调自然主义的优胜劣汰,因而把竞争法律制度归结为公平竞争制度、经营者和消费者保护制度、侵权行为救济制度。很显然,这是把现代竞争法理解为市民法意义上的竞争法了。应当明确,作为经济法的经济竞争法,不再以市民法的原则为原则,也不再以属于市民法的竞争法律制度为制度。其立法核心问题,是对付控制市场行为,整治支配力过度集中的市场结构,也包括排除不正当的竞争方法和交易方法以恢复有效竞争。

其二,法的调整的客体不仅仅是行为。经济竞争法所调整的,包括行为,还包括垄断状态、垄断结构。这与传统法学以人、物、行为来构成其理论结构是不同的。18 世纪以来的法学,都是把行为作为法所调整的唯一客体,即所谓"与权利和义务相关的行为"、"无行为即无犯罪亦无刑罚"等等。在社会化大生产条件下,仅仅用人、物、行为"三要素"来解释国民经济运行问题是远远不够的,这"三要素"不能客观地揭示国民经济运行的法律调整问题。在经济竞争领域,立法上存在违禁行为要件,如私人垄断、不正当地限制交易、不公正交易、不正当地限制交易和不公正交易的国际协定及契约等行为要件;也存在违禁状态、结构要件,如市场占有率要件、重新进入市场困难要件。如日本《禁止垄断法》规定,一个事业者的市场占有率超过 1/2 和两个事业者在各个市场占有率合计超过 3/4 的;其他事业者对属于该事业领域的事业,重新经营(重新进入)有显著困难的,则构成垄断状态,为法律所禁止。垄断状态,是一种市场结构,而不是主体的行为。由此可见,在经济竞争法那里,不再是仅仅调整行为,还要调整状态、结构。那种只把行为限定为法的调整客体的市民法理论,是脱离当代国民经济运行实际和立法实际的。如果从市民法理论出发来概括经济竞争法,并说成是经济法理论,那么这种经济法理论充其量是市民法理论的翻版。

其三,保护法益的公益性。经济竞争法的保护法益是公益,即社会公共利益和国家利益。这种公益,这里集中表现为国民经济总体利益。经济竞争法保护公平竞争,旨在保护社会经济秩序,而不正当竞争行为和垄断竞争行为所侵害的客体,恰恰是社会经济秩序。保护社会经济秩序不受侵犯,就有效地保护了国民经济总体利益。市民法的保护法益是私益。其保护法益的对象是特定的自然人、法人,法以保护这些特定人的具体利益为目的,而对其保护措施是直接保护。经济竞争法超越了市民法保护法益的界限,通过立法可以看出,它所保护法益的对象不是特定主体的具体利益,而是众多主体的一般利益、普遍利益。下面以经济竞争法涉及的价格、欺骗性交易为例,证明在保护法益上两种立法的区别:如"企业供给的一定商品或劳务,在相当时间内,对照需求及供给费用的变动,价格明显上升或很少下降",则产生市场弊害。对此,经济竞争法的任务,就是保障合理的价格形成机制,排除垄断状态,以恢复有效竞争,保护广大消费者的利益和社会经济秩序。而一定商品或劳务上的价格欺诈、哄抬物价等,因直接侵害了具体购买者的利益,则适用民法的规定。再如假冒、仿冒等虚假标志行为属于不正当竞争,这种竞争行为影响了真品商品的销售,使真品商品的市场份额减少,从而阻碍了公平竞争,因而成为经济竞争法的限制对象,而其对真品企业的侵害,则可由被侵害具体当事人适用民事损害赔偿之诉。

综上所述,在阐释经济竞争法的特征时,问题的关键在于把握该法与市民法的界限。在这一前提下,如果涉及经济竞争法与消费者权益保护法、产品质量法、专利法和商标法等法的某些区别时,则应指出其实质性区别而非形式上的区别。

三、经济竞争法的分类

经济竞争法律制度在立法上的显著特征,是各国颁布了以竞争法名义命名的法律法规,而这些法律法规的基本规定,是关于反不正当竞争和反垄断的内容。尽管各国的立法体例有将两法合并立法和分别立法两种情况,但其基本法律制度,仍包括反不正当竞争法和反垄断法两大类。同时,为了促进市场健康发展、良性运行,各国还在诸多经济法规中制定了有关促进竞争的规定,以法律手段保障市场经济运行遵循法制轨道。

(一) 竞争促进法

竞争促进法同反不正当竞争法、反垄断法共同构成了经济竞争法律制度。公平的、充分的竞争是保障资源合理、有效配置,繁荣市场经济的中心手段。因而,不仅在民事法律如民法中强调平等竞争,在经济法律的诸多部门法中,也大多有关于促进竞争的法律规定。传统理论认为,竞争法仅指反不正当竞争法和反垄断法(有的还将限制竞争法单独列出)。应当指出的是,上述两者是从一个方面,即从反面来阐述什么样的行为会妨碍正当的竞争和正常的交易秩序,从而为法律所禁止或限制;同时,还需要从正面规定生产者和经营者应当如何正当、积极地参与市场竞争。由于此种法律制度是从经济生活的各个角度体现出来的,在很多法律、法规中均有所体现,因而国内外尚无专门的、统一的经济竞争促进法。

(二) 反不正当竞争法

反不正当竞争法是规范不正当的竞争方法和交易方法的法律制度。在立法上,将不正当竞争限定为采用不正当的竞争方法和交易方法,是各国的通例。

"限制竞争"与不正当竞争是不同的,"限制竞争"不包含在不正当竞争的范围之内。在我国,学界概括的"限制竞争"术语,实际上是从不正当竞争角度去理解的,又等同于国外立法"对一定交易领域里竞争的实质性限制"。其实,外国立法上的这种“实质性限制”，是禁止垄断法的重要内容，是垄断状态的构成要件。从这个意义上说，我国学界把所谓“限制竞争”作为竞争法的类别之一进行分类，是不正确的。

我国《反不正当竞争法》纳入了某些限制竞争行为，这应当认为是在没有反垄断法情况下的一种立法技术性安排。实际上，反不正当竞争法只包括反不正当竞争方法和反不正当交易方法两类法律制度。

（三）反垄断法

反垄断法是规范垄断行为和垄断状态的法律制度。“垄断”范畴的法学含义与经济学含义是有差异的。经济学通常认为，垄断是大企业为了独占生产、销售、原料来源，并统一规定垄断价格以获取高额垄断利润而成立的协定、同盟或者联合。这里指的是一种经济现象或经济形式。关于垄断的法学或法上的定义，通常是指生产经营者单独或与生产经营者通谋，将其他生产经营者从市场上排挤出去或者使之处于自己的支配之下，使一定交易领域里的竞争受到实质性限制。从这一定义性说明中可以看出，法上的垄断，是一种控制市场的行为。这种行为是法的限制对象。

垄断是社会发展到一定阶段的产物。在当代西方国家，垄断是国民经济的基础和基本结构。垄断组织是客观存在的，法不是反掉垄断组织，而是对垄断行为和垄断状态进行限制，以消除产生支配力过度集中的市场结构。由此说来，把法上的“反垄断”误认为是反经济上的垄断阶段，因而主张实行自由资本主义，是明显的错误。

反垄断法包括限制垄断行为和限制垄断状态两类法律制度。

第二节 经济竞争法的体系

法律、法规形式的经济竞争法，包括经济竞争促进法、反不当竞争法和反垄断法。这三种法是从不同角度、范围来规范经济竞争关系的，但其立法宗旨是一致的，就是保障有效竞争，维护市场经济秩序。

一、竞争促进法

凡实行市场经济的国家，其经济立法都将促进商业竞争、维护良好的市场交易秩序、繁荣经济为宗旨。各国的竞争促进法可以见于多部法律、法规中，而不以某一部专门立法为限。

（一）我国立法

随着市场经济逐步发展，从20世纪80年代开始，我国的市场公平交易立法以各种法律形式被制订出来。

1980 年 10 月 27 日，国务院发布了《关于开展和保护社会主义竞争的暂行规定》。这一规定提出了在发挥市场经济条件下，开展和保护竞争的基本法律要求：开展竞争的目的是提高经济效益；扩大企业自主权以保障竞争主体的独立法律地位；竞争主体享有独立的法律地位，其合法的经营活动不受任何主体限制；为竞争广开渠道；根据不同的商品性质，可以合理调节价格；打破地区封锁和部门分割，维护商品的正常流通；鼓励革新和发明创造，可以有偿转让技术成果；禁止不合法竞争；确定政府应当对竞争进行指导。这部行政法规无疑从政策上、法律上给予市场竞争以认可，并以法律的手段促进竞争。

1986 年 4 月 12 日第六届全国人民代表大会第四次会议通过的《中华人民共和国民法通则》以及 1999 年 3 月 15 日第九届全国人民代表大会第二次会议通过的《中华人民共和国合同法》，确定了当事人在经济活动中法律地位平等，规定了市场交易中的一些基本原则，如自愿、公平、等价有偿原则，明确了公民、法人的合法的权益受法律保护，任何组织和个人不得侵犯。这就为禁止不正当竞争行为奠定了制度基础。这对于促进社会主义市场竞争发挥了很大作用。

1987 年 12 月，国家体改委、国家经委《关于组建和发展企业集团的几点意见》中，鼓励竞争，鼓励同行业集团中的竞争，以促进技术进步，提高经济效益。

1990 年国务院发出《关于打破地区间市场封锁，进一步搞活商品流通的通知》，进一步重申国家保护社会主义竞争的规定：维护企业拥有的生产经营自主权，使企业能够依据国家政策的规定并按照经济合理的原则进行生产经营活动；各地区必须严格执行国家的各项财政税收制度，不得超越权限擅自对经营本地产品的企业实行减免税收的措施；在信贷方面，对经营本地产品和经营外地产品的企业要一视同仁；加强价格管理，反对价格歧视和利用价格排斥外地产品，支持企业平等竞争。

除上述法律、法规外，税法、价格法、广告法、消费者权益保护法、商标法、专利法、产品质量法、价格法、标准化法等，都从不同的角度规定了平等竞争的原则，初步确立了市场公平交易立法的基本原则，实施市场公平交易规范，维护正常的市场交易秩序，鼓励社会主义市场竞争，保障国家、生产经营者、消费者的合法权益，促进商品经济的繁荣。

（二）外国立法

英国是最早直接保护竞争的国家。17 世纪初，英国的判例法就开始担负起了反对垄断和保障竞争的任务，它们形成了普通法中的“限制贸易应受谴责”的法律原则。英国的判例如今已经成为英国有关竞争的制度法，如《公平贸易法》、《竞争法》的内容。

1992 年 2 月 7 日，在欧共体三大条约的基础上，当时的欧共体 12 个成员国签署了《欧洲联盟条约》（因为这一条约是在荷兰的马斯特里赫特签署的，因而又称为《马斯特里赫特条约》,简称《欧盟条约》)。欧盟竞争法规范贯穿在《欧盟条约》的很多条文中,其中,既有对竞争规则所做的一般性原则规定,又有对反竞争行为的构成及其查处程序所做的具体性规定。《欧盟条约》共248条,其中直接涉及竞争法规范的有17条。欧盟竞争法主要有三个直接目标,即提高经济效益、维护公平交易、保护共同市场的完整统一。为了达到上述目标,欧盟竞争法由以下四项竞争内容构成:《欧盟条约》及其后来对其进行修改补充的有关条约中包含的竞争法规范;欧盟部长理事会和欧盟委员会根据《欧盟条约》的原则制定的关于竞争政策的竞争法规范;欧盟各有关机构根据《欧盟条约》的规定代表欧盟对外签署的国际公约中涉及的竞争法规范;欧盟法院对反竞争行为案件的判决与解释等。序言第5款中要求各成员国采取一致行动保证公平竞争,反映了缔约国签署该条约的立法宗旨,对于研究立法精神和原意具有指导意义。

二、反不当竞争法

经济竞争中的不正当竞争方法和交易方法,直接危害了社会经济秩序。为此,国家通过立法加以规范,以保障国民经济的健全发展。目前我国已颁布反不正当竞争基本法,在实践中发挥着重要作用。纵观世界立法情况,各国反不当竞争法及相关立法是比较完善的。

(一)我国立法

1980年10月17日国务院《关于开展和保护社会主义竞争的暂行规定》,在规定促进和保护社会主义竞争的同时,也提出了反对干扰和妨碍公平竞争的不正当竞争和垄断问题。1981年7月15日,国务院发布了《关于制止商品流通中不正之风的通知》,该通知主要禁止在商品流通领域中发生的提供不正当好处费情况的发生。1981年12月14日,商业部发布了《关于严禁商品搭配的规定》,该规定针对商业企业硬性搭配商品的不正当交易行为提出了要求。1982年4月10日,国务院发布了《关于在工业品购销中禁止封锁的通知》,该通知明令禁止地区的或部门的保护主义,以充分发挥生产优势,以利于生产技术的交流和社会化大生产,从而有利于国民经济的调整和经济效益的提高;1983年2月5日,国务院发布的《城乡集市贸易管理办法》具体规定了城乡集市交易活动的规则,保护合法的商业竞争,禁止场外交易;禁止国营商业利用优势在议购议销中损害公民的利益,同时,针对不同的违规行为,分别由工商行政管理机关、税务机关、司法机关予以处理。

1993年9月2日通过的《中华人民共和国反不正当竞争法》,是我国第一部反不正当竞争的专门法律。《反不正当竞争法》共5章33条,该法将狭义的不正当竞争行为和限制竞争行为作为调整对象,共列举了11种禁止的不正当竞争行为。为了使该法更具可操作性,国家还根据这部法律制定了一系列具体的配套法规。如1993年7月1日起施行的《关于惩治假冒注册商标犯罪的补充规定》,规定了假冒注册商标这种不正当竞争行为的刑事责任。国家工商行政管理局于1993年12月24日发布的《关于禁止公用企业限制竞争行为的若干规定》,确定了公用事业经营者的范围。同日还发布了《关于禁止有奖销售活动中不正当竞争行为的若干规定》,规定了被禁止的有奖销售行为和法律责任。

除此以外,其他法律法规中也有关于反不正当竞争的规定,如《中华人民共和国民法通则》、《中华人民共和国刑法》、《中华人民共和国商标法》及其实施细则、《中华人民共和国专利法》及其实施细则、《中华人民共和国计量法》及其实施细则、《中华人民共和国标准化法》及其实施条例、《中华人民共和国产品质量法》、《中华人民共和国广告法》、国务院《关于严厉打击生产和经销假冒伪劣商品违法行为的通知》、1993年9月1日施行的全国人大常委会《关于惩治生产、销售伪劣商品犯罪的决定》、国家计划委员会于1995年1月25日发布实施的《制止牟取暴利的暂行规定》等都有关于反不正当竞争的规定。上海、湖北、江西、吉林、河南、浙江等省市的地方性反不正当竞争法规为全国性竞争立法提供了配套措施。其中,武汉市在1985年11月公布实施的《武汉市制止不正当竞争行为试行办法》,是我国第一件反不正当竞争的地方立法。

(二) 外国立法

在西方国家,反不正当竞争立法较为发达。

德国早在1896年就制定了《反不正当竞争法》,这是世界上第一部专门的反不正当竞争法。1909年在此基础上制定了新的《反不正当竞争法》并废止了前法,这部法律是德国反不正当竞争法律体系中的基本法。在当代,其功效主要在于保护一般消费者利益,但对竞争者的保护和对竞争秩序的维护作用仍放在重要位置。此外,《标准合同条件法》、《关于附加赠送物品条例》、《折扣法》对不正当竞争行为作出了明确的限制,对几种常见的不正当竞争行为予以制约。

此外,日本1934年制定《不正当竞争防止法》、1962年制定《不当赠品及不当表示防止法》;希腊1913年制定《反不正当竞争法》;奥地利1923年制定《联邦反不正当竞争法》;瑞典1931年制定《不正当竞争法》;英国1976年制定《限制性贸易惯例法》、1976年制定《转售价格法》;南斯拉夫1974年制定《反不正当竞争和垄断协议法》;匈牙利在1984年制定《禁止非正当经济活动法》的基础上,经过修改于1990年颁布了《禁止不正当竞争法》;西班牙1991年颁布《反不正当竞争法》,专门规范不正当竞争行为。

(三) 国际性立法

随着国际经济的日益发展,反不正当竞争立法活动受到了国际组织的广泛关注和响应,随之出台了一些国际及地区性公约、条约,以防止不正当竞争行为对国际经济秩序的破坏。

1900年《保护工业产权巴黎公约》,其中对反不正当竞争作了原则性的规定,并且特别禁止专利、商标行为中的不正当竞争行为。

联合国《控制限制性商业行为的多边协议的公平原则和规则》于1980年12月5日在第35届联合国大会上正式通过,它禁止企业滥用或谋取滥用市场力量的支配地位,限制进入市场或以其他方式不适当地限制竞争,对国际贸易特别是发展中国家的贸易及其经济发展产生不利影响。该《规则》要求不得在有关市场中对竞争者有掠夺性行为,如使用低于成本的价格销售以打击竞争者。

欧洲共同体竞争法中的《罗马条约》严格限制企业间的协议,一旦企业内部的协议限制第三人的竞争,则构成限制竞争。其中明文禁止下列几种行为:直接或间接地固定收购价格或出售价格或其他交易条件的协议;限制或控制生产、销售和技术发展或投资的协议或行为;分割市场或供应来源的协议和行为;在相同的贸易中,对其他交易对手采取不同的条件,从而使其处于不利地位的行为;将那些与贸易合同无关的额外义务作为订立合同的条件的协议或行为。

1891年缔结的《制止商品产地虚假或欺骗性标记马德里协定》,经过3次修订,最后于1967年在斯德哥尔摩签订,该协定要求成员国采取有效措施制止不正当竞争行为。除此以外,还有1966年11月11日《发展中国家商标、商号和不正当竞争行为示范法》。

三、反垄断法

规模经营,生产和资本的集中,必然产生垄断,而垄断却妨害竞争。这是反垄断法的直接经济背景。从当前各国情况看,在立法上,有些国家有弱化倾向;在司法上,反垄断案例并未成为普遍的、经常的案例。这些立法动态和司法审判情况,并不说明反垄断立法不重要或不必要。在垄断成为现代国家运行的基本经济条件下,反垄断法并不是可有可无的。

(一)我国立法

我国在反垄断法制定之前,关于反垄断的某些规定散见于若干规定、条例中。如在1982年的《广告管理暂行条例》和1987年的《广告管理条例》中,明确规定禁止广告的垄断和不正当竞争。1982年4月国务院发布的《关于在工业品购销中禁止封锁的通知》,规定了禁止封锁和垄断的10项要求和措施。1987年9月国务院发布的《中华人民共和国价格管理条例》中,将企业之间或者行业组织商定垄断价格的行为规定为价格违法行为,并按规定进行处罚。可见,我国关于反垄断的规定是简单、零散的,只有原则性的说明,还缺乏操作性。

我国于2007年8月30日颁布了《反垄断法》。《反垄断法》共8章57条,对垄断协议,滥用市场支配地位,经营者集中,滥用行政权力排除、限制竞争,对涉嫌垄断行为的调查和法律责任等作出了规定。我国经济制度的性质决定了私人经济不能占主导地位，因而不具备制定西方国家那样的反私人垄断法的立法条件。现在有些学者主张反垄断法是主要针对“国家垄断”，又被说成是“行政垄断”。我国《反垄断法》没有采用“行政垄断”术语，是正确的立法选择。我国立法采用的“滥用行政权力排除、限制竞争”与所谓“行政垄断”的法律定义是不同的。

（二）外国立法

西方国家反垄断法的动因是私人垄断，垄断资本主义市场经济正是基于私人垄断发展起来的。

在国外最典型的反垄断法可以参见美国法律。美国的反垄断法是以 1890 年《保护贸易与商业不受非法限制与垄断侵害法》（即后来的《谢尔曼法》）为基础，通过一系列法律、判例构成自己以反托拉斯为特色的竞争法律制度。《谢尔曼法》被各国法学界公认为是现代竞争法产生的标志。《谢尔曼法》共 8 条，其核心的规定是禁止非法垄断的两项重要原则，即以托拉斯或共谋的方式限制商业或贸易的，被认定违法；任何垄断或企图垄断的行为是商业犯罪行为，应当受刑事制裁。但由于《谢尔曼法》的规定并不具体，并且解释伸缩性较大，在其颁布后的 10 年内并没有得到真正的执行。1914 年制定的《克莱顿法》和《联邦贸易委员会法》则确立了反托拉斯的专门行政执法机关——联邦贸易委员会，扩大并强化了《谢尔曼法》反托拉斯的有关规定，《克莱顿法》规定了五种非法的垄断行为。至此，美国反垄断法律制度基本形成。此后这三部基本法律在实行中得到了补充、修改和完善。此后的法律是：1936 年的《罗宾逊 · 帕特曼法》、1938 年的《惠勒 · 李法》、《威尔逊关税法》、1946 年的《美国商标法》、1962 年的《反托拉斯民事诉讼法》、1974 年的《反托拉斯诉讼程序和惩罚法》、1975 年的《马格里森—莫斯联邦贸易委员会改进法》、1976 年的《哈特—斯各特—鲁迪南反托拉斯改进法》、1977 年的《禁止对外贿赂法》、1980 年的《反托拉斯诉讼程序改进法》、1980 年的《联邦贸易委员会改进法》。

截至目前，绝大部分西方发达国家特别是 OECD 成员国都制定了反垄断法。日本 1947 年制定了《关于禁止私人垄断与确保公正交易法》，其立法宗旨是通过禁止私人垄断、不当地限制交易和不正当的交易办法，防止事业支配力的过度集中，排除用联合、协定等方法，对生产、销售、价格和技术等的不当限制以及其他一切对事业活动的不当约束，从而促进自由竞争。除此以外，德国 1915 年制定了《设立强制卡特尔法》；1923 年制定了《反滥用经济力量法令》（即《卡特尔条例》），允许国家机关对滥用经济强权的卡特尔在特定的“卡特尔”法院起诉，这是德国第一部垄断法，但实际作用甚微；1957 年 7 月 7 日颁布了《反对限制竞争法》，该法于 1958 年 1 月 1 日生效，并经历了五次修改，共 109 条，其内容包括实体法和程序法，对横向卡特尔、垂直卡特尔、滥用市场支配地位、大企业的联合四种限制竞争行为作了禁止性规定，该法在保障德国市场竞争秩序方面发挥了重要作用。英国 1948 年制定了《垄断企业与限制性贸易惯例(调查与控制法)》,1956 年制定了《垄断与合并法》。

在发展中国家,20 世纪 60 年代印度和巴基斯坦即制定了反垄断法。20 世纪 80 年代后，秘鲁、巴西、委内瑞拉、阿根廷等美洲国家制定了反垄断法。特别是东欧和中欧国家，也加快了反垄断立法速度。至 1999 年，已有 84 个国家制定了反垄断法。

第三节 基本法律制度

经济竞争法律制度是基于保障有效竞争，维护竞争秩序而形成和发展的。为适应反不正当竞争和反垄断的要求，法律设置了比较完善的制度，其基本制度，是申报法律制度、登记法律制度、违禁认定法律制度、适用除外法律制度、监督检查法律制度。

一、申报法律制度

申报制度，是各国反垄断法规定的重要措施和程序制度。关于申报的事项，一般包括：合并、准合并、生产经营者团体、解除不景气卡特尔、解除合理化卡特尔、特定的国际协议契约。其中最主要、最普遍的申报，是合并的申报。

申报分为事前申报和事后申报，各国规定不一。事前申报是比事后申报更为严厉的限制方式。当主管部门认为申报事项的内容中某项不合适时，在该事项成就前，可命令改变其内容，或禁止其进行。

(一) 事前申报制度

事前申报，是关于申报事项在实施之前向反垄断执法机关提出申请，并提供有关资料，由执法机关依照法律要求进行审查，视其对市场影响情况决定是否给予批准。世界大多数国家的反垄断法都规定，达到一定规模的企业合并实行事前申报制度。

美国 1976 年的《哈特—斯科特—罗迪诺反垄断修订法》对克莱顿法的第 7 条补充了一个条款，它要求涉及大企业的合并在合并前向联邦贸易委员会或司法部的反垄断局进行申报。如果在申报后的 30 天内，或在现金交易的 15 天内，当局对合并未提出异议，合并方可实施。如果存在反垄断法上的疑问，等候期限要相应地分别延长 20 天和 10 天，当局在此期限内作出批准或者不批准的决定。这个条款将适用于那些合并的企业的销售额或其资产超过 1 亿美元，而被合并企业的销售额或资产超过 1000 万美元的企业合并；另外的一个条件是，合并企业至少要取得被合并企业 15% 的财产或者股份，或者被取得的股份或者财产至少达到

1500 万美元。如果合并企业违反这个规定而实施了合并,应当被征收罚款。

欧盟的企业合并控制条例、意大利的竞争法、澳大利亚的贸易行为法等,都要求企业合并的事前申报。

(二) 事后申报制度

事后申报,是在申报事项实施后进行申报,经反垄断执法机关审查程序,决定批准或撤销。

根据德国《反对限制竞争法》第 44 条的规定,控制企业合并的执行机构是联邦卡特尔局。根据不同规模的企业合并对市场竞争有不同程度的影响,该法对企业合并规定了合并事后申报制度。参与合并企业的法定代表人有义务向卡特尔局进行事后申报。《反对限制竞争法》规定,如果合并企业的市场销售额在合并前的营业年度共同达到了 5 亿马克或者共同达到 20% 的市场占有率,或企业职工总数达到 1 万人,合并事后必须向卡特尔局申报;但在实践中卡特尔局放宽了这一要求,以避免将这些市场上的合并申报义务不必要地扩大到一些规模不大的企业。联邦卡特尔局有权在合并登记后 1 年内认定合并违法而禁止合并。如果应当申报的合并没有申报则构成违法,联邦卡特尔局有权强迫企业进行申报;有申报义务的企业法定代表人由于故意或过失未及时申报,或者未如实全面申报,联邦卡特尔局可以对其处以最高 5 万马克的罚款。根据 1998 年第六次修订的《反对限制竞争法》,企业合并申报程序由事先登记和事后申报改为单一的事前申报制度。

二、登记法律制度

登记,主要适用于限制性协议和合并。

(一) 限制性协议登记制度

限制性贸易协议一般在反垄断执法机构进行登记;未经登记的限制性贸易协议是无效的。限制性贸易协议一般被推定为违反公共利益,除非当事人能够证明该协议满足了法律所规定的有效条件,而且由此协议获得的利益必须超过此协议带来的任何损失。

(二) 合并登记制度

对于大企业参与的合并实行事前登记制度。这一措施是为了使反垄断执法机构尽快得知合并事宜,并及时作出反应,使参与合并的大企业尽早得知反垄断执法机构对其合并的态度,以尽快消灭经济活动中的不稳定状态。德国《反对限制竞争法》的不同修订法案,对"大企业"这一含义的法定年销售额有所不同。对于已经登记的合并计划,如果卡特尔局认为有必要进行审查,应当在登记后 1 个月内通知相关企业,否则视为批准了该合并。如果卡特尔局认为应当禁止该合并,必须在合并登记后的4个月内发布禁令。

对欧共体有影响的合并,必须事前到共同体委员会进行登记,委员会在收到报告材料后1个月内决定批准或不批准。

三、违禁认定法律制度

生产经营者的违禁行为只有经主管部门等认定方能成立。认定的依据,是法律规定的该行为或状态的构成要件。违禁行为和违禁状态的认定制度,是以法定要件为核心建立起来的。

(一)垄断认定制度

对垄断的认定,包括对垄断行为的认定和对垄断状态的认定,其中,主要是对垄断行为的认定。其共同标准是:违反社会公共利益,对一定交易领域里的竞争进行了实质上的限制。

1. 垄断行为认定制度

关于垄断行为的构成要件及认定标准,各国立法规定不一,但一般包括以下三个行为要件。

(1)组织人事行为要件。与此要件相符合的行为,主要是合并、兼并(准合并)、兼任董事及管理人员等行为。应当明确,上述行为不等于违禁行为,只有当这些行为构成实质上限制竞争时,才构成违禁行为。

关于合并,美国《克莱顿法》规定,如果企业间合并的结果有可能使某一产品和某一领域的市场实质性减少竞争或导致垄断的形成,则禁止任何人以取得他人财产或股份的方式进行合并。美国反托拉斯局在1968年制订了合并准则,经过了多次修订。横向合并是相同产品的生产者或者销售者之间的合并。因为参与横向合并的企业相互是竞争者,通过合并将会直接减少市场竞争者的数目,所以横向合并一贯是美国反托拉斯法最受严格管制的对象。在一个受少数企业操纵的市场上,有着竞争关系的大企业间的合并在任何情况下都会被视为有碍于竞争。垂直合并是处于不同生产阶段的企业间的合并,垂直合并涉及的是一种产品的买方和卖方之间的合并。垂直合并的一个突出特点是:如果生产商或销售商在其市场上已经取得了市场支配地位,该势力对受控制的销售商或者生产商所处的市场状况也将发生影响。日本《禁止垄断法》规定,事业者有属于下列行为之一的,不得合并:这一合并在一定交易领域实质上限制竞争;这一合并是用不公正方法进行的。

关于兼并(准合并),1989年我国国家体改委、国家计委等联合发布的《关于企业兼并的暂行办法》指出,企业兼并一方面要有利于规模经济,另一方面也不得损害企业间的竞争。英国《公平贸易法》规定,在下列两种情形下,兼并可以由垄断与合并委员会进行调查:一是兼并的结果有可能会导致某一地区或某一部分市场形成垄断；二是接管的资产超过1500万英镑。这种接管包括同行业间的接管和跨行业间的接管，同一地区的接管和跨地区的接管，全部的债权债务接管和单一的债权接管，都由垄断和合并委员会进行调查。垄断和合并委员会必须向国务大臣报告兼并是否已经导致或者可能导致对公共利益的侵害。如果确实导致侵害，则国务大臣有权对兼并予以制止，或在兼并已经发生的情况下发布解除兼并令。韩国法律原则上禁止股票资产超过10亿韩元或全部资产超过50亿韩元的企业进行兼并。

关于兼任董事及管理人员，德国《反限制竞争法》规定，如果一个企业的管理机构中半数以上的成员同时担任另一企业管理机构的成员，则认定这两个企业之间通过人事联合形成了反对限制竞争法意义上的合并。各国立法均有不得兼任董事的规定。因为在具有竞争关系的企业间兼任董事，将弱化乃至排除其相互竞争。

（2）财产、股份保有要件。企业间相互持股并不是违禁行为，只是当超过法律规定的股份保有界限时，才成为作为违禁行为的要件。

一个企业取得了另一个企业一定比例的股份，各国规定的比例不尽相同。德国《反限制竞争法》第23条第2款规定的比例是25%。但在实践应用中，还要考虑其他的有关因素，当一个企业取得另一个企业少数股份，但可以施加支配性影响时，也可以被视为股份保有。韩国《限制垄断和公平交易法》规定公司在有下列情形之一者，必须向经济企划院长官申报：公司取得或拥有其他公司所发行股份总数或者出资总额的10%以上时；公司以外的人分别取得或拥有相互竞争的两个以上公司的10%以上股份时；公司要取得拥有其他公司股份，或者与其他公司合并，或者让公司人员在其他公司兼职时。

一个企业取得另一企业全部或者重大部分财产，企业间就实现了合并。这主要指公司法意义上的新设合并、转让和破产清算中的吸收合并。所谓重大部分财产是指在数量上占被取得的全部财产的大多数或者那些对于特定生产和经营发挥着极其重要作用、有可能影响取得者的市场地位的财产。

（3）通谋行为要件。这一要件，是生产经营者采用共同策划手段，通过签订协议或合同，相互约束其生产经营活动。立法一般规定这种活动要既成事实，但如果只有结果事实，也可推定为通谋。构成通谋的行为主要有：固定价格，即企业为了避免价格竞争，通过达成协议、相互串通等形式，将产品或服务的价格或标准固定在一定水平上；划分市场，即两个或两个以上的经营者为避免竞争而达成协议，划定彼此销售的区域、客户及产品；签订协议规定卖主不得将特定的产品卖给其他买主；或者规定买主必须将购买的商品在指定的市场上出售，或只能卖给特定的主顾；以关闭市场为借口，签订把其他联合劳动组织从该市场排挤出去的协议；关联企业内部协议，如母公司与子公司、总公司与分公司等有关联的企业内部的协议限制了其他生产经营者的经济自由。

2. 垄断状态认定制度

这是从垄断所造成的实际结果去认定是否构成垄断的制度。垄断状态主要从市场结构和市场危害两个方面加以判断，其判断标准，是市场占有率和重新进入市场的困难程度。

德国《反限制竞争法》规定，一企业在某一市场领域没有竞争者，该企业具有独占地位，或企业的某种产品在市场占有优势地位，则构成垄断。日本《禁止垄断法》规定，一个生产经营者的市场占有率超过1/2或两个生产经营者在各个市场的占有率合计超过3/4的；其他生产经营者对属于该领域的生产经营重新经营发生显著困难。从这一规定中，我们还不能仅仅凭形成寡头独占和重新进入市场困难的市场结构，就判断形成垄断状态。

形成垄断状态的另一个要件，是市场结构所产生的实际危害。其市场危害的要件是：该生产经营者提供的一定商品或劳务，在相当时期内，对照需求变动及需要供给的费用的变动，价格明显上升或很少下降；该生产经营者在此期间，在该生产经营者的业种，获得了明显超过了政令指定产品种类的盈利率的利润，其销售费及一般管理费比规定的标准明显过大，而这两项费用的支出也明显过大。

（二）不正当竞争认定制度

在对垄断和不正当竞争作统一立法的场合，存在对不正当竞争的认定问题。各国立法关于不正当竞争行为的认定有所不同。《欧盟条约》中关于不正当竞争行为的认定，其判断标准主要是依据以下三个相互紧密关联的要素，即市场结构、市场行为和市场绩效。具体而言，不正当竞争行为主要包括企业之间同谋的反竞争行为、合并与纵向或横向协议获得控制力的行为、滥用优势地位的行为，如价格歧视、滥用知识产权、搭售、回扣、超高价格等。同时对违反竞争法的行为规定了严格的审查程序。

我国《反不正当竞争法》将不正当竞争定义为：经营者违反反不正当竞争法的规定，损害其他经营者的合法权益，扰乱社会经济秩序的行为。从《反不正当竞争法》列举规定的11种违禁行为看，这一定义失之过宽，是把反垄断法上的限制竞争行为也纳入了不正当竞争行为。但为了便于掌握，这里还是根据我国法律的规定，把不正当竞争从包括11种行为方面分类加以认定。

1. 不正当交易方法认定制度

不正当交易方法，包括混同性交易、商业贿赂交易、虚假宣传交易、不正当多层次传销。这种不正当交易发生于交易当事人之间，其直接侵害对象为对方当事人。

（1）混同性交易的认定。混同性交易，是采取假冒、仿冒、伪造等手段，使商品、经营者、标志发生混同,引人误解的交易行为。我国《反不正当竞争法》规定了下列几种情况:假冒他人的注册商标,将伪造或仿造的他人的注册商标,使用于自己生产或销售的商品上;擅自使用知名商品特有的名称、包装、装潢,或者使用与知名商品近似的名称、包装、装潢,造成与他人知名商品的混淆;擅自使用他人的企业名称或者姓名,引人误认为是他人的商品;在商品上伪造或冒用认证标志、名优标志等质量标志,伪造产地,对商品质量作引人误解的虚假表示。

(2) 商业贿赂交易的认定。商业贿赂交易,是经营者采用财物或者其他手段进行贿赂以销售或者购买商品。我国《反不正当竞争法》规定的商业贿赂,主要指经营者在账外暗中给予对方单位或者个人的回扣。给予回扣的目的,在于获取交易机会、减少交易成本。经营者购买或者销售商品,可以明示方式给对方折扣,也可以给中间人佣金,但必须如实入账。

(3) 虚假宣传交易的认定。虚假宣传交易,是经营者利用广告等宣传方式,对商品作虚假表示,致使他人误购的交易行为。虚假宣传方式包括虚假的广告、产品说明书、科技鉴定文本、专家推荐信以及报纸、杂志、电台电视等舆论工具及网上信息等方式。虚假宣传的内容,包括对商品的质量、制作成分、性能、用途、生产者、有效期限、产地等使人误解的事项。

(4) 不正当多层次传销的认定。多层次传销,是指为了推广或销售计划或商品,企业或组织要求参加者以给付金钱、购买商品、提供劳务、负担债务的形式取得推广、销售商品以及介绍他人参加的权利,并由此获得经济利益的销售形式。我国法律认定传销为非法经营形式。在国外,许多国家和地区立法规定,如果传销的参加人不是基于其以合理市价推广或销售商品而获得经济利益,而主要是基于介绍他人参加,则认定该行为为不正当销售行为。

2. 不正当竞争方法认定制度

不正当竞争方法,包括不当降价销售、搭售、不正当奖售、诋毁商誉、侵犯商业秘密、串通投标。这种不正当竞争是以竞争对手为目标的,其侵害对象主要不是交易对方当事人,而是形成竞争关系的同类商品或劳务的经营者。

(1) 不当降价销售的认定。不当降价销售,是为了排挤竞争对手而以低于成本的价格销售商品。这种以低于成本价销售的目的,在于使竞争对手在商品价格上处于被动地位,或因商品滞销而使生产下降,或因无法摆脱受排挤的困境而陷于停产、倒闭。不当降价销售,属于不正当竞争范畴而不属于限制竞争范畴。这是因为,限制竞争是一种控制市场的行为,不当降价销售不能构成对竞争进行实质性限制,一般也不会形成对市场的控制。至于那些反映价值规律和市场需求要求的降价行为,不构成不当降价销售。根据我国《反不正当竞争法》的规定,销售鲜活商品,处理有效期限即将到期的商品或者其他积压的商品,季节性降价,因清偿债务、转产、歇业降价销售商品,不属于不正当竞争行为。

(2) 搭售的认定。搭售,是经营者在销售商品时,违背购买者的意愿而搭配销售其他商品或者附加其他不合理条件的行为。搭售的目的是为了扩大被搭配商品的销售,致使竞争对手的该商品销售额减少。

(3) 不正当奖售的认定。不正当奖售,是经营者违反法律规定而进行有奖销售行为。根据我国《反不正当竞争法》的规定,下列三种奖售方式应认定为不正当奖售:采用谎称有奖或者故意让内定人员中奖的欺骗方式进行有奖销售;利用有奖销售的手段推销质次价高的商品;抽奖式的有奖销售,最高奖的金额超过5000元。有奖销售是一种常用的营销方式,它可以刺激消费者的购买欲,有利于顺利地推销商品。但是,不正当销售是一种不正当竞争手段,它损害了同业经营者的利益,直接扰乱市场竞争秩序,因而为法律所禁止。

(4) 诋毁商誉的认定。诋毁商誉,是经营者采用捏造、散布虚假事实等手段,损害同业经营者的商业信誉和商品声誉的行为。在诋毁商誉的认定上,应当注意界定客观事实与虚假事实,同业竞争者与非同业经营者、经营者组织与经营者个人的区别。

(5) 侵犯商业秘密的认定。侵犯商业秘密,是经营者采取不正当手段获取及披露、使用或允许他人使用权利人的商业秘密的行为。我国《反不正当竞争法》对商业秘密所下的定义是:不为公众所知悉、能为权利人带来经济利益、具有实用性并经权利人采取保密措施的技术信息和经济信息。由此可见,商业秘密具有商业价值和保密性两个核心特征,两者相辅相成、缺一不可。侵犯商业秘密的不正当手段包括:以盗窃、利诱、胁迫或者其他不正当手段获取权利人的商业秘密;披露、使用或者允许他人使用以前项手段获取的权利人的商业秘密;违反约定或者违反权利人有关保守商业秘密的要求,披露、使用或者允许他人使用其所掌握的商业秘密。如果第三人明知或者应知上列违法行为而获取、使用或者披露他人的商业秘密的,视为侵犯商业秘密。侵犯商业秘密是一种不正当竞争手段,它使经营者因失密而丧失竞争的价值基础,使之在市场竞争中处于不利地位。

(6) 串通投标的认定。串通投标,是投标者之间相互串通,采取抬高或压低标价投标,以及投标者为排挤竞争对手而与招标者相互勾结的行为。串通投标包括投标者串通投标和投标者与招标者勾结投标两种情况。这两种情况,都是排挤竞争对手,使其他投标者在竞标中处于不利地位。很明显,这是一种不正当竞争行为,为法律所禁止。

3. 限制竞争认定制度

限制竞争与不正当交易方法、不正当竞争方法是不同的。限制竞争是经营者利用经济优越地位,限制其他经营者的正常经营活动,从而限制了有效竞争的行为。其主要表现为强制交易、独家交易,在我国,也包括滥用行政权力和地区封销。

（1）强制交易的认定。强制交易，是经营者利用自己的经济优势或独占地位，强制他人购买其指定的经营者的商品的行为。对于指定的经营者的商品，利用经济强制使他人与之交易，这就限制了竞争，排挤经营同类商品的经营者。

（2）独家交易的认定。独家交易，是生产企业通过协议，只允许经销商经销其一家的产品，而不允许其经销其他厂家的同类产品。独家交易通常是竞争者在市场上取得了明显支配地位的情况下作出的，其目的就是要限制他人的竞争。

（3）滥用行政权力和地区封销的认定。滥用行政权力，是滥用行政权力限制他人自由选择经营者的商品、限制其他经营者正当的经营活动的行为。滥用行政权力，以限制竞争，属于违禁行为。地区封销，是某一行政区划的行政机关，采用行政命令或行政指导等方式，阻止外地商品流入本地市场或本地商品流入外地市场。地区封销是比较典型的地方经济保护主义措施。滥用行政权力和地区封销不是企业行为、经济行为而是违法行政行为，它严重阻碍市场竞争，损害竞争者的合法权益，不利于社会经济的健康发展。

四、适用除外法律制度

适用除外具有认可性质，这实际上是对合法事实的确认。反不正当竞争法和反垄断法的适用除外，应当指反不正当竞争法、反垄断法本身的适用除外；与反不正当竞争法和反垄断法的适用除外规定有关法律的适用除外；根据其他有关法律的适用除外。

（一）自然垄断适用除外制度

自然垄断，是通过技术革新等正当方法，最后只剩独占性企业的垄断状态。电信、电力、铁路、航运、邮政、煤气、自来水等行业和性质上其他与之类似的行业，是当然垄断行业。有些国家，银行业、保险业、农业等部门，亦规定为反垄断法适用除外。这种垄断，是公益事业、公共部门所固有的垄断行为，为反垄断法所允许。

（二）知识产权行使行为适用除外制度

根据专利法、商标法、著作权法等知识产权法的规定，被认为是“权利行使行为”的，不适用于反垄断法。知识产权具有排他性、独占性特征，其行使行为，不适用于反垄断法，但在实施权合同中如约定不正当约束条件，则被认定为不正当交易方法，为适用反不正当竞争法。

（三）合并适用除外制度

关于什么样的合并适用除外，各国立法有不同的规定。综合各国立法，合并的适用除外有以下几种情况：（1）合并企业能够证明参与合并的一方企业即将破产。(2) 占市场支配地位的大企业与占同一市场份额很小的企业的合并。(3) 中小规模企业的合并。(4) 在独占或缺少寡头垄断的市场上与新进入市场的企业的合并。(5) 对于产业合理化和提高国际竞争力有必要的企业联合。(6) 在经济不景气期间,商品市场价格低于平均生产成本,致使本行业企业生产过剩或难以维持,为了有计划地适应市场供求关系而采取限制产销数量或价格的共同行为。

(四) 互助组合适用除外制度

根据法律规定设立的互助组合,不适用于反垄断法。确认这类互助组合适用除外的条件是:小规模经营者与消费者以互助为目的的组合;任意设立,其成员可自由加入或退出;每个参加组合的成员有平等的议决权;成员的利益分配符合法律和自身章程的规定。

五、监督检查法律制度

监督检查法律制度,是国家有权机构对不正当竞争行为和垄断行为依法进行监督、检查、管理的法律制度。由于各国国情不同,立法特征各异,其监督检查法律制度很不一致。这里只能作大概的归纳和说明。

(一) 监督检查资格制度

我国《反不正当竞争法》第 3 条规定,县级以上人民政府工商行政管理部门对不正当竞争行为进行监督检查;法律、行政法规规定由其他部门监督检查的,依照其规定。例如,国家技术监督局有权对有关质量的不正当竞争行为进行监督。《反不正当竞争法》实施后,国家工商行政管理局成立了公平交易局,承担该法的执法任务。各地工商行政管理机关有的成立了公平交易处(科、股)、公平交易分局(局),有的则仍由经济检查处(科、股)承担反不正当竞争法的行政执法任务。

英国共设立三个机构:一是公平贸易办公室,其最高官员是公平贸易总署署长,对限制性贸易惯例、垄断和合并以及对消费者的保护承担监督的责任;二是垄断和合并事务委员会,其职责主要是调查由公平贸易办公室署长或贸易部国务大臣提交的垄断、合并、反竞争贸易惯例等方面的情况,并且可以提出采取行动的建议;三是限制性贸易惯例法院,其主要职责是听取由公平贸易总署署长提交的关于限制性贸易协议的维护转售价格协议的条件,确定他们是否符合公共利益,法院的裁决对总署署长和协议的当事人都有约束力。

德国竞争法的主管机关是联邦卡特尔局,它是联邦一级主管卡特尔工作的独立机构,受联邦经济部长领导。联邦卡特尔局根据联邦经济部长的决定设立决议科,负责作出联邦卡特尔局的裁定。联邦卡特尔局的成员不得是企业、卡特尔或某经济行业协会的领导人、经理或监事。若限制竞争仅在联邦某州内有影响,该州的卡特尔局原则上即为主管机关。联邦各州设立的卡特尔局作为地方的主管机关,依法处理自己有管辖权的案件,它与联邦卡特尔局并无隶属关系。法律分别规定了联邦卡特尔局、州卡特尔局对企业、卡特尔、经济和行业联合会进行调查或行政处罚程序时负有的相互通知的义务。另外,还设立了一个独立的咨询机构——垄断委员会。垄断委员会没有决策权,它仅以发表报告的形式介绍商业集中化的趋势以及关于监督市场支配地位滥用及兼并管制规定的适用情况。

美国行政执法机构在联邦一级有司法部反托拉斯局、联邦贸易委员会和其他有关的机构;在州一级有州司法总长下设的反托拉斯处和消费者保护处。司法部反托拉斯局于1903年作为司法部的一个独立机构而建立,由司法部长助理领导,其主要功能是审判和负责与该局总体工作相关的技术问题的咨询与研究;联邦贸易委员会是依据1914年《联邦贸易委员会法》设立的独立执法机构,其主要职能是依据《联邦贸易委员会法》的规定提起民事诉讼、防止和限制不正当的竞争方法以及不公平的或欺骗性的行为、对受害人进行救济。除上述机构外,联邦州及商业委员会、联邦民用航空委员会等,在法律授权的范围内,配合上述机构从事反托拉斯工作。

为了保证竞争法的实施,日本设立公正交易委员会,由内阁总理大臣管辖,独立行使职权。公正交易委员会依法制订指导性文件,以帮助竞争者正确理解法律的形式,对不正当竞争行为进行管理,这种管理着重于预防措施。

韩国《限制垄断及公平交易法》规定,经济企划院长官负责该法的执行,同时在经济企划院下设公正交易委员会,负责经济企划院长官需要依公平交易法做出决定和处理的事项的审议和决议。公正交易委员会设公平交易政策局、垄断管理局、商业惯例局、调查局。

欧共体理事会即欧盟部长理事会于1962年颁布了17/62号规则,授权欧共体委员会即欧盟委员会为竞争法的执法机构。根据该规定,欧盟委员会有权对反竞争行为进行调查、决定、处罚。欧盟委员会行使上述职权时,应当遵守相应的程序规定。欧盟法院则是审理反竞争行为案件的司法机关,它不仅依据法定程序受理当事人之间的竞争案件,而且还有权审查、修正欧盟委员会所作出的竞争执法决定。

(二)权限制度

我国的监督检查机关在监督检查不正当竞争行为时,享有四种职权,即询问权、查询复制权、检查权和处罚权:监督检查机关有权按照规定程序询问被检查的经营者、利害关系人、证明人,并要求其提供证明材料或者与不正当竞争行为有关的其他材料,被询问人必须如实提供;监督检查机关在监督不正当竞争行为时,有权查询、复制与不正当竞争行为有关的协议、账册、单据、文件、记录、业务函电和其他资料；监督检查机关有权对与上述的假冒名牌行为有关的财物进行检查，必要时可以责令被检查的经营者说明该商品的来源和数量，也可责令其暂停销售，听候检查，禁止其转移、隐匿和销毁该财物；监督检查机关有权对不正当竞争行为进行处罚，处罚的具体形式包括责令停止违法行为、消除影响、没收违法所得、吊销营业执照、处以罚款等。

根据我国台湾地区的“公平交易法”的第 9 条、第 25 条、第 26 条、第 27 条的规定，竞争执法机构的职责权限有：制定、解释有关竞争政策与竞争法规；协调与其他职能部门的关系；调查、处理竞争案件。

韩国公正交易委员会的职权是：制定或修改与限制垄断和公平交易有关的法令；制定有关行为的标准；采取有关的纠正措施；责令缴纳罚款；审议有关公司合并或新设无效的起诉；审议有关告发事项；审议有关异议申请；审议经济企划院长官认为有必要提交委员会附议的事项。委员会以多数通过方式进行表决，并将通过事项予以公告。

（三）法律制裁制度

各国立法对违反公平交易法的行为均明令给予法律制裁。主要有停止侵害、赔偿损失、刑事处罚。交易人正在实施侵害他人公平交易的合法权益的行为时，被害人有权请求侵权人停止侵害。即使侵权人尚未开始实施侵权行为，但有侵权的迹象或危险时，被害人有权请求加以防止；交易人违反公平交易法的规定，侵害他人合法权益，给他人造成财产损失的，应当承担赔偿责任；对于严重违反公平交易法的行为人，依照刑法的规定，追究行为人相应的刑事责任。

我国已基本建立了违反《反不正当竞争法》的责任追究制度。

经营者违反反不正当竞争法的规定，给被侵害的经营者造成损害的，应当承担损害赔偿责任。若被侵害的经营者的损失难以计算，则侵权人应支付的赔偿额应等于其在侵权期间因侵权所获得的利润以及因调查该经营者侵害其合法权益的不正当竞争行为所支付的合理费用。经营者除因致人损害应承担损害赔偿的民事责任外，因其所从事的不正当竞争行为类型的不同，还应当承担其他法律责任。

(1) 假冒的法律制裁。经营者假冒他人的注册商标，擅自使用他人的企业名称或者姓名，伪造或者冒用认证标志、名优标志等质量标志，伪造产地的，依照我国《商标法》、《产品质量法》的规定处罚。经营者擅自使用知名商品特有的名称、包装、装潢或者使用与知名商品近似的名称、包装、装潢，造成和他人的知名商品相混淆，使购买者误认为是该知名商品的，监督检查部门应当责令其停止违法行为，没收违法所得，并可以根据情节轻重处以违法所得 1 倍以上 3 倍以下的罚款；情节严重的，可以吊销其营业执照；销售伪劣商品，构成犯罪的，依法追究刑事责任。

（2）商业贿赂的法律制裁。经营者采用财物或者其他手段进行贿赂，以销售或者购买商品，构成犯罪的，依法追究刑事责任；不构成犯罪的，监督检查部门可以根据情节轻重处以1万元以上20万元以下的罚款并没收违法所得。

（3）强制交易的法律制裁。公用企业或者其他依法具有独占地位的经营者，限定他人购买其指定的经营者的商品，省级或者设区的市的监督检查部门应当责令其停止违法行为，可以根据情节处以5万元以上20万元以下的罚款；被指定的经营者借此销售质次价高的商品或者滥收费用的，监督检查部门应当没收违法所得，可以根据情节处以违法所得1倍以上3倍以下的罚款。我国《刑法》第226条规定：以暴力、威胁手段强买强卖商品、强迫他人提供服务或者强迫他人接受服务，情节严重的，处3年以下有期徒刑或者拘役，并处或者单处罚金。

（4）虚假宣传的法律制裁。经营者利用广告或者其他方法，对商品做引人误解的虚假宣传的，监督检查部门应当责令其停止违法行为，消除影响，并可以根据情节轻重，对其处以1万元以上20万元以下的罚款。我国《广告法》对此作了相应规定。

（5）侵犯商业秘密的法律制裁。对违反我国《反不正当竞争法》，侵犯他人商业秘密的，监督检查部门应当责令其停止违法行为，并可以视情节轻重对其处以1万元以上20万元以下罚款。我国《刑法》第219条对侵犯商业秘密的犯罪行为规定：有下列侵犯商业秘密行为之一，给商业秘密的权利人造成重大损失的，处3年以下有期徒刑或者拘役，并处或者单处罚金；造成特别严重后果的，处3年以上7年以下有期徒刑，并处罚金。同时，对单位判处罚金。

（6）不当奖售的法律制裁。对违反我国《反不正当竞争法》进行有奖销售的，监督检查部门应当责令其停止违法行为，并可以视情节轻重对其处以1万元以上20万元以下罚款。

（7）串通投标的法律制裁。对串通投标的，监督检查部门可视情节处以1万元以上20万元以下的罚款。我国《刑法》第223条针对这一行为特别规定：投标人相互串通投标报价，损害招标人或者其他投标人利益的，投标人与招标人串通投标，损害国家、集体、公民的合法利益，情节严重的，处3年以下有期徒刑或者拘役，并处或者单处罚金。

（8）拒绝检查的法律制裁。监督检查部门有权依法对不正当竞争行为行使检查权、询问权，被检查的经营者、利害关系人、证明人应当接受其检查。经营者有违反被责令暂停销售、听候检查，不得转移、隐匿、销毁与不正当竞争行为有关的财物的行为的，监督检查部门可以根据情节轻重处以被销售、转移、隐匿、销毁财物价款的1倍以上3倍以下的罚款。

（9）政府及其所属部门的法律制裁。政府及其所属部门违反反不正当竞争法规定,限定他人购买其指定的经营者的商品、限制其他经营者正当的经营活动,或者限制商品在地区之间正常流通的,由上级机关责令其改正;情节严重的,由同级或者上级机关对直接责任人员给予行政处分。被指定的经营者借此销售质次价高商品或者滥收费用的,监督检查部门应当没收违法所得,并可以根据其情节轻重处以违法所得1倍以上3倍以下的罚款。当事人对监督检查部门所做出的处罚决定不服的,可以自收到处罚决定之日起15日内向上一级主管机关申请复议;对复议决定不服的,可以自收到复议决定书之日起15日内向人民法院提起诉讼;也可以直接向人民法院提起诉讼。

我国《反不正当竞争法》采取了行政执法机关与司法机关共同执法的执法双轨制。行政执法机关负责向违法者追究行政责任、民事责任,刑事责任则由法院承担。从世界其他国家的立法情况来看,制裁措施主要有以下几种:宣布该行为无效;责令停止非法行为;责令停止营业;恢复原状;撤销、变更、修正有关合同;对受害人的损失进行赔偿,一般的赔偿额数倍于其损失;支付相关费用;根据非法经营期间的销售总额的一定百分比缴纳罚款;对公司实行罚金制裁;强制垄断性公司予以解散;要求联营企业、已合并企业分离;对公司董事、高级职员或代理人处以罚款和刑事处罚。

第十四章　经济调节法律制度

实行经济调节,是现代国家的一项重要经济职能。经济调节法的总目标是保持总需求与总供给的平衡,促进经济结构的优化和区域经济的合理发展,以实现国民经济的稳定增长。西方经济学将国民经济划分为宏观经济(总量经济)、微观经济(企业经济),其实,还有中观经济即市场,市场是宏观经济同微观经济联系的媒介。企业间的相互关系是通过市场建立起来的,经济总量的最终体现是市场运作的结果。从这个意义上说,西方国家的宏观调控法只是经济调节法的一个方面,经济调节法不可称为宏观调控法。此外,由于宏观经济与微观经济是不可分割的,因而使用"经济调节法"术语更能体现国家调节的实质意义。经济调节法,就是关于经济调节的地位、调节的范围、调节的力度、调节手段的协调等方面的法律制度的体系。经济调节法具有平衡经济总量和总体经济活动的机能,在经济法体系中居于主导地位。

本章从经济调节法律化立场出发,在界定经济调节法与经济管理法不同范畴的基础上,归纳出集中分布于法律、法规形式的经济调节法律规范,并对其主要法律制度加以阐释。

第一节 经济调节法概说

经济调节法与一国的经济体制、经济运行模式及国家长远经济目标密切相关,但各国立法所要解决的基本问题是相同的,即市场机制的缺陷造成的国民经济运行失衡。对此,经济调节法既不是全部利用行政手段领导经济的法,也不是对微观经济行为和经济现象进行管理和处理的法,而是对整个国民经济进行“协调”(adjust)的法。正确认识这一点,是理解经济调节法性质和属性的关键。

一、经济调节法的含义

经济调节法,是规范经济调节关系的法律制度的体系。

首先,经济调节法的对象客体是经济调节关系。这种关系,是国家对国民经济运行的总量及经济结构、重大经济比例关系进行调节、管控所形成的经济关系。其经济总量关系,主要是通过货币、财政、外汇三个总变量关系形成的;经济结构关系,主要是产业结构、地区结构、城乡结构关系;经济比例关系是国民经济重大比例关系。经济调节法的任务是要纠正市场经济的自发性、盲目性和滞后性,弥补市场经济的缺陷和不足。因此,经济调节的总体目标是要保持总需求与总供给的大体平衡,促进经济结构的优化,实现经济稳定增长。这一总目标,是经济总量的均衡,而不是微观经济单位、企业或局部地区、部门自身的局部均衡,更不是对某些个别行为和现象的直接干预和处理。

其次,经济调节法的调节主体是国家。经济调节关系是基于国家的经济调节措施和行为发生的,国家是经济调节法的主体。由于市场经济条件下的经济调节已从过去直接的计划管理转变为间接调节,因此经济调节的主体是国家,企业和其他社会经济组织作为独立的实体和市场竞争主体,不可能成为经济调节的主体。

再次,经济调节法是经济调节措施体系的法律化。建立和健全经济调节体系,是社会主义市场经济建立和发展的客观要求。经济调节是经济行政措施,一般不是法律措施。由于我国目前尚无经济基本法,而经济调节措施往往不采用立法形式,这便存在其与现有立法的关系问题,以及依法问责问题。经济调节涉及种种因素,如何将众多构成因素形成一个科学的经济调节体系并用法律形式固定下来,是经济调控法体系必须解决的问题。

最后,经济调节法的中心任务和基本内容,是正确处理经济调节部门之间、经济调节手段之间和中央与地方之间的相互关系。

经济调节部门之间的关系,实际上涉及各经济调节部门的职责划分问题。在我国,国家发展改革委员会、财政部和中国人民银行是具有调节职能的经济调节部门，它们在国家经济调节中各自的地位、职能、权限以及责任，要通过经济调节法体系用法的形式相对稳定地固定下来。经济调节手段多种多样，但最主要的是计划、金融和财政手段。这三大手段都有各自的作用，而要保证经济调节功能的高度有效，必须建立完善这三大手段之间相互配合、相互制约而不是各自为政的关系。因此，应当通过立法建立计划、金融、财政之间相互配合和制约的机制，能够综合协调宏观经济政策和正确运用经济杠杆的机制。总体上讲，计划要根据经济社会发展需要和社会财力、物力可能，合理确定经济社会发展战略和宏观调节目标，并通过实施产业政策及投资政策，促进经济结构优化。金融上通过运用各种货币政策工具，调节货币供应量，保持币值稳定，并以此促进经济增长。财政上通过实施财政政策，运用预算、税收手段和预算内外的综合财力，并按照中央和地方事权划分，建立起比较规范的财政转移支付制度，着重调节收入分配结构和地区分配结构。

中央与地方之间的关系，实际上涉及中央与地方在经济调节方面的职能划分问题。我国地域广，人口多，必须赋予省、自治区和直辖市必要的权限，使其能够按照国家法律、法规和宏观政策的要求，制订地区性的法规、政策和规则；通过地方税收和预算，调节本地区的经济活动，充分运用地方资源，促进本地区的经济和社会发展。但宏观经济调节权必须集中在中央。经济调节作用的范围是全社会性的，地方只有本地区经济调节权，没有宏观调节权。因此，应当把地方有关经济调节的立法包括在经济调节法体系中。

二、经济调节法的特征

对国民经济的调节性，是经济调节法的核心特征。与经济调节法相近的法律制度是经济管理法。管辖和处理是经济管理法的核心问题。当然，属于经济法结构分支的经济管理法也并不是所谓行政管理法。经济调节法的主要特征是：

其一，宏观调节主体的国家性。对宏观经济运行进行调节的唯一主体是国家。这里的调节，是站在国民经济总体立场上的调节。其目的和功能，是引导国民经济运行的走势和方向，消除各种障碍因素，为经济组织的活动提供公平合理的宏观环境，以维持市场经济的正常运行，合理的配置资源，促进国民经济持续、健康发展。而其所要解决的基本问题，是社会供给与社会需求的总量和经济结构的平衡、重大国民经济比例关系的协调。能完成这一目标和任务，并与之相适应的主体，只能是国家。据此可以认为，经济组织只是经济主体，它为追求自身经济目的进行具体经济活动。经济组织不能成为经济调节主体。地方政府的经济职权，是依据国家领导和法律授权行使的地方性权限，地方政府具有调节经济的功能，是经济调节法的主体，只是应当坚持地方利益或局部利益、个体利益与社会公共利益、国家利益在总体上的一致性。肯定宏观经济调节主体的国家性。就应当承认地方政府调节经济的不可替代地位和作用，承认它的经济调节主体地位。

其二，调节手段的间接性。经济调节主要采取经济手段，国家通过经济杠杆等措施，引导、协调、影响国民经济的发展。国家的经济调节措施从直接行政控制到间接调节，改变了国民经济"行政一统天下"从而使行政法无限扩张的状况，这是经济调节法的现实基础。

市场经济条件下的企业是独立的市场主体，自主经营、自负盈亏，国家不可能通过行政权力一直把手伸向企业内部，或者直接充当生产经营者角色。它所采取的调节措施只能主要从企业外部进行调节。因此，国家所采取的宏观调节手段以经济的间接手段为主，直接的行政性手段只是在必要的范围内，根据国民经济运行的失衡状况有针对性地采用。近几年来我国的宏观调节实践也证明了这一点。1993 年国务院转发的《关于加强和改善宏观调控措施的通知》中提出了 16 条宏观调控措施，其中有 14 条主要强调了运用经济手段。这就要求有相应的法律规范提供明确的依据和有力的保障。只有通过法律的规范化调整，使宏观调控的各个手段形成合力，才能有效地发挥宏观调节的作用。

其三，调节客体的总体性、总量性。经济调节法所调整的经济关系，不是具体的经济关系、局部经济关系，而是关系国民经济全局的总体性经济关系。这样的经济关系，是国民经济总量关系、经济结构关系和重大经济比例关系。其调节对象和目标主要是：通过调节经济增长率，促进经济持续增长；通过调节货币供应量和固定资产投资率，控制财政赤字，保证人民币币值基本稳定；通过对一、二、三产业结构调节，加快支柱产业和高新技术产业的成长，推动产业结构的合理化和优化；通过调节国民收入分配的基本比例关系，限制过高收入，取缔非法收入，以保障分配公正和社会稳定；通过调节失业率，把城镇失业劳动力控制在社会能够承受的范围内；通过调节物价上涨率，控制物价总水平。综上所述，除经济法以外的其他立法、经济立法中的其他法律制度，都不调整国民经济的总体性、总量性经济关系。

三、经济调节法的分类

通过考察市场经济国家的经济调控立法可以看出，经济调节法与国家的经济模式密切相关。世界经济合作与发展组织在 1991 年《转换到市场经济》的研究报告中，提出了市场经济的三种主要模式，即消费者导向型模式、管理型模式和社会市场型模式。经济模式的差异决定经济调节方式或手段的差异及调节目标、任务的差异。如法国实行计划调节的市场经济，计划与市场有机结合，互相补充，计划法占重要地位；德国实行社会市场经济，其市场是宏观控制立法下的市场;美国实行消费市场经济,主要是运用货币财政政策保持经济稳定,以反垄断法和反不正当竞争法为重心,促进社会消费,等等。根据经济调节法的侧重点和对象特征的不同,以及国家发改委肖渭明博士的建议,我们把经济调节法分为两类:一类是综合性经济调节法,主要是关于调节主体、调节目标等方面的法;另一类是手段性经济调节法,即关于经济调节手段或经济杠杆运用等方面的法。

(一)综合性经济调节法

这类法律制度,主要规范经济调节的原则、目标、任务,以及国家和国家经济机关的经济权力、经济权利和权利义务、法律责任等,主要包括国民经济稳定增长法、经济结构调整法、计划法和预算法。在西方国家,这类立法比较突出。如德国1967年通过的《促进经济稳定增长法》,确立了宏观调节的四大目标,即适度的经济增长、物价稳定、充分就业和国际收支平衡;确立了"协调行动"的原则;确定了政府预算的功能;确立了中期财政计划和中期投资计划。美国1978年的《充分就业和经济平衡增长法》,规定货币政策是宏观经济目标的重要手段,明确了联邦储备委员会的法律地位,等等。法国1982年的《计划化改革法》,指出国家计划的作用是决定国家的经济、社会和文化发展战略选择和中期目标,规定了国家计划的制定和通过程序以及国家计划的实施,地区计划的内容、制定程序、作用及与国家计划的关系等有关内容。墨西哥1930年颁布的《总计划法》和1982年对《总计划法》进行了修改后颁布的《计划法》,规定了制订计划的原则,国家的计划管理机构和职能,全国计划与部门规划、地区规划之间的关系,以及民主协商制度。

(二)手段性经济调节法

在我国社会主义市场经济体制发展的现阶段,最重要、最基本的宏观调节手段是国家计划、财政政策和金融政策。除此之外还有产业政策、投资政策、收入政策、区域政策、价格政策、国际收支政策等;运用的经济杠杆大致有财政、信贷、利率、价格、税率、工资、汇率。其中,关于宏观调节手段或经济杠杆的法律制度,主要有货币法、税法、固定资产投资法和外汇法等。其他立法诸如计划法、国民经济稳定增长法、促进就业法等,还没有制定。

西方国家的这类手段性经济调节立法是比较发达的。如日本1942年的《银行法》,规定日本银行作为国家的中央银行,处于全国金融的中心地位,通过严密精干的组织体系,贯彻日本国家的金融政策,促进经济的发展。

经济调节法区别于其他经济法律制度的一个重要方面,就是它突出国家经济调节手段的运用及其效果,尽管其中不能回避宏观调节主体的有关职权关系问题,但这都是为经济调节的任务服务的。因此,在建立我国经济调节法的基本框架时,应主要从手段性经济调节法方面进行构架,并同时考虑经济调节主体、目标、协同运作等综合内容的法。

在研究经济调节法的范围和分类时，存在对若干立法如何划归问题。从立法属性和特征看，应当认为，“投资法”和“国有资产管理法”、“金融法”、“价格法”、“会计法”、“审计法”及“对外贸易法”，都不属于经济调节法。“投资法”、“金融法”、“价格法”属于经济活动法，“对外贸易法”也属于经济活动法，只是具有涉外因素的经济活动法罢了；“国有资产管理法”属于经济管理法；“会计法”、“审计法”属于核算监督的经济监督法。

第二节 经济调节法的体系

经济调节法的体系，是经济调节法律制度的体系。其结构分综合性经济调节法和手段性经济调节法两部分，每一部分按“法群”即集中分布于法律法规形式的经济调节法的相对独立立法和其他立法中有关上述两部分的法律规范加以概括。

一、综合性经济调节法

综合性经济调节法是从总体上对国民经济进行综合调节的立法，主要包括国民经济稳定增长法、经济结构调整法、计划规划法、预算法。

（一）国民经济稳定增长法

目前我国尚未制定此类基本立法。

为了有效地对经济运行进行宏观调节，保障国民经济持续、稳定、健康地发展，预防和治理非正常经济波动，我国应该尽快制定并颁布《中华人民共和国国民经济稳定增长法》。该法应包括总则、经济稳定增长目标的确定与组织协调、经济波动预警与非正常经济波动确定、非正常经济波动状态治理、经济发展储备制度、社会参与、法律责任、附则等章。

（二）经济结构调整法

经济结构调整法是规范产业结构、地区经济结构和城乡经济结构调整的法律制度。由于产业结构调整法和城乡经济结构调整法还很不完善，因此这里只着重阐释地区经济结构调整法，也即区域经济协调发展法。

区域经济协调发展立法的指导思想，是1996年第八届全国人民代表大会第四次会议通过的《国民经济和社会发展“九五”计划和2010年远景目标纲要》明确提出的“坚持区域经济协调发展，逐步缩小地区差距”。其立法总方针是：推进经济特区、沿海开放城市、沿海开放地带，以及沿边、沿江和内陆中心城市的对外开放，充分发挥开放地区的辐射和带动作用；加快主要交通干线沿线地带的开发开放；鼓励中、西部地区吸收外资开发和利用自然资源，促进经济振兴；统筹规划，认真办好经济技术开发区、保税区，形成既有层次又各具特点的全方位开放格局。拓宽对外开放的领域，扩大生产要素的流动和交换，在注重工业和贸易领域国际联系的基础上，加快其他产业的对外开放，促进服务贸易的发展。

1980 年 8 月 26 日，第五届全国人大常委会第十五次会议决定批准国务院提出的《广东省经济特区条例》。规定在广东省深圳、珠海、汕头三市分别划出一定区域，设置经济特区，鼓励外国公民、华侨、港澳同胞及其公司、企业投资设厂或者与我方合资设厂，兴办企业和其他事业，并依法保护其资产、应得利润和其他合法利益。1984 年 12 月，国务院发布了《关于经济特区和沿海十四个港口城市减征、免征企业所得税和工商统一税的暂行规定》，规定对外国和港澳等地区的公司、企业以及个人，在上述特区和城市投资兴办中外合资经营企业、中外合作经营企业、独资经营企业，给予减征、免征企业所得税和工商统一税的优惠。1988 年 4 月，第七届全国人民代表大会第一次会议通过了《关于建立海南经济特区的决议》，决定划定海南岛为海南经济特区，授权海南省人民代表大会及其常务委员会，制定地方性法规，在海南经济特区实施，并报全国人民代表大会常务委员会和国务院备案。1988 年 3 月，国务院下发了《关于扩大沿海经济开放区范围的通知》。决定适当扩大沿海经济开放区，扩大的范围是：天津市、河北省、辽宁省、江苏省、浙江省、福建省、山东省、广西壮族自治区等 8 省市所辖若干市县。

1993 年，国务院发布了《关于加快发展中西部地区乡镇企业的决定》，提出要把加快发展乡镇企业作为中西部地区经济工作的一个战略重点。

（三）计划规划法

1984 年，国务院发布《国务院批转国家计委关于改进计划体制的若干暂行规定的通知》。通知规定，为了适应对内搞活经济、对外实行开放的需要，我国现行计划体制必须进行改革。要根据“大的方面管住管好、小的方面放开放活”的精神，适当缩小指令性计划的范围，扩大指导性计划和市场调节的范围。对关系国计民生的重要经济活动，实行指令性计划。对大量的一般经济活动，实行指导性计划。对饮食业、服务业和小商品生产等方面，实行市场调节。

为了促进企业集团的发展和产业结构的合理化，改善国家宏观管理、转变政府职能，根据国务院关于试点企业集团实行计划单列的有关要求，1992 年 8 月，颁布了《关于试点企业集团实行国家计划单列的实施办法（试行）》的部门规章。规定企业集团计划单列后，政府部门要减少对企业集团的直接行政干预，为企业集团的发展创造条件。

1993 年 8 月，发布了《国家指令性计划和国家订货的暂行规定》部门规章。规定在改革国家指令性计划的同时，建立国家订货制度。国家订货是由国家委托有关部门、单位，或组织用户直接向生产企业进行采购取得重要物资的一种订货方式，主要用于满足国家储备、调控市场、国防军工、重点建设以及救灾等其他特殊需要。

为了适应发展市场经济的要求，明确国家计划职能，增强计划的科学性和有效性，原国家计委起草了《中华人民共和国计划法(送审稿)》，于 1995 年 6 月上报国务院审议。该草案包括总则、全国计划管理职权、全国计划的制订、全国计划的执行、总量平衡与综合协调、产业政策与结构优化、地方计划、计划的社会参与、法律责任、附则等 10 章。该行政法规一直未能纳入立法议程。

以上法律、法规确立了计划体系、计划体制、计划程序等法律制度。

(四) 预算法

为了强化预算的分配职能，1994 年 3 月第八届全国人民代表大会第二次会议通过《中华人民共和国预算法》，自 1995 年 1 月 1 日起施行。该法包括总则、预算管理职权、预算收支范围、预算编制、预算审查和批准、预算执行、预算调整、决算、监督、法律责任、附则等 11 章。1995 年 11 月 22 日，国务院颁布了《中华人民共和国预算法实施条例》，包括总则、预算收支范围、预算编制、预算执行、预算调整、决算、监督、附则等章。

1989 年 2 月，国务院颁布了《国家预算调节基金征集办法》。规定所有国有企业事业单位、机关团体、部队和地方政府的各项预算外资金，所有集体企业、私营企业以及个体工商户缴纳所得税后的利润，都必须按照本办法的规定，缴纳国家预算调节基金。该办法也规定了免征调节基金的项目。

1996 年 7 月 6 日，国务院发布《关于加强预算外资金管理的决定》，规定要严格执行《中华人民共和国预算法》，禁止将预算资金转移到预算外；将财政部已经规定的 83 项行政性收费项目纳入财政预算，以及数额较大的政府性基金(收费)纳入财政预算管理。地方财政部门按国家规定收取的各项税费附加统一纳入地方财政预算，作为地方财政的固定收入，不再作为预算外资金管理。

对未纳入国家预算管理的预算外资金，要严格控制预算外资金规模，要上缴财政专户，实行收支两条线管理。

以上法律法规确立了预算体系、预算体制、预算程序等法律制度。

二、手段性经济调节法

手段性经济调节法是针对具体对象，规范经济调节措施、手段等的立法。主要包括货币法、税法、固定资产投资法等等。

(一) 货币法

货币是重要的经济调节手段。目前我国的货币立法的基本方面，体现在中央银行法中。《中华人民共和国中国人民银行法》于 1995 年 3 月 18 日第八届全国人民代表大会第三次会议通过，2003 年 12 月 27 日第十届全国人大常委会第六次会议作了修正。该法的立法目的是，确立中国人民银行的地位和职责，保证国家货币政策的正确制定和执行，建立和完善中央银行宏观调控体系，加强对金融业的监督管理。它包括总则、组织机构、人民币、业务、金融监督管理、财务会计、法律责任、附则等8章。

《中国人民银行货币政策委员会条例》1997年4月15日由国务院发布。本条例是为了保障国家货币政策的正确制定，根据《中国人民银行法》的规定而制定的，分为总则、组织机构、委员的权利义务、工作程序、附则等。

以上法律、法规确立了人民币发行、货币政策工具的运用、对金融的监督管理等法律制度。

（二）税法

为了进一步理顺中央与地方的财政分配关系，更好地发挥国家财政的职能作用，增强中央的宏观调控能力，促进社会主义市场经济体制的建立和国民经济持续、快速、健康的发展，1993年12月25日，国务院发布《关于实行分税制财政管理体制的决定》，决定从1994年1月1日起改革现行地方财政包干体制，对各省、自治区、直辖市以及计划单列市实行分税制财政管理体制。

为了加强税收征收管理，保障国家税收收入，保护纳税人的合法权益，2001年4月28日，第九届全国人大常委会第二十一次会议通过了《中华人民共和国税收征收管理法》，自2001年5月1日起施行。根据我国《税收征收管理法》，2002年9月7日，国务院颁布了《中华人民共和国税收征收管理法实施细则》。

在商品与劳务税立法方面，《中华人民共和国增值税暂行条例》规定在中华人民共和国境内销售货物或者提供加工、修理修配劳务以及进口货物的单位和个人，为增值税的纳税义务人，应当依照本条例缴纳增值税；《中华人民共和国土地增值税暂行条例》规定转让国有土地使用权、地上的建筑物及其附着物并取得收入的单位和个人，为土地增值税的纳税义务人，应当依法缴纳土地增值税；《中华人民共和国消费税暂行条例》规定生产、委托加工和进口本条例规定的消费品的单位和个人，为消费税的纳税义务人，应当依法缴纳消费税；《中华人民共和国营业税暂行条例》规定提供本条例规定的劳务、转让无形资产或者销售不动产的单位和个人，为营业税的纳税义务人，应当依法缴纳营业税。

1993年12月29日，第八届全国人大常委会第五次会议通过了《关于外商投资企业和外国企业适用增值税、消费税、营业税等税收暂行条例的决定》，规定在有关税收法律制定以前，外商投资企业和外国企业适用国务院发布的增值税暂行条例、消费税暂行条例和营业税暂行条例。除增值税、消费税、营业税外，其他税种对外商投资企业和外国企业的适用，法律有规定的，依照法律的规定执行；法律未作规定的，依照国务院的规定执行。

1994年2月22日，国务院发布了《关于外商投资企业和外国企业适用增值税、消费税、营业税等税收暂行条例有关问题的通知》。根据全国人大常委会

《关于外商投资企业和外国企业适用增值税、消费税、营业税等税收暂行条例的决定》，通知规定，外商投资企业和外国企业除适用《中华人民共和国增值税暂行条例》、《中华人民共和国消费税暂行条例》、《中华人民共和国营业税暂行条例》和《中华人民共和国外商投资企业和外国企业所得税法》外，还应适用以下暂行条例:《中华人民共和国土地增值税暂行条例》、《中华人民共和国资源税暂行条例》、《中华人民共和国印花税暂行条例》、《屠宰税暂行条例》、《城市房地产税暂行条例》、《车船使用牌照税暂行条例》、《契税暂行条例》。在税制改革中，国务院还将陆续修订和制定新的税收暂行条例，外商投资企业和外国企业应相应依照有关条例规定执行。

在所得税立法方面，《中华人民共和国企业所得税暂行条例》规定中华人民共和国境内的企业，除外商投资企业和外国企业外，应当就其生产、经营所得和其他所得，依照本条例缴纳企业所得税。1991 年 4 月 9 日第七届全国人民代表大会第四次会议通过《中华人民共和国外商投资企业和外国企业所得税法》，该法规定，中华人民共和国境内的外商投资企业生产、经营所得和其他所得，依照本法的规定缴纳所得税；在中华人民共和国境内，外国企业生产、经营所得和其他所得，依照本法的规定缴纳所得税。所称外商投资企业，是指在中国境内设立的中外合资经营企业、中外合作经营企业和外资企业。所称外国企业，是指在中国境内设立机构、场所，从事生产、经营和虽未设立机构、场所，而有来源于中国境内所得的外国公司、企业和其他经济组织。2007 年 3 月 16 日第十届全国人大第五次会议通过《中华人民共和国企业所得税法》后，《外商投资企业和外国企业所得税法》和《企业所得税暂行条例》已废止。1980 年 9 月 10 日第五届全国人民代表大会第三次会议通过了《中华人民共和国个人所得税法》，该法于 1993 年 10 月 31 日、1999 年 8 月 30 日、2005 年 10 月 27 日、2007 年 6 月 29 日、2007 年 12 月 29 日、2011 年 6 月 30 日由全国人大常委会作了六次修正。该法规定，在中国境内有住所，或者无住所而在境内居住满 1 年的个人，从中国境内和境外取得的所得，依照本法规定缴纳个人所得税；在中国境内无住所又不居住或者无住所而在境内居住不满 1 年的个人，从中国境内取得的所得，依照本法规定缴纳个人所得税。1994 年 1 月 28 日，国务院颁布了《中华人民共和国个人所得税法实施条例》，2005 年 12 月 19 日、2008 年 2 月 18 日、2011 年 7 月 19 日国务院对该《实施条例》进行了三次修订。

在财产税立法方面，1958 年 6 月 3 日全国人大常委会第九十六次会议通过了《中华人民共和国农业税条例》。1985 年国务院下发了《批转财政部关于农业税改为按粮食“倒三七”比例价折征代金问题的请示的通知》，规定将农业税以征收粮食为主改为折征代金。折征代金统一按粮食“倒三七”比例收购价（30%按原统购价，70%按原超购价）计算。1994 年 1 月 30 日，国务院发布了《关于对农业特产收入征收农业税的规定》,规定对农业特产收入征收农业税。在中华人民共和国境内生产农业特产品的单位和个人,为农业特产农业税的纳税义务人,应当依照本规定缴纳农业特产税。

《中华人民共和国房产税暂行条例》规定房产税在城市、县城、建制镇和工矿区征收;房产税由产权所有人缴纳。《中华人民共和国资源税暂行条例》规定在中华人民共和国境内开采本条例规定的矿产品或者生产盐的单位和个人,为资源税的纳税义务人,应当依照本条例缴纳资源税。

(三) 固定资产投资法

1984 年国务院颁布了《关于改革建筑业和基本建设管理体制若干问题的暂行规定》。1988 年国务院下发《关于印发投资管理体制近期改革方案的通知》,印发了国家计委《关于投资管理体制的近期改革方案》。1993 年国务院下发了《批转国家计委关于加强固定资产投资宏观调控具体措施的通知》。1994 年国务院下发了《关于继续加强固定资产投资宏观调控的通知》。1995 年国务院下发了《关于严格限制新开工项目、加强固定资产投资资金源头控制的通知》。

适应深化投资体制改革的需要,国务院决定对固定资产投资项目试行资本金制度。1996 年国务院下发了《关于固定资产投资项目试行资本金制度的通知》。

为了进一步加强基本建设管理,1978 年颁布了《关于基本建设程序的若干规定》的部门规章,规定一个项目从计划建设到建成投产,一般要经过根据发展国民经济长远规划和布局的要求,编制计划任务书,选定建设地点;经批准后,进行勘察设计;初步设计经过批准,列入国家年度计划后,组织施工;工程按照设计内容建成,进行验收,交付生产使用等几个阶段。

根据贯彻第六届全国人民代表大会第二次会议政府工作报告中提出的简化基本建设项目审批手续的精神,1984 年下发了《关于简化基本建设项目审批手续的通知》部门规章。通知规定,需要国家审批的基本建设大中型项目审批程序,原为五道手续,即项目建议书、可行性研究报告、设计任务书、初步设计和开工报告,简化为项目建议书、设计任务书两道手续。利用外资、引进技术项目,按国际通常做法采用可行性研究报告形式,其内容和要求与设计任务书相同。基本建设大中型项目的初步设计和开工报告,下放给各部门、各省、自治区、直辖市审批。

为总结我国投资调控的经验,适应社会主义市场经济条件下固定资产投资宏观调节的需要,我国必须尽快制定《固定资产投资法》。该法规范的主要内容应该包括投资决策权限、投资和建设活动中有关部门和当事人的权利和义务、对全社会投资的宏观管理、投资结构和建设布局的调整、法律责任等。

第三节　基本法律制度

经济调节法律制度是经济法制度中相对独立的重要法律制度,它是属于全局性、指导性的法律制度。其基本法律制度,包括国民经济稳定增长法律制度、区域经济协调发展法律制度、产业调整法律制度、计划规划法律制度、预算决算法律制度、货币发行和流通法律制度、税收调节法律制度、固定资产投资控制法律制度。

一、国民经济稳定增长法律制度

经济的周期性是市场经济固有规律的表现。社会主义市场经济存在周期性波动,因而建立、健全国民经济稳定增长的法律制度是必要的。实现国民经济的稳定增长,治理非正常经济波动,是经济立法的重要目标和基本任务之一。

(一) 组织协调制度

国家建立国民经济稳定增长的目标体系,其目标是:适当的经济增长率;相对稳定的物价水平;财政、信贷收支平衡;相对合理的经济结构;人口控制自然增长;提高就业率。这些经济稳定增长目标一般每五年确定一次。具体指标和实施该指标的方针、政策,由国务院有关宏观调控部门综合各主管部门的意见,提出初步方案,经国务院讨论后,报全国人民代表大会审批。经济稳定增长目标的具体指标和实施该指标的方针、政策,经全国人大批准后,由国务院组织实施。国务院在实施经济稳定发展目标的具体指标时,涉及经济稳定增长的有关事项,由国务院授权有关宏观调节部门组织协调。经济运行偏离国家制定的发展目标时,各部门和各地区应及时采取相应措施予以调整,预防由此而引发的非正常经济波动。采用的调整措施,应经国务院授权的有关宏观调节部门协调并报国务院批准后,方可实施。

(二) 经济波动预警与非正常经济波动确定制度

非正常经济波动,是指国民经济运行严重偏离经济稳定增长目标的具体指标。国家建立经济发展监测、预测和预警系统,及时预报经济运行情况,保证对非正常经济波动的预防和治理。国民经济监测应包括常规监测与重大事项的专项监测、国内经济运行监测与国际经济动向监测、经济运行监测与方针政策实施效果监测。经济预警系统通过先行经济指标、同步经济指标和滞后经济指标来预测经济波动情况。经济预警指标的运行情况,由国家经济信息部门负责监测并定期提出监测报告。当经济预警指标反映经济运行异常时,国家信息部门应及时向国务院有关部门发出经济运行异常的报告。出现上述情况,国务院有关宏观调节部门应立即召开会议,进行综合分析和研究,并尽快提出是否进入非正常经济波动状态的意见报国务院。国务院对有关宏观调节部门作出的意见，应进行全面分析，并多方听取意见，如认为经济已进入非正常经济波动时，应及时作出意见报告，提交全国人大或其常委会确定。非正常经济波动状态确定后，由国务院向全国宣布。

（三）非正常经济波动治理制度

经济进入非正常波动状态后，国务院应提出治理目标和全国一致行动的指导方针，并采取措施进行治理。非正常经济波动治理期间，一切国家机关、企事业单位和其他经济组织必须执行依法采取的治理措施。根据治理需要，国务院可采取以下措施：调整国民经济和社会发展计划；削减财政支出，适当调整税率；调整货币金融政策；对某些重要商品和物资实行统一管理；调整外汇币价；利用外资政策，扩大或缩小进出口商品品种、数量、比例和范围；压缩或扩大投资规模，调整投资结构；扩大或缩小国家定价范围和比例，以及临时冻结物价；调整劳动工资政策。非正常经济波动的治理达到既定目标时，应及时提出治理终结的报告，经全国人大或其常委会批准后，向全国公布。

（四）经济发展储备金制度

国家建立经济发展储备金制度，是稳定经济增长，预防和治理非正常经济波动的必要保证。经济发展储备金主要由中央、地方财政预算和国家政策性银行提供。经济发展储备应包括黄金、外汇及本币和关系国计民生的重要物资。国家财政每年从预算收入中以比例提取经济发展储备金。经济发展储备金由中国人民银行统一储存和管理。国务院有关部门应于每年物资计划中安排一定比例的物资储备。物资储备达到一定规模后，可循环使用。

外汇管理部门每年从外汇收入中以一定比例提取外汇储备金。未经国务院批准，任何部门都不得超越权限和职责范围动用经济发展储备金。

二、区域经济协调发展法律制度

广义的经济区域，是历史上形成的。特定的经济区域，则是立法作用的结果。在我国，目前特定的经济区域有经济特区、开放城市、经济技术开发区、贫困地区和中西部地区等。现在，关于经济区域及区域经济的立法还不够完善，有些立法刚刚起步，因而这里对其法律制度的概括还只是初步的。

（一）东部沿海地区与中西部地区合作制度

加强东部沿海地区与中西部地区的经济联合与技术合作。鼓励东部沿海地区向中西部地区投资，组织好中西部地区对东部沿海地区的劳务输出。东部经济发达地区采取多种形式与中西部联合开发资源，利用中西部地区丰富的劳动力资源，发展劳动密集型产业。

继续发挥特区、沿海开放城市、经济技术开发区对外开放的优势。国家将进一步扩大沿边地区、少数民族地区、沿江城市和省会城市以及沿主要干线铁路重点城市对外开放的力度，调整和落实有关价格、税收等方面的优惠政策。

（二）中西部地区优惠制度

实行规范的中央财政转移支付制度。在“九五”计划和到 2010 年期间，国家逐步增加对中西部地区的财政支持，逐步提高中央财政用于中西部地区的比重。同时，理顺资源性产品的价格，增强中西部地区的自我发展能力。

充分发挥国家投融资政策在优化地区布局和支持经济不发达地区的调控作用，要逐步扩大政策性银行对中西部地区贷款的比重；在重大项目立项及其前期工作、投资补贴、投资控股和参股、资本金比例、投资风险担保等方面对经济不发达地区实行区别对待和同等条件下优先照顾等优惠政策。

优先在中西部地区安排资源开发和基础设施建设项目。作为全国性基地的中西部资源开发项目，国家实行投资倾斜。跨地区的能源、交通、通信等重大基础设施项目，以国家投资为主进行建设。调整加工工业的地区布局，引导资源加工型和劳动密集型产业向中西部地区转移。组织各部门、各发达地区以不同方式支援中西部地区，加快中西部地区发展步伐。

（三）贫困地区发展支持制度

国家产业政策的制定和实施，要照顾到贫困地区的特殊性，对贫困地区给予支持。

凡到贫困地区兴办开发性企业，可通过适当方式使用当地的扶贫资金，进行联合开发；对在国家确定的“老、少、边、穷”地区新办的企业，可在 3 年内减征或免征所得税；对贫困地区在利用外资、开展对外贸易和经济合作等方面，实行同等优先，重点支持的原则，并适当放宽外商投资的领域；铁路、交通部门对协作物资和补偿产品应放宽流向限制，对贫困地区大宗的货物运输要优先列入计划。

三、产业调整法律制度

产业是在生产和经营上具有某些共同特征的国民经济部门。我国长期使用农业、加工业和重工业的产业分类方法。这种分类方法，能够把握社会再生产过程中物质生产的基本特征，有利于分析国民经济的平衡关系，对于国民经济的规划安排和比例关系随机调整，具有重要实际价值。西方国家三次产业分类法，是基于生产经营的顺序关系所做的产业分类。第一次产业为基础产业，第二次产业为加工产业，第三次产业为服务产业。目前，这种分类方法已逐渐为各国所接受。

为保障国民经济快速、稳定和可持续发展，必须把产业调节立法放在立法的优先地位。产业调整法，是调整产业关系的法律，在实现产业结构合理化和优化过程中，通过对产业组织关系、产业结构关系、产业技术关系和产业发展关系的调整,完成经济科学发展和民族振兴的历史任务。产业调整法由基础法和专门法组成。基础法包括公平竞争法、反垄断法、环境保护法和产业政策法、产业组织法,以及促进企业联合、扩大规模经济、提高企业国际竞争力的法律制度,专门法包括产业协调法、产业振兴法、产业扶持法、产业技术法和高新技术产业开发法等法律制度。

(一) 产业协调制度

产业协调是国民经济良性发展的内在要求。各产业之间、产业的内部各部门之间,以及国民经济各环节之间、国内经济与世界经济之间,都需要协调。产业协调法律制度既是产业协调的自身要求,也是产业协调的保障。

1. 产业配置制度

产业配置是一国内产业在不同地域的分布和组合。为改变市场经济的自发性、盲目性带来的产业分布的非理性和畸形发展,国家有必要调整产业政策,进行产业配置立法。其立法重点是:制定国家产业布局的总体规划,保障具体产业集中分布与分散分布的协调性;正确处理欠发达区域产业与较发达区域产业的关系,大力援助欠发达地区产业的发展;促进各经济区域根据自身资源、经济和生产力条件,发展比较优势产业;切实加强区域间经济合作,形成分工协作、共同发展的产业格局。

2. 产业结构调整制度

产业结构是产业体系中各类、各层次产业构成、产业联系和产业影响力及数量比例关系。由于社会经济发展阶段不同,对国民经济发展的影响力和占经济总量的比重不同,各国的产业结构特征往往是很不相同的。"领先型"产业结构是大力发展新兴产业,提高新兴产业的比重,以保持该国在世界经济中的领先地位;"追赶型"产业结构是靠"拼资源"、"拼环境代价"、"拼劳动力低成本"来争取发展速度和 GDP 的高增长。

从国际经济的实际情况出发,为适应我国生产力发展状况和水平,我国一直进行着产业结构调整,逐步完善产业结构调整法律制度。一是调整三次产业的比重,在保障一次产业、二次产业发展的同时,促进三次产业的较大发展;二是合理配置传统工业和新兴工业,提高新兴工业在整个制造业中的比重,以实现工业结构的优化;三是限制或淘汰高能耗、高污染、低效益的企业(设备)发展或区域转移;四是鼓励产品、技术的升级换代,扩大品牌效应;五是实现产业自主与国际协调相统一的产业结构调整政策,将投资主导型产业体系转变为扩大内需型为主的产业体系;六是准确定位战略产业、主导产业、支柱产业。

(二) 产业振兴制度

对于在产业结构中占有较大比重、具有产业优势和成长前途的产业,推行产业振兴制度。从我国的实践情况看,战略产业、主导产业和新兴产业应当通过立法,采取保护、支持、培育、鼓励和促进等措施,使之带动其他产业部门的发展,在国民经济持续发展中起主导和推动作用。在不同国家、一国不同经济发展阶段以及经济发展战略下,战略产业、主导产业和支柱产业的具体产业并不相同。战略产业是对国民经济发展具有战略意义的产业,一般将先进技术产业如电子计算机、航空航天、半导体、生物生命工程和出口产业等产业列为战略产业。主导产业是在社会经济发展中占有主导地位和发挥主导作用的产业,如钢铁、石油化学、合成纤维、机械制造等产业。支柱产业是我国立法中的一个术语,一般指对经济转轨起基础和支撑作用的产业,在《产业发展目录》中,房地产业、汽车制造业等产业为支柱产业。实践证明,房地产业的高度泡沫化和汽车制造业外资的恶性竞争,给国民经济发展造成了严重损害,不能列为支柱产业。

(三) 产业扶持制度

对于在产业结构自然变动和结构政策转换中处于困境的产业,国家采取援助政策,制定了一系列产业扶持制度。需要国家援助、扶持的产业,一般有衰退产业、萧条产业、转向产业和中小企业。

"衰退产业"的产品市场需求量逐渐缩小,市场占有率日益低下。由于技术落后、设备陈旧、熟练工人和工程技术人员不断流失等原因,使产业处于不断衰退之中。"萧条产业"是有一定市场需求,但由于客观条件的变化,使其生产经营发生困难,财产状况不断恶化。国际贸易摩擦下的出口产业、服从环境保护要求的污染产业、经济低速增长时期明显受影响的产业、受进口冲击的产业、为外资所控制的产业等均为萧条产业。"转向产业"是在国家产业结构调整政策下,企业的经济方向发生转变的产业,如发展节能型产业,企业则向利用廉价能源,节省资本和劳动力的投入的方向转变;发展环保型产业,企业则由自然环境服务于产业发展向保护环境的方向转变,如新发明、新技术、新工艺的采用,实现了产品的升级换代,企业则向技术革新以求新发展的方向转变。对于转向产业,由于企业数量和产品数量的压缩、关停并转以及自然淘汰等而面临困境。传统产业中的"中小企业",在知识经济条件下,由于技术和设备落后、资本或资金不足、劳动力素质较低等不利状况,一直处于"慢性危机"之中。对于上述产业,国家从国民经济全局出发,有针对性地制定诸如《不景气产业对策法》、《中小企业结构改善法》和临时措施法等法律、法规,以及有关政令措施,从财政、税收、金融、产业组织政策等方面进行援助和扶持。

(四) 产业技术制度

这里的产业技术制度,不是诸如科技法、技术进步法、专利法和技术标准、技术规范等一般技术性立法,而是指国家制定的一定时期内促进产业技术更新和技术进步的政策立法。

其法律制度的基本特点,一是,围绕国家中心任务和工作重点立法。例如,美国早期的产业技术立法,适应完成农业革命和工业革命,为农业经济向工业经济转变提供技术基础;第二次世界大战和冷战时期的产业军事化,为战争建立军事研发体系服务;冷战结束后的产业技术立法,直接推动产业技术进步,使产业技术为经济增长、建设经济实力服务,最著名的是“信息高速公路计划”和“星球大战计划”。二是,不同时期有不同的产业技术立法选择。例如,在日本,经济景气时期的产业技术立法,以缩短与发达国家的技术差距为立法目标;经济不景气时期的产业技术立法以能源开发和节能为重点、以科技创新为先导。三是,产业技术立法是国家政策立法。国家有什么样的产业技术政策,就会有什么样的产业技术立法。这种立法,主要是通过政府的政令实现的。政策性,是产业技术立法的显著特征。

(五) 高新技术产业开发制度

在产业技术领域,我国已从促进引进国外技术到强化引进技术的消化吸收阶段,开始了高新技术产业开发新阶段。其发展战略是,促进产业技术的自主开发,推动技术集密型产业的发展,在高新技术和核心技术、关键技术领域,赶超发达国家。

为实行这一发展战略,当前立法主要有以下几个方面:一是制定国家研发项目计划,完善国家实验室制度,以生物生命技术、新材料技术、航天和核能开发使用技术、高精度技术等为研发重点。二是制定高新技术开发区制度。根据中央“继续推进‘火炬’计划的实施,办好高新技术开发区”的决定,自1988年起,国务院批准制定了《国家高新技术产业开发区高新技术企业认定条件和办法》、《国家高新技术产业开发区若干政策的暂行规定》等法规。三是制定高新技术中小企业管理制度。规定高新技术中小企业设立的条件、法律资格和研发、生产、服务的范围,为高新技术中小企业的发展创造良好的法律条件。

四、计划规划法律制度

我国已将“计划”改为“规划”,但这种规划具有计划性质,因而这里使用“计划规划法律制度”术语。规划,是由国务院编制、全国人民代表大会审议批准的全国国民经济和社会发展规划,以及由县级以上地方人民政府编制、同级人民代表大会审议批准的地方国民经济和社会发展规划。根据规划期限,规划分为长期规划和远景目标、中期规划和年度规划,长期规划和远景目标以十年和十年以上为期限,中期规划一般以五年为期限;根据规划范围,规划分为全国规划和地方规划;根据规划内容,规划分为综合规划和专项规划。

(一) 计划规划权限制度

我国实行中央与地方县级以上人民政府分级规划的管理体制。

1. 全国计划规划权限制度

全国人民代表大会审议批准全国规划及规划执行情况报告；改变或撤销其常务委员会关于全国规划的不适当的决议。全国人民代表大会常务委员会监督全国规划的执行；审议批准全国规划的调整方案；改变或撤销国务院、省级人民代表大会制定的不适当的专项规划、地方规划以及与规划有关的行政法规或地方性法规。国务院编制全国规划草案；组织全国规划的执行；制定并执行全国专项规划；依据规划调控经济和社会发展活动；向全国人民代表大会及其常务委员会报告规划草案、规划调整方案和规划执行情况。国务院规划主管部门具体编制全国规划草案；具体组织协调全国规划的执行；当出现特殊情况时，提出规划调整建议；向国务院报告规划执行中的重要情况。

2. 地方计划规划权限制度

县级以上地方人民代表大会审议批准本级地方规划，听取规划执行情况报告；改变或撤销其常务委员会关于本级规划的不适当的决议。县级以上地方人民代表大会常务委员会监督本级地方规划的执行；审议批准本级地方规划的调整方案；改变或撤销下一级人民代表大会制定的不适当的规划。县级以上地方人民政府编制本级地方规划草案；组织本级地方规划的执行；向同级人民代表大会及其常务委员会报告规划草案、规划调整方案和规划执行情况，并接受其监督。县级以上地方人民政府规划主管部门具体编制本级地方规划草案；具体组织协调本级地方规划的执行；向同级人民政府提出规划调整建议，报告规划执行中的重要情况。

（二）计划规划运作制度

1. 计划规划编制制度

国务院和地方县级以上人民政府规划主管部门评估基期规划执行情况，预测规划期经济发展趋势，向同级人民政府提出编制规划思路的建议；同级人民政府提出编制规划的指导思想、基本原则、主要任务和宏观经济调控或调节目标；同级人民政府其他部门、下一级人民政府和规划单列企业向规划主管部门提出有关规划的建议；规划主管部门经过汇总和综合平衡，向同级人民政府提出规划草案建议。规划主管部门在同级人民代表大会举行前，将规划草案建议提交同级人民代表大会财经委员会进行初步审查。国务院和地方县级以上人民政府在同级人民代表大会举行会议时，向大会作关于规划草案的报告。

2. 计划规划执行制度

全国规划和地方规划经同级人民代表大会批准后，由国务院和地方县级以上人民政府或其授权部门颁布和下达。规划期开始后，全国规划和地方规划未经批准前，可按国务院和地方县级以上人民政府下发的规划草案组织实施。全国规划和地方规划批准后按规划执行。规划执行完成后，国务院和地方县级以上人民政府应向同级人民代表大会报告规划执行情况，并接受其监督。

3. 计划规划调整制度

在规划执行中遇有以下特殊情况可以作出调整：战争；重大自然灾害；其他重大原因。规划调整由国务院和地方县级以上人民政府提出方案，提请同级人民代表大会常务委员会审议批准。

（三）总量平衡与综合协调制度

全国规划的编制和执行必须坚持总量的基本平衡，主要包括社会总需求与总供给的平衡、财政收支的平衡、信贷收支的平衡、国际收支的平衡和重要商品供求的平衡。按照经济总量平衡的要求，全国规划应合理确定经济增长、投资、居民收入、就业、人口、价格以及货币供应、财政收支、国际收支等方面的宏观调控目标。国务院规划主管部门应根据实现宏观调控目标的要求，提出总量调控政策和运用经济杠杆的初步意见，并对金融、财政等调控政策和措施进行综合协调，形成综合运用经济政策和经济杠杆的调节方案，报国务院审批后执行。国务院建立规划、财政、银行部门经常性的协调制度。

五、预算决算法律制度

预算法律制度是规范国家预先计算收入和支出的法律制度。预算是一定时期国家财政收支的预先计划，国家根据预算筹集和供给预算资金，实现国民经济的有效调节。

（一）预算辖级制度

预算辖级，是根据国家的政权结构所确立的各级预算。它是划分各级预算管理权限和收支范围的前提和基础。我国《预算法》规定，国家实行一级政府一级预算，设立中央，省、自治区、直辖市，设区的市、自治州，县、自治县、不设区的市、市辖区，乡、民族乡、镇五级预算。不具备设立预算条件的乡、民族乡、镇，经省、自治区、直辖市政府确定，可以暂不设立预算。

中央政府预算由中央各部门（含直属单位）的预算组成。地方预算由各省、自治区、直辖市总预算组成。地方各级总预算由本级政府预算（以下简称本级预算）和汇总的下一级总预算组成；下一级只有本级预算的，下一级总预算即指下一级的本级预算。没有下一级预算的，总预算即指本级预算。地方各级政府预算由本级各部门（含直属单位，下同）的预算组成。各部门预算由本部门所属各单位预算组成。单位预算是指列入部门预算的国家机关、社会团体和其他单位的收支预算。

（二）预算权限制度

1. 国家权力机关预算权限制度

全国人民代表大会审查中央和地方预算草案及中央和地方预算执行情况的

报告;批准中央预算和中央预算执行情况的报告;改变或者撤销全国人民代表大会常务委员会关于预算、决算的不适当的决议。全国人民代表大会常务委员会监督中央和地方预算的执行;审查和批准中央预算的调整方案;审查和批准中央决算;撤销国务院制定的同宪法、法律相抵触的关于预算、决算的行政法规、决定和命令;撤销省、自治区、直辖市人民代表大会及其常务委员会制定的同宪法、法律和行政法规相抵触的关于预算、决算的地方性法规和决议。

县级以上地方各级人民代表大会审查本级总预算草案及本级总预算执行情况的报告;批准本级预算和本级预算执行情况的报告;改变或者撤销本级人民代表大会常务委员会关于预算、决算的不适当的决议;撤销本级政府关于预算、决算的不适当的决定和命令。县级以上地方各级人民代表大会常务委员会监督本级总预算的执行;审查和批准本级预算的调整方案;审查和批准本级政府决算(以下简称本级决算);撤销本级政府和下一级人民代表大会及其常务委员会关于预算、决算的不适当的决定、命令和决议。设立预算的乡、民族乡、镇的人民代表大会审查和批准本级预算和本级预算执行情况的报告;监督本级预算的执行;审查和批准本级预算的调整方案;审查和批准本级决算;撤销本级政府关于预算、决算的不适当的决定和命令。

2. 政府预算权限制度

国务院编制中央预算、决算草案;向全国人民代表大会作关于中央和地方预算草案的报告;将省、自治区、直辖市政府报送备案的预算汇总后报全国人民代表大会常务委员会备案;组织中央和地方预算的执行;决定中央预算预备费的动用;编制中央预算调整方案;监督中央各部门和地方政府的预算执行;改变或者撤销中央各部门和地方政府关于预算、决算的不适当的决定、命令;向全国人民代表大会、全国人民代表大会常务委员会报告中央和地方预算的执行情况。

县级以上地方各级政府编制本级预算、决算草案;向本级人民代表大会作关于本级总预算草案的报告;将下一级政府报送备案的预算汇总后报本级人民代表大会常务委员会备案;组织本级总预算的执行;决定本级预算预备费的动用;编制本级预算的调整方案;监督本级各部门和下级政府的预算执行;改变或者撤销本级各部门和下级政府关于预算、决算的不适当的决定、命令;向本级人民代表大会、本级人民代表大会常务委员会报告本级总预算的执行情况。乡、民族乡、镇政府编制本级预算、决算草案;向本级人民代表大会作关于本级预算草案的报告;组织本级预算的执行;决定本级预算预备费的运用;编制本级预算的调整方案;向本级人民代表大会报告本级预算的执行情况。

3. 财政部门等的预算权限制度

国务院财政部门具体编制中央预算、决算草案;具体组织中央和地方预算的执行;提出中央预算预备费动用方案;具体编制中央预算的调整方案;定期向国务院报告中央和地方预算的执行情况。地方各级政府财政部门具体编制本级预算、决算草案；具体组织本级总预算的执行；提出本级预算预备费动用方案；具体编制本级预算的调整方案；定期向本级政府和上一级政府财政部门报告本级总预算的执行情况。

各部门编制本部门预算、决算草案；组织和监督本部门预算的执行；定期向本级政府财政部门报告预算的执行情况。各单位编制本单位预算、决算草案；按照国家规定上缴预算收入，安排预算支出，并接受国家有关部门的监督。

（三）预算运作制度

1. 预算编制制度

各级政府、各部门、各单位应当按照国务院规定的时间编制预算草案。中央预算和地方各级政府预算按照复式预算编制。国务院应当及时下达关于编制下一年预算草案的指示。省、自治区、直辖市政府应当按照国务院规定的时间，将本级总预算草案报国务院审核汇总。国务院财政部门应当在每年全国人民代表大会会议举行的一个月前，将中央预算草案的主要内容提交全国人民代表大会财政经济委员会进行初步审查。省、自治区、直辖市、设区的市、自治州政府财政部门应当在本级人民代表大会会议举行的一个月前，将本级预算草案的主要内容提交本级人民代表大会有关的专门委员会或者根据本级人民代表大会常务委员会主任会议的决定提交本级人民代表大会常务委员会有关的工作委员会进行初步审查。县、自治县、不设区的市、市辖区政府财政部门应当在本级人民代表大会会议举行的一个月前，将本级预算草案的主要内容提交本级人民代表大会常务委员会进行初步审查。

2. 预算审查和批准制度

国务院在全国人民代表大会举行会议时，向大会作关于中央和地方预算草案的报告。地方各级政府在本级人民代表大会举行会议时，向大会作关于本级总预算草案的报告。中央预算由全国人民代表大会审查和批准。地方各级政府预算由本级人民代表大会审查和批准。乡、民族乡、镇政府应当及时将经本级人民代表大会批准的本级预算报上一级政府备案。县级以上地方各级政府应当及时将经本级人民代表大会批准的本级预算及下一级政府报送备案的预算汇总，报上一级政府备案。县级以上地方各级政府将下一级政府依照规定报送备案的预算汇总后，报本级人民代表大会常务委员会备案。国务院将省、自治区、直辖市政府依照规定报送备案的预算汇总后，报全国人民代表大会常务委员会备案。国务院和县级以上地方各级政府对下一级政府依照规定报送备案的预算，认为有同法律、行政法规相抵触或者有其他不适当之处，需要撤销批准预算的决议的，应当提请本级人民代表大会常务委员会审议决定。

3. 预算执行制度

各级预算由本级政府组织执行,具体工作由本级政府财政部门负责。预算收入征收部门,必然依照法律、行政法规的规定,及时、足额征收应征的预算收入。各级政府财政部门必须依照法律、行政法规和国务院财政部门的规定,及时、足额地拨付预算支出资金,加强对预算支出的管理和监督。

4. 预算调整制度

各级政府对于必须进行的预算调整,应当编制预算调整方案。中央预算的调整方案必须提请全国人民代表大会常务委员会审查和批准。县级以上地方各级政府预算的调整方案必须提请本级人民代表大会常务委员会审查和批准;乡、民族乡、镇政府预算的调整方案必须提请本级人民代表大会审查和批准。未经批准,不得调整预算。各部门、各单位的预算支出应当按照预算科目执行。不同预算科目间的预算资金需要调剂使用的,必须按照国务院财政部门的规定报经批准。地方各级政府预算的调整方案经批准后,由本级政府报上一级政府备案。

(四) 决算制度

决算草案由各级政府、各部门、各单位,在每一预算年度终了后按照国务院规定的时间编制。各部门对所属各单位的决算草案,应当审核并汇总编制本部门的决算草案,在规定的期限内报本级政府财政部门审核。国务院财政部门编制中央决算草案,报国务院审定后,由国务院提请全国人民代表大会常务委员会审查和批准。县级以上地方各级政府财政部门编制本级决算草案,报本级政府审查后,由本级政府提请本级人民代表大会常务委员会审查和批准。乡、民族乡、镇政府编制本级决算草案,提请本级人民代表大会审查和批准。

各级政府决算经批准后,财政部门应当向本级各部门批复决算。地方各级政府应当将经批准的决算,报上一级政府备案。国务院和县级以上地方各级政府对下一级政府依照《预算法》的规定报送备案的决算,认为有同法律、行政法规相抵触或者有其他不适当之处,需要撤销批准该项决算的决议的,应当提请本级人民代表大会常务委员会审议决定;经审议决定撤销的,该下级人民代表大会常务委员会应当责成本级政府依照本法规定重新编制决算草案,提请本级人民代表大会常务委员会审查和批准。

六、货币发行和流通法律制度

货币的发行和流通,全国信贷计划和信贷规模,国库和外汇、黄金储备,事关国家金融命脉,其法律制度,是重要的经济调节法律制度。而一般金融活动,属于经济活动,其法律制度不具备经济调节功能。

(一) 货币政策制定和实施制度

我国《中国人民银行法》规定,中国人民银行是中华人民共和国的中央银行,在国务院领导下,制定和实施货币政策。货币政策的目标是保持货币币值的稳定,并以此促进经济增长。中国人民银行就年度货币供应量、利率、汇率和国务院规定的其他重要事项作出的决定,报国务院批准后执行。除此以外的其他有关货币政策事项作出决定后,即予执行,并报国务院备案。

中国人民银行在国务院领导下依法独立执行货币政策,履行职责,开展业务,不受地方政府、各级政府部门、社会团体和个人的干涉。

(二) 人民币发行制度

我国的法定货币是人民币。以人民币支付我国境内的一切公共的和私人的债务,任何单位和个人不得拒收。人民币的单位为元,人民币辅币单位为角、分。人民币由中国人民银行统一印制、发行,禁止伪造、变造人民币;禁止出售、购买伪造、变造的人民币;禁止运输、持有、使用伪造、变造的人民币;禁止故意毁损人民币;禁止在宣传品、出版物或者其他商品上非法使用人民币图样;任何单位和个人不得印制、发售代币票券,以代替人民币在市场上流通。

人民币的发行遵循集中统一发行、计划发行和经济发行原则。其发行程序是:提出和审批人民币发行计划;通过发行库办理发行业务。中国人民银行设立人民币发行库,在其分支机构设立分支库。分支库调拨人民币发行基金,应当按照上级库的调拨命令办理。任何单位和个人不得违反规定,动用发行基金。

(三) 货币政策工具运用制度

货币政策目标的实现,是通过货币政策工具的运用来实现的。所谓货币政策工具,是指对货币供给进行控制的工作。中国人民银行为执行货币政策,可以运用的货币政策工具包括:要求金融机构按照规定的比例交存存款准备金;确定中央银行基准利率;为在中国人民银行开立账户的金融机构办理再贴现;向商业银行提供贷款;在公开市场上买卖国债和其他政府债券及外汇;国务院确定的其他货币政策工具。

中国人民银行为执行货币政策,运用上述所列货币政策工具时,可以规定具体的条件和程序。同时,我们应当认识到,调节我国的国民经济,除了货币政策工具外,还要有财政、税收等工具的配合使用。美国实行"货币主义",在经济景气或不景气中,单纯利用货币工具,是美国的情况决定的。

(四) 金融稽核制度

中国人民银行建立、健全本系统的稽核、检查制度,依法对金融机构及其业务实施监管,维护金融业的合法、稳健运行。

中国人民银行金融稽核制度的主要内容是:按照规定审批金融机构的设立、变更、终止及其业务范围;对金融机构的存款、贷款、结算、呆账等情况随时进行稽核、检查;对金融机构违反规定提高或者降低存款利率、贷款利率的行为进行检查;要求金融机构按照规定报送资产负债表、损益表以及其他财务会计报表和资料。

中国人民银行对国家政策性银行的金融业务,进行指导和监督。

七、税收调节法律制度

税收法律制度,是规范国家各级税务机关向纳税义务人无偿征收税负的法律制度。税收关系是一种特殊形式的经济关系,税收具有重要的经济调节功能。国家依法调处税目和税率、税的减免、附加和加成等,以实现对国民经济运行的调节。

(一) 分税制度

1993 年国务院发布的《关于实行分税制财政管理体制的决定》,决定改革地方财政包干体制,对各省、自治区、直辖市以及计划单列市实行分税制管理体制。

1. 事权划分制度

根据现在中央政府与地方政府事权的划分,中央财政主要承担国家安全、外交和中央国家机关运转所需经费,调整国民经济结构、协调地区发展、实施宏观调控所必需的支出以及由中央直接管理的事业发展支出。地方财政主要承担本地区政权机关运转所需支出以及本地区经济、事业发展所需支出。

2. 收入分属制度

根据事权与财权相结合的原则,按税种划分中央与地方的收入。将维护国家权益、实施宏观调节所必需的税种划为中央税;将同经济发展直接相关的主要税种划为中央与地方共享税;将适合地方征管的税种划为地方税,并充实地方税税种,增加地方税收入。其具体划分是:

中央固定收入包括关税,海关代征消费税和增值税,消费税,中央企业所得税,地方银行和外资银行及非银行金融企业所得税,铁道部门、各银行总行、各保险总公司等集中交纳的收入(包括营业税、所得税、利润和城市维护建设税),中央企业上缴利润等。外贸企业出口退税,除 1993 年地方已经负担的 20% 部分列入地方上交中央基数外,以后发生的出口退税全部由中央财政负担。

地方固定收入包括营业税(不含铁道部门、各银行总行、各保险总公司集中交纳的营业税),地方企业所得税(不含上述地方银行和外资银行及非银行金融企业所得税),地方企业上缴利润,个人所得税,城镇土地使用税,固定资产投资方向调节税,城市维护建设税(不含铁道部门、各银行总行、各保险总公司集中交纳的部分),房产税,车船使用税、印花税,屠宰税,农牧业税,对农业特产收入征收的农业税(简称农业特产税),耕地占用税,契税,遗产和赠与税,土地增值税,国有土地有偿使用收入等。

中央与土地共享收入包括增值税、资源税、证券交易税。增值税中央分享

75%,地方分享 25%。资源税按不同的资源品种划分,大部分资源税作为地方收入,海洋石油资源税作为中央收入。证券交易税,中央与地方各分享 50%。

(二)税收征管制度

我国《税收征收管理法》确立并集中规定了税收征收管理制度。

1. 税务登记制度

企业,企业在外地设立的分支机构和从事生产、经营的场所,个体工商户和从事生产、经营的事业单位自领取营业执照之日起 30 日内,持有关证件,向税务机关申报办理税务登记。税务机关审核后发给税务登记证件。从事生产、经营的纳税人,税务登记内容发生变化的,自工商行政管理机关办理变更登记之日起 30 日内或者在向工商行政管理机关申请办理注销登记之前,持有关证件向税务机关申报办理变更或者注销税务登记。

2. 账簿、凭证核管制度

从事生产、经营的纳税人、扣缴义务人按照国务院财政、税务主管部门的规定设置账簿,根据合法、有效凭证记账,进行核算。个体工商户确实不能设置账簿的,经税务机关核准,可以不设置账簿。增值税专用发票由国务院税务主管部门指定的企业印制;其他发票,按照国务院税务主管部门的规定,分别由省、自治区、直辖市国家税务局、地方税务局指定企业印制。

3. 纳税申报制度

纳税人必须在法律、行政法规规定或者税务机关依照法律、行政法规的规定确定的申报期限内办理纳税申报,报送纳税申报表、财务会计报表以及税务机关根据实际需要要求纳税人报送的其他纳税资料。扣缴义务人必须在法律、行政法规规定或者税务机关依照法律、行政法规的规定确定的申报期限内报送代扣代缴、代收代缴税款报告表以及税务机关根据实际需要要求扣缴义务人报送的其他有关资料。

4. 税款征收制度

税务机关依照法律、法规的规定征收税款,不得违反法规、法规的规定开征、停征、多征或者少征税款。纳税人未按照规定期限缴纳税款的,扣缴义务人未按照规定期限解缴税款的,税务机关除责令限期缴纳外,从滞纳税款之日起,按日加收滞纳税款 2‰的滞纳金。

对于纳税人超过应纳税额所缴纳的款额,税务机关应立即退还,纳税人自结算缴纳税款之日起 3 年内发现的,有权要求退还。如因纳税机关的责任,致使纳税人未缴或少缴税款的,税务机关在 3 年内可要求纳税人补缴。因纳税人的过失未缴或少缴税款的,税务机关可在 3 年内追征,有特殊情况的,可以延长到 10 年。

在纳税期限前,为预防纳税人逃税,税务机关可采取以下措施:责令限期缴纳;提供纳税担保;金融机构暂停支付相当于应纳税款的存款;扣押、查封纳税人的价值相当于应纳税额的财产;附条件地限制出境。在超过纳税期限后仍未缴纳税款的,税务机关可依法采取书面通知金融机构扣缴税款;扣押、查封、拍卖价值相当于应缴税款的财产。

八、固定资产投资控制法律制度

投资主体是享有投资决策和收益权,并能承担投资风险的法人、其他经济组织或者自然人。按照建立社会主义市场经济体制的要求,必须合理确定中央、地方、企业和个人等各类投资主体的投资范围,建立投资主体权、责、利相统一的自我约束机制。

(一)投资分工制度

根据1988年《关于投资管理体制的近期改革方案》中规定,中央投资或以中央为主投资的具体范围,包括关系国民经济全局的重大能源、原材料工业基地,跨地区的、面向全国的交通运输、邮电通信骨干设施,重大的关键的机械电子、轻纺工业项目,大江大河治理的骨干工程和重大农业基地和重点防护林工程,关键的新兴产业项目,重要的科技和文教设施,国防工业等的建设,包括重要配套设施的建设,以及对经济不发达地区建设的扶持。

地方投资的具体范围,包括农业、林业、水利,本地区需要的能源、原材料工业、地方的交通运输、邮电通信设施,机电、轻纺工业,科技、教育、文化、卫生以及城市公用设施和服务设施等的建设。企业的技术改造工程和必要的福利设施,主要由企业投资建设。资金有富余的企业,还可以进行基本建设,搞扩大再生产。凡是符合投资主体要求的自然人,都可以参加投资活动。

(二)基本建设项目划分制度

1978年部门规章《关于基本建设项目和大中型划分标准的规定》规定,建设项目是指在一个总体设计或初步设计范围内,由一个或几个单项工程所组成,经济上实行统一核算,行政上实行统一管理的建设单位。一般以一个企业(或联合企业)、事业单位或独立工程作为一个建设项目。建设项目分为新建、改扩建和续建项目。所谓新建项目,是指在计划期内,从无到有、"平地起家"开始建设的项目。所谓改扩建项目,是指原有企业、事业单位,为了扩大主要产品的设计能力或增加新的效益,在计划期内进行改扩建的项目。所谓续建项目,是指过去年度已正式开工,在计划期内继续进行施工的项目。

基本建设大中型项目,是按项目的建设总规模或总投资来确定的。新建项目按一个项目的全部设计能力或所需的全部投资(总概算)计算;扩建项目按扩建新增的设计能力或扩建所需投资(扩建总概算)计算,不包括扩建前原有的生产能力。凡是产品为全国服务,或者对生产新产品、采用新技术等具有重大意义的项目，以及边远的、经济基础比较薄弱的省、区和少数民族地区，对发展地区有重大作用的建设项目，其设计规模和总投资虽不够规定的标准，也必须经国家计委批准。

（三）项目资本金制度

1996年国务院在《关于固定资产投资项目试行资本金制度的通知》中规定，对各种经营性投资项目，包括国有单位的基本建设、技术改造、房地产开发项目和集体投资项目，试行资本金制度，投资项目必须首先落实资本金才能进行建设。公益性投资项目不实行资本金制度。外商投资项目（包括外商投资、中外合资、中外合作经营项目）按现行有关法规执行。

所谓投资项目资本金，是指在投资项目总投资中，由投资者认缴的出资额，对投资项目来说是非债务性资金，项目法人不承担这部分资金的任何利息和债务；投资者可按其出资的比例依法享有所有者权益，也可转让其出资，但不得以任何方式抽回。投资项目资本金可以用货币出资，也可以用实物、工业产权、非专利技术、土地使用权作价出资。对作为资本金的实物、工业产权、非专利技术、土地使用权，必须经过有资格的资产评估机构依照法律、法规评估作价，不得高估或低估。以工业产权、非专利技术作价出资的比例不得超过投资项目资本金总额的一定比例。投资项目资本金占总投资的比例，根据不同行业和项目的经济效益等因素确定。对某些投资回报率稳定、收益可靠的基础设施、基础产业投资项目，以及经济效益好的竞争性投资项目，经国务院批准，可以试行通过发行可转换债券或组建股份制公司发行股票方式筹措资本金。

（四）投资审批制度

原国家计委《关于简化基本建设项目审批手续的通知》规定，需要国家审批的基本建设大中型项目审批程序，由原来的项目建议书、可行性研究报告、设计任务书、初步设计和开工报告等五道手续，简化为项目建议书、设计任务书两道手续。

项目建议书的内容和要求是：各部门、各地区、各企业根据国民经济和社会发展的长远规划、行业规划、地区规划等要求，经过调查、预测、分析，提出项目建议书。项目建议书应包括以下主要内容：建设项目提出的必要性和依据；引进技术和进口设备的，还要说明国内外技术差距和概况以及进口的理由；产品方案，拟建规模和建设地点的初步设想；资源情况、建设条件、协作关系和引进国别、厂商的初步分析；投资估算和资金筹措设想，利用外资项目要说明利用外资的可能性，以及偿还贷款能力的大体测算；项目的进度安排；经济效果和社会效益的初步估计。

设计任务书（利用外资引进技术项目仍采用可行性研究报告）的内容和要求是：按照批准的项目建议书，部门、地区或企业负责组织可行性研究，对项目在技术、工程、经济和外部协作条件上是否合理和可行,进行全面分析、论证,作多方案比较,认为项目可行后,推荐最佳方案,编制设计任务书(或可行性研究报告)上报。设计任务书(或可行性研究报告)应包括以下主要内容:根据经济预测、市场预测确定项目建设规模和产品方案;资源、原材料、燃料及公用设施落实情况;建厂条件和厂址方案;技术工艺、主要设备选型、建设标准和相应的技术经济指标。成套设备进口项目要有维修材料、辅料及配件供应的安排。引进技术、设备的,要说明来源国别、设备的国内外分交或与外商合作制造的设想;主要单项工程、公用辅助设施、协作配套工程的构成,全厂布置方案和土建工程量估算;环境保护、城市规划、防震、防洪、防空、文物保护等要求和采取的相应措施方案;企业组织、劳动定员和人员培训设想;建设工期和实施进度;投资估算和资金筹措;经济效果和社会效益。

基本建设大中型项目的初步设计和开工报告,下放给各部门、各省、自治区、直辖市审批。

1995 年国务院在《关于严格限制新开工项目、加强固定资产投资资金源头控制的通知》中再次重申,除国务院授予项目审批权的国家级开发区和按《全民所有制工业企业转换经营机制条例》规定可由企业自行审批的项目外,总投资 2 亿元以上基建项目的项目建议书、可行性研究报告和技改项目的可行性研究报告,必须由国家计委、经贸委审核后报国务院审批,其他大中型基建和限额以上技改项目的项目建议书和可行性研究报告,由国家计委、经贸委审批;地方小型基建和限额以下技改项目的项目建议书、可行性研究报告,由省级(含计划单列市)人民政府授权各级计委、经贸委审批,但审批权限不能超越其综合平衡能力;中央小型基建和限额以上技改项目由国务院各部门、各直属机构审批。其他任何单位无权审批项目。

目前,随着行政审批事项的改革,投资审批制度也在进行改动。

第十五章　经济管理法律制度

经济法意义上的经济管理法，是规范国民经济运行过程中形成的经济管理关系的法律制度。苏联把国家的经济职能集中于对整个国民经济的管理，而其计划经济条件下的国民经济管理主要是部门管理，即由国家经济部门对所隶属的企业进行直接行政管理。打破企业的部门隶属界限，实行国家职能性经济机关而不是部门性经济机关和行业部门的经济管理，势在必行。很显然，不能把经济管理法归结为行政法含义上的部门经济“行政管理法”，也不能归结为所谓调整整个市场经济的“市场监管法”。经济管理法是依照法律规定对在国民经济运行中的具体经济义务进行管辖处理的法，在经济法体系中居于关键地位。

现在，我国已明确将国家经济行政管理部门改为“专业经济管理部门”，而其职能也从一般的行政管理转变为宏观调节、社会经济管理和公共服务。因此，本章不再涉及过去制定的大量的部门行政管理法律、法规，而以专业经济管理法取而代之。

本章把经济管理法的基本方面，分为市场管理法、专业经济管理法、行业管理法、国有资产管理法和自然资源管理法五部分，并从集中分布于具有经济管理特征的法律、法规和其他立法有关经济管理的法律规范中，概括出经济管理基本法律制度。

第一节 经济管理法概说

“管理”是一个多重含义的用语，中外许多学科特别是经济管理学、企业管理学和行政管理学都以“管理”为逻辑起点和理论主线，却未能对其作出统一的定义性限定和说明。然而在法学上，是不能不作出限定的，不能无视“管理”术语的多重含义而拿来即用。不是从语义学或其他学科的扩张性解释的基点上而是从法学意义上界定，经济法上的管理，指对经济事务管辖处理。应当从这个限定上认识经济管理法，把握它与相邻法的区别，从而建立起属于管辖处理法自己的法律制度体系。

一、经济管理法的含义

经济管理法，是规范国民经济运行过程中形成的经济管理关系的法律制度的体系。经济管理法是经济法的重要组成部分。

首先，经济管理法规范的经济关系，是经济管理关系。这种关系，与国民经济总体运行紧紧连在一起。适应国民经济运行的需要，经济管理关系表现为市场管理关系、专业经济管理关系、行业管理关系、国有资产管理关系和自然资源管理关系。对市场的管理、对行业的管理和对国有资产的管理，是国民经济管理的主要的、基本的方面。应当指出，国家的部门行政管理关系和国家对企业的行政管理关系曾是计划经济下经济管理的主要的、基本的方面，但由于我国现行立法确立了企业作为独立商品生产者和经营者的法律地位，它们不再是行政上隶属于国家经济部门的附属物，而其经济管理是按照企业的章程、协议和规章制度进行自身管理，因此，这样的部门行政关系不应包括在经济管理法的规范范围之内。

其次，经济管理法所规范的经济关系，是国家和国家经济机关、经济组织和其他社会组织基于对具体经济事务进行管辖、处理而形成的。很显然，这里负责处理的主体，不仅仅是国家行政部门，而是包括经济组织和其他社会组织在内的多元主体。“管辖”有具体负责之意，这里的“管辖、处理”，指“负责处理”。正因为经济管理法是对具体经济事务负责处理的法，而具体经济事务又是国民经济运行中的经济事务，这样，经济管理法便是经济法结构中相对独立的法律制度领域。

最后，经济管理法所规范的经济管理关系，不是只因“市场管理”和“宏观调控”而产生的所谓经济管理关系。所谓“因市场管理而产生的经济管理关系”和“因宏观调控而产生的经济管理关系”，实际上是对垄断和不正当竞争的限制、对宏观经济的调节和控制，分别属于经济竞争关系和经济调节关系，因为不具有对具体经济事务管辖处理要义，因此，不能称之为经济管理关系。

总之，经济管理法是规范经济管理关系的法，是调整经济法主体管辖、处理国民经济运行中具体经济事务的法。经济管理法的概念，是在法律制度意义上被概括出来的。

二、经济管理法的特征

国家和国家经济机关、经济组织和其他社会组织对经济事务的管辖和处理，是经济管理法的核心特征。把握这一特征，就使经济管理法与所谓宏观调控法、行政法或行政管理法区别开来了。经济管理法的一般特征是：

其一，主体的多元化。经济管理的主体是国家和国家经济机关、社会公共机构、经济组织和其他社会组织。国民经济运行过程中形成的经济管理具有多层级、多主体的特点。外国早期经济管理理论认为，对国民经济进行管理，是国家意志的执行，它是国家经济职能的表现，因此国家和国家机关是经济管理的主体。这种早期经济管理理论，从三权分立出发，在国家权力分配上，认为除了立法、司法之外，就是行政，国家对所有的国家事务的管理，包括对经济的管理，都具有公共行政管理性质。问题在于，不能把经济管理仅仅理解为国家的经济职能和国家事务本身，还应当理解为一个具体的广泛的运作过程。既然如此，那么经济管理主体就不仅包括国家和国家经济机关，还包括社会公共机构、经济组织和其他社会组织。例如，在对行业的管理中，重要的是同业商会、协会的运作。商会、协会是本行业社会性组织，在行使其管理职能时，并不直接代表国家。

其二，管理方式的结构是多重结构。这一结构，包括行政管理、经济技术管理和社会自律管理等。经济管理的主体只是国家和国家机关的认识，导致了管理方式是行使国家行政权力，而国家行政权力，又被概括为具有极大的强制力，适用于国家行政管理所涉及的每一领域。实际上，在经济管理领域，管理与被管理关系有的是权力关系、强制与服从关系，有的则是权利义务关系、平等协商关系。企业管理是企业自身的内部管理，其职能分工，统一指挥是企业行政。企业行政与国家行政的性质是很不相同的，不存在国家行政权力的强制问题，它是建立在企业规章制度基础上的经济管理。这种管理，强调对规章制度、纪律和标准化的遵守，但仍属于经济技术管理范畴。同业商会、公会和协会以及跨行业的协会等组织的管理，是一种社会自律性管理，其目的在于促进企业、市场等相互间的协调与合作，最终促进国民经济的健全发展。这类社会组织的经济管理，是一种自律性管理，其管理规则、措施依靠平等协商确立和实施。此外，应当强调，在国家对国民经济的管理中，还要利用各种组织方法和影响方式，特别是间接方法和方式。

其三，法的对象是经济管理关系，而不仅仅是市场交易活动的管理关系。国民经济运行的基础是生产、交换、分配和消费,交换只是其中的一个环节。"交换"是政治经济学上的概念,"交易"是一般经济生活概念,而"买卖"是法学上的概念。"买卖"概念,是由物物交换过渡到币物交换后,在具体交易中注入诚实信用要素和责任要素后形成的。经济管理法是站在国民经济总体立场上进行调整的法律,不可能孤立地调整其中的一部分,特别是不能只调整属于市场具体交易或买卖的那部分。因此,把经济管理法归结为"市场管理法"是不正确的,况且市场管理法是指对作为交易场所的具体市场管理的法,而不是所谓对"市场经济"管理的法。长期以来,立法文件和理论上混淆"市场"与"市场经济"的各自确切含义,有时用"市场"替代"市场经济",有时又用"市场经济"替代"市场"。无论如何,不能将市场与市场经济混为一谈。

三、经济管理法的分类

国民经济是产业部门的总和及社会经济总过程。产业部门是社会物质生产和再生产部门。随着生产社会化的发展,社会分工越来越细,这就使产业部门越来越职业化。在这种情况下,着眼于产业的特征和基本功能,西方学者把国民经济部门划分为三次产业。第一次产业是生产原材料的产业,第二次产业是依靠原材料进行加工制作的产业,而第三次产业,是为第一、第二次产业提供各种服务的产业。这种分类,较之将社会物质生产对象化的"经济部门"划分方法,更多地注意到了国民经济整体的内在联系性。经济法的分工分业和分工混业机能,使传统意义上的经济部门、产业部门发生了交错现象。如农业部门出现了"农工贸综合体",那种以农产品为原料进行工业深加工,继而把产成品销售出去的"一条龙"农村经济组织,很难说成是传统农业部门,对其调整的法律,也很难说成是"农业经济管理法"。基于上述情况,对经济管理法作重新分类是必要的。

根据国民经济的实际状况和管理的法学含义,我们把经济管理法分为市场管理法、专业经济管理法、行业管理法、国有资产管理法和自然资源管理法五大类。

(一) 市场管理法

这类法律制度,是规范对作为交易载体的市场进行具体管理的法律制度。包括市场管理机构法、市场主体管理法、商品市场管理法、城乡集市贸易法、特殊交易方式管理法等等。

(二) 专业经济管理法

将国家经济机关的行政管理性质改变为专业经济管理后,其立法会发生相应的变化。主要包括专业经济规划法、专业经济协调法、专业经济指导法和专业经济服务法。

（三）行业管理法

弱化或取消对所隶属的企业直接进行国家经济部门的行政管理后，对企业的行业管理将突出出来。为此，行业管理立法将成为经济管理立法的重要领域。行业管理法律制度，是规范行业组织及行业组织对同业企业进行管理的法律制度。从国内外情况看，这类法律制度包括商会组织法和特殊行业法等等。

（四）国有资产管理法

当代世界各国都存在对国有资产的管理问题，其立法具有普遍性。国有资产管理法是规范国有资产的产权、使用或经营、处分等方面的法律制度。在我国，这类法律制度主要包括关于经营性、非经营性以及资源性、境外等的国有资产管理法律制度。

（五）自然资源管理法

自然资源管理法，是规范自然资源管理及属于自然资源中的能源资源管理的法律制度的体系，包括自然质体资源管理法和自然能源资源管理法两大类。

第二节　经济管理法的体系

经济管理法的体系，是经济管理法律制度的体系，我国的经济管理法包括市场管理法、专业经济管理法、行业管理法、国有资产管理法和自然资源管理法。这些法律制度，集中分布于主要体现经济管理特征的法律法规和其他立法的有关法律规范中。

一、市场管理法

市场是商品交易的场所，是经济活动的载体，是进行商品经营的一定物质实体，而市场经济不是指交易，而是指一种经济运行的机制。因此，市场管理立法，是对具体市场进行管理的立法，而不是泛指的对市场经济进行管理的立法。

（一）市场管理机构法和市场主体管理法

工商管理部门是国家管理市场的机构。在管理体制上，实行“垂直领导，分级管理”的原则。各级工商管理机构包括：中央工商行政管理机关即国家工商行政管理局；地方各级工商行政管理机关，含省级、地级和县级工商行政管理局，以及县级工商行政管理局的派出机构即工商行政管理所。

工商管理机构的职权范围包括：确认市场主体资格，规范市场主体行为，维护市场的经济秩序，保护生产经营者和消费者的合法权益；参与市场体系的规划、培育；负责商标的统一注册和管理；实施对广告业的宏观指导；监督管理个体、私营经济，指导其健康发展。

国务院批准的《工商行政管理所条例》规定，工商行政管理所是区、县工商行政管理局的派出机构，并对工商行政管理所的基本任务、领导体制、职责、工作范围、工作程序、内部制度建设等内容作规定。为加强市场管理，保护消费者权益，国家工商行政管理局于1997年颁布了《工商行政管理所处理消费者申诉实施办法》。

市场主体是市场交易的参加者，因此，经济组织一般都是市场主体。关于这类主体立法，我们纳入"经济组织法"部分中讲授。这里的市场主体，主要指集市主体。关于集市主体方面的法律规范，主要有国务院颁布的《城乡个体工商户管理暂行条例》。为具体实施该条例，国家工商行政管理局颁布了《城乡个体工商户管理暂行条例实施细则》。截至2013年2月，我国共有个体工商户4060万户。《中华人民共和国个人独资企业法》已由第九届全国人大常委会第十一次会议通过，于2000年1月1日起施行，依据该法，一部分符合条件的个体工商户可登记成为个人独资企业。

市场中介服务机构也是市场正常运行必不可少的组成部分。这里的中介机构指的是具竞争性、营利性的机构。常见的市场中介机构包括会计师事务所、资产评估机构、资信评估机构等。资信评估机构是专门从事资信评级（又称信用评级）的中介机构。我国法律尚未对资信评估机构进行专门的法律规范，仅在《证券法》中作了原则性规定。该法授权国务院证券监督管理机构对资信评估机构的设立条件、审批程序和业务规则以及从业人员的业务资格标准和管理办法作出规定，但专门规定尚未出台。

（二）商品市场管理法

一般将市场划分为商品市场和生产要素市场。关于生产要素市场的立法，包括金融市场、技术市场、房地产市场等。这类立法具有多门类的特点，而且是高度综合性立法，因而被分解为不同的立法领域分别阐述，这里只涉及商品市场立法。

国务院颁布的《城乡集市贸易管理办法》是管理城乡集贸市场的基本法规。该法规规定工商行政管理机关是城乡集市贸易行政管理的主管部门，并对上市物资和参加集市人员活动的范围、集市设置与管理等问题进行了规范。

1996年海关总署、对外贸易经济合作部发布部门规章《边民互市贸易管理办法》。规定互市地点由边境省、自治区人民政府批准，我国边境地区的居民和对方国家边民可进入边民互市贸易区（点）从事互市贸易。我国边境地区的商店、供销社等企业，如在边民互市贸易区（点）设立摊位，按照边境贸易进行管理。边境地区居民携带物品进出互市贸易区（点）或从边境口岸出境时，应向海关如实申报物品的品种、数量和金额，并接受海关监管和检查。对携带物品超出免征税范围的，按有关规定征税。各级海关应加强对边民互市贸易的管理，打击走私违法活动。

随着我国社会主义市场经济体制的逐步确立,一些新的商业形式在我国商品市场中出现,其中最典型的是特许经营与连锁经营。

为规范特许经营活动的开展,部门规章《商业特许经营管理办法(试行)》,对特许经营的概念、基本形式、特许加盟双方的权利义务作了规定。该办法实行以来,在指导、规范企业行为,促进特许经营的发展等方面发挥了积极的作用。针对现实中存在的问题,部门规章《关于进一步规范特许加盟活动的通知》,进一步明确了开展特许经营的企业必须具有独立法人资格,具有注册商标和独特的、可传授的经营管理技术,具有 1 年以上良好的经营业绩,具有向加盟者提供指导和服务的能力。

在连锁经营的管理方面,部门规章主要有《连锁店经营管理规范意见》、《关于连锁店登记管理有关问题的通知》、《关于加强连锁企业商品质量管理促进连锁经营发展的通知》,从不同角度对连锁经营进行了规范。

在烟草专卖方面,第七届全国人大常委会第二十次会议通过并于 1992 年 1 月 1 日起实施的我国《烟草专卖法》是关于烟草专卖的基本法律。为更好地实施该法,国务院颁布了《关于进一步加强烟草专卖管理的通知》和《烟草专卖法实施条例》。此外,部门规章有《烟草专卖行政处罚决定》、《关于烟草专卖许可证管理的若干规定》。

在农业生产资料专营方面,化肥、农药、农膜是重要的农业生产资料,为保证供应,减少流通环节,维护农民的合法权益,国务院 1988 年 9 月颁布了《关于化肥、农药、农膜实行专营的决定》,明确规定国家对化肥、农药、农膜实行专营;《关于完善化肥、农药、农膜专营办法的通知》,对专营办法进行完善。

在种子专营方面,国务院 1989 年颁布的《种子管理条例》,规定了从事商品种子生产和经营的条件。生产商品种子必须获得"种子生产许可证",经营种子必须获得"种子经营许可证"。

在盐业专营方面,国务院 1990 年颁布了《盐业管理条例》,对盐的生产经营实行计划管理。1996 年国务院正式颁布了《食盐专营办法》。

为加强旧货的流通和管理,原国内贸易部、公安部于 1993 年发布了《旧货流通管理办法(试行)》部门规章。该《办法》对旧货的范围、旧货企业的设立及变更和终止、旧货市场设立的条件和管理等作了明确规定。旧货市场由政府商品流通主管部门管理。各级公安机关对旧货流通行业实行特种行业管理。各级工商行政管理部门负责旧货市场的登记。

(三) 特殊交易方式管理法

规范传销经营方式的立法以 1998 年 4 月为界可分为两个阶段。在第一阶段,国家工商行政管理局颁布了一系列规范性文件,包括《关于制止多层次传销活动中违法行为的通告》(1994年)、《关于查处多层次传销活动中违法行为的通知》(1994年)、《关于停止发展多层次传销企业的通知》(1995年)、《关于传销企业审批和监督管理有关问题的通知》(1997年)、《关于传销企业审核工作有关问题的通知》(1997年)、《关于进一步加强对多层次传销活动监督管理的通知》(1996年)等,其中最重要的是国家工商行政管理局1997年1月颁布的《传销管理办法》。从1998年4月起是第二阶段。在这一阶段,国务院从我国国情出发,专门颁布通知,禁止传销经营活动。具体规范包括:国务院颁布的《关于禁止传销经营活动的通知》、国家工商行政管理局颁布的《关于贯彻落实〈关于禁止传销经营活动的通知〉的通知》,以及有关部委联合颁布的《关于外商投资传销企业转变销售方式有关问题的通知》。

我国对规范邮购交易并没有专门的法规。但国家工商行政管理局颁布并实施的《关于实施〈中华人民共和国消费者权益保障法〉的若干意见》、国家工商行政管理局颁布并实施的《欺诈消费者行为处罚办法》等法律、法规都涉及了对邮购的管理。

电子商务是随着因特网的迅猛发展而产生的交易方式。我国目前还没有出台专门针对电子商务交易的法规,因此现有的针对计算机和网络安全的法规对电子商务交易的正常进行具有重大影响。它们包括国务院1996年颁布并于1997年修正的《中华人民共和国计算机信息网络国际联网管理暂行规定》和公安部颁布的《计算机信息网络国际联网安全保护管理办法》。此外,我国《合同法》对电子合同的法律效力有所涉及,肯定了数据电文(包括电报、电传、传真、电子数据交换和电子邮件)是合同的书面形式,并规定了采用数据电文形式订立合同时,要约与承诺的生效时间。

电子商务立法,主要解决网上交易的对象主体的特定性、内容的原本性和信息认可性,即银行、购销双方当事人都必须是特定的,具有合法的接收资格;接收的信息确定由发送主体发出,内容未经任何他人更改或替换;发送出的信息为发送主体认可。

二、专业经济管理法

专业经济管理法是规定国家经济部门如何规划、协调、指导经济并如何为经济发展提供服务的法律制度。这里所说的专业经济管理法,不是指规定某一国家经济部门如何对某一经济领域进行管理的单行法(如建筑法、铁路法、民航法等),而是指从总体上规定国家经济部门在管理国民经济中的职责权限和管理方式的法,因而是综合性的法律、法规。

长期以来,政府部门主要依靠行政手段管理经济和社会事务,许多本来应该运用法律实施,或者通过社会中介组织来解决的问题,也通过设立政府机构进行管理。为了逐步建立适应社会主义市场经济发展的经济管理体制,第九届全国人民代表大会第一次会议于1998年3月审议通过了《国务院机构改革方案》。明确提出,要按照权责一致的原则,调整政府部门的职责权限,明确划分部门之间的职能分工,相同或相近的职能交由同一个部门承担,克服多头管理、政出多门的弊端,把政府职能切实转变到宏观调控、社会管理和公共服务方面来,把生产经营的权利真正交给企业。为此,将经济管理部门明确为专业经济管理部门。此后,又进行了国务院机构改革。2001年5月,经国务院批准,国家经贸委管理的国家局都改组为行业协会或总会,行使行业指导和自律管理职能。这些改革措施的实施,使国家经济管理部门有一定变动,但坚持经济管理部门转变为专业经济管理部门的方针,没有变化。专业经济管理部门都实行政企分开,不再直接按隶属方式管理企业。

三、行业管理法

我国长期以来设置经济部门,由该主管部门对其所属企业进行统一管理,各主管部门也制订了大量的部门规章,形成了部门管理法体系。建立社会主义市场经济体制的目标确立以后,国务院进行了机构改革,调整了原有经济主管部门的设置和职能。在这种情况下,行业管理被提到重要位置。一方面,需要建立并加强对具有民间性的行业商会、协会组织的自律性管理立法;另一方面,对一些特殊行业坚持实行行业管理。

(一)商会组织法

我国尚没有商会立法,对商会组织也缺乏专门的法律进行规范。

行业协会作为商会的一种形式,是同一行业内企业自愿参加实行民主管理的非营利性自律组织。对行业协会的法律调整常常体现在相关的专项立法之中,例如我国《证券法》对证券业协会进行了专章规定。1997年国家经贸委确定上海、广州、厦门、温州四个城市进行行业协会试点工作,并专门印发了《关于选择若干城市进行行业协会试点的方案》。在这份规范性文件中,明确了试点行业协会的性质、地位和职能,规定行业协会是社会中介组织和自律性行业管理组织。行业协会应是行业管理的重要方面,是联系政府和企业的桥梁、纽带,在行业内发挥服务、自律、协调、监督的作用,同时,又是政府的参谋和助手。行业协会的基本职能是服务,它通过提供信息、咨询、交流、促销、调研、培训、沟通等各项工作为政府和企业进行双向服务。同时,行业协会也承担着一定的自律性行业管理职能。

在对外国商会管理方面,国务院1989年6月颁布了《外国商会管理暂行规定》。外国商会是外国在中国境内的商业机构及人员依照本规定在中国境内成立,不从事任何商业活动的非营利性团体。外国商会的活动应当以促进其会员同中国发展贸易和经济技术交往为宗旨,为其会员在研究和讨论促进国际贸易和经济技术交往方面提供便利。外国商会成立的条件、审批程序、会员资格和活动原则等也在该法规中作了规定。

（二）特殊行业法

第六届全国人大常委会第十八次会议通过了《中华人民共和国邮政法》，该法于2009年4月24日由第十一届全国人大常委会第八次会议进行了修订。为更好地实施这部法律，国务院1990年11月颁布了《中华人民共和国邮政法实施细则》。除此之外，原邮电部于1995年9月颁布了《邮政行业监督检查办法（试行）》。

第八届全国人大常委会第十六次会议通过了《中华人民共和国民用航空法》，于1996年3月1日起实施。为推动民航企业政企分开，转换经营机制，国家民航局1993年3月颁布了《全民所有制民航企业转换经营机制实施办法》。

第七届全国人大常委会第十五次会议通过了《中华人民共和国铁路法》，并于1991年5月1日起实施。

1984年9月20日第六届全国人大常委会第七次会议通过了《中华人民共和国药品管理法》，该法于2001年2月28日由第九届全国人大常委会第二十次会议进行了修订，于2001年12月1日起施行。

为加强建筑市场的管理，建设部颁发了一系列规章，包括《建筑市场管理规定》（1991年）、《全面深化建筑市场体制改革的意见》（1994年）、《建筑业企业资质管理规定》（1995年）。1997年11月1日第八届全国人大常委会第二十八次会议通过了《中华人民共和国建筑法》，该法于2011年4月22日由第十一届全国人大常委会第二十次会议进行了修订。

为加强对旅游行业的管理，国家旅游局颁发了一系列规章，其中包括1990年的《旅游基本建设管理暂行办法》、1993年的《全国旅游商品定点生产企业审批及管理试行办法》、1995年的《关于进一步加强旅游市场管理的通知》。为规范旅游从业人员，国务院1999年5月颁布了《导游人员管理条例》。

不景气行业法的性质，不是作为不景气对策的立法，而是关于在经济结构中处于不景气地位的行业的立法。在高科技产业、知识密集型产业的强大冲击下，有些传统产业、国民经济次要产业和劳动密集型产业等处于不景气地位，其生产、经营、资金等陷于困境，设备能力、劳动力严重过剩，而且这种状态将长期存在下去。为保障国民经济健全发展，必须通过立法加以解决。

国外作为经济结构对策立法，主要包括业种安定计划法、设备处理法、资金保证法、就业措施法、中小企业保护法、特定不景气产业信用基金法等。

四、国有资产管理法

国有资产，是国家投资、接受赠与，或者国家获取的各种类型的财产和财产权利。我国1999年提出按照“国家所有、分级管理、授权经营、分工监督”的原则,逐步建立国有资产管理法的体系和机制。国有资产管理法是规范国有资产的所有者、管理者、经营者和使用者对于国有资产的占有、使用、收益、处分的法律制度。迄今为止,我国已经发布了100多个国有资产管理方面的法规和规章。

(一)国有资产基础管理法

国有资产管理局1993年12月颁布的《国有资产产权界定和产权纠纷处理暂行办法》,规定了产权界定的方法和内容,是目前我国基本的法律文件。此外,国有资产管理局1994年还颁布了《集体企业国有资产产权界定暂行办法》。

国有资产产权登记,是国有资产管理部门对占有、使用国有资产单位的国有资产状况进行调查,确认其产权归属关系并进行登记的活动。国务院1996年1月颁布了《企业国有资产产权登记管理办法》,该办法规定了国有资产产权登记的范围和种类、产权登记的程序等内容。国有资产管理局1996年为此颁布了实施细则。国有资产管理局1995年3月还颁布了《行政事业单位国有资产产权登记实施办法》。

针对产权登记中土地资产的问题,国有资产管理局、国家土地管理局1993年颁布了《关于产权登记中有关土地资产登记工作的通知》。

国务院1991年11月颁布了《国有资产评估管理办法》。这是我国第一部有关资产评估方面的法规,它对开展资产评估工作的程序、目的、评估范围、评估需要遵循的原则、评估工作管理主体、评估机构的资格认定、评估的基本方法等作了系统的规定,确立了全国资产评估工作的基本依据。国有资产管理局1992年7月为之颁布了《国有资产评估管理办法实行细则》。

国有资产管理局于1995年通过颁布《注册资产评估师执业资格制度暂行规定》和《注册资产评估师执业资格考试实施办法》,建立起了注册资产评估师制度。1996年发布的《资产评估操作规范意见(试行)》,对资产评估操作中应遵循的基本原则和基本方法的运用、对评估基本程序和各类资产评估的基本要求提出了明确的指导意见,是资产评估行业技术操作行为的指南和规程。

此外,国有资产管理局还颁布了一系列规章,其中包括:1995年的《关于整顿和严格审批资产评估机构的通知》和《关于加强国有资源性资产评估管理有关问题的通知》、1996年的《中国资产评估行业评估纠纷调处工作细则》、1997年的《设立外商投资资产评估机构若干暂行规定》、1995年的《资产评估执业人员自律守则》。

清产核资,是根据法定的条件和程序,对国有资产进行清查、估价、核实、核销等一系列活动的总称。《清产核资总体方案(试行)》由国务院清产核资领导小组于1992年3月颁布。在此期间,国务院清产核资领导小组还颁布了《清产核资办法(试行)》、《清产核资资产价值重估实施细则》、《关于清产核资中全民所有制企业资产清查登记有关问题的暂行规定》、《国家行政事业单位财产清查登记工作方案》。

此外,国有资产管理局1996年颁布了《关于认真做好清产核资中不良资产处置委托工作的通知》,并于1994年会同国家土地管理局等四部门颁布了《清产核资中土地清查估价工作方案》。

产权争议,是由于财产所有权及经营权、使用权等产权归属不清而发生的争议。除《国有资产产权界定和产权纠纷处理暂行办法》外,国有资产管理局1994年还颁布了《国有资产产权纠纷调处工作试行规则》,1997年颁布了《关于加强国有资产产权纠纷调处及行政复议有关问题的通知》。

(二)经营性国有资产管理法

经营性国有资产,是国家作为投资者,投资于企业用于生产经营活动而形成的国有资产及其权益,即是以增值为目的投入经营的国有财产。国有企业资产管理立法,主要是国务院于1994年颁布的《国有企业财产监督管理条例》。

关于产权管理,国有资产管理局1994年颁布了《国有资产保值增值考核试行办法》和《股份有限公司国有股权管理暂行办法》,1996年颁布了《关于在建立现代企业制度试点过程中加强国有资产管理的通知》。关于投资管理,国有资产管理局等四部门1992年颁布了《国家试点企业集团国有资产授权经营的实施办法(试行)》。关于收益管理,国有资产管理局等三部门1994年颁布了《国有资产收益收缴管理办法》。关于处分管理,国有资产管理局1989年颁布了《关于出售国有小型企业产权的暂行办法》、1990年颁布了《关于国有资产办理无偿划转手续的通知》、1995年颁布了《关于加强企业国有产权转让监督管理工作的通知》。

为规范企业间国有资产划转的操作程序,财政部于1999年颁布了《关于企业国有资产办理无偿划转手续的规定》。该规定明确指出,企业因管理体制改革、组织形式调整和资产重组等原因引起的整体或部分国有资产在不同国有产权之间的无偿转移均属于企业国有资产无偿划转。企业国有资产无偿划转由各级财政(国有资产管理)部门负责办理。按照国有资产统一所有、分级管理的原则,企业国有资产办理无偿划转应按照不同情况分别进行申报。

(三)非经营性国有资产管理法

非经营性国有资产主要是行政事业单位的国有资产。非经营性国有资产由各级党政机关、科学、教育、文化等事业单位使用于非生产经营领域,并以此为物质基础来实现各自的行政或社会服务职能,而不得以营利为目的。国有资产管理局1995年一年内先后颁布了《行政事业单位国有资产管理办法》、《事业单位非经营性资产转经营性资产管理实施办法》、《行政事业单位国有资产处置管理实施办法》、《事业单位非经营性资产转经营性资产管理实施办法》。

（四）资源性国有资产管理法

资源性国有资产是具有开发价值的，依法属于国家的自然资源。对资源性国有资产保护方面的立法，包括土地管理法、水法、森林法、矿产资源法、草原法等。

（五）境外国有资产管理法

境外国有资产是以国有资产向境外投资及其投资收益所形成的资产。1999年我国财政部、外交部、国家外汇管理局、海关总署四部委联合发布了《境外国有资产管理暂行办法》。该办法明确规定，境外国有资产经营实行政企职责分开、出资者所有权与企业法人财产权分离、政府分级监管、企业自主经营的原则。境外机构的国有资产经营责任人，对境外机构占用的国有资产负有安全有效使用和保值增值的责任。

此外，国有资产管理局等部门还颁布了《关于境外国有资产以个人名义进行产权注册登记手续等问题的意见》、《境外国有资产产权登记管理暂行办法》、《关于用国有资产实物向境外投入开办企业的有关规定》等行政规章。

作为国有资产管理基本法律的《国有资产法》的起草工作已经展开。2008年10月28日第十一届全国人大常委会第五次会议通过了《企业国有资产管理法》。地方性国有资产管理立法工作也取得进展，各地已制定了200多件国有资产管理法规，如海南省和深圳市先后制定了本地区的《国有资产管理条例》。

五、自然资源管理法

自然资源管理法是规范政府部门、企业和个人对自然资源的开发、利用、保护和管理活动的法律制度，分布于关于各种自然质体资源及自然能源资源保护的法律法规和规章之中。

（一）矿产资源管理法

为了发展矿业，加强矿产资源的勘查、开发利用和保护工作，1986年3月19日第六届全国人大常委会第十五次会议通过了《中华人民共和国矿产资源法》，该法于1996年8月29日由第八届全国人大常委会第二十一次会议进行了修订。该法规定了矿产资源勘查的登记和开采的审批、矿产资源的勘查、矿产资源的开采、集体矿山企业和个体采矿等内容。

为了配合和保障《矿产资源法》的实施，国务院颁布了《矿产资源勘查登记管理暂行办法》、《全民所有制矿山企业采矿登记管理暂行办法》、《矿产资源监督管理暂行办法》、《矿产资源勘查区块登记管理办法》、《矿产资源开采登记管理办法》和《探矿权采矿权转让管理办法》等行政法规。

（二）水土资源管理法

为合理开发利用和保护水资源，防治水害，充分发挥水资源的综合效益，适应国民经济发展和人民生活的需要,1988 年 1 月 21 日第六届全国人大常委会第二十四次会议通过了《中华人民共和国水法》,该法于 2002 年 8 月 29 日由第九届全国人大常委会第二十九次会议进行了修订。该法规定了水资源的开发利用、水、水域和水工程的保护、用水管理、防汛与抗洪等内容。除水法外,水资源管理法主要还有 1984 年 5 月 11 日第六届全国人大常委会第五次会议通过、1996 年 5 月 15 日第八届全国人大常委会第十九次会议和 2008 年 2 月 28 日第十届全国人大常委会第三十二次会议两次修订的《中华人民共和国水污染防治法》、1997 年 8 月 29 日第八届全国人大常委会第二十七次会议通过的《中华人民共和国防洪法》和 1993 年 8 月 1 日国务院颁布的《取水许可证制度实施办法》等。

1986 年 6 月 25 日第六届全国人大常委会第十六次会议通过、1988 年 12 月 29 日第七届全国人大常委会第五次会议和 1998 年 8 月 29 日第九届全国人大常委会第四次会议以及 2004 年 8 月 28 日第十届全国人大常委会第十一次会议修订的《中华人民共和国土地管理法》,是我国土地资源管理的基本法。该法规定了土地的所有权和使用权、土地利用总体规划、耕地保护、建设用地等基本内容。为了改革城镇国有土地使用制度,合理开发、利用、经营土地,加强土地管理,国务院颁布了《城镇国有土地使用权出让和转让暂行条例》、《土地复垦规定》以及 2011 年修订的《土地管理法实施条例》、《基本农田保护条例》等,都是土地资源管理方面的法规。

为了预防和治理水土流失,保护和合理利用水土资源,减轻水、旱、风沙灾害,改善生态环境,1991 年 6 月 29 日第七届全国人大常委会第二十次会议通过了《中华人民共和国水土保持法》,该法于 2010 年 12 月 25 日由第十一届全国人大常委会第十八次会议进行了修订。这是水土资源管理方面的综合性法律,规定了对水土资源流失的预防、治理和监督等法律制度。1993 年 8 月 1 日,国务院颁布了《中华人民共和国水土保持法实施条例》,该条例于 2011 年由国务院进行了修订。

(三) 森林资源管理法

为了保护、培育和合理利用森林资源,加快国土绿化,发挥森林蓄水保土、调节气候、改善环境和提供林产品的作用,1984 年 9 月 20 日第六届全国人大常委会第七次会议通过了《中华人民共和国森林法》,该法于 1998 年 4 月 29 日由第九届全国人大常委会第二次会议进行了修订。该法规定了森林经营管理、森林保护、植树造林、森林采伐等法律制度。此外,《中华人民共和国森林法实施细则》、《森林采伐更新管理办法》、《森林防火条例》、《森林病虫害防治条例》,都是森林资源管理方面的行政法规和部门规章。

（四）草原资源管理法

为了加强草原的保护、管理、建设和合理利用，保护和改善生态环境，发展现代化畜牧业，1985 年 6 月 18 日第六届全国人大常委会第十一次会议通过了《中华人民共和国草原法》，该法于 2002 年 12 月 28 日由第九届全国人大常委会第三十一次会议进行了修订。根据该法，1993 年 10 月 5 日，国务院颁布了《草原防火条例》，该条例于 2008 年 11 月 29 日由国务院进行了修订。

（五）渔业资源管理法

为了加强渔业资源的保护、增殖、开发和合理利用，发展人工养殖，保障渔业生产者的合法权益，促进渔业生产的发展，1986 年 1 月 20 日第六届全国人大常委会第十四次会议通过了《中华人民共和国渔业法》，该法于 2000 年 10 月 31 日由第九届全国人大常委会第十八次会议和 2004 年 8 月 28 日第十届全国人大常委会第十一次会议进行了修订。该法规定了养殖业、捕捞业、渔业资源的增殖和保护等制度。经国务院批准，颁布了《中华人民共和国渔业法实施细则》、《渔业资源增殖保护费征收使用办法》等部门规章。

（六）石油资源管理法

石油资源是属国家所有的重要自然资源。国务院颁布了《中华人民共和国对外合作开采海洋石油资源条例》、《中华人民共和国对外合作开采陆上石油资源条例》，对与外国企业合作开采海洋和陆上石油资源及其管理作出了规定。

（七）野生动植物资源管理法

为了保护和拯救珍贵、濒危野生动物，保护、发展和合理利用野生动物资源，维护生态平衡，1988 年 11 月 8 日第七届全国人大常委会第四次会议通过了《中华人民共和国野生动物保护法》，该法于 2004 年 8 月 28 日由第十届全国人大常委会第十一次会议进行了修订。经国务院批准，颁布了《中华人民共和国陆生野生动物保护实施条例》、《中华人民共和国水生野生动物保护实施条例》等部门规章。

为了保护和合理利用野生药材资源，国务院颁布了《野生药材资源保护管理条例》。

（八）自然保护区管理法

国家设立和管理自然保护区，是保护自然资源的一种重要措施。所谓自然保护区，是指对有代表性的自然生态系统、珍稀濒危野生动植物物种的天然集中分布区、有特殊意义的自然遗迹等保护对象所在的陆地、陆地水体或者海域，依法划出一定面积予以特殊保护和管理的区域。1994 年 10 月 9 日，国务院颁布了《中华人民共和国自然保护区条例》，这是我国自然保护区管理方面的基本法规。此外，国务院颁布的《森林和野生动物类型自然保护区管理办法》是自然保护区管理方面的行政法规。

第三节 基本法律制度

经济管理法律制度是独具特色的重要经济法律制度。由于管理的广泛性、特定性,制定一部经济管理基本法十分困难。因此,经济管理法律制度既分布于对经济管理作集中规定的立法文件中,也分布于其他与经济管理有关联的法律法规中。我国目前经济管理基本法律制度,主要有市场管理法律制度、专业经济管理法律制度、商会自治法律制度、国有资产管理法律制度和自然资源管理法律制度。

一、市场管理法律制度

市场管理法律制度包括市场商品管理和商品市场管理的法律制度。对商品市场的管理制度,有生产资料市场、生产要素市场和消费品市场以及文化市场等管理制度。由于目前我国市场商品已经放开,而一般的商品市场实行一般管理,故这里的"市场管理法律制度",限于阐释其实行特殊管理的法律制度。

(一)专营专卖管理制度

专营专卖是国家对某些重要商品的生产和经营实行统一管理的生产经营方式。专卖与专营都是由国家指定的部门对商品的生产经营实行垄断的经营方式,但专营仅是垄断经营环节,而专卖不仅垄断了经营环节,生产领域也属专卖管理的范围。从我国实践情况看,在商品专营方面也对生产领域作了一定的管理。但是,从总体上说,专卖是比专营垄断程度更高的市场管理方式。

实行专营专卖管理,有利于有计划地组织重要商品的生产和经营,提高产品质量;有利于保障重要商品的正常供应,保护消费者的合法利益;有利于保证国家组织财政收入。专营和专卖是国家进行市场管理的重要手段。

1. 专营制度

在我国,列入专营范围的商品主要有五类,即农业生产资料、种子、特种钢材、药品和食盐。

国务院授权的主管机构负责管理全国专营工作。县级以上地方各级人民政府授权的主管机构负责管理本行政区域内的专营工作。

国家对专营品实行定点生产制度。定点生产企业由省、自治区、直辖市人民政府主管机构提出,报国务院主管机构审批。国务院主管机构根据资源状况和国家核定的产量,按照合理布局、保证质量的要求,确定定点生产企业。

国家对生产实行指令性计划管理。年度生产计划由国务院计划行政主管部门下达,国务院主管机构组织实施。

国家对专营品的分配调拨实行指令性计划管理。年度分配调拨计划,由国务院计划行政主管部门下达,国务院主管机构组织实施。

国家对专营品批发实行批发许可证制度。省、自治区、直辖市人民政府主管机构颁发批发许可证,并报国务院主管机构备案。零售单位和受委托代销的个体工商户、代购代销店,应当从当地取得批发许可证的企业购进,执行国家规定的价格。

2. 专卖制度

我国《烟草专卖法》规定:“国家对烟草专卖品的生产、销售、进出口依法实行专卖管理,并实行烟草专卖许可证制度。”其《实施条例》进一步规定:“烟草专卖是指国家对烟草专卖品的生产、销售和进出口业务实行垄断经营、统一管理的制度。”

国务院烟草专卖行政主管部门主管全国烟草专卖工作。省、自治区、直辖市烟草专卖行政主管部门主管本辖区的烟草专卖工作,受国务院烟草专卖行政主管部门和省、自治区、直辖市人民政府的双重领导,以国务院烟草专卖行政主管部门的领导为主。

(1) 烟叶种植、收购制度。国务院烟草专卖行政主管部门按照合理布局的要求,会同有关省、自治区、直辖市人民政府依据国家计划,根据良种化、区域化、规范化的原则制定烟叶种植规划。烟叶由烟草公司或其委托单位依法统一收购。

(2) 烟草制品生产制度。设立烟草制品生产企业,应当由省级烟草专卖行政主管部门报经国务院烟草专卖行政主管部门批准,取得烟草专卖生产企业许可证,并经工商行政管理部门核准登记。烟草制品生产企业必须严格执行国家下达的生产计划。

(3) 烟草制品销售制度。经营烟草制品批发业务的企业,必须经国务院烟草专卖行政主管部门或者省级烟草专卖行政主管部门批准,取得烟草专卖批发企业许可证。

经营烟草制品零售业务的企业或者个人,由县级人民政府工商行政管理部门根据上一级烟草专卖行政主管部门的委托,审查批准发给烟草专卖零售许可证。已经设立县级烟草专卖行政主管部门的地方,也可以由县级烟草专卖行政主管部门审查批准发给烟草专卖零售许可证。

经营烟草专卖品进出口业务、经营外国烟草制品寄售业务或者在海关监管区域内经营免税的外国烟草制品购销业务的企业,必须经国务院烟草专卖行政主管部门或者省级烟草专卖行政主管部门批准,取得特种烟草专卖经营企业许可证。

（二）特许经营和连锁经营管理制度

特许经营和连锁经营是一种特定的经营形式。特许经营是企业向另外企业授予商业特许经营权，由被特许企业支付相应费用的经营形式。特许经营有商品商标、商号、专利和专有技术的特许经营和经营模式特许经营。连锁经营是由总部统一领导的店铺或分支机构按同一字号进行经营活动的经营形式。一般采用统一采购配送、统一经营管理、统一商品和服务标识等规范化措施。

我国特许经营和连锁经营由立法加以规范，初步形成了经济合理、有法可依的经营管理制度。

1. 特许经营制度

特许经营者和被特许经营者都是独立的商品生产经营者，在法律上取得法人资格，被特许经营者不是特许经营者的子公司、分支机构，也不是各个独立企业的联合组织。

特许经营者与被特许经营者的相互关系是特许合同关系。特许方应具有商号、注册商标、产品、专利或专有技术，具有一定的经营资源、经营指导和监督能力；被特许方应具有一定的自有资金、生产经营场所和从业人员，具有一定的商业资源和经营管理能力。特许合同的内容主要有：特许经营的事项、范围、期限、地域；双方的权利义务；费用及支付；保密；违约责任；纠纷处理等。

市政公用事业特殊经营制度，是政府通过市场竞争确定某项市政公用事业的投资者或经营者，生产市政公用事业产品或提供服务的制度。特许经营的范围一般包括城市供水、供气、供热、公共交通、污水处理、垃圾处理等。实施市政公用事业特许经营项目，由省、自治区、直辖市依法律、法规的规定由政令确定。

加油站特许经营制度，是特许人将成品油零售经营和服务给加油站特许经营，由加油站支付相应费用的管理制度。根据原国家经贸委 2002 年 8 月 26 日制定的《关于规范加油站特许经营的若干意见》，特许人为中国石油公司、中国石化公司及其授权的子公司。由子公司按照授权范围进行成品油零售业务和有关服务。

2. 连锁经营制度

由于连锁形式的不同，其连锁店的法律资格并不相同。采取直营连锁形式的门店，由总部全部投资或控股设立，总部为企业法人；加盟连锁形式的加入门店，均为独立法人，加入门店对其资产享有所有权，只是经营上采取统一经营方式，经营权属于总部；采取特许连锁形式的，被特许门店为独立法人，通过特许合同，取得特许人的商号、商标、经营技术，以进行特许经营活动。

连锁经营由总部、门店和配送中心连锁进行。总部是连锁经营的主管机构，具有内部机构设置、经营决策权和质量、财务、人事等管理权限；门店是连锁经营的实体，按照规章制度和总部要求，进行日常经营活动；配送中心是连锁店的物流机构,负责门店所需商品的采购、加工、配送等业务。

目前,我国连锁经营制度,主要有连锁店登记制度、连锁店经营管理制度、特许加盟活动制度、商标和企业名称冲突解决制度、连锁经营财务管理制度、连锁店经营专营商品制度、连锁店经营企业税收制度,以及连锁超级市场、便利店管理制度等。

(三)无店铺销售管理制度

无店铺销售是经营者不利用通常的店堂、柜台等商品销售设施,而在店铺之外将商品销售给消费者的销售方式。登门推销、传销、邮购、电话订购以及新兴的电子商务等均属于无店铺销售方式。随着商业竞争的激烈、交通通讯手段的进步,无店铺销售在世界各国得到迅速发展。

无店铺销售具有不受空间(营业场所)、时间(营业时间)限制的特点。对经营者来说,这种销售方式节省大量的投资、降低了经营成本;对消费者来说,可以在购物上获得便利,满足多样性的消费需求。但在另一方面,这样的特点也可能造成商品交付、商品质量等方面的诸多问题,需要国家对此作出专门的管理。无店铺销售管理的范围应该包括经营者市场准入、从业人员、具体经营行为规则等方面。

"网购"是迅猛发展起来的一种无店铺销售形式。目前我国关于"网购"的立法是极不健全的。

在发达市场经济国家,各国为了规范无店铺销售经营,保护消费者权益,均制定了有关的专门立法。日本在20世纪70年代制定了《关于登门推销等的法律》(后经1988年、1996年两次修改),专门对登门推销、邮购和传销三种交易的规则作出了规定。

1. 传销管理制度

传销是生产企业不通过店铺销售,而由传销员将本企业产品直接销售给消费者的经营方式。与国外将直销定义为多层次传销不同,我国的传销分为多层次传销和单层次传销。前者是指生产企业不通过店铺销售,而通过发展两个层次以上的传销员并由传销员将本企业的产品直接销售给消费者的一种经营方式;后者是指生产企业不通过店铺销售,而通过发展一个层次的传销员并由传销员将本企业的产品直接销售给消费者的一种经营方式。

直销传入我国后,为了对这一无店铺销售方式进行必要的规范,国家工商行政管理局在颁布一系列规范性文件的基础上,于1997年公布了《传销管理办法》。该办法比较系统全面地对传销经营进行了规范。在传销经营人的市场准入方面,规定了企业从事传销活动所必须符合的具体条件;在传销活动参与人资格方面,规定了成为传销员的具体条件;传销员与传销企业之间必须依法签订传销合同;在传销企业和传销员的行为方面,分别规定了具体行为规则。

由于我国市场管理手段比较落后，群众消费心理尚不成熟，传销这一经营方式在实践中问题比较突出，特别是将直销变成“老鼠会”，严重损害了消费者的利益，干扰了正常的经济秩序。据此，国务院认为“传销经营不符合我国现阶段国情”，于1998年4月颁布了《关于禁止传销经营活动的通知》，决定“禁止任何形式的传销经营活动”，并规定此前经批准登记从事传销经营的企业应转变为其他经营活动。

2. 邮购管理制度

邮购是通过邮政信函，利用邮政汇款或者银行转账，接受消费者购买商品的要约，从而进行销售的一种无店铺销售方式。

我国有关邮购的立法尚未起步，仅有《中华人民共和国消费者权益保障法》、《关于实施〈中华人民共和国消费者权益保障法〉的若干意见》、《欺诈消费者行为处罚办法》等法律规范附带涉及了对邮购的管理。

由于目前邮购活动中出现了较多的问题，如诈骗、迟延交货、货品质量低劣等，有必要制定专门法规。该法规应包括以下内容：邮购经营者的市场准入规定，从事邮购经营应满足一定条件，并登记注册；对邮购广告的管理，广告经营者的审查责任；对邮购经营的行为规则作出规定。

3. 电子商务管理制度

电子商务是在计算机与通信网络的基础上，利用电子工具实现商业交易，在日常生活中被通俗地理解为网络购物。由于因特网的迅猛发展，电子商务演变成为一种能量巨大的无店铺商品交易方式。

联合国国际贸易委员会于1996年通过了一个法律示范文本《电子商务示范法》。1997年，《欧洲电子商务倡议书》出台，提出制定适应电子商务发展的单一市场管理框架，并在市场开放、信息安全、隐私和知识产权保护以及税收等方面制定了法规。美国政府于1997年发表了《全球电子商务框架》，认为政府有必要修改和制定法律，尽快建立规范的电子商务法律体系。1999年7月，英国政府公布了《电子通信法案》的征求意见稿，制定该法的目的在于促进英国电子商务发展，并为电子商务提供法律上的保证。在1999年末，经合组织制定了《电子商务环境下的消费者保护准则》。2000年1月5日，香港立法会三读通过《电子交易条例草案》，赋予电子记录及数码签署等同于书面记录及签署的法律地位，并鼓励在香港成立核证机关，确保电子交易在稳妥可靠的环境下推行。邮政署将作为认可核证机构，为市民及商界提供核证服务。

我国目前还没有出台专门针对电子商务交易的法律、法规，我们应当充分利用已有的有关交易安全和计算机安全的法律、法规，保护电子商务交易的正常进行，并在实践中逐步建立适合中国国情的电子商务管理的法律制度。目前我国涉及网络安全的法规主要有《中华人民共和国计算机信息网络国际联网管理暂行规定》和《计算机信息网络国际联网安全保护管理办法》。这些法规设置了网络经营者的市场准入制度,规定从事国际互联网经营活动和从事非经营活动的接入单位必须具备的条件。

在我国《合同法》中,对电子合同的法律效力问题也有所涉及。从我国制定专门的电子商务立法的角度来说,新规范应该明确以下几方面的内容:网上交易的法律地位、电子合同的合法性程序、电子支付(包括电子支付的方式,电子支付的接受和执行,电子支付的当事人的权利和义务,以及应承担的法律责任等)、交易双方身份认证办法、交易信息安全、关税和税收处理等内容。

(四)特定场地交易管理制度

城乡集市贸易、边境贸易和旧货交易是具有一定场地的市场交易。城乡集市贸易,是城市和农村的集市中交易农副产品、小商品、工业品等的市场交易,参与交易的是农民、个体工商户和城市居民等。1983 年 2 月国务院发布《城乡集市贸易管理办法》,对城乡集市贸易作了具体规定。边境贸易,是我国边境或边民与外国边民贸易的市场,包括边民互市贸易和边境小额贸易等形式。为规范边境贸易,1996 年国务院批准发布了《边民互市贸易管理办法》。旧货交易,是城镇居民自销物品、废旧物品、生产企业或机关事业单位处理的库存、闲置、积压、残次品或废旧办公用品等的市场交易。1998 年国务院批准发布的《旧货流通管理办法(试行)》,是旧货业管理的基本依据。

与一般商品市场不同,上述一定场地交易商品的市场有一定特殊性,由专门法加以规定,因而建立了具有一定特别规定的法律制度,即特定场地交易管理法律制度。

1. 市场指定设立制度

市场由政府部门指定设立而不是从业者自主设立,是市场设立的重要特征。

旧货市场的设立,需有市场组织章程、交易规则、治安保卫制度和经营管理制度;要服从国家和地方的统一规划和布局;未取得旧货经营资格的单位和个人,或者被取消旧货经营资格未满 5 年的旧货企业和个人,不得从事旧货经营业务,不准进入旧货市场;旧货经营网点的拆迁需征求所在地县级以上人民政府商品流通主管部门意见,同意拆迁的,要按有关规定在条件相当的地点予以补建。经主管部门设立旧货市场,应当经当地公安机关办理特种行业登记手续。

边民互市贸易市场设在我国陆路边境 20 公里以内;开放点需经政府批准、集市由政府指定;边民互市贸易区(点)应有明确的界限;设立海关监管设施。经批准有边境小额贸易经营权的企业,通过国家指定的陆地边境口岸进行贸易。

城乡集市贸易的集市设立,按城乡统一规划和布局,本着方便群众生活、符合规划用地的原则进行,须经所在地人民政府有关部门批准。

2. 物品限制制度

进入旧货市场的物品,是有一定使用价值,但属于陈旧、闲置或待处理等的物品。《旧货流通管理办法(试行)》规定,赃物、走私物品、来历不明物品及抵押中的物品,或者有赃物、走私嫌疑的物品;严重损坏且无法修复的物品;法律、行政法规明令禁止经营和特许经营的其他物品;未经所在地文物行政管理部门审查批准的国家文物监管物品,均不得进入旧货市场经营。

在边境贸易中,超过规定金额或数量范围的物品;国家禁止进出境的物品;未向驻区监管的海关申报并接受海关监管的对方居民携带的物品;走私、违法的物品,均不得从事边民互市贸易。对于边境小额贸易,禁止未按规定批准并报备案的企业的货品出境交易,并且出境货品应为边境毗邻地区自产的货品。

允许进入城乡集贸市场的商品,行政规章未作专门规定,一般为农副产品、日用工业品或其他小宗小额商品。

3. 年检检查制度

旧货主管部门和公安机关对旧货企业、旧货市场、旧货经营者实行年检制度。年检不合格的情形有:取得“旧货市场批准证书”或“旧货经营资格证书”,办理有关证照后,6 个月内仍不开展业务的;旧货市场、旧货企业违反有关规定,擅自设立分支机构的;旧货市场、旧货企业违反有关规定,不及时办理变更手续的;旧货市场、旧货企业不按规定及时申报年检材料的;旧货市场经营秩序混乱,交易行为严重失控的。

对于边境贸易商品,进行税务检查和海关检查。对于城乡集市贸易主要是经营者的守法守纪检查、市场商品质量检查、市场治安检查。

(五) 市场监督检查管理制度

市场监督检查制度是市场管理法律制度的重要方面。依照市场管理法律法规,强化工商行政管理机构的职能,对各类市场主体、交易商品和交易行为进行监督检查,维护市场秩序,是市场监督检查管理制度设置的根本目的。

1. 日常监管制度

(1) 对市场开办人的日常监督管理。依照国家工商行政管理局发布的《市场登记管理办法》、《租赁柜台经营活动管理办法》、《商品展销会管理办法》等规定,对有固定场所和设施、有若干经营者入场经营的消费品市场和生产资料市场、早晚市和商业出租柜台以及各类商品展销会的开办人,进行日常监督管理。

(2) 对市场经营者及其经营行为、市场中介组织及其经营行为的日常监督管理。市场经营者和市场中介组织所持证件或经营执照应真实、齐全,在指定地点和时间进行经营活动,按规定缴纳税费,守法经营,不得损害消费者和其他经营者的合法权益。

(3) 对入市商品的日常监督管理。依照产品(商品)质量、计量、价格和安全卫生等法律法规的规定,全面检查或抽查所经营的商品。对于假冒伪劣商品、质量不合格商品、以次充好商品等作停售、下架待处理等决定。

2. 索验证票制度

这是为查明市场商品的原产地或供货地等进货渠道,保证商品来源确切、安全的商品管理制度。由市场主办人向商品经销者索要商品供货证明,以供工商行政管理部门备查。索验证票的范围包括:对于必须签订合同的商品,如机动车、家具等,索验合同文本;对于列入专项管理的商品,如粮食、鲜肉等,索验粮食台账、鲜肉复检的章记。对于除上列商品外的其他商品的索验证票,依有关规定执行。

3. 市场预警制度

市场预警制度是对情节轻微的违法违章行为,事先予以警示并责令其改正的市场管理制度。预先警示的对象是市场开办人和经营者。具体做法是:辖区工商管理人员在市场巡查中,依照公布的测评标准,对市场开办人和商品经销者的市场行为进行测评,并将巡查测评情况载入《市场预警巡查记录表》中,同时,制作市场预警《告知单》,交违法违纪当事人。对记录在案的违法违章行为如不改正,则作为处理的依据。

二、专业经济管理法律制度

行政管理部门改组为专业经济管理部门后,专业经济管理部门负责制定行业规划和行业政策,进行行业管理;引导本行业产品结构的调整;维护行业平等竞争秩序。政府按投入企业的资本享有所有者的权益,向企业派出稽察特派员,监督企业资产运营和盈亏状况。由此,建立了相应的专业经济管理法律制度。

(一)经济规划制度

制定国民经济中长期发展战略,对于经济发展的方向、速度、结构、生产力布局、国民收入分配等重大问题进行决策,并通过各种具体手段加以实施,是专业经济管理部门的重要职能,也是其管理经济的重要方式。

信息产业部门要制定专业的规划和政策法规,统筹规划国家通信主干网(包括本地和长途电信网)、广播电视网(包括无线和有线电视网)、军工部门和其他部门专用通信网,并进行专业管理,以合理配置资源,避免重复建设,保证信息安全。

国防科工委负责组织研究和实施国防科技工业体制改革;组织军工企事业单位实施战略性重组;组织国防科技工业的结构、布局、能力调整、企业集团发展和企业改革工作;研究制定国防科技工业的发展规划、结构布局、总体目标;组织编制国防科技工业建设、军转民规划和行业发展规划;拟定核、航天、航空、船舶、兵器工业的产业和技术政策、发展规划,实施行业管理。

交通部门负责拟定公路、水路交通行业的发展战略、方针政策和法规；拟定公路、水路交通行业的发展规划、中长期计划并监督实施。

（二）经济协调制度

协调经济结构偏差，协调国内各地区、各部门之间的经济均衡关系，协调社会公平和经济发展的关系，是专业经济管理部门管理经济的一种重要方式。

信息产业部门组织协调党政专用通信、救灾应急通信和其他重要通信，保障国家通信与信息安全。

农业部门组织协调菜篮子工程和农业生产资料市场体系建设，研究提出主要农产品、重点农业生产资料的进出口建议，组织协调种子、农药、兽药等农业投入品质量的监测、鉴定和执法监督管理。

水利部门协调并仲裁部门间和省（自治区、直辖市）间的水事纠纷，组织协调农田水利基本建设、农村水电电气化和乡镇供水工作，组织协调全国防洪工作，对大江大河和重要水利工程实施防汛抗旱调度。

信息产业部门协调邮政、电信企业的经营关系，按国家规定组织对邮政和电信普遍服务的补贴。

（三）经济指导制度

市场是企业进行交易的场所，在市场经济条件下，企业按照市场的信号进行生产和经营，生产要素通过竞争和价格机制在不同地区和不同部门之间自由流动。但是，作为经济管理部门，有必要培育和完善市场体系，组织推动市场化的进程，对社会经济活动进行必要的指导，使其有序运行。这是专业经济部门在新形势下的一项重要任务，是管理经济的一种新方式。

交通部门指导交通行业体制改革，维护公路、水路交通行业的平等竞争秩序，引导交通运输行业优化结构、协调发展，指导交通行业高等教育和成人教育以及职业技术教育，指导利用外资工作，指导港口、航运公安工作。

信息产业部门根据产业政策与技术发展政策，引导与扶植信息产业的发展，指导产业结构、产品结构和企业结构调整，指导国有企业重组、组建企业集团，合理配置资源，防止重复建设，指导信息资源的开发利用，指导电子信息技术的推广应用和信息化普及教育。

（四）经济服务制度

专业经济管理部门不仅要规划、协调和指导经济运行，还要为企业和市场提供信息、咨询、预测、预警等诸多方面的服务，这是市场经济条件下对专业经济管理部门提出的必然要求，也是经济管理部门作为政府部门的一种基本经济职能。

信息产业部门推进电子信息产品制造业、通信业和软件业的科研开发工作，组织重大科技项目攻关和引进技术的消化、吸收、创新，促进科研成果产业化，扶植民族工业,研究制订国民经济信息化发展规划,协助业主推进国家重点信息化工程。

商务部门负责外经贸统计及其信息发布,提供信息咨询服务。

农业部门预测并发布农业各产业产品及农业生产资料供求情况等农村经济信息,组织、监督对国内动植物的防疫、检疫工作,发布疫情并组织扑灭,指导有关社会团体为农业经济发展提供服务。

三、商会自治法律制度

商会是由法人和其他组织组成的,代表其成员特定利益并实行自律性管理的非营利性社会组织。商会主要有两种形式:行业协会,是同行业内部企业共同设立的;狭义上的商会,是以地域为原则组建的。

有些国家和地区还把部分国民经济的管理和服务职能通过商会组织来实现。例如香港的银行公会通过《银行公会条例》就行使了一部分相当于中央银行的职责。

(一) 入会制度

世界各国的入会制度,大致有三种情况。

一是指定入会制度。法国、德国、意大利等国以大陆法系为依据的商会制度,具有政府辅助机构性质,工商业者入会是义务,并且交纳会费维持商会的运转费用。

二是自愿入会制度。英国、美国等国以英美法系为依据的商会制度,由工商业者自愿组成,目的主要是维护自身的合法利益,其性质完全是非官方的。

三是自愿入会与指定入会结合制度。日本、韩国等国商会的会员入会是自愿的,但法律规定的部分“特定工商业者”必须每年到商会注册登记,商会也接受政府的某些委托,承担部分与会员直接相关的管理、服务活动。

(二) 会务制度

商会会员大会是商会的最高权力机构,它通过制订商会章程来明确商会的活动准则、职责权限、会员资格、会员的权利义务等事项。但是,商会的民间性并不排斥商会受政府委托而承担某些带有经济管理特征的职能。

商会基本的职能是为其会员提供各种服务。商会通过加强与政府之间的沟通,及时提出有关会员利益的建议意见,通过与其他社会组织的联系,建立协作与交流的关系;商会通过权利与义务的纽带,把所属的会员联结为一个利益共同体,共同参与经济与社会生活。

(三) 自律制度

商会对其内部成员实行自律性管理,通过制定商会章程和其他规章,建立自律机制；制定行业规划，拟定行业标准；监督企业的经营活动，防止不正当竞争；协调企业间的矛盾冲突，解决争议等。

我国商会组织是在体制转轨过程中建立起来的，目前在运作中存在诸多问题。其主要表现是：商会与政府部门的职责划分不清，其人员常被列入国家行政编制，所需经费也全部或部分地由国家预算供给；普遍存在商会经商办经济实体的情况，违背了其非营利性的要求。

我国目前商会立法不健全，尚没有一部关于商会的专门立法。因此，加强我国的商会立法工作，建立规范的商会法律制度是必要的。

四、国有资产管理法律制度

国有资产管理法律制度是规范国有资产的产权、使用或经营、处分等方面的法律制度。

（一）国有资产评估法律制度

国有资产评估是具有资产评估资格的机构，遵循公正的原则，按照法定的程序，运用科学的方法，对特定国有资产的价值进行的评定和估算。资产评估是一种市场化中介服务活动，加强对资产评估特别是国有资产评估的管理有利于防止国有资产流失，维护市场竞争主体的合法权益。

我国已初步建立起一套国有资产评估管理法律制度。《国有资产评估管理办法》和《国有资产管理办法实施细则》是我国进行国有资产评估的主要依据。国家对国有资产评估工作实行统一领导、分级管理的原则。

1. 资格认定制度

国家对资产评估机构实行资格管理。获得国有资产评估机构资格的条件是：具有法人资格；具有与开展评估业务相适应的资金和固定的办公地点；具有一定数量的能胜任资产评估工作的各类专业技术人员。

资产评估人员是专职从事资产评估业务的个人。为使资产评估人员的管理规范化、制度化，我国实行注册资产评估师考试和注册制度。注册资产评估师的执业资格通过国家组织的统一考试取得。取得“执业资格证书”的人员经注册即为注册资产评估师。注册资产评估师在执业过程中，必须严格遵守国家的法律、法规，遵守职业道德。

2. 指定评估制度

国家指定国有资产占有单位必须进行资产评估的范围是：资产拍卖、转让；企业兼并、出售、联营、股份经营；与外国经济组织或者个人开办中外合营、合作企业；企业清算；企业整体资产的租赁；国有资产租赁给外商或非国营单位；国家行政事业单位占有的非经营性资产转化为经营性资产；某些征税管理方面的评估。

此外,在资产抵押、企业非整体租赁情况下可自愿进行评估。

评估的国有资产包括固定资产、流动资产、无形资产和其他资产。

3. 评估业务制度

国有资产评估的法定业务,分四个阶段和步骤。

申报立项,是国有资产评估的初始阶段,其工作分为申报、立项、委托三阶段。需进行国有资产评估的单位向国有资产管理部门提出资产评估申请书,经同意立项后,与资产评估机构签订资产评估委托书。

资产清查,是资产评估的准备阶段。受委托的评估机构对委托单位的资产进行全面清查核对并据此作出鉴定。

评定估算,是资产评估的核心阶段。评估人员对委托评估的资产进行具体的评定和估算,并在评估工作结束后,向委托单位提出资产评估报告书。

验证确认,是资产评估的最后阶段。国有资产管理部门组织审核、验证、确认资产评估后果,并下达确认通知书。

(二) 国有资产产权法律制度

国有资产产权界定法律制度,是国家依法划分财产所有权和经营权、使用权等权能归属,明确各类产权主体行使权利的财产范围及管理权限的法律制度。界定国有资产产权的归属包括两方面的内容:一是国有资产所有权界定,即指特定的财产是否属于国家所有;二是与国有资产相关的,由国有资产所有权权能相分离产生的其他产权的界定,即各类主体行使国有资产占有、使用以及依法处分的各项权利的界限和范围。

1. 产权确认制度

在有其他所有人投资的情况下,在界定各自产权时,应按照原始投资的份额来确定它们各自拥有的产权比例。通过产权界定,维护国有资产不受侵犯和经营使用者的合法权益,同时,也不得侵犯其他财产所有者的合法权益。

国有资产划转时,改变计划经济体制下行政划拨的做法,通过授权的投资机构或者授权投资部门,以授权经营方式将一部分国有资产的经营权转移到有关单位,并依照划转的情况来确定产权归属。

国有资产产权界定由国有资产管理机构组织进行。任何单位和机构未经国家授权,不得进行国有资产产权界定。

根据国有资产产权界定的原则和国有资产的具体成因,从以下三个方面判定国有资产所有权的归属:若原始投资主体是国家,则财产应划归国有财产;国家原始投资增值,应划归国有资产;由国家优惠政策形成的资产,包括税前还贷、减免税收等所形成的资产,虽不是国家的直接投资,但应视作国家投资,划归为国有资产。

2. 资产认定制度

资产认定制度,因所有制和资本形式不同而有不同的认定标准和范围。

(1) 国有企业中的国有资产认定制度。认定为国有企业中的国有资产包括:国家授权投资的部门和机构以货币、实物和所有权属于国家的土地使用权、知识产权等向企业投资,形成的国家资本金;国有企业运用国家资本金及在经营中借入的资金等所形成的税后利润经国家批准留给企业作为增加投资的部分以及从税后利润中提取的盈余公积金、公益金和未分配利润等;以国有企业和行政事业单位担保,完全用国内外借入资金投资创办的或完全由其他单位借款创办的国有企业,其收益积累的净资产;国有企业接受馈赠形成的资产,也界定为国有资产。

(2) 集体所有制企业中的国有资产认定制度。认定为集体所有制企业中的国有资产包括:国有单位以货币、实物和所有权属于国家的土地使用权、知识产权等独资创办的以集体所有制名义注册登记的企业单位,其资产所有权界定为国家所有,但依国家法律、法规规定或协议约定并经国有资产管理部门认定的属于无偿资助的除外;国有单位用国有资产在非国有单位独资创办的集体企业中的投资以及按照投资份额应取得的资产收益留给集体企业发展生产的资本金及其权益,界定为国有资产;集体企业依据国家规定享受税前还贷形成的资产,其中属于国家税收应收未收的税款部分,界定为国有资产。集体企业依据国家规定享受减免税形成的资产,其中列为"国家扶持基金"等投资性的减免税部分界定为国有资产,经国有资产管理部门会同有关部门核定数额后,继续留给集体企业使用,由国家收取资产占用费。上述国有资产的增值部分由于历史原因无法核定的,可以不再追溯产权。集体企业改组为股份制企业时,改组前税前还贷形成的资产中国家税收应收未收的税款部分和各种减免税形成的资产中列为"国家扶持基金"等投资性的减免税部分界定为国家股,其他减免税部分界定为企业资本公积金。集体企业使用银行贷款、国家借款等借贷资金形成的资产,全民单位只提供担保的,不界定为国有资产,但履行了连带责任的,全民单位应予追索清偿或经协商转为投资。

(3) 中外合资经营、合作经营企业中的国有资产认定制度。认定为中外合资经营、合作经营企业中的国有资产包括:中方以国有资产出资投入的资本总额,包括现金、厂房建筑物、机器设备、场地使用权、无形资产等形成的资产;企业注册资本增加,按双方协议,中方以分得利润向企业再投资或优先购买另一方股份的投资活动中所形成的资产;可分配利润及从税后利润中提取的各项基金中中方按投资比例所占的相应份额,但不包括已提取用于职工奖励、福利等分配给个人消费的基金;中方职工的工资差额;企业根据中国法律和有关规定按中方工资总额一定比例提取的中方职工的住房补贴基金;企业清算或完全解散时,馈赠或无偿留给中方继续使用的各项资产。

(4) 股份制、联营企业中的国有资产认定制度。认定为股份制、联营企业中的国有资产包括：国家机关或其授权单位向股份制企业投资形成的股份，包括现有已入企业的国有资产折成的股份，构成股份制企业中的国家股；国有企业向股份制企业投资形成的股份，构成国有法人股；股份制企业公积金、公益金中，国有单位按照投资应占有的份额；股份制企业未分配利润中，国有单位按照投资比例所占的相应份额。

五、自然资源管理法律制度

自然资源管理法律制度是围绕政府部门、企业和个人对自然资源的开发、利用、保护和管理活动而形成的法律制度。

(一) 自然资源产权制度

我国自然资源法中规定的产权制度包括自然资源的所有权、使用权和专项权制度。

1. 权属制度

自然资源所有权包括国家所有权和集体所有权，前者如国家土地、水、森林、草原、矿产、野生动植物等所有权，后者如集体土地、森林、草原等所有权。自然资源使用权制度区分为国有资源使用权和集体资源使用权、个人使用权制度。国有资源使用权如国有土地使用权、国有森林使用权、国有草原使用权、国有水面、滩涂使用权等，集体资源使用权如集体土地使用权、集体森林使用权、集体草原使用权等。自然资源专项权是不同于自然资源所有权和使用权的一种特殊的产权，如森林法中规定的采伐权、矿产资源法中规定的探矿权和采矿权、水法中规定的取水权、渔业法中规定的养殖权和捕捞权，等等。

2. 出让、转让制度

为了促进自然资源的开发和有效使用，自然资源管理法中还确立了自然资源使用权和专项权的出让和转让制度，如国有土地使用权的出让和转让制度，探矿权和采矿权的转让制度、"五荒"拍卖制度等。

(二) 自然资源开发利用制度

自然资源法对自然资源的开发、利用规定了一整套制度，以期根据自然资源的特点、功能和分布状况，采取各种科学的手段和方法，对其进行综合的开发和合理充分的利用。

1. 开发制度

开发自然资源必须进行综合科学考察和调查评价。如开发水资源和防治水害，应当按流域或者区域进行统一规划。国家确定的重要江河的流域综合规划，由国务院水行政主管部门会同有关部门和有关省、自治区、直辖市人民政府编制，报国务院批准；其他江河的流域或者区域的综合规划，由县级以上地方人民政府水行政主管部门会同有关部门和有关地区编制，报同级人民政府批准，并报上一级水行政主管部门备案；综合规划应当与国土规划相协调，兼顾各地区、各行业的需要。防洪、治涝、灌溉、航运、城市和工业供水、水力发电、竹木流放、渔业、水质保护、水文测验、地下水普查勘探和动态监测等专业规划，由县级以上人民政府有关主管部门编制，报同级人民政府批准。

2. 利用制度

利用自然资源，应当服从开发利用的总体安排，实行兴利与除害相结合的原则，兼顾国家和地区之间的利益，充分发挥自然资源的综合效益；利用自然资源，应当首先满足城乡居民生活需要，统筹兼顾农业、工业和整个国民经济发展的需要。在自然资源不足地区，应当限制开发利用规模和耗量大的工业、农业的发展。

（三）自然资源保护制度

自然资源是非常宝贵的，特别是有些自然资源是不可再生的，如石油等矿产资源。因此，加强对自然资源的保护，是自然资源法规定的一项重要法律制度。自然资源法主要从自然资源使用的严格管理、自然资源利用的补救和补偿、自然资源利用的禁限和设立自然保护区等方面，确立了对自然资源的保护制度。

1. 严格责任制度

对自然资源使用要严格管理。例如根据我国土地管理法的有关规定，任何单位和个人进行建设，需要使用土地的，必须依法申请使用国有土地；建设占用土地，涉及农用地转为建设用地的，应当办理农用地转用审批手续；征用基本农田的，征用基本农田以外的耕地超过 35 公顷的，征用其他土地超过 70 公顷的，由国务院批准。

2. 补救制度

自然资源的补救制度主要有：土地管理法中规定的耕地开垦、土地复垦、土地治理、资源复原，森林法和草原法中规定的更新造林、林木补种、恢复植被，水法中规定的影响水运资源的补救、影响用水和水量的补救、影响地下水的补救，等等。

3. 补偿制度

自然资源的补偿制度是指在自然资源利用中，因不合理的利用而对他人相应的损失应给予的经济补偿。例如，根据我国土地管理法的有关规定，国家实行占用耕地补偿制度。征用耕地的补偿费用包括土地补偿费、安置补助费以及地上附着物和青苗的补偿费。征用耕地的土地补偿费，为该耕地被征用前 3 年平均年产值的 6 至 10 倍。征用耕地的安置补助费，按照需要安置的农业人口数计算。需要安置的农业人口数，按照被征用的耕地数量除以征地前被征用单位平均每人占有耕地的数量计算。每一个需要安置的农业人口的安置补助费标准，为该耕地被征用前3年平均年产值的4至6倍。征用其他土地的土地补偿费和安置补助费标准，由省、自治区、直辖市参照征用耕地的土地补偿费和安置补助费的标准规定。

4. 限制制度

自然资源利用的限制制度，是对利用自然资源的方式、利用对象、利用时间、利用范围、利用工具等所规定的禁止和限制的制度。例如，根据我国渔业法的有关规定，禁止炸鱼、毒鱼。不得在禁渔区和禁渔期进行捕捞，不得使用禁用的渔具、捕捞方法和小于最小网目尺寸的网具进行捕捞。重点保护的渔业资源品种，禁渔区和禁渔期，禁止使用或者限制使用的渔具和捕捞方法，最小网目尺寸以及其他保护渔业资源的措施，由县级以上人民政府渔业行政主管部门规定。禁止捕捞有重要经济价值的水生动物苗种。因养殖或者其他特殊需要，捕捞有重要经济价值的苗种或者禁捕的怀卵亲体的，必须经国务院渔业行政主管部门或者省、自治区、直辖市人民政府渔业行政主管部门批准，在指定的区域和时间内，按照限额捕捞。

5. 设立自然保护区制度

设立和管理自然保护区，是自然资源保护的重要法律制度。例如，《中华人民共和国自然保护区条例》规定，典型的自然地理区域、有代表性的自然生态系统区域以及已经遭受破坏但经保护能够恢复的同类自然生态系统区域，珍稀、濒危野生动植物物种的天然集中分布区域，具有特殊保护价值的海域、海岸、岛屿、湿地、内陆水域、森林、草原和荒漠，具有重大科学文化价值的地质构造、著名溶洞、化石分布区、冰川、火山、温泉等自然遗迹，经国务院或者省、自治区、直辖市人民政府批准，需要予以特殊保护的其他自然区域，应当建立自然保护区。禁止在自然保护区内进行砍伐、放牧、狩猎、捕捞、采药、开垦、烧荒、开矿、采石、挖沙等活动；禁止任何人进入自然保护区的核心区，因科学研究的需要，必须进入核心区从事科学研究观测、调查活动的，应当事先向自然保护区管理机构提交申请和活动计划，并经省级以上人民政府有关自然保护区行政主管部门批准；其中，进入国家级自然保护区核心区的，必须经国务院有关自然保护区行政主管部门批准。

第十六章 经济监督法律制度

经济监督法是规范经济监督关系的法律制度。经济监督关系是相对独立的经济关系领域。在国家组织国民经济运行过程中，经济监督法对经济法各项法律制度的实施和经济活动的有效性、合法性起监督作用。从这个意义上说，经济监督法不是监督行政法、行政监督法，也不是包括立法监督、司法监督在内的法。经济监督法不属于经济管理法的一部分。在行政管理理论和政策性文件中，往往把“监督”和“管理”混为一谈，俗称“监管”，这是出于工作便利和词语概括而采用的词汇。在科学分类上，特别是法学理论上，应当将“监督”与“管理”分开。经济管理法是依据职权对具体经济事务管辖、处理的法，而经济监督法是依据法律规定对经济活动结果的真实性、有效性和合法性进行监督的法，两者均具有各自的独立性。经济监督法是依法对经济活动及其结果进行监督并予以矫正的法，在经济法体系中居于保障地位。

本章从对经济监督和经济监督法的限定出发，在与经济管理法相区别的基础上，把经济监督法分为核算监督法、质量监督法、技术监督法、环境监督法和消费监督法，并从集中分布于具有经济监督性质的法律、法规和其他立法有关经济监督的法律规范中，概括出经济监督法基本法律制度。

第一节 经济监督法概说

对经济活动进行监督，是经济法的重要职能。在法学意义上，经济监督与经济管理、经济监督与行政监督是不同的。根据它们的区别界定经济监督法并使其体系化及进行分类，是完善经济监督法理论的前提。

一、经济监督法的含义

经济监督法，是一整套规范经济监督关系的法律制度的体系。经济监督法属于经济法律制度范畴。

首先，经济监督法是规范经济关系中的经济监督关系的法。经济监督关系，是因对具体经济活动及其结果进行经济上的监督而形成的关系。这种关系属于经济关系，它是在国民经济运行过程中形成的。这是我们理解经济监督含义的基本立足点。通常所说的"经济检察监督"和"经济司法监督"，不是在这一含义上使用的。经济检察、经济司法属于程序法范畴，它们是从经济活动是否构成违法或犯罪的角度去进行检察、审判活动的，并不直接参与国民经济运行。经济监督法的宗旨是解决经济活动是否"不依法"问题，而经济检察法和经济司法法的宗旨是解决经济活动是否"违法"及违法程度问题。此外，舆论监督、群众监督等，是含义含混、内容泛杂的词语，不能移指有特定所指的法学上的监督，更不能移指经济法意义上的监督。

其次，经济监督法是对经济活动及其结果的真实性、有效性和合法性进行监督的法。经济活动依照法律规定进行，这就使其自身获得了合法性基础，但对于经济活动结果的合法性、真实性和效益性，还需依靠专门立法加以识别和鉴定。这种专门立法，是经济监督法。至于税法、银行法、计划法、价格法等法律、法规中的法律制度，有的是经济调节法律制度，有的是经济管理法律制度，它们具有对国民经济进行调节、控制或对具体经济事务进行管辖、处理的性质，与经济监督是不同的，因而不属于经济监督法。

最后，经济监督法是通过经济监督以保障宪法和法律法规有效实施的法。实行对经济活动的各个环节、各个过程的监督，能够保障经济活动的有效运作和顺利进行；同时，依法建立起经济活动主体间的相互关系，能够形成健全合理的社会经济秩序，有效打击经济领域的违法行为；而且，实行经济监督能及时发现企业生产经营管理中的问题，使之不断改进和纠正，从而增强企业的法律意识和社会责任感，提高经济效益和社会效益，促进企业自身的发展。总之，经济监督法通过经济监督，保障宪法和法律、法规的实施，使经济活动建立在现行法制要求的基础上，以维护国民经济的健康发展。

二、经济监督法的特征

经济监督法在经济法体制中自成体系，有相当大的立法独立性，对经济活动、经济管理形成制约和纠正作用，是高于其他法的法律制度层次。这是经济监督法的根本特征。其具体特征是：

其一，经济监督主体的相对独立性。经济监督主体的资格，由法律加以确定。如审计监督的主体是国家审计机关和审计人员，统计监督的主体是统计机构和统计人员，计量监督的主体是计量机构和计量人员等。这些监督主体依法独立行使监督权，不受任何其他行政机关、社会团体和个人的干涉。保障经济监督主体的独立性，既是对监督客体实行有效监督的条件，也是实现诸多监督主体之间相互约束的前提。因此，经济监督主体只有具备独立性特征，才能不受行政权力的非法干预和控制，正确执行监督职能，发挥经济监督的应有作用。

其二，经济监督权具有经济权限特征。经济监督主体所行使的权限，是经济权限。就是说，它既包括经济权力，也包括经济权利，其权限形态是两者的复合。经济监督是法律实施的保障，是对执法者执法，因而经济监督具有特定的权力强制性。被监督者必须接受监督主体依法实施的监督，不得拒绝、逃避或抗拒，对监督主体依法作出的处理决定，被监督者必须服从和执行，对因监督主体依法履行职责而进行打击、报复的行为，属于违法行为。同时，经济监督主体还享有经济权利、承担经济义务。经济监督是为了保证国民经济的健康运行，只有经济权力乃至专制权力，都无法实现这一目的。经济监督主体应当如实进行监督，准确及时地完成监督任务；对于经济监督过程中过错行为，被监督者有权提出异议，监督主体应当核实订正，给被监督者造成损失或损害的，应承担赔偿责任。因此，那种认为经济监督是运用单一的国家权力或行政权力进行监督的观点，是片面的。

其三，经济监督对象的二重性。首先应当明确，经济监督对象与经济监督关系客体不是一回事。经济监督对象是经济监督主体的相对方，即被监督主体。监督主体与被监督主体都是经济监督关系中的主体，而经济监督关系的客体，是具体监督行为，如审计监督对象是被审计的单位，而审计监督关系客体是审计活动。现行法学教材对法的对象与法律关系客体不加区分，依此因袭地误认为监督关系客体就是监督客体，而监督客体就是监督对象，这就混淆了法律关系中主体与客体的不同属性及相互关系，应当加以纠正。经济监督对象是十分广泛的，既包括各类经济组织、社会团体及公民个人，也包括国家机关及职责人员。经济监督机关依法对各级人民政府各部门、下级人民政府、国家金融机构、全民所有制企业事业单位及其他国家资产单位、其他各类经济组织等实行经济监督。经济监督，实际上是对经济权限的监督。合理分权及权限的相互制约原则，决定了经济监督对象的二重性。就是说,在一具体经济监督关系中,某主体是经济监督主体,而在另一具体经济监督关系中,该主体又成为了经济监督对象。这种监督主体与监督对象即被监督主体的地位置换,正反映了经济监督关系的特点。

经济监督法的上述基本特征表明:经济监督法与行政法有其固有的界限。因行政主体行使行政权力建立的行政关系,是其他主体对行政主体的逐级隶属关系,在这种行政隶属关系中,不存在以行政主体为监督对象的关系,而在经济监督关系中,监督主体不但对一般主体进行监督,也对行政主体进行监督。

三、经济监督法的分类

对经济监督法进行分类,首先必须明确两个前提:一是将经济监督法与“监督行政”法加以区别;二是将经济监督法与“行政管理法”加以区别。“监督行政”法被认为是关于国家有权机关包括国家立法机关、国家司法机关、行政监督机关等国家监督主体对行政主体的行政权力和行政行为进行权力监督的法。按照这种主张,监督法划分为议会监督法、法院监督法、行政监察机关监督法和检察机关监督法、审判机关监督法。这些监督法,都不属于我们所定义的经济监督法。这里还应当说明,所谓经济工作监督法,是关于立法机关对国家行政机关的经济工作进行监督的法。这里的“经济工作”的含义与“经济活动”是不同的,“经济工作”只是行政机关的工作。“工作”一词不具有学科意义和学术意义。这种监督法,实际上是国家职能性权力监督法。此外,行政管理法立足于几乎无所不包的“行政管理”概念,而以其对经济的“管理”,又是把组织、调控、协调、监督、制裁等混杂在一起的性质各异的行为总汇。在这种认识下,很难把经济监督法科学地析离出来并进行分类。

因此,我们应当在上述理论区分的前提下,基于经济监督法的固有特征,对经济监督法分类。

(一) 核算监督法

这类法律制度,是规范通过数据核算,对经济活动中发生的资金财务、经济资料等进行核实、审查并作出结论的经济监督关系的法律制度。核算监督法对国民经济运行进行定量分析和定量规范,以保障各项经济指标得到切实执行,各项经济信息反馈真实可靠。核算监督法律制度侧重规定核算监督管理体制、核算监督机构及其职责人员、权限范围、监督工作任务和程序以及法律责任等。主要包括会计法、审计法和统计法。

(二) 质量监督法

这类法律制度,是规范产品或劳务的质量监督关系的法律制度,通过规定质量管理体制、质量责任和义务、损害赔偿和法律责任等,来实施经济监督,以满足产品或劳务的适用性、可靠性和经济性要求。质量监督法包括质量标准法和产品质量责任法。

（三）技术监督法

这类法律制度，是规范基于生产环节的技术控制而形成的标准和量值的准则和依据的法律制度。它通过规定制定标准的范围和标准的分级、标准的实施及违反标准的法律责任，以及计量单位、计量标准器具、计量检定及违反计量法的法律责任等，来实施技术监督。技术监督法包括标准化法和计量法。

（四）环境监督法

这类法律制度，是规范基于对自然环境和人工环境的保护而形成的环境监督关系的法律制度。它主要规定对环境标准以及防治环境污染和其他公害的监督体制和环境监督措施等。环境监督法包括环境保护监督法和公害防治监督法等。

（五）消费监督法

这类法律制度，是规范在购买使用商品和接受服务的消费中形成的消费监督关系的法律制度。主要规定消费者权益保护原则、消费者的权利和经营者的义务、争议解决及法律责任等。消费监督法以消费者权益保护基本法为中心，包括商品安全保障法、商品规格表示法、消费争议解决法和危害赔偿法等。在广义上，还包括购买商品的质量、价格、卫生、计量、包装、商标、广告等方面的消费者监督法律制度。

第二节 经济监督法的体系

经济监督法的体系，是经济监督法律制度的体系。要保证国民经济协调健康地发展，就必须对国民经济运行的各个环节进行全面监督。这种全面监督可以分为核算监督、质量监督、技术监督、环境监督和消费监督。由此，经济监督法的体系也就相应地分为核算监督法、产品质量监督法、技术监督法、环境监督法和消费监督法。

一、核算监督法

核算监督法是对国民经济运行进行定量分析、经济核算，以保障多项经济指标得到切实执行，各项经济信息真实可靠的法律制度。

（一）会计监督法

新中国建立以来，我国颁布了一系列调整会计关系的法律、法规。1985 年 1 月 21 日第六届全国人大常委会第九次会议通过了《中华人民共和国会计法》，对加强我国会计工作起到了重要作用。随着改革开放的深入和社会主义市场经济的发展，经济管理对会计工作提出了许多新的要求，1993 年 12 月 29 日，第八届全国人大常委会第五次会议对《会计法》进行了修改，对规范和加强会计工作，起到了积极作用。但随着改革开放的不断深入和市场经济的进一步发展，会计工作所面临的社会经济环境发生了很大变化，会计涉及的范围不断扩展，会计业务处理日趋复杂，投资者、债权人和社会公众对会计信息披露的时效、范围、质量的要求越来越高。同时，会计工作在发展中也面临一些问题，如一些单位账外设账，假造信息，严重干扰了正常的社会经济秩序，损害了国家和社会公众利益。为适应新形势的发展要求，1999 年 10 月 31 日第九届全国人大常委会第十二次会议又对《会计法》做了进一步修改。经过修订的这部《会计法》成为整个会计监督法的体系中的基本法。

除《会计法》外，会计监督法还包括以下内容：一是与其相配套的法律，主要有《中华人民共和国注册会计师法》。二是会计行政法规。它是指调整我国经济生活中某些方面会计关系的法律规范。会计行政法规是由国务院制定发布，或者由国务院有关部门拟定经国务院批准发布，制定依据是《会计法》。如《关于加强国营企业财务会计工作的报告的通知》、《总会计师条例》、《关于进一步实施〈中华人民共和国会计法〉加强会计工作请示的通知》、《企业会计准则》、《关于整顿会计工作秩序进一步提高会计工作质量的通知》。三是会计规章。它是指由主管全国会计工作的行政部门——财政部就会计工作中某些方面的内容所制定的规范性文件。国务院有关部门根据其职责制定的会计方面的文件，如实施国家统一的会计制度的具体办法等，也属于会计规章，但必须报财政部审核批准。会计规章的制定依据是会计法律和会计行政法规。如《银行结算会计核算手续》、《城乡集体经济组织会计工作的规定》、《外商投资企业会计制度》、《信用证会计核算手续》、《支付结算会计核算手续》、《会计档案管理办法》、《中央国家机关行政单位会计制度》，以及《会计人员工作规则》、《股份制试点企业会计制度》等。

会计法主要规定会计工作管理体制、会计制度、会计核算、会计监督等。在会计工作的管理体制方面，我国实行“统一领导、分级管理”的原则。在会计制度方面，主要规定了处理会计事务的规章、规则、程序、办法等，包括：会计核算的科目报表；会计工作的组织管理；会计工作的基本规则；成本核算制度；会计监督检查办法；会计档案管理；会计人员职权。在会计核算方面，规定了会计核算的内容、会计核算的要求等。在会计监督方面，规定了内部监督和外部监督制度。

会计工作是企业经营管理工作的一个重要组成部分，加强会计工作就是要建立、健全财务管理制度，将会计工作纳入法制轨道。会计法就是加强会计工作的重要法律手段，有利于保证会计核算的质量和加强会计监督。

(二) 审计监督法

审计是由专门的机构和人员接受委托或根据授权,对国家行政、事业单位和企业单位及其他经济组织的会计资料和其他资料及其所反映的经济活动进行的审查并发表意见。1983 年国家审计署成立,审计监督工作正式开展。1994 年《中华人民共和国审计法》经第八届全国人大常委会第九次会议通过(该法于2006 年 2 月 28 日由第十届全国人大常委会第二十次会议进行了修订),这是我国第一部审计法。《审计法》以宪法为依据,科学地设定了我国审计监督制度的基本框架,同时也为建立我国更完备的审计法体系,奠定了基础。

此外,国务院颁布的《中央预算执行情况审计监督暂行办法》、国务院办公厅颁布的《关于对国家税务局系统审计监督问题的通知》、国务院颁布的《中华人民共和国审计法实施条例》(2010 年 2 月 2 日国务院常务会议进行了修订)以及《国家审计基本准则》和《县级以下党政领导干部任期经济责任审计暂行规定》、《国有企业及国有控股企业领导人员任期经济责任审计暂行规定》等行政法规及规章,以《中华人民共和国审计法》为核心,共同构成了审计监督法体系。

审计法所规范的主要内容包括以下几个方面:国家审计总原则;审计组织法,主要规定国家审计组织制度,包括国家审计体制,审计机构与人员,审计机关职责,审计机关领导体制,审计长的法律地位和审计机关负责人任免制度,审计经费,国家审计机关的组织纪律与管理等;审计行为法,主要包括审计程序和责任;审计责任法,主要包括审计机关的责任,被审计单位和其他有关单位责任以及个人责任。

审计法为审计机关履行审计监督职责,提供了法律保障,它确定了政府向全国人大常委会作预算执行和其他财政收支审计工作报告制度,强化了审计机关对财政收支进行审计的监督职能,确定了企业审计的内容范围和重点,科学界定了审计机关的职责权限。

(三) 统计监督法

统计是认识社会,掌握国情国力,管理国家事务和社会事务的重要工具。统计监督法通过对统计关系的法律调整,保证统计工作的科学性、有效性,保证统计资料的准确性、及时性。我国从 1950 年开始逐步建立起统计制度。1952 年成立国家统计局,并在全国各地区、各部门、各单位逐步建立了统计机构。此后,为保证统计工作顺利进行,发布了《关于充实统计机构加强统计工作的决定》、《关于充实中央财经各部统计机构的通知》等规定;1963 年,国务院发布《统计工作试行条例》,对我国统计制度作了较为全面、系统的规定。1983 年 12 月 8 日第六届全国人大常委会第三次通过了《中华人民共和国统计法》(该法于 1996 年 5 月 15 日由第八届全国人大常委会第十九次会议和 2009 年 6 月 27 日第十一届全国人大常委会第九次会议进行了两次修订),标志着我国现行统计制度的确立。我国现行《统计法》是我国统计工作的基本法律依据,也是统计监督法的主要内容。

与此同时,国务院还先后颁布了很多关于统计监督的行政法规和部门规章,如《关于加强统计报表管理的报告和关于统计报表管理的暂行规定的通知》、《关于加强农村统计工作等问题的报告的通知》、《关于建立第三产业统计的报告的通知》。1987年颁布了《中华人民共和国统计法实施细则》(该实施细则与2000年6月和2005年12月进行了两次修订),以及《关于加强统计工作充分发挥统计监督作用报告的通知》、《关于改进工业生产评价考核指标报告的通知》、《关于建立国家普查制度改革统计调查体系请示的通知》、《关于做好工业统计制度改革意见的通知》等,这些行政法规和部门规章与《统计法》共同构筑成我国的统计监督法律制度。

统计法的主要内容有:统计调查计划和统计制度、统计资料的管理和公布、统计机构和统计人员、法律责任等。统计的基本任务是对国民经济和社会发展情况进行统计调查、统计分析,提供统计资料和统计咨询意见,实行统计监督。

二、产品质量监督法

产品质量监督法是通过对产品的生产、保管、运输、销售等各个环节的质量监督,以保证产品质量,促进国民经济健全发展的法律制度。

新中国成立以来我国颁布了一系列有关产品质量管理的法律、法规,1986年颁布了《工业产品质量责任条例》,进一步将产品质量责任具体化。随着社会主义是市场经济的建立和完善,实践中急需一部全面调整产品质量关系的法律,为此,1993年2月22日第七届全国人大常委会第三十次会议通过了《中华人民共和国产品质量法》,这是我国产品质量监督法律体系的基本法律。2000年7月8日,第九届全国人大常委会第十六次会议又通过了《关于修改〈中华人民共和国产品质量法〉的决定》,进一步明确了地方政府在产品质量工作中的责任,对生产、销售伪劣产品的行为加大了处罚力度。

除《产品质量法》外,我国的产品质量监督法还包括一些专门的产品质量监督法规,如《产品质量监督试行办法》、《工业产品质量责任条例》、《军工产品质量管理条例》、《乡镇企业工业产品质量管理办法》,以及1989年2月21日颁布的《中华人民共和国进出口商品检验法》(该法于2002年4月28日由第九届全国人大常委会第二十七次会议进行了修订)、1991年5月7日颁布的《中华人民共和国产品质量认证管理条例》、1992年7月25日颁布的《关于进一步加强质量工作的决定》、2005年8月31日颁布的《中华人民共和国进出口商品检验法实施条例》等。由于产品质量监督内涵复杂,我国采取由国家技术监督局进行统管和由国家的卫生、建设、商检等部门进行分管相结合的监督体制。

产品质量法主要规定产品质量的监督、管理、生产者和销售者的产品质量责任和义务、损害赔偿、法律责任等。其目的是加强对产品质量的监督,明确产品质量责任,保护用户、消费者的合法权益,维护社会经济秩序。产品质量法适用于产品生产、销售活动,其产品是经过加工、制作,用于销售的产品。

三、技术监督法

技术监督法是对产品、劳务工程等从技术上进行监督的法律制度。标准监督和计量监督是技术监督法基本法律制度。

(一) 标准监督法

标准化法是调整标准化工作关系的法律制度。新中国建立后,我国及时提出了标准化工作的法制方向和要求。1962 年 12 月国务院颁布了《工农业产品和工程建设技术标准管理办法》,标志着我国标准化法制工作开始起步;1978 年国务院颁布《中华人民共和国标准化管理条例》,使我国标准化工作进入一个新阶段;为适应社会主义现代化建设和发展对外经济关系的需要,1988 年 12 月 29 日第七届全国人大常委会第五次会议通过《中华人民共和国标准化法》,这是我国标准化工作的基本法。

除《标准化法》之外,我国的标准化法体系还包括一些专门的标准化行政法规和部门规章,主要有《军用标准化管理办法》、《中华人民共和国标准化法实施条例》、《国家标准管理办法》、《行业标准管理办法》、《企业标准化管理办法》,以及《中国标准文献分类法》、《采用国际标准管理办法》、《技术引进和设备进口标准化审查管理办法》等。

标准化法主要规定了制定标准的对象、标准化工作的任务、采用国际标准的政策和标准化工作的管理体制;我国的标准体制、标准制定和修订的原则、标准制定的机关和单位、标准草拟和标准草案审查工作的组织形式;实施强制性标准和推荐性标准的要求、出口产品的技术要求、企业产品研制改进和技术改造的标准化要求、对标准实施的监督和检验,以及对违反标准化法的行为应当追究的法律责任等。其立法宗旨是为了发展社会主义商品经济,促进技术进步,改进产品质量,提高社会经济效益,使标准化工作适应国民经济健康发展的需要。

(二) 计量监督法

计量监督法是监督计量关系的法律制度。它是对于建立计量基准器具、计量标准器具,进行计量检定、制造、修理、销售、使用计量器具的法律监督制度。我国一直重视计量立法工作。1955 年,国家计量局成立。1959 年,国务院发布《统一我国计量制度的命令》,确定米制为基本的计量制度。此外,《中华人民共和国计量管理条例(试行)》,明确规定中国将逐步采用国际单位制。《中华人民共和国计量单位名称与符号方案(试行)》、《关于在我国实行法定计量单位的命令》,规定中国的计量单位一律采用中华人民共和国法定计量单位。1985 年 9 月 6 日第六届全国人大常委会第十二次会议通过了《中华人民共和国计量法》。《计量法》是我国调整计量关系的基本法。

我国的计量监督法律制度除主要体现在《中华人民共和国计量法》中。此外,还包括专门的计量行政法规和部门规章,如《关于在我国统一实行法定计量单位的命令》、《中华人民共和国计量法实施细则》、《中华人民共和国强制检定的工作计量器具检定管理办法》、《中华人民共和国进口计量器具监督管理办法》、《国防计量监督管理条例》、《计量违法行为处罚细则》、《关于进一步实施法定计量单位请示的通知》,以及《制造、修理计量器具许可证管理办法》、《产品质量检验机构计量及认证管理办法》等。这些法律、行政法规共同构成了我国的计量监督法体系。

计量法的立法宗旨是加强计量监督管理,保障国家计量单位制的统一和量值的准确可靠,有利于生产、贸易和科学技术的发展,适应社会主义现代化建设需要,维护国家、人民利益。计量法主要规定了计量检定、计量器具管理、计量监督及法律责任等问题。

四、环境监督法

环境监督法,是规范为保护和改善环境,合理利用自然资源,防治污染和其他公害的监督法律制度。新中国成立后,我国的环境保护立法基本经历了四个发展阶段:第一,20 世纪 50 年代到 70 年代准备阶段,主要制定了一些保护自然资源的法规,如《水土保持纲要》、《森林保护条例》等;第二,20 世纪 70 年代初以后环境立法的初步发展阶段,这一阶段开始从资源保护转向防治工作,1973 年国务院发布了《保护和改善环境的若干规定(试行草案)》;第三,20 世纪 70 年代末到 80 年代末,是综合性环境立法的建立阶段,1979 年第五届全国人大常委会第十一次会议通过了《中华人民共和国环境保护法(试行)》;第四,20 世纪 90 年代初开始,是环境立法的完善和体系化阶段,其标志是 1989 年 12 月 26 日第七届全国人大常委会第十一次会议通过的《中华人民共和国环境保护法》。

《中华人民共和国环境保护法》共 6 章 47 条,内容包括环境监督管理、保护和改善环境、防治环境污染和其他公害、法律责任等内容。它的制定,为加强我国的环境保护工作,减少环境的污染和破坏将起到重要作用。

环境监督法体系,是规范环境保护的法律、法规及部门规章等构成的整体。在我国,除《环境保护法》这部综合性的环境基本法外,还有自然资源保护的单行法律、法规,主要有《水法》、《土地管理法》、《渔业法》、《矿产资源法》、《森林法》、《草原法》、《水土保持法》、《野生动物保护法》、《野生植物保护条例》、《自然保护区条例》、《取水许可制度实施办法》、《土地管理法实施条例》、《矿产资源法实施细则》、《森林法实施细则》、《水土保持法实施条例》、《渔业法实施细则》等;防治环境污染的单行法律、法规,主要有《海洋环境保护法》、《大气污染防治法》、《水污染防治法》、《固体废物污染环境防治法》、《环境噪声污染防治法》、《放射性污染防治法》、《化学危险物品安全管理条例》、《农药安全使用规定》,以及《大气污染防治法实施细则》、《水污染防治法实施细则》、《征收排污费暂行办法》、《建设项目环境保护管理办法》等;环境监督行政处罚规章,如《环境保护行政处罚办法》等。

五、消费监督法

消费监督法,是规范为保护消费者在购买、使用商品或接受服务时的合法权益而进行监督的法律制度。为保护消费者的合法权益,维护社会经济秩序,促进社会主义市场经济健康发展,1993 年 10 月 31 日,我国制定了第一部有关消费者权益保护的专门法律——《中华人民共和国消费者权益保护法》,并于 1994 年 1 月 1 日起实施。

我国《消费者权益保护法》共 8 章 55 条,主要规定了消费者及经营者的范围;消费者权益保护法的基本原则;消费者的基本权利;经营者的基本义务;保护消费者权益的组织、机构及其职责;消费法律纠纷的解决途径、程序和法律责任等。

消费者权益保护监督法体系,是有关规范消费者权益保护、监督的整体。我国的消费者权益保护监督法体系,除消费者权益保护基本法外,还有若干关于消费者权益保护的单行法律、法规,主要有《部分家用电器"三包"规定》、《化妆品卫生监督条例》、《关于价格违法行为的处罚规定》、《关于商品和收费实行明码标价制度的规定》等。

第三节　基本法律制度

经济监督法律制度,是由具有经济监督特征的法律规范构成的制度体系,其主要的法律制度有会计监督法律制度、审计监督法律制度、统计监督法律制度、计量监督法律制度、标准监督法律制度、质量监督法律制度、环境监督法律制度和消费监督法律制度。

一、会计监督法律制度

会计监督法律制度,是规范各单位的会计机构、会计人员,通过办理会计事务,进行会计核算,而对本单位的经济业务活动、财务收支进行的审核、检查和督促的法律制度。会计监督法律制度是会计法的核心内容,是会计工作的基本任务之一。

（一）会计记账制度

健全和完善会计记账规则，是规范会计行为、提高会计信息质量的重要保证。《会计法》规定，必须根据法定的程序和要求依法填制会计凭证、登记会计账簿、编制财务会计报告；公司企业的会计账簿登记，必须以经过审核的会计凭证为依据，会计账簿包括总账、明细账、日记账和其他辅助性账簿，并应当按照连续编号的页码顺序登记，发生错误或者隔页、缺号、跳行的，应当按照国家统一的会计制度规定的方法更正，并由会计人员和会计机构负责人（会计主管人员）在更正处盖章；单位提供的担保、未决诉讼等或有事项，应当按照国家统一的会计制度的规定，在财务会计报告中予以说明；禁止虚拟经济业务事项、账外设账、随意改变会计确认标准或计量方法等常见的做假账行为等。

（二）会计内部监督制度

会计监督的主体是本单位的会计机构、会计人员。会计监督的对象，是本单位的财务收支和经济业务活动。会计监督的要求，是原始凭证必须真实、合法、准确、完整。通过审核原始凭证进行会计监督，一是保证会计核算的质量，二是防止贪污、舞弊等违法违纪行为，以维护财政制度、财务制度，保护公私财物。

会计内部监督，分不同情况，作不同处理：对不真实、不合法的原始凭证，不予受理。对记载不准确、不完整的原始凭证，予以退回，要求更正、补充。发现账簿记录与实物、款项不符时，应当按照有关规定进行处理。无权自行处理的，应当立即向本单位领导人报告，请求查明原因，作出处理。对违法的收支，不予办理。会计机构、会计人员认为是违法的收支，应当制止和纠正。制止和纠正无效的，应当向单位领导人提出书面意见，要求处理。单位领导人应当自接到书面意见之日起10日内作出书面决定，并对决定承担责任。会计机构、会计人员，对违法的收支，不予制止和纠正，又不向单位领导人提出书面意见的，也应当承担责任。

（三）会计外部监督制度

会计外部监督，是财政、审计、税务机关对各单位的财务收支和会计工作进行的监督。各单位必须依照法律和国家的有关规定，接受财政、审计、税务机关的监督，如实提供会计凭证、会计账簿、会计报表和其他会计资料以及有关情况，不得拒绝、隐匿、谎报。

（四）会计机构内部制约制度

会计机构内部制约制度，是凡涉及资金和财物的收支、结算及其登记的任何一项工作，规定二人或者二人以上分工掌管，以起到相互牵制作用的一种工作制度。如出纳人员不管稽核、会计档案保管和收入、费用、债权债务账目工作。建立会计机构内部牵制制度的原则,是“钱账分管”。其目的是为了加强会计人员之间的互相核对、互相制约,防止差错和弊端,能及时发现问题并及时得到纠正。

(五)会计责任制度

对违反会计法的行为应当追究法律责任。以下行为属于会计违法行为:单位领导人、会计人员,违反会计法关于会计核算的规定;单位领导人、会计人员和其他人员,伪造、变造、毁灭会计凭证、会计账簿、会计报表和其他会计资料;单位领导人、会计人员和其他人员,利用虚假的会计凭证、会计账簿、会计报表和其他会计资料,偷税或者损害国家利益、社会公众利益;会计人员受理不真实、不合法的原始凭证;会计人员对违法的收支,不向单位领导人提出书面意见;会计人员对严重违法损害国家和社会公众利益的收支,不向主管单位或者财政、审计、税务机关报告;单位领导人无正当理由,逾期不处理会计人员依照会计法规定提出的书面意见;单位领导人对违法收支,决定予以办理;单位领导人和其他人员,对依照会计法履行职责的会计人员,进行打击报复。

二、审计监督法律制度

审计监督是审计机关和审计人员,对被审计单位的预算和财政收支、财务收支状况及其记载资料,进行审核、评价的经济监督形式。对因审计监督而形成的审计监督关系进行规范的法律制度,是审计监督法律制度。

(一)政府审计机关审计制度

政府审计机关进行审计监督的对象包括:本级人民政府各部门和下级人民政府;国家金融机构;全民所有制企业事业单位和基本建设单位;国家给予财政拨款或者补贴的其他单位;有国家资产的中外合资经营企业、中外合作经营企业国内联营企业和其他企业;国家法律、法规规定应当进行审计监督的其他单位。

审计机关对上述单位进行审计监督的主要事项有:财政预算的执行和财政决算;信贷计划的执行及其结果;财务计划的执行和决算;基本建设和更新改造项目的财务收支;国家资产的管理情况;预算外资金的收支;借用国外资金接受国际援助项目的财务收支;与财政、财务收支有关的各项经济活动及其经济效益;严重侵占国家资产,严重损失浪费等损害国家经济利益的行为;全民所有制企业承包经营责任的有关审计事项;国家法律、法规规定的其他审计事项。

各级政府审计机关根据国家财政体制,按被审计单位的财政、财务隶属关系,确定审计范围。上下级审计机关可以将其审计范围内的事项进行调整,还可以将其审计范围内的事项,委托内部审计机构、社会审计组织进行审计。

(二)内部审计机构审计监督制度

内部审计机构或者审计工作人员在本单位负责人领导下,依照国家法律、法规的规定,对本单位及本单位下属单位的财务收支及其经济效益进行内部审计监督。具体事项有:财务计划或者单位预算的执行和决算;与财务收支有关的经济活动及其经济效益;国家和单位资产的管理情况;违反国家财经法规的行为;本单位领导交办的其他审计事项。

(三) 社会审计组织审计监督制度

社会审计组织接受国家机关、企业事业单位和个人委托,对下列事项进行审计监督:财务收支的审计查证事项;经济案件的鉴定事项;注册资金的验证和年检;建立账簿、建立财务会计制度以及提供会计、财务、税务和经济管理咨询服务;培训审计、财务、会计人员。

社会审计组织应当接受审计机关的管理和业务指导。对于审计机关委托的审计事项,社会审计组织所作出的审计报告,应当报送审计机关审定。

(四) 审计责任制度

对于违反审计法而应承担法律责任的行为有:拒绝提供有关文件、账簿、凭证、会计报表、资料和证明材料的;阻挠审计工作人员行使职权,抗拒、破坏监督检查的;弄虚作假,隐瞒事实真相的;拒不执行审计结论和决定的;打击报复审计工作人员和检举人的。

对于有上述行为的单位,直接责任人员、单位负责人以及其他有关人员,审计机关可给予警告、通报批评,并可酌情处以罚款;审计机关认为应当给予行政处分的人员,移送监察或者有关部门处理。情节严重、构成犯罪的,可依法追究刑事责任。

三、统计监督法律制度

统计监督法律制度,是规范通过对国民经济和社会发展情况进行统计调查、统计分析,提供统计资料和统计咨询意见,实行统计监督的法律制度。统计监督是国民经济运行监督系统中的信息反馈系统,对整个经济监督系统的有效运作,起着不可替代的作用。

(一) 统计资料监督制度

国家机关、社会团体、企业事业组织和个体工商户等统计调查对象,必须依照统计法和国家规定,如实提供统计资料,不得虚报、瞒报、拒报、迟报、不得伪造、篡改。基层群众性自治组织和公民有义务如实提供国家统计调查所需要的情况。

各地方、各部门、各单位的领导人对统计机构和统计人员依照统计法和统计制度提供的统计资料,不得自行修改;如果发现数据计算或者来源有错误,应当提出,由统计机构、统计人员和有关人员核实订正。各地方、各部门、各单位的领导人不得强令或者授意统计机构、统计人员篡改统计资料或者编造虚假数据。统计机构、统计人员对领导人强令或者授意篡改统计资料或者编造虚假数据的行为,应当拒绝、抵制,依照统计法和统计制度如实报送统计资料,并对所报送的统计资料的真实性负责。

（二）独立统计制度

统计机构、统计人员依法履行职责受法律保护。任何地方、部门、单位的领导人不得对拒绝、抵制篡改统计资料或者对拒绝、抵制编造虚假数据行为的统计人员进行打击报复。

统计机构和统计人员实行工作责任制,依照统计法和统计制度的规定,如实提供统计资料,准确及时完成统计工作任务,保守国家秘密。统计机构和统计人员依照统计法规定独立行使统计调查、统计报告、统计监督的职权,不受侵犯。

（三）统计调查制度

统计调查应当以周期性普查为基础,以经常性抽样调查为主体,以必要的统计报表、重点调查、综合分析等为补充,搜集、整理基本统计资料;重大的国情国力普查,需要动员各方面力量进行的,由国务院和地方各级人民政府统一领导,组织统计机构和有关部门共同实施;进行经常性抽样调查,应当在调查前查明基本统计单位及其分布情况,按照经批准的抽样调查方案,建立科学的抽样框。发往基层单位的全面定期统计报表,必须严格限制。凡通过抽样调查、重点调查、行政记录能取得统计数据的,不得制发全面定期统计报表。

国家制定统一的统计标准,以保障统计调查中采用的指标含义、计算方法、分类目录、调查表式和统计编码等方面的标准化。国务院各部门可以制定补充性的部门统计标准。部门统计标准不得与国家统计标准相抵触。违反统计法和国家规定编制发布的统计调查表,有关统计调查对象有权拒绝填报。

（四）统计责任制度

地方、部门、单位的领导人自行修改统计资料、编造虚假数据或者强令、授意统计机构、统计人员篡改统计资料或者编造虚假数据的,依法给予行政处分,并由县级以上人民政府统计机构予以通报批评。地方、部门、单位的领导人对拒绝、抵制篡改统计资料或者对拒绝、抵制编造虚假数据行为的统计人员进行打击报复的,依法给予行政处分;构成犯罪的,依法追究刑事责任。统计人员参与篡改统计资料、编造虚假数据的,由县级以上人民政府统计机构予以通报批评,依法给予行政处分或者建议有关部门依法给予行政处分。

统计调查对象虚报、瞒报统计资料,伪造、篡改统计资料,拒报或者屡次迟报统计资料的,由县级以上人民政府统计机构责令改正,予以通报批评;情节较重的,可以对负有直接责任的主管人员和其他直接责任人员依法给予行政处分。

篡改统计资料、编造虚假数据，骗取荣誉称号、物质奖励或者晋升职务的，由做出有关决定的机关或者其上级机关、监察机关取消其荣誉称号、追缴物质奖励和撤销晋升的职务。

国家机关未报经审查或者备案，擅自制发统计调查表的，由县级以上人民政府统计机构责令改正，予以通报批评。

四、计量监督法律制度

计量监督法律制度，是通过计量监督，保障计量单位制的统一和量值准确一致的法律制度。国家按照行政区划实行计量监督，保护国家、集体和个人免受计量不统一、不准确所造成的损害，维护社会经济秩序。

（一）计量监督领导和管理制度

我国的计量监督是按照行政区域实行统一领导、分级管理的体制，大体分为以下监督：一是政府计量行政部门的计量监督。国家技术监督局作为国务院的计量行政管理机构，负责对全国的计量工作实施统一监督管理。县级以上各级人民政府计量行政部门负责对本行政区域内的计量工作实施监督管理。二是部门计量行政机构对所属单位的计量监督。各有关部门根据需要设置计量行政机构，负责计量法律、法规在本部门的贯彻实施，监督管理所属单位的计量工作。三是企业、事业单位计量机构对本单位的计量监督。企业、事业单位应根据生产、科研和经济管理的需要，设计量机构或专职计量管理人员，负责计量法律、法规在本单位的贯彻实施，监督管理本单位的计量工作。上述方面的监督各有其确定的地位和作用，相辅相成，构成一个计量监督网络。

（二）计量监督员制度

根据计量法的规定，县级以上人民政府计量行政部门，根据需要设置计量监督员。县级以上人民政府计量行政部门的计量管理人员是计量执法人员，负责执行计量监督管理任务。计量监督员的主要职责有：在所属政府计量行政部门领导下，在本行政区域内，在销售计量器具和使用强制检定的工作计量器具的场所，进行巡回检查，监督计量法律、法规的实施；对违反计量法律、法规的行为，在规定的权限内进行现场处罚；对计量纠纷组织仲裁检定；宣传计量法制，教育公民自觉遵守计量法律、法规。

（三）计量认证制度

计量认证，是对质量检验机构的计量检定、测试能力、可靠性进行考核，证明其为社会提供公证数据的资格。目前我国计量认证有三类：一是计量检定室的计量认证。这种计量认证，只是证明该项计量标准及计量标准工作的环境、使用计量标准进行检定的人员和管理制度，即该计量标准工作的实验室是合格的，具备了开展检定的资格。二是产品质量检验机构的计量认证。这种认证是计量部门对产品质量检验机构计量检定、测试的能力和可靠性的考核并予以证明。三是企业的计量认证。从事制造、修理计量器具的企事业单位,必须办理制造、修理计量器具许可证,否则不予办理营业执照。

五、标准监督法律制度

标准监督法律制度,是根据标准化法和其他有关法律、法规的规定所建立的对标准的实施进行监督的法律制度。

(一) 标准实施制度

根据标准化法的规定,凡是强制性标准的实施,都要进行监督,包括强制性的产品标准、基础标准、方法标准以及安全标准、卫生标准和环境保护标准等实施情况。凡经申请获得优质产品称号的产品、质量认证标志的产品以及实施生产许可证的产品,均属监督的范围。企业的新产品研制、产品改进、技术改造,亦属监督的范围。

(二) 标准分级制度

对需要统一的技术要求,国家制定标准,并对标准进行分级。标准分级,是进行标准监督的基础。制定标准的范围包括:工业产品的品种、规格、质量、等级或者安全、卫生要求;工业产品的设计;生产、检验、包装、储存、运输、使用的方法或者生产、储存、运输过程中的安全、卫生要求;有关环境保护的各项技术要求和检验方法;建设工程的设计、施工方法和安全要求;有关工业生产、工程建设和环境保护的技术术语、符号、代号和制图方法。对于重要农产品和其他需要制定标准的项目,也应制定标准。

根据标准化法的规定,我国的标准分为四级,即国家标准、行业标准、地方标准和企业标准。对在全国范围内统一的技术要求,制定国家标准;对没有国家标准而又需要在全国某个行业范围内统一的技术要求,可制定行业标准;对没有国家标准和行业标准而又需要在省级范围内统一的工业产品的安全、卫生要求,可制定地方标准;企业生产的产品没有国家标准和行业标准的,应当制定企业标准。国家鼓励积极采用国际标准。

(三) 强制性标准执行制度

国家标准和行业标准分为强制性标准和推荐性标准。强制性标准是必须执行的标准。对于不符合强制性标准的产品,禁止生产、销售和进口。

(四) 产品质量标准制度

产品质量应当检验合格,不得以不合格产品冒充合格产品;可能危及人体健康和人身、财产安全的工业产品,必须符合保障人体健康,人身、财产安全的国家标准、行业标准；未制定国家标准、行业标准的，必须符合保障人体健康，人身、财产安全的要求。

六、质量监督法律制度

质量监督法律制度，是以产品质量法为核心而形成的对产品质量进行监督的法律制度。

（一）质量认证制度

质量认证制度包括企业质量体系认证制度和产品质量认证制度。

根据国际通用的质量标准，推行企业质量体系认证制度。企业根据自愿原则可以向国务院产品质量监督管理部门或者国务院产品质量监督管理部门授权的部门认可的认证机构申请企业质量体系认证。经认证合格的，由认证机构颁发企业质量体系认证证书。获得企业质量体系认证，并不必然等于该企业的产品质量总是符合产品质量要求。因此，企业不得在其产品上使用产品质量认证标志，但在企业申请产品质量认证时，可对企业质量体系认证免于检查。

国家参照国际先进的产品标准和技术要求，推行产品质量认证制度。企业根据自愿原则，可以向国务院产品质量监督管理部门或者国务院产品质量监督管理部门授权的部门认可的认证机构申请产品质量认证。质量认证分为合格认证和安全认证。企业申请认证的产品，应符合国家标准或行业标准的要求；产品质量稳定，能正常批量生产；企业的质量体系要符合国家质量管理和质量保证标准的要求。经认证合格的，由认证机构颁发产品质量认证证书，准许企业在产品或者其包装上使用产品质量认证标志。

（二）产品质量监督检查制度

国家对产品质量实行以抽查为主要方式的监督检查制度，对可能危及人体健康和人身、财产安全的产品，影响国计民生的重要工业产品以及用户、消费者、有关组织反映有质量问题的产品进行抽查。监督抽查工作由国务院产品质量监督管理部门规划和组织。县级以上地方人民政府管理产品质量监督工作的部门在本行政区域内也可以组织监督抽查，但国家监督抽查的产品，地方不得另行重复抽查；上级监督抽查的产品，下级不得另行重复抽查。法律对产品质量的监督检查另有规定的，依照有关法律的规定执行。

产品质量检验机构必须具备相应的检测条件和能力，经省级以上人民政府产品质量监督管理部门或者其授权的部门考核合格后，方可承担产品质量检验工作。法律、法规对产品质量检验机构另有规定的，依照有关的法律、法规的规定执行。

（三）国家优质产品奖励制度

国家优质产品奖励制度是国家为鼓励工业企业提高产品质量，努力生产优质产品，对工业产品中的优质产品经过评选给予奖励的一项法律制度。国家设立国家优质产品奖，对达到国际先进水平的优质产品颁发国家优质产品奖证书和标有“优”字标志的奖牌；企业主管机关对获得国家优质产品奖的企业，应当优先供应能源、原材料和提供技术改造资金；国家优质产品的价格，按照国家有关规定实行优质优价。

（四）产品质量责任制度

生产者、销售者依照法律规定承担产品质量责任。生产者应当对其生产的产品质量负责；销售者应当建立并执行进货检查验收制度，验明产品合格证明和其他标识，并应当采取措施，保持销售产品的质量。

生产、销售不符合保障人体健康，人身、财产安全的国家标准、行业标准的产品的，责令停止生产，没收违法生产的产品和违法所得，并处违法生产、销售产品（包括已售出的产品）货值金额等值以上 3 倍以下的罚款；有违法所得的，并处违法所得；情节严重的，吊销营业执照；构成犯罪的，依法追究刑事责任。

生产者、销售者在产品中掺杂、掺假，以假充真，以次充好，或者以不合格产品冒充合格产品的，责令停止生产、销售，没收违法生产、销售的产品，并处违法生产、销售产品货值金额等值以下的罚款；有违法所得的，并处没收违法所得；情节严重的，吊销营业执照；构成犯罪的，依法追究刑事责任。

生产国家明令淘汰的产品的，销售国家明令淘汰并停止销售的产品的，责令停止生产、销售，没收违法生产销售的产品，并处违法生产、销售产品货值金额等值以下的罚款；有违法所得的，并处没收违法所得；情节严重的，吊销营业执照。

销售失效、变质产品的，责令停止销售，没收违法销售的产品，并处违法销售产品货值金额 2 倍以下的罚款；有违法所得的，并处没收违法所得；情节严重的，吊销营业执照；构成犯罪的，依法追究刑事责任。

生产者、销售者伪造产品的产地的，伪造或者冒用他人的厂名、厂址的，伪造或者冒用认证标志、名优标志等质量标志的，责令改正，没收违法生产、销售的产品，并处违法生产、销售产品等值金额以下的罚款；有违法所得的，并处没收违法所得；情节严重的，吊销营业执照。

七、环境监督法律制度

环境监督法律制度，是以环境保护法为主要依据建立起来的对环境保护进行监督的法律制度。

（一）环境影响评价制度

凡从事对环境有影响的建设项目，都必须执行环境影响报告书的审批制度，包括工业、交通、水利、农林、商业、卫生、文教、科研、旅游、市政等对环境有影响的一切基本建设项目、技术改造项目、区域开发建设项目及引进的建设项目（包括中外合资、中外合作、外商独资的建设项目)。对环境影响较小的大中型基本建设项目和限额以上的技术改造项目,经省级环境保护行政主管部门确认,可以只填报环境影响报告表;小型基本建设项目和限额以下的技术改造项目(包括乡镇、街道、个体生产经营者的建设项目)也可填报环境影响报告表,但县级以上(含县级)环境保护行政主管部门确认为对环境有较大影响的,要编制环境影响报告书。

(二)"三同时"制度

"三同时"制度,是对环境有影响的一切基本建设项目、技术改造项目、区域开发建设项目和外商投资建设项目,其中防治污染和生态破坏的设施,必须与主体工程同时设计、同时施工、同时投产使用的制度。

(三)排污收费制度

国家环境保护机关根据环境保护法律、法规的规定,对超标准排放污染物和向陆地水体排放污染物的单位和个人应征收一定数额的费用。排污单位应如实向当地环境保护部门申报登记排放污染物的种类、数量的浓度,经环境保护部门或其指定的监测单位核实后,作为征收排污费的事实依据。对缴纳排污费后仍未达到排放标准的排污单位,从开征第三年起,每年提高征收标准5%。排污单位经过治理和加强管理,已经达到排放标准,或显著降低排污数量和浓度,可以向当地环境保护主管部门申请,经监测属实,应当停止或减少收费。

(四)排污许可证制度

直接或间接向陆地水体排放污染物的单位,必须在指定的时间内,向当地环境保护行政主管部门办理排污申报登记手续,并提供防治水污染方面的有关资料。环境保护行政主管部门收到排污单位填报的"排污申报登记表"后,应当对其申报登记的内容进行审查、核实,对不超过排污总量控制指标的排污单位,颁发"排放许可证",有效期不超过5年;对超过排污总量控制指标的排污单位,颁发"临时排放许可证",有效期不超过2年,并限期削减排放量。

(五)限期治理制度

对污染严重的项目、行业和区域,由有关国家机关依法限定其在一定期限内,完成治理任务,达到治理目标。限期治理期限不宜过长,计划性限期治理项目,多为1年至3年,随机性限期治理项目,多为几个月到1年等。

八、消费监督法律制度

消费监督法律制度,是以对保护消费者合法权益的监督为中心建立起来的法律制度。从这个意义上说,消费监督集中表现为对特别保护消费者的监督。消费者保护立法的一个重要特征,是建立了对于经营者侧重于义务、对消费者侧重于权利的特别保护制度。

（一）经营者责任制度

经营者在消费领域必须履行的义务和责任主要有：（1）听取消费者意见和接受监督；（2）提供安全商品和安全服务；（3）标明经营者名称和营业标记；（4）按照国家有关规定或商业惯例向消费者出具购货凭证；（5）经营者必须保证提供的商品或服务具有应有的质量性能、用途和有效期限，以广告、产品说明、实物样品或其他方式表明商品或服务质量状况的，应当保证与其提供的商品或服务的实际质量相符；（6）经营者必须履行“三包”的售后服务责任，对提供的瑕疵商品或服务应承担包修、包换、包退的责任；（7）不得以格式合同、通知、声明、店堂告示等方式作出对消费者不公平、不合理的规定，或免除其损害消费者合法权益应当承担的民事责任；（8）尊重消费者人格权的义务，不得对消费者进行侮辱、诽谤，不得搜查消费者的身体及其携带的物品，不得侵犯消费者的人身自由；（9）提供商品或服务的真实信息，不得作引人误解的虚假写作，商品应明码标价；（10）履行法律规定或合同约定的义务。

（二）消费者权利制度

消费者享有的权利，是消费过程中的权利。这种权利制度，体现了消费关系中对弱者的特别保护。消费者依法享有的消费权利主要有：（1）消费者在购买、使用商品和接受服务时享有人身、财产安全不受侵害的权利；（2）消费者享有知悉其购买、使用的商品或接受的服务的真实情况和具体情况的权利；（3）消费者可以自主选择商品或服务的经营者、自主选择商品品种或服务方式、自主决定是否购买商品或接受服务、自主比较鉴别和挑选商品或服务；（4）消费者在购买、使用商品或接受服务时，有权获得质量保障、价格合理、计量正确等公平交易条件，有权拒绝经营者的强制性交易行为；（5）消费者因购买、使用商品或接受服务受到人身、财产损害的，享有依法获得补偿的权利；（6）消费者享有依法成立维护自身合法权益的社会团体，以组织消费者对商品和服务进行评议、开展市场检查、开展商品比较试验、受理消费者投诉、指导消费者的消费行为；（7）消费者享有获得消费知识、消费者权益保护知识等的权利；（8）消费者在购买、使用商品或接受服务时，享有人格尊严、风俗习惯受到尊重的权利；（9）消费者有权检举、控告侵害消费者权益的行为，有权检举、控告国家机关及其工作人员在保护消费者权益工作中的违法失职行为，有权对消费者权益工作提出批评和建议。

（三）消费损害赔偿制度

消费者在购买、使用商品时，其合法权益受到损害时，可以要求赔偿，可向任何一方相对人提出。

这种赔偿请求权，可区别不同情况行使，或向生产者、销售者、服务者、经营者等相对人提出。消费者在购买、使用商品或者接受服务时,其合法权益受到损害时,因原企业分立、合并的,可以向变更后承接其权利义务的企业要求赔偿;使用他人营业执照的违法经营行为者提供商品或服务,损害消费者合法权益的,消费者可以向其要求赔偿,也可以向营业执照的持有人要求赔偿;消费者在展销会、租赁柜台购买商品或接受服务,其合法权益受到损害时,可以向销售或服务者要求赔偿,也可以向展销会的举办者、柜台的出租者要求赔偿;消费者因经营者利用虚假广告提供商品或服务,其合法权益受到损害的,可以向经营者要求赔偿。广告的经营者发布虚假广告的,消费者可以请求行政主管部门予以惩处。广告经营者不能提供经营者的真实名称、地址的,应承担赔偿的责任。

第十七章　涉外经济法律制度

随着经济国际化的发展,国家间经济活动的依赖性明显增强。由于发展中国家国民经济总体运行中具有涉外因素的经济关系日益增多,因而涉外经济立法已经成为这些国家经济立法的重要组成部分。涉外经济法的涉外属性,使之逐渐发展成相对独立的立法领域。经济活动具有超越国境进行的性质,但它毕竟是在一国的国民经济的基础上形成和发展的,涉外经济关系是“本国”的经济关系组成部分,由此需要处理国家的涉外经济关系。这是涉外经济法产生的动因。涉外经济法律制度,属于作为国内法的涉外法,它与国际经济法是有原则区别的。涉外经济活动是国内经济活动的扩大或延伸,涉外经济法正是规范这种扩大或延伸的经济活动的法律制度,在经济法体系中居于补充地位。

本章概括了涉外经济法的基本含义和特征,并在对其分类基础上,将外贸法、外汇法、外资法、外税法作为涉外经济法的基本立法加以说明。同时,从这些立法和其他立法有关涉外经济的法律规范中总结出涉外经济法基本法律制度。

第一节　涉外经济法概说

在经济开放体制已经确立并成熟化的西方发达国家,经济立法一般不作对内和对外的区分。除了进出口贸易法律外,其立法既适用于国内经济活动,也适用于涉外经济活动。涉外经济法属于国内经济法,但从国情出发,我国的经济立法基本上是把两者分开制定的,这就使我们必须把涉外经济法抽出来,作为相对独立的立法领域加以阐释。

一、涉外经济法的含义

涉外经济法,是规范在一国国民经济运行过程中形成的涉外经济关系的法律制度的体系。涉外经济法是经济法的重要组成部分。

首先,涉外经济法是规范涉外经济关系的法。涉外经济关系又称对外经济关系,是一种具有涉外因素的经济关系。其核心因素,是一方主体是境外主体。涉外经济关系是十分广泛的。在经济国际性这一点上,任何一种国内经济关系,都可能被扩展成涉外经济关系。其主要涉外经济关系,包括外贸关系、外汇关系、外资关系和外税关系。涉外经济关系是国民经济不可或缺的组成部分,其现实结构、状态及与国内经济的关系,都直接关系到国民经济运行的实态。因此,我国经济立法把涉外经济法放在十分重要的地位。国家通过规范涉外经济关系,建立涉外经济秩序,以保障国民经济稳定、健康发展。

其次,涉外经济法属于国内法。涉外经济法是国家立法之一,它是从国民经济运行的需要出发,针对经济关系的状况制定的。涉外经济法的制定,完全是一国的自主立法行为,不受任何外国的干涉,也不需要与外国共同协商制定;其立法目的,既促进国际经济交往,又保障国家经济主权和经济安全;涉外经济法的渊源,主要是宪法、法律和法规,以及部门规章等法律规范性文件。

最后,涉外经济法不属于国际法,也不属于国际经济法。国际经济法是调整国家与国家之间经济关系的法,其渊源为国际公约、国际惯例和多边或双边协定等。为了经济交往的便利,可参照国际公约和国际惯例。对于我国已加入的国际公约,除声明保留条款外,可依其规定。从根本上说,国际公约和国际惯例不是涉外经济法的渊源。在法的效力上,涉外经济法一般不具有域外效力,其适用范围在本国境内。因此,我们应当从“涉外”的含义上去界定涉外经济法,充分注意它与国际经济法的区别。

二、涉外经济法的特征

涉外经济法的根本特征在于它的涉外性。国内诸经济法律制度在其相互比较中存在,而涉外经济法是在与这些经济法律制度总体的比较中存在的。而且,由于涉外经济关系的跨国性质,涉外经济法还在与国际经济法的比较中存在。

涉外经济法具有以下基本特征:

其一,涉外经济法的主体具有涉外性。涉外经济关系的主体一方必须是外国的企业、其他经济组织或个人,这是涉外因素的首要标志。对于华侨及港、澳、台同胞以及其在当地设立的公司来内地进行投资、贸易等活动,也可视为涉外因素。涉外法的客体一般也与外国有关,如标的物位于国外,或为外国人所有,引起这种关系产生或变更的法律事实发生在国外。规范对象的涉外性质,要求立法要注意研究国际公约和国际惯例,注意吸收各国涉外经济立法的长处,从而使我国的涉外经济立法既坚持发展社会主义市场经济的基本原则,又能反映时代特征、满足经济国际化的一般要求。

其二,涉外经济立法的分立形式。关于与涉外经济有关的立法,各国有两种情况:一是对于所规范的经济活动或经济关系,在立法上不做对内、对外的划分,不再专门制定涉外名义的法律。二是立法分立,即制定专项涉外经济立法,使之从国内一般立法中分离出来。这类立法,在立法目的、调整范围、法律行为要件及法律后果等方面,与对内经济立法有所不同。在西方发达国家,涉外经济活动历史久远,发育成熟,其与国内经济活动的区别,一般只是"地域空间"上的区别,因而没有必要再专门制定涉外经济法律。在发展中国家,经济开发之始,即处于以西方经济为主导的经济国际化的强大制约之下,加上涉外经济活动经验不足,而国内经济立法又不足以周全地规范涉外经济活动,因此,大多采取立法分立形式。所谓"分立",并不是所有的立法都是截然分开的,而是有分有合。对于那些重要的、具有普遍性的、关系到涉外经济秩序的经济活动领域,可适用分立形式。我国自 1978 年实行改革开放政策后,与外国经济往来急剧展开,外贸、外汇、外资等全方位的大量进入,外税改革亟待加强。这在客观上要求制定专项经济法律、法规。不过,涉外经济活动门类多样、范围广泛,有些活动可适用相关的国内立法,不可能也无必要事无巨细地对所有涉外经济活动都逐一制定专项立法。国内立法不是专门针对涉外经济活动的,但其适用范围包括外国企业、其他经济组织和个人在中国境内的经济活动。

上述特征表明:涉外经济法是经济法制度中相对独立的法律制度领域。在现阶段,坚持涉外经济立法的相对独立性,能够促进国民经济的良性运行,有效地维护涉外经济活动的秩序。

三、涉外经济法的分类

新中国成立以来,特别是 1978 年以来,我国的涉外经济立法工作有了很大发展,加强了对外贸易的立法,也特别重视利用外资和引进技术方面的立法,制定了一系列涉外经济法律、法规。虽然我国涉外经济法发展的历史不长,也还不够完善,但已具备了一定规模,初步形成了自己的体系。各国情况的不同,其涉外经济立法也不尽相同,但总体上可分为外贸法、外汇法、外资法和外税法四大类。

(一) 外贸法

对外贸易法律制度,是规范货物进出口贸易、技术进出口贸易和国际服务贸易中管理体制、许可和配额、反倾销和反补贴等等方面的法律制度的体系,包括外贸法、反倾销法、反补贴法和进出口商品检验法。

(二) 外汇法

外汇法律制度,是规范外汇买卖、国际结算、资本交易、外汇汇率、外汇储备、携带外汇进出境等方面的法律制度。

1994 年以来,我国对此前的外汇法律制度进行了重大修改,主要包括将国家汇率与市场汇率并存制度改变为单一汇率制;取消外汇指令性计划配合制度,实行市场调节制;取消外汇留成和上缴制度,实行结汇、售汇制,等等。这些改革,为综合性外汇管理法的制定作了必要准备。

(三) 外资法

外资法律制度,是规范引进外资方面的法律制度,包括对内直接投资、技术援助契约、国家外债、公司债和贷款债权等等。我国的外资法,主要体现在外资企业法,中外合资、合作企业法等法律、法规中。

(四) 外税法

外税法律制度,是规范涉外税收和关税方面的法律制度,包括外商投资企业及外国企业所得税、个人所得税等。外税法主要体现在税收征管法和关税法等法律、法规中。

根据我国税法"内外统一"的原则,建立了统一对内税收和对外税收的征管制度,实行中外纳税人在税收征管上一视同仁。因此,外税法集中表现为关税法。

第二节　涉外经济法的体系

涉外经济法的体系,是涉外经济法律制度的体系。由于国民经济适应经济国际化的程度和范围不断变化,各项具体法律制度也会有相应的变化,这就决定了涉外经济法的体系是一个动态的体系。而且,随着我国国民经济的成熟和高度发展,涉外经济立法应不断完善。其中,法律制度的表现形式可能有所变动,但与国内经济立法的分立形式不会取消。这在经济发达国家亦有先例,如日本

1949 年制定了《外汇与外贸法》，虽经 1952 年、1958 年、1964 年和 1979 年多次修改，但仍保留着分立形式。日本是后起的资本主义国家，实行“开放体制”后，为加强与发达国家的竞争力，保护本国经济成长，遂单独制定了若干涉外经济法律。

一、外贸法

在规范对外贸易关系方面，狭义的外贸法，指对外贸易基本法；广义的外贸法，还包括与对外贸易直接有关的反倾销法、反补贴法和进出口商品检验法。

（一）对外贸易法

对外贸易，包括货物进出口、技术进出口和国际服务贸易。新中国建立初期，由于西方国家的经济扼制政策、禁运政策，我国无法与西方国家进行正式经济交往，但有与苏联、东欧和第三世界国家的贸易活动，也制定过少量法规。例如政务院 1950 年 12 月颁布的《对外贸易管理暂行条例》，实行进出口许可证制度，对私营外贸企业进行管制，允许在华外商从事正当的经营。

在新的历史时期，为了适应外贸事业发展的需要，我国制定了一系列关于对外贸易的法律、法规。1994 年 5 月 12 日，第八届全国人大常委会第七次会议通过了《中华人民共和国对外贸易法》，该法于 2004 年 4 月 6 日由第十届全国人大常委会第八次会议进行了修订。该法主要规定了我国对外贸易的基本原则和管理体制，并对对外贸易关系作出了基本规定。该法是我国对外贸易关系的基本法。它规定了外贸企业审批制度和禁止、限制进出口的项目。对于限制进出口的货物和技术，外贸法规定采用配额、许可证进行管理。我国将根据所缔结或参加的国际条约、协定，逐步开放我国的服务贸易市场，给予其他缔约方或参加方以市场准入机会和国民待遇，该法还确立了反倾销、反补贴和保障措施制度；规定了促进外贸发展的各种措施，包括建立进出口银行，设立外贸发展基金、风险基金，实行出口退税，鼓励外贸咨询服务业务的发展等。

此外，有关对外贸易的行政法规及有关部门规章，也是我国对外贸易法律制度的组成部分。

国务院发布的《中华人民共和国技术引进合同管理条例》以及《中华人民共和国技术引进合同管理条例施行细则》，对我国技术引进合同的管理作了专门、系统的规定。国务院发布的《中华人民共和国反倾销和反补贴条例》，规定进口产品采用倾销或者补贴的方式，并由此对国内已经建立的相关产业造成实质损害或者产生实质损害的威胁，或者对国内建立相关产业造成实质阻碍的，依据本条例的规定采取反倾销或者反补贴措施。

对不同性质的经济组织取得对外贸易经营权的具体行政法规和部门规章，有《关于赋予生产企业进出口经营权有关问题的意见》、《经济特区生产企业自营进出口权自动登记暂行办法》、《关于对国家确定的1000家重点企业实行进出口经营权登记备案制的通知》,以及《关于对全国大型工业企业实行自营进出口权登记备案制的通知》、《关于加快赋予科研院所和高新技术企业自营进出口权的通知》、《关于赋予商业物资企业进出口经营权有关问题的通知》,国务院《关于赋予供销合作社进出口经营权有关问题的批复》。对专业外贸公司,根据国务院对外经济贸易主管部门的有关规定执行。

《关于调整进口配额许可证商品种类和发证机关的通知》以及《进口许可证申领须知》对我国的进口许可证管理作了具体规定。《一般商品进口配额管理暂行办法》及其实施细则,是我国对进口商品实行配额管理的重要法律依据。《关于出口许可证管理的若干规定》以及《出口许可证申领须知》,主要规定凡实行出口许可证管理的商品,各类进出口企业应在出口前按规定向指定的发证机关申领出口许可证,海关凭出口许可证接受申报。《出口商品配额招标办法》,主要规定了出口企业通过自主投标竞价,有偿取得和使用国家确定的出口商品配额的原则、范围、主管机构及程序等。

关于其他方面的规定,包括《机电产品出口招标办法》,《规范进出口代理业务的若干规定》,对外贸企业以自己名义从事的进出口代理业务活动进行了规范。此外,还有《关于赋予国家确定的1000家重点企业对外承包劳务经营权有关事项的通知》、《边民互市贸易管理办法》、《边境小额贸易机电产品进口管理实施办法》等等。

(二)进出口商品检验法

我国现行的商检制度是在新中国建立后逐步建立和发展起来的。1951年我国发布了《商品检验暂行条例》,这是新中国商检立法的开始。1954年,又发布了《输出输入商品检验暂行条例》,该暂行条例在此后长达三十年的时间里,在实现商检制度的宗旨方面发挥了积极的、重要的作用。

目前我国商检制度的法律依据是我国现行的有关商检立法。1989年2月21日,第七届全国人大常委会第六次会议正式通过了《中华人民共和国进出口商品检验法》,2002年4月28日第九届全国人大常委会第二十七次会议对该法进行了修订。2005年8月10日国务院常务会议通过了该法的实施条例。《进出口商品检验法》规定了出口商品检验、进口商品鉴定及商品检验工作的管理等。《进出口商品检验法》及其实施条例的颁布与实施,标志着我国进出口商品检验制度进入成熟和完善时期,对促进我国对外经济贸易关系的发展,保证进出口商品质量和维护对外贸易有关各方的合法权益都起着极其重要的作用。

为进一步贯彻《进出口商品检验法》的实施,国务院及国家主管部门还陆续颁布过一些重要的规定,如《中国进出口商品检验标志管理办法》、《进出口商品复验办法》、《进口商品安全质量许可制度实施办法》、《进出口商品认证管理办法》、《进出口商品免验办法》、《外商投资财产鉴定管理办法》等。

此外，其他法律、法规中也包括一些进出口商品检验的内容。如《食品卫生法》、《药品管理法》、《计量法》、《进出境动植物检疫法》等等，也是规范我国进出口商品检验的重要法律依据。

（三）反倾销法和反补贴法

为了打击倾销和补贴这两种国际不正当竞争，保护国内市场和民族工业的健康发展，20 世纪初以来，世界上许多国家和地区制定了本国的反倾销和反补贴法。关贸总协定为了协调各缔约国的反倾销与反补贴法律制度，制定了《反倾销守则》与《补贴与反补贴守则》。根据关贸总协定所确定的反倾销法的一般原则，当某一国家对某种进口产品采取反倾销措施，必须同时满足三个条件：一是必须证明进口产品存在倾销，即该产品的出口价格低于其正常价格；二是必须证明这种倾销对进口国的相关工业造成实质损害或有造成实质损害的威胁，或实质阻碍了该国某一相关工业的建立；三是倾销与损害之间存在因果关系。世界贸易组织组成后，制定了《反倾销协定》和《补贴与反补贴措施协定》。

我国 1997 年 3 月制定了《反倾销与反补贴条例》。该条例规定了倾销、补贴的构成要件，以及对倾销、补贴的制裁措施。

二、外汇法

我国外汇法律制度，集中分布于国务院制定的行政法规和部门规章中。此外，《外汇管理条例》适用除外法，以及我国作为《国际货币基金组织协定》八条国[①]的义务规定等，也是外汇法的组成部分。

（一）外汇管理法

国务院 1996 年 1 月 29 日发布并于 1997 年 1 月 14 日和 2008 年 8 月 1 日修改后重新发布《中华人民共和国外汇管理条例》，该条例共 8 章，包括总则、经常项目外汇管理、资本项目外汇管理、金融机构外汇业务管理、人民币汇率和外汇市场管理、监督管理、法律责任和附则。中国人民银行 1996 年 6 月 20 日发布的《结汇、售汇及付汇管理规定》，共 5 章，包括总则；经常项目下的结汇、售汇与付汇；资本项目下的结汇、售汇与付汇；结汇、售汇及付汇的监管和附则，并已于同年 7 月 1 日起施行。中国人民银行授权国家外汇管理局发布的部门规章有《外商投资企业境内外汇账户管理办法》、《境内居民因私兑换外汇办法》和《经常项目外汇结汇管理办法》。

① “八条国”是指对《国际货币基金组织协定》第 8 条规定作出承诺的国家，在国外法学著述中，一般把某国对国际公约、国际协定第几条作出接受的承诺的，称为某某条国。

（二）《国际货币基金组织协定》八条国义务

1996年11月，中国人民银行正式致函国际货币基金组织，宣布中国不再使用《国际货币基金组织协定》第14条第2款的过渡性安排，自1996年12月1日起，接受《国际货币基金组织协定》第8条第2、3、4款的义务，实行人民币经常项目的可兑换。接受《国际货币基金组织协定》第8条规定，意味着我国从此对经常性国际交易支付和转移，包括对所有无形贸易的支付和转移不得加以限制，不实行歧视性的货币安排或多重货币制度，国内所有法规和规章都必须遵循这一原则。

（三）适用除外法

此外，保税区的外汇管理以及边境贸易和边民互市的外汇管理，由国务院主管管部门另行制定管理办法，不适用《外汇管理条例》的规定。国家外汇管理机关已于1995年制定了《保税区外汇管理办法》，并于1996年1月1日施行。

三、外税法

发展中国家的外税法包括外商税法和关税法。在西方发达国家，外税法主要是指关税法。

（一）外商税法

从1949年至1979年的30年间，我国的涉外税种除关税外，主要是工商统一税和工商所得税。此外，在这一阶段，我国对外籍企业和个人征收的税收还有城市房地产税和车船使用牌照税。该阶段的税制特点是，我国的涉外税收主要限于关税、工商统一税等流转税，所得税和财产税所占比重很小。

我国在1980年至1981年期间先后颁布了《中外合资经营企业所得税法》、《个人所得税法》和《外国企业所得税法》。三部所得税法，体现了维护国家主权和经济利益的宗旨以及在平等互利的基础上促进国际经济合作和交流的原则。为鼓励外商投资，我国的外商税法在税收方面给予外国投资者一定的优惠待遇。

2007年3月16日第十届全国人大第五次会议通过了《中华人民共和国企业所得税法》，废止了1991年4月9日第七届全国人民代表大会第四次会议通过的《中华人民共和国外商投资企业和外国企业所得税法》和1993年12月13日国务院发布的《中华人民共和国企业所得税暂行条例》。

在我国，外商投资企业、外国企业和外籍个人，主要适用以下工商税收法律、法规：《中华人民共和国企业所得税法》以及《中华人民共和国企业所得税法实施条例》、《中华人民共和国个人所得税法》、《中华人民共和国增值税暂行条例》、《中华人民共和国消费税暂行条例》、《中华人民共和国营业税暂行条例》、

《中华人民共和国土地增值税暂行条例》、《中华人民共和国资源税暂行条例》、《中华人民共和国印花税暂行条例》、《中华人民共和国车船使用税暂行条例》、《中华人民共和国城镇土地使用税暂行条例》。

（二）关税法

1951 年 5 月，经政务院政务会议的批准，公布了我国近代史上第一部独立自主的《进出口税则》及其《暂行实施条例》。

为了更好地发挥关税的经济杠杆作用，促进对外经济贸易和国民经济的发展，我国又颁布了一系列的关税法律、法规。目前，现行的法律依据主要有三大类：一是《海关法》中有关关税的规定；二是 2003 年国务院颁布的《进出口关税条例》以及海关总署制定的《海关进出口税则》；三是国务院及海关总署、财政部等有关部门根据国务院的决定和授权制定的《中华人民共和国海关征税管理办法》、《中华人民共和国海关审定进出口货物完税价格办法》等。《海关法》对海关征税的依据、纳税义务人、纳税时间、完税价格的确定、减免关税的物品、特定减免税和临时减免税的问题、暂时免纳关税问题、补税和追征关税的情况、纳税争议的解决等都作了基本的原则的规定。《进出口关税条例》则是我国关税制度最基本的法规，它系统地、完整地规定了进出口关税制度的基本内容，主要包括关税的纳税人、课税对象、税率的运用、完税价格的确定、减税与免税、纳税人的权利与义务、违章处理、申诉程序以及其他有关征收管理方面的规定。中国的《出口货物退（免）税管理办法》规定有出口经营权的企业，出口和代理出口的货物，可在货物报关出口并在财务上做销售后，凭有关凭证按月报送税务机关批准退还或免征增值税和消费税。此外，根据我国引进外资的特点，对外商投资企业生产出口的货物，国家税务总局《关于外商投资企业出口退税问题的通知》作了专门规定。

《海关进出口税则》是国家通过立法程序公布实施，并按商品类别排列的商品分类目录及税率表，是海关征收进口关税或出口关税的依据。我国的《海关进出口税则》是国务院关税税则委员会编制而成的。它采用国际上广泛采用的《商品名称及编码协调制度》的商品目录，并结合我国进出口商品的实际情况对我国主要的或特有的进出口商品，凡在上述目录中没有单独列名的，均加列子目，以便更好地反映我国进口商品结构的特点。税则的主体是关税税率表，同时附有商品税则归类规则和注释。

此外，在涉外税收的征收管理方面，除应适用有关各税种的具体法律规定外，涉外主体还应与国内主体统一适用《中华人民共和国税收征收管理法》。该法是税收征管方面最基本、最重要的法律，凡依法由税务机关征收的各种税收的征收管理，均适用该法。

第三节　基本法律制度

我国实行统一的对外经济制度,由国家制定,在全国范围内实施。我国根据平等互利、互惠对等的原则处理同其他国家和地区的经济关系。根据中国所缔结或参加的国际条约、协定,给予其他缔约方、参加者或者根据互惠、对等原则给予对方最惠国待遇、国民待遇。如果任何国家或地区对中国采取歧视性的禁止、限制或者其他类似措施时,中国可以根据实际情况对该国家或者地区采取相应的措施。涉外经济法基本制度包括货物和技术进出口法律制度、国际服务贸易法律制度、反倾销与反补贴法律制度、进出口商品检验法律制度、外汇管制法律制度、涉外税收法律制度。

一、货物和技术进出口法律制度

货物和技术进出口法律制度,是对外贸易中的重要法律制度。这些法律制度维护公平的、自由的对外贸易秩序,在法律上为从事外贸业务的企业提供平等的竞争环境,维护企业的自主经营权,使企业在法律上享受平等待遇,并要求企业依法经营。

国务院对外贸易经济主管部门依法主管全国对外贸易工作。对外贸易经济合作部是根据国务院的授权,统一领导和归口管理全国的对外贸易的国家机关。在省、直辖市、自治区人民政府内设立相应的对外贸易经济合作的厅(委、局),在所属人民政府和对外贸易经济合作部的双重领导下统一地管理本行政区域的对外贸易。因此,现行我国对外贸易行政管理体制是中央和省、自治区、直辖市两级管理体制。

(一) 对外贸易促进制度

国家根据对外贸易发展的需要,建立和完善为对外贸易服务的金融机构,设立对外贸易发展基金、风险基金。国家采取进出口信贷、出口退税及其他对外贸易促进措施,发展对外贸易。国家扶持和促进民族自治地方和经济不发达地区发展对外贸易。对外贸易经营者可以依法成立和参加进出口商会。进出口商会应当遵守法律、行政法规,依照章程对其会员的对外贸易经营活动进行协调指导,提供咨询服务,向政府有关部门反映会员有关对外贸易促进方面的建议,并积极开展对外贸易促进活动。

(二) 对外贸易经营许可制度

外贸法的主体是从事对外贸易经营活动的法人和其他组织。目前,从事货物进出口与技术进出口的对外贸易经营,必须经国务院对外贸易主管部门许可,有自己的名称、组织机构和明确的对外贸易经营范围,并具有经营对外贸易业务所必需的场所、资金和专业人员。此外,委托他人办理进出口业务的,须达到规定的实绩或者具有必需的进出口货源。

为了进一步促进生产企业的自营出口,加快进出口经营权从审批制向登记制过渡,外经贸部决定在对经济特区生产企业以及国家千户重点企业实行进出口经营权登记备案制的基础上,进一步扩大登记备案制的适用范围,从1999年1月起对全国大型工业企业实行进出口经营权登记备案制。随着适应市场经济发展的需要和符合世界贸易组织的要求,我国企业外贸经营权将逐步由许可制过渡到自动登记制。

(三) 对外贸易代理制度

我国的外贸代理制度,是取得对外贸易经营许可的法人或其他组织接受其他组织或者个人的委托,依据双方委托合同的约定,在其对外贸易经营范围内代为办理进出口业务,并收取约定代理费的一种涉外经济法律制度。

根据代理人以谁的名义进行,代理活动可分为两大类:一种是具有对外贸易经营权的公司、企业(代理人)在批准的经营范围内,依照国家有关规定,受被代理人的委托,以被代理人的名义对外签订进出口合同,代理进出口业务的代理形式。另一种形式的外贸代理是指具有对外贸易经营权的公司、企业(代理人)在批准的经营范围内,依照国家有关规定,受被代理人的委托,以自己的名义对外签订进出口合同,代理进出口业务的一种代理形式。

对外贸易代理应签订书面形式的委托代理协议。其协议的法律原则和基本内容,适用《中华人民共和国合同法》的有关规定。

根据世界贸易组织有关协议的要求,中国加入世界贸易组织后,将逐步取消对外贸易代理制度。

(四) 货物和技术进出口限制制度

国家准许货物和技术的自由进出口,但是,法律、法规另有规定的除外。

对于国内供应短缺或者为有效保护可能用竭的国内资源,以及输往国家或者地区的市场容量有限的货物、技术,需要限制出口的,国家可以限制出口;对于为建立或者加快建立国内特定产业,或为保障国家国际金融地位和国际收支平衡,或对任何形式的农业、牧业、渔业产品有必要限制进口的货物、技术,国家可以限制进口;为维护国家安全或者社会公共利益,以及根据我国所缔结或者参加的国际条约、协定的规定,需要限制进口或者出口的,国家可以限制进口或出口。

对于危害国家安全、社会公共利益、人民生命或者健康,破坏生态环境,以及根据中华人民共和国所缔结或者参加的国际条约、协定的规定,需要禁止进口或者出口的货物、技术,国家禁止进口或者出口。

对限制进口或者出口的货物,实行配额或者许可证管理;对限制进口或者出口的技术,实行许可证管理。实行配额或者许可证管理的货物、技术,必须依照国务院规定经国务院对外经济贸易主管部门或者由其会同国务院有关部门许可,方可进口或者出口。

对文物、野生动植物及其产品等货物、物品,其他法律、法规有禁止进出口或者限制进出口规定的,依照有关法律、法规的规定办理。

(五) 进出口货物许可证制度

我国对出口货物是分三类进行管理:一般出口类,即国家不列入许可证管理范围的货物;凭许可证出口类;禁止出口类。

目前,全国各地区、各部门需要进口货物的,都必须按照国家规定的审批权限,经主管部门和归口审查部门批准,凡国家法律、法规规定需要凭进口许可证进口的货物,除国务院和对外贸易经济合作部另有规定者外,必须事先申领进口货物许可证,然后由国家批准经营此项进口业务的公司对外订货,海关凭进口货物许可证和其他单证查验放行。凡实行配额招标管理的出口商品,除对设限国家纺织品被动配额招标商品以外,无论何种贸易方式,均实行全球配额管理,各授权发证机关审查签发出口许可证。

我国加入世界贸易组织以后,将按照世界贸易组织《进口许可证程序协议》等有关协议,逐步减少进口许可证等进口限制措施。

(六) 进出口配额制度

目前,我国对限制进口或者出口的货物实行许可证管理的同时,还实行配额制度。进出口货物配额由国务院对外经济贸易主管部门或者国务院有关部门在各自的职责范围内,根据申请者的进出口实绩、能力条件,按照效益、公正、公开和公平竞争的原则进行分配。

为完善进出口商品配额的分配和管理,我国采取招标分配办法。出口商品配额招标,是指出口企业通过自主投标竞价,有偿取得和使用国家确定的出口商品配额。招标商品的范围,包括国家实行纺织品被动配额管理商品、出口配额管理商品及其他实行出口许可证管理的商品。

我国实行配额管理的商品主要有两类:第一类是输往国家和地区有配额限制的货物;第二类是输往国家和地区市场容量有限,需要控制供应数量的商品。

根据加入世界贸易组织应承担的义务,除很少的例外,我国在加入世界贸易组织后5年内取消所有的配额和数量限制。

(七) 技术进出口审批制度

技术进出口,即涉外技术转让,是不同国家的当事人以技术为标的所进行的特殊交易,拥有技术的一方将自己的技术提供给位于他国境内的另一方当事人,允许另一方使用该技术制造和销售产品,并由另一方支付技术转让或许可费用的贸易活动。从历史上看,技术转让首先是而且主要是在工业发达的西方国家之间进行的。但自20世纪60年代以来，发展中国家与发达国家之间的技术转让有了很大的发展。技术进出口包括：专利权等工业产权的转让或许可；以图纸、技术资料、技术规范等形式提供的工艺流程、配方、产品设计、质量控制以及管理等方面的专有技术；技术服务。随着科技的进步和经济的发展，技术进出口客体的范围也在不断扩大，如版权、计算机软件等已成为技术进出口的对象。技术引进的方式包括技术咨询、合资经营、合作生产、工程承包、补偿贸易、特许经营、BOT等，其中最重要的是许可证贸易。

我国办理技术引进合同的审批机关是商务部和商务部授权的省、自治区、直辖市、沿海开放城市、经济特区和计划单列省辖市的商务厅、委、局及其他管理机关。

技术出口项目由科学技术部和商务部负责管理。科学技术部负责重大出口项目的技术审查，商务部负责重大出口项目的贸易审查和合同审批。技术出口程序包括技术出口项目的申请、审批，开展项目对外商务活动，技术出口合同审批以及合同实施和售后服务。

二、国际服务贸易法律制度

目前，各国并无统一、公认的关于"国际服务贸易"的定义。在国际上有联合国贸发会议的定义和世贸组织的定义。在关税与贸易总协定主持的"乌拉圭回合谈判"于1994年4月签订的《服务贸易总协定》中，对服务贸易的四种方式下了定义，其跨境交付、境外消费、商业存在和自然人流动的规定，实际上是定义性说明。根据世界贸易组织对服务贸易的定义，服务贸易仅指商业服务（commercial services）。这是一种商业性质的服务交易，不包括"非商业性质的由政府提供的服务"。从我国的服务贸易数据是根据国际货币基金组织的定义进行统计看，服务贸易定义中包括政府服务。

在国际上，以《国际货币基金组织国际收支手册》（第五版）为基础，将国际收支经常账户项下的服务细分为13个类别，为运输、旅游、通讯服务、建筑服务、保险服务、金融服务、计算机和信息服务、专有权利使用费和特许费、咨询（研究与开发）、广告及宣传、电影和音像、其他商务服务和别处未提及的政府服务。在每个类别项下，又分为若干分部门，共155个分部门。

我国已在《服务贸易总协定》上签字，并承诺履行自己的义务。为维护我国国家安全或者社会公共利益，保护生态环境，建立或者加快建立国内特定的服务行业，保障国家外汇收支平衡，国家努力促进国际服务贸易的发展。对于危害国家安全或者社会公共利益，或者违反中华人民共和国承担的国际义务的国际服务贸易，国家予以禁止。

我国《对外贸易法》第四章专门对"国际服务贸易"作出了规定，还在第2条、

第10条、第22—25条都有条款作了规定。但我国服务贸易业很多立法处于空白状态,而有些立法又过于原则、抽象,缺乏可操作性。根据世界贸易组织《服务贸易总协定》、《全球金融服务贸易协定》、《基础电信服务协定》等相关协定,在我国已经加入世界贸易组织情况下,在金融、保险、电信、商业、外贸、航空、旅游、交通等多方面将进一步放宽对外商投资的限制。因此,服务贸易业立法亟待加强。

三、反倾销与反补贴法律制度

对于对进口产品采用倾销或者补贴的方式,并由此对我国国内已经建立的相关产业造成实质损害或者产生实质损害的威胁,或者对我国国内建立相关产业造成实质阻碍的,我国政府有关部门将依法采取反倾销或者反补贴措施。反倾销和反补贴两者的原则、措施基本相同。

(一)组织及程序制度

各国反倾销机构的设立一般分为两种情况:一种是以两个互不隶属的机构分别调查倾销与损害,然后共同决定是否采取反倾销措施。这种情况以美国为代表,美国商务部负责调查倾销,而国际贸易委员会负责调查损害。另一种是倾销与损害都由同一机构作出调查,最终处理决定由一个上级机构作出。这种情况以欧盟为代表,倾销与损害由欧盟委员会调查,最终决定由欧盟部长理事会通过。

我国立法采取的是第一种方式。主管机构和程序如下:商务部负责受理反倾销申请,经商有关部、委后决定是否立案;商务部会同海关总署负责倾销调查并作初步裁定;商务部会同有关产业主管部门负责损害的调查并作初步裁定;商务部根据倾销和损害的调查及裁定,提出是否征收反倾销税的建议;国务院关税税则委员会根据商务部的建议,决定是否征收反倾销税,并确定税率和征收期限;海关总署负责反倾销措施的施行。

(二)反倾销税务制度

中国法与欧盟法在有关反倾销措施的主要内容,即反倾销的初步裁定与最终裁定、价格承诺与征收反倾销税以及追溯效力等规定上都是基本相似的。

在我国,初步裁定倾销成立,并因倾销对国内产业造成损害的,可以征收临时反倾销税。临时反倾销税的期限自临时反倾销措施决定公告之日起为4个月,特殊情况下可延长至9个月;也可以要求提供现金保证金或者其他形式的担保。倾销产品的出口经营者或者出口国政府可以向中国商务部提出价格承诺的申请,商务部商有关部、委后,可以决定谈判接受价格承诺从而中止反倾销调查,但如果价格承诺得不到履行,可以恢复反倾销调查。最终裁定倾销存在并由此对国内产业造成损害的,可以征收反倾销税。征收反倾销税和价格承诺的期限为5年。

任何国家或地区对我国的出口产品采取歧视性反倾销或者反补贴措施的,我国可以根据实际情况对该国家或者地区采取相应的措施。

四、进出口商品检验法律制度

进出口商品检验法律制度，是由国家设立的专门进出口商品检验管理机关，依照法律、法规或对外贸易合同的规定，对进出口商品的品质、规格、数量、重量、包装以及是否符合安全、卫生要求进行查验、鉴定和管理，并出具检验证书的法律制度。世界贸易组织《装运前检验协定》等协定对进出口商品检验有所规范。为了维护对外贸易有关当事人的合法权益和国家的信誉，促进对外贸易的发展，我国建立了进出口商品检验制度。目前我国进出口商品检验、鉴定和监管的职能由国家质量监督检验检疫总局行使。

（一）检验标准及程序制度

进出口商品检验，包括商品的质量、规格、数量、重量、包装以及是否符合安全、卫生要求。

对于标准的执行，依照我国法律、法规规定强制性标准或其他必须执行的检验标准；没有强制性或其他必须执行的检验标准的，依照对外贸易合同约定的检验标准；合同没有规定或规定不明确的，按照生产国标准、国际通用标准或我国国家质量监督检验检疫总局指定的标准检验。

进出口商品检验的标准化工作，应依照《中华人民共和国标准化法》和《外经贸行业标准化管理办法》进行，应当符合国家标准的要求：统一、协调的通用术语、符号、代号（含代码）、电子数据传输报文、制图方法等技术语言和格式要求；使用统一、规范的各类单证；关于涉及安全卫生、劳动保护、环境保护的出口商品的生产、包装、贮存、运输和使用等事项；国家需要控制的重要产品的技术要求；通用的管理技术、工作程序；外经贸标准体系表中的其他标准项目。

进出口商品检验的程序是：进口货物的收货人或出口货物的发货人在规定的地点和期限内向商检机构报验；商检机构接受报验人的申请后对进出口商品进行检验；检验完毕后由商检机构出具商品合格与否的证书或通知书。

（二）法定检验制度

进出口商品检验，分为法定检验与非法定检验两大类。法定检验，是商检机构对列入《实施检验的进出口商品种类表》和法律、法规规定必须检验的进出口商品实施的强制性检验。我国实施法定检验的范围是：列入《实施检验的进出口商品种类表》的进出口商品；依据《食品卫生法》和《进出境动植物检疫法》须进行商检的出口食品和进出境的植物、动物产品等；装运易腐烂变质食品、冷冻品的船舱、集装箱等装运工具；出口危险货物的包装容器；根据有关国际条约及我国相关法律、法规规定必须经商检机构检验的进出口商品。

对于非法定检验的进出口商品，商检机构可进行抽检并实行监管。

此外，进出口商品检验的监督管理制度，是由我国商检机构对进出口商品实施监督管理所形成的制度，包括进口安全质量许可和出口质量许可制度、出口食品及其生产企业的卫生注册登记制度、进出口商品认证管理制度、进出口商品检验标志和标识管理制度，以及对进口中的外商投资财产的鉴定制度。

（三）鉴定制度

商检机构指定的中国进出口商品检验总公司及分公司，负责进出口商品鉴定工作。其鉴定工作的提起，依据国家商检机构的指定、对外贸易关系人（有关合同的当事人及收货、用货、接运单位或出口商品生产、供货单位等）的申请、外国检验机构的委托和仲裁、司法机关的指定。

进出口商品鉴定业务范围包括：进出口商品的质量、数量、重量、包装鉴定和货载衡量；进出口商品的监视装载和监视卸载；进出口商品的积载、残损、载损鉴定和海损鉴定；装载出口产品的船舶、车辆、飞机、集装箱等运载工具的适载鉴定；装载进出口商品和船舶封舱、船口检视、空距测量；集装箱及集装箱货物鉴定；与进出口有关的外商投资资产的价值、品种、质量、数量和损失鉴定。

（四）复验制度

进出口商品的复验，是进出口商品的报验人对商检机构出具的检验结果有异议时，向原商检机构或者其上级商检机构以至国家质量监督检验检疫总局申请重新检验的制度。

报验人申请复验，应当在收到商检机构的检验结果之日起 15 日内向作出商检结果的商检机构或者其上级商检机构提出；对商检机构作出的复验结论仍有异议的，可向国家质量监督检验检疫总局申请复验。因不可抗力或者其他特殊情况延误申请的，在障碍消除后的 5 日内，可以继续申请复验。

商检机构自收到复验申请之日起 7 日内，经审查对复验申请作出受理或不予受理的处理。受理后，应当自收到复验申请书之日起 45 日内作出复验结论。国家质量监督检验检疫总局受理的复验，应当自收到复验申请书之日起 60 日内作出复验结论。国家质量监督检验检疫总局的复验结论为终局结论。

五、外汇管制法律制度

外汇管制是资本主义金融货币危机和国际收支危机的产物，是各国实行奖励出口，限制进口政策的一项重要措施。目前，发达国家由于经济实力雄厚、国际储备充足，因而推行资本自由化政策，外汇管制措施不明显。广大发展中国家由于经济相对落后，外汇收入来源有限，一般都实行较为严格的外汇管制。

我国的外汇管理法律制度经历了从严格管理到逐步放开的过程。1979 年以前，我国实行高度集中统一的、以行政手段管理为主的外汇管理制度，对外汇实行全面计划管理。1979 年以后，外汇管理法律制度的总目标是不断放宽对外汇管理的要求，但仍需根据国民经济实力保持国际收支平衡，防范涉外金融风险。我国管理外汇的机关是国务院外汇管理部门及其分支机构。我国外汇管理法律制度主要包括对经常项目外汇的管理、对个人经常项目外汇的管理、对资本项目的外汇管理、对金融机构外汇业务的管理以及对人民币汇率和外汇市场的管理。

(一) 经常项目外汇管理制度

经常项目,是国际收支中经常发生的交易项目,包括贸易收支、劳务收支、单方面转移等。我国已经实现了人民币经常项目下的可兑换,国家对经常性国际支付和转移不予限制。

境内机构的经常项目外汇收入必须调回境内,并应当按照国务院关于结汇、售汇及付汇管理的规定卖给外汇指定银行,不得违反国家有关规定将外汇擅自存放境外。境内机构的经常项目用汇,应当按照国务院关于结汇、售汇及付汇管理的规定,持有效凭证和商业单据向外汇指定银行购汇支付。对境内机构经常项目下的出口收汇和进口付汇,应当按照国家关于出口收汇核销管理和进口付汇核销管理的规定办理核销手续。

属个人所有的外汇,可以自行持有,也可以存入银行或者卖给外汇指定银行;个人的外汇储蓄存款,实行存款自愿、取款自由、存款有息、为储户保密的原则。个人携带外汇入境,应当向海关办理申报手续,即填写入境申报单。个人因私出境用汇,在规定限额内购汇;超过规定限额的,可以向外汇管理机关申请。个人携带外汇出境,超过规定限额的还应当向海关出具有效凭证。

驻华机构和来华人员的合法人民币收入,需要汇出的,可以持有关证明材料和凭证到外汇指定银行兑付;由境外汇入或者携带入境的外汇,可以自行保存,可以存入银行或者卖给外汇指定银行,也可以持有效凭证汇出或者携带出境。

(二) 资本项目外汇管理制度

资本项目的外汇管理,是资本流出流入的管理。所称资本项目,是指国际收支中因资本输出和输入而产生的资产与负债的增减项目,包括直接投资、各类贷款、证券投资等。

资本项目外汇管理,分为对外商直接投资的外汇管理、对外债的管理和对境外投资的管理。其中,外商投资企业资本项目下的外汇收入,可以开立外汇账户保留外汇,卖给外汇指定银行的要经外汇管理机关批准。外商投资后,如果投资款转移(包括利用人民币利润境内再投资)或者汇出,须经过外汇管理机关批准。如果企业最终依法终止、清算,需要汇出外资股本金,应按照国家有关规定进行清算、纳税后,属于外方投资者所有的人民币,可以向外汇指定银行购汇汇出或者携带出境。

(三) 金融机构外汇业务管理制度

金融机构外汇业务管理制度主要分两个方面:一是金融机构自身业务的合

法性和合规性；二是在开展业务中要协助外汇管理机关监督客户外汇收支活动的合法性和合规性。

（四）人民币汇率、外汇市场管理制度

我国人民币汇率实行以市场供求为基础的、单一的、有管理的浮动的汇率制度。实践证明，这一汇率制度是符合我国实际的，应当予以坚持。人民币是否升值、升值多少，是由市场供求关系决定的。汇率管理制度，是一国经济主权范围内的事情，只能由该国自主决定。

外汇市场交易应当遵循公开、公平、公正和诚实信用的原则。外汇市场交易的币种和形式由国务院外汇管理部门规定和调整。外汇指定银行和经营外汇业务的其他金融机构，应当根据中国人民银行公布的汇率和规定的浮动范围，确定对客户的外汇买卖价格，办理外汇买卖业务。

六、涉外税收法律制度

涉外税收关系，是国家税收管理机关与含有涉外因素的纳税人之间形成的税收关系，或者针对具有涉外因素的征税对象而和有关纳税人形成的税收关系。涉外税收法律制度区别于其他国内税收法律制度之处，在于其调整的涉外税收法律关系中至少有一方面含有涉外因素，即或者纳税人为外国自然人、法人或其他经济组织，或者征税对象来源于或位于国外，或者引起税收法律关系的事实发生于国外。

我国涉外税收法律制度的原则，包括维护国家主权和经济利益原则、中外当事人平等互利原则、依法给予外国投资者税收优惠原则和参照国际税收惯例原则。

（一）外商投资企业与外国企业所得税制度

外商投资企业和外国企业所得税的纳税主体为在中国境内有生产、经营所得和其他所得的外商投资企业和外国企业。

征税范围包括两个方面：一是外商投资企业和外国企业在中国境内设立机构、场所，从事生产、经营的所得，以及发生在中国境内、境外与外商投资企业和外国企业在中国境内设立的机构、场所有实际联系的利润（股息）、利息、租金、特许权使用费和其他所得；二是外国企业在中国境内未设立机构、场所而取得的下列源于中国境内的所得：从境内企业取得的利润（股息），从境内取得的存款或贷款利息、债券利息、垫付款或延期付款利息，财产租赁取得的租金，提供无形财产使用权而取得的使用费，转让房地产等财产取得的收益，经财政部确定征税的其他源于中国的所得。此外，外商投资企业在境内、境外的分支机构的生产、经营所得和其他所得，由总机构汇总缴纳所得税。

应纳税所得额是外商投资企业和外国企业所得税的计税依据。应纳税所得额，是指外商投资企业和外国企业在中国境内设立的从事生产、经营的机构、场所每一纳税年度的收入总额，减除成本、费用以及损失后的余额。因此，确定应纳税所得额的基本公式为：应纳税所得额＝收入总额－成本－费用－损失。其中，可以列入成本、费用、损失的项目包括管理费、借款利息、交际应酬费、汇兑损益、工资和福利费、坏账损失和境外税款。

适用比例税率，可分为普通税率与优惠税率两类：外商投资企业的企业所得税和外国企业就其在中国境内设立的从事生产、经营的机构、场所的所得应纳的企业所得税，按应纳税所得额计算。此外，外国企业在中国境内未设立机构、场所，而有取得的来源于中国境内的利润、利息、租金、特许权使用费和其他所得，或者虽设立机构、场所，但上述所得与其机构、场所没有实际联系的，都应当缴纳所得税。

我国目前仍实现税收优惠制度，主要包括减免税优惠、再投资优惠、亏损结转优惠和税收抵免优惠。例如对生产性外商投资企业，经营期在 10 年以上的，从开始获利的年度起，第一年和第二年免征企业所得税，第三年至第五年减半征收企业所得税，即"两免三减"。但属于石油、天然气、稀有金属、贵重金属等资源开采项目的，由国务院另行规定。

(二) 关税制度

关税是进出口商品经过一国关境时，由海关根据国家制定的关税税法、税则对进出口的货物和物品征收的一种税。关税分为进口关税与出口关税两种。目前，各国主要是征收进口关税，对出口关税已基本上不予征收或很少征收。我国为了鼓励出口，对绝大多数出口货物都不征收出口关税，仅对极少数出口货物征收出口关税。

我国进口关税设普遍税率和优惠税率两栏税率。对原产于与我国未订有关税互惠协议的国家和地区的进口货物，按普遍税率征税；对原产于与我国订有关税互惠协议的国家或者地区进口的货物，按优惠税率征税。1986 年 4 月至今我国已多次调整并降低进口关税税率，加入世界贸易组织后，我国将进一步降低关税水平，特别是降低对汽车、农产品等特定商品的进口关税，实行一栏税率制。

各国征收关税的方法，主要有从量税和从价税两种。我国海关对进出口的货物原则上按从价标准征收关税。进口关税税额计算公式为进口关税税额＝到岸价格×进口关税税率。其中到岸价格可通过海关估定或估价两种方式获得。出口关税税额＝离岸价格÷(1＋出口税税率)×出口税税率。

关税减免制度是各国重要的关税制度。我国分法定减免、特定减免与临时减免三种。法定减免，是根据我国《海关法》、《进出口关税条例》和《海关进出口税则》等有关法律、法规的规定，对某些进出口货物给予免税或减税待遇。特定减免，是国务院在法定减免以外，对某些情况下的进出口货物特别作出规定，给予免税或减税待遇。临时减免，是除法定减免和特定减免外，根据具体情况的需要，对某些进出口商品临时予以减征或免征关税。

后　　记

这部教材，是在课堂讲稿基础上整理而成的。开始，我以一门课程的形式给本科生讲授经济法概论，当时学生使用的是打印讲义。在教学过程中，随时对讲义加以修改、扩充，1981 年 5 月以《经济法概论》书名出版。其中提出的经济法调整“纵向关系”和“横向关系”，提出了“协调原则”和“协作关系”，后被分别引申为学说。但随着自己研究工作的深入，1991 年出版的《新经济法论——国民经济运行法研究》(1994 年第 2 版恢复原定书名《经济法：国民经济运行法》)一书，均被扬弃掉了。此后我在北大讲授经济法基础理论课程，无论给本科生、硕士生和博士生上课，还是给法学硕士班、法律硕士班、国务院分流人员硕士班以及法学硕士课程研修班等上课，都以本书——《经济法学原理》所表达的经济法思想和理念为依托，只不过因教学对象不同，在讲授内容和方法上有所不同罢了。

在长期教学实践中，我关于经济法学科的理论、方法论和方法，以及结构和体例安排等都已播散，有些学者以专著、论文和教科书等形式富于创造性地表达出来，这是繁荣经济法理论的一件好事。1992 年以来，两届系领导都催促我把讲稿整理成教材出版，学生们也急切地希望教材尽早问世。当时，因系里一位老师已有一本教材出版，循于“礼让”理念，就一直拖了下来。2000 年，时逢学校决定组编并资助出版“北京大学九五立项教材”，该教材被纳入其中。思想起来，这部《经济法学原理》尽管经历了十年打磨，仍恐未能尽如人意，祈望读者提出批评。

在撰写过程中，北京大学法学院博士生徐景和、肖渭明、钟瑞庆、谢冠斌和硕士生张晨颖、李军、沈春晖参加了第三编各章的资料收集、整理和部分编写工作。

承蒙校教材建设委员会办公室、出版社及政法编辑室精心安排，李卫东、张晓秦、金娟萍和杨立范等同志做了大量工作，责任编辑冯益娜同志严于治学，一丝不苟，使本教材增色不少，谨致谢忱。

刘瑞复

2000 年 10 月于北大蔚秀园

21 世纪法学系列教材书目

“21 世纪法学系列教材”是北京大学出版社继“面向21世纪课程教材”(即“大红皮”系列)之后，出版的又一精品法学系列教科书。本系列丛书以白色为封面底色,并冠以“未名·法律”的图标,因此也被称为“大白皮”系列教材。“大白皮”系列是法学全系列教材,目前有15个子系列。本系列教材延续“大红皮”图书的精良品质,皆由国内各大法学院优秀学者撰写,既有理论深度又贴合教学实践,是国内法学专业开展全系列课程教学的最佳选择。

• 法学基础理论系列

英美法概论:法律文化与法律传统	彭　勃
法律方法论	陈金钊
法社会学	何珊君

• 法律史系列

中国法制史	赵昆坡
中国法制史	朱苏人
中国法律思想史(第二版)	李贵连　李启成
外国法制史(第三版)	由　嵘
西方法律思想史(第二版)	徐爱国　李桂林
外国法制史	李秀清

• 民商法系列

民法学	申卫星
民法总论(第三版)	刘凯湘
债法总论	刘凯湘
物权法论	郑云瑞
侵权责任法	李显冬
英美侵权行为法学	徐爱国
商法学——原理·图解·实例(第三版)	朱羿坤
商法学	郭　瑜
保险法(第三版)	陈　欣
保险法	樊启荣
海商法教程(第二版)	郭　瑜
票据法教程(第二版)	王小能
票据法学	吕来明

物权法原理与案例研究　　王连合
破产法(待出)　　许德风

• 知识产权法系列

知识产权法学(第五版)　　吴汉东
商标法　　杜　颖
著作权法(待出)　　刘春田
专利法(待出)　　郭　禾
电子商务法　　李双元　王海浪

• 宪法行政法系列

宪法学(第三版)　　甘超英　傅思明　魏定仁
行政法学(第三版)　　罗豪才　湛中乐
外国宪法(待出)　　甘超英
国家赔偿法学(第二版)　　房绍坤　毕可志

• 刑事法系列

中国刑法论(第五版)　　杨春洗　杨敦先　郭自力
现代刑法学(总论)　　王世洲
外国刑法学概论　　李春雷　张鸿巍
犯罪学(第三版)　　康树华　张小虎
犯罪预防理论与实务　　李春雷　靳高风
监狱法学(第二版)　　杨殿升
刑法学各论(第二版)　　刘艳红
刑法学总论(第二版)　　刘艳红
刑事侦查学　　张玉镶
刑事政策学　　李卫红
国际刑事实体法原论　　王　新
美国刑法(第四版)　　储槐植　江　溯

• 经济法系列

经济法学(第六版)　　杨紫烜　徐　杰
经济法学原理(第四版)　　刘瑞复
经济法概论(第七版)　　刘隆亨
企业法学通论　　刘瑞复
商事组织法　　董学立

金融法概论(第五版) 吴志攀
银行金融法学(第六版) 刘隆亨
证券法学(第三版) 朱锦清
金融监管学原理 丁邦开 周仲飞
会计法(第二版) 刘 燕
劳动法学(第二版) 贾俊玲
反垄断法 孟雁北
中国证券法精要:原理与案例 刘新民

• 财税法系列

财政法学 刘剑文
税法学(第四版) 刘剑文
国际税法学(第三版) 刘剑文
财税法专题研究(第二版) 刘剑文
财税法成案研究 刘剑文 等

• 国际法系列

国际法(第二版) 白桂梅
国际私法学(第二版) 李双元
国际贸易法 冯大同
国际贸易法 王贵国
国际贸易法 郭 瑜
国际贸易法原理 王 慧
国际投资法 王贵国
国际货币金融法(第二版) 王贵国
国际经济组织法教程(第二版) 饶戈平

• 诉讼法系列

民事诉讼法 汤维建
刑事诉讼法学(第五版) 王国枢
外国刑事诉讼法教程(新编本) 王以真 宋英辉
民事执行法学(第二版) 谭秋桂
仲裁法学(第二版) 蔡 虹
外国刑事诉讼法 宋英辉 孙长永 朴宗根
律师法学 马宏俊
公证法学 马宏俊

● 特色课系列

世界遗产法　　刘红婴
医事法学　　古津贤　强美英
法律语言学(第二版)　　刘红婴
民族法学　　熊文钊

● 双语系列

普通法系合同法与侵权法导论　　张新娟
Learning Anglo-American Law: A Thematic Introduction(英美法导论)(第二版)　　李国利

● 专业通选课系列

法律英语(第二版)　　郭义贵
法律文献检索(第二版)　　于丽英
英美法入门——法学资料与研究方法　　杨　桢
模拟审判:原理、剧本与技巧(第二版)　　廖永安　唐东楚　陈文曲

● 通选课系列

法学通识九讲　　吕忠梅
法学概论(第三版)　　张云秀
法律基础教程(第三版)(待出)　　夏利民
经济法理论与实务(第三版)　　於向平　邱　艳　赵敏燕
人权法学　　白桂梅

● 原理与案例系列

国家赔偿法:原理与案例　　沈　岿
专利法:案例、学说和原理　　崔国斌

2013 年 11 月更新

教师反馈及教材、课件申请表

尊敬的老师：

您好！感谢您一直以来对北大出版社图书的关爱。北京大学出版社以“教材优先、学术为本”为宗旨，主要为广大高等院校师生服务。为了更有针对性地为广大教师服务，满足教师的教学需要、提升教学质量，在您确认将本书作为教学用书后，请您填好以下表格并经系主任签字盖章后寄回，我们将免费向您提供相关的教材、思考练习题答案及教学课件。在您教学过程中，若有任何建议也都可以和我们联系。

<table>
<tr><td>书号/书名</td><td colspan="3"></td></tr>
<tr><td>所需要的教材及教学课件</td><td colspan="3"></td></tr>
<tr><td>您的姓名</td><td colspan="3"></td></tr>
<tr><td>系</td><td colspan="3"></td></tr>
<tr><td>院校</td><td colspan="3"></td></tr>
<tr><td>您所主授课程的名称</td><td colspan="3"></td></tr>
<tr><td>每学期学生人数</td><td></td><td>学时</td><td></td></tr>
<tr><td>您目前采用的教材</td><td colspan="3">书名________
作者______
出版社________</td></tr>
<tr><td>您的联系地址</td><td colspan="3"></td></tr>
<tr><td>联系电话</td><td colspan="3"></td></tr>
<tr><td>E-mail</td><td colspan="3"></td></tr>
<tr><td>您对北大出版社及本书的建议：</td><td colspan="3">系主任签字
盖章</td></tr>
</table>

我们的联系方式：

北京大学出版社法律事业部

地　　址：北京市海淀区成府路 205 号　　联系人：李铎

电　　话：010-62752027　　传　真：010-62556201

电子邮件：bjdxcbs1979@163.com

网　　址：http://www.pup.cn

北大出版社市场营销中心网站：www.pupbook.com